海外华人讲的中国人的故事

龍的傳人

[美]李乃义◎著

人民东方出版传媒
東方出版社

图书在版编目（C I P）数据

一个海外华人讲的中国人的故事 / (美) 李乃义著 .
— 北京 : 东方出版社 , 2015

ISBN 978-7-5060-8307-2

Ⅰ . ①一… Ⅱ . ①李… Ⅲ . ①中国历史—通俗读物Ⅳ . ① K209

中国版本图书馆 CIP 数据核字（2015）第 160873 号

一个海外华人讲的中国人的故事
（YIGE HAIWAI HUAREN JIANG DE ZHONGGUOREN DE GUSHI）
[美] 李乃义 著

责任编辑：辛岐波
出　　版：東方出版社
发　　行：人民东方出版传媒有限公司
地　　址：北京市东城区朝阳门内大街 192 号
邮政编码：100010
印　　刷：山东润声印务有限公司
版　　次：2015 年 9 月第 1 版
印　　次：2019 年 5 月第 2 次印刷
开　　本：710 毫米 ×1000 毫米 1/16
印　　张：31.25
字　　数：578 千字
书　　号：ISBN 978-7-5060-8307-2
定　　价：78.00 元

目　录

第一章 中国人的来源

（7万年之前的事儿）

最早的中国人，是从哪里来的？现在的中国人，是他们的后裔吗？

面对这些问题，我们只能以现代的知识和数据，回味万年前的往事。

现代的人类考古与基因学证据显示，所有人类和更早的老祖宗们（人科、人属）的演化，大约贯穿了将近500万年的时间，且都发生在东非大裂谷的草原上。而当今全球的人类，是这些“人”里头，唯一幸存下来的“智人”人种。500万年来，我们其他的“人类”亲戚，都没熬过演化的试练，灭绝了。当今全球人类，尽管在体形、肤色、毛发、眼睛、鼻子上有着差异，但都是“智人”的后裔，都有着共同的祖先。

基因学证据还显示，当今全球人类共同的智人老祖宗们，大约7万年前才扩散出非洲，渐次迁徙到世界各地。

现代的分子遗传学这样告诉我们：

1. 基因是自然演化出来的精准复制机。“天条”规定，每一个后代，女的必定带上母亲的线粒体DNA，男的必定带上父亲的Y染色体，没有例外。遗传，有点儿像抄录，上一代好比是上一版的书，后一代只是抄录上一个版本。

2. “天条”虽然是精准复印，但偶尔也出错。DNA既然是“化学品”，变异出点儿小差异，也很自然，这就好比是抄录时的笔误。

比如，10万年前100万字的原版书在非洲出版，每20年抄录一次新版，假设平均每抄录100次发生一次无伤大雅的笔误（例如，把某个字的“z”抄成“Z”），那如今非洲会流通50个不同的版本。

7万年前，那时非洲已经有了15个版本在流通，碰巧一个抄录了别字“Z”的版本流通到了欧亚大陆，结果，从此在欧亚抄录的书上都带上了“Z”。于是，如今的欧亚大陆流通着35个有些细微差异的版本，全都带“Z”字。

非洲原版出现的10万年后，非洲版有50个版本（“Z”版只是其中之一），欧亚版有35个版本（但都带“Z”），合计总共85个版本，这就是生物物种的“多样性”的表现。

3. 能够传承下来的基因变异，一定是不会影响到生存的变异（不然，就传不下来了），而只是成为一个族群的特殊遗传标记，比如颜色、斑点等。这些生物多样性，是血缘关系的一个指标，距离源头（第 1 版）的时间越长，出现的变异版本（多样性）就越多。

就像抄录原版书的比喻，10 万年前非洲原版出现，如今非洲共流通着 50 个非洲版本（包括带“Z”版），但因为 7 万年前欧亚版才出带“Z”的第 1 版，如今欧亚共流通了带“Z”的 35 个欧亚版本。这 85 个版本，书还是那本书，但非洲的版本肯定更古老，因为它被抄录了更多次，笔误出现得更多。

现代对人类遗传的研究，靠检析、统计男性的 Y 染色体和女性的线粒体 DNA 追踪基因标记，来厘清当今人类族群之间的血缘关系。（小插曲：中国社会很早就采用“姓氏”制度，由于 Y 染色体只能由父亲传给儿子，如果没有“赐姓”“同化”“养子”的话，从人类学的角度，同姓的中国男子，他们的 Y 应该相同！因此，对遗传疾病的追踪，中国社会比外国社会相对容易，因为经常有现成的“家谱”可供参考……）

据研究发现，中国人的老祖宗来自非洲。但是中国地方很大，我们需要进一步搞清楚，最早的“中国人”是怎么来的？来自哪些族群？什么时间来的？到了中国的哪里？

老祖宗的事儿
（7 万年前）

虽然当今人类都是“智人”的后裔，但中国大地上大约在 200 万年前就有原始人生存，从目前的研究来看，还不能定论中国人的起源是本土还是非洲。但是本书更倾向于非洲说，所以，让我们简单叙述一下，人的进化是怎么回事，然后再一刀切。

原来，自约 3000 万年前开始，地质运动在东非撕开一个大裂谷，但是距今的 1000 万年间，非洲的气候变得比较干旱，使得大裂谷里出现了辽阔的草原，森林面积减少。生存的压力，迫使人类祖先从树上来到地面，开始在草原上直立行走，靠机灵的大脑与群体活动觅食，从此渐渐跟猩猩分支，走上了演进之路，这是距今 600 万—800 万年前发生的事。

300 万年前，地球进入大冰期，大半个地球都长期被冰雪覆盖，而非洲却更加干旱，生活资源越发紧张。就在这一时期，为了生存，东非老窝里的人类祖先先后演化出直立人、尼安德特人和“智人”。

直立人、尼安德特人先后顽强地离家出走，进入陌生的地域寻求生存之道。他们所凭仗的只有机灵的大脑、几块石头做的工具和几个同伴。从老窝出走之后，人类祖先的生存、演化从未停止。在人类能够相对地掌握食物来源之前（也就是进入农业文明之前），所有生物都只靠适应自然环境存活，靠天吃饭。

人类祖先留下的东西不多，我们只能从直立人留下的石器和遗骸的地点去推测他们的生活范围和扩散途径。大约250万年前，直立人的踪迹已经出现在东非老窝之外；100万年前，直立人已经扩散到东欧、中亚（紧邻新疆北部）、中国（华北、西南，也就是北京猿人等远古的“中国人”）、印度尼西亚（爪哇）。最后一小批直立人的后裔，1万多年前才消失在印度尼西亚的一个岛上。

大约50万年前，东非老窝里演化出最早的、“有智慧”的人——尼安德特人。他们具备跟我们相近甚或稍大一点儿的脑容量。尼安德特人也有动物扩散的本能，他们很早就到欧洲落户，后人在伊拉克、中亚都发现过他们的踪迹。最后一批尼安德特人的后裔于4万年前消失在西班牙的南海岸边。尼安德特人已经开始了艺术的表达，养老、扶伤、葬死等活动展示了他们的“心思”和社会能力。“智人”拥有的基本功，尼安德特人都具备，尼安德特人实际上已经就是“智人”。

当今人类的老祖宗演化为“智人”，大约是20万年前发生在东非的事，那时候，东非老窝里的尼安德特人早就扩散出去了。尼安德特人的体形，比我们这一支“智人”强壮。最近，从尼安德特人遗骸中提炼出一些DNA片段，通过分析显示，当今非洲以外的所有人群都沾了点儿尼安德特人的血缘。所有人都沾，唯独非洲弟兄没沾，由此倒可以推测，当今人类老祖宗是在扩散途中才跟尼安德特人结的亲。科学家们大致认为，这是两支共祖的人类之间的“杂交”，而不是像现代黄、白、黑人之间的通婚。

我们无从确知尼安德特人、直立人灭绝的原因，我们只知道，所有这些远亲的生活，都十分艰辛。他们很少有人活过40岁，而且族群不大、人丁不旺。尽管人类考古技术越来越发达，但考古工作者发掘到的远亲们的遗物，也不多。我们现在还知道，冰期的末期在4万—6万年前的时段，此时气候更加寒冷（7.4万千年前，印度尼西亚的多巴超级火山大喷发，那时连赤道地带也尝到“核冬天”的滋味），这导致了他们的灭绝。

很无奈吧？单靠老天爷的施舍过日子，兴旺或灭绝，其实只是运气罢了。

直立人延续了250万年，尼安德特人延续了50万年，但都没熬过这次冰期的严酷环境。如果这次冰期提早50万年或5万年结束，或许人类的演化会是全然不同的结果。

我们自己的老祖宗离开东非老窝的时间大约是7万年前，离开时他们配备了约1350cc的大脑、几件石器、几位伙伴。比直立人祖出走时强（直立人出走时大脑约1000cc），跟尼安德特人祖先出走时差不多。

这回，老祖宗们的扩散，最终成为地球的一大事件："智慧"终于产生了"文明"。

老天爷这次很够意思，地球冰期结束，气候"恰巧"在15000年前开始变暖，辗转辛苦落户各地的老祖宗们的日子好过起来，那个有"智慧"的脑袋瓜儿这才有心思搞点儿"文明"建设。现今人类的文明，最早的大致起始于1万年前，中国大地的、两河流域的、印度原住民的……，这是大自然赐予"智人"的一个机遇，而老祖宗们把握住了这次机会。

这一支"智人"在离开东非大裂谷的3万年时间内，迁徙至全球。落户各地之后，于1万年前各自开发出农业文明。而各地文字才出现5000年，人们就从石器时代跨入电子、太空时代了，还丢了原子弹……"智人"成为人类唯一存续下来的物种，而且文明起源之后，人口出现爆炸式增长，迄今翻了百万倍的数量级。

老祖宗们迁徙的故事
（4万—7万年前）

老祖宗们走出非洲的迁徙路线，分为陆路与海路，其实，这仅只是"走向内陆"或"沿海岸走"的意思。现在生活在各地的人们，他们的基因标记显示出的他们的老祖宗到达那地区的年代，跟当地考古的发现相当吻合。

那时候，老祖宗面对的真实环境有：路，是肯定没有的；植被嘛，看纬度呗，别忘了，那时候是冰期，秦岭以北，终年基本被冰冻。从这地区跳到那地区，就是两条腿走过去的。如果有溪河，老祖宗一定会善加利用，因为要喝水，河道边茂盛的植被，也意味着可以找到较充足的食物。

骑马，想都别想，那是5000年前才开发出来的高新科技。反正，几万年前的老祖宗们，那时看到马，第一个普遍反应是流口水（食物呀……）。

扩散途中，老祖宗们的生存手段：拾猎，随遇而安，捡什么就吃什么。

一股一股的小群落，每股20人不少，100人不多。跟狮群相比，狮子猎食的战斗力强些，对肉的胃口大些，通常每群也难得超过10只。人嘛，当然也有独占地域的动物本能，人多了就得分支出去，拜拜，通常就在附近占块地盘，落户。反正那时天地宽阔，整个东非以外的地球，都是新开发区，只要有食物资源，可以扩散得相当快，唯一的限制是分支要靠人口增长，而繁衍、养育小孩可快不起来。老祖宗迁徙的步伐，甚至不是一步一步来算的，而是一代一代慢慢扩散，促使他们往前走（没方向感）的动力，无非是水源和食物。

现实地说，那时的老祖宗们，路上是有碰到尼安德特人的可能性的（那时大约已没直立人了），或许会以竞争者的角度互相打量对方。尽管相似，但猎食非我族类，应该也算是人的动物本能之一（别奇怪，直立人的近亲，猩猩也猎食猿猴）。至于交配嘛，存续的本能应该也会促使那时稀稀疏疏的群落进行杂交吧。（远古人类遗骸并不多，可以萃取的DNA更有限，但今后的证据或许会改写“智人”、尼安德特人、直立人之间的谱系。）

通过追踪现代人群DNA里的特殊标记，我们可以知道，人群里沾有什么血缘，以及大致是什么时候沾到的。在相对分离的人群中，抽样、验血、统计、比较，追踪的效果就表现出来了。

从人类迁徙路线图可以了解到当今各地人群的DNA里头携带了哪些主要标记，以及迁徙扩散的时间点。剩下的，就需要让我们的大脑工作，思量老祖宗是怎么到达那里的。

注意，这个路线是按当下陆地与海洋的现状描绘的。在老祖宗迁徙出东非的时间点，7万年前，那时的海平面至少比现在低150米，甚至更低。今天台湾海峡的最深处也不过160米，所以，那时候，许多海岛与陆地之间、海岛与海岛之间是相通的。那时候，海南岛跟广西、越南北部之间的海湾，基本上是连通的陆地，即“北部湾”。

大约7万年前，有一批老祖宗大概是追随着猎物群向北缓缓扩散，不知不觉走出了东非老窝，到了红海最南端，跨过红海，到达了阿拉伯半岛的西南端——也门。这个过程，大概花了1万年时间。

相对于东非老窝的人，这批“失去联络”的族群身上有个基因标记，姑且叫作“世界标”，是他们离开东非老窝之后才拥有的。往后，正是这个“世界标”的基因，散布到非洲以外的全球各地。所有现在存活的非洲以外的人，百分之百都带有“世界标”，他们都是这批老祖宗的后裔。

可以确定，这批扩散的老祖宗在到达也门的过程中，又发生了突变，“世界标”族群里多了两个新的标记，姑且叫作“棕标”“黄白标”。后来有些人变成了“棕色人种”，有些人变成了“黄白人种”，加上原有的“小黑标”（小黑人种，Bushman，现在非洲仍有后裔），共有三支族群。因为他们已经远离东非老窝，时间和空间的距离，使6万年前的这批老祖宗变成过河卒子，回不了头了，于是，留在老窝里没出来的人，当然也就没机会沾上这些新的标记，东非老窝就依然是留守族群的天下。

一、海路迁徙

据推测，6万年前当今人类老祖宗大扩散的起始点，大概就是从今阿拉伯半岛南端的也门开始的。

首先，“棕标”族群跟其他人拜拜，一路继续沿海岸向东跨过波斯湾，沿伊朗与巴基斯坦南岸、印度西南岸，一路沿印度海岸扩散，进入今泰国、马来半岛、印度尼西亚、新几内亚，5万多年前到达澳大利亚，存活至今。

“棕标”族群走海路，免不了要搭个简单的浮具、筏什么的，浮具，只是增加机动性，主要还是沿着海岸线扩散，利用沿海资源，蚌贝鱼虾之类，吃完丢剩的壳，常常就是贝冢，成为前人“到此一游”的显著证物。淡水河口，生活资源丰富，经常成为前人的天然据点，借以溯河往上游扩散。这种经验，恐怕从直立人祖先开始就已经传承下来了。

“棕标”族群以沿海的便利与机动性迅速扩散，4万年前就已经落户今菲律宾、中国东南沿海了，3万年前一部分族群沿美洲西海岸向南到达洛杉矶附近（近来发掘出3万年前的人类遗骸），而整个美洲西部的太平洋沿岸（加拿大到智利）出土了许多1.5万年之前的人类遗迹与遗骸，其中有个完整的头骨，跟“棕标”族群的大洋洲土著具有同样的特征，而现代美洲“原住民”（印第安人）的祖先大约是1.5万年前才走过结冰的白令海峡进入北美北部的。

可以确定，4万年前，整个环太平洋周边都是“棕标”族群老祖宗的活动区域。今天，整个欧亚草原东部（今哈萨克斯坦以东，蒙古与中国东北地区、朝鲜半岛、日本等）的族群，基因里都有一定比例的“棕标”记。

历史上，沿海路来的“棕标”老祖宗是最早落户中国大地的“中国人”，跟现代中国人共同拥有6万年前的祖宗。

这并不奇怪，“棕标”老祖宗有海路机动的优势，又率先移入一个几乎没有竞争者的广阔地域，虽然当时仍处于冰期的高峰，严酷的气候也没挡住他们扩散的浪潮。“棕标”老祖宗移民亚太的2万年之后，走陆路的“黄白标”老祖宗才先后进入欧亚大陆，成为“棕标”族群最厉害的竞争者，“棕标”的印记渐渐被冲淡。现代中国人身上，“棕标”印记不到1%，印度南边人群也不到3%。比较纯粹的“棕标”后裔，主要就剩大洋洲原住民，以及少数亚太地区相对偏远孤立的山区与海岛。

“棕标”老祖宗扩散到亚太的同伴里，带有一支“小黑标”，人数较少，但他们的基因也扩散到了中国大地，出现在白马氐族身上。日本北海道的虾夷人，是有名的“小黑人”后裔，但已经混血混成“白人”了。（白马氐族，现称白马藏族，白马语中有很多藏词，但历史上的氐族算是羌族的一支，称为氐羌，而白马氐族还只是氐族里的一支。族群认同是人脑软件运作的结果，教化始终是最主要因素，血缘只提供最初的凝聚力。白马氐族，人数虽少，但男性“小黑标”的比例近乎100%，这说明他们很少跟外族通婚或生活在相当隔绝的环境中。）

二、陆路迁徙

留在今也门的“黄白标”老祖宗，6万年前跟“棕标”拜拜，缓缓走陆路向北边扩散，顽强地跟冰雪做斗争，那时候还没分化出黄人、白人。大约4.5万年前，他们扩散到了地中海东南海岸，如今的巴勒斯坦、叙利亚、伊拉克北边两河流域部分，就是今天的中东地区。

在那里，“黄白标”添加了几个突变新标记，他们先后向东、向南、向北分支，姑且就叫“东标”、“南标”、“北标”吧。这些标记，有点儿像黄人与白人之间的过渡型。

“东标”老祖宗，于4万年之前进入土耳其的亚洲部分（安纳托利亚），碰巧这就是欧亚大草原西端、黑海南边的广袤地区。欧亚大草原对人类史的重要性很快就发挥出来，相对平坦的欧亚大草原上的兽群，可以季节性地逐水草而居，直到中国东北。老祖宗本能地“逐兽而居”，食物链向东，他们也就一路向东，不多时就扩散到了里海、咸海之间的中亚地区，包括今哈萨克斯坦、乌兹别克斯坦、吉尔吉斯斯坦等地。这其实就在中国新疆、阿富汗、巴基斯坦门口了。

“南标”、“北标”，则分别从中东向南、向北扩散到伊朗、东南欧地区。

这样叙述可以让我们明了，为什么从东亚到欧洲，族群之间有那么多连长相都似曾相识的过渡，这是因为他们都是“黄白标”旗下的分支。

4万年前，扩散到中亚的“东标”老祖宗在冰天雪地里锻炼出竞争优势。他们必须面对极其严酷的气候，且可挑捡的猎物不太多，但只要动脑筋、加上团队协作，捕杀一只猛犸大象，足够一大伙人吃上十天半个月，营帐外是天然大冰箱，保鲜度高。

于是，适应呗，“东标”又添了两个新的突变。其中一个新标记的族群，于3.5万年前居然向更北方扩散，进入北极圈领域，完全融入冰雪世界里生活。当然，也可能是追猛犸象追到方向迷失，幸好发现了麋鹿群，索性就此成为麋鹿部落。他们后来在极北地区追随猎物向东，于2万年前扩散到西伯利亚，甚至进入美洲（1万年前）。

另一支新标记的族群选择向南，于3万年前进入印度，居然跟“南标”会合了，成为古印度、古伊朗族群的主体血缘之一。虽然现代印度人另有后来居上的来源，但历史上印度从来就跟伊朗、巴基斯坦、阿富汗黏在一起。

“东标”老祖宗里，显然有一支很早就分支往东南方向走，大概猎物群没有笔直穿越新疆到河套，于是这一支老祖宗岔进印度北部，向东进入泰缅地域，在那里发生了一个“黄标”的突变，从此东亚黄种人出现了。

“黄标”没浪费什么时间，最迟在3.5万年前就进入了越南北部湾，并扩散到中国两广地区。显然，东南亚到华南、东亚是讨生活的好地方，亚热带和温带呗。

到达中国地域的“黄标”陆路老祖宗，继续向北扩散，大约于2.5万年前到达中国东北地区，渐渐成为中国人的基因主脉。在这途中与现代中国人群血缘最接近的应该就是越南北部湾以及泰、缅的人群了。

真真是无巧不成书，几乎就在这3.5万年前同一时段，“东标”那分支向北走的族群里，也突变出“白标”，从此白种人出现了。

“白标”也没浪费什么时间，他们迅速跟东向往西伯利亚扩散的族群拜拜，就此向西，从欧亚大草原的西边经过乌克兰与东欧，大约于3万年前，扩散到达欧洲，也渐渐成为欧洲人的基因主脉。

以上叙述，当然只是大致的图像。在地球冰期中，以石器时代的技艺实现生存与延续，绝非易事。老祖宗以小群落的方式，随机迁徙、扩散，留下许多史前时期的痕迹，现代人及现代人的前人，都是那些幸存者的后裔。

古早时期的“中国人”
（约1.5万—4万年前）

到此为止，分子基因学的方法已经给了我们非常具体的推测：最迟在4万年前，“棕标”老祖宗已经散布到中国地域，最迟在3万多年前，“黄标”老祖宗也扩散到了中国。这个推测的误差不大，因为中国之外，还有许多发掘出来的物证和关联人证，如中亚、东南亚、日本等的考古发现与测年。

并且中国现象也跟世界各地同步：中国的人类学考古，正好在4万—10

万年前的时段是个明显的断层，历史一片空白。原因很简单：上个冰期，就是在那个时间段，直立人和尼安德特人被淘汰出局。这一现象表明，现代中国人不是他们的后代，当今全人类都不是。我们只是他们遥远祖宗某一分支的后裔，幸或不幸，我们远亲所有其他分支都断了香火。虽然可能掺杂了些许尼安德特人的基因，但我们“智人”是人类仅存的一支物种。

中国大地的人类史十分清晰：我们只需要集中注意力到距今 4 万年以内留存下来的物证——晚期的旧石器，就可以找到充分的证据，这些都是现代中国人的老祖宗的遗物。

实际上，在中国出土的 4 万年前的人类遗址有两个地点，但都需要进一步认证。

1. 广西柳江。当地出土了一具相当完整的头骨，年代被鉴定为 5 万—7 万年前，脑容量达 1500cc，远超今人。附近还有个白莲洞遗址，溶洞里的堆积遗物，从石器到陶片，涵盖距今 3.8 万—7000 年前一大时段。物证确凿，但关联的人证可疑，这个“柳江人”似乎有个太过超前的大脑袋瓜儿以及太早的年代。

2. 中国香港西贡海边的黄地峒遗址。当地出土了 6000 件石器，只靠地层测年，估计约在距今 4 万年前。需要的关联人证，大概躺在海面下，冰期的这里，跟大陆是连接的，遗址边的海底是从前的山谷，而人类至今还喜欢住在山沟沟里，比较容易取水呀。

从逻辑上讲，沿海岸线路迁徙的“棕标”老祖宗，既然在 5 万—6 万年前就已经落户大洋洲；3 万年前，更已落户美洲西岸（包括今加拿大、美国）；并且在今中国东北地区、内蒙古草原，留下基因印记；十万八千里都走过来了，断无不向中国内陆扩散的道理。然而，整个中国，却极其缺乏物证……

实际上，大洋洲与美洲太平洋沿岸的“棕标”老祖宗，同样也奇缺物证，香港考古碰到的问题，是“棕标”人祖沿海岸线扩散的结果。海路扩散，习惯倚海为生，人证的遗物，被“地球暖化”给做掉了。环太平洋地区，“棕标”老祖宗曾经有过的风光，恐怕非得做海底考古不可，因为现在的海平面至少比 4 万年前高出一百多米，“棕标”沿海岸生活的据点都淹没在一百多米深的海底了。

1 万—4 万年前的前人遗迹，出土的物证相对较多，旧石器有上千件，骨器也不少（吃剩的猎物骨头有万件之多）。

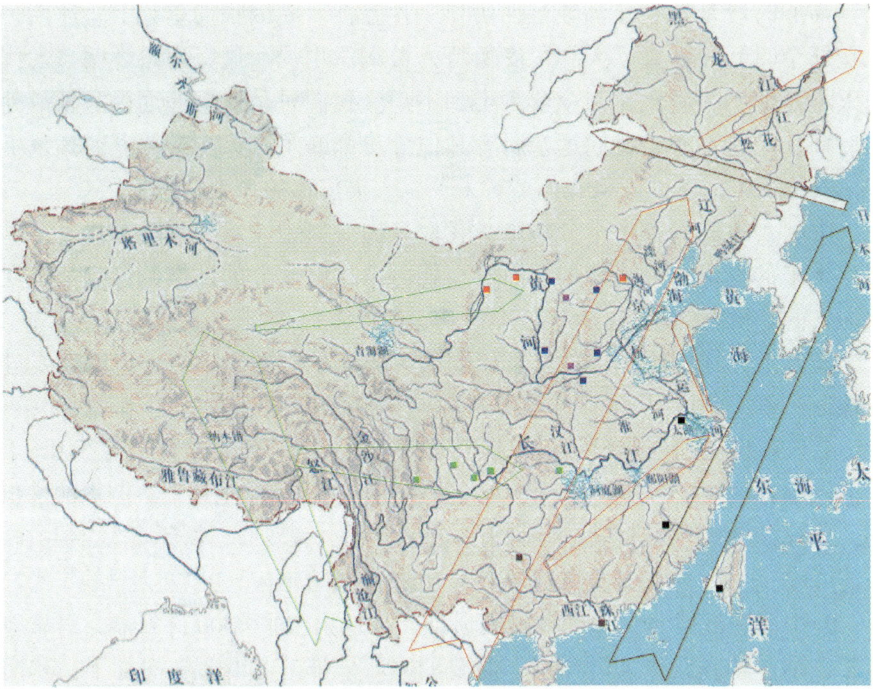

■3.5万—4万年前 ■3万—3.5万年前 ■2万—3万年前 ■2万—3万年前
■2万—2.5万年前 ■1.5万年前 冲积地区

1万—4万年前老祖宗在中国大地的遗迹分布图

遗物仅指有幸被保存下来，又有幸被人们发现，还得更有幸地可以被辨识、被测年的部分。比如，人们在路上捡到或在黄泛区（黄河泛滥是地球现象）里找到一件旧石器，若没有关联人证（骨骸），又没有可以佐证的堆积层资料，光靠跟已知的旧石器比较，它产生的时间范围可以是从200万年前跨越到1万年前。因为在长达250万年的旧石器时代，人类制作石器的技术改进相当有限，许多形态的石器（手斧等）从直立人沿用到早期智人。所以，需要严谨的考古学来确定它是什么时候被人为加工成器件的。

有关依据主要表现在以下几个方面：

1. 根据近年来对许多基因标记的追踪，可以确定中国东北地区相对孤立的游牧或森林部落，主要是“黄标”的血缘。（有些混有“棕标”。）

如今中国华北以南直至印度尼西亚，几乎成了“黄标”的天下，“棕标”被边缘化到今大洋洲、新几内亚等零散地区。但“黄标”大扩散，是1万年内农耕之后才发生的，这是人类史上显著的科技（文化）竞争力带来的效应，足以令“棕标”在万年内被边缘化。这是比较不血腥的说法，据说尼安德特人也是这样被灭绝的。血腥的例子发生在三四百年前的美洲，北美原住民——印第安族群，基本上是被屠灭的。这是后话，不表。

东北的“黄标”记显示：“黄标”老祖宗大约在2万多年前，已经在东北落户。游牧诸部，所谓“通古斯”诸部是“镶黄旗”，有别于中亚游牧诸部的“镶白旗”。欧亚大草原各族群血缘的交界线，大致也就在今中亚一带。

现今华北平原以南，连我国台湾山地里的“棕标”都不大显著，但整个华南有一丁点儿“棕标”记，虽然不大，1%内的数量级，却是“棕标”老祖宗存在过的证据。

2. 基因证据显示，3万—4万年前从越南北部湾扩散到两广、贵州的“黄标”老祖宗，是侗傣族系（黎、侗、傣、壮、水、高山、仫佬等族）的源头。他们继续向北分支，在距今2万—3万年前的时段，先后到达华东海岸（吴越先民），再进入山东（“东夷”先民），这些，统称为“百越”。最北到达松辽，成为通古斯的一部分。

另有一支“黄标”老祖宗，也许没进越南北部湾，而是从泰缅进入云贵，沿云贵北上，大约于2万多年前，分了一支向东进入两湖地区，成为苗瑶族系先民。继续北上的人群，最后落户在甘青高原，成为羌人。6000—8000年前，羌人分化出一个新的基因标记（汉标、羌汉标），他们分支往东从甘肃进入黄、渭水系，继续向东扩散，成为“汉”人老祖宗。大约在3000年前，另外一支羌部落，分支向西南扩散，进入西藏，跟早到的人群融合，形成今天的“藏”人。

这些证据表明，汉藏族裔跟羌族裔血缘最接近。而且，分支的时间不太久远。

面对现代DNA科技的微细侦测，人们必须重新设定自己以前的认知。

3. 或许今后还将陆续发现1万年之前的遗址，但早期中国老祖宗的共通性非常明显——几乎都是穴居遗迹。这说明，他们的前人也是这么过活的，他们的生活手段当然是被教出来的：旧石器、火堆、兽骨。辽河口的海城遗址出土了大量旧石器，缺乏关联人证（大多数遗迹都是这样）。

我们一定要记得，那时老祖宗们过的是拾猎生活，一群人四处游荡觅食，人口不达到一个程度，附近的资源不匮乏到一个程度，他们是不会分支的。

4. 从2.5万年之前的老祖宗遗迹里发现了有几个重要线索：

（1）北京附近周口店的山顶洞人，有3万年的历史，出土了八具遗骸，以及穿了孔的兽牙，这明显是

装饰品。这些老祖宗似乎已经懂得墓葬。另外，根据形态学分析，笔者认为男性带“黄标”特征、女性带“棕标”特征。（虽然不能确证，但对全球少得可怜的远古遗骸而言，是难得的参考了。）

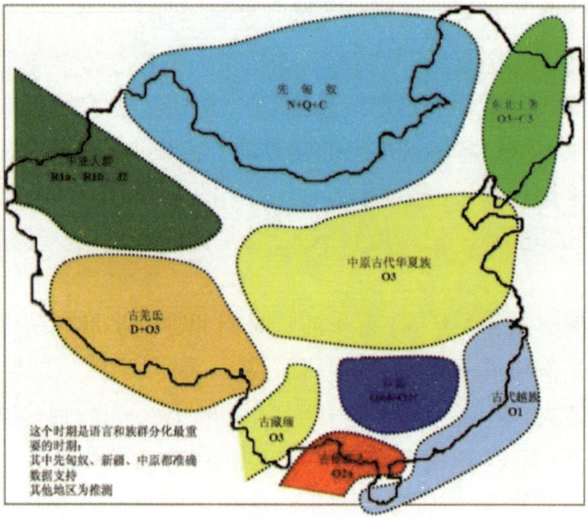

商周时期主要的人群分布

（2）山西朔州峙峪村，出土了 2.8 万年前的燧石箭镞（类似箭镞的东西），重要的是，朔州的地理位置已经很接近河套与鄂尔多斯草原边上，而朔州的这些旧石器，与华北其他地区发掘出来的旧石器似乎有关联性。

根据考古学界的分析，华南与华北的石器有共性，但也各有一点儿“地方特色”。考虑到南北气候、植被、动物的不同，会造成适应上的差异，同一时段，南方的石器往往不如北方精巧，因为北方更干旱更寒冷，打猎成为北方老祖宗们的生存必需，他们更讲究对工具的使用。

（3）宁夏银川（灵武）水洞沟遗迹，出土了大量的旧石器，时间在 3.4 万年前左右。考古界认为，其中一些器物跟中亚其他类似年代的旧石器同属一个类型。但一些器物又明显属于东亚特色，为中亚所没有。

5. 华南广大地域，有我国台湾、香港、广西柳江、福建三明、江苏镇江五个遗迹点，跨度 2 万—4 万年前，足够说明老祖宗们的存在了。

实际上，湘桂赣地区，1 万—2 万年前的遗迹有好几个，最迟在 1.2 万年前，生活在那里的老祖宗们已经开始栽培水稻，当然也制作简单的陶器，因为稻米须煮熟来吃。虽然如此，人们那时主要仍是过拾猎过活。

6. 年代再晚些，器件制作越发精细。工艺的进步反映了老祖宗们生活上的适应和演化，比如在石器和骨器上穿孔，首先得制作石质的钻具，而显然作为装饰品的穿孔兽牙、兽骨显示他们已经存在审美的需求。

以上“考古加基因”，证据足以确定中国人的来源。

老祖宗们从非洲迁徙到世界各地的过程中，分支出各色族群。大约 4 万年前，“棕标”族群最早到达中国沿海地区；大约 3.5 万年前，“黄标”族群的百越进入华南并向北扩散到达东北地区；大约 2.5 万年前，另一支“黄标”族群，进入云贵川，分支出苗瑶（进入两湖）与羌（进入甘青），之后，大约 8000 年前，羌族分支出汉族，汉族群向东进入了中原地区。另外，大约 3.4 万年前，有一支“白标”族群进入了河套银川地区。

这就是古早中国人的基因库。

中国老祖宗们的生存故事

早期的中国人是“智人”老祖宗们随机扩散到中国的结果，本质上，跟直立人、尼安德特人的扩散没什么不同。各凭本事，各奔前程，各自适应新环境，各自演化出差异性，到处都有石头、植被、猎物、水，这是靠基因本能的自然扩散。

1 万年前，是古人在整个石器时代的谋生故事。我们的老祖宗，直立人和尼安德特人的老祖宗，都经历了同样的石器拾猎的生活方式。他们的“文化”——石器文化，尤其是旧石器文化，经历了漫长的 250 万年之久。直立人、尼安德特人、“智人”，也许还有我们现在还不知道的其他分支的人类物种，就在旧石器文化的平台上，在地球的冰期里煎熬。

可以确定，“智人”老祖宗们从东非老窝觅食、摸索、迁徙、扩散的过程中，强化了群体与工具的开发。相应的软体演化，如语言，一定越来越复杂，才可表达清楚、沟通明白；器件的设计或对超大型动物的围猎（如猛犸象）也一样，需要许多代人的积累与传承，才会掌握和突破其中的技巧。

扩散到了中国大地的东亚老祖宗们，生活依然相当艰辛。中国地区的温带气候不无助益，老祖宗们凑合着生存，延续着族群，人口应该还有所增长。分支扩散到各地的族群，就地发展，到距今 1 万年前，连语言也不通了。这跟当时其他地区的老祖宗们，是完全类似的情况。

只要能适应，熬得过去就行，那时候的老祖宗们不会想到谁会是亚洲人或欧洲人等的祖宗爷，能活着就不错了，哪有闲工夫理这茬事儿？何况，那时哪来的国界？基因证据也显示，直到几千年前，东亚老祖宗们多次回流东南亚，东南亚老祖宗们也多次进入云贵地区。迁徙自由呗，欧亚草原的老祖宗们就更不用说了。

熬到 1.5 万年前，碰巧气候开始变好了，猎物多了，日子踏实了，一群人里多添了人口，拾猎活动范围里的食物不够了，分支呗。怎么分呢？男男女女、老老幼幼的，老人是宝，活得长，经验就是智慧，是那时人类族群的命根子。于是，大致分一分，同样血缘的几个女系（母女、姐妹等，彼此比较熟悉）带着她们的孩子（小孩认娘不认爹，爹又没奶水可喂），跟几个老中青男人（未必是孩子的父系）拜拜，分支走向未知的未来。这个类似其他哺乳动物的母系社会模式，全球各地的老祖宗们都走过同样的演化（中国人最早的“姓”，“女人之所生出”，都带“女”字边，姬、姜、姒等。而全球各部族早期的“神”，大半是女神，这些都是古早母系社会的遗存）。老祖宗们长期居无定所，就是活脱脱的一群“人兽”。洞穴，自然是相对比较安全的栖息地点。

复合性的石器或骨器的组装，钻孔、打磨工艺，早期中国人大致在 2 万—3 万年前就实现了。语言、饰物、岩画、墓葬，从简单到复杂。软体开发，使硬体精密化、艺术化，在可取用的资源范围内，做到实用与审美。这些，不独是早期中国人演绎的事儿，世界各地其他标记的老祖宗们，无不做着同样的演绎。天道之下的人道，是共通的。人性，也是共通的。

基因和血缘的分支——标记，对早期人类而言，其实并没那么重要。分割族群的主要因素，是空间的距离加上时间的距离（交通不便）。一旦分支，各自适应环境，各自开发不同的生活方式与文化，尤其是语言的开发，族群间的沟通便渐渐疏离、绝缘了。

这里，提个想象空间，作为小结：

宁夏银川水洞沟遗存里，并存着东西方特色的旧石器，是东边的老祖宗扩散到此，碰到西边的老祖宗，学会了他们的武功？还是，正好反过来？或是，两支老祖宗，在此共同混居，一起生产出兼具东西方特色的石器？这是个大疑问，我们不知道答案。

若以现代国家的地盘角度来琢磨，这事儿怎么会发生，较难理解。水洞沟成为孤证，水洞沟大量的细小石器，似乎供应给距离这里不远的“河套人”，是古早的交易行为吗？

但是，如果从“黄白标”游牧民的角度来看呢？（4 万年前的老祖宗们本来就是游牧民！）

显然，中亚老祖宗要摸索到河套，天山是障碍，额尔齐斯河谷是捷径。应该不会比绕道东南亚慢，到达的概率还更高些。不论怎么说，那时的老祖宗，迁徙是他们的习性。

因此，3.4 万年前东亚老祖宗与中亚老祖宗或许真的在水洞沟附近一起并存、混居了，我们不能忽视这个可能性的存在。

中国新疆、中亚地区、巴基斯坦、印度北部，在历史上一直就是东亚与欧洲之间的交通要道，老祖宗们在这一地区生存，其后裔演化出众多族群，从来没有确切的国界概念，直到 20 世纪初。

不仅游牧民族如此，后来务农的汉民族也同样如此。国界是人类社会制度下现代国家的产物。在游牧民的生活区域内，赶牲口时得带上“护照”，过关要交税（好几道关卡呢），完全违反人道与天道，非常不自然。

后来，中国、印度、伊朗、希腊、罗马、埃及的人群，渐渐定居成为农民，发明了文字，他们之间的交通路线，各地记载下来的，明的是“丝路”；其实，没有文字记载而为草原部落熟悉的，老祖宗们与邻居们口口相传下来的、暗的“丝路”，正是俄罗斯南部欧亚大草原上遍布的大小河川，沿用了几万年，只有历来的游牧民依稀知晓。

不然，4000 年前新疆罗布泊沙漠里，楼兰故地的“小河公主”白人部落怎么来的？ 2000 年之前新疆到北印度之间，“西域大小佛国一百”的族群，明显多有中亚老祖宗的基因，又怎么来的？

更后来，汉民族跟紧邻的北方游牧民族闹冤家，后来的“中国人”似乎直到现在还闹不明白，游牧的各个部落咋回事儿。简单说，大草原东边混了的“棕标”、“黄标”，是“镶黄旗”，西边原本就是“黄白标”老祖宗，标记一直就在黄白之间，“黄标”少了，就成为“镶白旗”。

草原的生活方式——游牧，原本就是欧亚大草原上的族群对自然环境的最佳适应，大草原上，游来游去，从来都是通的，人群、信息与货物都通。所以，“镶黄旗”出身的匈奴、柔然、突厥、蒙古“西征”，搭上欧亚大草原快车道，从大草原西端的乌克兰进入欧洲，是游牧民的天经地义。老祖宗们曾经经这条路向东进入中国东北，气候适宜了，后代偶尔经这条路回去，如此而已。这些后话，下文再叙。

这里先铺垫一下草原与游牧民族，因为即便要了解中国的远古时代，也需要“世界观”的视野，才会更明白真相。

现代的地球人，该有个更大的标签，比“国家”“民族”更大的标签。

毕竟都是“智人”老祖宗的后裔，不过是生长在不同的地域，背上不同的被教育出来的文化习性和意识罢了。

第二章　“三皇五帝”与夏、商、周三代

（2800—1 万年前的事儿）

在文字符号发明之前，人类族群的历史主要依靠口述，口述的内容，一是靠前辈口传下来的故事，二是靠当时人们对事物的理解，三是靠讲故事的人的记忆、口才和情感。

传统中国历史记述四五千年之前的事情，跟人类其他族群一样，这些“历史”充满许多神话与想象的传说，传达模模糊糊的信息。

2000 年前，当司马迁写作第一套中国通史——《史记》的时候，他当然无法考证传说里的故事内容的真实性，司马迁只能根据自己收集到的传闻，比较系统地把没有文字记载之前的历史传说整理成文字。实际上，在司马迁之前的 1000 多年里，许多当年的“知识分子”已经记录下各种传说，分散在各类文书里，给司马迁提供了些许判断的依据。

西汉中期之后（公元 1 世纪左右），那时候的中国知识分子已经懂得了比较科学的文献考据方法，其实就是下死工夫去做资料的统计和对比，包括中国文字的演变，因此还原了许多古籍经典的原来面貌。

司马迁记载的“三皇五帝”，现代人迄今未找到任何物证，无法证实黄帝或神农或伏羲，到底存在或不存在。我们当然不能批评 2000 年前的历史记述者不够精确，这跟嘲笑古人不会用电话一样荒谬，那时候，他们还不懂考古发掘。

人们曾经一度怀疑夏代和商代的存在，但 20 世纪之后的考古发掘，证实了《史记》里与商王朝相关的大部分记载。对夏王朝的考古发掘，仍在继续，已确定了夏代的存在，只是还未能确定夏王朝都城的位置。夏、商、西周三代的文物已经出土很多，许多事件的确切年代还未能完全肯定，主要是不知道那时候古人纪年的方法，但估计误差应该也就是 50 年以内，对大于 3000 年前的史料求证而言，是没有问题的。

2000年以前，中国人就懂得考据，并且懂得收藏古董，却始终没有发展出考古学。这跟李约瑟提的“中国人为什么只有科技，没有科学”是同一类的课题。

公元前770年，西周王朝东迁之后，叫作“东周”，中国实际进入“城邦”时代（春秋战国），文物、记录、书籍相对留存较多，年代确切，史料也丰富。

但东周之前的中国人的历史，记述模糊，我们需要跳出传统史书的框框，以现代考古的众多发现为主，重新描绘这段遥远年代的中国人的历史。

农业文明在中国的兴起

（约9000年前）

“智人”老祖宗们，千辛万苦，先后落户到了中国大地，扩散在相当辽阔的土地上。到了1万年前左右，各地站住了脚跟的东亚老祖宗后裔们，明显感觉到气候暖和多了，那时在沿海生活的，必定感觉更强烈，因为海面不断伸进陆地，就是那时期的“海侵”现象，地球暖化呗，海平面比从前大概高出150米（我们需要怀疑，人类真有这个数量级的力道，让地球暖化？恐怕是资本化的大企业或政治炒作。环保，绝对应该，但扯地球暖化，未免高估“智人”的能力了）。

海侵，当然不是瞬间发生，是连续数千年地球升温的结果。这结果，当然也不会仅只反映在海平面上升这个单一现象上。全球气候变化一定相当诡异，至少不是那个时段各地老祖宗们习惯的，或他们被教导的、被传说的那种气候，气候变得更潮湿更多雨，虽然植被与猎物更充沛，但暴雨、山洪大概牺牲了不少老祖宗。于是，又一个几乎全球同步的自然现象发生了——洪水。对洪水的恐惧，深烙在人类许多族群的神话与传说里……

估计，好日子必定带来族群人口膨胀，每个群落的人口数也增加，也许达到千人的数量级。人群所需要的人际沟通与协调更加频繁，刺激人的智力、技艺、语言、组织、管理、计划、算术等的提高，软体能力大大增长。语言强化了沟通，等于把众人的脑力联网、积分，工艺的学习与传承，更加容易，出现了半定居或定居的聚落，从而发展成为后来的“文明城邦”。

目前中国最早的聚落证据，有9000多年的历史，出现在湖南澧县彭头山（在湘北，洞庭湖周边），距湖北、四川不远。土台与环壕的聚落地，有住屋柱洞、大量人工栽培的稻谷及墓葬遗存，还出土了编织的芦席和烧制的陶器，并且出现了驯化的牛、猪、鸡家畜和家禽。这些都是原始农业、定居部落的表现，大量野生兽骨和野果采集的存在则表明，老祖宗在迈向农业的过渡生活中仍然有浓郁的拾猎痕迹。

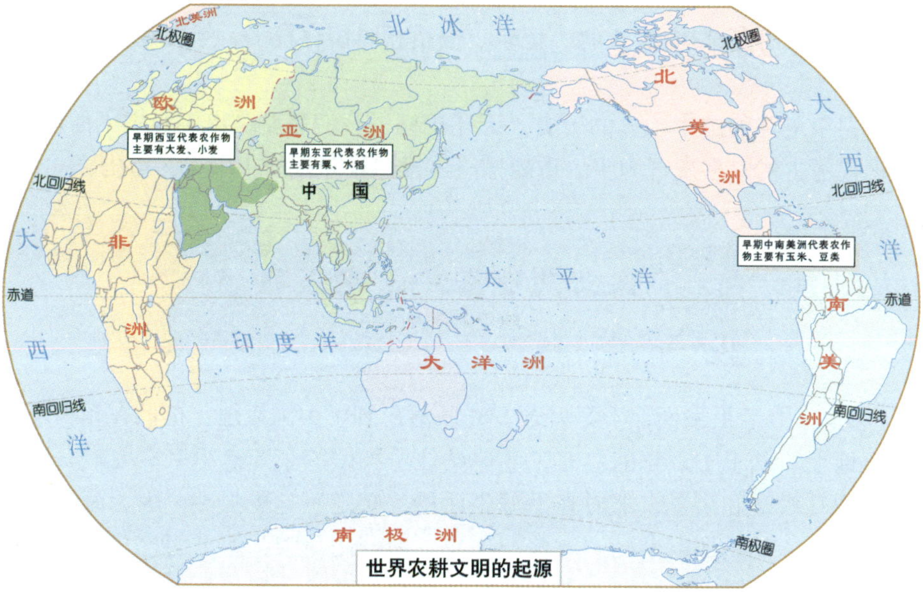

世界农耕文明的起源

同时，伊拉克北部的两河流域（就是两条河之间的美索不达米亚平原），也出现了村落遗址。西方老祖宗也经历类似的，从拾猎迈向农业的过渡时期。只不过，他们种大麦、小麦，家畜为山羊、绵羊。那里气候远比湖南干燥，当地的欧贝德人很快就懂得了开发灌溉渠道。

“定居”“农业”，显然需要先决条件：除了煮食必备的陶器之外，还必须有驯化了的动物和栽培的植物。这又是个漫长的摸索，需要许多代人做好铺垫，而湘桂赣的原始先人早已开始人工栽培水稻。美索不达米亚两河流域，欧贝德人的原始先人，也是在大约1万年前驯化了动物和栽培植物，而野生小麦的原型还是中亚来的（人类最早的种植，也许发生在中亚的“绿洲”地区，并且欧亚大草原一直是连通的）。

农业，是1万年前人类的“高新科技”。标志着我们“智人”与所有其他原始人真正分道扬镳，跟石器拾猎时代的生活告别，进入定居的陶石农业时代。

相隔十万八千里的亚欧洲老祖宗们，同时迈向农业定居，巧合吗？当然不是。

逻辑上来说，智力的演化，需要人群数量大到一定程度，数量级有了，概率总会带来量子飞跃的机会。人是群居动物，很需要相互“脑力激荡”的。而老天爷给的暖气候，带来了机遇的时间点。

直立人与尼安德特人的群落，估计始终没能壮大到超过 100 人的门槛，这或许才是他们灭绝的直接原因。靠脑力谋生的“人”，碰到了瓶颈：智力开发，需要人数的巨大。

群落人口数不增长，智力发展会相对迟滞，“智人”的丛林部落似乎为此提供了证据。

农业起源不单亚欧洲同步，即便在中国大地，南北方也几乎同步：8000—9000 年前这时段，河南（郑州、洛阳一带——中原）、陕西（南邻四川的汉中——关中）、河北（邯郸，冀晋豫交界区）、山东（鲁东的淄博——后李、大汶口）都出现原始农作物——粟。家畜和家禽有猪、鸡，甚至有驯化的鸽子。这些就是后来黄河流域中下游的古老文明的起始。

浙江杭州南边，萧山跨湖桥出土的人工稻作谷粒，距今有 8000 年的历史；独木舟，历史更在 9000 年以上。实际上，宁波到杭州之间的绍兴嵊州，也有 9000 年前的聚落痕迹，随后的 1000 年，宁波、嘉兴、杭州等地的河姆渡、马家浜、良渚文化涌现的，已经是相当成熟的农业部落。这些，连同湖南彭头山地区，就是后来长江流域中下游的古老文明的起始。

在 4000—9000 年前，正是中国人群从拾猎生存转型到农业社会的时段，也就是司马迁《史记》上记述的“三皇五帝”时代。别忘了，司马迁虽然忠实于历史记述，限于当时他能活动到达的汉王朝领地，他能听得到的传说，主要也就只限于距他 2000 年前黄河流域的老农口口相传下来的故事。

要知道那时候的科技“交流”是很困难的，比如，黄河流域派人到彭头山学习，或彭头山派人到华北各地传授经验，那是不灵的，老祖宗们，甚至不知道彼此的存在。如果是彭头山的人扩散到华北，那就更加难以想象，先要适应气候，还要培育粟种，那时的 1000 年不够用啊。

农业“高新科技”在那时遍地开花（印度也有），是因为必须各自开发种植的、豢养的东西。如此这般“巧合”，还是老话：人道是天道的一部分，人性中的理智是共通的，老祖宗们遗传下来同样的脑袋，各自把智力演绎于身边的应用罢了。

中国初始农业的遗迹，根据现代考古发掘，大致标示为五大“文化圈”，代表 5000 年之前平行发展于中国各地的农业文明（考古界的命名，通常是率先被发掘的地点沾光，年代更久远而被发现较晚的地点“吃亏”，但这些仅只是标记而已）。

这些早期文明，可以当做是“你不可以不知道的中国史前史”的数据和印象部分。那时的气候比现在暖和5—10摄氏度，但人们还没搞清楚地球温度这方面的规律。

其中，仰韶—大汶口文化圈：黄河中下游，粟为主要作物，西边也种稷黍。

马家浜文化圈：长江下游，环太湖流域，种稻类，多粳稻。

大溪文化圈：长江中上游，两湖、四川，种稻类，多籼稻。

红山文化圈：辽河上游，特殊的玉器文化，以拾猎为主，但6000年前也种粟了。

大坌坑文化圈：东南沿海，特殊的绳纹陶器文化，但5000年前即开始消亡。绳纹部落，或许跟“棕标”有关。后来发展为几何印纹陶器，影响及于南方各地，以江苏南京附近的“湖熟文化”为代表，时期基本上与北方彩陶平行。

从遗迹分布可以看出来，5000年前的代表性遗址，不复出现于红山与大坌坑区域。换言之，4000—5000年前的这个时段，发生了某些历史事件，促成了此后相对一致的“中国特色”。但一段时间的空白，并不表示灭绝，因为他们在随后的3000—4000年前时段，以更精彩的形式呈现，比如，绳纹演变出各式几何印纹陶器，广布几乎整个长江水域。

根据考古界对遗物的比较和考证，4000—9000年前的中国发生了下列状况：

一、黄河下游：山东，大汶口文化在6000—8000年前大行其道，大汶口彩陶辐射状传播到了晋、陕、豫、鄂、苏淮、辽东。

代表作：1. 6000多年前，开始了夫妻合葬，确证进入父系社会。

2. 多座5000—6000年前城址，城、郭、壕、门，形制明确，成为中式规范。

3. 陶、玉进入专业分工阶段，薄黑陶工艺达到极致。

4. 大汶口彩陶纹饰，迅速流行到河南的仰韶文化圈里，并散布南北，成为当时的文化“时尚”。

大汶口文化，按年代依次为后李、北辛、大汶口、龙山。

淄博，后李陶釜

泰安，北辛陶器

泰安，龙山黑陶

泰安，大汶口玉器

山东，泰安，典型的龙山彩陶

二、黄河中游：河南，从7000年前开始，仰韶文化盛行，受到大汶口文化影响的彩陶，更向西传播到了黄河上游的甘、青，在那里（马家窑，4500年前），彩陶文化达到极致。随后，彩陶整个“产业”消亡。这是拼出中国上古史的重要线索。

代表作：1. 玫瑰花瓣艺术化的几何图饰，是华山脚下、中原“华族”的标记，“华族”的各个氏族都有自己独特的花纹。

2. 至迟在5000年前，开始出现文字符号雏形。

3. 墓葬的规制与陪葬品差异很大，显示出开始出现社会等级。

仰韶文化，按年代依次为裴李岗、磁山、仰韶、庙底沟、马家窑。

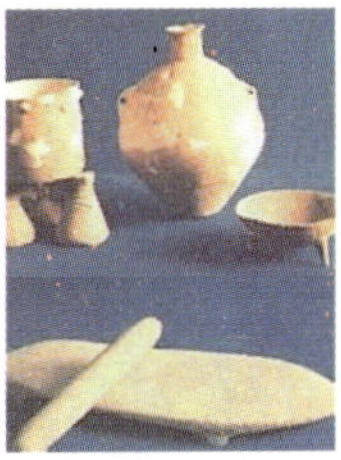

河南，新郑，裴李岗石磨盘、陶器

甘肃，秦安，大地湾彩陶

河南，渑池，仰韶彩陶

河南陕县，庙底沟彩陶，有龙山风貌

庙底沟陶灶

甘肃，临洮，马家窑彩陶

重复出现在马家窑彩陶上的文符

三、长江下游：浙江，环太湖流域，自 7000 年前开始，马家浜文化大放异彩。这一地区跟早期山东的发展类似，比较集中。但至迟在 5000 年之前，影响力也扩散到了苏北。苏北、皖南是马家浜文化和大汶口文化的融合区。

代表作：1.6000 年前，就开始有了榫卯结构的木造建筑，成为中式木工规范。

2. 手工业发达，已经有纺织、漆器，精工细作，蟠螭纹饰后来风行全中国，成为典范。

3. 陶器的鼎、豆、盉，玉器的琮、璧（礼器），发展成为中式典范。

4. 筑城不如大汶口文化，但排水、灌溉的布局严整，成为中式特色。

马家浜文化，按年代依次为河姆渡、马家浜、良渚。

余姚，河姆渡猪砵

绍兴，马家浜陶鼎、豆

杭州，良渚黑陶

良渚石刻纹饰

良渚玉琮

马家浜镂空黑面陶

马家浜玉玦

四、长江中游：湖北，大溪文化，实际从稻作源头的彭头山开始，这一地区文化扩散较慢，但也在5000年前铺开到了四川（成都平原）、重庆，以及两湖、江西。陶器明显受大汶口文化影响，但薄胎素陶，甚至仅只一毫米厚，当然，也有自身的特色。

代表作：1. 连根拔起、铺开晾晒的稻作收获方式在当时是“行业标准”，马家浜文化区也用此类似操作。

2. 有专业捏陶塑小动物、小人物的作坊，也雕刻类似的玉器，用作祭器与葬器，有明显的“巫风”。

大溪文化，按年代依次为大溪、屈家岭、宝墩。

川东、鄂西，典型的大溪彩陶

京山，屈家岭陶纺轮

屈家岭陶瓮

屈家岭小陶塑像

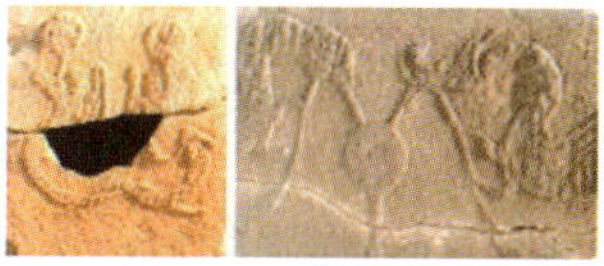

成都，宝墩彩陶印纹

五、辽河上游：辽宁、赤峰、科尔沁草原，红山文化，其实是6500年前，在已经积淀几千年的原始宗教上，发展出来的玉石文化。那里的玉器，作为祭器与礼器，主要是为祭师和族群的上层服务的。在原有的管理层出现祭师，在拾猎人群里头出现玉匠，显示当时社会的分工与分化，组织力无疑是增长的。

红山文化扩散到辽河出海口，那里出土的文物有半农半牧的特征，已经具备大汶口的因素。多半是两者的混同（包括血缘）。

代表作：1. 雄伟祭坛，大型人面陶塑，阳具崇拜。

2. 祭师或领导人的大墓葬。

3. “龙形”玉玦（大“C”字形玦，大开口的一端带马、猪等动物头型，另一端刻意做成各式尾巴形状），而同时期中国内地的玉玦，都是简单在玉环上开个整齐小缝口。

4. 把玉用作饰物，如耳环。

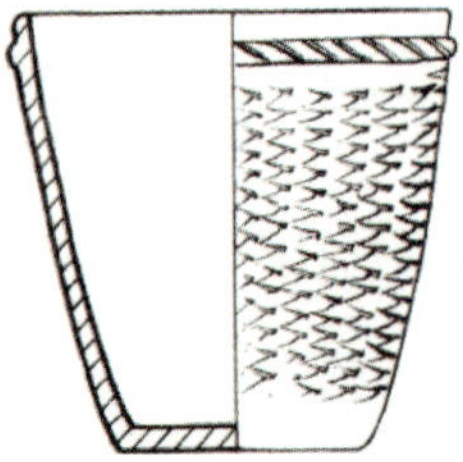

赤峰，兴隆洼的玉玦、印纹陶罐

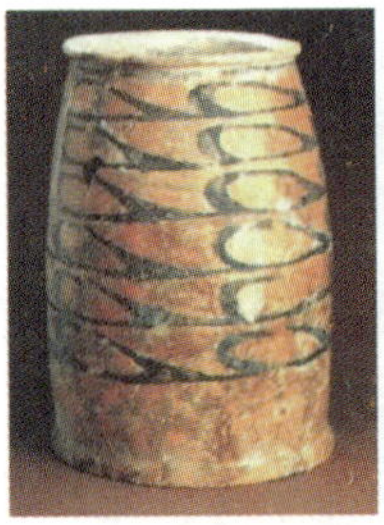

牛河梁的彩陶

牛河梁彩陶

C形玉“龙”

牛河梁陶塑人面

猪头玉“龙”

农业文明在中国各地演进，这状况的背后，我们必须记住，人类从 1.5 万年前的石器拾猎时代过渡到 9000 年前的陶石农业时代，本身也是对逐渐暖化的环境的一种适应与演化。在相对成熟的农业来临之前，以当时群落人口的数量、装备、积蓄、知识、组织，史诗般的、有移民意识的迁徙，是不会发生的。从某一点开始，慢慢地填满周边，绕过障碍，向四面八方扩散。

传说的“三皇五帝”时代
（约 5000 年前）

比较中国各地区的出土物证，可以看出在农业文明伊始，多样性就已经出现了。既然农业化了，人群生活在更加固定的空间范围里，族群之间发展出差异性，理当更为明显。但是，几个古老文化圈之间也有明显的雷同或彼此借鉴的地方。是物流的交换或交易，还是人流的扩散与融合所造成的？或者都有？或者……

这就回到了司马迁为中国人记述的历史源点——传说中的黄帝。

首先，太史公司马迁很聪明，把黄帝之前的事，掩掉不谈。全世界，都不是很清楚，5000—15000 年前，老祖宗们发生了什么变化？现代人只知道，似乎 1 万年前，突然就有了全球遍地开花的农业。

蓄积这个演化事件的过程，表现于老祖宗们的“定居”。类似万年前湖南彭头山或恰塔霍裕克（土耳其东部）的定居或半定居处所（硬体），是古人从拾猎到农业的具体反映，群落的技艺、组织、制度等相应软体，无疑必定点点滴滴地积累着这种转变。演化不会在毫无基础的情况下凭空发生。

定居是农业文明的必要条件。定居下来的群落，一开始自然还有拾猎的习性（比如，母系社会），繁衍增殖嘛，就分支、扩大成母系血缘的氏族群落。扩大的人口本身就会刺激智力的使用，演化出更系统化的语言表达，以及更结构化的组织效率，以确保群体的生存。定居领域的渐次扩大，距离的区隔，自然使得相对固定的族群迅速凝聚为具备个性的各个部落。部落内部的凝结剂，来自适存的生活习性所产生的制度与规矩，比如，分工、分配、选择头领的方式、图腾徽号等。一开始，地球上人少，容易增殖分支，扩散到附近的群落之间，习性差异不会太大，使得部落联盟相对容易实现。黄帝部落出现之前的漫长的演化过程，太史公自然无从得知，现代人也只能按理推测。

其次，太史公笔下的黄帝，看来看去，似乎只做了件伟大的事：入主中原（先联合炎帝打败蚩尤，后又打败炎帝），所以，后代中国人都成了“炎黄子孙”。他拥有中国人“祖先”的光环，是“政治”话语吗？黄帝或黄帝部落，其实也像是中原的征服者。

“征服”，是用现代的“意识”来形容的，以 7000 年前的现实来说，部落的人数，大不到哪里去，黄帝部落扩散到中原，跟原住民血腥摩擦以及融合，必定是同时进行的。

每个族群当然都有祖先，这并不奇怪，叫作“黄帝”也无妨。我们只是想搞明白些，查无实据、事出有因的“打败蚩尤”“逐鹿中原”，是否真有其事，其事又如何。

“三皇”“五帝”的称号，是后人为了纪念、感恩那些给人类族群带来实质贡献的老祖宗们而加的尊称，比如，女娲氏（婚姻）、有巢氏（建房）、伏羲氏（网渔、八卦、结绳记事）、燧人氏（火种）、神农氏（炎帝，稼穑、中药）等。这些人物，不仅只是一个象征性的存在，5000 年前的人们并没有“皇”“帝”的概念。

黄帝，轩辕氏，有熊部落……他被尊称为“帝”最可能是因为他是带来轮子的人。轩辕嘛，是轮子、车具，而轮子与驯化马匹确乎是 5000 年之前草原族群的发明。熊嘛，大概是黄帝部落的图腾，也符合草原上由拾猎发展为游牧的规律。古埃及人 5000 年前就造了大金字塔，没轮子，直到 4000 多年前，挨了游牧民族的揍，才学会用轮子。美洲印第安人，直到 16 世纪才学会用轮子。

由此可见，轮子与驯化马匹是草原部族的“尖端科技”——机动性。游牧民族大多没有文字，历史记述的“话语权”操控在全球农业文明族群手上，以至于草原民族的故事不大为世人所知晓。对丧失机动性的农业文明来说，这是神秘、来去如风的一群人。东西方对游牧民的记述，大都一样，“不知所起，莫知所终……”而东西方的人类史，却始终跟草原密切关联。

有限的记述，隐隐约约指出黄帝跟草原部族有所关联。

既然找不到“三皇五帝”的物证，我们只好检视一下出土的5000年前的其他物品，逻辑推看5000年前的中国大地是个什么“形势”。

一、共通性（全球一致的）

1. 农业既然是当时的高新科技，相应的社会软体演化：原始母系社会变成父系氏族社会，各种技术分工，器械专业化，交易经济与私有资产（生活和生产用具），等级化的社会组织（头领、祭师、庶吏、民众），礼仪与管理，奴隶（把人当成生产工具）等，在中国各地都出现了。这一过程跟地球上的其他人群没有什么不同。

2. 硬件上，寨堡、城池是最主要的特征，反映出防御的重要性。因为，“私有”了嘛，要防备其他人群的掠夺了！换句话说，人际掠夺开始了。中国这时候，各地涌现出许多聚居群落，大致也就是血缘相近的氏族部落或“城邦”。这也跟世界各地同步。

3. 暴力，无论私的、群的，都长速惊人，反映出了古人的“组织力”。这时，各地已经出现残酷的“人殉”。

4. 祭祀，无论是祖先崇拜、自然崇拜、神灵还是巫术，显然是各地区人群演化上的必需品（也许是人群感情、统治、知识、组织等的需要，所促成的一个早期人类习性）。但不知怎的，中国人始终没有发展出一个宗教，倒是使玉作为祭器、葬器、礼器广泛流行。

又是巧合吧？上述的前三项，中国各地的发展，跟当时的古西亚（两河流域）、古埃及、古希腊、古印度如出一辙。人际暴力在西方的增速，绝不在中国之下，5000年前的埃及，已经开发出文字系统及宗教。那时西方已经存在更有组织的掠夺与战争，城邦或城邦集团已经形成“国家”机器，开始了制度化的集群暴力。

最后一项，就成为真正的“中国特色”，直到今天。

二、个性

黄河中下游的彩陶文化延绵了几千年。色彩、图案、样式，在文字系统还没有成型的时候，成为黄河流域各个族群的徽记，甚或是祭祀用品。考古发掘出的完整彩陶，大多是如新的大件，常伴随有墓葬的痕迹。实际上，更多的证据显示，黄河流域古人用彩陶隐约表达出了他们的宗教观、生死观、艺术观及仪制。而彩陶的系统性和一贯性则显示出黄河流域已经形成一个独特的彩陶文化体系。

长江中下游环太湖的马家浜文化遗址、宁波的河姆渡文化遗址，及杭州的良渚文化遗址，还有川鄂湘的大溪文化遗址，也许可以从湖南澧县的彭头山算起，那时也已延绵几千年，长江流域古人明显有巫师统治的特征。从马家浜遗址出土的文物证明，他们已使用玉石作为祭器或礼器。

辽河流域的红山文化中出土了大量的玉石祭器、礼器，这也算作是异军突起。

但这些古人的文化，似乎都在距今5000年左右的时段出现了突然转折。

也许是，发生“黄帝事件”，促成后来中国的历史，逐渐转化成今天的模样。

三、迁徙与扩张

南北各个文化圈的农业科技的发展，势必引发人口膨胀，而私有制对人性贪欲的刺激，引发更多的人际、群际摩擦。人性里的暴力面，不断升级，战争是迟早的事，城池的兴起也是大势所趋。

史书记载说，炎黄集团打了多次败仗，才辛苦险胜蚩尤。但史书记载说，决战于河北涿鹿，显得非常不合逻辑，无论蚩尤是西南或“南蛮”，都不大可能老远跑去北方那里找黄帝部落打群架。莫非，蚩尤是比较靠近的山东或淮北的“东夷”？而炎黄组合的中原联军，中原城池比其他地区的简易城寨更复杂，显示出，中原族群更习惯于打仗作战，当然，也就更习惯于掠夺……

《史记》记述的人物与事件，可以是象征性的虚拟，代表一个史前时代。史前历史是漫长的过程，不是一次大型的集群暴力可以说明的。黄帝部族的演化，是个长期的迁徙、开发、繁衍、扩散、冲突、融合的过程。

中国在4500年前的时段，还发生了司马迁没察觉到的一个变化——中原迅速从陶石时代过渡到青铜器时代。

青铜器件最早出现在中国的甘、青地区，马家窑文化遗址距今4500年左右，数量不多。考古界努力发掘的夏王朝遗址，大致集中在河南洛阳东区，出土了一些4100年前的夏代青铜器。那时，整个仰韶文化遗址中的甘、青、陕、豫、晋等地区也不过百件数量级像样的青铜工具。虽然如此，但这是个标志，中原开始掌握了新型材料技术，至少大大推进了武力（兵器）的提升。

据现代学者统计，这一时段，整个长江流域没有青铜工具。后来各地出土的青铜工具，年代早于秦代的在全中国有7000多件，属于东周（距今

2250—2800 年前）的约占 63%，西周（距今 2800—3000 年前）的约占 18%，商代（距今 3000—3600 年前）的约占 18%。而商代青铜工具本身，50% 集中在豫陕（中原地区），30% 集中在湘赣鄂（因为这里有那时的铜矿）。

这说明了什么？那时，青铜太宝贵，当然，制作兵器、礼器优先，只有能搞到铜矿石，又知道怎么冶炼，怎么铸造，才可能应用于工具制造。

这应该才是中原地区迅猛发展的真正原因，铜石并用，当然比陶石并用更有效率，这是当时的“核心竞争力”。连正旺盛着的甘、青彩陶，也快速消亡。何况，黄帝部落还带来了轮子、马匹，地面上的机动性比较强。

尽管《史记》的传说记述，实情模糊，倒也透露了一些玄机。比如，黄帝部落，作为中原盟主，曾经强力消除“巫”风，传说是黄帝后代颛顼干的。真有没有这个人，不重要，消巫这事却很要紧，这塑造了后代中国人理智、现实的民族性。祖先崇拜，礼制化为各种“祀”，祭祀的对象都是人群需要感恩的象征：带来生命的天、地、日、月、风、雨，带来新生活的“三皇”“五帝”等。

既然中国人自称“炎黄子孙”“中华民族”，或许应该认识到，黄帝部落很有可能是中原古老族群的第一个征服者，启动过程未必不血腥，但消巫效果倒不错，至少此后中国从未发生“宗教战争”。但，“祀”与“戎”成为传统中国政治的大事（这里的“戎”是武器、军事），说明了什么？“祀”与“戎”，直接涉及统治方式。

又比如，禅让这回事，尧帝从部落民中选贤与能，挑出舜，通过观察、培训，最终把两个女儿嫁给了舜，还让他接任首领之位。这只能发生在原始部落集团，那时私有制还没大行其道，人群组织还很松散，还没有形成专制权力结构。头领或盟主的权力，有，但不绝对。何况，那时群际沟通也困难，召集一个会，信使往返，没十天半月的，人都到不齐。那时，盟主兴许是件苦差事，没太大“好处”（私有制还不突出），禅让给别人很自然，不是现在想象的什么“民主”或“伟大”。

另外，全球各地很早就出现人殉，从自然状态下的人性来看，杀俘或杀奴来做人牲（俘与奴，非我族类的可能性非常大），这才比较容易说得通。黄帝族群战胜蚩尤族群的事件，可能是政治话语的烟雾弹，掩盖的主题也许是战胜炎帝族群，进入并统治中原，时间自然应该是夏王朝开端之前，早于 4200 年之前的某个时段。

至于汉代之前，所有“史”料都缺乏关于周边地区的记述，无须讳言，那时这些地方都还不是“中国”的“蛮荒之地”。文明与历史，非常人性化，先来后到，很不经意地流露出“自我”中心。《史记》写的本来就是以中原为核心的“中国”史，那时候的古人，照顾自己那一亩三分地已经很吃力，哪有工夫去知道四面八方遥远地域的事。

黄帝的故事，最现实的数据，也许来自现代基因遗传学的贡献：

汉族（或华夏族）的基因，来自羌汉分支。

古羌族群，在距今 8000 年左右才分支出“汉族”基因标记的族群，他们向东迁徙，进入了黄河中游，散布在华山脚下的四周（西安到郑州之间），开发了农业（或征服、融合了已经生活在那里的人群，如炎帝部落，吸收了他们的农业技术），扩大化的黄帝部落，成为“华夏”族群的前身。

华人（或汉人）的华夏文化（中华文化或汉文化），是黄河流域诸多早期粟作农业的族群与文明长期融合、发展的结果。

蚩尤，可能出自江淮平原的“东夷”“南蛮”，传说里的蚩尤部落，会使巫术，而南方确实有“巫”的传统（比如，这时段的太湖良渚部落，巫风就很盛）。

这些推测，当然不能证明黄帝或蚩尤的存在，不过是逻辑上可能的图像罢了。即使逻辑上“三皇五帝”不存在，也一定存在过第一个解决住房、种植、缝织、取火、算术的人吧。同样，黄帝即使不存在，也一定存在过第一个强力、有效带领族群的人物吧。而蚩尤即使不存在，族群之间的竞争摩擦也一定存在过。

《史记》的记述、老百姓的传说，不过是把一个漫长的历史过程简化、浓缩到一个形象化的故事里罢了。事情，倒是有的；神话，不可信；细节，不可考。

5000 年前的“三皇五帝”或黄帝时代，应该是万年数量级的、古人历史的浓缩版，笼统、神怪地叙述部落社会的演化故事。考古数据嘛，我们只知道，到了 4100 年前，夏王朝创建时，农业早已深植中国大地，生产力大大提高，各地人口必然增长到业已形成众多部落的地步。农业对水源的依赖，全世界都一样，防范洪水、灌溉分配，两件大事都需要更大数量级的组织与管理，才能解决技术开发、规划实施、仲裁分配的具体问题。部落这一原来的血缘或文化圈，松散连接的特性在这时已经不适应发展的需要了。

人群社会已经蓄积足够能量，部落联盟终将固化为国家机器了。

固化剂便是权力制度，一套强力维持组织、管治、分配、教化、秩序的有效制度。

夏、商、周三代的故事
（约 4100 年前—公元前 771 年）

20 世纪至今的考古发掘，使我们了解到万年来的中国大地，一直存在着很多区域与部族的文明。只不过，黄河流域从陕、甘到豫、鲁，早在 7000 年前已经开始混同的过程，就是仰韶—大汶口的粟作文化圈。文字历史当然无法确定黄帝部落的渊源，但陕西东南部跟河南南部之间的相互影响是明显的。传说不全是无稽之谈，只是话语则不可尽信。

可以确定，5000 年前的时段，豫、陕、晋的黄土高原地区，已经演化出相当同性质的部落，他们之间的文字符号、语言都大体相近，只有彩陶展示的族群徽记不一样。夏、商、周，其实是黄河中游的三大部落集团。政治上的纠葛，头领的野心，使得他们先后成为中原地区的“三代”——三个前后连接的朝代。实际是中原地区的“三国”——三部国家机器。

文献记述的传说是黄帝数传之后，尧舜禅让，舜不是黄帝亲族，舜又传给也不是他亲族的大禹接班为集团盟主，禹死后，大家公推禹的儿子启继位。这里的“大家”，是有资格去开会议事的人，也就是集团内各个部落或城邦的头领。从此父死子继，中国大地上出现了第一个王权世袭的王朝——夏王朝（把“国”的统治权，当做“家”产，财产私有，可以继承，所以，叫作“国家”）。人类国家机器都以王权专制世袭开端，当时是力道最强、时效最长的固化剂。

中国大地，终于出现了第一部“国家”机器——夏。

夏王朝最早的都城，可能在洛阳附近的偃师—登封地区，考古界还在努力发掘夏代文物。目前，大致已可确定历代夏王的名字，涵盖 3600—4100 年前的时段。虽然物证链有许多断隙，但证实了中国人可考的历史约 4100 年。

历史长短，无须比拼。古埃及、古巴比伦，少说也得 5000 年，是留在那里的老祖宗们的后代创立的。古中国，是中国的老祖宗们的后代创立的。各自适应了当下环境，演化出不同的生活文明，如此而已。这些上古文明之间的沟通，并不存在，没有谁 PK 谁的问题。世界各地的文明创始，依稀有雷同的轨迹，主要靠的是“智人”的共性：脑袋瓜儿里的智力、理性与情感。前面提到过，北美印第安族群和欧亚草原老祖宗们，先后于大约 1 万年前才分的支。但与欧亚隔绝万年的北美族群，3000 年前也进行农耕、陶作、人殉、蟠螭纹饰等，绝对是独立自主开发出来的。我们实不必惊讶于人类族群间的太多“巧合”，亦不必太过强调彼此的不同。

反倒是，我们首先需要认识到，那时的夏王国能够指挥、号召的，也就限于中原地区。地区内许多城邦与聚落“诸侯”不会少于百个。这些诸侯，理论上听命于夏王。而夏王城应该是当时黄河流域最大、最繁荣、人口最多的城市。这一地区的出土文物，也反映出4000年前一个比较先进的华夏文明。

夏代字符：陶器上的规律符号

方格纹陶鼎

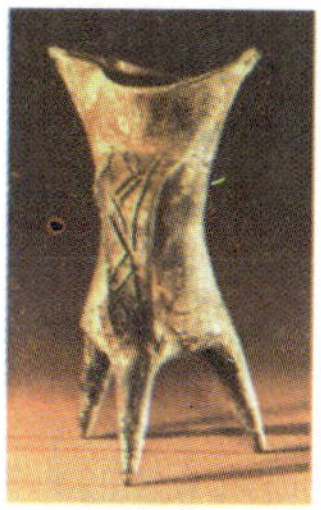

陶爵

青铜爵（酒杯）

青铜鼎

镶嵌了数百绿松石细片的兽面铜牌

简单说，洛阳附近出土的是迄今所知，中国大地最早的宫城、最早的青铜礼器群及铸铜作坊，以及最早的车辙痕迹。在一个墓葬里，还有镶嵌绿松石的龙形陪葬物。

龙形器物，实物约长半米

龙图腾是中国人的敏感话题。按年代次序，比夏王城这个龙形的遗物更早的，在河南濮阳的仰韶文化墓葬里还出土过蚌壳堆成的龙、虎、鹿、蜘蛛形的陪葬物，比真人还大，有6000年的历史。辽河上游的红山文化遗址中始终没有发现与中原类似形态的龙。据说，5000年前红山那里的大祭坛的坛座周边，是刻或贴的带鳞长形动物，但发掘似未完成（无论如何，倒有可能是仰韶文化辐射的影响），虽然红山的玉龙玦，也许有5000年的历史，但马或猪首、大开口的“C”形玦，简洁的飘动感艺术，无疑是游牧民的艺术表达方式。就这些证据来看，即使黄帝部落是迁徙进来的族群，龙图腾或许为中原故有。洛阳（夏）、商丘（商）或长安（西周）也不是一天做成的，少不了这之前千年以上的积淀。

由于没有当时的文字记录出土（夏代虽有卜骨，但无卜辞的刻画），那时人们的生活，只能从出土的器件文物拼凑出大概。夏，已经是个相当有组织的、制度化的社会，阶级已相当森严。国家机器、统治阶层的威权，已不容轻忽。分工的普及显示交易已成为生活的必需。

在夏王朝人殉跟陪葬品的数量成正比，阶级越高，陪葬越丰，人殉越多，所以，夏代是中国奴隶制形成的年代，反映了更多的集群暴力，消失的部落，大抵成为征服者的奴隶（前述的两座出现龙形物的墓葬，相距2500年，都有人殉的痕迹）。渐渐地，自由民也以奴仆身份殉葬。

史料中对夏代的记述不多，开头是神话，结尾则是商朝的话语，而商部落是灭夏部落的人，当然只会说：夏桀怎么这么坏，以落实“革命”有理。这需要从严认证，不就是两个既得利益集团抢地盘嘛，而且还是文化比较接近的两个族群。

中原的夏、商、周三朝，都在黄河流域活动，他们的共同点，除了粟作，便是“祀”的仪制：古早萨满“通天通灵”的本事，被有“文化”的一小圈人（祭师与贵族等统治集团）垄断了。中原早期铜器与文字的开发，主要作为通灵的工具（祭器、卜辞），实际成为统治阶层垄断“通天通灵通祖先”的媒介，借着变形的萨满信仰，驱使没文化的人群服从。比如，祭器里的大铜器，“九鼎”之类就成为权力争夺的目标以及“中国”的象征，所以，才有“定鼎中原”这样的词语。

中国式文明一开始便跟西方分岔了：金属与文字的创新科技，西方更落实到生产工具与交易流通方面。

西方文明源于种植小麦的西亚，这一地区比较干旱，耕作粗放些，人力无须密集，群落分散于广大地域，需要好使的工具，而互通有无的交易则需要文字与算术，以维系分散的群落与城邦之间的交往。中国黄河流域的中原，纬度跟西亚一样，气候干旱，但黄河水源充足，粟作在细密的黄土地上，水土保持需要人力（灌溉加精工细作），人多，缺铜矿，石器也将就着能完成劳作，所以，很少用铜制作农具，石器一直沿用到东周的战国时代，铁器出现后，金属工具方才大量取代石器。于是，中国的农业文明，无论是粟作还是稻作，一开始便走上了人力密集的不归路。“人多好办事”，怎样才能人多呢？从氏族时代开始，“男”就是“田力”，鼓励氏族扩张，就更要多生育男丁。

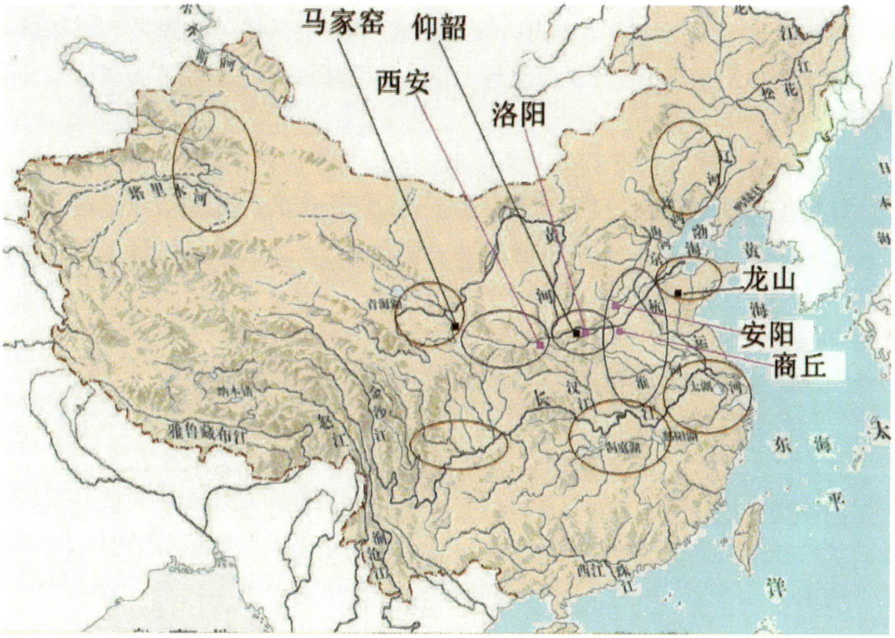

3000—4000 年前，夏、商、周时的中国文明地区，铜、陶、石器并存。蓝圈圈从左到右为周、夏、商，周边红圈圈则标示其他并行的地区文明

部落到了国家阶段，统治阶层的需要突出了文字的神秘性质，铜器则除了用于制作武器外，就是专作祭器、礼器，成为征服与权力的象征。整个夏、商、周时期中国各地，不只黄河中原地区，铜、陶、石器并存，长达 2000 年之久。

除了考古发掘的物证之外，甲骨文卜辞是记述商代历史的第一手资料，但大多是记录当时有资格问卜的人的身边琐事，而且是近代的发掘。《史记》中关于夏商的记述，多源自西周的“王室文档”——《尚书》。《尚书》在东周流传出来，那时“文化”仍是统治阶级的垄断，夏商在东周那时就已是千年旧事，简略是当然的。《尚书》又是周代统治阶层的官方文牍，记述的取材和文字，政治色彩相当明显，行文叙理典雅不说，传达的是统治阶层的得失与教训，大概是王族教育的“文史标准版”。“古为今用”应该也多少反映了一些历史实况。我们综合现代的考古发掘与研究，简述比较可信的事例：

一、夏，距今约 4100—3600 年前

1. 大禹治水被广泛夸张地宣扬，一定是当时的重大事件。黄河历来有淤沙，因而排水不顺，禹大概在今河南洛阳附近成功地解决了当地的水患。考古发现证实 4000 多年前，夏人开始从山坡地居住改迁到平地居住，并且锄耕、渠灌、凿井作业，真正利用了黄河泛滥带来的沃土（古埃及人也依赖尼罗河的年度泛滥），使得农业产值与人口大幅度增长，夏王朝才得以建立，且有余粮酿酒。

由此可见，治水应有其事。不治水，人们是不敢往平地里住的。

2. 传说治水的工具有规、矩、准绳，这是合理的。夏代结束之前，建筑（夯土打实墙、台）、纺织（以蓝草染色麻布）、历法（天干纪日）等，都已经比较成熟。交易的货币以海贝为主。甲、乙、丙、丁这些天干符号，还广泛用于王室命名。最后的夏王桀就叫履癸。传说，桀暴虐，还宠幸美女妹喜，酒池肉林，这些，无从考证，不排除政治宣传的可能。

3. 相传夏共传了 14 世、17 王，约 470 年的时间。从大禹的儿子后启算起。

其中，东夷的后羿集团把持政权 100 多年（羿，就是那个拔弓射掉九个太阳的神话中的主角。“后”是称号，夏人叫他们的王为“后”，后启、后羿，即启王、羿王）。羿之后，从东夷部落的控制中恢复夏王朝的是夏王少康，就是“少康中兴”的故事，夏王朝也因此反过来控制了东夷诸部。那时，夏王廷里，专职的巫、史官似未完全分家，但既然有记述的史官，应当已有文字，只是考古还没发掘出来吧。

4. 有轮子、车子，车轨只有一米宽，大概是人力拉车，不像是马车。“工”是官方机构，铜作坊有陶范。王城至多方圆百里数量级，是个氏族部落联盟国的共主，王廷虽养了专业部队，但没强大到中央集权，地方部落干脆就地分封为诸侯国，实际是承认地区势力。纳税制度叫作贡赋，庶民耕 50 亩地纳五亩地的收成为贡，诸侯则为赋（“服”的意思，史料的记述，都晚于周，用词明显是中原话语，实际夏王廷只有对王城周边执行强制收赋的实力）。有小规模的奴隶群，似乎只用作仆役与人祭。

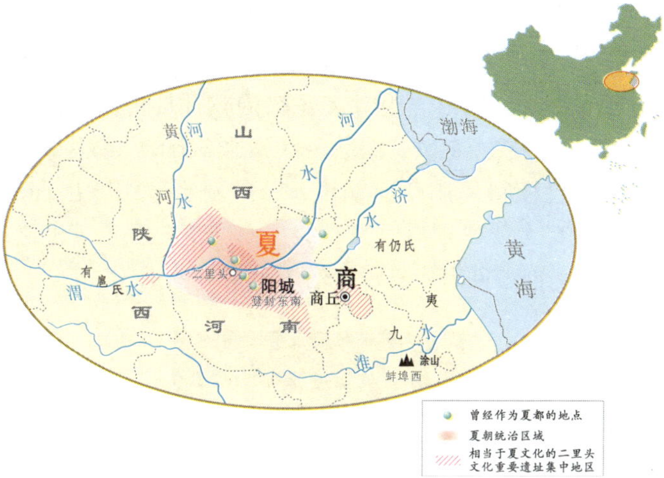

夏朝形势图

二、商，距今 3700—3100 年前

1. 汤武革命，见于《易·革·象辞》，而这个“汤”就是商部落头领，重用伊尹的政略，联合其他诸侯灭夏。而在攻夏前，汤发表了一篇檄文——《汤誓》，其主要内容是“天意”，君权天授，跟西方所称的“神意”差不多，但中国的“天意”有点儿人情味儿，天意还反射“民意”，是部落联盟时代的最佳政治创意：为政者要有德，以德取天下。

王权天授，甲骨文中出现“上帝”一词，上天，成为自然与祖宗的综合神格体，地上的王自称“天子”。而祭祀更赤裸裸地成为王权与神权混合的手段。

2. 商代的贡纳交税制度跟夏代类似，实际上诸侯的贡赋，全看势力到达的程度。但商代肯定已经让华北吃上大米，中原势力已扩及长江。地域内的经济与劳作，用上大量奴隶。铜、玉、陶、织等手工业的“百工”是官方垄断的“专利”机构。贝、玉等货币已出现，估计是自由民行“商”，许多手工业商品的制造成为农民的副业。王廷里，巫、史官已分工，此后，巫官分工为管理祭祀（“祝”）、音乐（“瞽”）、医疗（“毉”），史官们则专门记录与记述。

20 世纪以来，出土了十多万件甲骨，据今人统计，甲骨文已累计到 4600 字以上，可辨识的约 1500 个，另外，还有金文（铜器上的）。

可见，历史也许没有被淹没，商史还需靠商甲骨文修复原貌。近年来，周部落故乡陕西岐山地区也发掘出万件数量级的周代甲骨，修复周史相对容易些，因为现代中文已经跟周代文字相近。估计，夏代应该也有相当成熟的文字（尚未发掘出来）。夏、商、周的文字演化，形成独特的中文系统。

3. 社会上财产私有制形成了奴隶制，贵族拥有众多奴隶，祭祀与墓葬的人殉数字不断攀升。汤时的交易甚至已出现铜贝货币。

历法已出现大小月、闰月。甲骨文多次记载日月食，并记有十进位、数字“0”符号（零）、倍数、奇数、偶数、计算达3万的大数字。

商朝时，人们已懂得使用凸面铜镜，节约材料。织物出现丝纨、纱罗，这些或许跟商民具有大汶口东夷血缘有关（商部落起源于黄淮之间）。服饰、发饰都可凭借出土文物窥见商代日常生活（见下列图示）。

商时铜器

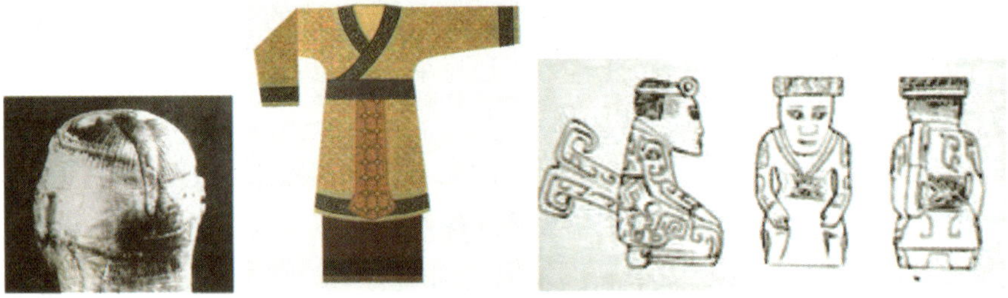

商时服饰等

4. 商朝共传了17世、31王，约600年。跟夏王朝一样，尚未确定其确切年代，因古历法跟今天的不一样，而考古所得的误差尚未确证数字。汤之后，较有名的政治事件有以下几项：

（1）太甲：汤的长孙，太丁的儿子。即位初，因“颠覆汤之典刑”（不按汤王定下的规矩办事），被伊尹放逐于桐宫，三年后改过复立，成为明君。这就是“桐宫悔过”的故事。

（2）盘庚：约公元前1300年，迁都到殷（今河南安阳），商王朝自此也称“殷”或“殷商”。迁都后，社会经济大发展，殷都成为当时中原的政治、文化中心。传说，商部落曾向北迁徙了好几次。盘庚迁都，则起因于黄河水患，原王城（商丘）整个被淹，而贵族们因为既得利益，抗拒迁都。幸好盘庚意志坚定，劝说、训令一齐来，事件的经过见于周代《尚书》的记述。

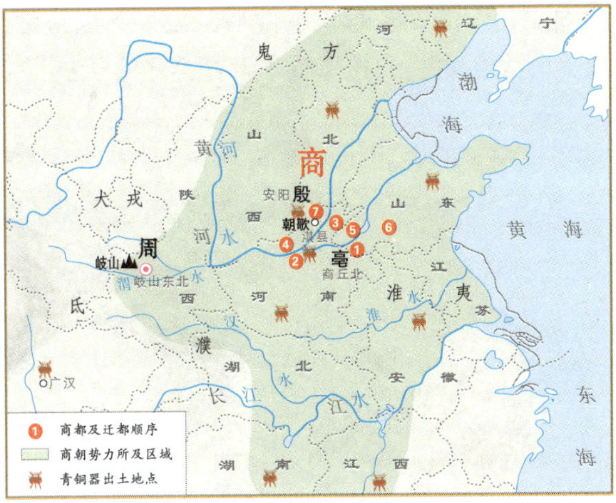

商朝形势图

（3）武丁：约公元前1260年，传说武丁是盘庚以后最好的国王，政治改善（压抑权贵，重用平民出身的傅说），武力开发西北、荆南，俘获大量奴隶，使中原势力到达甘、青、鄂。同时，考古工作者在武丁妻子妇好的墓葬发掘出土了大量文物证据，使我们得以复原商时人们的生活片段，鼎锅里甚至还带着祭祀的（煮）人头。

（4）帝辛，约公元前1060年，就是商纣王。他大举攻伐东夷，俘获大批奴隶，使中原势力到达皖、鲁、苏北。传说商纣残暴，宠幸美女妲己，并且不听谏劝，致使民不聊生。总之，帝辛德行不佳，被周同盟军打败，自焚而死。商亡。“桀纣之君”成为暴君的代名词，不过，“纣”与“桀”的称号，是周人给戴的帽子，不是夏民、商民的叫法。汤武王中的“武”也是周人给的高帽子，是比照周武王的叫法。这些政治背后的实情，都需从严再加以考证。桀纣覆灭后，新王朝仍须分封他们的子弟，以统辖其原部，夏、商、周三代的部落联盟国，终究还不是后来的中国的性质。这是个演化的过程。

5. 商王朝这部国家机器，渐渐随着对批量奴隶以及资源的需求，而变得更像国家。内部经常处于贵族与部落城邦之间的内乱（分赃不均，或人口扩张的需要）。对外则“征伐”有增无减（掠夺，或“文化输出”）。“四方”那时指的是周边各邻近的地区族群，“方国”（地方酋长国之类的人群）号称上万个，都成为商文明的政治暴力对象。奴隶制度与人殉人祭数字都在商代达到巅峰。

三、周，距今约3100年前至公元前771年，这里指的是“西周”

1. 周武翦商，约公元前1046年。从中国人的历史角度来看，这事件是

“中国人”或“中国文化”的真正起点，此后的发展，因缘际会，塑造了“中国人”。有点儿像美国人在北美的独立战争，塑造了今天的“美国人”那样。

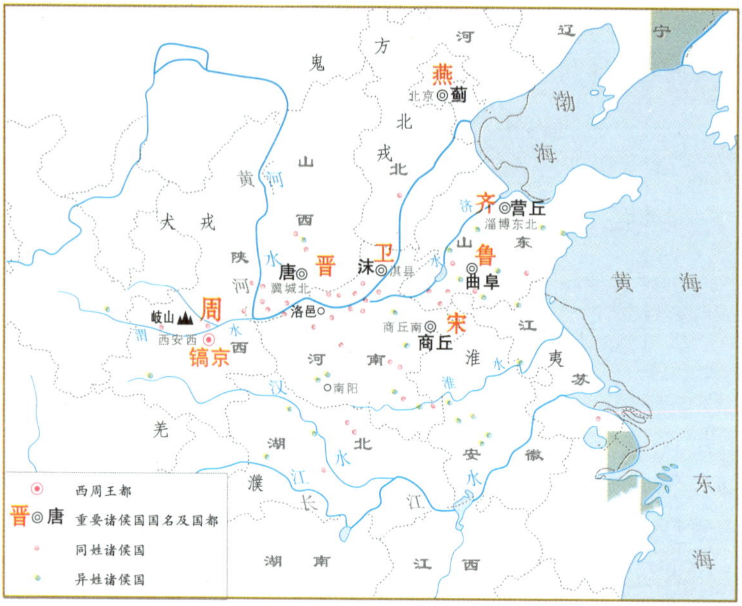

西周分封形势图

在周武发动战争之前，姬姓的周部落已经是商王朝西部最大的诸侯国，号称“西伯”。传说，周的先祖源于黄帝部落，这不一定可靠，因为，中国人喜欢把祖宗爷往上挂钩，以示“出身不凡”。但周部落一直在陕西近甘肃的地域生存，倒是不假。周的先民迁徙过几次，大概是受到羌、戎等游牧部落的压迫，在陕西的泾河（今彬县）与渭河（今武功县）之间，在方圆 100 千米左右，转来转去。起家的本钱是在泾河边积累起来的，辛勤稼穑，人丁繁盛，羽毛渐丰。到了周武王的曾祖亶父（太王），为了取得铜矿材料（常需渡过渭河），索性搬到宝鸡附近的岐山定居，经营武功至宝鸡之间的“周原”，蓄积了更深厚的实力。周人的歌谣——《诗经》对这段经历的描绘充满感情。

渭河、泾河都从中国大西部的甘、青发源，在西安附近注入黄河，是仰韶—大汶口文化西向传播的必经途径。当然，西部族群也可以逆向操作。

周人就生息在这个文明交流缓冲区的东侧。

太王之后，幼子季历（王季）继位，发动对甘、青西方诸戎的战争，引起商王文丁注意，王季被杀，他儿子昌（文王）继位，继续向西拓地，断绝了后顾之忧，便全力东进，直到迁都丰镐（今西安），占有全部关中平原（陕西）。这时，周的势力已不容忽视，商王帝辛（纣）遂囚禁西伯昌，周人进献珍宝、美女，帝辛竟释放了昌。大概帝辛被征伐东夷的胜利冲昏头，轻敌了。

文王死，临终交代儿子发（武王）伐商。发继位后，趁帝辛的主力部队在外征战，闪电进军殷都，帝辛猝不及防，兵败、自焚、商亡。

2. 故事虽然由周人自述，撇开政治性文宣，实情大致是清晰的。周的国家规划与执行，好到不行，而且人才济济，历史的偶然性站在了周武王那边，这跟开国时期的美国或罗马帝国等相似。那时期，周武王有姜子牙（姜太公），同心协力的兄弟——旦（周公）与奭（召公），克绍箕裘的儿子诵（成王）、孙子钊（康王），不但克商，还把新增的疆土治理得井井有条。

武王的政略：夯实封建制，把新征服来的东部疆土大量分封给同宗的亲贵子弟，各自筑城、镇守，屏藩周王室。周王室本身则建东西二都城，丰镐为西都“宗周”（西安），驻军六师，守备西部，洛邑为东都“成周”（洛阳），驻军八师，守备东部。封姜太公于齐国（山东临淄），镇东夷，封周公于鲁国（山东曲阜），封召公于燕国（北京房山）……这些诸侯的都城，现今都已找到遗址，进行了发掘。

“封建”是制度化封邦建国的程式与礼制，规范分封的邦国对王朝的税役责任，如此而已。

现今批判的“封建制度”是欧洲中古时期的土地私有“封建”制度，占有土地的豪强，是一群大地主，势力大的，无论血缘亲疏，王廷自然会给予各种贵族头衔，行使政治笼络。欧洲的“封建”其实只是世袭的土地私有制度。

周王朝则是“宗法封建”，土地属于“国家”（王权），分封的多半是血缘贵族，他们并不拥有土地，只是代表王朝政府对土地使用所产生的利益，行使管理、监督、收税、分享之权。

武王灭商后，很快死去。成王继位，年幼，周公旦摄政七年后，大政奉还。期间还发生亲贵勾结商王室遗民反叛事件，旦与奭兄弟合力平叛。（那么多正面发展，凑在一起，不容易呀。当然也不能排除周公的故事是政治文宣的美术品。）

为了消化新增的土地与人群，周王朝制定了许多规矩：土地是国家的，纳税是井田制。分封的诸侯的贡赋、兵役都明确，刑罚也明确。分封仪式郑重，授土兼授民，表示“普天之下，莫非王土，率土之滨，莫非王臣”。以当时情况而言，封建诸侯，无论大小，都是新来乍到的少数人群，除了固守各自新筑成的“国”（城）或“家”（堡）的硬体防御，无疑也会努力跟当地人群相处，以增加软体的纵深。

周部落明明是中原的新征服者，却始终以夏人的华夏自居，周人的智慧确实高。

制度的本质是权力，制度软体的设计师当然来自统治阶级。但任何制度本身，无疑也必须能够调动众多人群的积极性（相对合理的利益分配），才有持续可行性。周封建之后，整个中原政局稳定了相当长的时间，“成康之治”40年“刑错不用”（就是，没怎么动用警察或司法部门）。一开始，周文化或许比不上商文化，成康之后，却成为中国文化的基本面，影响至深且巨。

3. 人口与经济的发展促使西周开始了货币经济，铸钱（见下图右）。至迟到东周初期，贝价与钱价都出现了货币问题，使得那时的楚庄王（约公元前600年）和齐景公（约公元前520年）有废小钱、改铸大钱之举，相当于当今的印行大面额钞票。社会越分工，越需要交易与物流，就越依赖商业体系来进行物资分配，也就给人为的价值与价格、供求之间造成不合理的剥削空间。这些中国历史留下的古早记述，给金融海啸一再冲击的当下全世界，提供了些什么信息？

铜车马

铜鼎

铲形币

“何尊”及其拓文

服装

最早的“中国”二字就出现在西周成王时期的“何尊”里，“宅兹中国”，“国”是“域”的意思，“中”是中心，指的是西周新征服的东方领地的中心，东方领地大部分即今河南。

周王朝开端之时，版图倍增，为了长期利益，把征服来的土地与人群拴在一块儿，当做资源分封给周部落族群，一起管治。王室不但是大封建主，也是大宗主兼全国土地主及全国人民的统治者。受封者在封给他的领域内，是个小一点儿的小封建主兼小宗主兼小土地主及其人民的统治者……

隶属于土地的农民（“氓”，庶民，老百姓），既非仆役，又不完全自由，举家拴在土地上，为统治者生产、田猎、酿酒、纺织等，但也不完全是奴隶，是被当成生产工具的半自由“人”。周代这个制度，秦商鞅变法后，以户籍制度框住农民，不准迁徙，使得农民成为国家机器拥有的半农奴，成为中国社会的病根儿，直到今天。

《诗经》里就有描绘农作、劳动的情景，有形容万人一起在田野里耕作的场面。

周王朝征服的土地与人民太多，很理智地将大多数人定义为半自由民，减少了社会矛盾。

当资源非常丰富时，如刚打完天下之时，周王室这招管用。但不用很多代，资源就不够分了。财富的创造（农业，靠土地加农民加气候），不敌人口的增长，很快就是“生之者寡，食之者众”的局面。“井田制度”迅速破局，各地的封建领主努力开荒，天高皇帝远，隐匿利税，中饱私囊。“土地国有”在各种私利贪欲下，化为虚拟（到战国时代，中国便明确了土地私有制）。

所以，作为国家机器，周王朝对外，有难以餍足的土地与人口的欲望。《小盂鼎铭文》记述，康王晚年对“鬼方”（晋北的游牧民）动武，斩首近5000，俘虏不过万把人。康王的儿子继位后，自己带大军南征三年，打到湖北汉水，溺死在那里，全军覆没。之后的几个周王仍然乐此不疲，引起东南夷联军大反攻，几乎攻陷“成周”都城（约公元前850年）。连年征战，直接造成西周的没落。

西周官制与商代差别不大，手工业因分工扩大，由“百工”垄断，是庞大的“国企”。文明进步、人口繁衍、农作效率改良很大，垦荒无数，华北森林加速消失。自耕农或自由民多半是血缘疏远的宗人，间或有逃亡成功的奴隶，或是被解放的奴隶。奴隶的价钱，有铭文记载，是五个奴隶值“匹马束丝”。民间交易，物物交换，依然盛行。违法的土地买卖（分封来的土地，按律不得私下买卖），或珠玉或大宗生意等，大概才用得着货币。服饰、装饰则有森严的等级礼制。

4. 西周共传了12世、12王，从周武王到周幽王，共275年。

其中，除了开国的几个，反面教材较多：

周厉王，横征暴敛，搞特务（卫巫）监视民众，不让老百姓议论政事，杀戮“谤”者，结果，破天荒引发周人大暴动（公元前841年），国人放逐厉王，朝中由大臣共伯摄政事，号称“共和”，执政14年。

厉王死后，太子即位，王朝局势稍微好转了一下，又开始武力对内对外。最后，周幽王继位，朝政腐败，而西北外患已至，此人还宠幸美女褒姒（就是那个不爱笑的美女的故事，幽王点燃烽火，引诸侯急忙赶来，以博褒姒一笑），甚至为了美女废后，想改立美女为后、其子为太子。

废后的老爸是申侯，干脆联合犬戎攻打“宗周”都城。

公元前 771 年，犬戎军杀幽王于骊山，饱掠财宝而去，原太子被外祖父申侯迎立为王，即周平王，东迁洛阳以避犬戎，东周开始。

相对于东周之前的周王朝，便叫作“西周”。

西周时中国开始进入“信史时代”。

史官的记述，记录一般是准确的，叙述当然有角度，理解就要靠现代的科学方法了。

夏、商、周三代时期其他的中国古老文明

黄河流域的夏、商、（西）周三代，历经 1300 多年，但中国大地上，还至少平行着下列好几个黄河流域之外的文明，不可能以现代西方的政治话语“民族”“国家”来诠释那时候的“中国人”。那时，连中原的夏、商、周部落群，也都还在演化出“中华民族”的过程中。

一、四川成都，三星堆文化，距今约 3000—3500 年前，稻作

这一文化，涵盖 500 年的跨度，其实是一个完全不同的文化体，关联和辐射巴蜀和云贵地区，是中国南北方与羌藏、泰缅文明的交汇区。有中原的影响，也有泰缅的影响，但整体另有文化特色。

这个文化体，应该是相近的族群组成的（这一地区在距今 4500 年之前，还有宝墩、汶川遗址）。

距今 3000 年前，三星堆人转移到附近的金沙遗址地区。金沙有可能是古蜀国的王城。

有名的“突目铜人面具”、高大的“铜立人”，或许表达了古蜀特色。“太阳神鸟”金箔、青铜“太阳轮”、铜鼓则与泰、缅、滇古文化雷同，也许是金沙的辐射。

但三星堆文化的异军突起是距今 3500 年的事。这种爆发力，应该是引进取代了积淀。考古工作者在发掘过程中，居然发现了 4000 年前的马家浜文化的良渚玉琮，古人沿水系扩散的能力不可小看。这也印证了交换或交易古已有之。

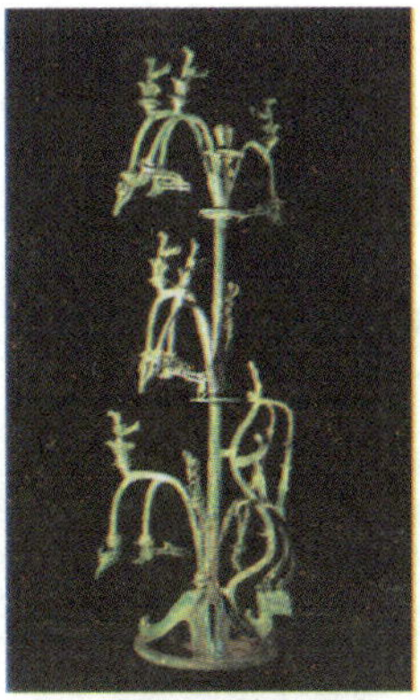

青铜“神树”，残高3.96米，估计全高5米左右

青铜“立人像”，高1.72米，持“权杖”

太阳神鸟金箔

青铜太阳轮

青铜突目铜人面具

三星堆的代表作，还包括相当数量的象牙，应该一部分是来自周边其他文明部落的交易品或礼（贡）品。出土的陶器中，依稀也有几何印纹的痕迹，同样反映出周边的交流和影响。

二、甘肃山丹，四坝文化，距今约3400—4000年前，粟作

这是个以铜器为主的文明，红铜、青铜都用，而且工艺、造型具有鲜明的游牧民痕迹。位于张掖、武威一带，几乎是嘉峪关到兰州的“丝路”中点站。这一时期，这里也还不是中国文化的氛围，四坝本身的风格是明显的：萨满信仰，可能是来自中亚的游牧民部落，也可能是羌族群部落。

四坝陶器

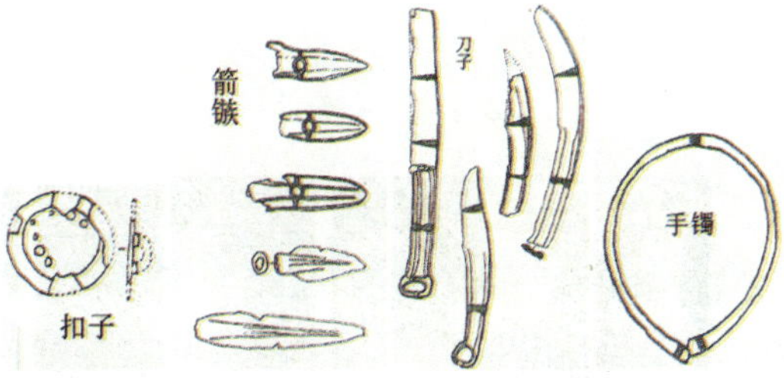

四坝铜器，多为小器件，刀具长10—20厘米，箭镞和装饰品较多

四坝文化有早期的铜器，其实，铜器还出现于甘、青的彩陶文化地区，可以追溯到4500年前，但显然不能量产，不构成那时社会的一个生产因素。

4000年前，实际中国西北与东北都出现过铜器，中原很快跟进罢了。

兰州南边100千米附近，至少还有个齐家文化是超过3000年历史的、具备独特风格的、仰韶—马家窑式的文明。

中国最早的铜镜

齐家文化陶器

从这些数据来看，应该说，中原青铜技术很可能是引进的，至少是见过实物、用过实物，再自己摸索出来的。

引进，并不丢人，更不落后。

幸好那时候的人类，还没有现代资本制度下唯利是图的公司“法人”，更没有纯粹搞钱的“专利法”和“律师”族群去“保护”拿着高科技青铜兵器占上风的人的“利益”。农业也好，铜器也好，看到了，通常只是“智人”的理性开开窍，摸索一下，尽可以“自学成才”。看到了、用到了，不去摸索、解密、学会，反而把智力用在复制那个维护既得利益集团的制度软体，讨点儿汤喝，那才真正会倒八辈子霉。

铜器涉及矿石原材料，大溪文化圈里具备这一条件，遗留的铜块也有5000年历史，但真正应用，仍后于商代。

三、上海马桥文化，距今约3000年前，稻作

长江下游的苏（州）嘉（兴）杭（州）地区，似乎因为海侵或什么自然灾害，社会崩解，四散到附近的人群，文化上有“返祖”现象：很长一段时间，制作不出跟他们马家浜文化圈先祖们一样好的东西，倒退了。但东南印纹陶器始终是一大特色。

这里铜器稀缺，多半是石器，但已经有薄釉原始瓷器。

原始瓷器

四、江西吴城文化，距今约3500—3100年前，稻作

江西出铜料，红铜器物相当多，是这一地区的铜器代表作的独特风格，但中原风也很明显。

吴城文化铜器

陶器有东南印纹的特征或影响，有薄釉原始瓷（下中图），也有字符（下右图），无人能解读，但已辨别出上百个不同的字符。

带有字符的陶器

五、新疆罗布泊沙漠，古楼兰地区小河文化，距今约4000—3500年前，麦作

陪葬物中没有发现陶器、石器，唯有毛、草类编织品，但有中国地区最早的小麦、青铜具，这也确证他们是从中亚游牧过来的族群，并且也说明了当时这里至少是个绿洲，适合半农半牧。深目高鼻棕发的“小河公主”，无疑是个“白标”。而从墓葬棺木与标志看来，他们是个以铜器为主的文明，兴许就是青铜文明向东传播的媒介之一。

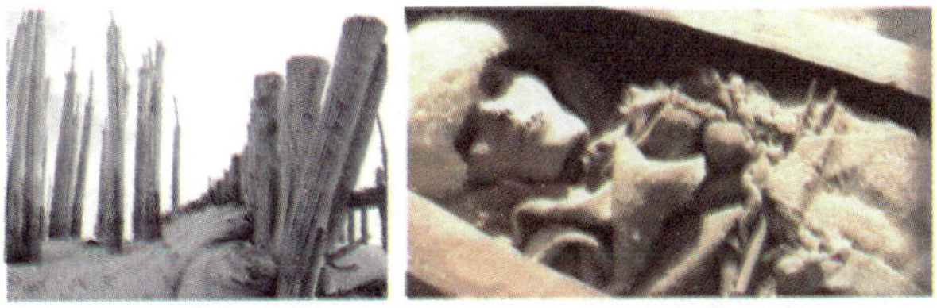

“小河公主”干尸（此处遗址距今3800年，位于孔雀河向南的小支流铁板河古河道向西约200千米。实际上发掘到的是他们好几代的墓地，墓葬超过1000多座，具有鲜明的生殖器崇拜象征）

对小河墓地木乃伊的基因分析显示，小河人是中亚游牧民与东亚游牧民的混血，“白标”为主，沾点儿“黄标”。他们的食物除了麦，还有黍，也是东、西兼备。

他们与3000年前的吐鲁番人、2200年前汉初的楼兰人，存在某种渊源，都有高度的西方血缘。后来风靡全世界的食物面条，就是2500—3000年前的吐鲁番人发明的，有考古实物为证。这大致可以说明，小麦在4000年前、面条在2000年前进入华北的历程（汉代通西域在2000—2100年前）。

新疆自古就族群混合共居。对于生活在沙漠地区的人群而言，气候是最大变数，古小河、古楼兰、尼雅等部落，各自存在数百年，终不敌更干旱的沙漠。古河道枯竭、绿洲消失，人群只好崩解四散。

六、滇、贵、闽、广的古文明，距今约4500—3000年前，稻作

这当中，广东的石峡文化超过4500年，福建闽江口的彩陶是4000年前的，云南的铜器也有3000年历史，并且有四川三星堆的影响。还有资料不多的贵州“古夜郎国”，汉初文献的记述，是已经立国相当长时间，估计3000年前也已存在。

古滇国部落或族群间立誓、诅盟并不新鲜，三代时期中原诸侯会盟、互相刻或写在玉片上的盟誓就非常多。

滇，晋宁，诅盟铜储贝器

粤，曲江，石峡白陶鼎

闽，闽侯，昙石山彩陶

古闽国的资料很少，上图的彩陶是薄黄泥陶杯，跟绳纹、印纹陶片一起出土。

广东的石峡文化确定铜石并用，跟江西的古文明关联，也自成一格。

从文明到文化

夏、商、周三代“道统”的国家机器，持续集中开发黄河中下游（中原与关中）1300多年，塑造了相当一致的黄河流域文明；反观那时候存在过的各地区文明，鲜少延续300—500年的。

夏、商、周的生存经验、社会经验、技术软体（包括文字与政制）成为连续被学习、复制下去的“习性”——文化。

要了解“中国人”，还真需要从夏、商、周开始！

一、先总结一下夏、商、周三代的共性

1. 夏、商的直接文字记述，当年的物证并不多，主要信息来自周代文献；改朝换代、迁都、分封，占点儿篇幅。有限的甲骨考古记录幸好还带点儿地理、天文、气象、征战之类的信息。近百年来，从出土的商代卜骨上，则比较确证了夏、商王朝的谱系。

跟夏、商同质的周，处于中原西侧（关中，陕西渭水、泾河区域），由于地缘关系，也向西开拓，多少沾点儿羌或甘、青其他族群血缘，真正壮大是迁到今西安附近的事约在3100年前。

现代汉字是周王朝文字的进一步演化。夏、商王朝，文字更多地代表神权与王权，当然也是周王朝文字的基础。象形的中国文字系统，在周王朝时大致已经完备。表现在书写的载体上，铸在铜器上的就是金文（钟鼎文），用毛笔写在平板上的就是古隶、大篆，不少文字今人都还可辨识。此后，再经历不断地简化、规整化、美术化，金、篆、隶、楷，到魏晋时（250年左右）草书已相当完善。

系统化的语言，单音节、四声调（或六声），没人知道是什么时候构建完成的。

可以确定的是，春秋之前（2500年之前）流传下来的证据，《诗经》《尚书》之类，还留下大量复音的词（跟英语似的多音节的词），如玫瑰、螟蛉、蚯蚓、各种中原复姓等，都有语言演化的痕迹。

2. 祖先崇拜使得封建的基础建立在亲缘关系上。将神权（信仰）、政权、教化垄断为一的影响，塑造了中原文化的血缘意识：自我、家庭、家族、宗族、氏族、部族、部落、国家，由亲而疏，扩至天下，进一步强化了社会上

的“关系学”（伦理），成为中国式文明的一大特色。

而早期依赖群力农耕的生存方式，更加重了“人的因素第一”的中国特色。

3. 越演越烈的人殉现象，在商王朝达到极点，甚至有一次千人殉葬的场面，这说明，集群暴力增长的程度必定相当惊人。商贵族连同商民，一定使用了相当数量的奴隶从事农作与劳役，奴隶来源当然主要是被征服的其他部落民。

4. 商灭夏，周灭商，在近似的文明体质上，使中原文化因袭、修改、加强，历史上叫作“损益”。中原文化等于由中国世界里的三个列强，维持它连续发展了千年的时光，这个长期的延续性本身就已经了不得，更何况话语权还是垄断性质的，教化出来的习性、文化的同合性当然相当强烈。

周王朝进入东周之后（公元前 771 年，平王东迁），政治上的封建制度，业已名存实亡；文化上，区域文明大量渗入，“正统”里的一些元素被静悄悄地替换了。

比如，楚原是周王朝为了防范“荆蛮”，分封子弟到豫南楚北、汉江上游流域的小诸侯国之一。到战国时代，楚国已经统领华中，东兼吴越，将早先的江浙文明吸收，艺术哲学浸染江南的温润，巫风里的神秘主义与中原式萨满的自然主义结合，形成“楚辞”的绚丽、庄子的逍遥及最早的多乐器交响乐。楚文化实际成为中国文化的重要组成部分。

实际上，混同四面八方的中国式文明，毕竟，要中原的农民与贵族远走他乡去殖民，除了融入当地、吸取并融入多数，还真不可能想象以其他方式实现生存和延续。政治话语权使“中原文化”成为一个虚拟的真实，跟当今的“现代化”类似，谁也说不清“现代化”怎么算“现代化”呢！

5. 吃，是人类文化的一个重要特征，从现代的植物学知识，外国人发现中国人对芥科与韭科系列的驯化和普及相当惊人。而食材是需要长时间连续不断地实验与实践的。我们只能推测，这多半是来自中原的贡献，这一时期，只有中原具备人口数量级、文化延绵性和环境相似性，以此来刺激人群智力用于重点食材的开发和改善。

食物最容易展现人们的共性。中原主食，五谷杂粮，黍、稷、菽（大豆）为主，小麦、稻米是后来的。蔬菜，根据现代的考证，中国人喜爱的白菜、芥菜之属，基本上都是驯化的芥科植物，光白菜就有很多种（包括甘蓝菜），各种芥菜也有许多种属，是酸菜主料，虽然南北方稍有不同偏爱，大致是古中原农民劳作起的头，因为从配菜的韭科植物看（驯化的各种葱、韭、蒜），这一时期，中国人的主要食材已隐然成形。

中国各地都已驯化家猪，江南地区很早就驯化了家鸭（鸿雁类，迁徙的鸟，很难驯化的），这些难以归功于中原。辅助性的蛋白质补充来源，各种豆科类植物，世界各地的早期农民各有驯化的豆荚植物。但大豆（黄豆）的普及和大量种植，也起源于中原。周之后 200 年左右，汉初的淮南（皖南、苏北）就发明了豆腐。

我们需要知道，后来的食材和佐料当然变化很大，如川菜麻辣，麻来自胡椒，“胡”嘛，汉通西域后才引进的，原本是中亚与印度的香料；辣，更晚，是 15 世纪郑和下西洋之后，华人将美洲辣椒引进内地的。但中国人的基本食材，没大变化，所种的菜蔬，多为世世代代熟悉的科属（其实，全世界人都这么干的，驯化植物跟驯化动物，都得花时间，一旦确定可以放心地吃，一般就成为那族群的口味）。

二、再说夏、商、周三代的个性

1. 中国最早的马拉战车实物，发现于商代的车马坑，距今约 3500 年。

对比古西方历史，5000 年前在古西亚的铭文中出现最早的关于“马”的记载，而古埃及、古两河流域与古希腊的城邦都要等到 1000 年之后，方才知道马是个什么东西。所以，大约 4000 多年前，欧亚大草原上的游牧民族开始用马拉战车扩张时，整个古西方文明都翻了盘。4000 年前左右，古西亚、古埃及、古希腊，大多都是在马拉战车的游牧民统治之下，这是西方历史记述的头一遭“蛮夷入侵”。

中国历史偏偏又与之“巧合”了。这跟商灭夏的时段吻合。是不是马拉战车造成的优势，不知道，有可能，那时的华夏族群，大概还不熟悉马拉战车这么个东西。

商民的先祖起于豫南、淮北、鲁南一带，从地缘上看，“商”会不会是古早的通古斯部落（红山圈）与东夷部落（大汶口圈）的融合体？考古工作者曾在山东、河北交界区发现过大汶口文化与红山文化混合的考古地点。

传说黄帝时才开始有轮子。当然，我们不知道，中原的传说，最早是夏人的口传故事，还是商民的口传故事，或者是周人口传的故事？夏、商、周部落的地盘太靠近了，同质性太高。“炎黄子孙”怎么形成的、什么时候形成的，大概永远是一个谜。但交易是游牧民族的习性。做生意、经商，或许就是商部落原本的擅长。周灭商之后，商部落成为奴隶，轻“商”或许也是周王朝的政治需要下不小心造就的中国“传统”。这些历史上的纠葛，加上政治话语，所塑造的教化，经常会扭曲世人对真相认知的“意识”。

2. 夏在华山的东方——河南。周在华山的西方——陕西。都是“华”族的老底子，但周的先民“开发大西北”成绩卓著，华山脚下的华族——仰韶文化吸收了东夷——大汶口文化的彩陶风，周人把它散布到黄河上游的甘、青地区，在那里，周人与当地羌、戎族群结合，造就了最辉煌的彩陶文化。

周灭商时，周部落文化是比商部落稍逊一点儿的。战斗力，战车对战车，势均力敌，但周人那时大概已经有一点儿骑兵。原来，草原游牧民，驯化马匹也是渐进的，一开始的马匹，小，驮不动人，只能驾车，所以，4000 年前的第一次草原大扩张，靠的是马拉战车。后来驯化了大马，可以骑人了，但只能靠两腿夹住马腹，尽管辛苦，却是机动利器。（马镫，大约在 2000 年前才发明，亚历山大、秦、早期的汉、匈奴骑兵都没有镫。）

3000 年前的第二次草原大扩张，就靠的是骑兵，这次扩张，造成中亚吠陀族群迁入印度，形成了现代北印度人的面貌。游牧民扩张，或许也是造成早期周部落几次迁徙的原因，周王朝跟“戎”的关系，历来紧张（灭西周的“犬戎”，就是崇拜狼图腾的游牧部落），当然，周人也就学会了骑马。

3. 取代了夏族的商民仍然相当迷信、酗酒。原始的萨满信仰，靠祭师“通灵”，通过某种手法进入精神恍惚的“入神”状态。

商贵族每事必卜，所以留存下来大量卜辞。这比后来中国各地大量县志、地方志还更接近原始的数据记录，没有经过朝廷的修饰，是文化宝库。商部落经常在搞祭祀的群众活动时集体喝酒，这些习惯，未始不是他们战斗力差的肇因。

所以，周灭商后，颁发《酒诰》，训令周人不得酗酒、不得过分迷信，实际是要周人保持统治优势。但商的迷信有可能是南北文化融合的结果，南方的人群流进中原，才会产出稻米和巫风（巫，也是南方马家浜、良渚文化的特色）。

周人算是个相当理性的族群，周王朝前后延绵 800 年，把中原祛巫之后的萨满信仰更加理性化成祀祖与早期道家的无为哲学，实用上则产生了儒家的人本精神。夏、商、周三代集成于周，积淀、塑造了中国文化的基本面。

夏、商、周三代创造的中国人的历史，映照出“智人”群体的生存演化历程，跟世上所有人群都近似。人类的智慧是通过实践的经验、通过人际的沟通积累而来的。历史不依从人们的意志，人类到现在也还没智慧到足以设计历史进程，所有的人都是摸着石头过河，慢慢来减少未知项的。摸索的过程，智慧的过程，就是历史，构成人性演化的数据。

农业技术的改进使老祖宗们活得更好、人数更多，开发了文明，硬体、软体都更加复杂，更需要专业和分工，人际更需要彼此依赖。

但是，人作为生物的本能，掠食动物对生存领域的占有，很自然地发展成人类社会对土地与资源、对生产力、对分配权的占有。

绝对的私有产生权力制度，被全世界各地的、隔绝的，以农牧为生的老祖宗们一一开发出来，没有例外，不需学习。

文明这个现象，跟权力同步，跟私有制同步，跟暴力同步，跟明的、暗的掠夺同步。然而，这不是“智人”智慧里的“文明”的定义，所有老祖宗和我们一样，都想活得更好更安稳、无须恐惧暴力、无须担忧口粮、享受公平、享受美好。

在这个意义上，夏、商、周的先民们的社会实践，实际就是中国人群的演化过程，是一部中国早期历史。

中国大地上消逝的文明很多，我们迄今也还不知道原因，因为留下的数据不够多。

留下较多记录的夏、商、周，作为一个个人群，我们比较能了解他们怎么逝去。

权力斗争、群际竞争、群际暴力，加上群内不和或不平衡。总之，软体出了点儿问题。

在追寻形成“中国人”的历史中，我们不但能看到中外的软体共性，也可以看到软体的个性差异，从而看到人性自身的盲点或偏见。

氏族的形成还可能出于本能，部落与国家的形成就已经有点儿社会软体的“设计”了。

先民形成夏国，当时是夏族群的一个新实践，安装了新设计的社会软体，成为一部“夏型”国家机器。很快，其他族群就复制了过去，各自将部落改造成国家机器。

三代的更替，每部国家机器都修改前一部机器的运作软体。涉及人性与人群，现在的人可以看到，软体也需要不断升级。那时的前人看不到，因为人性的智慧受限于当时的经验和欲望，不试着运转一下，他们也无从得到经验，我们也无从判断数据。

中国人的历史显示了许多宝贵的经验数据。

比如，文化的感染性，大汶口彩陶刺激仰韶彩陶，又刺激马家窑彩陶，回头又影响仰韶彩陶。东南的几何印纹陶与蟠螭纹饰、红山的玉文化、父系社会结构等文化，人群都很快复制，成为习性。

然而，我们可曾想象过，那时的王权显然还没那么专制，周人可以放逐自己的王，周公会交还权力，周部落会情愿隐身于“华夏”名下……

又比如，《尚书》取自西周王室档案，基本上是培训统治阶级子弟怎么统治的教材，因为是最早的文章与记述，东周流传开来之后，不但成为公文范本，也是后世的“文章”范本……这些，都是早期中国人群留下来的社会实践经验。

再比如，夏、商、周三代不停地与周边邻居打架。

跟南方同以农业为生的族群倒终于混同成一家人了。

但始终没搞定北方，甚至始终闹不清北方邻居是咋回事。

北邻了解你，对他们，你就是固定在那里的农民加统治阶级，跑不了。你不了解北邻，对你，他们像是不停游走的戎加狄。你交易，是为了贪财，多赚点儿银子；他交易，是为了生活需要，不给就抢。基本思维不接口，鸡同鸭讲似的。

欧亚定居的人群，开发了农耕生活方式、文字与文明，庞大的国家机器，局限了人们的视野，看不见人类可以另有一种游牧机动的生活方式了。

这些都是实实在在发生的历史，跟中国人是许多远古文明部落的子孙一样实在，中国人的老祖宗们包括炎黄部族，以及其他众多没有留下名字的部族……

然而，最最根本的一个事实是：黄土高原独特的地理和气候，使得早期中国人的生存与之相适应，并走上细致与密集农业的途径。依赖规模集群定居的生存方式，决定了中原农业文明的习性和意识，中国人的“人性”里头，更多地偏向开发群性，最终成为中国文化的特征。

现代欧美的老祖宗们的生存方式，一直是农牧群落交汇，依赖分工、交易、机动。西方人的“人性”里头，更多地偏向开发个性，最终成为西洋文化的特征。

这才是人群的差异，适存演化造就的习性差异。

第三章　春秋战国——东周的城邦世界

（公元前770—公元前221年）

古今中外，人群聚居，渐次开发文明、繁衍生息，自然地成立部落、国家，人类懂得筑城之后，就是“城邦世界”景象了。当黄河流域的周王朝东迁，成为“东周”王朝的时候，中国城邦世界早已存在几千年。周王朝高度文明，随着周文化和文字的散播，黄河流域留下当时最多的、流传下来的记录，人们可以从这些资料里头，窥见那个很不一样的东周时代。

夏开发河南河洛流域（中原），建立统治软体初版，留下部落联盟国家的印记。

商灭夏，带来淮北和山东地盘，修建统治软体一版，添上奴隶制度的印记。

西周灭商，带来陕西泾渭流域（关中），修建统治软体二版，留下宗法封建的印记。

这些软体的修建版本，相当实际，直接对口，在社会硬体还不发达、人类心智还不复杂的年代，变化赶不上计划，至少开头是管用的。

当然，最初开发黄河流域文明软体的人并不知道，国家机器运转久了会出什么状况，这需要大量经验数据，以及智慧，才有可能适时修改软体中的疙瘩。

古今中外，所有国家机器，无不尽力扩张土地与繁衍人口，一开始运转良好，国家迅速增长，情况很快就翻转过来，计划赶不上变化了。

人造的软体嘛，有缺陷是自然的；人类的国家机器，必然难免于人性的纠结。

有权力修建软体的人（古早是祭师与王族），设计了制度（如分配的规则），而无论什么制度的本质，机器还是要人去操作的，人群更直接是安装这些制度的对象。要碰对全然无私、能干的首领来操作，真有点儿难。

周王朝也没有例外。

西周成王的文官首创“中国”一词，对关中的周人来说，就指的“中原”，是新征服的东方领地，以洛阳为中心的、黄河的夏商文明城邦群落地区，东南西北四边相邻着许多当时人们不熟悉的“夷、蛮、狄、戎”族群。

公元前1000年，周人开发关中的同时，许多“戎、狄、羌”族群实际也已经生活在陕西。

因为那时人口密度不大，城池之间满是林野或空地，而且早期部落学习文明的能力很强，所以周王朝机器并未感觉到会有什么麻烦。

等到犬戎攻破都城，杀了周王，劫掠而去，西周国家机器被打烂，平王东迁，西周的周人方才发现，连同他们起家的岐山（今陕西宝鸡）地区，都已经成为戎狄地盘。周王朝整个西部地盘——陕西几乎瞬间消失，西周的附庸只剩下沿渭水中上游的秦国，而秦本身还跟各戎狄部落国犬牙交错。

公元前770年，为躲避犬戎，周平王一登基就放弃西部江山，动迁到东都洛阳，所以称为“东周”。

平王当然也想搞出个东周国家机器，无奈，中原并非这些动迁过来的西周人熟悉的地方。早先分封来的西周人，几百年下来，早已成为不一样的东周列国人了。要重新打造国家机器，也是黄河以东的各国人群来尝试，周平王修建新版统治软体的机会不再。

周王室在西部做了300年“中国”最大的奴隶主，早把陕西以东的土地与人民分封给了当年的贵族与臣民，收了多年贡赋，那时的中国，豫晋冀鲁皖，黄淮流域为主，早已城池遍布，地盘清晰。东迁，跟诸侯国是要不回来地盘的。连洛阳都城附近的“王畿”王室直属地世袭的管理人也几百年了，利益盘根错节，若非手上还有点儿武力（禁卫军），恐怕也控制不了。这就是东周王朝的基本实况。

还好，制度软体也是人类惯性，一开始，大家面子上将就着旧习，没马上撕破脸皮。何况，原来的分封合约，早已被灌了水，几百年开荒的土地、增殖的人民，好处没上缴，甚至没有账目，原先那点儿贡赋，看在老东家落难分儿上，就给周王室一点儿呗。这是周平王东周开端的现实。

能指望奇迹发生？诸侯国自动把权力、地盘、人民、资源拱手贡献回来？一开始跟着周王室搞封建、设计并执行制度软体的诸侯老祖宗们，他们自己的那份儿，也早分给无数后代子孙了。周的动迁，正好给了那时正在当权的诸侯一个警示，以后分家，嫡房干脆占99%。财富私有嘛。

私有制下的人性，利益驱动，全人类演化模式都类似：争夺权力，那时是政权，后来才有财产权。东周时期，宗法封建机制失灵，而社会生产力却已达到相对容易组装国家机器的地步。从前，万人数量级的原始部落有个酋长、祭师，就是大“方国”了，何况现在还有城池、器械、文字、制度。

春秋和战国的划分，实际是汉代文人按鲁国史书《春秋》的记述为春秋的起点，以《战国策》一书的记述作为“战国”时代的起点，其实很形象地形容了东周时期共549年的状态。春秋战国，字面上带出来的变幻与混乱感，倒是贴切地道出东周无奈的现象。

《战国策》很写实；《春秋》则有点儿抽象，说是孔夫子整理的鲁国史，用字很讲究，很政治化（偏向周王室），文字本身就显现出孔夫子对人对事的点评。那时的中国，文化相当高了，写史论史的不止孔夫子一个，诸侯国也各自有史官记述，他为啥偏要整理鲁史《春秋》？大概只有孔夫子自己晓得。

春秋时期有案可稽的“国”，不下百数，大国，连城几十个，小的城邦国，演个双城记也不嫌少。那时的中国世界可热闹了，绝对是个城邦世界的景象，不然，孔夫子哪来“周游列国”？

东周时的中国世界，跟西方那时的地中海世界有点儿类似，文明的城邦林立；中国古人也跟西方古人一样，尽情演绎了人性情理的方方面面。

人类文明初期的欧亚两端，黄河流域的夏、商、周的文明，可以比照尼罗河流域的古埃及文明，农业、水利、奴隶、人殉，样样俱全；而松散的大国管治方式，反映出技艺和文明的缓慢扩散。春秋战国时的中国世界，则可以比照古希腊世界，各地人群形成小国寡民的众多城邦，车战、手工业、交易、思想活跃，也一件不缺。

这算是人类历史演化的偶合性吧，那时的东西方人群，不可能有经验交流，但古人的社会演化途径相当雷同。前人分别在不同的文化氛围里，历练大国制、小国制，连同后来的大一统制（秦汉与罗马帝国），都在距今5000—2000年前的时段里尝到味道。事情就那样发生了。

春秋战国留下大量记述、故事、著作，我们跳出政治的角度去观察这些故事里的各种人物，权势的、复仇的、浪漫的、道德的、变态的、发明的……多么丰富的人性呀。比希腊历史记述的数据更多，中国人多嘛，但东西方的经验仍有太多的雷同和交叉，“智人”的大脑，毕竟是相近似的。几乎今天人类所有的思想、点子、情感、表达，都能从东西方古人脑袋瓜儿里找到类似的想法或感觉……就连“科学”也不例外。

春秋战国时代（也就是东周时代），黄河流域人们的文明，软、硬体上的演变与整合是惊人的。举几个重点来说明。

一、文字

对于文字相关的文物，东周时期遗留下来的不少，春秋战国时期中国人的书写文字，介于下图的西周大篆和秦小篆之间。现代汉字是秦朝统一文字之后的演化结果，所以人们今天基本上能看懂相当一部分篆文。

公元前1400年
商 甲骨文

公元前800年
西周 大篆

公元前210年
秦 小篆

公元前 3000 年，彩陶盛行的年代，陕、甘地区大约就已使用原始毛笔绘图（总得有个涂抹的刷子之类的东西吧）。现在熟悉的毛笔和竹简，考古实物出土于公元前 300 年战国时期的墓葬。估计整个周代（甚或上溯至夏代）中国人的日常书写，能沾上颜料的各种片状布帛、木、竹、陶、骨、玉，都可以是载体。写在竹简上的好处是容易编成册，收卷起来就是书册。

现在熟悉的“纸”的制作工艺，中国人也在战国末期基本开发了原型，虽然 5000 年前的古埃及人已经用上一种原始的莎草纸，直接用尼罗河三角洲盛产的纸莎草制作而成，类似棉絮片。

二、铁器

人类用铁，可以上溯到三四千年前，古埃及、商、古西亚地区，都有使用天然陨石的物证（几乎是完整的天然铁块，一般也含些铁属的镍）。真正人工冶炼铁器，最早的是在公元前 1300 年左右，欧亚大草原西端的游牧民赫梯人（随后统治西亚一段时间），至迟在公元前 1100 年传入古埃及、古西亚。当时，都是生铁工艺，不见得比青铜坚硬。

早期秦墓葬出土过铁剑，且秦代文字中很早就有“铁”字，不知道是引进的还是自制的。但至迟到春秋末期，中国也开始冶炼铁器，约在公元前 600 年，比较集中在楚国辖下的湖南长沙附近（出铁矿），随后百年左右，开发了把生铁再炼、淬水、锻造的硬化工艺（渗碳），就是熟铁。这也许是楚国成为那时的超级大国的原因之一：掌握了新材料、新工艺，统治了中国世界半边天。后来，秦的政治软件胜出，统一了中国。

战国时期，中国人已经掌握“钢”工艺，说穿了，就是勤快点儿，拿熟铁再多炼锻几次，让渗碳恰到好处，就是钢。“百炼成钢”的成语，由此而来。

人类真正掌握量产的钢铁技术，要等到15世纪，欧洲发明鼓风炉之后。在此之前，手工业方式冶炼钢铁，中国人是领先的，日本的倭刀技术是从唐朝学过去的，能学到的就带回去，其他的秘方就要靠自己摸索。必须承认，锋利的武士刀，绝对是“日本技术”。

三、农业

林立的城邦不得不各自讲究农业生产，春秋战国时代是农业技术大发展的时代，不仅是中国的，也是世界性的。金属农具大量出现，尤其是用铁之后，铜石工具迅速消失，使得深耕、牛耕成为中国农业的基本传统。那时的人们对土壤、施肥、选种、地理、节气、排水、一年两作等相关农技，留下不少系统论著，这些农业科技领先世界各地千年以上。

小国寡民嘛，当时的“亩”只约等于现在的220平方米，按那时的记述，华北平常年头的粟作亩产量可达30千克，大丰收年约成倍，大歉收年约三成。

这以后的中国农业技术，再也没大长进，2000年没怎么变，直到近代的机械、化肥出现。实际上，古今中外，全球都如此。春秋战国时代的中国的农业科技，就已经在中国大地接近巅峰状态。

四、诸子百家

能够出现诸子百家，有两个先决条件：生产有富余，加上有足够多的城邦国家。

春秋战国时代，中国大地正好处于这个境况。从战争暴力规模节节上升的情况来看，春秋时期，一战伤亡过千数时，城邦国人跟古希腊一样，如丧考妣，惶惶不可终日了。到了战国末期，动辄1万、10万人伤亡的血腥场面也出现过，估计那时“中国”人口必然达到2000万左右的数量级，才可能担负这样的社会成本。

也许是西周积淀的泛理性氛围的缘故，这个比较自由自在的城邦大环境并未刺激太多情感上的浪漫，中国人的心思似乎大多发挥在忧国忧民方面。

古希腊城邦人的创造力发挥在针对人道面对天道的“悲剧”性，包括大自然下的人性自私，归结于“命运之神”作祟和人类知其不可为而为的抗争，流露于吟唱的史诗、戏剧、哲学思考，鲜明地、激烈地展示人性的情欲与义理、与命运的纠结。

中国古人同样也感受到人道与天道间的纠葛，不过没产生古希腊人的

"悲剧"情怀，完全接受了人道只是天道的一部分，人类理性的浪漫促使中国古人将创造力转向"尽其在我"地去尽力"改善"人道，表现于诸子百家针对解决人世各种问题的各种思想论述与具体行动中。

行动很世俗化：取得当权者的支持。大概当时的聪明人早已看穿，设定人世"游戏规则"的权力制度才是人间社会的问题与解决的来源。

而东西方实际的历史记述与故事传说都显示出人们对复仇、冒险、坚毅、原则、慷慨、慈爱、守信、孝顺、忠心等事迹的极大兴趣。当然，政治上的教化，必然是取材背后的一个重要因素，但也绝非唯一因素，尤其在城邦时代，春秋战国时代的中国世界跟古希腊世界的自由度和创造力，其实没什么两样。

其他如手工业、艺术、绘画、漆器、玉石、纺织、铜器、雕刻、城市建筑等，也都呈现出数量级的飞跃。当然 549 年的跨度，文明和技艺的积累，更加速了文化的进程。

下面就让我们看看春秋战国时发生过的重大事例及其结果。

春秋时期
（公元前 770—公元前 476 年）

春秋时期，东周王室仅只具备象征性，没有权力中心的概念。政治的时髦风尚，随着区域霸权的强弱飘浮。区域霸权也只能各领风骚。

中国城邦之间、人际间，大家都在学习适应这种新状况，因为这一状况比从前等级化（公侯伯子男）的宗法封建社会复杂得多。

春秋早期诸侯国林立，星罗棋布，人们生活以"城"为中心。

一、政治

大致上，春秋时期 294 年间的中国政治，以各国争霸为标记，而争霸的主人公们的故事，就反映了许多自然的人性。

1. 郑庄公，（公元前 743—公元前 701 年）在位，他使周王室完全虚拟化。

周平王能在东都洛阳落户，主要靠姬姓同宗的诸侯晋、郑两国的庇护，尤其是郑，周王室直属地紧邻郑国。平王于是用郑国君为王室卿士（执政官）。等到郑庄公接他爸爸位子、继任卿士后，平王搞平衡，分权给虢公。郑庄公不高兴了，为了达到目的，平王竟跟他来个"周郑交质"，互相把长子交换为人质。这无异于公告天下，周王国跟诸侯国没啥两样。

东周王室，自此脸面扫地，封建规矩开始破功。

平王死后，交质在郑国的姬狐因悲伤过度而死，其侄姬林即位为周桓王，想进一步削弱郑庄公在朝廷的势力，让虢公独任卿士之位。郑庄公更加生气了，索性不去向天子朝礼。于是桓王趁机带了六师禁卫军，联合郑国周边几个诸侯国，兴师问罪，征伐郑庄公，结果大败。从此，周王室不但没了颜面，更没了威信，变成橡皮图章，周的封建制度名存实亡。

郑国在今天河南郑州南边的新郑，其实只是个中原的中等国而已，四面无天险可守。

郑庄公出生时，也不是他妈妈喜欢的儿子（第一胎，惊吓了没经验的妈妈），他的继位，相当曲折，因为亲妈妈就反对（宠爱他亲弟弟，段叔）。

可以说，郑庄公的生长环境不正常，缺乏母爱。但他是个极其聪明的人，能忍，心思细密、多计谋，对外能屈能伸。在那旧秩序崩解的状况里，他专注于郑国的外交与内政，把周边大小诸侯玩得团团转，仗没少打，居然一辈子没打过败仗。死前，他把郑国发展成中原一等强国的架势。

长话短说，郑庄公对弟弟与母亲表面上极其宽容，助长弟弟骄焰。等到母亲帮弟弟造反，他一出手，“克段于鄢”（在鄢这地方打败段），弟弟走投无路，自杀。他跑去，抚尸痛哭，回来，却放逐母亲，气道“地下再见”。后来，大概亲情发作，又盖个高楼，不时登台遥望妈妈住的方向。有个老臣建议他，君无戏言嘛，但不必死了才能见面，钻个隧道过去，不就是在地下见到母亲了吗？郑庄公大喜，照办，总算跟妈妈和好了。

就这么个复杂的性格，成功地处于复杂的新社会中，享受霸主级别待遇，最终还是逃不脱人性的偏爱之情，晚年也宠爱小儿子，迟迟不肯安排好接班人，结果庄公死后，儿子们争位，郑国回落到小国的状态。之后，情势发展使得郑国夹在战国秦楚两强当中，只好“朝秦暮楚”，两面不是人，直到亡国。

从郑庄公身上我们看到，扭曲的环境造成扭曲的性格，在生存与灭亡之间，他高超的智慧和坚强的抗压能力，使他几乎成为春秋第一个诸侯盟主。不能说庄公一辈子都在演戏，虽然慷慨与残忍，也许都有他权谋算计的成分，但是，人性总在召唤，真情不知不觉还是会流露出来。在那个秩序崩解、道德沦丧的乱世，他是破坏体制的急先锋，但他人性未泯。

2. 齐桓公，（公元前685—公元前643年）在位，他摇醒了那时代的工商业。

山东的齐国是姜太公的封国，齐桓公自然姓姜，名小白。

他大哥是个暴虐的齐国君主，为了跟自己妹妹私通，竟然杀死妹夫鲁国君（古希腊神话似的情节，居然真的可以发生），搞到人人痛恨。小白劝不动大哥，助手鲍叔牙就劝说小白出奔到鲁东南的莒国。果然，不久，齐宫廷发生政变，齐国君被杀，一年后，贵族们杀死政变者，准备迎立小白的二哥公子纠（那时出奔在鲁国，比较接近都城）。小白机灵，抄近路先赶回都城，靠贵族们支持继了君位。赶路途中，还被他二哥助手管仲拦截、射中，居然是射到身上的铜钩环，小白装死，逃过一劫。

齐桓公即位后不久，听从鲍叔牙的力荐，不记前仇，任用管仲为相。鲍叔牙与管仲是知交，一起辅佐桓公。而鲍与管的交情与经历，足可另写一本故事，他们之间的故事告诉了我们，什么叫作朋友和高手。那时的管仲是个自由民，潦倒过、穷苦过，为了生活，跑过小买卖，当兵还当过三次逃兵，真正知道民间疾苦。（光春秋时期，鲁国那么个小国，就记载了近 500 次军事行动。）

管仲也许是中国第一个了解人类社会已经演化到必须注重经济和社会建设的人，如果不是全世界第一个的话齐桓公会如此重用他？管仲留有一本书——《管子》，在其中记有管仲回答齐桓公关于治国的提问。

（1）人性，是衣食足而后知廉耻。

（2）休养生息，百姓富足，才是爱惜百姓，自然就得民心。

（3）民心在，士气旺盛，部队才训练得好，才可打仗。

（4）富足，要开发经济，收山林、铁、渔、盐之利，不能只靠种田。那时讲“经济”都是实的，“经世济民”“利用厚生”，人群赖以生存的东西。

（5）鼓励交易往来，繁荣商业，增加国家税收。

（6）物品过剩时，价太廉，伤害生产者。太欠缺时，价太贵，伤害消费者。国家应该设置平准仓储，物资过剩时买进，欠缺时卖出，以调节供需，自然地去平稳物价。

（7）霸天下，要有王天下的号召，“尊王攘夷”（维护周王室、抵御“外夷”的侵略）。（这时期，中国跟印度，其实正逢第二次草原大扩张时期，“蛮族”入侵。）

管仲拜相之后，按照理念具体实施，因为那时社会与经济规模还相对小，很快基本达标。公元前 681 年，齐桓公首开先例，以诸侯身份召集其他诸侯会盟（原本只有周王室才有权

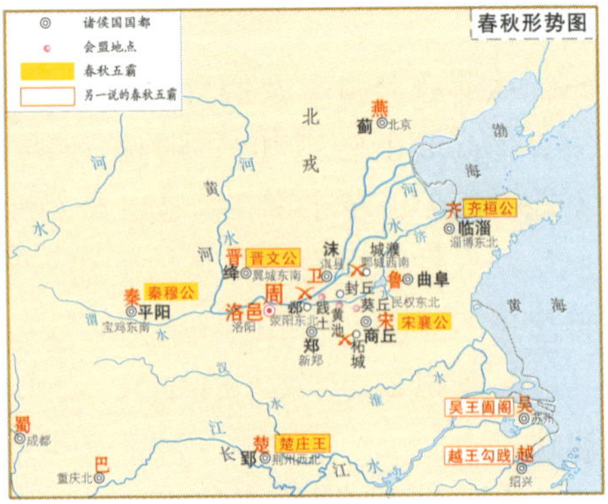

春秋形势图

召集诸侯会盟），最终达到了“九合诸侯，以匡天下”，称霸中原的目标。

齐桓公是周王室正式承认的诸侯盟主，制约当时的国际社会若干人文底线，比如，规定不能随便建筑堤坝、垄断水源、以邻为壑（战国后，就决堤水攻了）。更组织“联合国部队”（以齐军为主），抗击“蛮族”入侵（助燕国对抗北边“山戎”）。齐国也因此愈加富强，都城临淄成为国际大都会，十分繁荣。

管仲死于公元前 645 年，临死前齐桓公去看他，请他推荐一个可用之人，结果，齐桓公还是用了管仲告诫他绝不可用的小人们。仅只两年后的公元前 643 年，桓公病重，这班小人为了拥立自己想要的继任人选，干脆把宫门堵塞，不让进出，意图不走漏桓公病逝的风声。于是，春秋第一个霸主没病死，倒竟然是被活活饿死的。

临死，齐桓公哀叹，哪有脸去见管仲？拿自己衣袖遮着脸死去。

他的五个儿子立即进入夺权的内战状态，齐桓公死后 67 天，尸体才被下葬。

人们发现他业已腐烂的尸体时，不但有射入的流矢，还爬满了蛆虫。

120 多年之后，孔子盛赞管仲：“微管仲，吾其披发左衽矣！”（要是没有管仲的话，我今天就是个“胡人”了！）可见那时的“蛮族”入侵是多么重大的历史事件！

而说这话的时间点，当时的齐国君主正在为物贱钱贵伤透脑筋，准备发行大钱。

3. 晋文公，（公元前 636—公元前 628 年）在位，他是华北地区的代表人物。

跟周王室同宗，姬姓的晋国，一直是以山西为主的大国。西周的宗法封建制度，这个软体不靠谱的地方，除了郑庄公在东周早期打碎宗法封建迷信之外，晋国也在公元前 679 年粉碎了宗法美梦，那一年，被分到曲沃（今山西临汾）的非嫡系子孙，经过百年经营，终于硬抢到了晋祠堂的祭祀权，成为晋武公，代价：先后五代的嫡系晋君被杀，一个遭放逐。赤裸裸地宣告世人：强权才是社会制度软体的本质，血缘没用。

权力当然一直都是任何权力制度软体的本质，不然人们为啥那么费劲儿去钻营？

晋文公是成功夺权的晋武公的长孙，生来有点儿畸形，眼睛两个瞳孔、肋骨相连一片，取名重耳。他老妈的娘家是翟国（今晋冀交界地区，那时是晋的势力范围。翟、狄同音，应该是狄人学到文化，就改以“翟”为名了），政治婚姻嘛，全人类的老规矩。他老爸很早就立了重耳的异母弟弟为太子

（是齐桓公外孙），重耳也没法有太大野心，就好端端地做个王子到 41 岁。然后，也是全人类的老故事，年老的容易偏爱偏信，王位继承人被陷害自杀，重耳被迫流亡到母亲娘家，娶了个翟戎女，组织新家庭，一待 12 年。经历了老爸驾崩，另一个异母弟继位，被政变的大臣杀了，另一个异母弟又继位，派刺客铲除他等戏剧性情节。没办法，保命要紧，重耳慌忙弃家逃离翟国。

春秋时代至此，豪门已完全追逐权益，宗法制度不再有约束力，豪门兄弟骨肉相残已经成为家常便饭，因为权益的继承或占有，最大的威胁就来自所有“有资格”来抢位置的人。

按史料的记述，现实情况由不得重耳有大志，但他显然是有才干的，不然不会有一帮能人死忠紧紧追随，当然，他们也是押宝，重耳若不得为君，他们也不得富贵。他们从山西几乎一路讨饭到山东齐国，饿到不行的时候，有个超级随从介子推，甚至割自己大腿肉煮给重耳吃，重耳想不感动都不行，他的意志力和野心被激活了一点儿。

到了齐桓公地盘，到底是霸主，不但补给充分，还把宗室美女嫁给重耳。因为，齐桓公看出这帮人不简单，拿生活享受来绑住他，没准押对宝，将来若真的做了晋国君主，对齐国也没坏处。没过多久，桓公死了，但重耳已经乐不思蜀，看不出齐国即将衰弱，继续赖在繁华的齐国都城过好日子。可他的新老婆不愧是在桓公宫廷里见识过大场面的人，大约在公元前 638 年，她帮助重耳死党一起灌醉重耳，拉上车就往西南走去……

重耳一行再度颠沛流离，一路上碍于晋国威名，小国惹不起，只有打着仁义旗号的宋襄公虽新败于楚，仍然接待了一下他们。惹得起晋国的，过去干过架的，只剩下秦、楚，重耳只好奔楚国试试运气了。

楚成王接纳了重耳，并按诸侯的规格厚待他们一行人，将他们安置在郢都（今湖北荆州），那时的楚成王志在中原，北扩途中，偏偏碰上个政治梦想家宋襄公，宋国比郑国还小，但宋襄公打出仁义治国的号召，想跟齐桓公、郑庄公一样，过把诸侯盟主的瘾，公元前 638 年，楚宋交战于泓水（今豫南柘城县境内），宋襄公超现实地表现“仁义”：楚军渡河时，不让宋军发起攻击，楚军渡完河、没集结列好阵，也不让宋军发起进攻，并且事先交代“不擒二毛”（不俘虏有花白头发的敌人）。结果，宋军当然大败，宋襄公本人中箭负伤，第二年病死，徒留“仁义盟主”的梦幻与笑柄。（写传统中国历史的文人为了“仁义”，居然认宋襄公为春秋的霸主之一，比宋襄公自身还可笑。）

楚成王虽然接纳了重耳，宾主双方打得火热，但在一次酒宴上，成王问重耳：“我对你够意思了，将来怎么回谢我呀？”重耳思量一会儿，答道：“将来如果双方打架，晋军会先让让楚军，‘退避三舍’（先从阵地后撤 90 里，然后再打）。”

一个流亡的老公子，犹有如此气势，楚国臣子立马建议成王要斩除后患。楚成王当然没有宋襄公的仁义幻想，但奇特的人性很微妙，他大概觉得，跟眼前这个60岁的老头儿有缘，很好玩儿吧，或许也不觉得重耳真是个威胁。

重耳那帮人，居然就在这危机四伏的楚国过上了不错的日子。

第二年，公元前637年，晋君驾崩，重耳的机会来了（要追杀他的弟弟死了）。

秦穆公很快把他们接到秦国，重耳爽快答应秦穆公索要的回报条件：几座邻近秦国的晋国城池（这是重耳老弟当晋君时答应过而又爽约的）。于是，秦穆公押下筹码，把最宠爱的女儿之一嫁给了这个老头儿，结“秦晋之好”，一年后，派3000人卫队，护送重耳返回阔别了19年的故乡晋国。从此，历史上就有了晋文公，那帮死忠随从也证明了他们不是等闲之辈，后事发展更跌破秦、楚眼镜。

文公即位掌管晋国时已经61岁，他没浪费时间，一年多，就把晋宫廷理顺。

方法简单明了：重用士（士，“士大夫”，阶级比“卿”低），把世袭的血缘贵族摆一边。戒除了政出多门的旧习，规矩严明，令行禁止，晋国因此大治（效率提升）。

当然，晋文公没完全看透，那时，学“文化”是奢侈品，在这层现实上，卿、士子弟跟王族子弟都是同样的料，无非晋文公自己被世袭贵族搞怕了，觉得非世袭的卿士子弟好用些，比较听话，也比较积极（要名利嘛）。后来，卿士也跟贵族一样，屡代专权坐大，权在手上，比世袭还世袭，终至三家分晋，也是人性使然。

公元前633年，楚成王已实际吞并陈、曹、蔡、宋、卫等江淮之间的小国，兵锋直达齐、郑，威胁中原。晋文公联合秦、齐，三国联盟抗楚，中间各有许多政治动作，涉及各国君主的妒忌、报复等心理，非常人情化，不必详述。

公元前632年，晋文公出征，晋、楚两军在城濮（今山东鄄城）地区对阵，晋军果然先后撤三舍，以避楚军锋芒，既表达了信守承诺又诱敌深入，然后决战。晋军战前做了相当彻底的内部与外交的政治动员，结果，大败楚军，楚国霸权就此区域化，直至被秦国统一。

之后，晋文公会盟诸侯，比齐桓公档次更高，周襄王（晋文公扶持的）亲自参与，还正式册封他为“侯伯（霸）”。实际上晋文公在位仅仅八年多，即位后四年就定下晋国近百年霸业，当然不可能全靠运气。

晋文公死于公元前628年，他传奇的一生充满人情、义理、利益、冒险、智慧、激情、背叛、复仇等纠结，人们恐怕至今仍无从理解，一个饱经沧桑的老人，即使是个王者，他会以怎样的心情来看待终于到手的君位？晋文公一生艳遇不断，子女成群，他对这些骨肉又会是什么样的感情？显然，晋文公，那个终于上台的老头儿，依然充满激情，他没少报复曾经对他不好的卫君、郑君等，当然，都在“尊王攘夷”或“公平正义”的名号下，但不怎么血腥，甚至还相当宽大……

他即位当权之后，对晋国臣民只做了两件大事：第一件是减税，既鼓励了农民的生产，又鼓励了工商的发展；第二件是任用贤能卿士，重整组织纪律。实质上，只有把涣散的晋国人心从上到下，重新凝聚，晋国才有可能立刻展现优势来面对外部的挑战。

晋文公一死，子晋襄公丧服未脱，秦、楚、齐三大国，就立刻对晋国展开攻势。

公元前627年，秦穆公的远征大军在崤山险要地区（今豫西灵宝、陕县）被晋军全歼，主帅被俘，“秦晋之好”结束。后来，双方来回报复征战，晋不堪其扰，秦亦知灭晋不易，促成秦穆公转向西部发展，反而真正坐大。

这年末，楚成王做最后一试，进军郑国，楚军在蔡国附近被晋军智取，灰溜溜地撤兵。同年，晋军还巩固自家后院，进攻晋北白狄，俘虏白狄君主。

晋文、襄时代，晋国卿士颇有“士可杀不可辱”的精神面貌。灭狄的主帅，在确定晋军胜利时刻，脱下盔甲，单骑杀入敌阵，以自杀式行为报答文、襄二主的知遇之恩，因为曾激烈地反对襄公释回秦军被俘的主帅，说是死谏或抗议或恐惧秋后算账，都未尝不可。另有一个士大夫，不知为什么被主将撤职，觉得羞辱，在一场与优势秦军对峙的战役中，带着小队人马，自杀式突入敌阵攻击，拼命之下，整支秦军被动摇，成为晋军决胜的关键。这些疯劲儿、死劲儿，造就了晋国支撑中原的潜能来源。

晋文公、襄公两代，共只在位15年，用了许多将相之才的卿士，自然也费了大劲搞利益平衡，因为他们的君位原本就是天上掉下来的，他们还来不及深植晋国的人脉，就死了。权力落在正卿赵盾手上，演变出卿族专权世袭，晋国成为另一个活生生的东周浓缩版。历史记述有赵氏孤儿的显例，再次演绎了春秋时期人世社会的倾轧、复仇、忠贞、坚定的故事。文、襄之后，晋国势力逐渐衰退。50年后居然又出现了一位传奇人物，晋襄公曾孙晋悼公，他使晋国继位复霸。

历史记述，公元前573年，晋悼公14岁时，被众卿族从周王都洛阳迎立回晋。那时没有“天才”这个词，但14岁的悼公，面对弑掉前几个晋君的卿族们，完全自在、笃定。一入晋境，这个少年对那班前来迎立的权贵说："我少小离家，从未指望能够回来，更没想过要当君王。如果只是要我回来做个虚的王，跟前头几个被杀的一样，我是不干的，要做就是真的王。你们现在表态，若不愿听命行事，现在还来得及去另外找个肯做假王的。"当下就让那班权贵打心里发抖。

2000 多年后的 1521 年，中国历史又偶然地轮回了几乎同样的画面，这次是大明朝的文官集团迎立一个 15 岁的外藩亲王，明嘉靖帝，时间、空间，人间软体、硬体，配置全然不同，嘉靖帝与文官集团的暗斗，方式和结局自然也完全不同。下面讲到明朝再叙。

跟他先祖上任一样，晋悼公在任贤与减税之外，还加了两招：第一招，用世袭贵族的士大夫去教育卿族的青年才俊，重整规矩（务虚的有恭、俭、孝、悌，务实的有礼、法、射、御）；第二招，黜免百姓对官府或权贵的债务，并规定只能在农闲时征用劳役，不得妨碍农时。

晋国立马重振雄风。

楚国地广、人多、物博，念念不忘中原的地盘，那时的楚共王当然不会让晋国安稳坐大，自晋悼公即位第二年开始，中国的北盟与南盟之间不断争战。晋楚双方进入长期消耗战的状态，随时都要对干一下，楚共王死于公元前 560 年，一年之后，晋悼公病死。

实质上，春秋时期的公元前 573—公元前 559 年时段，可以说是晋楚的"两国战争"或中国古时的"南北战争"。夸张地说，这几乎也是晋襄公与楚成王的翻版，这对老冤家，也是先后逝去。我们可以认为，自从春秋早期楚国称王不敬周王室起，"南北战争"已经开始，只不过，晋文公治下的晋国更突出地承担了屏障中原的"使命"而已。

晋悼公死时还不到 30 岁。

或许他最有名的"第一"，应该是洞察真相的智慧。

他清楚地认识到，战争最倒霉的是老百姓，所以尽量收缩战线，跟北邻的山戎和谈，以便全力面对楚国。当战事频繁到老百姓都疲惫不堪的时候，他会及时检讨善后措施，从自己开始，所有官员都将积存的财货拿出来借给老百姓。史书记载："晋国没有不流通的货物，也没有穷困的百姓。虽不禁止谋利，但也没有贪婪的百姓""不制作新的器用（奢侈品）"……相当于今天的美国叫资本家们，或中国叫贪官们与大款们吐出存款与库房囤积、不盖豪宅、不造新车，以资助国民渡过经济危机！

晋文公、晋襄公、晋悼公三位君主在位的时间加起来一共才 31 年，比齐桓公或郑庄公等一个人在位的时间还短很多。他们治下的晋国的成就，只不过阻挡了秦楚进入中原而已，但他们改造过的软体措施很多，显示出“生于忧患，死于安乐”的智慧，彰显了社会的演化。

传奇能够发生，因为社会失序、人脑思想混乱到近乎混沌状态，无拘无束，自然随机存在着那样子发生的可能性。回复高度秩序化的体制之后，人的思想和心情也跟着规范化，那样子发生的可能性无疑降低到近乎零。这现象，也反映在现代硅谷的诸多传奇故事里。

除了上述三位出自中原的霸主外，中原之外也出霸主：秦穆公、楚庄王、越王勾践。

传统记述里的秦、楚、吴、越各国，据说都溯源自中原相关的氏族源头，代表了中国大地西北、华南、华东的开拓与整合。严格说，这个过程从未停歇，只不过春秋时期之后，我们可以从秦、楚、吴、越的历史中窥见中原之外的地区实况。

现代的基因统计分析显示，以淮河为界的中国北方汉人，跟南方汉人，他们的男性基因，都有 54% 比率的华夏标记，而南方汉人的女性则保留有 35% 比率的百越标记（北方汉女的百越成分为 19%）。这当然不能判断出春秋时期人口流动的实情，因为后来还发生过几次中原人口的大迁徙，但是，母系的百越标记很能说明状况。因为，百越“黄标”更古老（包含“东夷”），而且一般的移民拓殖，总是男性流动较多（征伐或逃难），当地比较不流动的母系基因，更能表现出文明或血缘的扩散方式。

传统中国历史，充满中原话语，北方汉人主导中国政治与历史的过程，直到唐宋，所以，秦、楚、吴、越记述里的中原根，政治性太高，不大可信。直截了当地认证，应该运用现代分子遗传学，对古白狄、古中山国（公元前 500—公元前 300 年，在晋、冀、陕，太行山区）等偏远地域（如陕北、晋西的米脂、绥德等地）作基因分析，以分辨传说里的姬、嬴、姒等古姓与羌、戎狄、百越、苗瑶的关系。不然，全都往上挂钩成黄帝或商、周的分支，却明显有肤色与形态差异，未免太忽悠自己。更何况，从逻辑来看，夏、商、西周，根本没有达到长江流域的实力，凭什么分封到江南地区？跟现在凭空分一块美国地盘给你一样荒唐。

今天南北汉女的古老“黄标”成分（百越、苗瑶等）透露出，长期以来，中原文明不仅文化扩散、基因也扩散。文化还可以靠学习而来，血缘则必须伴随着人口流动。流入的人口男女比率失调，就必定发生大量婚娶土著女性的混血现象，才会形成今天人口的基因比例。可以想象，春秋时期，各地人群里的“本土”基因比例一定很高。

毫不夸张地说，东周东迁到黄河东边的河南洛阳，跟后来的东晋南迁到江苏南京、南宋南迁到浙江杭州，所引起的文化扩散涟漪有点儿类似：政治中枢地区很热闹，权贵争夺位置和“已发展地区”，政治边缘地区反而大搞建设，人群忙着开拓“发展中地区”。

传统中国历史记述，不食人间烟火，注意力不及此，以至于使各地的开发史大片空白。

华东当然不是沉寂了几千年就突然蹦出个吴越争霸（公元前514—公元前473年）、吴王阖闾、夫差父子跟越王勾践等故事。秦、楚、吴、越的记载，跟晋、齐的记载相比，明显存在时空上的空当与错位，只能说是“中国”（那时，仍指黄河流域的中原）过度泛政治化的意识形态，造成传统历史记述的落差。这毋宁是全人类迄今为止的“常态”，欧洲史的偏见只多不少，人们需要正视“话语权”的荼毒，从偏见中解放出来。

有限的、比较合乎逻辑的记载，更需珍惜。

4. 秦穆公，（公元前659—公元前621年）在位，他比晋文公、齐桓公更像君主，珍惜人才，宽宏大度。

秦人来自甘肃，这是秦人自己的记述，比较可信，所以秦人的羌、戎成分应该大于周人。秦的先民部落有可能是在比较单纯的农业文明扩散下形成的，他们也一直是周的附庸国或佣兵。周平王东迁时，秦才被封以岐山（今陕西宝鸡）西边地域，算是合法进入陕西。春秋早期，陕西几成真空状态，秦土不断东扩，秦穆公即位时，已承继关中大部，俨然西周架势。再向东扩，就得跟晋国打架，所以秦穆公的目光一直紧紧盯住晋国。

秦穆公身上有许多特质，不是当时已开发几千年的中原农业文明体制可以形容的。

比如，有名的“穆公亡马”的故事，他的爱驹被马场附近的老百姓宰了加菜去了，等他找到一群正大吃大嚼的人时，他对吃马肉的这群人说若有酒会更好，便让人给这些人配了酒喝。部下要杀这百十来号人谢罪，秦穆公不让杀，无罪释放，当然，这些老百姓都感觉很爽。后来，秦晋交战，有一回秦穆公在阵地上，差点儿被晋军士兵围住，紧要关头，突然有个百十来号人，拼命杀进重围救驾，事后他问这群秦兵，才知道原来就是吃他马肉的那些老百姓……

又比如，他知道秦国相对落后，就从中原各国求取人才，有名的百里奚不肯辅佐秦国，辗转流落到楚国为奴，楚国也求才，但居然不知道百里奚有才。秦穆公不动声色地拿五张羊皮把百里奚这个老“奴隶”换了回来。百里奚又把另一个老友蹇叔也拉来秦国一起干。后来，晋文公死后，秦穆公想趁机收拾一下晋国，他不听这二老的劝，还指定他们的儿子们做主帅，勉强东进。出师前，二老哭着为儿子们送行，秦穆公不爽道：怎么，触霉头呀？二老回答：大概再见不到儿子了，伤心呀，怎能不哭？结果，公元前627年，秦全军覆没于崤山。等到晋襄公释放被俘虏的主帅时，秦穆公穿着白衣裳迎接，不但没杀他们，还主动承担责任说：都是我的错误决定造成的。秦穆公继续重用这些青年将帅，而后他们更加死心塌地，一心复仇，在秦穆公死前，终于重挫晋国，为秦国取得黄河以西的晋国城池，虽然不多，但把晋国势力逐出河西，秦穆公也算威震中原了。

秦穆公很实在，公元前624年再度攻晋，秦军如入无人之境，迫使晋军坚壁清野、避不敢战，算是复了仇，他到崤山祭拜阵亡将士之后就撤兵，以黄河天险与晋国对峙。

秦穆公清晰地认识到，那时的秦国不足以与晋国为敌，回头转向西部扩张，公元前623年，兼并了陕、甘、宁交界处的几十个诸戎部落国，真正为秦后代打下稳固基业。

秦穆公是个很有趣的人物。当时流行诸侯联姻外交，“秦晋之好”时期，他是晋君主的姑父兼岳父，可女婿却爽约，不给他河西的晋城。后来，晋国饥荒，秦依然送粮接济，等秦国饥荒时，女婿不但不给接济，还趁机派兵打他，晋军被打败，送了太子来做人质，秦穆公居然也嫁个女儿给太子，同时做晋君父子两代的岳父。这个小女婿很不堪，回晋国抢君位竟不告而别，秦穆公就把重耳接到秦国，护送重耳回晋做晋文公，依然做晋文公的姑丈兼岳父，管他礼制不礼制的。秦穆公认准的政略，完全一面倒向晋国，要锁紧跟晋室的纽带。直到他晚年觉悟，黏不住、打不过，掉头立马开发大西北。

有名的故事“伯乐相马”也跟秦穆公有关。

秦穆公的葬礼，非常破格，177人殉葬（包括当时很忠心的三兄弟武士），是西周之后150年来之最。

怎么看，他都有点儿草原酋王的风格：粗犷、大气、直率、不拘小节。

5. 楚庄王及吴越争霸的故事，代表华南和华东的开发，华南和华东地区开始进入历史舞台。

虽然近代考古发掘显示，“南蛮”或“东夷”先民，老早就沿汉水与淮河水系将稻作带进中原，不过那时是自然扩散性质的移民落户，稻米或小麦出现于中原，仅只表明了各地区的“可通性”。

夏、商、周三代时期，华北中原的经济与文化无疑高出华南、华东。扩散到中原的“蛮夷”先民，不大可能有动力（或找得到路）返回原地，连人群与文化都融合在中原锅里。到了东周时期，中原的人口与科技，高出华南和华东很多，竞争优势则必定带来更大的人口增长。这状态，要到千年后的十六国、东晋南迁，才开始逆转。

史料对华南、华东地区的记述，有点儿矛盾，但可以窥见端倪。

比如，叙述楚国来源，说是分封诸姬子弟于丹阳（今河南淅川，豫西南近汉水上源地区）。但又说，封了外姓的熊氏于荆蛮（湖北武汉，江汉汇合地区），号“楚”，而楚“素有异志”（从来都不是顺民），为防“南蛮”北上，所以封诸姬于“汉阳”（汉水上源之北）。准此，以周王朝的实力，要封亲贵子弟到吴越“断发文身”之地（剪短头发、纹肤刺青的族群），那纯粹是自我忽悠。最多，也就只是封诸姬于淮南江北地区（陈、蔡、宋等），以防备“南蛮”“东夷”，如此而已。

另外，对四川的巴国（重庆地区）、蜀国（成都地区）也有所记载，提到了蜀国的“开明王朝”。根据已有的考古发现（大溪文化、三星堆文化），以及分子遗传的基因分析证据，从文明演化的年代、地缘、粮食作物等逻辑来看，巴蜀先民多半属于苗瑶血缘与大溪文化，正如吴越先民属于百越血缘与马家浜文化那样。因为，汉从羌分支很晚，是距今6000—8000年前的事，那时大溪文化与马家浜文化都已存在。羌、藏分支更晚，约在3000年前，那时三星堆跟金沙文化也都早已存在。史料的记述，写史的人不会早于2500年前，而且不会以“文明”的角度去了解中原以外的族群，巴蜀的羌藏渊源的描述，大概只是想暗示，他们是“蛮”人。

中原之外的故事，我们只好推理：7000年前才有汉族，4000年前才有夏国，夏、商、周三代时期的华夏族群马上拓殖到四川、两湖、两江去种稻米的概率等于零，何况那时的黄土高原还很空旷。

回到楚庄王的故事。

楚国很早就不敬周王朝的“规矩”，公元前758—公元前741年在位的熊眴称王，至此楚国跟周王朝对等。

楚庄王即位时，晋国模式已经影响到各地区：卿士权臣当位，世袭垄断王廷权力。

那时，晋国的赵盾家族是实质的江湖盟主，比晋文公在世时还牛。同时，楚庄王的老爸也是杀父夺权才做的王，楚国也有大批的权臣弄政。上台是表面文章，被权臣们挟持低声下气倒是真的。楚庄王在这形势下，花天酒地、不准劝谏，还借葬马做文章羞辱朝臣。

公元前611年，几个聪明的士大夫别出心裁，让楚庄王冒头，就是“一鸣惊人”的典故，故意问楚庄王：有只怪鸟，在都城待了三年，不叫又不飞，在干吗？楚庄王笑答：那鸟，三年不叫，要一鸣惊人，三年不飞，要一飞冲天，等着瞧吧。

后来，他避开卿士，直接就到发生战役的现场指挥，打赢了，有点儿威望了，便慢慢收权。楚国复强，苦了郑、宋等国，夹在晋楚间左右为难。

公元前606年，晋国赵氏弑晋君，这时，楚庄王已借着连年北伐收了不少兵权，他不无得意地陈兵于周王室直属地，还“问鼎中原”，故意向前来安抚的周王特使询问，王室的国宝重器长啥样？多大？多重？一副准备收了回去的样子。特使是个经验高手，回答：“在德不在鼎。”意思很明白，您老德行不够的话，搬回去也没用。结果，楚庄王撤兵，还没回到家，楚的权臣已经叛乱，楚庄王运气好，没被射死，侥幸胜利，于是，虚化“执政官”权位，恢复王权独揽。

此后，楚联齐制晋，连年北伐，陈、蔡、宋、郑、卫沦为战场，公元前599年夏徵舒自立为陈侯，楚庄王以此为由，出兵伐陈，立陈灵公太子妫午为陈君。公元前597年楚庄王率军克郑，并在郑国大败晋军，楚庄王终于达成“饮马黄河”的夙愿。但晋国到底不是省油的灯，两年后，开大部队到朝秦暮楚的郑国郊外阅兵，楚庄王看到晋国气焰复炽，就拿晋的盟友宋国开刀，宋都城被围困到城中易子相食的地步，晋国竟畏楚势而不敢出兵相助，但楚军也粮草不济于公元前594年无功而返。

公元前591年，楚庄王病死。

楚庄王死后，屈氏卿族被斗垮，其中的一支辗转投奔吴国，吴国因此渐强。争权夺位的王族子弟则面对晋悼公的再霸，束手无策，之后只能跟晋国谈判裁军（弭兵），公元前546年裁军谈判后，晋楚的疲敝终于带来了短暂的和平。

公元前506年，吴王阖闾仅以伍子胥（楚人）为主帅的3万军队击败楚军60万，攻入楚国都城郢都，伍子胥鞭尸楚平王，为父兄报仇。两年后，吴军再次攻进郢都，楚国只好迁都，沦为春秋末的“华南病夫”。

公元前496年，吴王阖闾在进攻越国的过程中受伤而死，临死交代继位的太子夫差报仇。

两年后，夫差打败越王勾践，勾践忍辱到吴王宫廷伺候夫差三年，卧薪尝胆，厚赂吴国权臣，得以返越，并于公元前482年趁大脑发胀的夫差正在黄池（今河南封丘县）争当中原盟主的时机，只以万把人的军力，便打下苏州。逼夫差立即带兵回吴，自然也就不再有北伐争霸的事了。

公元前473年，越王勾践灭吴，很快成为春秋最后一个盟主。

吴越各自留下一些传奇故事，比较有意思的是越王勾践身边的范蠡（平民出身），据说他通达人情，助勾践复仇后，急流勇退，浪迹江湖为商贾，三次成巨富、三次散家财。这个传说，很有道家庄子逍遥派自在的浪漫，大概是个真实的故事。另外便是，吴王夫差开凿连接长江与淮河的人工运河，使南方势力迅速达到宋、鲁、齐，并且真正促进了国际贸易。

整个春秋时期的294年间，几乎年年有战事，频繁、短暂、一般不太激烈，典型的城邦战争。秦穆公动员秦军侵晋的崤山战役，兵车至多不过500辆，亦即2000车兵，加上步兵，恐怕也就万人之数。这一时期，诸侯国能有个5000辆战车，2万车兵，已达到国力极限，当时社会的生产力和组织力也就这个数量级。从晋文公直至楚庄王，战役紧急时，身边的近卫兵车，可以少到只有二三十辆，才会有秦穆公被围的险象发生。即便“吴越争霸”那么大件事，试想，苏州到杭州能有多远？但记述里，吴越交战似乎也就各自万人的数量级。

越王勾践晚年，正好跨越春秋、战国的分界线。春秋结束，城邦国家的数字只剩20个左右，大约每两年消失一个多“国家”。但“中国事物”的范围无疑扩大不少，楚、吴、越、巴、蜀、西戎、北狄，都已出现在中国世界的政治、文化、经济、社会的影响下。周边地区，包括戎狄，跟中原的互动，无论是入侵、争霸、征伐，甚至巴楚间的摩擦，最终都成为中国世界里的大事件。

春秋的国际政治，可以用自由碰撞、自由磨合来形容。个子大的几个（晋、楚、秦、齐等），各自都想维持或建立对他们有利的“秩序”。200多年下来，没见分晓，原先那套软体、那套方法，肯定是不灵了，无从修补。

春秋的政治大事就说到这里，下面谈谈那时中国世界的经济情况。

二、春秋时的货币

春秋周晋齐，战国韩赵魏楚
镈币（布币、铲币）

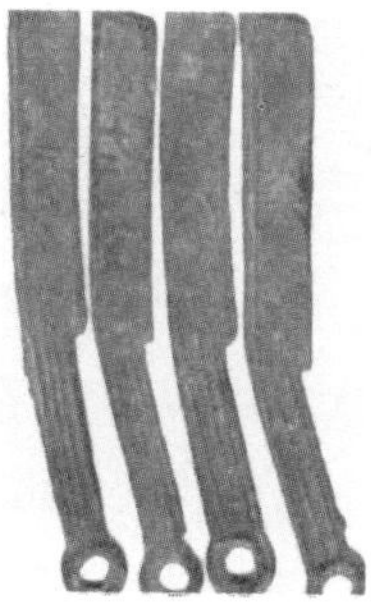

春秋战国齐燕
刀币

春秋蚁鼻钱
铜币

城市的数量和大小，直接反映当时的社会分工与经济水平，史料记述说，齐都临淄发展成为7万户口的大城市，估计，各大国都城也不会少于7万户口数量级。

老百姓要过活，生产的东西要交换，就非用货币不可。我们没有足够数据去估算当时的人口、人口增长、经济规模，这些社会实际情况已经被现代人知道，是历史演化背后的主要推手。但仅仅比较春秋早期与春秋晚期的中国疆域来看，也能感觉到，随着地域扩大经济覆盖区也扩大，人口增加，经济规模也增加，农工商生产力无疑随技术增长而大幅增长，即使像管仲、孙叔敖那样的治国高手，恐怕也未必看到农工商增长以外的问题——流通。自有人类社会以来，经济的生产、分配、流通，一直是个长期的学习、优化、适应的过程。

春秋各国货币林林总总，但有一点是一样的：那时，没有人真正知道该怎样运用货币来做好分配与流通。这比现代的印行美元、人民币等复杂，那时，肯定还存在物物交换，不用说，“信用”还没制度化为“金融”。当然也就没有现代金融的危害。

不过，即使在那么原始的经济里，如用蚁鼻钱（一种铜贝）的楚国，到了楚庄王时代，也碰到通货不平衡的问题，因为，到底铸过多少钱？经济怎么样？楚国政府也不知道。后来的秦汉铜钱甚至流通到明清，大概作为交易媒介的铜钱发行量不敌经济增长，老百姓只好抓到什么用什么。楚庄王发行大钱与金币，最终还是靠孙叔敖增发蚁鼻钱过关。

梪

铜锄、原始青瓷和印纹硬陶

春秋时期，农业就不用说了，手工业已经很繁盛，重要的工艺发明有漆器。中国用漆很早，浙江余姚河姆渡出土的天然植物漆器已有超过7000年的历史，铜器的雕刻纹饰趋于精细，陶（已出现原始青瓷）、石、玉、木都各有专业。原来是统治象征的青铜器在西周之前，都是专用的模具，每铸一件器物，得专开一个模——“範”。春秋时期，铜器开始从礼器的角色普及于富贵之家的日用品，并开发了可以多次使用的模範与配套的铸造工艺，出现了铜锄。建筑用陶，如砖、瓦、管，开始制式化。民众日常用陶器，模印纹饰，实际是后来雕版印刷的源点。

关于物价方面的记录不多，周、晋主要用铲币，平常年大约每石粟值15—30钱。货币种类繁多，只好本地化，因为汇兑计算很麻烦。高利贷盛行是当时阶级剥削的直接反映（或许也有通货不足的经济原因），所以，各国都出炉不同层次的“重农抑商”政策，以收拢民心。这个问题也成为“中国特色”，从春秋时期烦扰中国人直到今天。

三、思想

1.《易经》

易，作为一种占卜方式，夏代就已存在，已有超过3500年的历史。八卦，作为一种符号（或许是记数或算数符号），就更早，“三皇五帝”时代已经存在（传说是伏羲发明的）。宇宙的运行是有一定规律的，数字，无论用什么进位来表达（十进位，或十二进位，或二进位），本身就反映出规律性。所有早期的人类文明，都对数字着迷，都会产生“术数”迷思，将数字排列跟“天道”挂钩，其实这反映了人脑思维的理性萌芽。

从八卦到易经占卜，迷信吗？不尽然。

就上古人类的智慧而言，数字既然反映了宇宙的某些神秘规律，人们就把数字排列当做通往大自然的一把钥匙，解释并结合人的现象（嫁娶兴衰等）与天的现象（雷电风云等）。这是很原始、很自然的理性推理，所有上古人类族群都想“通天”“通未来”，人脑不喜欢太多“未知”，喜欢了解、预测事情的轨迹。

所有早期人类文明——“知识”——天文历法等的自然规律及其阐释，被“神权”代理人（祭师、僧侣之流）垄断，所有早期人类社会的管治，神权与王权之间，都存在合与分的演化过程。部落与国家机器出现的时候，常常是王权兼并了神权。比较确切的人类历史中，夏、商、古埃及、古希腊、美洲的玛雅和印加，国王也常是头号祭司甚至被神格化。

夏人占卜，我们还不太了解。

商人的巫卜，主要烙炙龟甲。出土的甲骨文很多，反映了相当有趣的中国文明理性化程式：商王或“巫”（祭司）根据龟甲裂纹来占卜、预测，“史”（记录官）立马在龟甲上记录他们的预言，过后在原来的甲片上记录应验的情况。中国古人，已经发展出一套统计学！

占卜在当时被当成一套学问，虽然迷信，但也姑且叫作“自然学”。可以说，中国几千年内积累了大量统计数据与经验解说，当然，问卜的内容直接关联到当时人们关心的大事，如水土、气候、战争；如婚嫁、旅行。

夏、商两代的易筮（类似抽八卦签），不是主要的占卜方式，甲骨文不大记载。

发展到西周，传说周文王还是西伯时，被商王囚禁，不可能烙龟甲（要许多道具），大概在牢里无聊，就排易筮，演算出64卦的《周易》，以别于夏易、商易，主要是卦的排序不同。周文王原来怎么写的《周易》文本，已经不可考。

流传到春秋时期，《周易》文本内容，包括历史典故、宇宙观、社会观、人生观，已经成为那时代中原文明最主要的哲学思想，传说孔子等知识分子，又给它写了“传”（注文，注解的文章），附在《周易》里边，就是后世的《易经》。这已经远远不止于占卜用途了，实际是作为一种概括天、地、人的基本哲学思想。然而，《易经》多处列举西周后期的故事，因此可以确定，周文王不会是易经的唯一作者，这是本中国古人长期的集体创作。

虽然如此，或者正因如此，《易经》是诸子百家思想的总源头。

中国人的中国式文明的思想，很难超越《易经》范畴，因为历代中国知识分子的发挥，添改了《易经》的内容。考证各个时期的侧重或扩充的元素，《易经》演变的历史便大致了然，比如，阴阳五行的说法是战国之后掺进去的味道，春秋各家史料都没有这个思想，现在许多《易经》版本，是汉代阴阳五行时尚思潮下的修改版。

很难还原《易经》原貌，除非夏、商、周考古出现实物证据。发掘出土的战国楚简与汉初帛书的《易经》版本，可以上溯到战国时期的《易经》面目。

针对春秋时期的《易经》思想，现代的研究重点大致归结如下：

（1）如果单纯作为占卜书籍，排序上，《周易》以乾坤卦（天、地）开头并排，商易以坤卦（地）开头，夏易以艮卦（山）开头。这说明，夏、商、周族群的生存策略已经有所不同：夏人仍不脱拾猎习性，山林是他们欲求的环境；商人已完全定居农耕，土地是他们欲求的资源；周人则已智慧大开，讲求适用大自然与大地的规律。

但夏、商、周的祭师们，“通灵”另有求神仪式，拜神占卜问事。以易占求的是行动去向的吉凶。卦象本身的原始含义，也是方向或方位的数符。后来汉代的阴阳五行家们，才加以附会到阴阳五行，甚至改动排序与说辞。

（2）周人对鬼神不大迷信，也不那么迷信占卜。《周易》文本中多处显示出《易经》不像是占卜书籍，甚至是反对占卜迷信。许多周王朝史料都提到周武王灭商行军之前的卜卦是凶兆，然而，武王依然坚决开战，不为所动。或许，周人根本不把《周易》当成卜卦书，以孔子为代表的儒家学派，注解、提倡《易经》哲理，但鲜少有问卜的记载（可能没有），在这点上，孔子的确是周文化泛理性的代表。

可以说，《周易》卦象的排序，只是方便了占卜师拿来用而已，毕竟那时的神权代理人还有些话语权。《周易》卦辞文本，更像是分析社会世事的说明、治国的方向或解说，卦象则更像是记数标记，成对出现正反两例 32 对。

撇开《易经》可能被当时祭师拿来抽签卜卦的关联，超大气的《易经》说辞，实际反映了周王朝的理性文明特征，这才是联系夏、商、周文明演化的实情。

相对于商王朝，周的艺术相当人文，连美术都“祛巫”，图案比较柔美，狰狞的宗教气氛大大降低，人殉也数量级地减少。

（3）思想上，《易经》显示出那时中国文明的思维特质。

①结构上的二元论，如东西南北、内外、上下、大小、古今、天地等。

② 性质上的相对论，如精神 / 物质、动 / 静、虚 / 实、刚 / 柔、阴 / 阳等。

③ 运作上的统合论，如简易 / 变易 / 不易、天 / 地 / 人、泰 / 否 / 济等。

④ 事物的存在是辩证的，演化是动态的，事物相互依存，所以“有备无患”。

⑤ 人道，只是天道的一小部分，但人可以“自强不息”以适变，非常“人本”。

《易经》可以说是 3000 年前，“智人”在中国大地长期的生存与生活经验（或智慧）的总结。能够在当时当地的物质条件下，推演出以社会现象为观测点的众多论述，包括唯物的相对观、精神与物质的辩证观，非常不容易。

数学上严谨的二进位制，17 世纪末由德国人莱布尼茨发明出来，他跟英国人牛顿还分别发明了微积分，奠定了现代数理科学的基础，西方“科学”的原意实际就是“自然哲学”。《易经》的 64 卦，应用了二进位法则，但中国古人也就仅只把它应用在这 64 卦，并没有穷究宇宙背后的数理（比如“二进位”）。当代中国人“《易经》与电脑”的联想，都是不懂《易经》的非理性言语。

正是《易经》式的尽力客观、理性的思维，造就了春秋战国时期中国人思想的百花齐放、百家争鸣，也正是后代中国人把《易经》“返祖”夏、商缩小应用到占卜，使得 3000 年来的《易经》停滞于春秋战国时期的“思想”水平，成为伟大的思想考古的对象。

实际上，到春秋时代为止的，黄土高原上的古人，已在陕西渭水（关中）到河南（中原）、山东的黄河流域，生存了 7000 年以上稼穑的时光，并积累了千万人口数量级。无论族群的起源文化和血缘来自羌汉或百越、龙山、仰韶或马家浜、大溪、红山等，春秋时期的“中国”世界（黄淮流域），人口与经济早已高度混同。他们生存的经验、生活与社会软体的智慧，宇宙观、社会观、人生观，可以说都集中、总结在了《易经》里，尤其是周人的思想成分。

持续用一本书来表达思想，不断地扩大、增加内涵，这方式本身就很有意思。也许是硬体的限制（能写的人不多），或许也有软体的限制（有限的知识很宝贵），更有周朝社会软体（宗法封建）设计的理念。总之，春秋时的中国人，就已经是高度社会化的人了，政治上的正确，喜欢搞集体调和、集体创作。

另外，《易经》也确实反映了当时绝大多数中国人的哲学观。这也是为什么无论道家、儒家、法家等，无不几分神似，只有消极或积极的取向不同而已。

跟现代和西方哲学对比，《易经》的中国面貌立即凸显出来。

（1）非常“人本”，人跟天地（自然）对等，人道演化也是天道演化，并且是天道演化的极致与目的。中国古人老早就认识到，大自然演化到“智人”出现，才有“智慧”这么回事，这宇宙不但客观存在，而且还能透过“人”来认知，包括现象与规律，浑然一体。人虽然不是宇宙的中心，却跟宇宙“有机”结合（现代形容词）。

（2）强调客观“规律”，天地（宇宙）自有运作规则（“道”），包括人群社会运作的“人道”，道德与秩序，这些人为的设计与教化，也笼统地被客观化了。这是中国古人太早识破天机的无奈。在宇宙浩瀚的数量级与概率背后，要认知“天道”（宇宙）运作，在春秋时期之前，谈何容易，于是柿子捡软的捏，中国知识分子的智力便专搞人世的道德与秩序去了，成为思想惰性。15世纪末，明朝大儒王阳明受印度佛学知识论与天主教僧侣的刺激，也想“格物致知”，但方法学不对，并且也拗不过传统知识分子的势力，毕竟没能窥见天道。《易经》对中国唯一的好处，没有宗教“神”，相当唯物，但道德与秩序的追求，难免主观并且附庸权势，与统治阶层合流。

17世纪，中国哲学西传欧洲，给当时的西欧思想界，笛卡儿、斯宾诺莎、莱布尼茨、伏尔泰等带来刺激和启发，在更严谨的西方认知方法学探索下，人类终于捕捉到“天道”规律，就是数理化等科学成就。连同“人本”意识，对西欧奋力解脱耶稣教会的黑暗统治，不无小补。

（3）长期影响中国知识分子很现实地、内向追求一个能力可及的自我人格（精神上的，当然也是道德上的），用《易经》的话语说，就是“安身立命”，给自己在无穷变化的宇宙表象里找个定位（其实是，心理上的慰藉），以便合乎不变的天道本体（现代话语，宇宙是个客观的“存在”，这不会改变）。

就事论事，其实《易经》表达的思想中，“强调客观‘规律’”是中国古人认知最厉害的地方。“非常‘人本’”和“‘安身立命’”是中国式人本“人的因素第一”，群体比重远大于个体，个体情欲不重要，人格最重要。

这倒凑巧击中当下拜金、物化、情欲化的时弊，尤其是对“人格”的追求。

不了解这些思想渊源，会很难理解中国式文明的历史中为什么还是出了那么多“傻子”，视钱财甚至生命如粪土，比如，严守医德的中医、不屈的文士武士、廉洁的官吏、不掠夺不殖民的郑和下西洋……因为，唯物但不重物，人本里头倒辩证出精神追求。

2. 管子，管仲，齐（今安徽颍上）人，（公元前714—公元前645年）。《管子》成书是战国之后的事，大概是假托管仲名义的集体创作。不过，《管子》一书反映的，倒确有管仲行事风格背后的思想根源。为论述方便，就算作管仲写的。

管仲，算得上是一个“知行合一”的知识分子，出将入相，真正服务了人民，思想深入，直指要害。

（1）“道之在天者，日也；其在人者，心也。”意思是，道在天上，好比太阳；道在人体，就好比人心。“人道”的重点在心，跟天道的重点是太阳一样自然。

（2）人心需要教化才会发挥人道，就是“四维”：礼、义、廉、耻。但人心是肉做的，所以需要养护，“衣食足而知荣辱”。

这是很实在的“人本主义”了，完全没有虚拟的成分。

（3）《管子》一书，表面上大部分谈论治国、治军或战略、战术的运用，但在基本精神上，非常人性化。强调战争是大大凶险的事，既反对穷兵黩武去打别人，也反对不修兵备引得别人打你，指出最好的国防就是修明内政加人器精良。

其实他这是针对当时各国政权的浮夸风，点出基本内功的重要性：社会要“法纪严明”加“经济发达”，部队要“高科装备”加“人员组训”。

《管子》的思想无疑跟当今中国人想要的“现代化”是接轨的：

①拓宽了那时“治国”的思路，农业之外，工商、政法、培训等实质性经济措施纷纷进入各国视野，给后来的法家、货殖（工商）开了路。

②整合军事装备与人员，包括兵器的改进、士兵的战技、军官的指挥。

军事专业化，在农业社会里并不容易，后代似乎只有明朝的戚继光做到了这些。

（4）“人的因素第一”与“硬体装备第一”之间的辩证关系，或者说面对精神与物质的发挥，《管子》或许是统合最早的，甚至是最好的“人本”思想。

3. 老子，李耳，传说，楚国苦县（今河南鹿邑）人，（约公元前571—约公元前471年）

《老子》一书即《道德经》，成书约在战国中期。

历史记述说，李耳在周王室图书馆打过工，无疑有助于他的学问增长。

老子应该是中国第一个留下著述的哲学家，发扬“智人”的理性，归纳出自然主义的道家哲学——“无为”。在当时，直到现代，老子思想都是了不起的纯粹理性的发挥。老子成为后世“道家”的精神领袖、“道教”的教主。

当然，老子不知道现代的数理化，但认为大自然自有规律——“道”——非人力得以抗拒。不但不能抗拒，还只能顺从大自然。人世感觉到的“动”的变化，都只是浸泡在大自然的沉“静”里的幻象。宇宙的运作，亘古不变，万物只能随宇宙的“道”表现微小数量级的存在。这已经近乎现代物理学的认知了。

他老人家把这一道理拓展到当时中国世界的人群政治。闹什么呀？城邦世界嘛！“小国寡民，鸡犬相闻，老死不相往来”，不就立马天下太平了吗？欲望不就是人间烦恼的根源吗？国家形制不就是暴力的根源吗？这些不都是人为的吗？

老子，是个理性的思想家，也许是人类第一个这样子体会“天道”的人。

历史记述说，孔子还慕名去请教过老子。

纯粹理性的发扬，早期成就最大的是老子。之后250年、古希腊的欧几里得（约公元前330—约公元前275年），他的《几何学原本》是人类理解大自然的重大突破，把数字、数学与空间的规律（也是“天道”）说通了，奠定了人类数理思维的基础。欧几里得继承“古希腊三贤”（苏格拉底、柏拉图、亚里士多德）的学问，他还有个著名门人阿基米德。在战国时期结束之前，这些古希腊哲学家就已经阐述了自然哲学的理念，最终在欧洲发酵，方才成就了人类理性的最大智慧——科学。

科学最终说清楚了老子寻觅的自然之“道”的细节。

由于重视天道，道家开发了许多早期的原始科学，如化学，“养气”（氧）对生物的重要性，至迟在战国结束之前已经被中国人知晓。“炼丹术”更是化学实验的原型。近代欧洲人以科学来“征服”“驾驭”自然，这是东西方前人留下的智慧，近代“人定胜天”的概念只是功利意识而已。

现代对生态与环保的再认识，又回归了道家的“大自然主义”。

4. 孔子，孔丘，鲁国（今山东曲阜）人，（公元前551—公元前479年）。

后世儒家的精神领袖孔子，无疑是中国的代表性人物，很需要真实地还原他的本来面目。

他的老爸是鲁国的武士，那时的士大夫，起码的低阶官吏，也必须有点文化，学习很杂（“六艺”，礼、乐、射、御、书、数），可以说，中国的“士”，既是文士，也是武士。孔子生来聪颖、好学，那时的书籍也不是那么多，很快，孔丘就已经是当代的饱学之士。他幼年丧父、青年丧母，算是清寒子弟。出路就是找个公务员的位置做做喽，20岁左右，孔丘娶了老婆，要养家糊口嘛，就去看管公家的仓库、牧场，他也老老实实说：“吾少也贱，故多能鄙事。”（年轻时穷嘛，什么杂活都能干一点。）

小国的官场大概也不好混，30岁不到，为了生活，他干脆去办私立学校，教书，有教无类，只要交点儿学费，就受教育。这是中国文教大众化的源点，肯定是当时社会自由化的另一个突破：知识和文化，可以不被垄断在统治阶层里。门生增加很快，55岁孔子离鲁、周游列国时，号称已教育过3000学生，留名后世的有72人（数字不用太认真，总之不算少）。

孔子36岁时，鲁国内乱，避难到齐国，齐君向他问政，孔子回答：君君、臣臣、父父、子子。那时，青年孔子的政治激情简单扼要：王要有王样，做王该做的事；臣要有臣样，做臣该做的事；父要有父样，做父该做的事；子要有子样，做子该做的事；政治自然就清明了。对当时中国世界的乱象而言，齐君很难不被打动。但这样高度简化的模型，执行起来，必定会踩痛不少既得利益的官僚集团，齐君也不敢贸然空降他到齐国任政。果然，不久齐国士族便传出要加害孔子的风声，孔子连忙逃回鲁国。

孔子的政治主张在鲁国也没人敢用。直到51岁，鲁君才利用他当一个小城的内城区长（中都宰），一年后再兼管建设与公安，干得似乎不错（或者对鲁君有利），53岁，孔子终于调回首都，升任总检察长（司寇），立即卷入夺权风波：他太想君君臣臣了，孔子想帮鲁君做成个王权独揽的王。

结果，55岁时，鲁国权臣们放逐了孔子，他只好带上青年弟子们周游列国。

周游列国14年，读千卷书，行千里路，让孔子越发成熟。

他的思想，大多表现在跟弟子们的日常对话里，就是《论语》。

孔子其实是个很真实的、很人性化的人。

他不喜欢“乡愿”，喜欢有原则、善恶分明地表白，不做作。

他告诉子贡：大家流行的，你不一定要跟着流行，好的，你尽管跟风，不好的，你还只管厌弃。

对于富贵，孔子认为：人世都求富贵，我也求，但我有原则性，比如发财，当工农兵可以发财，行，我干，若发不了财，那就自在呗，爱干啥干啥，爽就好。

周游列国一开始，孔子就面临着另一种诱惑，卫国君的宠妾，妖姣美艳的南子想见他，按礼（理），没啥可见的，但他会见去了，大概见出点儿感觉来，孔子年纪最大的弟子，子路不爽了……

子路是个当过官的武士，个性直率，当场给他一阵数落，孔子也像小孩一样跟子路发咒：如果我有“那个意思”，天打雷劈……

后来，在郑国，孔子和弟子们走散了，人生地不熟，孔子狼狈地孤立东门等学生们来找他，郑人笑他“如丧家之犬”，他也笑说：是那个样子，是那个样子……

孔子算得上安贫乐道，随缘，自在，也挺幽默。

《论语》记载的强项，正是这些人情无意间的流露，包括他对门徒们的情感，偏爱颜回，以及对子路、子贡、子夏、子张等的浓郁的、不由自主的个人情感。

孔子是个很有意思的、相当糊涂的人，感性和理性交集的智者。不然，当时哪会有那么多形形色色的追随者？

仁义，是孔子的原则、理念，也是孔子的政治理念。但是，这在春秋时期，仅只靠个人修养、克己复礼来实现天下大同，完全不现实，人性从来多面，而他自己也深刻明白“性相近，习相远”。

所以，孔子毕生的真正成就在于教育，除传授知识之外，还传授自省的功夫，教人洞察自我。这绝对是上上乘的软体，装配了这软体的人，能够有所成就的概率，绝对比没安装这软体的大上不止一个数量级。

孔子，看到了“教化”对人

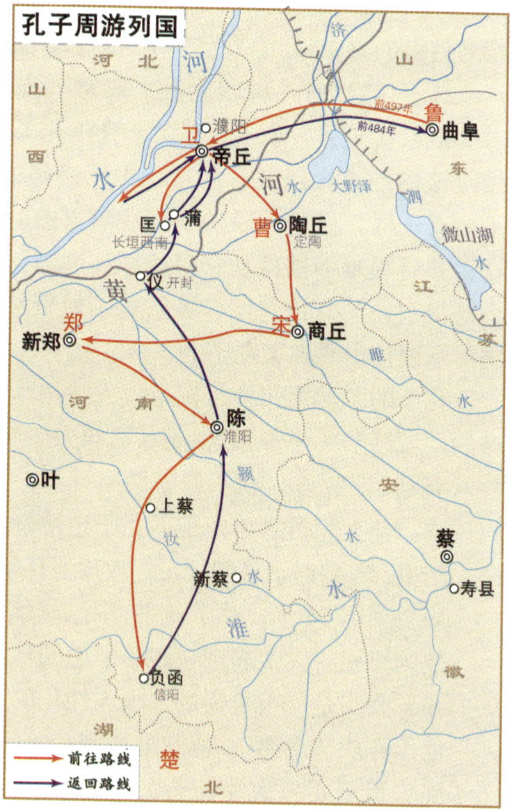

孔子周游列国

类的重要性。

孔子上年纪后，真正彻悟、超越的一句话是：己所不欲，勿施于人。

作为他一辈子想要的“仁”境，这比所有诉诸感性的宗教情怀都高；一神教的“爱”容易成为人性排他的借口，佛教的“慈悲”也容易成为人性妥协的借口。

己所不欲，勿施于人。是理性与感性的最佳平衡点，从自我情理深处找到跟别人通情达理的地方……不是你自己想要什么东西，就给别人这东西，以为别人也会想要。而是你不想别人强加给你的东西，就也不要强加到别人身上！

后来传统中国历史的政治，拿孔子当幌子，动辄以青年孔子的君君、臣臣、父父、子子来框住人性，这肯定不是孔子的预期。他做梦也不会想到，自己竟然会变成中国儒家的祖师爷。那时候，“儒”只是“知识分子”的意思，有文化的都是“儒”。

孔丘是个很热情的、很执着的、心地善良的人，他尽可能地运用理性去解答与平衡一个感性和欲望社会的问题，如果干脆去创教，搞个什么“孔教”，或许还能大行其道，人世间至少还是需要精神支撑的，但他偏又敬鬼神而远之。

但，这就是孔子，一个择善固执、尽其在我、知其不可而为的人。

他的一生和思想就是中国式的希腊悲剧情怀的最佳诠释，东西方感受的人性在此合拍，不完整的理与情，不断地试图完美，超越空间和时间的距离。

5. 孙子，孙武，齐国（今山东广饶）人，约公元前545—约公元前470年。

孙武，在吴王阖闾的叙述里已经带过。这人，当然有本事，跟伍子胥一起带领3万吴军攻入楚国，打败60万楚军，攻进楚国都城，绝对堪称军事高手。

历史记述说，《孙子兵法》是孙武在吴国写的，当年进呈吴王阖闾，吴王读后大喜，用孙武为大将。

《孙子兵法》本身，作为人类第一本完整的兵书，确实是把“军事”说得比较透了。把行军作战那么充满偶然性的、危险的事，理出一些可以捉摸的着力点，人们是该给孙武的思想功力一点儿掌声的。

春秋时期中国人的思想，比较具有开创性的主要就是上述五个。

下面让我们进入战国时期的叙述。

战国时期
（公元前 475—公元前 221 年）

一、政治

历史记述春秋晚期的中国世界，大国是晋、楚、越、秦、齐、燕。中原小国是郑、宋、鲁、卫，边缘小国是巴、蜀、中山（晋冀间的太行山区，白狄）。当然，周仍然存在，周王室是最小的城邦之一。除了少数中原小国之外，齐、秦、晋、燕，无不掺杂蛮夷戎狄的成分与文明，然而，毕竟都浸泡在中国文化的氛围里了，风俗、习惯、文字、技艺、用具、政治等软体平台，渐渐趋于雷同。

战国初期，中国世界已经不是春秋初期的众多城邦世界，而是多极的列强，加上几个夹缝中求生存的列弱。越王勾践生前，可以鞭挞齐、鲁、宋，但也就到了极限，所有从前的招式通通用老、没用了。人们只是默默地摸索着：老百姓要生存，搞水利科技，搞创新致富；统治者要做大，内搞富国强兵、外搞纵横联盟。战争暴力发生的频率倒是破天荒地大降，从年年打仗，变成三年打个两回；不过，现在一打，就是大战，越打越血腥。大一统，在这奇特的气氛里，逐渐演变成整个社会的要求：农民希望打完了不用再打，因为要死人；工商则希望道路好走，少过关卡少交税；统治阶层，还就是满足权力欲望。似乎没有人真的思考过，统一或分治，软体怎么设计、安装、运转，对社会人群会有啥好处、坏处。就这样，打打杀杀 200 多年，打成统一局面。

1. 三家分晋之前，公元前 476—公元前 403 年

（1）越灭吴，虽霸，但楚惠王灭陈、蔡、杞，实质占有淮北。公元前 440 年左右，楚国想攻打宋国，请了鲁国科技人才公输班（鲁班，那时木作必擅长斧锯，外行人想忽悠专业，就是班门弄斧）到国都来制造攻城的云梯，墨翟（墨子）为此赶路赶到脚上起血泡，到了楚都，跟鲁班做御前沙盘对抗演习，鲁班使了各种攻城器械，被墨子一一破解。鲁班最后说：还有一招，现在不好说。墨子直接捅破说：不就是杀了我嘛，不过，我的弟子禽滑厘等 300 人，已到达宋城恭候大驾……楚惠王只好放弃攻宋计划，可见，公元前 440 年之前，300 号工兵加坚固的城池，虽大国也奈何不了。但楚惠王的儿子继位后，仍灭了山东小城邦莒国。

从下图例可以看到，强国如齐，依然在山东筑了一条齐长城，专用于防

备楚、越，大概常被楚、越欺负吧。传说，越王勾践还一度迁都到琅琊（今山东胶南，滨海区），图谋齐地。

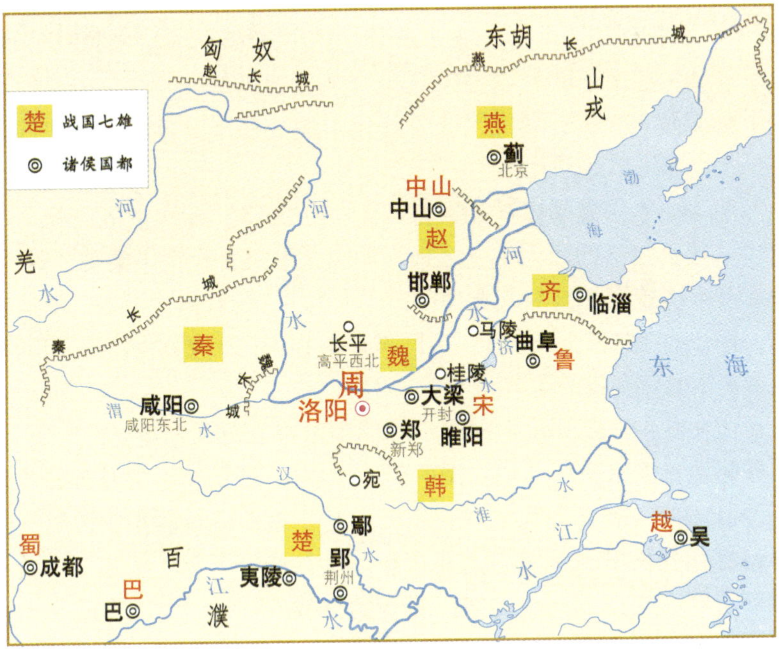

战国形势图

（2）这一时段，华北的战争大多发生在原晋国境内。

春秋中期，晋文公的霸业依赖晋人卿士，但春秋末期，秦、楚、吴、越却是大量引用非本国人才，这或许是统治集团意中的好处：外国卿士，以专业取胜，在本地不易形成门阀尾大不掉之势。晋国就恰恰相反，卿士权大，几个门阀世家长期垄断晋国统治权，他们互相征战、兼并。

战国初期，公元前460年左右，晋国成为智、韩、赵、魏四大家族的天下。

公元前455年，晋国最大的智氏，假惺惺地提出：每家让出100里地给晋室（其实，晋室正是他们的傀儡），韩、魏不得不从，但赵氏坚决反对。于是智氏趁机押了韩、魏两家一起进攻赵氏大本营——晋阳（今山西太原）。

晋阳城池险要，三家围攻经年，仍打不下来，最后，智氏跟韩、魏两家商量，用损招：堵截河流筑坝，然后决堤水淹晋阳。这本是当时禁忌，因为都是以农立国的邦国，哪家的都城都靠近河流，哪家的农民都靠水利，韩、魏两家一听大惊，又不敢不从，于是各怀鬼胎地看着晋阳被淹。这时，赵氏的一个卿士偷跑出城来，找到韩、魏两家，商量韩赵魏联手干掉智氏。

结局：公元前453年，韩赵魏三家联手灭智，智氏死于晋阳，地盘被三家瓜分。公元前438年，三家更尽分晋地（只给晋室保留两小块祖宗之地）。

因为超级霸权晋国内部动荡，国际间相对无事。公元前430年，西戎（义渠国）一度打到陕西渭南，方才被秦军挡住。然而，这一时段里，秦国三次筑秦东长城（渭南地区），却主要是防备魏国西进的。

（3）公元前422年，魏文侯开始任用李悝变法，三年后，就实施西侵秦国扩土。

公元前413年，魏文侯起用吴起（卫人）为将，渐次占领河洛之间的河西地区，直接威胁秦的泾渭粮仓之地，秦国几乎束手无策（秦曾以近50万军力抗击6万入侵魏军，被吴起指挥的魏军打败），秦君为此下令，所有秦人均可佩剑，用以自卫。此后80年，秦国被孤立在中国世界的西部，河西地成为魏国独占关中商贸利益的关卡。

公元前406年，魏军攻下赵国中部的中山国（白狄人建立的国家），顺便占了一些赵地（漳水南的邺地，派西门豹治理），既助赵又遏赵南侵之路。赵国憋得一肚子气，魏文侯却立马合组韩、赵、魏的三晋联军，攻打齐国，掳掠甚丰，直达齐长城，迫使齐割地求和。楚与晋争了200年霸权，始终也没能越过三晋联军支持的郑宋防线。对齐的首战，歼敌3万人。战争暴力的血腥开始大升级。

李悝的变法内容，成为今后中国2000年的政制范本：

① 制定中国第一部《法经》，定义明白的法律，类似于西方的法典。

② 考选官吏，按能力任职，废除官职的世袭。

③ 农业政策：推广农副业成功经验，以“尽地力”，并实行粮食“平籴法”（丰年时政府平价购入余粮，灾年再以平价出售。跟管仲“平准”的思路一样，但目标单一，紧紧锁住粮食）。

④ 国防政策：建立“武卒”常备军，对体能、战技有严格要求，平民一旦入选武卒（职业军人），一人当兵、全家沾光（减免赋、役），而且论军功行赏、甚至升爵（这也是秦国的商鞅变法的范本）。

⑤ 商贸政策：鼓励平民经商，跟各国流通土特产品，国家征收商业税（这也跟管仲思路一样，后来“锁国”的仅只明、清两朝）。

魏文侯在位的这段时间（公元前445—公元前396年）的政治亮点是变法，变革社会软体，成为此后中国世界里的列强风尚。

除了重用李悝、吴起、西门豹之外，魏文侯还拜孔子得意门生之一的子夏（卜商，卫国平民，在魏办学）为师，运用子夏的名声，请年迈的子夏在河西开班授徒，“文化侵略”秦国。

魏文侯是最先使用儒家思想的君王，子夏门派也成功地将秦国更加“中国化”，河西的子夏儒家，实即法家的先驱（李悝、吴起、商鞅等“法家”，都是子夏的门生）。

魏国，其实本钱不大，魏文侯的智慧了不起。

魏文侯治下的魏国社会里底层平民可以经由子夏的文功“学而优则仕”、李悝的武功“以军功升爵”两条相对公平的路子往上爬，对几近凝固的农业社会底层人民而言，积极性的调动相当大（后来，宋朝重文轻武之后，中国式文官政治成形，武功的通路阻塞，底层社会向上的流动性反而减少）。

2. 三家分晋之后，公元前403—公元前256年

公元前403年，周王室正式册封韩、赵、魏为诸侯，其实，三家早已分晋。魏文侯更在公元前424年便已称侯。

中国世界八强，韩、赵、魏、齐、楚、燕、秦、越，正式登上历史舞台。

这一时段，中国世界列强，政治上吹的是“变法”风，向魏文侯学习：

（1）公元前383年，为魏文侯拓地并治理河西的吴起受到魏官僚集团排挤，被楚悼王请到楚国，第二年开始主持楚国的变法，实质上是将魏国变法照搬到楚国。几乎立即见效，楚国南向扩地至湘桂，北逼近黄河。

针对楚国的陈年积弊，吴起大刀阔斧整顿吏治：裁员、裁官（并大量裁撤世袭的爵禄）、惩治贪腐。拿省下来的开支充实练兵的军需。

不用说，这得罪了整个楚国的既得利益集团，所以，变法只进行了一年，楚悼王一死，贵族豪门大反扑，吴起被射杀、车裂分尸。楚国变法以失败告终。

（2）公元前356年、公元前350年，秦孝公两次实施商鞅变法。

商鞅变法，实际是师法李悝变法，但秦国更换软件比魏国更彻底。变法增强了秦国体质，日后成为中国特色：

① 中央集权，直接任免受薪的官吏治理地方（县），“封建”虚化为门面点缀。

② 严刑峻法，实施连坐（严苛至极。族刑，可以杀灭犯罪人整个家族）。

③ 土地私有法制化，鼓励农业生产与开荒，通过赋税抑制工商业，但规定农家成年男子婚后必须自立门户，一家一户的小农经济从此成为中国基础平台，是税源、役源、兵源的主要支撑。

④ 奖励军功，禁止私斗，赏罚明确而严厉（秦人很快“勇于公战、怯于私斗”，但这一点没有成为中国特色，秦以后，基本失传）。

秦国实施商鞅变法，持续20年之后，法治、守法，成为秦人习性，这才是秦始皇统一中国的真正实力来源（虽然，商鞅跟吴起一样，秦孝公死后不

久，也遭既得利益集团反扑，死于车裂之刑，但商鞅变法是成功的，软体终于安装上去了）。就社会硬体条件而言（人口、物产等），当时秦国要统一天下，属于跌破眼镜之举，但这个“人的因素第一”的软体变法，明显胜出，促成秦的霸业。

（3）公元前307年，赵武灵王下令赵国全国“胡服骑射”，虽然赵国久处戎狄之中，赵人的戎狄成分不下于秦人、燕人，但在中国文化氛围里，这依然是个了不得的创举。

公元前300左右，变革后的赵国终于完全兼并了中山国，并且占有河套地区。

其实，那时骑兵早已驰骋草原大漠，成为标准硬体装备。对草原部族来说，无所谓骑兵，骑马已经是游牧生活所必须倚赖的机动性，骑骆驼也是这么个意思。人人会骑马，手上有兵器，不就是骑兵了吗？

所以，骑兵是农业民族叫的，因为没那生活习惯；训练，需要从学会骑马开始，渐次熟悉马性，习惯机动……机动性，机动作战跟现在的机械化军种类似，现代的海空军甚至陆军，对长期处于农业文明氛围的人群来说，是生活上的陌生，不知道的东西，当然玩儿不转。赵武灵王改变人们穿衣服的习惯，既方便骑马，又缩短了戎狄与赵人的感情距离。

湖北战国时期楚墓出土，这是一件袍，典型的宽袍大袖，穿起来很舒服，但不适宜运动。所以，赵国要穿“胡服”，上衣变紧、短，下穿裤子，方便运动、骑马

胡服骑射

赵武灵王（约公元前340—公元前295年 ）不但自己带头穿胡服、骑马，还把列强变法的经验搬到赵国：中央集权、任官唯能（不但不论出身并且不问族群）、奖励军功、严整法纪。又因为重视骑兵，赵人普遍养马，平常人家以出骑兵子弟为荣，境内的戎狄子弟更是大解放，出入宫廷、成为将相的不在少数。

赵国体质，从习惯骑马开始，改变很大，得以成为秦国一统过程中的最大劲敌。

李悝—商鞅—申不害，是一系列的制度性变法，赵武灵王则是社会性变法，总体上扩建了夏、商、周三代以来的中原文化软体，以适应更多元的社会发展形式。

从客观上来讲，中原农业文明的演化过程中，除凝聚社会的软体（祖先崇拜加自然崇拜）之外，从维持简单人口的群落，到华夏血缘氏族的部落联盟国家，到殷商原始国家机器的奴隶制，到西周的宗法封建来扩大国家机器，每一次的软体扩容，都有容纳更多元的不同人群的需要性。戎狄入侵，打碎了宗法封建的国家机器，东周的中国世界成为自由的城邦世界，各种思想、各种力道自由发挥，但因为中原农业文明的引力作用（分享灌溉水系，水源必须协调，使得上下游不得不合），这些城邦没有游离成类似现代欧洲式的列国，又慢慢凝聚成一个更大、更多元的社会。

变法，实质上正是提供了新的软体扩容。竞争使得各国争相拷贝复制相同的变法内容，加速了中国世界的同质性（那时，国籍、出身、族群等都不重要，楚才晋用已稀松平常，移民拓殖更为频繁），也使中国世界扩及更大的地域。

从主观上来讲，变法的各国，是为了图“强”，强了就要扩张，自然就要争战。

3. 这一时段的中国世界里，除了变法运动的主轴外，当然还发生了许多重大的政治事件。

（1）国家机器的存在，原本的设计就来自当权的统治阶级，为了攫取利益，各国更加无所不为，合纵连横，反复无常。

在秦孝公商鞅变法完成后的公元前 338—公元前 238 年的 100 年中，当时的国际政治围绕着齐秦两极强权转。时而合纵，抗秦或抗齐，阻挡强权扩张。时而连横，兼并或削弱邻国。完完全全的政治投机，被国际政客明星们炒得火热，他们充当当权者的谋士、说客，迎合各国国君的利欲心理，影响各国的决策与命运。当时最火的政治明星有公孙衍、张仪、苏秦，他们都做过类似小型联合国秘书长的位置。

公元前 318 年，韩、赵、魏、齐、楚、燕六国联军合纵攻秦，第二年反而被秦军大破韩、赵、魏联军，斩首 8.2 万，暴力血腥又上升一级。

公元前 316 年，秦军趁势南进，并吞巴蜀两国，李冰修筑都江堰，四川成为秦国粮仓。基本上，秦国完成了从长江上游顺流而下灭楚的战略部署。

公元前312年，秦国骗楚国说，割点儿地给楚国，换取楚国不联齐抗秦，楚国居然上当，跟齐疏远后，当然没平白捡到城池那么好的事发生。秦的背信激怒了楚王，随攻打秦国，大败,8万部队被消灭。齐趁机联合韩、魏击楚，侵蚀楚国北方地区，削弱了楚国实力。

（2）公元前306年，越王头脑发胀，进攻楚国，反被楚军攻杀。楚国趁势并吞大片越国土地，几年内渐次完全消化越地，楚国一统天下的行情看涨，震惊江湖。但楚势迅速消失于内耗之中。

越国崩解，无力复国，部分遗存的越军从海路南逃，翻过浙闽交界的崇山峻岭，从闽江口攻入福建，灭掉古闽国，从此就有了闽越国。

（3）公元前298—公元前295年，齐、韩、魏三国联军奋战三年，攻入秦国，迫秦割地求和。这时，赵国忙着吞食消化中山国。

公元前293—公元前291年，秦将白起歼灭韩、魏联军24万，迫韩、魏割地求和。

公元前284年，燕将乐毅，帅韩、赵、魏、燕、秦五国联军合纵攻齐，几乎灭掉齐国，后来被田单的火牛阵打败，退兵。但齐国一蹶不振，齐、秦两极渐成秦国独霸。

秦遂把目光集中于楚国。

（4）公元前278年，秦将白起攻破楚国郢都（屈原投水自杀殉国），楚国被迫迁都。

秦军尽取楚国老根据地，楚自此一蹶不振。自此，秦的主要对手，只剩下不怎么参与国际纠纷的赵国。

（5）公元前262—公元前260年，秦找到借口，白起带兵进攻赵国，年轻的赵王派老将廉颇抵御，廉颇坚壁清野与秦军对峙两年，被急躁的赵王认为怯战，换下廉颇，结果，长平之战，赵军大败，40万人投降。

白起为恐留下祸患，坑杀全部降兵，成为中国历史上最血腥的事件之一。

三年后，白起得罪秦国权臣，被听信谗言的秦王赐死。

（6）公元前256年，秦灭东周，运走九鼎重器。七年后，再剪灭东周王室自立的另一个周王。长达800年的周王朝，正式消失。

至此，中国城邦世界在公元前256年业已结束，秦一统的局面已不可逆转。

以上事例，政治上的结论很简单：

① 变法最彻底的秦国，最强。楚地盘最大，但软体改造最差，不堪一击。赵国是次强，也是沾了社会风气彻底变革的光。

② 整个战国时期，战争暴力消灭了不少于200万部队，秦将白起一个人

就承担了半数的责任。是暴力的国家机器统一了中国。

③ 秦国变法之所以彻底，注意到了运转软体的起码的公平性：律法面前，人人平等，王子犯法与庶民同罪。

4. 统一的过渡期，公元前 256—公元前 221 年

从上面的政治大事记述，人们可以清晰地看出，三家分晋之后，实存的战国八大诸侯国，最先倒下的是越国，而战略最有步骤的是秦国，秦国始终紧紧抓住主要矛盾，一有机会就主动实施计划，很少被动。其他国家，始终局限于“反应”或“反射”动作，很少有缜密的组织与长远的规划，无头苍蝇似的乱飞，直到碰壁或扑火。

那时各国王公比赛似的提高知名度，流行“养士”，食客以千计，一时之间，魏有信陵君、齐有孟尝君、赵有平原君、楚有春申君，号称“战国四大公子”。不用说也知道，鸡鸣狗盗之徒充斥，人性热热闹闹地秀了一把。

长平之战后三年，秦军围攻邯郸，赵国都城到了易子而食的地步，平原君那里，出了自荐的毛遂那么个高手（说动楚王发兵来救），外加一个死士李同（叫平原君散家财、组敢死队，他带队突击秦军，死战，但成功解围）、一个谋士公孙龙（解围后，提醒平原君不要居功领赏）。总之，战国食客群，似乎就出了这三位“人才”，概率也就千分之一。

秦国在这个时段，内部的权力倾轧也是激烈的。

那时候，全人类已经发现，国王一死，权力继承本身就是最大的不稳定因素。

权力游戏的赌注太大，0 或 1，很容易就把人性刺激到极端疯狂，但国家机器软体已然被设计、安装成那德行，当时人的智慧一时还解不了这道疙瘩。

于是，一个叫吕不韦的卫国商人，干脆投资奇货可居的、可能成为秦国国王的接班人选的异人，居然押对宝，异人于公元前 250 年成为秦庄襄王（秦始皇的老爸）。吕不韦也就当上了秦国的丞相，养起三千食客，跟四国公子别苗头。这些食客集体替吕不韦编写了一本书《吕氏春秋》，保存了先秦各家学派的思想，以及古代逸事、旧闻、知识、音乐等，算是一种包罗万象的杂家著作。

按照史料的记述，秦庄襄王喜欢的王后，本来是跟吕不韦同居的赵国美女，后被吕不韦送给了当时还是秦国王子的庄襄王当老婆，传说，那时美女已经怀了孕。但似乎也有迹象显示这个传说并不正确，属于历史八卦。总之，历史的偶然性，居然能够如此这般离奇、曲折地发生……吕不韦硬是运气好，秦庄襄王也只坐了几年王位就死了，秦王政年幼继位，吕不韦摄政，权倾内外。

秦王政，（公元前 247—公元前 210 年）在位，公元前 238 年亲政后，立刻整饬朝纲，第二年即罢了吕不韦的官位，第三年要将吕不韦流徙到蜀郡，吕不韦自知不免于死，喝毒药自杀。

秦王亲政后，还曾下令驱逐六国流向咸阳的客卿，李斯（楚人）上《谏逐客书》劝止，被秦王采纳，并用李斯为廷尉（司法总长），秦继续早先范雎（魏人）留下的“强干弱枝”“远交近攻”的外交策略。

公元前 230 年，秦开始剪灭六国之战，势如破竹，激烈战斗，依次收拾韩、赵、魏、楚、燕、齐。

公元前 227 年，明知打不赢秦军的各国，最后奋力一击的尝试来自燕国太子，他派荆轲去刺杀秦王。这故事广为传颂，连同荆轲出发时的歌声，“风萧萧兮易水寒，壮士一去兮不复还”也成为中国人沉浸在虚拟的武侠世界里的真实版本。

公元前 221 年，秦军长驱直入齐都临淄，齐王不战而降。

战国时代结束，也是中国世界城邦时代的结束。

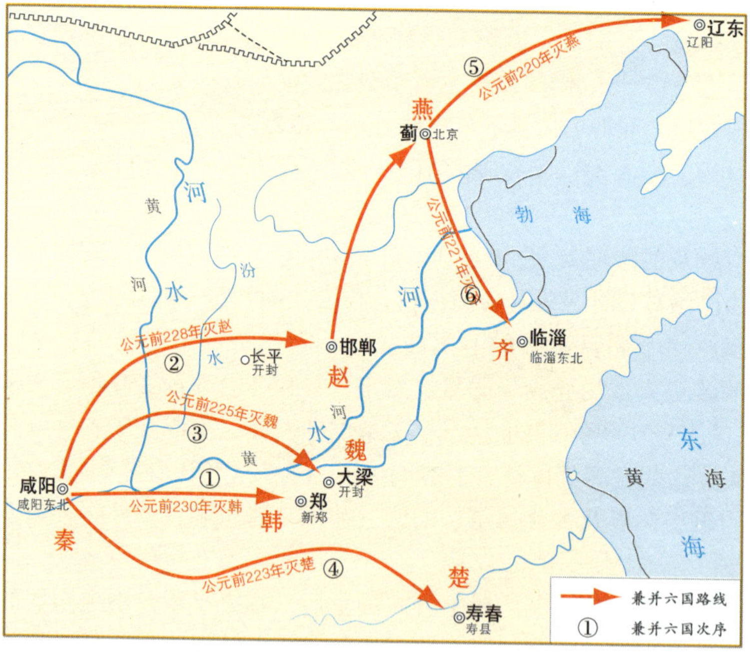

秦灭六国形势图

综观战国时期的 255 年间，中国世界里的集团暴力争战，达到冷兵器时代的一个数量级标志。战国后期的 150 年内，在一块局促战场上短兵相接的敌对双方总数，常常上升到数十万甚至近百万，近身厮杀，何等疯狂？

人性，战国时期的人性通过国家机器的作用，让人觉得有些怪异。

比如，胡服骑射的赵武灵王，他原本钟爱太子的妈妈，一个端庄贤惠的贵族美女，后来做了个梦，梦到一个年轻女人，不料，下面的臣子竟然献出跟梦境中一般的美少女，从此又爱上她，生下小王子。两个女人先后早死，赵武灵王悲伤到早早传位给小王子，自己带了军队到河套边的草原跟外族干架去，大概是想死于军旅，不料，竟打成草原霸主。赵武灵王这时还在中年，个人野心复炽不说，战阵经验丰富，确实也还能为赵国效力疆场。他心想，不就是小儿子和老部下当家嘛，回来再发号施令有什么问题？

但，权力制度里的人回答：不行。

于是，退而求其次，求分封大儿子为王（原太子，也为赵国立下许多汗马功劳）。他想，若大儿子分得到一些地盘、人马，为大儿子打天下，他也还能有点儿作为。

结果还是：不行。

这下子，赵武灵王蒙了 。一下子想不通了，于是，他搞宫廷政变，跟大儿子一起造小儿子的反呗。那已经做了赵王的小儿子的反应很绝，这次的“敌人”，小时候，一个是宝贝他的老爸，一个是友爱他的异母哥哥。赵王命令大臣带禁卫军反击，自己在宫廷里等消息。这下，大臣犯难了，面对原先伺候的赵武灵王和原太子，平叛不难，难在平乱后，怎么处置？他揣摩赵王的意思，围攻原太子使尽大力气，诛灭全部乱军，包括赵王的哥哥。然后再包围赵武灵王的临时行宫，回头请示，打是不打？赵王没有回复，大臣就在那里僵住不动。他也不笨，他才不替赵王下手弑父，并且，弑君的罪名，搞不好赵王还可以拿他给老爸陪葬。就这样围了三个月，行宫里所有的人早已饿死多时，毫无动静了，这才开门、验尸，给赵王报丧，赵王才赶过来给老爸收尸，国葬。

赵武灵王政变失败被围困，赔上大儿子也饿死了自己，下场跟商鞅一样，作法自毙（秦法严苛，商鞅那时已逃到边关，地方官虽认识他，但不敢让他出境，遂被捉回咸阳就刑）。这个案例，真实地折射出战国时期的人性。应该说，人类制造出国家机器之后的人性，东西方人的心思，没什么两样。赵武灵王的境遇，并非特例。

又比如，秦法严苛，但秦相照样敢收受各国贿赂，因为秦君主信任他，认为丞相会为秦国拟出最佳策略，所以六国客卿云集秦都咸阳，贿赂、游说权贵。结果呢，固然各国君主勉强苟活了一段时间，平民百姓可就遭殃、再多承受几年战乱。人类社会制度，永远存在着人性的死角，私心、利欲，使得软体的运作变质，何况这个软体的目的正好激活人性里的私心和利欲。

战国时代结束，一个混同的“中国”新软体即将被设计、安装、运转。当权的统治阶级，当然按照自己的意思来修建新软体。当时中国人的智慧还不足以察觉上述这些人性的启示，新的制度软体里头，自然也不会调理出合适的安排。恰恰相反，人们更多地感觉到权力和组织的力量，最大化地扩张权力与组织在国家机器里的应用。

二、经济

春秋与战国的时间界线，是后人相当随意的划分。对生活在那时候的人们来说，农业社会嘛，他们过日子，流动性并不怎么大。西周的封建，封邦建国，就是先给盖座城池，再集中一些武力以镇守封地。到了东周时候，300年过去了，这些围绕着城邑发展出来的邦国，春秋时期的起点，当不少于120个。今人根据史料统计，春秋结束前城邑达到460个左右，战国结束时，更达800个以上城邑。城邑一开始是大大小小的政治、军事中心，食衣住行的供应，需要交易和市集，慢慢便称为“城市”了。

西周封建，“王制”规矩分明，王城不过10平方千米，诸侯都城约王都的1/3，卿士的仅约诸侯的1/3，也就1平方千米。但现代考古发掘发现战国时期，各大国都城均比东周王城大，齐都临淄，号称7万户、35万人口，数量级上是接近真实的。类似像临淄这样的城市，到战国后期当不少于20个，政治中心之外，冶铁、煮盐、物流等的中心，都成为当时的大城市。勾践灭吴后，范蠡隐身商界，住过陶邑（今山东定陶），因夫差开通运河之便，陶邑成为当时中国世界的运输中心，范蠡光从事转口贸易，便已富可敌国，由此可以窥见当时中国经济活动的一斑。

城市经济发达，商与工进城，农民下乡，城、乡分区，是人类文明发展的一个趋势。春秋时，管仲管理齐政，明白区分临淄城市里的“乡”（现代“市”级下的“区”），有“商工之乡六，士农之乡十五”，也就是六个商业区加15个住宅区兼种植区。这里“士农”的“农”还真是在城里种地的农民，兼从事园艺、果蔬、帮佣、代工等副业。显然，齐国的士农工商自由民数量已经占到齐国人口相当比例，城市里明显分工而自足，所以管仲的减税措施中，就包括把交易税从10%降为2%，刺激的临淄城更加繁华，车水马龙、擦肩摩踵。

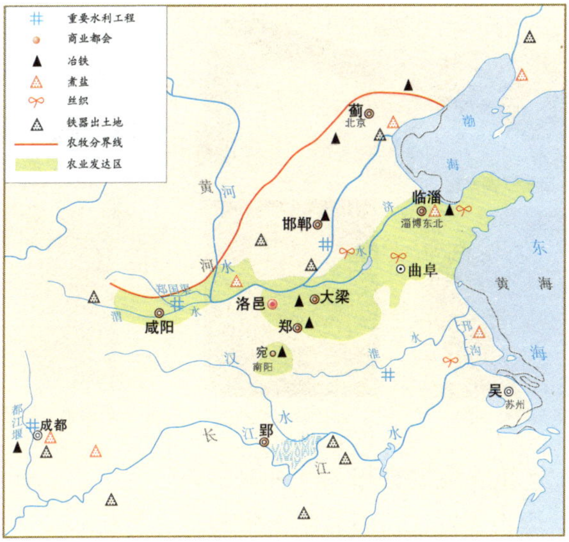

战国物产分布图

管仲的政略，到了战国变法风起云涌之后，已经成为当年的国际标准模式。

战国时期的战争规模，反映了当时人口与经济的规模，尤其是各国争相变法之后，常备军的建立需要动员经济实力，更需要人口，城邑数量的增加，正反映了当时中国世界的经济状况。估计到战国末期，中国人口约当2000万。

战国时期的市场机制，分配与流通的成本，有形无形的“税”大于“租”。

税指的各种法令明订的规费，以及潜规则下的“佣金”或“分成”，缴纳给官方或关联者的。租指的各种资产的营运成本，如房租、地租、利息等，以条约方式缴纳给资产拥有者的。

农业生产至迟在春秋末期已逐渐形成铁质农具、牛耕、施肥等技术，土地利用率提高到几乎从不休耕（气候因素除外）。小农经济下的农民，耕织为主业，手工业为副业，将春秋的官营手工业渐渐扩散为民办和官办并行，刺激社会进一步商业化，采矿、冶铁、煮盐甚至铸币都出现私营，上千个工人的企业，并不新鲜。

从下面出土文物图例，可以感受到战国时期的技艺水平。

错金银铜车辕

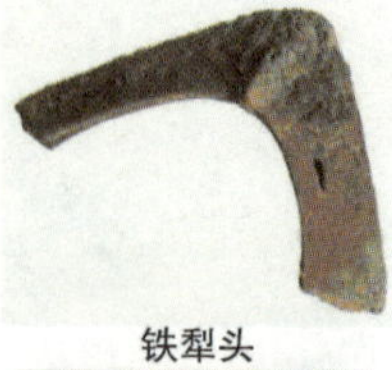

铁犁头

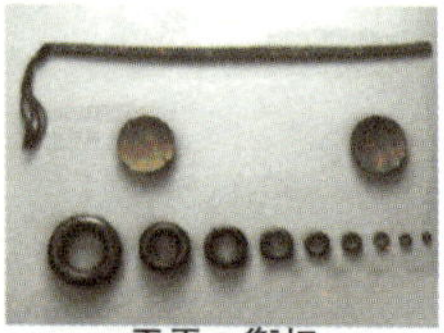

天平、衡权

华东印纹硬陶

燕国军人的头盔

中国式“胡服”

各项史料记述里，大城市里的工商区，陶、石、铜、铁、木、骨、织、铸币等手工业作坊相当发达，闻名整个中国世界的行号与富豪，所在多有，既然著名，表示他们的商品制作精良、流通广泛、卖得很好。这些，都侧面折射出，当时人们对材料、矿物、地质等具备相当知识，对成本、质量具备相当管理，对商贸、流通具备相当手段。

发达的商贸交易，必然有大量货币支撑。那时，中国世界的货币相当多元化，金、银、铜、铁都曾用于铸币，尤其是铜钱，甚至可以追溯至商代。夏、商、周三代流行的贝币，所用的贝来自南海甚或印度洋，数量不够大，也不规范，这时已不足以支撑社会的经济活动量，各国发行的铜钱逐渐成为战国时期中国世界的主要货币。农业技术的先进，导致人口与经济增长，那时各国，包括地方的铸币，又不可能规范，更不可能针对经济成长的数据（那时还没有“经济”的概念。）予以量化的管理，“通货膨胀”几乎是必然的。然而铸大钱也不能解决货币经济问题，因为中国缺乏优质铜矿，铸造标准铜钱的数量不足应付经济成长所需的流通量，这在战国时代，中国世界就已经尝到一点儿痛苦经验。

人类对“权益”的观念集中于政治权力的时期相当久远，以至于那时人们对社会经济运转的规律，才刚刚开始有点儿感觉。富等于贵，虽然已经现出端倪，但金权等于权力等于政权，还需千年的时间酝酿，直到人类经济活动量达到那个数量级，使得货币化全面主宰经济、政权成为金权的傀儡。

战国时期的中国，人们对物质或商品的需求依然远大于生产。一石粟米平常卖 10 钱左右，价格涨落幅度，似乎很极端也很地区性，说明未必全是铸币问题，很可能因为灾荒，以及运输不便。史料对灾荒的记述并不完整，但周期性大旱大涝的现象当然也存在于春秋战国时段，这对农业的影响巨大。

而金、银、铜矿源，从来不是中国人的强项，要用怎样的货币政策来适应中国的农业经济，一直困扰了中国人很长时间。

由于各国的互相攻伐、战乱，对兵源、役源、税源的人口产生大量需求，反而助长了中国小农经济格局的定型。

可以说，中国城邦世界的自由竞争造就了合并，以及合并后的一个庞大底层人口的社会，成为迄今无法解决的中国问题：把“国力”跟“人口”画上等号。

在人类生存技术依赖农业的时候，人口当然是国力的一部分，甚至是相当大的部分，可是当其他生存技术成长的时候（如“机动”游牧。）可以知道，在形成“中国”的历史过程中，北方草原的游牧部落也正在形成匈奴那样的不定居的、机动的“游牧国家”，“国家”并非仅只农业文明里的独一形式，人口数量所占的重要性，无疑相应降低了。

现代的“国力”内涵，已经不单是经济与效率，还包括国民的科技、艺术、心理素质与生态环境等软体水平。

三、思想

1. 墨家

墨翟，约略与古希腊的苏格拉底的生平重合，各自所处的时代特色也接近。

现代欧美人强调“欧式”色彩与教化，把古希腊文化讲成欧洲“道统”，跟现代中国人把中原文化讲成中国“道统”是同样的意思。当然，这些“道统”无疑也是东西方文化的主流，至少是欧亚人群历史上的早期文明的主要来源。

这里存在着巨大的历史偶然性，墨子尽管开启了当时中国许多思想之门，后来的中国人却并未延续他所开发的路径，所以墨子也就没有成为中国的苏格拉底。

其实，东西方这二位先贤，他们的思路基本接近，甚至人格性情也相像。

但墨子死后，其影响迅速消失无踪。

《墨子》成书是墨翟死后的事，有他自己写下来的部分，也有墨家徒众的集体著作。墨翟显然出身还行，能够有文化到向孔门学习礼制，应该是士族门第。唯一可说的是，墨子相当精通技术，说明他的生长环境也许是个城市里的工商坊或百工区，因为那时技术或技艺（机械、木工、建筑等），不是想学就有机会学得到的。墨翟本人会在当时就抛弃儒家思想，形成一个自有中心思想、有组织、有行动力的墨家学派，进行反战的国际和平运动，入世的功力可比当时东西方的大儒们强得多。

这是一个具备足够深度、激情，而又理性、主动将理念付诸实施的人。

战国结束之前，儒、墨并称为当代的“显学”，相当流行。反映出春秋战国时期，中国城邦世界思想上的自由度。或许也因为人群大到那个数量级，各种合理的、新鲜的思想都能唤起人性的某一方面、都有信众跟随，更何况长期战乱，加入墨家学派的平民百姓无疑很多。

墨子思想代表着中国人群理性上的一个阶段。跟古希腊或古印度类似，那时是人类智慧大开启的时代，任何先贤的思想都不可能论据“完整”。但比较他们的思路，墨子较之老子、孔子、苏格拉底等“学派”，不遑多让，直指人类理性根源。

（1）关于“认知”

强调人类感官的直接经验是“认识”和验证事实的基础，是开启辨别“实”（客观的存在）与“名”（主观的形容）的分际，存在先于本质。所以要名副其实，尽量去除主观的臆测。

对实体和名义的认知思维，显示人类理性已试图将抽象的东西逻辑化。

战国后来的“名（辩）家”，更集中脑力于分析抽象事物的共性与个性。

强调共通性的有惠施的“合同异”，把看似矛盾的事情——生、死之类，统一起来，如物方生方死（出生的开始就是死亡的开始），揭示事物（生与死）相对性的背后，具有矛盾统一的本质、动态连续的特性，近于道家了。

强调个别性的有公孙龙的“离坚白”，把看似相同的东西里的特性——颜色、硬度之类区别出来，如白马非马，“白马”跟“马”是两个词，严格定义人们认知的名词与实物之间的关系。

这些诡辩家的存在，包括古希腊约略相同时段的智者们，代表了人类思维更深层的演化，人类知道自己“知道”，并不约而同地展开对于自己怎么“知道”的探索，延续这些探索，方才成就了后来人类的理性智慧。

现代人喜欢将古人的思想分类为唯心论、唯物论之类，绝对化他们的思维其实没有必要，他们只不过替我们做了该做的功课，把认识与认知的过程予以逻辑化罢了。今人的理性逻辑都是在他们搭建的平台上修建起来的。

战国中期以后，墨家开头的明辨风气盛行，为法家提供了坚实的可施行性，毕竟所有的社会律法条文，必须客观定义清晰、逻辑一贯、数字分明，否则说都说不清楚，怎么实施法治？

（2）关于“逻辑”

强调人类理性的分类、归纳、演绎能力，借推理得出清晰的事物本质或原因，开启中国人群对自然物理和数学的认识。

墨子当年归纳出起码的几何原理（方、圆、平面、三角等），比欧几里得还早100年；对于物理作用的力、杠杆、光学（镜面、针孔成像等），应该是人类最早的论述；对宇宙的有与空的论述，比老子更细致。

当然，后来的中国人全然自废了这些武功，西欧则从15世纪起，重新拾回古希腊的理性智慧，积淀300年后，遥遥领先全球其他族群。

限于经验和数据，人类智慧开发的早期，墨子当然也有判识或推理不到位的地方。

比如，墨子相信鬼神的存在，崇尚鬼神带来的作用（也就是精神力或潜意识对人身的作用。那时的医疗，巫毉仍主要依赖于精神治疗的作用，后来才有比较专业的药——“医”），甚至人格化“天”的意志，以便表白天、人界面，但又“非命”，强调人为的努力远大于命运的安排，明显有些矛盾。这些不合逻辑的错位，不排除是墨子对世俗认知的一种手段。

基本上，墨子无论说什么、表达什么，都有一套逻辑程式。

① 证据，如鬼神，举出人们“碰到”鬼神的事例为证。

② 推理，如热，所有见火的东西都热，所以火带来热。

③ 应用，如天意，所有恶政下的老百姓都不快乐，最终恶政者不得好下场，所以天意的应用便是善政、使老百姓满意。

这种一切诉诸人类理性的思维方式，当然客观得多。而一切证据，依人们感官验证、认知为准，也是一种人本主义（现代人知道，人们的经验，未必完全真实，鬼神就是个明显的例子），较之管仲的人本精神，又更进一步。

但，这么理性化的墨子，有着了不得的激情——救世。

墨子看到战乱给平民带来的痛苦，积极组织反战、和平运动。他以一套近乎宗教的“理论基础”，演绎出政治理念，兼爱、非攻。墨子强调，各级政治首领，应该从人群社会里择贤而任，无疑是原始的“民主”思想平台。

兼爱、互利、非攻，则是这人权理念下的社会运动纲领，基本上就是原始的“平等”思想平台。

为了救世，墨子首先是思想动员，大家思想一致，才能发扬墨家思想。

墨家的领袖，叫作“钜子”（后来，有个钜子住在秦国活动，儿子杀人，按秦国法律，应处死刑，秦王大概认为墨党势力大，想套交情，免他儿子死刑，但这位党魁不接受，儿子服刑。墨家的纪律性可见一斑）。

墨家弟子遍布社会各阶层，包括当时在各国做官的官员，他们显然以某种方式提供资源和信息。他们都刻苦耐劳，为达到消弭战火的目的赴汤蹈火、言而有信，牺牲在所不辞（历史记述，就认为他们很有侠士精神）。

他们在社会上宣扬节用、节葬，客观上可以减少对自然资源的浪费与掠夺，即使在现代，依然有着深刻意义（尤其面对世界性“消费经济”浪潮下的环保和生态破坏也有着重要意义）。

人类为了实现社会理念发动民众自身的力量来抗衡一切国家机器，墨家肯定是人类史上的第一个。

墨子是真正意义上敢于突破、敢于尝试、情理合一的“智人”。

现代的人们，方才刚刚开始领略他的智慧，也许他在2400年前就已经看到最初的国家机器设计不当的地方，也许他没看到，也许他仅只是看到人类社会需要停止战争……无论如何，在国家机器的功能被设计成为有效的谋利、扩张、战争的机器的4000年后的今天，人类的智慧应该会开始觉悟到必须重新设计“国家”的功能和软体了吧。

2. 道家

春秋战国时期，中国世界里，生产力已经达到一定程度，相应的人群的数量以及人智的开发也已达到一个数量级，文字与文化已经相当普及，社会经济也足以承担得起，让做学问的人比较专注于思考与写作，表达各种思想，或者讲学。当然，肯定也存在专业的艺术家们的创作，无非由于官方长期垄断“百工”技艺，工匠的社会阶层低，连带艺术的表现也比较不受重视，历史记述较少罢了。

中国历史演化中，象形文字与文化，经历了长期的被统治阶级垄断的过程，加上小农经济的底层人口数量级，形成了“知识”更加倾斜于社会上层。

前人对知识分子的著作或思想，道家、法家、儒家、名家、杂家等的分类，基本上可以这样看：

“出世”的思想，知识分子不愿加入统治集团、不愿出任官吏的，就是道家。

“入世”的思想，各种“治国、平天下”招数的知识分子，就按他们的招数强调仁政可以治理好社会的，就是儒家强调法刑可以治理好社会的，就是法家。招数掺杂的，就是杂家。对个别特殊才艺，如诡辩，因为认识到他们的逻辑抽象能力与贡献，就归为名家。实际都是“有学问”、有才能的官僚人选的意思。

这些“家”，对于人性的认识和启发都各有体认、各有强调，都是那时中国城邦世界环境下人群思想的反映，可以看到很丰富的人性推理的多样化。名家思想，已经叙述在墨子里头。法家、杂家基本上只相当于现代的不同角度的“政治学”专论，可以夹在“儒家”思想里头对于人性面的不同观察或强调，下面再叙。

这样，比较突出的思想就剩下避世的道家了。

道家产生的时代在春秋战国，正是中国世界经历变革的时代，这对于用大脑思考的人，无疑是个惶恐不安的环境。渺小的个人无论做官做民，显然人身全无保障。于是，智者老子干脆避世，隐居去也，他的合理化思维：天道无为，何必人为用力？传说，孔子向他请教，他告诉孔子的“大智慧”就是，无须用力，一切顺其自然。后来，孔子周游列国时，有一次被当地官兵错认为盗匪而围困住，孔子依然自在地做他日常弹琴吟唱的功课，弟子们不解，问他怎么还能如此悠然自我，孔子回答的大意，便是“老天自有安排”，顺其自然。

（1）列子，约公元前450—公元前375年，他算是“大隐隐于市”的避世者，坚决不做官，也不跟官府有任何往来，穷到面有饥色，仍然拒绝官吏的馈赠。列子的处世哲学，主要是清净、避免“枪打出头鸟”，他其实更像一个崇尚虚道的智者，留下《列子》一书（当然也经过后世粉丝们的扩编，但仍然不得完整地传到现在）。《列子》跟古希腊的《伊索寓言》故事类似，时间还更早个100年，内容精彩、深刻，把人性叙说得更明白。比如，强调天道酬勤，教人要务实、坚定、勤快，指出：学技术要勤快才会娴熟并且要“知其所以然”。

中国许多很人性化的故事都出自《列子》，如愚公移山、杞人忧天、夸父追日、歧路亡羊、朝三暮四、野人献曝、妻不识夫等，简单明了，任何时间点再读，都能让人有所启发、开悟。列子似乎当年就懂得气功，练气养生，但也许是后世的粉丝伪托在他名下的。其实，列子的一生，倒反映了人是无法离开人群独自存活的，再怎么避世，人都是群居的动物。

（2）庄子，公元前369—公元前286年，他是避难到宋国的楚国贵族的后裔，碰上战争暴力更加血腥狂乱的年代，他的不安全感深沉到认为人生在世，处处危险，好像活在国家机器的捕猎园里，到处都有机关可以将你猎杀掉。所以，庄子追求一个自由自在的精神境界。他其实更有文学家的气质。《庄子》这本书，也反映了这个特点，不但有思想深度，更有文学风采。

庄子像

从浪漫的角度看，庄子的故事充满思想上的逍遥自在，非常感性，如庄周梦蝶（庄子与蝴蝶梦幻般的合二为一），死亦可乐（活着不自由，死后倒解脱快活），都是他借由梦境发挥的。

从理性的角度看，庄子强调：宇宙里存在着看似相对的事物，大小、彼此等，相反而又相成，但都是构成宇宙的一部分，甚至就是宇宙的本质。

他看到的大自然之道是：“天地与我并生，万物与我为一。”大自然原本就齐物而没有分别（齐一万物，能够存在的一切事物都是宇宙整体的表现），万事万物都是一体的，包括生与死也是一体的，自然地发生。

庄子认为，把事物区分、对立是人智的结果，才会产生社会的分化与制度性剥削，所以反对用力，反对统治机器，反对人为的东西（人为，就是“伪”，不自然）。这跟佛家思想里的“差别相”的叙述已经相当接近，把庄子所讲的“道”换成佛家讲的“本性”，几乎就没有什么不一样的地方。对大自然里的矛盾，道家持坦然接受的态度，所以会死灭的东西（如生命），该死去的就让它死去，才是自然。

庄子认为，人生的悲哀不在于人世本身，而在于许多人不能从个体精神上达到齐物的境界，连可以自主的精神都不能自由自在，才是可悲的地方。

（3）杨朱，约公元前380—公元前300年，这个道家人物，没有书，也没有可考的事迹流传下来，但从散布于当时的政治或思想人物的记述里，可以从侧面看到，道家思想也会推展出与老、庄不同的政治理念。杨朱认为，彻底改变人脑的意识，让人人都仅只“为我”，以“自我”为中心，祛除一切人为的道德与法律的束缚，社会就自由快乐了。

杨朱宣扬的自我，不是“自私”。他说“损一毫利天下，不为也”，拔根毫毛可以对天下有益也不干，但又说“悉天下奉一身，不取也”，整个天下利益送给我也不要。

他的思维重点是，人人应当保全自己的性命（贵己、重生），养生，而不要去为公（“公”，都是侵害“自我”的）。

当时，杨朱有很多徒众追随，反映了战国晚期中国世界人群对国家机器有多么失望。

杨朱为我、墨子为他，经常作为政治思想的两极，出现在中国人的讨论中。

政治上的见解，道家各派的宗旨都一样，无为而治，不用力，顺从自然（天道），反对墨家、儒家推崇的圣贤（能人）治国，是对当时中国城邦世界现实的一个反映。

实际上，也就只能造成道家遁世。隐，与养生，成为他们的唯一出路。

3. 儒家

春秋战国时期，500多年，社会环境、国际情况都有非常大的变化。道家思想，从老子的思路开始，适应、演化出列、庄、杨等面貌。儒家思想，当然也类似，不可能停留在孔子的阶段，战国中期之后，演化出孟子与荀子，虽然同样强调仁政治国，但入世的功力可是越后来越高明。

在人群数量增殖到社会活动频繁，组织与制度软体越来越复杂、越来越塑造人性的时候，无论古希腊、古中国，人智的开发针对各自所处的环境，可以说都是“知识分子”或“技艺分子”的贡献。他们当然难免于自身感性和理性的制约，如老子的信仰与理性倾向避世、独善其身、合理化自身的思维，结果就是“道家”思想，法“天”自然。至于“天道”的理究竟是什么，并不是老子或道家们钻研的主要对象，因为限于早期人类的知识与生存的需要，脑力都发挥到技艺的应用上去了。

儒家的情形也类似孔子的信仰与情感，积极入世，充满改善社会的热情，所谓“儒家”思想，重点在“仁”这个字，人际之间和平共存之道，孔子把它总结为“仁”。人群的环境一直在变动，人也一直跟着演化，怎么实现“仁”，儒家们只好不断摸索。儒家追求一个完美的、和谐的人群社会。至于，“人道”究竟是什么，也不是孔子或儒家钻研的主要对象，脑力都发挥到怎么调和人际关系上去了。

（1）孟子，约公元前372—公元前289年，孟子的时代，中国人群已经蛮有点儿文化了，孟子要推广理念，先从逻辑上论述“人性本善”，再将亲情扩大为普及版的“仁政”，“老吾老以及人之老，幼吾幼以及人之幼”“仁民爱物”。理论和目标都具备了，孟夫子更提出施政办法，远比孔夫子实际，近于管子的思路。他说，“有恒产者有恒心”，人民要有固定资产，能够生产过活，才会安居乐业，才不会冒险犯法。当然也要兴办学校，施以教化，人心安定，天下才会太平。施政则要“省刑罚、薄税敛”，才会民富国强。他强调教育、身教（师长们以身作则）、易子而教，更人性化，实际超越孔子，这些，都是孔子思想的进一步深化。不然，儒家思想老早就是块化石了。

孟子对教化的重视及具体教育的方式相当可贵。大概是受他妈妈的影响，孟母三迁的故事，就是其母为了给孩童时期的孟子找个好环境的故事，充分显示出人性的软件安装、教化的重要性。当然，严格的教化方式，过度设计的软件，也可能妨害了人性的自由发挥……

孔子的“仁”，将心比心，很自我，也很社会化。孟子的“义”，更社会化，“民为贵，社稷次之，君为轻”，说白了，人民至上，社团或组织其次，统治者不那么重要。并且认为“天时不如地利，地利不如人和”，彻底以人为本。

作为当时的政治家，孟子跟孔子一样失败，周游列国，最终回家写书，留下《孟子》一书，散文简洁流畅、说理明白、富感染力。作为思想家或哲学家，孟子的人本与民本思想从未得到任何权力制度的统治者青睐，孟子成为政治话语权下的“亚圣”。他其实是人类最杰出的知识分子之一，所提倡的人道思想，其实是中国及其他人群演化的精华。

（2）荀子，约公元前313—公元前238年，儒家发展到了荀子，战国时代已近结局，饱学各家知识的荀子彻底就当时人们能掌握的智慧，把历来的儒家思想真正理性化到近于真实，成为集大成的“儒”。

首先，他将困扰各家的“天道”观回归于客观：天，大自然，没有意志，没有目的，没有神秘，只有机制，自有规律，不因人类的存在而改变。这已经近似于现代人类的认识。荀子自己并没有去试图找出宇宙运作的各种规律，但数十年后，他弟子中的张苍在汉代初年便扩编了《九章算术》，成为人类最早期的数学作品之一。

荀子的“人道”观也符合客观：生存本能，使人“饥而欲饱，寒而欲暖，劳而欲息”，繁衍本能，使人好色。他认为，人类心理上也客观存在喜欢、不喜欢，以及耳目感官上的欲望或偏好。这些本能，使人相争、相害，对于主观上的“善”（道德）的标准而言，必须从教化（或强制）入门，方才可以使人行善，相对于需要人为的努力才可得到的“善”，“人性本恶”是自然的结论，这其实已经是现代心理学“文化、道德，源于欲望的压制”的论点了。

由于这样的客观性，荀子的政治见解，转向礼、法并重，以礼义（道德的教化与仪制）平衡人性里的利欲心，以法治（律法的严厉与实施）强制执行社会里众多利欲的平衡。后来，他的弟子李斯，成为秦国任用的著名法家人物，助秦始皇统一并重塑中国世界。法家实际只是更强调法多于礼，法制的强制性当然大于礼制，移风易俗的效率更高，如此而已。

荀子可以算作儒家思想演化的极致。他还强调了实践的重要性，把“知”与“行”统一起来，使儒家思想从孔孟的理想色彩，真正落实到入世可行。后世中国人表现出来的儒表、法里、道心，多少都可以从《荀子》里找出源头。

《荀子》一书本身，也是绯句骈体文字的上好文章。

儒家对于教化的重视与强调，从人性软体的角度讲完全正确。

法家对于社会制度软体的安装也是正确的。

人类社会，既需要道德，也需要律法，才“文明”得起来。

4. 杂家

邹衍，约公元前324—公元前250年，他尝试以阴阳五行思想来解释“天道”的趋向，劝说君王以俭约、仁义治国。他似乎认为儒家说不清楚天地之“理”，所以，儒家的治国理念存在逻辑上的死角，以至于不能被统治阶级信服。

就人类当时的知识而言，天道——大自然的道理，会经常出现在人们的思维中。邹衍的阴阳五行，从物质的特性上推理归纳到一个程度，但没有量化到以数字表达，最终成为玄学，依然未能说明白“天道”。结果，邹衍也不能令统治阶级信服。

阴阳五行，倒是跟后世道家混融，成为中国人群宇宙观的相当一部分。

他留下《邹子》一书，神叨叨的，把黄帝、老子、孔子都捆绑在一起，后世粉丝们加以推演出黄老之术，儒、道不分，真正的“杂”家。

东周时代所形成的中国式文明

一、科技与文艺

1. 科学

中医的系统知识在这一时期似乎已经成形。

秦缓，扁鹊，约公元前 407—公元前 310 年，是当时著名医生，被尊称为“扁鹊”（传说中的人物，黄帝时代的神医），可见那时人们对他医术的评价。历史记述说，他曾留下《内经》《外经》等医学著作，却没能留传下来。

从扁鹊的事迹来看，中医自有一套理性逻辑。

（1）望（色）、闻（声）、问（情）、切（脉）。

现代西医基本上也做类似工作，但以各种仪器与化验替代把脉。

（2）反对巫术，不医治“信巫不信医”的人，这是起码的心理建设。

（3）强调：预防胜于治疗，使中国人群很早便注意日常营养与健康（卫生）。

用药则“以毒攻毒”，用针砭则“以痛止痛”，甚至放血，视人体为一个整合的“系统工程”。至于“气”，可以看成是人体物理系统的“能量循环”。

当然，那时还没有显微镜，中医不会知道或防治病菌与病毒，但能认识到“气”已经非常难能可贵，可以说是那时代的“科学”了。当代科学，则证实“经络”与“气”的存在，但尚未能研究出一个系统科学，难处在于量化的数据。

扁鹊还讲究“医德”，为人谦虚，似乎做外科手术时还懂得麻醉。

历史记述，秦国宫廷医生嫉妒扁鹊的成就，派刺客暗杀了他。

另外，传说扁鹊的医术与医学理论传自一位高人，但要求扁鹊不可外传。

“不外传”的说法很好玩儿，大概是那时中国科技人“专利”的具体表现。

2. 技术

战国末期的中国世界已远非“中原”概念可以概括。战国初期的八大强国，韩、赵、魏、齐、楚、燕、秦、越，除了韩与魏比较算是“中原”传统的血缘和文化之外，其他无不混融大量“戎、狄、蛮、夷”的血缘和文化。中国世界的范围扩大如此，衣食住行，人们生活所需，无疑各自随地域而混合适应，如烹饪，一定更加丰富；纺织，则丝绢棉帛麻齐备，并及染色技艺等是人群生活改善的基础，远比政治、朝代、国家重要。

木工祖师爷——鲁班出身于工匠世家，积累了许多代的实践经验。相传，木工的标准配备，锯、钻、刨子、凿子、曲尺、墨斗（画线用）等工具都是他的发明。机械如磨、碾、锁、飞鹞（估计是大型风筝似的飞行器）等，外加立体地图等也是他的发明。总之，不愧为“祖师爷”级别的工程师。

实际，这时的科技水平表现得最高档的是水利工程，李冰父子修建的都江堰，无论从流体力学还是建筑工程的角度，都捏到了罩门，造福后人至今，连汶川大地震也没怎么伤到都江堰（川藏云贵是地壳抬升区，2000 多年来，可没少大地震，汶川不过是最近发生的一次而已），堪称水利工程建设的绝品……

3. 文学

文学从春秋时期的《尚书》《诗经》，演化出多种体裁，如屈原的《离骚》与荀子的论述（赋），列子的故事（寓言），孟子的散文（论），《吕氏春秋》的纪事（史）等。风格，如庄子的浪漫，李斯的骈俪等。

大体上，后世中国人的诗词文章体裁，在战国时代结束时，都已有原型了。

中文作为表达的工具，基本上已开发完备。

4. 艺术

音乐，这里只以出土的战国编钟为例，那时候，钟鼓管弦乐器已大致齐备。

编钟

歌舞，以战国时期边远的广西花山岩画为例。

岩画

绘画，以战国楚墓出土的帛画为例，左图的男人骑龙，右图的女人似乎跟龙、凤嬉戏。从中我们可以看出，在战国时期中国水墨画的源头，也已齐备。

帛画

二、中国式文明

在早期中国大地出现种植的农业文明之中，尽管华北气候干旱些，黄河流经的黄土高原沃土上中原的老祖宗们累积了人口数量级、农业技术与组织能力，最早跨越了人群“文明”的关键门槛——社会分工、私有制、艺术与文字的软体开发。“华”族文化因此最早具备了扩张的载体——国家机器。部落，部落联盟；城邦，城邦联盟；封建王国，帝国，都不过是“国家”的一种形式，而全人类国家机器的设计都一样：

国家等于生产地盘加人口加武力加管治体制加收税。

《史记》记载“三皇五帝”的故事，反映的正是5000年之前，中原文明的部落、国家伊始的神话。至于“黄帝”这个形象的人物及他的故事，仅只反映了羌汉族群与黄河流域早期农业文明族群的融合为一。

所有人类社会中私有制的发生，原本是自然的人性扩张，占有更大的生存空间，保障基因的延续，也是人群的天性。经过人脑设计的社会组织软体，分工与管治，在私性下产生了“财富”与“等级”“权力”等人为概念。

仔细回顾所有人类文明，等级与权力软体，算是人群社会运转的必需（群落生存，需要管理、计划、组织、监督、执行、指挥），但财富硬体，艺术品或金银珠宝，几乎都不是生存的必需品，无非财富的软体（稀罕难得的东西的代表性），彰显了等级和权力制度（包括话语权、定价权等）。财富是权力制度下的产物。

人群是需要集体生存的，即便从更早的猿人时代，一直都依赖“有能力”的人来组织、领导的时代都是如此。一开始，原始部落的人少，社会管治相对简单，为了集体生存的“公权力”设计的权力机制，无论怎么结构化，最终不敌人类的生物本能“护育自己的基因”。

权力，渐渐在“公”的面罩下，大量被包装、被替换、被夹带，成为与血缘相关而不是能力相关的私权继承。打从权力制度伊始，财富、经济、利益的观念被强化，而设计这个软体的死角，就是假借“优化社会运作”的名义，夹带私暗“独占”或“分赃”之实。

权力、等级，如何表现？如何维持？

文明早期，通过“文化”：垄断艺术品（精良的器具或装饰物）、文字的学习（代表“知识”），或仪制（可借以专断神权）来实现。这些，后来也都发展成为“财富”的软硬体或“财富”的象征。

维持权益嘛，很简单，诉诸人性的本能。杀鸡儆猴，越血腥越具有恐吓力。炫耀财富，越有差距越具备等级感。垄断知识，越无知越只能顺从到底。

这个事实表明古今中外的全人类都一样。私性，私有制，无可避免，但私有制下设计出来的权力制度本身，渐渐成为人类演化的关卡。但这是现代人的觉悟。

东西方几千年前的古人，多半只会被当初国家机器所展现的威力震撼，并随着王朝的兴衰沉浮，这就是历史轮回的本质……

所有文明，一开始便在新兴的农业科技下，伴随人口增长、权力制度、国家暴力而开展。收税，或者用时髦话语叫作“剩余价值的剥削”，豢养着

“管治”机构里的官僚或官企里的百工，所有的权力机制，包括常备军人，通通形成自利集团。后来，人口和社会经济的扩大大量解放工商，于是，工商也形成自利集团。

就 2000—4000 年前的时段来说，围绕大河展开的农业文明，靠天吃饭，但有大量盈余可以备荒的，人类史上有四个：古埃及、古巴比伦、古中国、古印度。

埃及、巴比伦、中国黄河中下游三者的纬度接近，都紧挨着干冷的沙漠或草原，那里的农业文明一直与周边的游牧文明剪不断、理还乱。

印度、中国长江流域，则雨水充足，最终蓄养了最大量的农业定居人口。

而古希腊、古罗马，农业腹地不足，很早就开发了帆船的机动力，以环地中海周边区域的交易来养育人口。

欧亚大草原上又是另一番景象，虽然干旱，但不少的高山与河川养育着不少绿洲农业，绿洲人群形成众多城邦。马匹和轮子赋予陆地上的机动力，使得整个欧亚东西两端都是贸易的腹地，支撑着草原上所有“游牧”的部族，绿洲便是游牧民的“泊港”。农业定居的文明，从来不可能封闭，游牧和海洋机动的文明，一直就是“文明的搅拌器”，贸易或掠夺，全看信息和武力是否对等。

人性奇就奇在，东西方人们对于起实用价值的财富硬体不约而同地表现出同样的贪婪。其实正因为“财富”代表着“统治”，对资源、土地、人口的占有。

当“智人”老祖宗们的智慧“不约而同”地在 1 万年前开发出种植的农业技术时（地球暖化的效果呗），人群定居所推动的社会演化进行了 5000 年时间后，也“不约而同”地带来了人类的农业文明、权力制度和国家机器。

同时，随环境适应，出现了定居的城邦世界，以及不定居的游牧世界。

中国世界，夏、商、周的中原王朝，以及中国大地存在过的其他文明，不过是人类定居的农业文明的显例。就“定居农业”文明而言，“中国式文明”无疑是其中一个，高密度定居的极致。

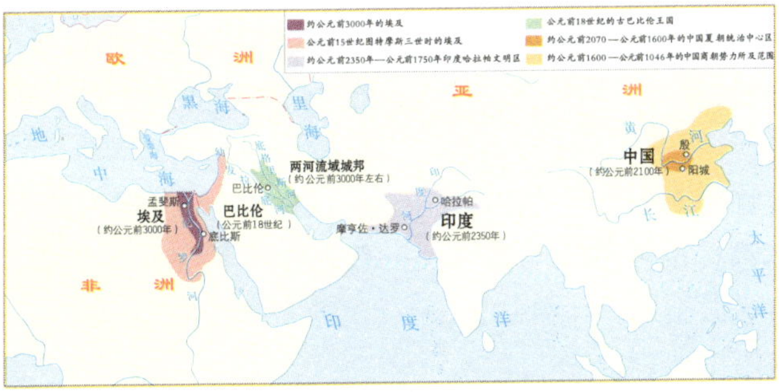

世界早期区域文明示意图

定居意味着机动力大大丧失。人脑的智力开发都集中到与“定居”相关的事物上。大量而又密集的农业人口使社会产生了巨大的人际压力，人性和思想的摸索。儒、道、法、墨家等，都在这样的环境里形成。

以当今全球人口爆炸的情况来看，中国的古人对中国式文明，已经做过不少功课，经历并发生过许许多多相关的、高密度人群的人性事例。

中国人安装过氏族部落联邦，运转过奴隶制度，运作过城邦交易，经历过春秋战国的血腥战乱，出现过各种思想、各种运作数据……

最终，战国结束，统一是当时社会成本最低的答案，而这一个实验才刚刚开始。

后来，混融的“华”文化，被称作“汉”文化，也是因为秦汉王朝强制统一的缘故。

秦始皇结束战国时期、统一中国的时候，中国文化的特点已经齐备。

1. 小农经济，它主导一个庞大而近乎固定的社会底层，人群的智力与信息也相对局限于定居的地域（已经是人类当时最大的领土板块），主要精力集中于统治并稳定大数量级的人口。

管子作为可能打破这个怪圈的开路人，几乎被历史遗忘。

2. 王权专制，中央政府集权，郡县派官分治一方，重农抑商，法礼统治。

实际上，秦始皇统一中国后，中国人很快就脱离了“宗法封建制”，更不“奴隶制”了，即使在夏、商、周以迄的战国，中国人所谓的封建或奴隶制度，都跟西方大不相同。

3. 防御北方，不了解游牧民，也打不过机动武力。

4. 拓殖南方，淮河以南都是同质性的农业族群，比较打得过，安装统治机器也有经验。

最终，“汉”文化成为中国式文明的标准软体，同质性，与时俱进。

5. 人的因素第一，儒家思想（人际学问）与道家思想（天人关系）成为主流思想。

实际上，历代掺杂进去的东西很多，但祖宗崇拜取代宗教，加上宗法礼制，使得中国文化有托古癖，无论什么新鲜事，都往前面挂钩、假借前人或祖宗名义。

实际上，政治上也有借此混融中国疆域里的多元族群、多元文化的需要。

墨家要求高标准的理性与情性，一般人做不到那样的牺牲，“为他”，既得利益的精英更做不到。

墨子，被历史遗忘。

法家之成为“家”，大有古人政治话语炒作的嫌疑，实际上，不过是当时知识分子强化国家机器的改革思路而已。

同样的政治话语炒作，使得孟子、荀子也没有得到相应的思想家的位置。

中国式文明展现曙光时，大海仍是人类无法自由活动的领域（地中海已经达到当时船舶机动力的极限），中国以外的世界，只能经由长城北边的“戎狄”草原部族沟通，但是，不定居的、机动的国家机器，却完全超出定居的中国式文明的人们的想象力。

秦帝国统一中国世界的时段，匈奴也大致打造了草原游牧帝国，但那时欧亚东西两边的人们对此几乎一无所知，大家都难以想象骑马机动的国家机器的能力如何。

历史上，人们都是因为流动才会有所接触，东西方的贸易与信息，长期必须通过欧亚大草原的游牧帝国。秦时，西方称中国为“China”（发音即为“秦”）。后来，汉化的北魏与辽统治华北时，西方称中国为“Tubgach”（拓跋）“Cathay”（契丹）。人们的称呼是随时间点上的接触实况变化的。感情上，海外华人自称“唐人”，不仅因为唐王朝的开放与国际化，也有华南被秦汉征服的古早记忆。

生活方式和社会形态所造就的思想和认知差异，对人类是个深刻的课题。

或许，宋襄公是个明显的例子，他相信“仁义”，又欲求“霸业”，结果，他的行为自相矛盾。后世的儒家更矛盾，一方面抬高宋襄公为春秋霸主，一方面又讥笑他是“妇人之仁”。

其实，宋襄公反映出前人跟我们一样的特质，大家都在学习怎么“做人”，在人群社会的“文化”规矩下做人。

尽管教化塑造了大致雷同的意识、思维，甚至欲望，但每个人感受到的“境况”都是“独特的”，相应的思想或行为的选择就很不一样了。

中国人的历史，记述着许多“大人物”的事例和文化的数据。

第四章　大一统的秦、汉

（公元前 221—公元 220 年）

公元前 221 年，秦统一了中国，但秦一统的和平局面短暂到可以认为是战国时代的延长（或最后的挣扎），直到汉王朝一统天下并持续长期统治。

辩证地说，人类社会的战争与和平，一直交织在时间上和空间上。

春秋战国时期，中国城邦世界战乱了 500 多年，更往前推，“三皇五帝”、夏、商、周……3000 年似乎也可以看做如此。反过来说，又不是天天都在打仗，临战的日子终归比平和的日子少得多，说战乱只是和平的一种病变，似乎也未尝不可。人群之间的“战”或“和”与“分”或“统”显然只是历史表象，另有积淀出那样子交替的缘由。

历史当然不会为了打造“中国人”而特别设计出历史，但后人可以看得到数据。

首先，从“三皇五帝”到秦始皇的两三千年间，黄河流域的文明和血缘（以中原与关中为典型），大数量级地扩散。战国末期的秦、韩、赵、魏、齐、燕是黄河小米文化；楚、越是长江大米文化。结局：楚兼并了越，秦又兼并了全部。秦汉之时，黄河流域（含淮北）的人口与经济，可以占到那时中国世界 70%—90% 的份额。主中原，即主黄河、主中国。

当时的楚，对抗春秋的晋霸和战国的秦霸，无论硬体、软体，本来就胜算不大，何况楚还没成功变法。

其次，从汉代到今天的现代中国人群，自认为“汉人”的比例大约 90%。基因统计数字，“汉男”带有羌汉标记的只占 90% 里头的 54%，带羌汉标记的“汉女”会少得多。这是抽样统计，但也显示，血缘上的“炎黄子孙”可能不到中国人口的 40%。

“汉人”，无疑更是个文化与认同的结果。

会以“汉”作为族群的标签，可见，两汉时代，是中国人定型的年代。

因此，我们需要稍微细理秦、汉王朝发生的事儿，铺垫好对“汉文化”的了解，两汉时期“中国人”的特征明显之后，再往后的历史变化就容易对比出来了。

短暂统一的秦代
（公元前 221—公元前 207 年）

秦始皇像

秦国，原本是中国城邦世界西部边缘的一个中等国家。公元前 356 年秦孝公用商鞅变法，到公元前 221 年秦剪灭战国群雄，不过 135 年，秦从公国、王国、一路“暴涨”变成帝国。那时，秦王嬴政 39 岁，从国王变成皇帝，秦代的第一个皇帝，所以是“秦始皇”。

他 13 岁接班成为秦王，21 岁亲政，亲政 18 年后，消灭了长江和黄河中下游的各个文明邦国，统一中国。秦始皇前后做了 26 年秦王国的国王、11 年秦帝国的皇帝，算是个勤奋的统治者，经常看报告、处理政务、接见郡县大员，够忙的。

秦始皇死于公元前 210 年，50 岁，不算长命，他实际统治全中国只有 11 年，却影响巨大。让我们瞧瞧，他都干了些什么事，能够这样子留下印记。

首先，换位思考，假想你就是他，生下来就镶金戴玉的，虽然长于深宫妇人之手，但够聪明、够进取，又继承着显赫的祖辈留下来的秦国，以及一套管治国家的有效办法，严刑峻法加小农经济。你会怎么做呢？

不用说，当然不会马上自作主张去改变规矩，先“按既定方针”办呗。

结果，九年时间，以自己的决断、臣民的执行力，灭掉了中国城邦世界，成为“皇帝”。

然后，你会怎么管治这么大的秦帝国呢？

你的自信以及对祖辈留下的制度的信心，只会让你还用同一招：严刑峻法加小农经济。

虽然你并不知道什么理论不理论的，但你知道，“法制化”“标准化”绝对高明，很清楚，秦“暴涨”成功，归功于“变法”强化了小农经济。

1. 秦始皇统一中国后立马实施的措施：

（1）人同伦

全国社会都小农经济化，庞大数量的人口管理依赖明确的规矩：法与礼，塑造同质性的国民。实际是把全国按秦国的社会伦理制度化。

（2）书同文

全国沟通都使用标准格式的秦文字——小篆。禁绝私校，以吏为师，连发音都同秦韵。

当然，统一语言没统一文字容易，但这是“河洛话”等中原古音流传的原因之一。

（3）车同轨

全国马车两只车轮的间距都一样，这样，在辽阔的国土上开高速公路（“驰道”）就方便了，除运兵快速之外，各地的交通与运输也便捷了。

（4）货币标准化

主要使用圆方孔铜钱“半两”，基本上也流传2000年。

量器

半两钱

衡权（秤砣）

（5）度量衡标准化

统一长度、体积、重量的量测标准，基本上流传2000年。

（6）连坐法和户籍制度

统一之前，秦国就以户籍制度夯实小农经济，拴住农民。统一之后，在全国范围内实施户籍制度，并落实刑罚最大化：实施连坐法。基本上，秦的律法、刑罚连坐、户籍，都成为“中国特色”，也流传了2000年。

（7）分权

直接向皇帝负责，皇帝一人裁决。这是后来“六部九卿”的雏形。地方政制分为郡、县、乡、里。郡县官，由中央变任派遣。分封，仅是豢养亲贵，完全没有宗法封建制度“封邦建国、国中有国”的意思了。这些，都基本上沿用至清代。

（8）土地私有

庶民可以按军功授田，可以买卖田地。但中国已开垦的地方基本统一了，原先战国时期的各国无战事，军功授田失灵。于是秦始皇实施扩张政策，向北发兵30万，从匈奴地盘里扩土河套（这是可以农耕的极限了）；向南发兵50万，从地广人稀的华南部落里扩土直至番禺（广州）。

征发的部队大多就地授田落户，成为小农，开拓新的疆土。

2. 秦始皇要把秦帝国发展成高度中央集权的、规范化的、小农经济的国家机器。

规范化到要统一思想的，秦或许是首创，虽然在东西方历史中屡见不鲜，直至今天。

司马迁记述了两个相关事件，“焚诗书，坑术士”：

（1）公元前213年，因为原先各国的儒生议论、反对郡县制度，秦始皇下令，禁止私学，以吏为师，除官府可以典藏各类书籍之外，私人一概不许藏有非技术性书籍（只可拥有医、卜、农等技术图书），烧掉一大堆各国原有的诗书礼史等古籍，并制定言论罪与思想罪（以古讽今者，可以严重到被全家抄斩），开严酷惩治政治犯与思想犯的先例。

（2）公元前212年，为秦始皇找长生不老药的方术之士，因害怕药方无效，按秦法该斩，便制造舆论：皇帝无道，所以服药不灵……于是，成为政治事件（有“诽谤”嫌疑），秦始皇一次坑杀460多个“术士”。那时的“术士”不是“儒生”，但也算知识分子。

管治到人脑的思想、言论的结果，裁决不但主观，并且容易夹带私权，官僚集团得以无限扩大自身的权益。后来汉代的儒官则借此专制王权，做到了统一中国人的思想，甚至篡改司马迁的记述为“秦始皇焚书坑儒”。

秦法严苛，当秦还是小国时，秦人乐于遵循秦法，无论兵役、劳役，秦有军功便奖赏的政策，使秦人勇于战斗；二有刑罚的畏忌，服从公务。所以，秦始皇能够以武力迅速统一中国。

当秦拥有天下时，秦始皇的自信使他丧失理智，他同时南征北讨，常备兵已达百万之数，而修筑万里长城（实际是将原先各国备边的城墙连接起来）、陵墓、马路、运河，也经常征发百万民夫。即便按秦初人口达到3000万计算，16—60岁的男丁，至多不过1000万，等于20%男丁服役、脱离生产、还要吃粮，即使重农抑商，但农业生产力的下降依然不言而喻。加上土地自由买卖，货币统一政策又等于突然收紧银根，经济转不动，豪强兼并土地，不少农民沦为佃农。不用说，这些致使社会经济萧条，民不聊生。

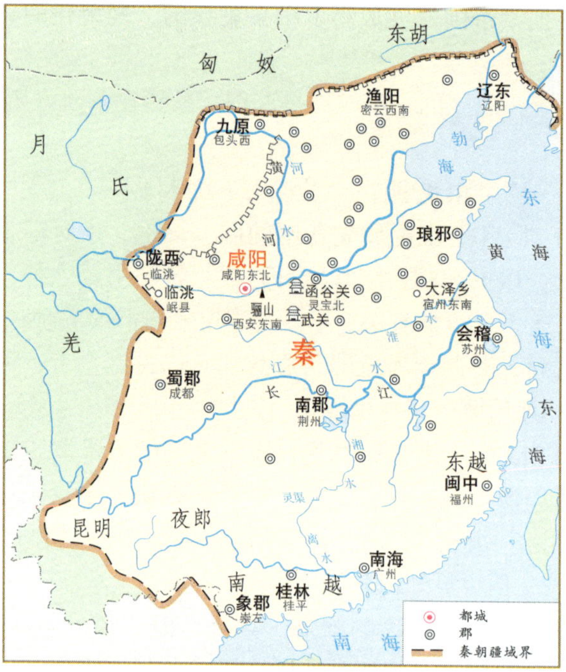

秦朝疆域图

秦始皇在位的 11 年里，施行各种标准化作业，政令下达容易，实际完整执行，当然困难。毕竟原先各国的人民，各有习性，软体安装哪能一蹴而就。新征服的疆域，更难一下子转化。历史记述，并没有反映秦始皇的新政当时究竟落实了多少。

答案显然是不及格，原因有以下几项：

（1）秦法重刑罚，严酷到实施连坐法，进行户籍管制。但新征服的人民，不习惯秦法，动辄得咎，连累乡里，结果等于逼使大量人民避入山林，成为盗匪。

（2）统一货币是好事，但需要按经济规律办。废除各国货币，必须事先铸好足够市场运转的新币数量并需规范公平兑换。否则，没收旧币等于侵害老百姓利益，而市场流通旧币又等于逼迫百姓犯法。结果，秦始皇至死，货币仍未能统一。

秦帝国只存在了 14 年时间，短到人们难以置信。

公元前 210 年，秦始皇死于过量食用“长生不老丸”引致的中毒，身体虚弱时，遗诏被身边平时信任的赵高、李斯联手篡改，原当继位的扶苏被杀，胡亥被立，赵高大权独揽，很快借故杀掉李斯。赵高曾犯重罪，按律该斩，秦始皇从北方军团将领蒙毅、蒙恬手里释放了赵高，就因为赵高畏惧扶苏上台后的继续法治，趁权力交接空隙发起宫廷政变。显然，严刑峻法无法保证权力运作的意志，甚至秦始皇的死亡本身也不排除就是一场权力阴谋的可能。

一年后，公元前209年，一队从安徽开往渔阳（今北京）戍边的900名士卒遭遇大雨，估计无法按规定时间到达，他们自己明白，按律该斩，去是领死，不去、造反，倒还有生存的机会。于是，其中两位小官陈胜、吴广干脆装神弄鬼一番之后，率众造反。各国民众本来就不习惯秦国的法制软体，纷纷起义，形势立刻大爆炸，中国霎时进入大混乱。

战乱持续三年后，秦王朝正式覆灭。

从人性角度看，秦始皇作为一个人，少年得志，一帆风顺，越来越自信，不会算账，也不算账，整个社会被他严重超支。赔掉的是中国人第一次真正意义的社会转型——“法治”。

或许因为继起的政权不是秦人，自身没有成功实现“法治”经验的缘故，秦法“严苛”，被错误地归结于“法治”。于是，秦王朝核心的“法治”软体被静悄悄地被换装为“人治”或“德治”，成为“中国式文明”的基础结构。

后世中国社会软体“情、理（礼）、法”的排序，“法”敬陪末座，聊备一格。

秦人社会“法不阿贵”“路不拾遗”“勇于公战，怯于私斗”的境地，成为中国世界的绝响。

秦王朝标准化、法制化、规范化的努力，幸存了下来。

规格与规矩毕竟是人群社会的必需，历朝历代统治阶层仍将继续安装法制。

秦统一的政治账，开启了中国世界人们的一些想法：

（1）中国大地真可以发展成为一个国家，一个小农经济能够支撑得起的幅员广阔的国家，至少秦帝国开了先例。

（2）心理上，刺激了后来的统治者的野心，从此，秦一统模式成为“大丈夫亦可如此复制”的样板。

即使秦始皇严刑峻法能成功，“法治”与“王权”的矛盾仍然无法避免。

秦始皇自己就以王权特赦了依法该死的宠臣赵高在先，权力下的生死存亡斗争，使得很人性化的胡亥、赵高、李斯等栈恋权益，造成扶苏、蒙恬、蒙毅等的惨死（这些人也许更有能力治理好国家）。

王权交替之际，就显出“法治”的脆弱。但迟早必定会碰到，躲得过初一，躲不过十五。权力、法治，终归要面对人性，都是人为的操作嘛。

从小农经济看，中国的两河流域够大（黄河、长江），集中全力还未必经营得下来。当时统治集团所欲求的财富、人群生活的所需不假外求，种植加手工业足够了。

农业族群没有机动游牧的生活经验，农耕跨越不过北边的干旱地区，既不知道西方世界的信息，也没有远方交易的必要。

人类历史演化到这一时段，西方文明的机动、“外向”特征（外向简单说，财富积累，透过对外的掠夺与交易），以及中国文明固定、“内向”的特征（内向简单说，财富积累，更多依赖对内的统治与剥削）已经展现。

秦帝国（严刑峻法加小农经济）模式，更强化了中国式文明的相对“内向”。

夏、商、周象形文字随着中原文明的扩散而得到普及，战国时期的人际沟通，早已以周的文字为国际通行的书写文字。又随着秦的一统，秦小篆被秦始皇“定型”成为标准文字，文字习惯更加不可逆转，中国各地的同质性因此深化，语言跟着文字走，文字所表达的意义基本固定。

早期的人类文明，埃及也是象形文字，美洲的玛雅人也是。地中海城邦世界，出现过不象形的线形文字，迄今未能解读。但众多城邦族群、众多语言又依赖彼此间的交易与沟通，显然，拼音文字最能满足地中海世界的现实需要。欧西的拼音文字，有历史必然的环境因素。西方文字跟着语言走，文字所表达的意义，随时间、空间、人群变化。

拼音文字加强了西方的“外向”性，族群之间也越来越独立，但文化的输入或输出相对容易，彼此竞争、互相征战或交易成为习性。中国式文明正好是个完全不同的例证，象形文字黏合了黄河中下游各地族群加强了体积庞大的中国的“内向”性。

但东西方的文明差异，仍是气候与地理的大自然因素，施加于人类物种的自然演化的结果。环地中海、西亚、中亚，干旱度其实雷同于中原与关中，绿洲似的小国寡民城邦群落，造就了那里族群对机动性的必然倚赖。而有着黄土高原的沃土与黄河的滋润的中原与关中，却开发了精耕细作与水利灌溉的高产农业，完全依赖天地的赐予。

适应环境使得人们演化出不同的社会，美洲原住民的历史诉说着类似的故事。

楚汉相争
（公元前 206—公元前 202 年）

楚汉相争时期，或许由于司马迁不是以官方“史官”的身份写史，记述得蛮有一点儿浪漫色彩，并且距离他著述的时间还不算太久远（100 年以内），当时人们记忆犹新，故事多也细，跟现代中国人谈辛亥革命、抗日战争、解放战争似的。

公元前 210 年，秦始皇死的时候，中国世界比较开发的地区是黄河、淮河流域，人口与经济比较集中。长江以南是“开发中”地区，珠江及西南则是相对的“未开发”地区。那时的黄淮流域人口与经济占到当时中国世界的最大比例，而黄淮之间地区实际是楚国文化氛围。

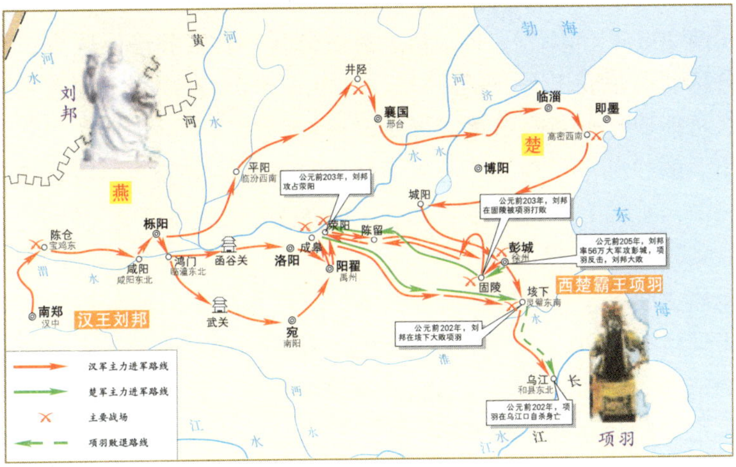

楚汉战争形势图

公元前 209 年，楚人大造反，风起云涌，其中揭竿而起的陈胜、吴广是底层平民；项羽是上层贵族；刘邦则是地方上的小混混（算个中层）。楚人造反后，很快便拥立了一位楚王，以楚国名义号召原先各国反秦，并约定“先入定关中者，王之”。

实际上，陈胜、吴广引爆的秩序崩解，造成一个短暂的“战国时期”（公元前 209—公元前 202 年），所有手上有点儿暴力资本的集团，通通参与角逐政权的竞争。中国世界再次沦为杀戮战场。

年轻而有才的项羽，首先在厮杀中脱颖而出，以 10 万楚兵“破釜沉舟”，进击围攻巨鹿（河北平乡县）的优势秦军（章邯军、王离军），大胜。

历史记述，当时诸侯各国参战的部队，畏秦军威（被章、王打怕了），都在城垒上“作壁上观”，眼睁睁看项羽军演出。此后，项羽成为各路诸侯眼里的“军神”，他率这支集团军继续在中原鏖战秦军，直到章邯投降，至此，秦军主力完全覆灭，秦朝廷已无兵可用。这时，项羽不过 26 岁。

公元前 207 年年底，刘邦军以政治攻势收降、不掠夺、不屠戮、不扰民加“约法三章”（杀人者死，伤人及盗抵罪），几乎没怎么战斗就顺利迂回进入关中，秦帝投降、交出咸阳。

在东方前线打完硬仗的项羽闻讯后，立刻紧急西进，以优势兵力在咸阳周边跟刘邦军对峙。刘邦自恃不敌，用张良计谋，疏通项羽的叔叔，为刘邦说好话，然后带上亲将樊哙，硬着头皮到项羽大营去表白“没有要打天下的意思”。会后项羽跟刘邦酒宴，项羽军师范增设计要杀刘邦，这就是鸿门宴的故事。靠樊哙的拼死演出加项羽的妇人之仁，刘邦居然逃过死劫，全身而退。于是，刘邦军撤退，项羽军进屠咸阳、杀秦降帝、焚掠秦宫室。

公元前206年春末，项羽以霸主身份分封、划定各诸侯国界，稍后暗杀楚王，自称“西楚霸王”，建都彭城（江苏徐州）。各国手上握有重兵的实力派，怎么可能服？分封刚落幕，烽烟又燃起。被项羽远远地差遣到汉中（湖北、四川）的“汉王”刘邦，心里当然不是滋味，表面上烧毁栈道，以示无意再进关中，实际上用大将韩信策略，明修栈道、暗度陈仓（陕西宝鸡），这年年底，“汉军”便已回占关中。

公元前205年5月，趁项羽东击齐国、西楚后方空虚的机会，刘邦与各路反项诸侯联军56万，奔袭、占领彭城。面对这样的形势，项羽再次显现让人吃惊的能力，一面叫西楚大军从齐国按序撤退，麻痹汉军集团注意力，另一面他自己率骑兵3万，神不知、鬼不觉地狂奔到汉军后路，闪电奇袭。刘邦在彭城还没坐热椅子，项羽已经从出人意外的后方进攻，歼灭联军达20万众以上，以汉军为主的“联合国”军土崩瓦解，刘邦仅以身免，逃到荥阳（河南郑州），被西楚军围困。

这时，刘邦派去北伐的韩信军团对华北的攻略却进行顺利，已经平定齐国直抵滨海。

刘邦要韩信部队夹击西楚，韩信却忽悠应付，陈平、张良提醒刘邦，封韩信为齐王，韩信部队这才认真对付西楚军，不断从多方面进击西楚，彭越部队则从旁断绝西楚军粮道。公元前203年，长期作战的项羽部队疲惫不堪，渐渐反被汉军合围。于是，项羽送回扣押的刘邦老爸、老婆、子女，议和，双方约定，以鸿沟为界，中分天下，以西归汉，以东归楚，各不相犯。议和后，项羽引兵东归彭城，刘邦也想撤军回关中休息。

在这节骨眼儿上，张良发挥了历史性作用，他联合陈平，一起建议刘邦：管他合约不合约，应趁项羽撤军立刻追击，以免放虎归山，后患无穷……刘邦觉得有理，遂亲自领兵追击项羽，并令韩信、彭越迅速进兵合击围攻。

项羽当然不是省油的灯，一仗下来，又把刘邦军团打败、围困在固陵（河南太康）。刘邦屡战屡败，韩、彭军团迟迟不见，他的焦虑可想而知。他问张良：这些人搞什么名堂？张良不慌不忙地再次提醒刘邦：你封了人家为王，不给划定封地，让人家做虚的王，人家为啥给你拼命呀？刘邦这才遣使，划陈国以东到滨海作为齐王韩信的封地，划睢阳以北到谷城作为梁王彭越的封地。果然，两个月后，韩、彭军团便在垓下（安徽灵璧）围住了西楚军。

这年冬天，饥寒交迫的西楚军，被“四面楚歌”心理战搞得士气瓦解，项羽再大本事，终不敌刘邦的机灵加张良的深谋加韩信的战略。通过司马迁的笔，留下“霸王别姬”的悲情、“无颜再见江东父老”的执着，明明可以逃脱，却“乌江自刎”，千古回荡项羽式英雄气概。

项羽死时才 30 岁。

巨鹿之战、彭城之战，项羽都是以劣势兵力英勇突击，以少胜多，并且大胜。

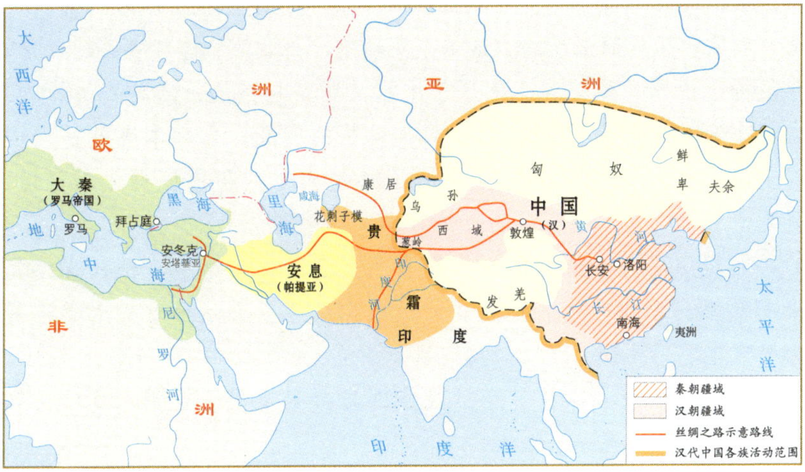

秦汉时期的亚欧形势图

直至生命结束，他就是个令人生畏的、不世出的“英雄”形象。

但性情中人的项羽显然治理不好国家。

历史记述，“楚汉相争”其实是两个楚人之间的斗争——项羽、刘邦，各自有着鲜明的个性。刘邦大概认为，委屈被封“汉王”是发迹的起点，蛮顺风顺水的，汉就汉呗，汉军里可有不少楚人。汉王朝延续 400 多年后，中国人，便从“秦人”变成了“汉人”，虽然汉文化的底子里中原风掺杂大量楚风。

历史记述，平民皇帝刘邦再次统一的中国，“十室仅存二三”，短短七年战乱，没少见“屠灭”字句，估计，秦初近 3000 万人口，汉初孑遗千万上下而已。经济窘困到许多京官王侯也只有牛车代步。

从秦始皇剪灭六国到项羽败亡，中国世界又持续超负荷战乱了 27 年。

****

战国—秦汉时期的西方世界

战国时代，中国城邦世界各国的长城原本是修来防御彼此的，只有北方各国的长城才是用来防备游牧民族的。秦一统后拆掉“内墙”，修补、连接北方各国的“外墙”，大致也就是后来的“长城”的原型。

但长城从来就不是铁桶一个，中国人群，农业文明尽管内向，却也不可能不受草原以及其外的世界的影响。人性有好奇的基因，遥远地方的特产，物以稀为贵。比如，东南亚的香料就长期风靡东西方世界，中国的丝绸瓷器也是一样。人类史很大程度上也是跟着人性的好奇、欲望、风尚而滚动的。这是个互动的、关联的、连续的人的现象。

传统中国历史记述，焦聚于中原文明是自然的，欧美人讲历史，自然也只焦聚于欧洲，这不仅只是熟悉的问题。文字本来就是人群沟通、表达的一个载体，反映的不只是族群的历史、文化、习性，更是使用那个文字的人群的意识和思路。

人类定居，族群大到一个数量级，分工，创造文字，社会运转更有效率，农业文明方才爆发式成长，文字很自然地首先用于记载那个产生它的文明。

但是，欧亚大草原各个游牧族群自有跟定居农业不一样的文明之路——游牧机动。

早期草原典型的匈奴族群和斯基泰族群没有自己的文字，古时东西方的农业“文明世界”不了解他们，不表示他们不存在。正好相反，游牧部落或国家始终深深影响东西两端的“文明世界”。公元前771年，终结了西周王朝的，正是欧亚草原东侧的游牧诸部，整个春秋战国时期都以“戎、狄”（包括匈奴族）的名字伴随着“中国”历史。戎、狄不过是中国人对北边民族的形容词而已。

公元前500年左右，草原西侧的斯基泰诸部联盟打败了波斯帝国阿契美尼德王朝的大流士王派遣的部队（大流士曾入侵古希腊，被斯巴达打败，发生了马拉松事件）。而草原东侧的匈奴族群更在公元前250年左右组建了最早的游牧国家机器，秦汉统一中国的时候，匈奴也统一了蒙古草原与中亚，成为史上第一个草原帝国。匈奴的大王叫作单于，后来继起的游牧民族称为——汗、可汗。

皇帝和可汗的称号，人类沿用至今。而草原帝国，从来就是文明的搅拌器。

统一的中国给“中国式文明”开了端，统一的草原也塑造了此后的草原帝国模式，最终，他们的掠夺和搅拌深深影响了“中国式文明”或“欧洲式文明”的演化。

草原的气候与生态干旱，冬天冰雪漫长，承载不起大量人口。游牧民必须机动，赶着畜群逐水草而居，体格必须健壮，才有生存的机会。大自然的锤炼是严酷的，往往一个严冬过去，邻近的几家人再也不会出现。他们必须豁达地面对生命、尊重自然。

游牧民也有在沙漠和草原的绿洲里定居的，半农半牧，比如，楼兰地区的“小河文化”部落。干旱而变化的气候，即使绿洲也可能很快消失，使得游牧民的心理对于冒险，对于生死相当坦然接受，艰难多变、各方交易的生活环境，培育了开阔的人生观。绿洲之间的网线形成东西方交流的通道，东西方的农业文明事项，老早便借着游牧民的机动慢慢扩散开来。

游牧族群建立的绿洲城邦经常选择方便的、已开发的文明与文字，安装到自己的软件里；中国所说的“西域诸国”以及欧亚草原上从中亚直至土耳其的城邦诸国，秦王朝时便已存在，无非东西两端的人都不熟悉罢了。汉王朝扩张后，西域乃至中亚的城邦世界使用波斯文、古印度梵文、古希腊文、甚至汉文来记述事情，这是个东西方文明之间的独特的城邦世界。

战国末年，西域已经出现许多城邦佛国。游牧部族无论定居与否，面对大自然的无常，对“天”“神”的威力是敬畏的，他们虔信宗教。汉代之后，虔信佛教的西域各国僧人到相对繁荣安定的中国传教，带来的佛经有梵文版的、有西域各国文版的，方才激发中国佛教徒自己去印度求取“真经”，这是后话，下面再叙。再往后，中亚、西域成为伊斯兰教世界，是15世纪帖木儿汗时代的事，13世纪成吉思汗时代，成吉思汗的几个中亚媳妇还是景教徒呢（基督教的一支）。

整个春秋战国时期（公元前770—公元前221年），由近而远的西方世界，对中国世界而言：

（1）正北方有匈奴族群游牧，西北方有月氏（“支”音）与羌族群游牧。秦灭六国的时段，匈奴正在击走月氏，月氏最终西迁中亚的叫作“大月氏”，南迁甘肃祁连山麓的叫作“小月氏”。匈奴联盟能统一草原，当然自有法制。

（2）波斯帝国的阿契美尼德王朝（公元前553—公元前334年），曾统一巴基斯坦以西，直至希腊世界东段（马其顿、色雷斯）、埃及、土耳其的广大世界，著名的王有居鲁士、大流士等。大流士施行了全国范围内的法制化、标准化。

相对于中国世界，波斯世界算是半牧半农，“坎井”就是波斯的绿洲农业的发明，传遍中亚和新疆。

（3）马其顿的亚历山大（公元前336—公元前323年在位）统一了希腊世界，短暂地征服整个波斯世界，奄有北印度、埃及。他把希腊文化和血缘扩散到了中亚，中亚绿洲里出现了希腊式城邦，影响了后来那里的佛教艺术（佛雕、佛像）并传到中国。

希腊城邦世界交易发达，早有法制。

亚历山大在位13年，一辈子只爱征战、逛世界，帝国昙花一现，他还没来得及统治征伐而来的帝国，33岁就死了，但影响很大，几乎就是早个100年的西版“大秦帝国”。亚历山大颁布的政策对希腊文化与贸易在西方世界里的传播有显著成效。

（4）公元前325年，亚历山大联军撤离北印度，留下一支马其顿人驻军，被印度孔雀王朝（约公元前324—公元前187年）击走。孔雀王朝在阿育王时代（约公元前273—公元前232年在位），几乎统一了整个印度。其后真正统一印度的则是19世纪的英国。

公元前261年，阿育王皈依佛教，随后积极传教，在庞大的孔雀王朝支持下，中亚、西域的许多城邦都接受了佛教。

秦王朝结束前，西域早已大小佛国林立，成为佛教传入中国世界的基地。

而秦汉之际，东西方文明之间实际平行存在着一个草原的文明与强权——匈奴。

只是那时候的人们不大了解。

当中国世界处于春秋战国的混乱时节，西方曾经几次出现大帝国、大征服，匈奴实际成为东方世界的屏障。当秦汉一统中国世界的时候，西方出现了一段权力真空，匈奴又实际屏障了西方世界。

匈奴国

让我们看看现代的研究怎么叙说这个跟秦汉王朝平行存在的草

原帝国。

地球上的欧亚大陆块原本就是一块连贯的大洲，中央部位的欧亚大草原纬度高，一年里的很长时段气候干而冷，不适合农业的开发。然而，在第一章里，我们知道，即使在4万年前的地球冰期，“智人”老祖宗们就已经摸索扩散到欧亚大草原，对只能依赖两条腿拾猎的老祖宗们，这是再自然不过的事。而绝大部分欧亚大陆人群都是曾经生活在欧亚大草原的老祖宗们的后代。

在人类扩散过程中，选择继续留在大草原上生活的欧亚人，也存活到了地球气候变暖的1万—2万年前。他们开发了另类文明——游牧，逐水草而居。五六千年前，欧亚大草原上的部族，最早驯化马匹，发明冶铁与轮子，成为靠机动力生存的族群。

游牧生活，是非常辛苦的一种生存方式。事实上，老祖宗们也很早就利用了大草原上的任何绿洲（水源充分的地点），开发了种植（蔬果粮食）、驯化了家畜（在周边放牧），小麦原型就是从中亚传入西亚的。无非绿洲有限，生活资源不足，而且，老早被“定居”在那里的人群占据，相当比例的人群必须终生机动地在草原上放牧为生，成为游牧民。

从现代的分子基因学看，人们业已了解，汉初的匈奴主要是“黄标”的通古斯血缘，“黄白标”与“白标”，也占一定比例。文化上，则至少有四点跟草原西端的“白标”斯基泰游牧族群完全一致：①萨满信仰；②崇尚白色，如白鹰、白狼、白马、白熊都是普遍的图腾；③崇尚“左”边，大概是左撇子比例较多；④拿敌人的头壳做成亮丽的大杯子，以示纪念。

这些数据，无非表明，草原上各部族，游牧并散布各处的绿洲据点，由于具备机动力，他们的文化、血缘、人与东西，都是通的，而且一直流传下来，没怎么变。

游牧文明跟农业文明一样，充分适应了草原生态，才可能一代复一代，传承至今。那是“智人”的另外一种生活方式，比如，绿洲农业受限于气候、水源，甚至比小农经济还小农经济，交易、沟通有无是必须的，也给放牧人群提供了淀粉、维生素C、纤维、器具。

欧亚大草原的各游牧部族，联结松散，互相竞争而又互相依赖，实际也必须如此，因为每个群落的人口数量大不了，众多群落遍布草原各地。草原的国家机器只能是个部落联盟国，马匹的机动力提供了迅捷的信息与动员，平时的生活条件就是战斗条件，可以说全民皆兵，国家机器提供了更有组织的暴力，而暴力的目的，掠夺远大于统治。

跟夏王朝时期的中国世界类似，草原上的“统治”核心，靠一个强大的部落，主要是首领个人的能力与能量，国家的名称往往就是首领的名字，或那个统治核心部落的名字，匈奴、鲜卑、柔然、突厥、契丹、蒙古都是以部落命名，鞑靼汗国、保加利汗国、察合台汗国、帖木儿汗国则是以首领命名，就这么叫出来的。实质上，部落联盟国家机器，核心的族群，多少有点儿血缘关系，或许不像农业氏族联盟之间那么亲近罢了。并且，由于草原部众人口没那么大，文化惯性比较小，更因为交易的必须，对外来文化的吸收性更强、主动对规则的遵循更严，组织力更大。

西方现代考古，发掘出不少草原文物。游牧族群（包括绿洲城邦，“文物”主要是绿洲地区的制作），依赖动物，喜爱动物，直接反映于他们的艺术表达。中国也出土了不少春秋战国时期的匈奴文物，展示在后面，金银器件和青铜器件很可以说明匈奴那时已经高度发达的技艺水平。

所有国家机器都是要占地盘的。夏王朝的征伐，为了扩土。跟夏王朝一样，草原王国的征伐，也是占地盘，但草原人口少，又不会种田，“统治”，他们一般习惯只在绿洲驻点儿兵马征“税”。对付定居的大型农业国家，草原王国老早摸索出一套有效的盘剥办法：不停越界掠夺，搅到你日夜不宁，于是，跟绿洲城邦一样，花钱消灾，购买和平，金帛子女源源不断地送将过去，他们再来内部分赃。这好处比统治城邦世界大，还不用驻军。

金银器　　青铜器

草原国家机器很务实，面子不重要，反正不看你内部的官样文章，随你怎么写条约，吃定你是需要纳贡的“属国”，势力范围内的缴纳税贡的地区就行啦。

传统中国历史记述说：秦汉面对的匈奴是个已经在草原上相当成熟的游牧国家，当时漠南蒙古、河套都是匈奴牧地。秦始皇派主力部队——蒙恬的北方军团，跟匈奴交战，扩土河套。刘邦忙着打造汉王朝之时，匈奴的冒顿单于弑父自立为汗王不久，实力与势力如日中天，匈奴复取河套并奄有长城南边的晋冀一部分地区。由于定居农业文明的傲慢或无知（这两者可以画上等号），刘邦立国后，轻敌、被小胜冲昏头而冒进白登（山西大同），被围。

实际上，当时冒顿是有备而来的；围困刘邦时，匈奴军至少还有两支部队没有投入战场，如果冒顿坚持打仗的话，很可能根本不会有汉王朝的存在。

冒顿单于用典型的游牧民族战术：诱敌深入，靠机动力取胜。草原人少，生命非常宝贵，打得赢就死拼，打不赢回头就跑，不大有投降等于叛国的思路，甚至投降还能又跑回家的（搬点儿东西更好），照样是被人尊重的好汉。草原空旷，怎么跑、怎么集结都行。文化差异加情报不灵，让刘邦一立国就撞上铁板。

夯实大一统基础的西汉
（公元前 202—公元 8 年）

一、平民皇帝，刘邦／汉高祖（公元前 202—公元前 195 年）在位

公元前 202 年，刘邦登基，成为汉王朝的开国皇帝。充分了解人性的刘邦（他可是江湖上混出来的），十分明白，手下诸侯一起打天下，人人都是为了分杯羹。所以，汉朝伊始，刘邦就立马拿“功臣”们开刀，打定主意，铁了心，不容任何人分享天下。刘邦知识有限，但是个很理性的人，他用的文武臂膀，大抵都是一时之选，刘邦很有知人之明、用人之量。跟项羽比较起来，项羽身边唯一可圈可点的范增，被张良略施离间，项羽就把范增炒了鱿鱼，落实自己“孤家寡人”的名头。

专制时代，帝王的性格造就他统治时期的国格。这里只举四个刘邦身边最关键的人物，萧何、张良、韩信、吕后，以凸显汉初格局。

1. 萧何，他不但一开始促成刘邦造反（用抓阄作弊法），并且始终是汉王朝最佳运作长，一路坐镇后方，为刘邦打点后勤作业，包括安定民心、搜集人才，保证前方作战所需的粮草、兵员、器械。刘邦军团接收咸阳后，萧何不去接收金银财宝，而是去接收秦王朝的典章制度图录文册，并依照当时已经绷得太紧的关中民情，为汉廷制定他认为松紧适中的法规，保证了汉王朝

政治运作进入可运转的轨道。萧何死后，接替他的曹参，一切照旧，萧规曹随，方才有汉初的大治。

刘邦始终认为，汉家天下，萧何功劳第一，说明，刘邦算个明白人。

2. 张良，始终是刘邦的最佳智囊，以他的大脑，洞烛机先，随时为刘邦提供最优化的策略，使刘邦几乎没有犯过方向性错误。当初，刘邦抢先西进关中，刘邦进入秦宫室，本性发作，醇酒女人财货，样样享用，被张良点醒，这才封存秦宫室，并与秦民“约法三章”，留下后来的根基。鸿门宴是张良的计谋，使刘邦保住性命。后来，刘邦联合诸侯冒进彭城，以为西楚已灭，本性复发，夜夜笙歌，很快被项羽奇兵打得溃不成军。逃命时，丢下老爸和妻儿，但脑袋清醒到没丢下张良。等喘过气来，意气消沉，是张良鼓舞了刘邦的斗志。刘邦用张良谋略，分化项羽与英布、彭越的关系，合英布、彭越、韩信三王兵力制约西楚霸王……可以说，刘邦成功之路，无不是张良指点的江山。连最后，吕后要落实自己儿子帝位，也是靠张良谋略，请出“商山四皓”（当时最有名的、刘邦也请不动的隐士高人）做太子师傅，让刘邦明白，吕后母子已经羽毛丰满，皇帝也撼不动了。

3. 韩信，以他自己跟刘邦的对话来形容：我是带兵的将帅，部队是多多益善，你是带将帅的王者，只要提拔、指挥好将帅就行啦……韩信也是个性情中人，不忘潦倒时的一饭之恩，千金回报，更何况刘邦的识拔重用之遇？刘邦“登坛拜将”，以韩信为“大将”时，韩信才 24 岁，还没真正带过兵。第一次带兵，势如破竹，平定华北（当时是“中国”的 2/3）。打败项羽时，韩信才 27 岁，统兵近百万，已指挥自如。刘邦登基第二年，就设计擒拿受封在外地的韩信，并将他带回都城（长安，即西安）软禁，降级改封“淮阴侯”，韩信被杀时不过 33 岁。项羽的英雄悲剧，激情得搏人热泪，韩信的英雄悲剧，无辜得令人心痛。

4. 吕后，她很年轻就被老爸许配给刘邦做老婆，刘邦打天下，吕后带着子女，吃尽苦头，老早就看透了刘邦为人。刘邦逃命时，六亲不认，什么人都往车外扔，老命最要紧，偏偏还经常逃命；共患难容易，共享福……吕后的狠劲儿，有点儿变态，老公刘邦应该贡献很大。吕后下手骗杀韩信，夷灭三族（近千口人），根本是吃定刘邦下不了手，刘邦事后知晓，“且喜且怜”，又高兴、又不忍，大致反映了实情。刘邦老来宠幸戚夫人，甚至想更换太子，就是知道老婆吕后的厉害，最终两腿一伸，还是保不住戚夫人母子。刘邦死后，吕后极其残酷地把戚夫人整成“人彘”（砍手砍腿挖眼弄哑熏聋，只剩嗅觉、味觉与意识），她对付韩信与戚夫人的手段，使汉廷人人战栗，差点儿颠覆了汉王朝。

刘邦杀功臣，经常是秀出自己的疑心病，逼这些人心理不健康而造反在先，再杀无赦。

看透一切的张良，索性跟范蠡一样，功成身退，云游四海去了，据说，成为道家之流的隐士，明哲保身。

聪明的萧何，当初“萧何月下追韩信”，为刘邦物色了最佳将帅，后来，设计将韩信蒙回汉廷受擒，导致韩信最终被杀，是“成也萧何，败也萧何”。萧何大概是配合刘邦演出，他故意侵占平民利益，显出贪财的模样来“自污”，以便淡出汉廷……

其他诸将、诸臣的故事很多，人性化得很，不必一一列举。

平民出身的刘邦，其实是个蛮自在的人。不怎么做作，自我感觉极好。他年轻时，在乡里当个基层的“亭长”（派出所所长之类），具备起码的一点儿文化与信息通道，活在乡下人群里，无须装模作样，人家也由衷尊重领导，生活挺惬意的。他的自然与自信，豪爽与江湖，大概就是他最大的资源，赢得不少粉丝。县里的同事萧何，亭里的下属曹参（文书）、樊哙（捕役，屠夫出身）、夏侯婴（刽子手）、周勃（吹鼓手，周亚夫的老爸），同年同月同日生的同学卢绾，岳父吕公（他见刘邦就喜欢，立马将女儿吕雉许配给他，就是后来的吕后）等，都是刘邦起家的本钱——人脉。

这些历史原本就是无巧不成书的好故事。

刘邦不爱读书，常逃学，历史记述还说，他也不爱下地劳动，常被老爸训斥。那时，亭长常常需要送劳役人员到外地服役，有一次他送徒役到咸阳，远远看到秦始皇出巡队伍的壮观场面，很自然地掉口水说：“大丈夫亦当如是。”完全不顾忌旁人，如入无人之境。这，就是刘邦，天然的刘邦。

刘邦的生存策略，机灵、大气、混、粗而不俗、不斤斤计较。那时，押送徒役是件苦差事，徒役逃跑的事经常发生，亭长就要吃官司，有一次在押送劳役的途中逃了许多徒役，刘邦索性放走全部徒役，自己也逃跑去了，害得老婆被抓进牢狱，老婆出狱还得给他送衣物。

他瞧不起知识分子，知道读书人做不出圈套以外的事。历史记述说他“侮慢”，意思是，脾气暴躁，喜欢骂人。其实是直爽、不拐弯抹角，我行我素，不按别人的牌理出牌，只管打理自己的牌。刘邦一生，全然“主动”，他其实活得很爽。

陈胜、吴广揭竿而起后，天下大乱，刘邦已经 48 岁。县令原也想起事，但反复无信，被群众杀了，迎入刘邦，粉丝们于是推举刘邦为头领反秦。

基本上是平民思想，平民领导，平民队伍，平民性格。革命目的：抢东西分呗。

刘邦朴实自在的素质，最终吸引了萧何、张良、韩信等“专业”人才，至少在打天下的时候，“天下”对他是个模糊的对象，汉军的谁打下什么地方，就该是谁的地盘。这一招，刺激了汉军阵营无数寻觅封侯的勇士。不过，刘邦的心思，是随着一统天下的过程慢慢渗入私欲，方才长成的。

比如，“非刘而王者，天下共击之”，其实，跟小孩儿似的，他自己明白，三番两次打进都城就是想玩乐、搬东西回家，皇帝位子只有一个，个个想要，刘邦自知控制不住自己的欲望，推想人人都跟他一样吧。所以，萧何自污，他爽得很（哼，还不是跟刘某人差不离……），韩信被禁，他很得意（哼，还不是在刘某人手掌心……），刘邦最大的遗憾，一个是张良（我怎么会碰到这个三枪打不透的人……），另一个是老婆吕后（到底是不是孩子的妈，我搞不定呀……）。历史记述，刘邦的人情味儿，相当丰富，做了汉帝国的皇帝，他回家乡跟乡里人聚会，喝了几天酒，临走，磨不过乡亲父老的请求，把家乡的赋税徭役免了……

除此之外，刘邦当了皇帝后跟他征战的时候一样，激动与冷静相伴。理智与理性，应该是他最大的财富。汉初的治理，充分表现出刘邦的才干：抓主要矛盾、施行合乎实际情况的政策。

刘邦统治集团的第一代，平民出身的比例非常高，算是比较知道民间疾苦的。

人类历史就这样轮回着，第一代冒险打天下，抢权力，平民全家变贵族。第二代开始，坐享贵族权益。以后，社会人群靠运气，权力碰到“好”的统治集团，生活改善一点，碰到“坏”的，他们吃肉你喝汤、说不定还挨饿……

汉初，刘邦唯一难对付的对象，就是匈奴人。经过多年内乱，形成信息断层。面对匈奴，汉初人物，几乎一无所知。

公元前201年，韩信被刘邦软禁在长安，许多诸侯对国内局势已经了然。这时，韩王信（韩襄王庶出孙子，与淮阴侯韩信同名），被刘邦下令迁移封地到晋北防备匈奴人，结果，韩王信在马邑（山西朔州）驻留，干脆投降匈奴，准备联合匈奴进击汉军。公元前200年，自信的刘邦亲率大军40万众，北伐匈奴，几场接触战下来，汉军“小胜”，前进至白登（山西大同）。“突然”匈奴冒顿单于的30万骑兵出现，刘邦反被围困，无奈，只好用陈平计谋，方才解围，刘邦得以脱险。

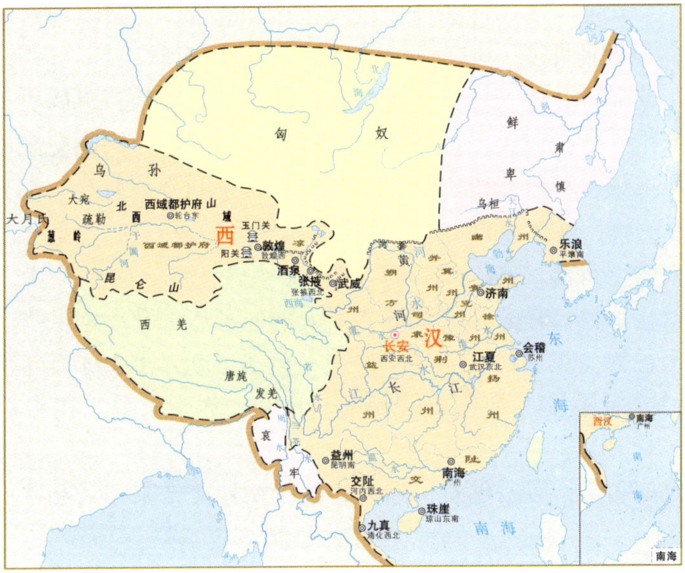

西汉疆域

明白了汉帝国所处的外部边际条件之后，就更容易明白刘邦汉初政策的实际。

虽然刘邦不会马上明白汉帝国碰上的匈奴究竟多大，但他显然意识到，长城就是汉帝国的边疆了。好在，冒顿并不在乎中国文件怎么记录，“兄弟之国”也好，臣服也好，金帛子女可不能少。于是，历史记述，狼狈回到长安的刘邦，做了几项重大决策。

1. 和亲匈奴

准备把跟吕后生的嫡长公主嫁给冒顿，吕后死活不答应，刘邦只好以宗室女嫁过去。当然，少不了岁“赐”财货。刘邦死后，冒顿遣使来调侃吕后，历史记述的大意：你死了老公，我死了老婆，咱俩配正好（其实，如果按草原规矩直白的话，是这样说的：兄弟死了，留下的女人，不能没有男人照料，你就嫁过来归了我吧）。吕后大怒，冷静后，回复冒顿：我年老了，没法伺候好你。送了驾马车与宗室女过去。

从这些记述，以及刘邦要嫁自己女儿过去，应该“白登之围”还有一些被史料隐瞒的真相，也许冒顿解围的物质条件还好应付，但面子上以汉帝国作为匈奴的属国，过于屈辱。和亲，双方王室成为一家人，是最自然的解决办法，也是草原部族间的惯例。不过，却是人类有史以来，游牧帝国强迫农业帝国结亲的第一次，也成为草原对周边文明的统治模式，后来，一体适用于东罗马、伊朗、印度……

刘邦不会知道，汉匈和亲就此延续了近200年。虽然汉匈两部国家机器间的厮杀并未因此止息，但草原上遍布刘姓皇族血脉……“华夷之分”，至少对草原王族而言，成为相当虚拟的政治宣传品，因为，王族男子的妻妾众多，后代繁衍的数量惊人，而且草原上比较男女平等，无论父系或母系的后代，都算是王族。草原部落看待和亲的汉家公主的全部后裔，都算是匈奴王族，也是汉王族，这部分的家族，他们要做“华”或“夷”，完全自由……

中国人的“华夷之辩”，真正反映的是人性无知自大的一面，有了一点儿文明，就忘了自己是老几。跟近代白人搞的种族主义一样低劣。欧美搞的什么印欧人种等，在现代基因学平台上，顶多也就是溯祖4万年前的“黄白标”“白标”，看不见人类各部族相通、相并、你中有我、我中有你的演化过程。

对匈奴的和亲，以及纳贡、通商，为汉初社会带来相对和平的环境，可以休养生息。

2. 轻徭薄赋，休养生息

田租，什五税一。

因饥饿而卖身为奴婢的一律免为庶人，解放了一些奴隶。

商人不得穿丝、携带兵器、乘车骑马，不允许做官，并加倍征收其租税。

解散大量军队，让士兵回乡务农；愿留关中的免徭役12年，回家乡的免徭役六年。

羡慕秦始皇的排场、爱享受、爱玩乐、48岁才开始打天下的刘邦，55岁才当上皇帝，还能不忘民间疾苦，稍微压制个人欲望，我们必须赞他一声：了不起。

刘邦理智地看到，中国世界大病过后，需要休息，静静地休息。

基本上，他的确做到算得上个简约的统治者。

3. 朝廷礼仪，汉律九章

制定朝仪礼乐，把组成的新统治集团重新贵族化。

事实是，汉廷组建伊始，平民味道很重，群臣众将上朝，乱哄哄得跟菜市场一样，刘邦想要跟秦始皇一样威风，无奈没那氛围。那时，刘邦的郁闷可想而知。于是，儒家上场，帮他制定、演练全套朝仪，他当然乖乖练习。

北伐匈奴大败后，刘邦班师回朝，看见新盖的未央宫气派豪华，立马呵斥萧何：太浪费了。萧何解释，大意：不然怎么彰显皇家威仪？

新皇宫启用，百官朝拜，行礼如仪，井然有序，肃穆庄严。刘邦非常满意，从此知道儒家也很厉害。于是，平民出身的一大帮新兴统治阶级，迅速地连心理上也贵族化了，等级分明地上朝，不再是去开村民大会。

约法省刑，以萧何的《九章律》取代过于简单的“约法三章”，吕后主政时，取消夷灭三族、连坐等苛法，后来，汉文帝更取消“诽谤妖言令”（取消“言论罪”，鼓励谏议）。不论执行几分，意思到了，就是以教化与刑罚并行，来管治社会。

4. 户籍制度

户籍制度继承秦制（“户律”），以张苍为计相（管计划、计算、统计，副总理级别），进一步把户籍的编制和管理纳入法制轨道。户籍登记的内容，包括户口和财产的情况。其中，户口情况记载户主姓名、职务、籍贯、爵级、年龄及其家属；财产情况计算每户的动产、不动产。

人人都必须登记入户籍，作假或不登记，论罪受罚。

凡登记在国家户籍上的人口统称为编户民，编户民不得随意迁徙，如果非法迁徙，就没有名籍（叫作“亡命”，没有名籍的意思）。对没有户籍的亡命之徒，进行严惩。藏匿亡命之徒，无论王侯、官吏，还是豪强，一体治罪（汉初时，人口少，严格执行）。

为了加强控制，国家规定，出游必须持“符”（或“信”或“传”），就是现代的通行证。一般是个竹简，其上除记载本人姓名、职务、籍贯、年龄外，还记有便于识别的身高、肤色等特征。

法松了点儿，礼紧了点儿，控制则水银泻地，把小农经济特色发挥到连迁徙都不得自由。法条里，是取消了连坐罪、言论罪。但，打折扣的吏治等于打折扣的法治，执行，人的执行，很快走样（言论、连坐等“人权”，始终看吏不看法，人权问题，其实是“吏治”问题）……这些，大概都不是汉初的软体设计者们能够预见的吧。

刘邦看似简单的几大政策方向，却影响深远。

中国式“法治”，真正的根基就是户籍制度，旨在强化小农经济，成就了中国式文明。刘邦之后的汉宣帝说得好：汉家自有制度（意思是，不必一定要搞别人那套路）。

公平地说，布衣出身的平民皇帝刘邦，跟他的一大帮平民将相，确实尽了力，想要打造一个“长治久安”的中国世界，虽然全社会的福祉并非他们打天下的目的。在“专制”与“法治”的平衡点上，在“经济”方式的选择上，就他们的经验与智慧而言，当时或许已经达到人性在权益欲望驱使下的、适应黄河流域气候与水土的最合理状态了。在人类文明伴随着农业生产而发展出国家机器与权力制度以来，（政权、金权）意识业已长期充斥人脑思维，文明及其关联的技艺、道德、利益、暴力、掠夺、审美，成为习性，即便当下全球社会，人群也依然还在继续摸索着公私两便的、更好的解决方案。

就人类社群的文明演化来看，汉王朝之后定型的，基本上内向、一统的中国式文明，确实是一个独特的社会形态，以中国区区可数的 11% 可耕地，不但养活了大量人口，还塑造了奇异的、“德治”的（专制王权加文官集团）统治阶级，造就了 16 世纪之前人类最先进的科技，以及延绵最久的文化传承。

如果人类愿意思考怎样设计、开发、安装一个更人道的软体的话，中国经验，绝对是人类社会演化的一个明确的数据点（当然，也是全球性的参考数据）。

二、真正给中国奠基的“文景之治”（公元前 180—公元前 141 年）

刘邦在世时，汉制是在秦制平台上略为修订而成的。原因有如下几方面：

第一，刘邦平民团队，对大规模的统治并没有经验，只能照抄秦的办法，稍加整改。

第二，秦法，在秦帝国时期也没有全面贯彻，汉王朝采取“德主刑辅”路线，逐渐废除秦法严苛的部分是符合当时情况的。

第三，项羽分封诸侯的教训让刘邦集团认识到统一的郡县制还是很不错的，可以采用。

对老百姓而言，刘邦时代所定下的什五税一，是实惠的。但这只是上交中央财政的部分，另外还有人头税（成年每人每年 120 钱，未成年与老人酌减，叫作“算赋”），按口缴纳。刘邦和他的将相们，虽然中央集权、郡县制，但分封到地方的皇族子弟诸侯王，谁来养？羊毛出在羊身上，当然还是老百姓的负担。历史记述没有列出地方税率，或诸侯王的聚敛权限，但绝不会太少。并且，诸侯王既有领地，又常被赋予兵权，时间久了，感情或血缘疏离了，权力制度下的人性贪婪，终究形成割据问题。

刘邦老病时吕后问他：国家那么大摊子，以后怎么办？刘邦回答：萧何死后，曹参可以接任，这人循规蹈矩的，不会出乱子；如果出乱子，找周勃一家子，周家是刘家的死忠，必能解决。吕后追问：再下去呢？刘邦回答得超实际：走一步就不错了，哪里能料理未来呢？吕后在这方面，具备高超的智慧，掌政后，完全按照刘邦的指点来办事，没出大纰漏。

但为了她自身的安全感，吕后早先已经夷灭韩信、彭越三族，刘邦死后，再残杀戚夫人母子，手段之狠毒，连她儿子惠帝也心惊胆跳、日夜不宁，惠帝干脆自我纵欲至死（有意识地自杀，目睹人彘惨状，情何以堪）。于是，惠帝在位七年，加上吕后自己正式上台面统治八年，前后共 15 年，吕后是那时中国的实质最高统治者，一个足不出户的女人，居然成为汉廷里裁治天下的人，除了刘邦教她的那几招外，吕后能忠实地继续执行休养生息政策，客观上满足了中国人的需要，是最大原因。也许她久经磨难的前半生，生存使她的理性超越了她的欲念。

吕雉以太后身份，母权操控政权，也开了中国历史先例。王权专制又多了一个变异基因。她对皇家事务的手段之辣，竟然也经常被沿用。但吕后虽对家里残忍，对外却明令废除“夷三族”“挟书令”等秦法（刘邦沿用秦法的挟书令，只许官方藏书，不许民间流传，秦始皇“挟书”的律令是不允许民间典藏政府规定之外的图书的）。

末了，吕后一死，陈平、周勃果然与刘家联合，一举铲灭吕后提拔的娘家吕氏派系，迎立他们认为“仁厚”的刘邦儿子刘恒为帝，就是汉文帝，刘恒在位 23 年。

汉文帝的窦皇后崇信道家，让子女们（包括太子刘启）和娘家子弟都学习道家学说。道家“无为而治”的理念，就此因缘际会，在中国世界演练了 40 年，史称“文景之治”。

“文景之治”，尽量以“不作为”取代“作为”，无为而为，对统治阶级来说，其实很难做到。无论如何，文帝是真正做到的第一个统治者，恐怕是整个人类史上的唯一一个。

首先，他自己做到生活俭约，不轻易增添宫廷已有的一切东西，贵族官僚统治集团当然也就不敢太炫耀财富或比赛奢侈。汉文帝甚至下令，不准诸侯或地方进献奇珍异宝，毕竟，皇家的一切，最终仍然是老百姓埋单。

其次，汉文帝两次下令减收当年田赋一半、一次全免，并且把人头税减为每人每年 40 钱，把徭役减为每三年征召一次。

这样的领头作用，自然也不会轻易跟周边国家干架，大抵跟匈奴继续和亲、跟南越国继续通商，也就没发生大战事（南越国都番禺，即今广州，为秦王朝南征将领赵佗所建，吕后不知怎地跟他过不去，封锁边界，拒绝往来，摩擦时起。汉文帝上台后，派人清理赵佗祖坟，任用赵佗兄弟，开放边界贸易）。

汉文帝时，还发生缇萦救父的故事，淳于缇萦的老爸犯罪，按律被判肉刑，当时还是秦律的味道，缇萦居然可以直接上书给皇帝、皇帝居然也看得到，于是汉文帝下令废除肉刑，黥（脸上刻字）、劓（削鼻子）、刖（剁脚）等残害肢体的刑罚，改为笞刑（抽鞭子）。

汉文帝的“无为而治”，当然不可能完全“不作为”，世上不存在不做事就可以治理得好的人群社会。他能识拔青年知识分子贾谊、晁错，采纳晁错诸多建议，又让晁错当皇太子师傅（后来成为景帝政府的首席智囊），充分证明汉文帝是个智慧的君王。他其实是后世“中国”真正的奠基人。

历史记述，包括司马迁，都直接反映作者的时代烙印，政权或金权的烙印。

如果人们的视线不被这些花花烙印弄糊涂的话，功业并不等于好的影响，甚至许多劳民伤财的功业，常常就是坏的影响。从人性的角度，全世界人类历史中汉文帝是少有的一个特例，算得上是人本或民本的统治者。比从古至今所有的大帝、总统都强，值得细述。

刘恒，是刘邦打天下时从敌对诸侯那里抢来魏国薄妃所生，换言之，如果刘邦没做成皇帝，刘恒也就是个小老婆生的儿子。刘邦打天下，越打越大，玩乐的胃口也越来越挑，薄妃很快就被冷落。刘邦的众多女人，一共给他生了八个儿子，薄妃母子的待遇，敬陪末座。刘恒倒因此养成低调、从不惹是非、谨慎小心的性格。吕后当权期间，刘邦的长子自然死亡、她儿子（惠帝）被她吓死、她又杀了刘邦其他老婆的四个儿子，于是，吕后死时，刘邦集团能够挑选为皇帝的人选，只剩刘恒和刘长。这时候，平常生活的低调习性，不单让刘恒逃过吕后的毒手（觉得他不足为患），也让受够了强势皇家手段的群臣认为，刘恒上台，对大家都有好处（易于操控）。

汉文帝，是从这样的人性化的自然选择中登基的。

一朝大权在握，一般人都会得意忘形，睿智的刘恒没有。汉文帝很清晰地认识到，跟他不怎么亲近的刘邦老爸，留给他的是国都周边中央直辖的15个郡（虽是人口大郡，但诸侯国手上有42个郡），而带兵拥立他的是陈平、周勃叔叔辈打天下的老臣，所以，一开始，汉文帝封赏功臣、恢复吕后斥退的各诸侯的爵位，让大家都爽了一把。

君君、臣臣的规矩，慢慢从政变的亢奋里恢复过来了，汉文帝下令，让留在京城的诸侯都回封地（这帮人留在京城，耗费不少粮食，而且加重了封地人民的供输负担），没什么人搭理他，他就叫骄横的周勃做表率，趁机收了周勃的丞相位子。这时，有人诬告周勃“谋反”，汉文帝怒归怒，逮捕周勃，但非常理智地处理，让自己人查明后，立马“无罪开释”。

这种真正的帝王雅量与德行，诸侯不服都不行。

汉文帝的窦皇后，原是吕后赏赐给他的平民宫女，父母已逝，兄弟失散。册封窦皇后那天，老实的窦皇后向惯于简约的皇帝老公提出的庆祝要求，仅仅是宴请天下的鳏寡孤独，并赐给穷困者一些布匹、粮食、酒肉。窦皇后善良的名声传播开来，她离散多年的弟弟，听到跟姐姐同名同姓的皇后名字，忍不住上书汉文帝要求认亲，皇帝居然还看到了信，他还不知道皇后真正身世呢。问明窦皇后，汉文帝的人性本质就看出来了，皇帝说：老婆，对不起，我只顾照料自己刘家人，忘了照顾老婆亲人了……于是，帝后一起接见窦家弟弟，一幕感人的姐弟认亲景象，皇帝和宫女在旁跟着掉泪，哪里像是大汉王朝的宫廷里可能发生的事，或许更像寻常百姓家的乱世离合。刘恒虽然是皇子出身，无虞生活，历史的偶然使他跟他老爸一样，没有脱离真正的平民人群。历史还更偶然，很戏剧性，刘恒死了几个儿子，最终是窦皇后的儿子刘启，继位为景帝。

只能说，汉初连续两代平民本质的皇帝，是老天爷眷顾中国人吧。

寒微出身的窦皇后很有原则，她不让老公过分照顾娘家，因为知道皇帝老公和群臣都被吕后经验吓怕了。她在皇家里头跟着皇帝一起提倡道家，清静无为，不多事。道家精神深入中国人心，影响到后世，变成无事不找事、有事不怕事。

中国历史上坚持守法的统治者不多见，汉文帝是其中一个。他不轻易变更法条，不以皇帝的意志加诸已成文的法律之上，非常难得，反过来还要求臣民切实执法、守法。法律对他而言，是上层与下层之间共同需要遵循的制约，必须是互相可执行的、可做到的条款，每每察觉到不利民的条款，便加以修改。

总的来说，汉文帝是以皇帝的威权，实施管仲的治国理念：以人为本、以民为本。

囿于儒、道、法三家学派的纠缠，德化、刑罚、奖惩、宽紧之间的“度”或“术”永远说不清。其实，人性本身就很难说清，但社会运作很实际，调动老百姓的积极性，顺应并引导人群的力量，才是管仲务实的高招。汉文帝面对外有匈奴、内有诸侯、百姓疲弱的现实情况，一面高调倡导道家、躬修节俭，一面低调与民休息、培植国力。他赏识年轻人贾谊、晁错，破格提拔，采纳晁错一些实际可行的建议、暂时搁置一些激进不可行的，足可看出汉文帝惊人的睿智。

1. 文帝采行的晁错建议

（1）移民实边

晁错给汉政府算了笔账：秦征召兵役，百姓轮番戍边，防备匈奴，人生地不熟，伤亡累累，而刑罚严苛，平民经常因此获罪，大失民心士气。另外，戍边部队依赖内地供应粮饷，路途遥远，输转既耗民力，供应后勤本身也耗粮食。

结论：戍边策略，非中国国力能以支撑，不如屯边，移民实边，组训成屯垦兵团，寓兵于农，平时生产，战时应变，集结也快。

晁错另外关于军事的建言，也颇有管仲的味道，主要强调：匈奴骑兵并不可怕，只要器械得当、战术训练纯熟、发挥自身的强项（熟悉地形，以多胜少等），依然可以战胜。虽然仍是防御，但总的来说，是提倡“有备无患”，包括联合敌人的敌人（比如，也是游牧部落的羌族义渠国），一起抗击匈奴。

汉文帝不但实施这个策略，还在西、北边地设置“马苑”（养马场），以政府之力养马30万匹，更鼓励民间也喂养马匹。于是，马多了，人们自然熟悉马性，渐渐明了马匹的机动力。

此后，屯田加养马，成为冷兵器时代农业中国应对游牧民族的唯一选项，似乎也找不出更好的防御策略。

（2）纳粟拜爵

晁错这个有名的“贵粟论”的重点是以谷粮作为政府赏罚的硬体，谷粮等同于基本财富，跟财宝名利一样贵重，老百姓就会勤于种田，安居乐业，增产报国。

实际上，他摸索到了农业国家的根本，尤其是中国的小农经济形态：

人多，灾荒造成的饥饿，生存本能驱使下的人性，必定使社会动荡，而地球气候并不听人使唤，旱涝虫灾，无从避免，所以存粮备荒是农本国家的必需。对此，财富的其他表现形式无能为力，如金银财宝货币。

汉文帝立刻下令实施，农民向边塞输纳粮食，可以换取虚的爵位（以跟官吏平起平坐）或赎罪免刑，很快落实了移民实边的启动需求，边塞存粮丰足，使屯田可以持续，逐渐增强了农业中国的防御纵深。

后来更进一步，郡县也存粮，丰裕的粮食保证了汉初社会的稳定发展。

汉景帝时期，天灾频仍发生，丝毫没有影响王朝或社会的安定。

晁错具备敏感的观察力，他还向汉文帝指出中国社会的演化历程：

① 五帝时期，人智未启，是首领个人领导，统治者说了算（酋长制，早期的部落国家嘛）。

② 夏、商、周时期，人智已开，是统治阶级少数人集体领导，几个人商量了办（宗法封建制，邦联性质的城邦国家联盟）。

③ 五霸之后，社会的数量级已经具备相当的复杂度，是官僚统治阶层拽着霸王来领导，需要法制（城邦国家走向一统国家）。

他总结：社会的需求即人情的需求，法制必须满足与协调人情（实际是基本人欲，如长命、富足、安逸等），需要实施中央集权以及精英管治，把政权集中于王权，社会才安定，所以反对地方诸侯分权分裂；但皇帝一人也不可能治国，所以，统治者要纳谏、保持信息与意见的畅通，并注意人才的培养与任用。

2000多年后，回头看这段历史，不能不说，人脑是通的，时间空间都不是障碍。

晁错如果生于现代，至少也是世界级的学者。

那时，当然没有现代的经济学，“财富”自然也不是重农政策可以全然左右，谷粮，更不可能像货币那样流通。但，囤积粮食的确是解决了全民的吃饭问题，汉文帝晚年，中国人口不只翻番，估计达到4000万以上。汉初封的万户侯，这时已繁衍至三四万户，以粮为纲的小农经济既助长了粮产，也增长了人口，虽存粮有富裕，但粮价下跌，物价是平稳了，农户却更为贫穷。贾谊、晁错都看到了土地兼并的社会现象，皇帝也慷慨地减税，兼并却似乎越演越烈，为什么？

任何权力制度里都存在经济活动，包括文娱、教育等的满足。文景任内，为培育人才，京城太学生一度上万，政府舍得花钱。为了政府财政，汉文帝开放民间开山、挖矿、煮盐、鱼捞，于是，工商业也繁盛起来，后来汉文帝干脆取消过关的通行证（“传”），使贸易与物流更加方便。“文景之治”创造的繁荣，很快在工农兵学商的社会里加速了贫富悬殊，毕竟，社会人情多样，汉文帝的宫廷可以只穿黑衣，农民可以获得些政治照顾，富商权贵可不客气地连奴仆都纹绣穿扮来炫耀财富，钱、权的占有，标志着社会等级……这些数据，无非显示中国社会业已成长到一个数量级，经济或金权，不再是政治或政权可以完全掌控得了的。

实际上，汉文景时期，贵族、官僚、富豪，早已竞相奢华，只是碍于皇家带头节俭的体面，还不至于过分招摇罢了。国家机器的等级软体，权力主宰分配，欲望可以被激发，人情还可以虚拟化。财富与等级的满足，本来就是权力制度软体的杰作，人类当时的智慧还看不到这些问题的存在。

2. 汉文帝没有采行的晁错建议——削藩

贾谊和晁错老早已看出来：刘邦虽然铲除了异性诸侯，但同姓诸侯形成“尾大不掉”之势，迟早会造反。贾谊早死，晁错继续激烈地劝说汉文帝削藩，巩固中央政府政权（王权）。

但汉文帝沉得住气：主动削藩的时机未到。

实际上，汉文帝登基后，发生过几次诸侯王造反事件。平定叛乱后，汉文帝采取温和、有效的削弱措施：将造反的藩国，或国除置郡，或分成几份给皇族子弟，多几个小诸侯，既达到强干弱枝的效应，又不主动刺激大藩诸侯的神经。汉文帝也懂人情，大诸侯死了，把名下的封国，分给几个子嗣都当小诸侯，皆大欢喜呗。

总之，汉文帝没留下什么激情浪漫的功业，他留下的功德，不仅仅是汉王朝的基业，而且渗进中国人的性格中。

后来，当西汉王朝覆灭于下一轮的平民造反的时候，赤眉军掘尽长安城附近全部的西汉王陵，除了一个——霸陵，汉文帝的墓葬。我们这就明白，平民百姓对汉文帝有多么尊崇。

人民的眼睛是雪亮的。

汉文帝死后，太子刘启顺利继位，是为汉景帝。虽然有着平民性格的父母，汉景帝可是正经八百的“贵族”出身，这不是他的选择，他是宫廷里长大的孩子，尽管父母都低调，毕竟仍是统治者，王族的教育方式必定使他具备一些不自然的因子。

刘启太子，10岁就失手杀过人，在未央宫里跟吴王的儿子下棋，两个王族小孩玩着玩着，都好强嘛，争执起来，刘启拿起棋盘一砸，把吴王儿子砸死啦。皇帝老爸心里有愧，对吴王不免格外宽容，吴王于是公然开铜矿铸钱、煮海盐赚钱、免吴民赋税、揽亡命之徒。吴王这是要造反。

刘启继位后重用晁错，晁错公然倡议削藩，捅了马蜂窝。不久，吴王果然以“清君侧”为名，联合诸侯，七国造反。刘启一慌，腰斩晁错，以为诸侯就没理由反了，这时，刘启似乎没看透人情，吴王就是仇恨他的嘛。七国联军继续进逼，汉景帝用军纪严明的周亚夫（周勃的儿子）为主将迎战，几个月便平叛成功。除了中央军指挥得当之外，汉文帝留下的深厚的民心基础，肯定是一大因素。

“七国之乱”前夕，皇帝刘启还犯了个错误。他知道母亲窦太后宠爱老二（又是，人之常情），窦太后经常跟他暗示，下一轮，让他弟弟继承皇位。兄弟俩感情本来就不错，有一晚在宫里喝酒，皇帝醉后跟弟弟说：我死后，你来接着做皇帝吧。君无戏言嘛，酒醒后，知道自己失言，只能搁置不议，并派大臣劝说窦太后不要再提继承问题（还是人情，皇帝友爱弟弟，不会超过爱自己儿子之情。母亲虽可能偏爱小的，但也不至于在那么大的赌注上乱搅……）幸好，皇弟就封国后，比皇帝早死，算是老天爷自然帮了刘启一个大忙（历史记述，皇弟还是谋反了，皇弟集团派刺客潜入京城，暗杀大臣们，阴谋败露后，惊恐染病亡故）。

汉景帝对权力的运用是敏感、老练的。斩杀晁错，不排除是将计就计，后来也逼死了周亚夫。虽然我们不明白他为啥要收拾自己的文胆、武胆，或许不尽然为了心理安全感，大概有点儿逆反的荷尔蒙作祟：对他老爸老妈“无为而治”“忍让”的反动。

汉景帝，相对而言是个相当“有为”的帝王。他下了一番工夫来整理朝政：

趁“七国之乱”迅速平定的威势，汉景帝贬抑诸侯地位，“王”仅存门面称呼，实际已无国土可治（诸侯王不得任免官吏），也无须朝贡，因为“唯得衣食租税”而已，换言之，喂养在那里罢了，此后想反也反不起来。中央直辖的“汉郡”升至44个，超过全中国的3/4，算是把刘邦阿公的“封建”遗孽给清了清。（王权专制的人情，就是下意识地，第一代拼死拼活打天下，分封子弟，以为分赃统治即可强藩屏障，第二代为了坐稳权力，开始杀骨肉或宗室，越有功绩或才干，越早挨刀。）

汉景帝登基后下了一番工夫来整顿朝政。

1. 内政

（1）延续父祖辈的轻徭薄赋政策，把田赋减半为三十税一，把丁男服役年龄推迟三年到满 18 岁起算。这些，成为汉代定制。

（2）继续宽松刑罚，强化司法的公平性与合理性。

（3）全国郡县办理学校，投资教育。

（4）任用酷吏（其实是认真的执法人员），严厉打击不法罪犯，约束富豪、官僚、权贵，惩处擅用或滥用民力的官员。这办法在汉景帝儿子汉武帝时，继续发扬光大，很管用。

（5）强制迁徙豪强宗族，分化其地方势力。汉武帝时，以至后来的王朝，都常沿用。

2. 外交

（1）对匈奴继续和亲，但屯垦兵团与养马政策已初见成效，并在有限的战事里识拔了李广、程不识等将校。

（2）对南越国继续和平通商。

汉景帝治国，成绩斐然。汉文景时期，老百姓休养生息了近 40 年，以至于粮仓饱满，存粮搁在仓外腐烂，国库也饱满，串铜钱的绳子也烂掉，难以点算。

汉文帝奠定的基础，汉景帝夯得更加牢靠了，至少表面上是如此。

“文景之治”是传统中国历史记述的“样板”盛世。

我们在此小结一下，看看中国式文明的基础，底层平民的实况，从而感知，为什么富不过三代，朝代传不过 300 年。

文景时代的农民负担。

1. 背景：（1）中央财政基本依赖淮河以北户口（估计那时占全国 90%）的税赋来支撑。

（2）以秦制为范本。

2. 田赋：（1）针对土地所有者，实际以平常年亩产每年一石粟为准，定额，实物征收。

中央正税三十税一，合每亩约四斤粟，不算多。

地方各种名堂的附加税，大约是田赋正税的 1/4（约一斤粟）。

（2）秦制：政府养马、狗等动物所需的饲料与禾草，中央征收附加税。

“刍”（饲料）税，每百亩三石，部分可以折钱缴纳，或一刍折成二“稿”缴纳。

“稿”（禾草秆）税，每百亩二石，实物缴纳，需自行输送到官仓点收。

汉代田赋确实不高，对地主（含自耕农）大大有利，但是“刍”税被官僚地主阶级很天才地转嫁给农民：文景时，“刍”税被区分为“田刍”（约12%）与“户刍”（约88%），巧妙地摊到人头上。于是，地主负担少而农户负担重，农民又没钱，大量把“刍”折为“稿”，也只好自力输送，禾草体积大，更加高了输送成本。

3. 人头税：汉初规定，农民（15周岁以上）男女“算赋”每口每年120钱，儿童（7—14岁）“口赋”每口每年20钱。商人及其奴婢的“算赋”加倍。

诸侯国另征地方“献费”，每人每年63钱。

文景时，农民“算赋”减为40钱。人头税，实际仍是各级政府的财源，国家机器膨胀、政府开支增加，降低田赋就必须增加人头税，所以没有成为定制、也无法定制（汉武帝之后，“算赋”恢复为120钱，维持到东汉结束）。

4. 徭役：男丁（汉初定义15—60岁，汉景帝改定为18—56岁）

（1）正卒（兵役）

一生须正式当兵一年，期满返乡后，仍需随时应召。

（2）戍卒（戍边）

一生须到边境屯戍（或到京城当卫兵）一年，如遇战事，役期还得延长。

准许花钱（大约每月300钱）雇人代役，一般农民大多亲自服役。

（3）更卒（劳役）

三年一次，每次一个月，在地方服劳役——筑城、造桥、修路等。

准许花钱（大约每月100钱）雇人代役，后来演变成地方税，叫作“更赋”。

5. 官僚、地主、士绅另有可以免役的路径：①宗室、诸侯、功臣的后代；②文官薪俸600石以上，武官都尉以上；③“博士”（学术官，相当于现在中科院院士）的正式学生，也就是“高级知识分子”；④具备车马等资产的庶民，可以缴纳一定数量的奴婢或谷粮，取得免役资格。

结论：文景盛世时，平常年市场粟价每石大约30钱左右。三大两小五口之家的自耕农，也许有田150亩，平常年份，年产约150石粟，自家吃用需30石，中央田赋5石，地方田赋1.25石，余下的换回约1700钱（产地价按平市场价1/2计算）。其他附加税、规费、社区、祠堂等，至少需缴纳250钱左右，而全家人头税，平均却需上缴475钱，政治体制的维持，徭役之外，约占农民年产出的35%。一年的辛劳，一家不过剩下975钱可以度支，每月81钱，应付日常穿、用。所有徭役，还能不亲自出马服役吗？（如果农忙，徭役也通通折钱缴纳，则平均每户每年需多负担200钱，这样，农民年产出的44%都被征收掉了）。

荒年，产量减少一半，则实物征完田赋后，只剩20—50石可以交易，那时粮价高，也不过换回700钱左右，甚至不够缴纳人头税等现金税项……

这还是有田150亩的自耕农的情况，万一他被兼并了呢？哪怕卖掉部分土地，恐怕都是无法承受之重，恶性循环只会越陷越深，终至丧失土地，沦为佃农。

怪不得，连汉文帝时期，都还存在农民杀婴的记述：怕交不起每年20钱的“口赋”。实际，儿童“口赋”，汉武帝时期的起征点是3岁，就更难了。

上述的境况，受限于传统历史记述，正史存在诸多避讳与夸大，零零碎碎。幸好，近年来的考古，出土许多秦简、汉简，记录了郡县乡里的赋税数字文档，数据翔实。现代学者据以推算，所反映的情况至少在数量级上大致是对的。

文、景帝的善心加贾谊、晁错的才智，重农抑商政策，不敌以土地作为终极财富的隐形利益团伙，收收租、放放利、倒买倒卖投机“贸易”，钱滚钱，日子多爽啊！这或许是经济金权对抗政治王权的“中国式”演化，上有政策，下有对策。这个“下”，不是底层平民，而是整个社会中上层（权贵加官僚加地主加士绅加商人），通过土地的占有与兼并，利用政府的政策与资源图利，他们具备类似现代跨国公司团伙的基因。

唯利是图及隐身的手段：对制度软体的话语权、对产品硬体的定价权。

如果资产税大于所得税、所得税又大于人头税的话，按人头纳税，可以做到很“公平”。关键是：所有税项的用途与账目必须透明，不被任何私权（官、商）以任何方式夺走。这是所有人类社会的制度软体关卡：人性贪“利”，但怎样才是“合理的”利益分配（薪支、酬佣、利息、租税、分成……）？

文、景帝父子两代的睿智，努力为自己、为百姓做了许多事，他们无为而治的年代，成为中国史上税赋很低的时代。然而，真正“休养生息”的是那个庞大的利益团伙，静悄悄地滋生，他们忽悠了文、景帝，吸吮着原本要留给平民的好处，迅速胀大、胀爆，形成中国式文明的一大特色：历史轮回。

显然，田赋低并不等于农民得到好处。不论儒、道、法、家，也不论现代的所有经济理论，理想状态的“自由市场”或“计划经济”绝对存在不了，因为，现今人类社会是在权力制度下演化出来的，生产、分配、流通一整套环节，都在政权与金权的权力制度下的私利规则里运转。理论上，低田赋是可以造福广大小自耕农自由民的，但所谓的“资本运作”立马钻文景政策的空子，都是自由民嘛，“自由”兼并喽……再炒作点“立法”“自由贸易”一下，最好连交易税都免掉，保证全部负担，“自由”下放到底层无权无势的民众身上。

2000年来的中国历史，可以提供太多数据给我们：“重农抑末（工商）”政策，从未贯彻，也无从贯彻。虽然有那个政策，但搭建出来的制度软体，是刺激形形色色的财富（钱与权），由工商业的角色完成。

所以，历代的重农抑商政策，不能避免财富集中、土地兼并、税赋转嫁平民的结局。

千年后，唐王朝取消人头税，让真正有钱有地有资产的地主们交税，但很快变质。又千年后，大清朝的雍正皇帝才又尽力做到“摊丁入亩”，于是，记述历史的人，什么紧的、松的、有的、没的，评说一大堆，就是不肯面对雍正真正的“公平”心，因为，雍正帝侵害了那个庞大利益团伙（包括写史的人）的“利益”。

正如晁错告诉汉文帝的史实那样，“春秋五霸”之后，实际管治国家的是官僚和利益集团（现代术语，叫作“专业”管理人与“资产”持有人，都是“知识分子”），皇帝只能引导一个方向或者也下海大捞。有心为老百姓做点事的帝王，还得花尽心思、很费劲儿地去看住自己的官僚，以及自己也看不到的制度怪圈，太累了。文景父子，都没活过48岁。据说雍正帝也是累死的。晁错看出来，其实是官僚集团拽着皇帝跑，天真地以为，皇帝大概也可以拽着这个集团跑……汉景帝早早干掉他，兴许也是个妥协的信号吧。难以揣测。

汉景帝死后，太子刘彻即位，是为汉武帝。

三、塑造“汉人”的汉武帝（公元前141—公元前87年在位）

刘彻的老妈，很花了点儿歪心思才搞定景帝刘启，自己成为皇后，唯一的儿子成为太子。

刘彻从小就聪明、大气，刘启也感觉这个儿子不同凡响。

历史常常就是无巧不成书的故事。

景帝临终，简单地告诉太子：知人、知己、知机、知止，并大致解释了一下：君王嘛，周围一定黏着一大堆人；用文人，不怕他不懂，怕他装懂、故意使诈忽悠你；用武人，不怕他不勇敢，就怕他是条莽汉，一冲动什么事都做得出来……

刘彻在崇尚简约自然的帝王家生长，七岁就被立为太子，养尊处优是不必说的。

幼时的刘彻，皇帝老爸问他：长大了想不想也当皇帝呀？他脱口而出答道：做皇帝，是老天爷决定的事，我倒觉得常在你这儿玩玩挺欢快的。

他姑姑跟妈妈搞宫廷内结盟，把他表姐阿娇许配给他，逗问那时还是个小孩子的刘彻：漂亮的表姐会成为你的老婆，你会对她好吗？他很自然地回答：我给阿娇表姐盖个黄金打造的房子好不？

这个“金屋藏娇”的典故，出自天真无邪的小孩口中，或许反映了刘彻的天性。如果不是生长在帝王之家，他也许就是另个天然的刘邦，机灵而不做作，我行我素。

刘彻 16 岁继位，那时的汉廷，浸淫了 40 年的道家思想，皇帝的祖母、文帝的窦皇后，无疑是黄老之学的守护人。但是，中国的家庭伦理是“儒”式的（礼教其实是西周王朝的宗族式，被儒家推崇，儒生们又掌握了话语权……），窦老太，论资排辈，连皇帝也招惹不起。儒家，在皇家内部，造就了窦老太的道家思想的专制，皇帝也得“孝顺”，不然就不好混了。

不逆反，就不叫作年轻人，年轻的皇帝，难免爱虚荣，老爸留下偌大家当，整天搞清静无为，威风往哪里摆，新官上任还放三把火咧。偏偏汉武帝身边有两个今天看起来挺无聊的文人，他们给他出馊主意，天子嘛，去泰山封禅祭天呗（还可趁机旅游一下），再搞个豪华一点的办公室（皇帝怎么可以那么寒酸，不合礼制呀）。这些热闹，窦老太当然皱眉头，这两个“儒家”马上变脸成“法家”，他们给皇帝出了更馊的主意：皇帝独揽王权嘛，何必事事奏报太皇太后？结果，惹毛了窦老太，“道家”也变脸成“法家”，随便抓住点儿小辫子，就叫皇帝把他们下狱，往死里整。于法，皇帝不能说不，于礼，皇帝也不好说不。

事实是，武帝接班时的环境，已经不是汉初的窘困，刘彻是富贵人家的孩子，窦老太是平民人家的孩子，祖孙两代的代沟挺大的。就政治而言，管治那么大一个国家机器，以当时中国人已经开发出来的软体，实用的、必须使用的，也就是礼加法，或法加礼。

但，人就是人，大概人口密度大了，成天要碰在一起，人际竞争下，就连做学问、思想都喜欢分派系，没事找事地斗一下，美其名曰“文人相轻”，道、法、儒，固然是壁垒分明，没事互轰两炮，就是同门内部，一样也宗派旗帜鲜明，彼此对砍一下。

人口密度越大，中国知识分子的功利性越明显，其实也就是争夺个人那丁点儿生存空间。学问或文化，经常成为私密工具，找到知识或数据，大多不是公开，而是掩藏，随时准备一鸣惊人，大大发作人之常情。

“儒家”文官看“道家”文官得势，很不爽，性急了点儿，趁年轻皇帝动心，想扩大影响，抢先一把抓到思想主导权（话语权）。偷鸡不成蚀把米，白牺牲了两个还不错的文人。结果，汉武帝从政的第一课是，不要着急，慢慢来。于是，既然内政多少得顾着祖母窦老太，年轻人本性的刘彻加顺势而为教化出来的刘彻，那就搞外务去呗，目光自然焦聚匈奴。可是信息不灵，不了解匈奴，于是，放长线钓大鱼。

首先，公元前138年，派张骞出使西域，实际是去搞情报，调研情况。这是很冒险的事，张骞一出了国门就被匈奴拘留了10年，娶了匈奴老婆，辗转游历至北印度，13年后才回到长安，带回许多草原与西域城邦诸国的正确信息，成为中国史上第一个“海归”，而且是真正有用的“海归”，不是回国来“发家致富”的“海归”。那时的中国人挺进取的。

其次，在公元前137年扩修的皇家休闲的“上林苑”底子上（宫殿和围猎是幌子，圈起几百平方千米的山川林地草场），组训皇家骑兵团（羽林军）。这样，青年皇帝找到了适性的路，时不时带上青年将校去上林苑玩战争游戏。

公元前135年，窦老太病逝，从此22岁的汉武帝“自由发挥”了。

这个跟他曾祖刘邦一样自在自我的皇帝，会怎么玩转天下呢？

（1）开放的朝廷，不拘一格用人才

政权、政治、议政，对汉武帝或对任何人，当然是严肃的事，人头可以掉地的事。

能够经营一个相对比较轻松、比较幽默的朝廷气氛，非常不容易。汉武帝的朝廷，经常嘻嘻哈哈的，近乎戏谑，因为用了东方朔为近臣（注意，不是大臣）。平民出身的东方朔是个“珍稀动物”，有趣的“文人”，他“公车上书”自荐（给皇帝写信，用了3000块大竹简，公家派车来搬运。文辞极好，害皇帝读了两个月才读完）。他说“大隐隐于朝”，拿朝廷当做游戏仁义道德的地方，明哲保身的方式是故意夸张地表达，近乎耍宝，耍得恰到好处，挠得皇帝痒痒的，欢喜到不行，自然地，几乎不可一日无此君。东方朔时不时半疯半真地讲些对着皇帝干的重话，如反对汉武帝上林苑的用度，皇帝也不会生气，依然常让他陪侍身边，偶尔也听从他的意见。东方朔特立独行，亦儒亦道，是个潇洒的智者，汉武帝懂他，他不懂汉武帝，汉武帝是王者，天下门派，都是他的门派，岂止儒、道。

汉武帝自己颇具文采，又爱玩儿，经常出外巡游，读到司马相如（就是那个在成都拐了卓文君私奔的才子）的赋体文，立马就派人拉进宫来见，相见恨晚。后来，连公文都常见富丽赋体，汉武帝还首创七言诗格式……又根据张骞的信息，在北印度见过四川出口的“中国制造”产品，推测巴蜀必有通往中亚与印度的途径，于是，用司马相如等人经营西南，收服川西、云南、贵州各个部族，当时虽未直通印度，但知道了川西与羌藏、云贵间的关系（后世才了解，中印间，通过“茶马古道”流通到藏、印，就是西南丝绸之路）。因为开发西南方，后来由川南兼并夜郎国，打通经由贵州到广东的水陆通道。司马相如是汉赋典型的文学家。

汉武帝用人，完全没有框框，不问出身，不问政见，只看本事，有真本事，他就敢用。文官嘛，什么出身都有，什么门派都有，什么德行都有，大概只要能够逻辑上自圆其说，建议的事具备真正的可行性，他都敢试用，汉武帝从未“专用儒家”，什么家都用。

清寒出身的主父偃，大概穷怕了，贪污受贿，汉武帝用他建议的推恩办法，让诸侯王分封自己的子弟为侯，大国变小国，小国变小城邦，但汉律其实跟秦律一样严厉，权贵经常不小心触犯，武帝有借机一次裁撤100个诸侯的记录，很快就完成削藩。主父偃还建议，迁徙天下豪强（大地主）到京师之地，分散他们的地方势力，又主张把新从匈奴手中打下来的河套设置郡县，移民实边，汉武帝一次迁徙了十几万人口住进河套屯田（汉武帝时期先后移民实边达百万以上），变草原为农田，使匈奴永远失去漠南草原。主父偃有才干，个性直率、不做作，但吃相难看，人缘极坏，还专找王侯麻烦（汉的王族亲贵，乱伦的案例非常多，或许也是汉武帝相对需要使用儒家礼教的原因之一），犯众怒的主父偃最终被弹劾，汉武帝保他不住，被斩。我们倒说说看，主父偃算儒家还是法家？其实，就是个知识分子嘛，无非当时的中国传统典籍“知识”，《诗经》《尚书》《易经》这些夏、商、周的遗传，被“儒家”称为“儒家经典”，难道是儒家做的？夏、商、周时代，还没有“儒家”这词呢。

另一个清寒出身的文人公孙弘，书本上的学问挺好，这倒是个儒家思想的知识分子。虽然他屡屡跟皇帝政见不合，先后被派出使匈奴、视察西南（调查巴蜀赋役太重的案子），他的报告都不得要领，还反对河套置郡，但生活简朴，算是个书呆子、腐儒，汉武帝大概用他做个不贪污的另类样板，60岁一升官，立马把另一个知识分子的大儒董仲舒排挤出自己身边。汉武帝就是如此这般使用文人，大概是要臣下感觉“天威不测”。

汉武帝真正比较看重的社稷大臣汲黯，近于道家，行事抓大放小，皇帝让他去调查河内郡民居失火、几千户人无家可归的案子，他拿到符令，路经闹大饥荒的河南郡（已经到人吃人的地步），趁机开官仓赈灾，先斩后奏。让他去调查闽越、瓯越间（闽浙）的摩擦，人刚走到吴境（江苏），调研报告已经回到朝廷：越人好斗，不值得皇帝派大臣过问。就这么个清静无为、主观上就不想多事的人，不做作、耿直、有原则、敢直谏，虽然也有论资排辈的毛病，却是汉武帝唯一不敢侮慢的朝臣，每次都要端整了仪容了才敢会见汲黯。汲黯有次劝谏汉武帝少杀大臣，大意说：秦始皇几乎没杀过大臣，你一抓到大臣罪过就诛杀，不怕人才越杀越少吗？武帝笑笑回答：天下人才多的是，就怕君王没有识拔的眼力而已……

这些人情的案例，在汉武帝的朝廷里，可以找到太多人性的数据。

武官也一样。大将军卫青是汉武帝大姐的马夫，算是奴仆出身，后来大姐守寡，还让卫青娶自己大姐，马夫娶公主，他也不以为意。汉武帝朝廷里，带兵的匈奴人、南越人都有。公元前123年，卫青的外甥，私生子出身的17岁的霍去病，初生之犊不畏虎，跟汉武帝谈论匈奴事务，逻辑简单而主动：游牧机动武力，只能以机动武力对付，骑兵战术对骑兵战术，他主动打你，防不胜防，你主动打他，他也防不胜防。汉武帝豁然开悟，立马就给霍去病带800骑兵上阵，歼灭匈奴骑兵2000人，于是，汉军改变战法。两年后，霍去病的骑兵果然打下整个河西走廊，祁连山东侧划入汉朝版图。

这以后的汉匈战争，主要都是骑兵对骑兵了，霍去病的骑兵队最远打到千里外的贝加尔湖，公元前117年霍去病病死。汉武帝对破格任用的这个年轻将领疼惜有加，曾给霍去病封官晋爵，劝他成家，霍去病留下千古名言：匈奴未灭，何以家为？

一句话，汉武帝的朝廷非常开放。真正无私的人敢于直言，武帝不以为忤；有私心的人建议，武帝也能够察觉实情，所以，运用自如，因为汉武帝另外还配备了酷吏与严法伺候。

（2）随意的生活，花钱不知节制，只好“与民争利”

文景留下大量资财，汉武帝从小生活环境优裕，比曾祖刘邦阔气得多几个数量级。但他的主要特点仍然是我行我素，相当程度凭直觉办事。

当了皇帝之后，他到大姐家玩，看上了大姐家的歌女卫子夫（就是马夫卫青的姐姐），当下就带回后宫，然后，忘了。一年后，要遣散后宫，卫子夫出列泣说：愿意出宫从良，这又想起来，于是，旧情复炽，再度留在宫里，直到成为皇后，所生的儿子，成为太子。

生于忧患，死于安乐，人之常情，汉武帝个人是最真实的写照。

汉武帝一生，穷奢极侈，不知民间疾苦，王权专制的软体疙瘩，那时就已经露现。

汉武帝年纪大了以后，跟秦始皇一样，生活如此享受，当然眷恋生命，怕死，也开始寻求长生不死，这就让一些搞仙丹、巫蛊的人钻了空子。结果，自招骗子。

公元前 91 年，骗子集团竟然陷害、逼反太子。太子被杀，卫皇后自杀。

汉武帝的晚年太随意，把人性丧失理智后的黑暗面表现无遗。

大概，汉武帝老爸教他的“知人、知己、知机、知止”终于起了作用。公元前 89 年，汉武帝先后看到平民令狐茂（年迈的隐士）和官员田千秋冒生命危险为太子申冤的上书，居然可以幡然悔悟，悬崖勒马，杀掉所有忽悠他的巫师术士，盖“思子台”，下罪己诏，公开向臣民致歉，并立刻改变政策，回归汉初的“休养生息”。

但这时候，汉王朝已临近经济崩溃、民不聊生的境况。

虽然教化使汉武帝最终刹了车，那是历史的偶然，教化并不能使人人开悟。人类历史有太多教训，难得富过三代，因为每一代的环境都起了变化，而习性的养成来自日常生活，中国人老早就认识到，由俭入奢易，由奢入俭难。

文景给汉武帝留下国库不少于亿万钱、官仓谷粮不少于全国三年所需、全国马匹不下百万、人口约 4000 万，但至迟公元前 120 年，国库已经花得一干二净。汉武帝当然会算账，他试图增加中央收益，起用商人出身的桑弘羊主持中央财政，先后实行以下政策：

① 公元前 117 年起，施行国家资本主义，国家垄断经营“三业”盐、铁、酒，并及均输、平准。

实际就是，政府垄断大宗物资进行市场操作，理论上，公家牟利。

盐铁厂成为国企，生产与销售都是国营。酒厂私酿，但国营专卖。均输、平准则是管仲平稳粮价的扩大，不仅粮食，这时，所有大宗物资都涵盖在国营范畴内，理论上贱买贵卖，政府负责运输，各地设置的均输平准机构，成为官商官倒的贸易型国企。

结果也不难想象，一开始需要大量投资的高科技行业，如炼铁，政府大赚，很快就成为官吏贪腐的油水，国企官吏除了领受高薪，还趁机勒索民间农工商，国营的铁饭碗引致产品质量下降、价格飙升。

② 公元前 115 年，严禁私铸铜钱，国家垄断货币（五铢钱）。

秦始皇统一货币的理念至此完成。

理论上，货币标准化有利于工商业，但那时候当然没有货币经济学，并且大工商业都国营了，小工商业感受到的好处比重太低。

③ 公元前 108 年起，对工商业者征收资产税或营业税，算缗、告缗。

算赋，人头税，这时早已调高回汉初的每人每年 120 钱，即一“算”。

对工商业者征收资产税：平民车一辆征税一算，商人加倍，五丈以上舟船也征税一算（算缗）。

对商人和放贷吃利息的人，资产每二缗（2000钱）征一算，等于资产税率6%。对手工业者，按其制造出的产品价值征税，每销售4000钱（四缗）征一算，等于营业税率3%（缗）。

隐瞒不报或呈报不实者，除没收外，并罚戍边一年。有揭发者，奖给所没收资产的一半（告缗）。

结果，全国掀起告发“资产阶级”的浪潮，史料记述：中等以上人家，大抵皆破产。大家都变成无产阶级，连小工商业也萧条了，并且刮起吃喝等浪费风（资本累积容易招罪，花用掉反倒省事）。政府则聚敛了足够财富来继续支撑对匈奴的战争。

公元前110年，这一政策停止执行时，中国社会相当贫困，财富集中于皇族加官僚集团。权力经济的特质非常明显。所以，政府招募移民实边百万以上，不乏来源——多的是贫民和罪民。

因此，人们实在不必太执着于汉武帝武功的虚荣，都是平民百姓硬扛下来的果实。反而，他情感面的自然与豁达处、智慧面的知止与真实处，才是最值得“汉人”骄傲与学习的地方。

（3）征伐——农民去草原追逐游牧民

汉武帝发动了一个人类史上，前无古人、后无来者的壮举：农民国家居然想要去征服游牧国家！

研究全世界历史的人，对东亚蒙古草原南北两边，几乎同时出现的汉王朝与匈奴，无不投以十万分好奇的目光，因为，他们各自都缔造了独特的文明，并且都影响深远。

① 匈奴是第一个有效组织与统治的大型草原国家机器，冒顿的老爸，头曼单于，确确实实地组织了游牧帝国。“头曼”意为“万夫长”，草原征兵一般也就一户出个战士，所以也约略相当于万户侯的意思，这个音，后来就转成音“突厥”的名字，突厥部落的源起，大致也就是在某个时段，首领被草原统治霸主封为“头曼”。草原上的万户，游牧地域无疑是辽阔的。

我们可以看到，面向南方，匈奴将统治领域大致分为三块，单于王庭在蒙古草原正中，左贤王在中国东北，右贤王在中国西北，各自统领若干个十进位的万夫、千夫、百夫长。这成为此后所有草原国家的规制，连制作大汗旄旗的规格都传承了下来。直到现代枪炮永远终结了草原汗国时代。

② 汉帝国是第一个真正统一了中国世界的大型农业国家机器，汉武帝确实有效组织起了农业帝国的中央集权政府。汉武帝长达54年的统治，塑

造了中国文明的“汉式”软体，汉武帝时代的许多特质也都传承了下来，包括中央政府领导一切，对外国人宽仁、对本国人严厉等。农耕技术，2000 年没多大改变。

中国式文明，在这样的平台上演化，开发了 16 世纪之前人类最先进的文明与科技，却始终没有产生科学。也许，要读完整部人类历史，人们才会知道答案。

史料记述加考古证据，使我们确切知道：公元前 300 年左右，希腊世界的亚历山大东征时，希腊世界、西亚世界、印度世界、中亚世界，骑兵都还没有马镫，夹着马腹骑马，不好平衡，骑久了很辛苦，经常需要下马作战。欧洲人见识到镫在马上冲锋陷阵的骑兵，始于公元 550 年左右的阿瓦尔人（蒙古草原上的柔然后裔），欧洲人称马镫为“中国靴子”。整个西方考古发掘出的马镫都不早于公元 600 年左右。

公元前 210 年，秦始皇兵马俑的骑兵也通通没镫。

目前，最早的马镫实物发掘于蒙古的匈奴时代墓葬，年代是公元 50 年左右。其后的实物马镫出现于赤峰与南京的墓葬，年代为公元 250—350 年。

公元前 200 年，刘邦被围困在白登时，冒顿的骑兵已经有可能已经镫在马上骑射。游牧国家的战术优势，真正意义的“骑射”，应该是刘邦不敢冒险突围的原因。尽管冒顿骑兵的镫可能是最简单的套索，人至少可以用套索站立双脚而不是费劲儿用腿脚夹住马腹，才可空出两只手来拉弓射箭，而不是用于驾驭奔马所需的平衡。匈奴人的原始“马镫”有可能已经很快就被汉人学去并改进，人们看到了，应该就学会了。

实际上，传统中国历史记述，不重视科技，很晚才提到马镫。但楚汉相争时期的叙述，似乎已有能够平稳地冲锋的骑兵，而没有马镫是不可能来回骑马砍杀，或在奔马上转身拉弓射箭的。鉴于农民国家更不习惯夹着脚骑马，更需要马镫，西方学者因此认为，真正意义的马镫，大约是中国人在汉初的发明，迅速被匈奴人普及到欧亚草原上，此后，游牧国家的战斗力至少加强了一个数量级。马镫被誉为“最简单，但影响最大的发明”。

无论如何，马镫无疑是在现今中国领域内被发明出来的，虽然没有考古实物来证实究竟是汉族和匈奴谁发明的。只知道，大约公元前 160 年，汉匈双方应该已经镫在马上骑射对阵。那时，汉军兵力的配置，骑兵数量也开始大于步兵数量。

公元前 133 年，汉武帝 23 岁，年轻的皇帝开始对匈奴采取攻势，当然有公私两面原因。年轻气盛、雄性荷尔蒙旺是肯定的，个人的野心与虚荣也肯定有的。汉王朝当初的“和亲”加纳贡，本来就是不平等条约下的结果，农业文明的傲慢与偏见加属国的屈辱感（而且还遮遮掩掩的），政治体面，更是绝对因素。对匈奴的战争，汉武帝执着了一生。人类冷兵器时代的最尖端技术——骑兵，从一开发出来，便被汉匈两大集团应用。

此后 43 年间，大小规模的战争不断。最大的攻势，发生在公元前 119 年。最后一次攻势，发生在公元前 90 年，汉远征大宛（今乌兹别克斯坦）的司令官李广利，因涉及宫廷政变，害怕回国被杀，在匈奴单于王庭附近投降。67 岁的汉武帝，就此终止了战争行为。这时，汉匈双方均已精疲力竭。

而汉匈间的争战，当然没有因此平息，汉匈斗争还将继续百年，直到东汉王朝。

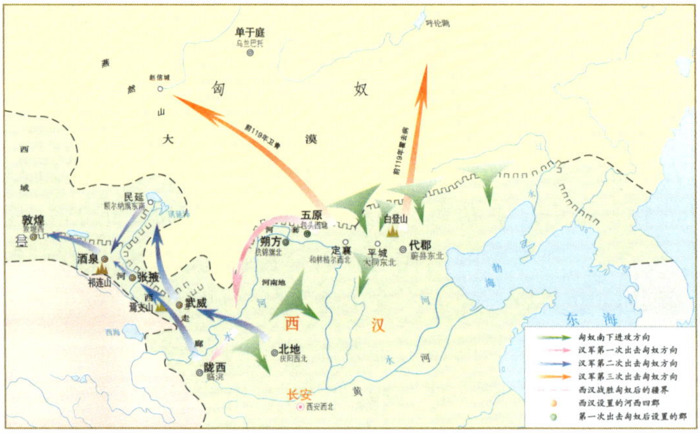

西汉出击匈奴

公元前 87 年，汉武帝死时，西出玉门关外，就是西域的绿洲城邦诸国，也是汉帝国的势力范围。

汉武帝的成就不是征服了草原，而是真正塑造了“中国”。

农民军打赢游牧骑兵也没用，除非草原可以变成农田，如果可以的话，游牧民自己就耕种去了，还等你来？5000 年来，欧亚大草原上，从没少过人类的定居点，绿洲城邦也多是游牧诸部族群定居的结果。

汉武帝任内各方面都取得了很大的成就：①完成中央集权，无论同姓、异性诸侯，还是王公贵族，只是一班待遇特优的“上流”阶级；②对外，归降的匈族部落，得到中央政府比较好的照顾。汉武帝还主动“和亲”乌孙；③政府真正协助农民改进农耕技术，当然，小农经济使得农民依然是税源、兵源、役源；④吏治严酷，政策高于司法；⑤任用知识分子如奴仆，只讲究有没有能力，不讲究门派，还经常听取他们的辩论；⑥商人或“资产阶级”，经常成为政府“吃大户”的对象，经济意识远低于政治意识；⑦思想、科技、艺术等相对开放。

汉武帝的个人性格加上 54 年长期执政加上王权集中加上华北硬软体占全国 85% 的比例，使“中国式”文明的软体平台在此时期安装完成：①社会思想，道家与阴阳五行合流加上夏、商、周的祖宗崇拜，取代宗教；②政治思想，法家与儒家合流，“德主刑辅”是王权专制的工具；③经济思想，小农经济，“重农抑商”造成大份额的国家资本；④主要矛盾，一方面强调道与德的教化，一方面刺激权与钱（财富）的谋取，这当然是所有人类社会演化的通病，中国文明并非例外，可说是人类软体的共同矛盾。但 2000 年前就已经制度化地施行于大面积、大人口的中国，同一性的表面下，软体矛盾的疙瘩，自然演化出许多“潜规则”来勉强运行，久而久之，造成中国文明许多不尽如人意的特性，如土地兼并成为基本财富象征。

西方文明表面长期同一于宗教，也引致同样效应，唯一的不同在于黄金是他们的财富象征，现代则虚拟化为“信用”额度。

汉武帝时代的印记，也反映于他不拘小节的浪漫，如男女相当平等甚至女权还稍高一点。比如，文武并举，武人因军功封侯的机会大，刺激男人任侠好义，常常需要“整顿治安”（所以后来有儒家反对“轻薄男子”的说法，轻薄，那时是任侠好斗的意思）。又比如，汉武帝以重赏重罚驱使臣下，大臣的封侯与诛杀，甚至成为“数量级”现象，但刺激了所有人的表现与忠诚，他的大臣，诸子百家、奴隶、降俘、商人……无所不包。更比如，对外国人比对本国人更照顾。

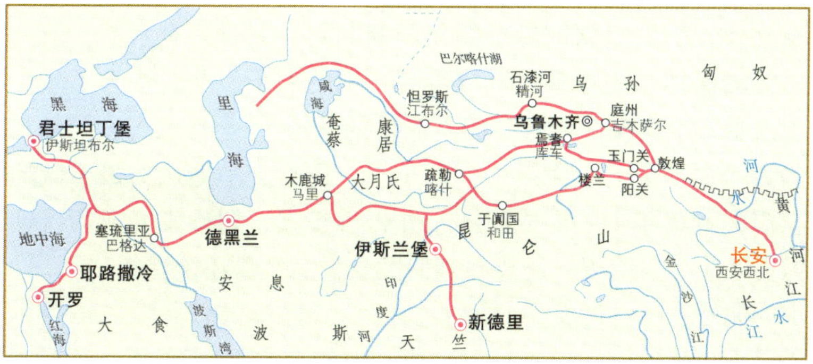

丝绸之路

总之，中国人的历史那样发生了。经过 3000 年以上的酝酿，黄河中下游产生了平民出身的汉王朝国家机器，居然在王权专制的框框下，碰巧连续大半世纪布衣将相的相对合理的统治（其实，不过就是剥削得没那么严重），再碰巧传给了一个相当人性化的、长命的帝王，汉武帝，虽然不知民间疾苦，他个人的自由浪漫（当然，坏的时候，也就是暴戾），造就了那个时代的灵感与战乱，但他的知止，最终给了形成一个文化与认同的软体所需要的发酵时间。

中国以及汉人的基调从汉武帝开始，真正有谱。

公元前 111 年，汉武帝灭南越国（这是秦朝 50 万远征军留下来的中原人的国度），设置郡县。那时候，整个长江以南仍然地广人稀，可能也就一共三五百万人吧，两广的南越国是最大的并且早已中原化，约百万人口。福建（闽越国）、浙南（瓯越国），两个小国，还要打架，汉武帝干脆征服福建，将浙南人民北迁到淮河流域，闽浙老百姓，无疑被很快汉化。汉武帝对云、贵、两广的“经营”是亏本的，不征税，还得置郡、驻军、派官，一度放弃，全力抗击匈奴。但汉武帝死后，整个中国南方，渐渐成为“汉人”移民开拓的唯一去处，1000 年后，南方的经济与文化便超越了北方。

从影响来看，汉武帝是可以称为汉武大帝的。

从国家机器的角度看，政治上，汉武帝也可以说得上是个“大帝”。

四、盛世与轮回（公元前 74—公元 9 年）

国家、王权专制制度，被人类建成社群软体之后，人群的智慧，一时还未能洞察，其实王族每一代的权力交替，依然有太多不稳定的因素，社会成本依然很高。汉武帝的儿子们，原来的太子被汉武帝自己激起来的巫蛊之乱逼死了，后来，自认为有能力的儿子（燕王）居然给老爸写信，想做帝位接班人，立马被汉武帝削去三个县的封地。

汉武帝虽老但并不糊涂，另外两个从小纨绔到大的儿子，早被他排除在接班名单之外，于是只剩下最小的儿子刘弗陵，那时只有六岁，但有点儿汉武帝小时候的模样，便顺理成章成为汉帝国的太子。汉武帝为了减少娘家外戚干政（这是发生在汉武帝自身的不愉快的经历），索性杀了太子的母亲，并给年少的太子成立了五个大臣的辅政小组，还给其中他认为最忠诚的霍光送了幅画，周公背负年少的周成王图，并告诉霍光，期望霍光成为汉朝廷的周公，不但要辅佐少主治国，还要在刘弗陵长大后，奉还统治权。

历史的偶然性，再度发生。

霍光是霍去病的同父异母弟弟，谈不上什么“出身”。霍去病是卫皇后妹妹的私生子，出生那时，卫家（包括卫青）和霍家都不过是王侯府里的低层仆吏。卫家在出了皇后之前，霍老爸早已跟卫小姐分手，返乡成家，生了霍光。等霍去病一战成名、封侯，得知自己身世，特地在回师途中，去寻亲探父，并把年轻的异母弟霍光带在身边任用，回到京城后，霍光小心实在地做事，因缘际会，被汉武帝拿去用做贴身侍从。霍去病很年轻就病死，或许是汉武帝的人情作祟（汉武帝很喜欢霍去病），霍光也的确低调、谨慎、有执行力，就此渐渐成为皇帝的亲信大臣。霍光这样的经历，自然跟一般权贵豪富是有距离的。

公元前 87 年，汉武帝死，八岁的幼子刘弗陵继位，是为汉昭帝。皇帝是小孩子，不消说，政权掌握在辅政五大臣手中，霍光、上官桀、桑弘羊、田千秋、金日磾。汉武帝临终指定的这五个辅佐幼主的人，出身都很平凡，上官桀是皇家马厩的主管，桑弘羊则是商人世家的算术奇葩，汉武帝用他主管皇家与政府财务，田千秋是皇家祖坟（刘邦陵墓）的看坟主管，金日磾则是皇帝马夫（匈奴王族之后）。金日磾第二年病死，辅政五人组变成四人组，主要在霍光主持下，忠实地执行汉武帝的既定政策，与民休养生息。

但是，桑弘羊主持的经济政策，国家资本原本是为汉武帝的汉匈战争服务的。原的方法难免有人性自私下的运作，不可避免地沦为官僚、富商的利基，这就跟向后转的政策矛盾了。于是，公元前 81 年，霍光召集汉帝国内的学者等“贤良”到京城开“盐铁会议”，讨论国家经济政策，桑弘羊与田千秋成为工商国企垄断或开放的主辩双方，这个破天荒的会议留下著名的《盐铁论》，被后世儒家美化成“回归重农抑商”的思想。实际上，霍、桑的确有政见上的差异，尽管不排除霍光有独揽政权的私心的可能，但就事论事，霍光也的确近于更忠实地执行既定国策。盐铁会议后，汉昭帝下令废除国家垄断三业（盐、铁、均输），实质上解除了官僚与富豪对工商业的垄断，汉帝国内的小工商业（许多是农民的副业）重新复苏。

商人出身的桑弘羊此时早已成为上层官僚的一部分，他大概没完全意识到，国家资本实质上是反小商、扶大商是对社会有害的，尤其是在当时的官僚系统管治下，国家虽然赚了点儿钱，各级官僚集团仍是最大的获益者与剥削者。桑弘羊只是忠实地尽他“专业”分内的事，为政府与皇家搞钱罢了，桑弘羊其实不像个“政客”。

这时，霍光的儿女亲家上官桀，又出现人性贪私到失去理智的情况，他想通过跟霍光的关系，扩张自己的权势，被霍光拒绝几次后，居然联合一心想做皇帝的燕王以及公主、失势的桑弘羊、不满的权贵等，阴谋搞政变。这些人不断给汉昭帝直接写信，要求撤换霍光，并诬告霍光谋反。不知道是不是汉武帝的眼光独到，十多岁的汉昭帝竟跟汉武帝一样英明，看穿了上官等人的把戏，下令禁止再胡说八道，皇帝告诉群臣：霍光如果要造反，随时可以反，哪用得着那么费劲儿!

于是，上官桀、皇兄、皇姐一帮人干脆图谋造反。这段历史，比小说情节更戏剧化，竟然真的发生过。总之，诱杀汉昭帝的造反计划被司马迁的女婿杨敞知道了，立即通知霍光和皇帝。皇帝年轻，但很老练，告诉霍光：燕王发兵到京城，走也得10天才到，你立刻先下手为强吧……也容不得霍光迟疑，公元前80年，皇家侍卫军迅速收拾了上官桀一伙人，上官桀、桑弘羊两家人被灭族，燕王、公主自杀，结束了这场算是扩大化的宫廷政变。

结果，霍光真正大权独揽。另一场好戏开锣。

汉昭帝身子骨并不硬朗，21岁就病死，没有后嗣。但汉昭帝一生信用霍光，霍光的确也忠实执行休养生息的既定国策，汉朝国力渐渐恢复。

公元前74年，汉昭帝死后，霍光、田千秋两位辅政大臣，主要是霍光，迎立汉武帝一个19岁的孙子，此人极端不称职，一路荒淫来京城“就职”。大概人类所有没脑子的暴发户都是这般德行，天上掉下大饼，立马忘了自己几两。一看苗头不对，霍光立马在朝廷上诉诸群臣公议，把此人的帝位废了，创造了中国最短的当皇帝的纪录：前后27天。

霍、田改立汉武帝的曾孙，17岁的刘病已，就是汉宣帝。

这个历史的偶然，或许没那么偶然。

先讲点儿“渊源”，刘病已的祖父，就是原来被汉武帝逼死的太子，可怜的太子全家都死于巫蛊之乱，只有刘病已存活，只因那时他是个刚出生不久的婴儿，办事的官吏邴吉，怜悯无辜的婴孩，把他带到牢狱里，自己出钱，交给两个老实的女囚哺育。后来因为田千秋的奏折，汉武帝顿悟、下罪己诏、提拔田千秋到中央政府做外交部长。汉武帝老病时，望气者（另类的卜者）言：皇家监牢出天子气，汉武帝当晚派使者通知牢头：把囚徒全杀了，不料，邴吉宣称：皇曾孙在此，坚决不让使者进门。相持到天亮，使者只好回去向皇帝告状，汉武帝方才知道曾孙刘病已就关在那里，感叹“天意”之余、下令大赦天下，并派人接曾孙出监牢，安置在掖庭（相当于宫廷后院的“宗人府”）里，四岁的小孩交给外婆抚养。掖庭令（主管）又正好是原太子的部下，对刘病已很好，甚至自掏腰包供他读书。

在这样环境下成长的刘病已，非常特殊，他并不在乎宗室的地位，整天喜欢在社会里“自由行”，并且娶了掖庭令很一般的属官的女儿为妻（许皇后）。刘病已能够经常在外游历，这本身就显出他的本事：深深体会“吏治”与“民情”，才可能从容游走江湖。

历史记述说他浑身长体毛，连脚底都有；又说他，走到哪里哪里旺，有点神叨叨的。

我们无从知道，霍光怎么会选中刘病已当皇帝。

田千秋的部分，兴许就是“渊源”。田对皇家最大的贡献，便是让汉武帝恢复人世的亲情，人情来说，于公于私，他很难避免“刘病已情结”，绝不会反对汉宣帝接班。

霍光的部分，复杂些。这时，霍光已经掌权13年，霍家子弟已经是京城权贵最大一族。不知道霍光本人的心态到底如何，绝不能排除因为刘病已是刘家最平民化、最没政治人脉的皇位候选人的因素，对他继续操控政权有利。何况，皇位回归到他主子汉武帝的嫡系血脉，任何人也无可非议他对皇家的忠心。

数据只是，邴吉向霍光推荐刘病已的说法：有资质而性情平和。

于是，公元前74年8月，汉朝又一个“平民皇帝”，汉宣帝即位。

汉宣帝即位第二年，霍光要归政，但汉宣帝大脑非常清醒，坚持霍光继续当权。于公，社会仍需休养生息，于私，汉宣帝甚至还未能熟悉掌握宫廷与政府。

就这样，霍光继续执政，直至公元前68年病死，共掌权19年。汉宣帝给他办了个极其风光的葬礼。但，霍光生前大概没少内心的挣扎，因为他的老婆，那时节就已经露出人性贪私的一面：把女儿嫁给皇帝为妃，为让女儿成为皇后，霍太太早已私通宫女，毒杀了宣帝的平民老婆许皇后。无法猜测霍光生前知不知情。

天下没有不透风的墙，霍光一死，许皇后之死的实情很快便泄露出来。霍家一门铤而走险——叛乱；皇帝立刻为皇后复仇，扑灭霍家。至此，汉宣帝方才亲政。后来，有个宫女上书说：对皇帝小时候有哺育之恩，问邴吉就知道了……宣帝问邴吉，回答：这个宫女，因服侍皇曾孙不尽心，还被我惩罚过，哪来功劳？真有哺育之恩的是某某两女（当年的女囚）。汉宣帝一调查，这才知道邴吉不但救过，还养过自己，而邴吉从来不说，汉宣帝是老江湖，内心的感动与感慨可想而知。后来，邴吉成为汉宣帝的丞相，邴吉是个小吏出身而自学成才的、相当大气、有原则、有高超智慧的人。

西汉历史耐人寻味，光是各种人性的演示，就有够多的启发。

汉宣帝的智慧，绝不在汉武帝或汉高祖（刘邦）之下。

首先，洞察人情，权字当头还能忍让霍光，成就霍光一生“与民休息”的功业，霍光因此成为西汉史上最成功的“政治家”。霍太太和儿子们的贪私与眷恋富贵，也不能掩盖霍光的成就，毕竟汉武帝的功业需要霍光严格遵行他的旨意20年，西汉得以维续下去，传统中国历史才没有将汉武帝比拟为另一个秦始皇。霍光治国的人格，够“公”（忠于皇家），汉宣帝也因此脱颖而出。至于他没能“治家”，霍家灭族，也只是让人感叹：人性，毕竟是有机的，霍光毕竟不是“超人”或“完人”。

其次，非常理智，汉宣帝对霍家，当然有芥蒂，但没有因为情感上的压抑，而影响他对社会和国情的准确判断，坚持了“与民休息”的国策。汉宣帝不但不多事（少打战），而且大幅度整顿吏治（对官僚集团严酷）、建立更有效率的中央政府（如吏、户、礼、兵、刑、工六大部门的雏形，如不依赖中央办公厅的几个秘书，更多依赖丞相与幕僚的体制办事）。西汉社会因此又修养了20年，昭宣前后共40年，汉宣帝死时，中国人口已约5000万，粮价一度创下两汉最低，每石五钱。至此，西汉王朝达到“富强”巅峰。

1. 昭宣之治的成绩甚至超越“文景之治”

汉宣帝知人、用人之明，很人性化，也许是人类史上最好的统治者之一。

（1）整顿吏治，无非严格执法，赏罚分明，诛杀贪腐，使官僚集团没太存非分之想，自然涌现一批因奉公守法、执行力强，或学问好而升迁的良吏。汉宣帝治下的官僚统治集团，好官的比率相当高。

（2）严选并延长地方大员的任期，甚至可以终身治理地方，明确他们的职责是协助皇帝管治、教化百姓，以政绩进行额外的奖赏（虚的名爵加实的钱财）。因为任期长，地方大员以及下层吏民很快明白，忽悠欺罔没有用，上下沟通反而更近于捕捉到了社会的具体实况。做官捞钱、小吏严苛扰民的案例，都大幅度减少。

（3）尽可能降低贫富悬殊，除了给平民减税之外，三番两次将能够放款百万钱生利息的豪富，迁徙到京城附近，没收其土地，分配给贫农耕种。

又很务实地评估徭役效果，废止不合经济规律办事的教条，比如，那时的陕西关中地区，农业生产并不差，从豫鲁等“关东”地区漕运征收的粮赋到京城，年年要用上6万人次徭役，既劳民、成本高（老百姓的时间与花销），又没效率，就改成从京城附近购买粮食，一下就汰省大半漕役。又比如，下诏降低盐价，实际等于减少剥削。

（4）派真正的农业专家巡回全国，指导、改进农业生产。

（5）因为自己坐过牢，深恶痛绝狱政不平，不但设立中央的司法复审制度，四位“廷尉平（评）”，查核“廷尉”（法官）的刑狱案子是否公平，并且设立中央的司法人员检查制度（以通晓法律的“治御史”，审核廷尉的量刑轻重是否合理），还派员巡视全国，查探、处理滥用刑罚的官吏。司法软体，大大改善。

（6）汉宣帝跟许皇后感情很好，立了他们在民间生的儿子刘奭（后来继位为汉元帝）为太子。但刘奭“柔仁好儒”，曾建议老爸“宜用儒生”，历史记述了汉宣帝教训太子的情形：“汉家自有制度，本以霸王道杂之，奈何纯任德教，用周政乎！且俗儒不达时宜，好是古非今，使人眩于名实，不知所守，何足委任！”乃叹曰：“乱我家者，太子也！”

意思是，汉王朝本来自有一套霸道（法家）、王道（儒家）并用的制度，一般知识分子连社会国家的真实情况都搞不清楚，怎么能用？汉王朝只怕要给你闹乱套了。

既然料到刘奭会败乱汉家，理智上，汉宣帝是想过废掉太子，改立另一个儿子的。但，太子是汉宣帝跟许皇后唯一的情结，许家也一直是他感情上与当政初期的支柱，人情，使汉宣帝始终不忍换掉接班人。

历史的偶然，毕竟是人性的必然，盛世与衰败的轮回，就这样发生了……

实际上，汉宣帝一生的作为，确实修补了汉的国家机器软体与硬体，改善了经济与民生，抑制了富豪与强权的土地兼并势头，拓宽了知识分子的出路，延长了汉王朝的政治生命。

从作为的难度看，他其实也有资格被称为“大帝”。

当然，实在地说，做梦也没想到会当皇帝的汉宣帝，在2000多年前那时光，除了国家机器，他也看不到人类社会软体的圈套，他的善政，自然也不是崭新的制度软体设计（所以，也不可能百分之百地执行到位，欠缺可持续性）。但，行政目标能够落实到人民与公平，已经非常非常了不起了！

2. 汉宣帝任内的文治、武功总结为以下三项：

（1）对匈奴采取攻势，公元前72年（那时，其实还是霍光主政，应该是整个汉王朝统治集团的集体意志）发动了整个汉匈战争最大的汉军攻势，16万汉骑兵，联合乌孙5万骑兵，从匈奴东西两边一起攻击。匈奴西撤避开东线的汉军，被西线的乌孙军打败。第二年冬天，匈奴进攻乌孙报复，但遇到数百年一遇的特大雪灾，大约只有10%的人生还，乌孙等西域联军又趁机进击匈奴，估计匈奴损失达30%，牲畜损失达50%，匈奴从此一蹶不振。

公元前60年，匈奴分裂，五单于争位，在西域地盘里的一个单于与新任的大单于不和，率数万人投降汉帝国，汉宣帝令龟兹等国发兵5万，护送降众到长安，归降的单于被封为侯爵。同年，正式设立“西域都护府”，郑吉出任首长，筑乌磊城（新疆轮台），屯兵，西域诸国纳入汉势力范围。

后来，五单于演变成三单于，匈奴分裂、内战。公元前51年，匈奴南部地盘与汉朝接壤的三单于之一的呼韩邪单于到长安议和，接受臣属于汉帝国的条件，以取得汉王朝的支持，来对抗其他单于。至此，刘邦在白登之围后，170年来的汉匈关系逆转，汉早先是匈的属国，汉宣帝这时让匈奴之一成了汉的属国，汉匈斗争，至此成为汉与北部匈奴的斗争。后来呼韩邪打败其他单于，三单于之一的郅支单于西迁中亚康居（今吉尔吉斯斯坦附近）。草原宽阔，南北匈奴隐然成形。

（2）当汉匈战争还在继续的时候，甘肃河西走廊的左翼，青海高原上游牧的羌族各部，夹在汉匈两大国之间，有联汉对匈的（义渠等部），也有联匈对汉的，更有随时投机的（先零等部），政治局面错综复杂。

公元前 63 年，先零羌族召集羌各部首领达 200 多人聚会、立盟、“解仇交质”（互相和解、交换人质），准备联合对汉。公元前 61 年，汉派特使到青海，召集先零部落头领 30 多人会谈，但把他们杀了，等于把人骗来再杀，毫无信义，并且趁势进攻先零，又杀了 1000 多人。典型的官逼民反。于是连原本亲汉的羌部落也反叛，进攻汉在青海的边城，杀掉汉官，汉特使的 3000 骑兵，几乎全部覆灭。

消息传到长安，汉宣帝起用汉武帝晚期对匈奴战争的英雄，70 岁的老将赵充国，主持羌事。问赵：打算怎么办？带多少兵去？赵答：我自己先去视察再说，军事行动，不亲临前线，哪能凭空作出计划。于是，赵充国到金城（兰州附近）前线视察，回长安后，向汉宣帝详细报告，重点：以兵屯田（这仗的后勤不得了）加必须松动羌部落的联盟。

皇帝认可后，问赵：派谁带兵去合适？赵答：就我老人家去最合适，您给任务就行啦，其他不必太担忧。皇帝笑着定案。

汉宣帝用人，还真有一套，实在。

赵充国只要了万把骑兵，胸有成竹，回到前线，步步为营，渡过黄河。深谙游牧部落机动战法的赵充国，策略其实很简单：战役上重视情报，侦察兵的搜索范围放得很远，尽量确定敌兵动静虚实，并且不打没把握的仗，经常固守营垒（所以，很少损失士兵）。政治上，集中打击先零部落（羌叛之首），招降其他羌部族，严肃军纪，做到草木不扰，恢复汉的诚信。

为了贯彻策略，即使汉宣帝偶尔听从其他将领的远征计划，指令赵充国配合，赵也纹丝不动，皇帝遣使斥责，赵上书皇帝，来回痛陈利害，宣帝方才明白实况，取消了长途远征的馊主意。

很快，一年多，赵充国的诚信策略生效，各部羌人大量归降，青海渐次平定，赵充国几乎带原班人马回到京城。后来，赵充国试图阻止一个爱喝酒的部下升迁为特使，认为派酒徒去跟羌族混，只会坏事。果然，此人混了一下，诸羌又叛乱，赵充国的智慧就越发受到朝廷的尊重。

可以这样说：汉匈战争，费了汉王朝 170 年以及汉匈双方无数生命、财产，没完没了。汉羌战事，只花了两年，暂时平息，双方损失相对很少，青海基本是汉治下的汉羌和平共存，虽然羌族群的人口和地域没蒙古草原大，但依然很能说明状况：暴力不是解决问题的唯一方式。赵充国死时，连汉宣帝都认为赵充国的武功跟霍光的文功一样伟大，皇宫里为赵、霍两人画了肖像……汉宣帝，算个明白人。

（3）文治方面，汉宣帝干了两件影响后世的事。

① 大约在公元前 60 年，司马迁外孙杨恽，把家藏的《史记》原版献给汉廷，据说汉宣帝读后大为赞赏，从此，《史记》得以正式流传。

历史记述，杨恽有才，桀骜不驯，人不小气，喜欢结交精英，但也爱发人隐私，因此得罪许多人，不只得罪，还害了人，因为汉律虽较秦律稍轻，但仍然属于“严刑峻法”。后来，杨恽被“友人”告发他平日常拿皇帝开玩笑，下狱、罢官、失爵（没砍头，算是很轻的惩罚），依然故我，经常为反对而反对，惹许多不必要的文章是非。之后，居然有人将公元前 54 年发生日食的责任归咎于杨恽“不知悔改”。

灾异被搞成“天意反映民意”，是汉武帝时期董仲舒与阴阳五行结合的结果（后来更变形为“谶纬”预言之术，流行直到现在），原本有点把灾异附会成政治措施的结果以进行谏议的意思（逻辑是，天人合一嘛，人道的好坏，天道也会反映出来），最终成为被滥用的另类“神权”、互相攻击时最方便的利器，因为可以揣摩上头的意思，随意发挥。于是，杨恽再次被捕，搜出他写的信件《报孙会宗书》，文辞上上乘，但文意刻薄怨怼，充斥愤懑。汉宣帝读后大怒，廷尉按律判决、腰斩杨恽，并连累孙会宗等众多官吏。这是中国文字大狱的先例，牵连甚广，那时汉宣帝统治的汉帝国已经极盛，自信满满、渐失包容，杨恽性格虽有点儿偏激，但罪不至死，纵使汉律严酷，王权专制的毛病，这事也应该看得出端倪了。

从历史记述的事实来看，从汉武帝到汉宣帝，文化是有所发展，但知识分子也更功利化，人类的“知识”直到现在，依然未能完全独立，即使“科学”或“历史”，仍然大量附庸于政权或金权，因为知识分子是“人”，认知是人性的、人为的。

汉宣帝流传了司马迁的《史记》（《史记》是中国比较客观的历史记述），杀了杨恽，有功于文化，有过于正确对待知识分子。

② 公元前 51 年，汉宣帝召集全国知识分子在皇家图书馆举行经学会议，厘清中国传统典籍“五经”的众多版本问题，选定了一些民间版本也进入官学范畴，也就统一了中国传统学问与思想的框框，毕竟留传下来的古老典籍无非《诗》《书》《易》《礼》《春秋》等。宣帝此举，对儒家有利，因为这些传统典籍都号称是“儒家经典”，应该是王权专制看到把中国文化简约为“儒”的好处，至此，春秋战国诸子百家，除了道家、法家外渐渐失传。

汉宣帝没料到，他虽然教训太子“不能只用儒家治国”，但皇家只召开五经会议，没召开诸子百家会议，传达的信号是，儒术为主流。因此，所谓

“霸王道杂之”的汉家制度，迅速破功，仅只被历代统治者理解为，台面上满嘴仁义道德，骨子里只讲权术、不讲原则。中国式文明，从此加速表面上“儒化”，道德上“虚伪化”。

公元前48年，汉宣帝死，太子刘奭继位，即汉元帝。

汉代自平民皇帝刘邦打下天下之后，小农意识下的统治软体，始终脱不开重用“自家人”的心理，原因很原始，皇帝也是人嘛，人情，使得历代帝王从小长大最熟悉、最信得过的，无非妈妈、娘家的亲戚、宦官等一小圈子人。刘邦自己，文、景、武，都重用外戚，皇后（老婆）、皇太后（老妈）、太皇太后（老奶奶）的权威都不容忽视，娘家亲戚的显贵职权相当大。原因很简单，王权专制下能接近权力核心才可操弄政治。外戚至少表面上，对权力的世代交替，没有明显的威胁，比皇族近亲更具优势。

汉宣帝也不例外。他给汉元帝指定的辅政大臣三人，首辅是外戚，另二人是太子的师傅。但刘奭天生是个文人，写一手好字、弹一手好琴，既然“柔仁好儒”，说白了，生性懦弱，身体也不好，20来岁就不大想操劳政治，40岁已经掉发落齿。继位后，朝政大多听师傅的，师傅萧望之是当代大儒，学问品格俱佳，很理想化，有点儿脱离现实，认为只要政治上层人物中规中矩、为民表率，社会自然就会教化得好。于是，皇帝与大臣，大力提倡教育，激增学校和教授名额，确实也普及了文教。

从此，读书、“明经”（通晓经典）就可做官。人情对这种刺激的反应却是，读书可以做官（而且就那么几本死书），太划算了，以军功谋取功名还得冒险、拼命沙场嘛。于是，读书，就为了做官……文官多了，官场风气显著改变，表面上很有文化、很文明，但文官集团自己制定做官的游戏规则（包括读什么书、怎么解释、考选标准等），自成一个封闭体系，距离社会越来越远。中国的官僚统治集团，从此被逐渐改造成了“士”与“吏”两类资历，今天人们熟悉的中国式文明的政治体制里，文官体系的软体部分，汉元帝与萧望之，其实是第一版的设计者，连写公文都常要引经据典。经典本身是前人留下来的智慧故事，从前人的经验里找出社会运作的逻辑，这当然是好事。但是，经典格式化，又成为功名的途径，问题就大了。

古人面对的生存环境，肯定与后人不同，前人的智慧绝对有很高的参考价值，不过，后人必须找出自己的解，毕竟古今情况是不一样的。

实际上，不开心的外戚“首”辅，立马勾结宦官弄权，一年后就搞倒了萧望之。皇帝夹在外戚、儒臣、宦官三派之间，居然认为：宦官无家室、后代，必定是忠心的，选择依赖宦官！萧望之被宦官逼迫自杀，其他大臣（包括宗室大儒刘向）罢官，辅政大臣只剩外戚。皇帝对师傅之死，倒真的很难过，但除了年年表示一下，依然跟宦官混（君王如此“亲师”，倒真的成为社会表率，“老师”的社会地位大大提高）。

这就是汉元帝的智商，以及历史的偶然，也是王权专制下的历史的必然，既存在出现文、景、武、宣的盛世概率，当然也存在出现元、成、哀、平衰亡的概率，迟早都要出现的。

公元前 36 年，中亚地区的北匈奴郅支单于怨恨汉王朝支持南匈奴呼韩邪单于，自认距离汉帝国遥远，杀了汉使，并联合康居国反汉，被驻扎西域的汉将陈汤联合西域诸国部队平灭。得知郅支被斩杀，呼韩邪且喜且惧，公元前 33 年，他第三次到长安求亲，汉元帝以宫女王昭君嫁之，就是有名的昭君出塞。但匈奴也再没能统一，郅支虽然被杀，漠北草原的权力真空自然会有游牧诸部递补，不是汉帝国可以掌控的。

这时，汉武帝与汉宣帝都没能抑制住的贫富悬殊、豪强土地兼并，早已如脱缰野马。“统治”的游戏规则已经变形。王权专制，固然握有军警政法，可以对社会实施暴力统治（刑罚），而权贵毕竟人数不多。但官僚豪富，整个集团人数众多，通过兼并土地，金权无形，却真正对社会施行最无情的剥削，并且是如影随形、无所不在的（老百姓面对的不是“天高皇帝远”的状态，是随时存在的状态）。

公元前 33 年，汉元帝死后，太子刘骜继位，就是酒色皇帝汉成帝，他一生纵欲至死（公元前 7 年），政权旁落皇太后王氏一家。刘骜没有子嗣，外戚集团迎立了一个搞同性恋的皇帝（“断袖之癖”的哀帝），死于公元前 1 年，也没子嗣，外戚集团于是干脆迎立一个孩儿皇帝（平帝）。这时，外戚集团里的王莽，已经大权在握。王莽实际从此掌权，直到公元 8 年正式废掉刘姓皇帝（平帝没长大就死了，之后，还有个婴儿“皇帝”），自己即位，西汉王朝结束。称为“西汉”的原因，跟周代的“西周”一样，后来的继承者将都城东迁到洛阳，于是汉代就区分为西汉、东汉了。

从公元前 33 年到公元 8 年的 41 年间，汉王朝的政治没啥值得说的。总之，宫廷里，外戚、宦官、权臣结成党派，打打杀杀夺权；宫廷外，官僚豪强自理地方，等于全国长期放假，各玩各的……

****

关于“汉人”的认同

认同是很有趣的大脑活动。人类的适存靠集群，演化出人脑里的情性和理性，社群的认同便是情性开发出来的众多感情之一。跟族群标签相关的“民族主义”则是相当现代的政治话语。西方的“民族”一词是“nation”也是“国家”的意思，这里有很大的忽悠性。实际上，20世纪的“民族主义”浪潮，无不是“国家主义”独立浪潮，本质上是政治炒作。译成国家主义、爱国主义，远比译成民族主义贴切。

在2100年前的东亚中国，汉王朝统治了长城以南的广袤区域，匈奴统治了长城以北的浩瀚草原。汉和匈奴是那时候东亚的两个霸主，汉和匈奴各自的政治实体都延绵存在超过400年，跟他们接壤、有所接触的“外国人”，主要是印度—伊朗语族范围内各族群的人们（文化底子则包含伊朗、印度、希腊元素），他们形容汉或匈奴，自然会简化为“汉人”或“匈奴人”的国度。其实，从古至今，国家的组件血缘与文化都是多元的，人们“认同”的标签，社群情感是最主要因素。当然，人的感情很复杂并且是时间可以培养出来的，这充分证明：习性是通过不断重复、模仿、学习，使人脑形成情或理的联结的。

以匈奴为例，本来就是游牧族群的联盟国家，所以“白匈奴人”（历史上的“厌达”，是匈化的白种游牧民）以及匈奴里的众多不同语言的部落，当时也都认同是“匈奴人”。政治体制，政令长期实施，自然可以塑造出一个相对稳定的社会软体，包括文化与“认同”。时间、教化、同一性是主要因素，血缘比较无所谓，反正都是“智人”后裔。

东汉时期，匈奴组建的联盟国家崩解后，携带匈奴文化元素的其他游牧部族陆续崛起，包括鲜卑、柔然、突厥、蒙古，各自起用不同的国家名号，甚至许多崛起的草原部落以酋长名字命名，形成不同的认同标签。这些草原国家虽然都具备许多雷同的匈奴文化元素，他们的认同，却不再是“匈奴人”了。草原上的“认同”标签，政治力是重大因素。蒙古人会认同“成吉思汗”或“蒙古”，但绝少会认同“匈奴”，实际上，蒙古，这个词是成吉思汗的最爱（虽然不是他创造的词，但是他选择的国家与民族的称号）。而无论名称怎么变化，从匈奴到突厥、蒙古、女真，草原部族的游牧文化，基本上近似。

“汉人”跟“匈奴人”的情况，又不怎么一样。作为国名，汉之后，政治实体的称号改变了许多回，历史上，外国人也称中国人为“唐人”“拓跋人”“契丹人”“宋人”“明人”“清人”等。但汉初奠定的教化平台，成为定居的中国人认同的最大因素，加上类似蒙古人的感性情况，“汉人”的标签便稍微超越了政治话语，认同成为更具体的文化话语。实际“汉”文化后来一直吸收其他族群的文化元素。

就人类演化途径而言，“民族”的认同，包括部落、族群、社会，在现代国家机器强有力的操作下，出现简单化的趋势，如英国人、美国人、日本人、中国人等纯政治话语，反映了当下人类世界里的国家（民族）壁垒。实际“智人”的族群认同，自有环境与生存方式的长期影响，过多的人为与暴力下的齐一化，未必增强人类物种的生存适应性，反而应该在教化上，减少倡导暴力、增进包容与欣赏，保存各种文化的多样性。

罗马帝国——平行东汉的西方帝国

就在汉宣帝恢复西汉盛世的时候，公元前48年，征服了高卢全境（大约是现在的法国），还袭击了日耳曼和不列颠的远征军司令官恺撒不顾元老院的反对，率军回师京城罗马，打败庞培，集大权于一身，开始独裁专制，使罗马也演化出一个类似东亚汉帝国的庞大国家机器——罗马帝国。罗马帝国对西欧文明的影响，也跟汉帝国对东亚文明的影响似的，同样深远。

组成罗马帝国的成分，跟组成汉帝国的成分大不相同。国家机器的软体，也因此大不相同。东西方的管治方式迥异。

罗马原本只是西方古文明、环地中海世界里的一个城邦国，这个城邦国的管治软体是个城市民“集体所有”下的少数精英掌权，叫作“元老院”，类似今天的议会。要当罗马的元老，必须是罗马的“公民”，公民权的取得，除了必须是自由民之外，还得拥有一定的资产或军功。元老未必世袭，但权贵家族的势力（权与钱），使得大多数元老形同世袭。本质上，城邦国家机器仍然是个暴利掠夺的机器，罗马无非是有话语权的人——“公民”更多些。

环地中海世界，城邦国家众多，当然也有大一点儿的国家（如埃及），人们的生活方式、文化、族群、语言，非常多样。农业是必不可少的，依赖牧业、手工业的城邦和部落更多，商业交易是环地中海世界的必需。因此，罗马帝国的组成，一开始便是多元族群、多元语言、多元文化的混合体。管治软体唯有靠一部能够确实施行的“法律”，白纸黑字的条文、规矩，尽管立法是统治者的权力，罗马人也会按自己的习性来定规矩，但也不可能完全忽视被统治族群的习性，《罗马法》因此有点儿“最大公约数”的味道。

罗马帝国的国力中商业交易及对外掠夺是大项。那时，东西文明的差异，就已经相当明显。虚伪的政治面子，倒十分相像。

恺撒从未登上帝位，罗马帝国的正式名称始终是“元老院与罗马公民”，但公元前48年起，这已经是不折不扣的“帝国”，恺撒也是个“大帝”，并且，蔑称周边日耳曼诸部落为“蛮夷”。

罗马征服东地中海

因为没有中国似的大河与气候，生存方式的根底不尽在农业，罗马帝国治下的地理生态和人民，农民并非多数，游牧民、半农半牧民、骑马的、骑骆驼的、工匠、以交易为生的商人、海员等，谋生专业独特的部族很多。大体罗马帝国的士兵（早期以意大利人为主），步兵方阵仍是主力，但机动的骑兵与海军更为重要。信息的传递，除了跟中国一样，老早就建立了驿站和马路，帆船和专业水手也不可或缺。历史的偶然性，再次表现于恺撒创建的罗马帝国，恺撒没有子嗣，公元前44年，他在罗马元老院里被一批反对他独裁的元老刺杀，遗位由养子屋大维继承，确定了罗马的元首制。此后，罗马帝国帝位的继承，相当大比例是传给没有亲缘关系的“养子”，而且，经常在皇帝晚年甚至临终时，宣布哪一个人是“养子”。

这是个饶有趣味的制度软体，也符合那时罗马帝国的实际需要：这样多元成分的国家机器，军队是最主要的黏合剂，各大军区的司令官实质上就是帝位的候选人，传子，不现实。总之，这对本质上是个军事帝国的罗马帝国而言，也成为一个传统习惯。恺撒大帝跟汉武大帝也很相像，出身贵族，文采、武略俱佳。

人类的王权专制制度，总免不了增加出贤君、暴君的概率。罗马帝国也出暴君，残暴程度，只能以“变态”形容。

公元 117 年前后是罗马帝国的鼎盛时期，约当东汉王朝中后期。

罗马帝国进入盛世时期后，皇帝为固化统治，将元首制强化为君主制，并立法加速各地区的罗马化，从此，罗马帝国更加专制、更像帝国。公元 131 年，皇帝废止犹太族群诸多传统礼俗，引发犹太人大造反，罗马军队花了三年时间屠灭近 60 万犹太人，迫使犹太人从此流浪、散居世界各地。

中国历史记述，载有公元 166 年罗马使臣朝觐的事。应该是罗马商人由海路到达洛阳，以罗马皇帝安敦的名义觐见中国皇帝，并在京城设“使馆”。那时期罗马帝国的皇帝确实叫安敦尼，在位二十多年，是罗马帝国有名的太平盛世时期，辖下人口估计近 5000 万。安敦尼的继承人中，还出了欧洲史上著名的“哲学皇帝”。但罗马史上并没有派遣使臣到中国的记载，而且安敦尼死于公元 161 年。

总之，东汉时，东西方已经有所接触。

两汉间的新政权
（公元 9—23 年）

传统史书上，王莽是个“反面教材”。不过，史书是后来东汉的修史官写的，政治上的“正确”，使得王莽形象特别不好。

东汉整理史籍的时候，儒家思想已经成为“正统”，知识分子不自觉地把经典上写的、理想化的西周制度软体当成史实。比如，“正统”王权万世一系，正是王权专制最想要灌输给社会的“人心工程”。幸好，数据仍在，我们只管从数据来还原史实就是了。

我们需要小心点，比如，从数据看，按同样的规则来定义“暴君”的话，秦始皇是，汉武帝也是。同样是知识分子，司马迁也可以说是“儒家”，但他记述当代文士的“儒林列传”并不教条，描绘秦王朝暴虐，也是依照事实。

根据记述，王莽是个“伪君子”，专权了九年后，“篡”汉当了“新”王朝皇帝，又专制了15年，统治了总共24年。当时中国社会发生的种种坏事，都说成是他的责任。

王莽能够颠覆西汉王朝200多年的政权，绝不是他一个人就可以做到的，当时，西汉的官僚、宦官、豪富集团，甚至京城的老百姓和部队，哪个没份？

中国传统学问里的“人本”，不是现代西方“个人主义”软体下的“神赋人权”的绝对化概念。中国前人早已理解到，天道里的人道、人、人群、个性、欲望、群性、道德，这些元素互相纠结，互相影响，有机地形成社会的思想、制度等软体，既然是人为的，当然以人为本，人造的软体，人也能改变软体，人道是动态的、演化的。

王莽一生的数据，就很能反映那时中国情况的复杂。人群社会本来就复杂，人多了更复杂，何况汉元帝之后的汉式儒文化，还把社会风气带向了虚伪化。

功利与道德，利与义，软体本身的矛盾，根本很难平衡。

这个外戚集团出身的王莽，小时候死去父兄，是依赖权贵的叔伯们长大的，自然很低调。书读得不错，算是个《论语》专家，也身体力行《论语》的“仁”思想，生活朴素，工作努力，对人有礼，经常将薪水跟奖金拿来接济一般平民或款待名士，朝野内外，没有不说他好的。王莽当了皇帝，也没杀被废掉的汉帝（富贵地活着），他自己的生活依然简约、勤奋。这些是数据，真实地反映出孔子“仁”思想对王莽的影响。

新政权成立之前，什么群臣劝进、祥瑞丛生、他自己捐钱捐地救灾（这使得官僚豪富集团不得不响应救灾）等舆论动员，肯定是有组织或有目的炒作，这些做作的数据。此外，王莽先后杀了自己两个儿子，都有权力的动机，非常没有人情味儿。

在权力制度软体的驱动下，作秀已经成为当权后的王莽的习性之一，反映了那时中国社会业已相当虚伪（不可能完全没有人看出来，但……跟今天某些国家一面科学昌明、一面呼喊上帝一样，看来，求真大概是人类所有文明必须的归宿）。

就这么个复杂的人，因缘际会，站在了政治舞台上（但，谁人不复杂呢？欲求，使人很容易把“想要的”当成“真实的”境况，来回倒几下，真真假假，不复杂也变复杂）。

能做皇帝，王莽当然不笨，他看出战国秦汉以来的小农经济社会问题：

土地兼并、贫富悬殊。在这一点上，王莽正确无误，并且他还真想去解决这个问题，比中国历史乃至世界历史上任何统治者的动机都更好，历史应该还他一个掌声。

2000年前的人类经验，积累的智慧软体显然还不够，不独中国为然，“社会问题”的认识，统计学、经济学、心理学等比较实在的探索人性的方法学，人们都还没建立。

王莽只有一点儿中国经验，他的参考书只有传统经典，于是：

1. 仿古，按文士理解的周王朝“上朝天国”的管治办法制定政策。

（1）针对土地问题，恢复“王田制”，国有化全国土地，不得买卖，现有的地主，允许保留一定限额的土地，超出的一律上缴，分配给农民耕种。

不用说，要把老虎嘴里咬着的肉抠出来，难度可想而知。

（2）针对资源问题，山林（矿、林、猎）、河泽（渔）、货币、盐、铁、酒等国有化。

（3）针对外交问题，周边原本臣服于汉帝国的匈奴、西南夷、高句丽等，所封爵位一律由“王”降级为“侯”，并且外交文书上的称谓，一律改为蔑称。

2. 创新，针对当时的中国社会问题。

（1）禁止买卖奴婢，禁止豪强增加奴婢，实际是不允许社会上存在奴隶。

当时中国社会土地兼并，许多农民只好卖身为奴，把自己和家人卖给“豪强”做“奴婢”，就是奴隶。豪强，直白说，就是有权、有钱的人，权、钱自古就通的。这是新法试图重新分配土地与农民的、跟王田制平行的措施。

（2）征收“无业游民”税，实际是禁止人民游手好闲，政府强制无业者劳动，供给饮食。

（3）人民因祭祀或丧葬之需，可以向政府贷款，零利率。

农业、小工商业者的资金需求，也可以向政府贷款，政府收取纯利润的10%。

政府还直接干预经济，通过平准、均输措施，管制物价。

3. 新政权的这些新法，实施四年后，天下大乱。

（1）下达文件或命令容易，实施与执行并不能靠中央政权少数人，仍然要靠官僚体系，而官僚集团绝大多数的官吏就是私有土地的地主。

（2）资源，许多原已私有化，林、猎、渔、酒很大部分是原来的小老百姓经营的，盐、铁、币、矿则是大商人与官僚相互勾结。

国有化，妨害太多人的、大大小小的既有利益，阻抗是必然的，结果，无权无势、难以阻抗的中小企业，被豪强拿来交成绩单，首先破产。

（3）中央政府统一货币，禁止私铸，本来是好事，不料王莽按经典教条办事，废掉方孔圆钱，中央改铸西周式的铲钱，携带流通都不方便，立刻引发经济问题。

（4）对外，无聊的“名位”问题，引发周边各国巨大不满，边境立马紧张起来，中央政府的军费负担大增，西域诸国也再次成为匈奴的势力范围。

（5）王莽还无聊到官服、官位、地名通通变更、仿古，以那时的交通状况，涉及的各地各级官僚跟不上变化，连公文都大大混乱。折腾几年，最终，大多数变回原状。

天下大乱，除了妨害太多既得利益之外，还因为新法只有文件、“原则”，没有“可行性评估”、动员，当然更没有“施行细节”，实施困难，也不可能真的被满脑子功利的、既得利益的各级官吏实施，不过是给官吏与豪富开出变相的剥削机会罢了。

老百姓的日子，过得更加辛苦。公元 11 年起，“盗匪”蜂起，各地人民造反，直到公元 23 年，绿林军打进京城。历史记述，王莽并未逃亡（大概没地方可逃），衣冠整齐地坐等农民军进宫杀他（很有儒“士”风范），恨极了的群众，分食了他的肉体。

估计新政权覆灭时，中国人口从公元 2 年的 6000 万降到了 2000 万以下（虽然公元 14 年黄河大改道，也造成人口大死亡），要到公元 57 年（东汉光武帝晚年）才回复 2100 万的数字。

王莽的改革怎么说呢？黄河改道是天灾，引发混乱的管治是人祸。

统治者，没有“好心办坏事”的余地可言，“成王败寇”也不仅仅是权力最终归属的问题，兴许是人类社会给统治者定性的无可奈何的标示，虽然他个人只是那个庞大的统治集团的标记……

人类文明，无不有虚伪的面具，任何时间、空间点都有大量伪君子存在，“伪君子”显然不是叙述王莽的一个最合适的标示。王莽“复古的新法”，无论仿古与创新的目标，即使对现代世界各国，仍然很有意义，社会问题依然还就是那几个问题。

王莽失败的改革，让中国后代的统治集团吓破胆。历史，作为人群社会实验的数据报告，这样规模、这样根本的制度软体变革，中国再没有人敢想敢试，千年之后，宋朝的王安石、明朝的张居正、清朝的雍正皇帝，都只做了微幅改革。

西方世界，公元 18 世纪末的美国革命（独立，成功转型）与法国大革命（失败，但转变了法国人思想）、公元 20 世纪初的俄国社会主义革命（成功，后来又改道），都付出过巨大的社会成本，成功的，西欧社会固然当它是“正面教材”，失败的，西欧社会也没当它是“反面教材”。

王莽，其实不应该仅只是中国历史的“反面教材”。

全世界的人类历史，社会问题的本质，人群的因素，中国前人最早领会，所以孔子说“不患寡而患不均”，并要求“富而好礼”。

人类历史上发生过的社会根本变革，都是天灾或人祸引爆自下而上的大革命，统治者主动的自上而下的大改革，王莽是第一个数据点。

2000 年前，西汉覆灭加新政权失败的改革，其实标志了人类权力制度（王权与金权）没有能力自行升级社会软体，人类国家机器继续运转到现在，仍然不断重复面对同样的社会问题。

凝结汉式儒文化的东汉
（公元 23—220 年）

一、思想统一、儒家政治化，汉光武帝（公元 25—57 年在位）

即使没发生公元 14 年黄河改道的特大水灾，新政权一次到位的改革，依然难以成功，天灾，不过加速了新政权的灭亡。公元 17 年起，中国再度进入战乱，实力团伙再度角逐、打天下、争夺政权。

反新政权的两拨主流，一个是地主豪强的武装——绿林军，起于湖北、河南接界一带；另一个是农民的武装——赤眉军，起于山东。绿林军头领是刘姓宗室，多支人马也不乏宗室子弟，其中，刘秀便是后来成功取得政权的汉光武帝。这时，分布中国各地的“王族”，刘邦的血缘“宗室”经过 230 年的繁衍已超过 10 万人口（这不奇怪，据西方的统计，成吉思汗的“黄金家族”成员，经过 800 年的繁衍，全球现在已不下千万人，可见，人口是人类社会大问题）。由于宗室繁多，刘秀虽然具有王族血缘，生活上并没得到太多特权，实际，比较近于一般平民出身，喜欢下田劳作，唯一的好处是个知识分子。人类社会，任何时代，有知识都是好事。

刘秀打天下的经历，比他的老祖宗刘邦还要曲折，险象环生，锲而不舍，从公元 23 年打到公元 37 年，方才打下整个中国。刘秀靠的是智慧、沉着与勇气，刘邦更多靠的是机灵和运气。另外，这两人的起始动机也有些微妙的差异，刘邦打天下，无本的江湖，赌一把。刘秀并非全然无本，打天下是扩大占有，但改善社会状态，更能保本、利多、夯实所占，私心之外，不能说他全无“公”心。

绿林军一开始造反时在公元 23 年就立了头领当皇帝，打着恢复汉王朝的号召，立马成为新政权军队的眼中钉，派了号称 40 万大军进攻绿林军。当时，绿林军不过数万人马，包括刘秀在内的 1 万多人马面对被新王朝部队团团围困，有在昆阳城（今河南平顶山叶县）覆灭的危险。

这些刚刚组成的造反部队，相当于乌合之众，很有一些头头当下就想弃城而逃，刘秀告诉他们：造反了，还梦想保全家室，太天真了，革命只能干到底。绿林军的兵与粮都少，昆阳若守不住，绿林军主力离这里不远，也会灭顶……会议还没开完，侦察兵回来报告：官军数十万，绵延百里，先头部队马上到达郊区了……于是，逃也没路了，这才慌忙决定，让刘秀带 13 骑，趁夜突围、寻求援兵。

刘秀突围后，昆阳被围攻了几天，绿林军居然顶住了。但被围的人企图谈判投降时，新政权的主帅却拒绝了，绿林军只好拼死守城。这时，刘秀临时召集了数千人的队伍回来救援，自己带了千骑做先锋队，新王朝的主将轻视刘秀先锋队人少，只派几千人马迎战，被刘秀大败，绿林军士气大振。至此，刘秀又组织了 3000 人的敢死队，还是自己带队，反复冲击新政权中军大营，混乱中杀了中军主将，新政权部队动摇。昆阳被围的绿林军见势，也开门出击，神就神在，天气忽然变化，风雨雷电交加，连日战斗疲惫下的新政权大军心理崩溃，溃兵被溺死、被踩死的不计其数，新政权主帅仅以身免（历史很多偶然，天气变化往往促成重大事件，后来也发生于明成祖夺权称帝的几次战役中）。

历史记述的昆阳之战是刘秀统率的部队，人数不超过 1 万，昆阳原有的绿林军多不过 1.5 万，以少胜多不说（约 1 ： 15），还报销了新政权的全部精锐，至此，王莽已经没有部队可以保卫京城。很快，绿林军如入无人之境，长驱直入长安，杀了王莽。

刘秀这样的功勋，绿林军的头领“皇帝”当然不安。刘秀心里明白，于是他放低姿态，借机离开绿林军的关中地盘，到河北发展。刘秀行事能分清重点，生存竞争策略是集中兵力各个击破，然后收编，加上简政（降低管治成本、减少剥削、获取民心），很快就奄有关东地盘（中原加河北等地），公元 25 年，也自立为皇帝，沿用“汉”朝名号，建都洛阳，就是东汉（跟西周、东周的起名一般）。其实，以现代科技来看，刘秀是刘邦的九世孙，他身上只带有 1.95% 的刘邦基因硬体（假设这支刘家从未跟其他宗室通婚过）。不过，那时“汉人”的认同，已经普遍化，延续“汉室”，至少在黄淮流域是个很好的政治号召，更何况 10 万刘姓“宗室”，已近那时中国人口的 0.5%，而且都不是社会的底层，占有的资源非常可观。

刘秀的“运气”，来自竞争对手。豪强与地主们支持的绿林军，靠刘秀昆阳大战的胜利，得以率先攻进长安灭掉新政权，但老大们也率先享受起打天下的果实，夜夜笙歌之外，还逼走了刘秀，有知识、没有政治智商。两年后，公元25年，赤眉军也从山东打到了陕西关中，也打进长安灭掉了绿林军政权，并且大肆劫掠，没知识也没政治头脑。

刘秀面对的这两个“主要敌人”，赤眉帮他消灭了绿林，赤眉又还自掘坟墓。

赤眉（把眉毛涂红，以区分敌我），本是农民起义军，首领樊崇，进长安之前，原本纪律严明，跟刘邦一样约法三章，杀人者死、伤人者偿（类似“以牙还牙、以眼还眼”）。当时灾荒严重，饥民很多，赤眉军所到之处，劫富济贫、开仓救饥，大受欢迎，以至于跟随赤眉军西进的达到号称百万之众。不料，这时却一反常态，眷恋城市，劫掠长安、掘尽汉室陵墓（汉文帝陵寝除外），失去关中人民支持的赤眉军，堕落为一支流动暴军。京城附近的郡县，立马武装自保乡里，拒绝供应粮食，赤眉大军在京城坐吃山空，没几个月，只好离开长安向西觅食。这时，甘肃与四川各有一个地方割据的集团，西进的赤眉军在甘肃被打败，只得再回师长安（那时节，已被东汉军占领）。

瘦死的骆驼比马大，刘秀虽然称帝，但中国各地的武装势力还是比东汉初年刘秀的实力大出许多。回师的赤眉军连续打败东汉军，再次进入几乎成为空城的长安，逼得刘秀走马换将。但赤眉军勉强撑到公元26年冬季，原先西进的百万雄师，大致减员一半，只能向东打回老家觅食。这情势，早已被刘秀料到，他指令关东各地东汉军坚壁清野，以逸待劳。刘秀的智慧奏效，公元27年年初，东汉军大败东归的赤眉军，赤眉军彻底投降。此后，东汉军的任务，便是不断地肃清中国各地大大小小的地方武装。

公元37年年初，东汉王朝终于消灭了甘肃与四川的割据，大致统一了中国。

经过二十多年的天灾、人祸、战乱的中国人，许多都迁移到南方躲避战乱，其中移民湘西武陵山区的，跟当地原住民大量混同。东汉王朝再次一统后，地方郡县加强控制，跟武陵民众发生冲突，公元47年，武陵人民武装暴动、叛乱，闹了三年后才被平息。中央政府军经常被山地游击队打败，连东汉名将马援，也因疫病而死于军中。道理很简单：北方部队到南方，水土不服，病死几乎半数。

公元50年，武陵叛乱结束，汉光武帝方才真正全面恢复汉帝国原有局面。

汉光武帝打天下，很有性格，蛮合人情，尽量减少战斗。经常自己写信向对方招降，写得很直率，给割据甘肃头头的信，留下“得陇望蜀”的典故，意思是：我的心很大，不但要统一甘肃，还要统一四川，不降就打啰。赤眉军投降，派人来谈判条件，汉光武帝说：饶你们不死就是了，还要啥条件？但东汉军本来就不滥杀，大致只杀几个头头。后来，入川的东汉军打下成都，带兵官杀了四川头头全家、劫掠宫室，汉光武帝除从京城洛阳下诏严责之外，并起用川军投降中的能人为官，迅速收服了四川。那时，越南北部也是汉王朝的三个郡，东汉初的汉官，设立学校、传授耕种技术，本来好好的，换个官，加重剥削，公元40年，越南人民造反，东汉王朝派马援率兵平叛，之后，汉光武帝立马进行改革，引入渠灌技术、发展农业、废除地方的“越律”、提高越南文化水平。这些，都反映出汉光武帝敏锐的智慧，以及对症下药的实在风格。

说个汉光武帝用人的故事，受封为伏波将军的马援。

马援是个“天才”型的人物，12岁丧父，跟着哥哥们过日子，天生大志，少年时读书不专心，向长兄报告：想去边疆种田、放牧，开明的大哥理解这是块不平凡的料儿，就答应了。还没动身，大哥去世，马援不走了，足足守墓一年。后来在郡里做小吏，押送囚犯，因为怜悯，私自放了一个重犯，自己被流亡到甘肃，畜养牛羊，效果很好，远近有几百户人来投奔，加入“马援公司”，他也就带了这几百户人游牧于陕、甘、宁之间，俨然一个小酋长。他常对人说：“大丈夫立志，穷当益坚，老当益壮。”

新政权末年，天下大乱，群雄并起，马援此时已经30几岁，对着这么多年积累的几千头牛羊马匹、几万石存粮，慨然长叹说：“财富是拿来助人用的，不然不就是个守财奴嘛！”于是，通通分给兄弟朋友，自己仍然过着简单的日子。不久，马援被新政权招募为官，新政权覆灭后，他被割据甘肃的头头延揽为谋士，代表甘肃势力，先后出使到四川、关东。到关东跟汉光武帝见面，马援感到汉光武帝的自在与大气，当时，汉光武帝不无调侃地对这位特使笑说：您老高呀，游走在帝王之间。马援回答：当今之世，非独君择臣也，臣亦择君，还是您高，大咧咧的，您就不担心我是刺客？两人之间，感觉挺好的，几乎无话不谈。等马援回到甘肃，立刻奉劝甘肃头头：别闹啦，您没帝王的格，干脆归附刘秀吧，搞不过他的。

汉光武帝统一中国后，公元33年起，任命跟“革命集团”毫无渊源的马援治理甘、青边区事务（主要是诸羌），夯实边区就是马援建议并执行的，文武俱佳的马援经营边境八年后，甘、宁、青地区基本就安定下来了。这一过程中，马援老早发现，币制混乱是造成边区不宁的部分原因，边区嘛，交易是必须的，币制混乱经常引发各种纠纷，便上书朝廷，建议回复流通五铢钱，但遭大臣们驳回。马援离任回到洛阳，依然据理力争，汉光武帝便决定采纳他的建议，重新发行五铢钱，实际上，连东汉的经济政策马援也有贡献。后来，汉光武帝对马援几乎无话不从，常对人说：伏波论兵，与我意合。诸皇子也都喜欢听马援讲故事。

公元41—44年，马援被派到越南镇压叛乱，部队所过之处，都组织地方开渠灌溉、修筑县城，并将地方法规不合汉律的地方指出来，修订成跟汉律一致，向当地人申明约束。这些文化输出，都成为东汉管治越南郡县的政策。马援虽然平定叛乱，因此封侯，但东汉军四成以上死于瘴疠，封侯后，他杀牛摆酒、犒赏部下，感谢下属说：自己没啥功劳，功劳都是部属们的努力与牺牲的成果。班师回京途中，听到汉与匈奴又闹摩擦，他的反应：男人嘛，应该死在疆场，马革裹尸而还，怎么可以期望死在床上、儿女手中？那时，匈奴联合一部分乌桓，骚扰边境，马援回京立马自请上阵，家里才待了个把月，便带了数千骑赶到晋北，真正是“游牧”一生。乌桓发现是马援带的队，也不打了，纷纷散去。

公元48年，政府军镇压湘西武陵叛乱失败，62岁的马援又自请上阵，汉光武帝担心他年老力衰，不许，马援骑上马示范，依然威风，光武帝笑说：这老头儿还行嘛。于是马援领兵奔赴战场，公元49年病死疆场。死后，竟然遭受几个宠臣诬陷，汉光武帝居然也信了（人情，永远是“近水楼台先得月”，专制的权力，是人嘛，哪怕大帝级别，毕竟也会耳根子软），马援差点儿连尸首都不得安葬，要等到皇太子继位后，才得平反冤案……

汉光武帝打下天下时，中国千疮百孔。他的知识，使他作出正确的决策，一面进行武力统一，一面整顿政制软体、硬体（许多是受王莽启发的）：

1. 继续汉宣帝强化中央政府行政体制的措施，尚书台直接向皇帝负责，既集中了皇权、抑制了权臣当道，又分管了官僚体系、提高了专业行政效率。此后，这种体制大致被中国各个朝代沿袭。

2. 吸取外戚、功臣、宗室弄权的教训，不使用血腥的手段，转用温和方式，“柔道治国”：基本不大给这些人参与政治的机会，但让这些人名利兼收，过上养尊处优的日子。连皇子们，虽然封王，但封地很小，也不让去封地，集中在洛阳。识相的权贵，都转向做学问去。

3. 裁员简政，撤销400多个县，官吏减员近90%。统一后，裁军、士兵屯田务农，同时裁撤地方兵制、取消各种兵役，军队改为募兵制。

此后，中国的小农经济格局大变，战国到西汉的小农与人口，从原来的税源、兵源、役源，简化为单纯的税源，兵农分业，自然也就无所谓“寓兵于农”，原有的地方军事训练机构通通裁撤。此后，生产力大增（农业更专业化了），但中国人也就不知兵了（战斗力差了）。募兵之后，还产生了另一个效应：既然军队职业化，军人从此自成一个体系，同时，大量招募内附的游牧民为士兵，人情是将帅与士兵生活与共的结果，便滋生了军阀与地方上的军权，直接影响东汉王朝的覆灭。

4. 提倡儒学，但尊儒的同时，大力表彰气节。

基本上，继续汉元帝的文官管治路线，但考查文士的标准不只五经书本，多了一个“气节”，实际是考查文士自身的道德实践。东汉初期的文官，因此形成相当好的风气，“贫贱不能移，富贵不能淫”，这对后世的好文人有相当的影响，有话敢直说，当然，光武帝也有纳谏的雅量。

5. 对内，清查土地与人口户籍，大量释放奴婢与刑徒（跟刘邦做的一样），立法保障未释放的奴婢人权（法律对自由民与奴婢一视同仁，伤害奴婢，依法制裁）。田赋则恢复文景的三十税一，振兴农业、发展生产。

政策上基本上实行“休养生息”。但落实土地清查没能到位，光武帝虽然杀了一些勾结的官吏（做假账），但还没进一步查清，立马引起豪富反叛，“人道”的光武帝，最终不了了之，于是，土地（财富）兼并的社会问题依然没解，此后，继续困扰中国历代王朝。

6. 对外政策。

（1）减少与匈奴的正面冲突，放弃西域（战乱结束时，西域各国恢复派遣王子到汉帝国京城为质，但光武帝深知虚荣无益，来者都以厚礼遣回）。公元 46 年，匈奴再次发生争夺单于权位的内战，正式分裂为南北匈奴，不巧赶上蒙古草原连年旱蝗，史书记载“人畜饥疫，死耗太半”（看来，气候施加于黄河的，同样也施加于草原），这时，南匈奴的单于是呼韩邪的孙子，请求内附东汉王朝。正值双方都人口大减，汉光武帝干脆把南匈奴迁入长城之内的边区，包括陕、甘、宁、晋等地北部地区，护卫边境，连单于王庭都设在塞内，以便控制、支持南匈奴对抗北匈奴。

（2）夯实甘、青的管治（诸羌叛乱必镇压，以确保河西走廊）。

（3）在东北招募辽宁的乌桓诸部内附，一部分安插到河北塞内边区（那时乌桓趁匈奴势弱，脱离了匈奴的控制）。

（4）公元 54 年，建立跟黑龙江的鲜卑诸部的关系（封鲜卑诸部为东汉的属国，受派到辽宁的乌桓校尉监护），以防制北匈奴向东发展。

汉光武帝当然不会料到，支持南匈奴、乌桓、鲜卑诸部的结果，后来固然终结了汉与匈奴的战争，但机动的草原从来不曾止息，匈奴覆灭，鲜卑（包括柔然）诸部立马填空进去，加上塞内诸部的繁衍，直接就是后来出现十六国的最大起因。

（5）公元57年，日本列岛上诸部（当时日本有上百个部落国）中的一个，大概位于日本九州志贺岛（公元1784年在这里出土过金印），遣使到洛阳，表示愿意成为汉王朝藩属，光武帝遂封其为“倭奴王”、赐“汉倭奴国王印”金章。这是中日之间最早的交流记载。

汉光武帝当然也可以称为“光武大帝”，当之无愧。

汉光武帝的各项施政都很实在，尤其是使儒家思想统一了中国人的思想，成为教化的“正统”，从此，中国世界的统一，使人脑软体里头，又多了一个机制。

其实，从人性来看，汉光武帝提倡的儒学与气节，当然有功利成分。他其实明白，无论怎么管治，必须靠一大群官僚集团，官吏也是“人”，也都有各自的私心，怎么抑制那么多人的私欲，满足他刘家的“国家”利益呢？作为知识分子，汉光武帝选择儒学为思想平台，固然有自己比较熟悉经籍的原因，儒家话语强调忠诚仁义，更贴近王权专制，政治上更好用，绝对是最大因素。既然官僚系统不可或缺、知识分子不可或缺，汉光武帝只好期望文官有“气节”，能够最大限度地效忠于汉王朝，从他表彰文士的各个数据看，无不与对汉王朝的忠诚度相关。自然，如果士人品德全按儒家理想，行政效率姑且不论，坏不到哪里去，对汉王朝也有利。

像那位直耿的文官任延，之前在越南九真郡（今越南中部）当太守，做30万人口的父母官，那时的越南还未开化，生活相当程度依赖渔猎，也没有姓氏。任延来后引进种田、牛耕、婚姻等汉文化。任延走了，老百姓还盖庙纪念他。任延到武威上任，当时武威是羌汉匈杂处的地区，汉朝派来的军队里头，有仗势欺人的军眷子弟，被任延依法杀了几个，公平了，各族群也就信服不闹了……有操守、有原则的知识分子，哪能不好用？汉光武帝的重点，在于“忠诚”、中规中矩。

既然提倡儒学，到汉宣帝时已经规范了传统经籍的版本（教科书），汉元帝时又扩编了五经博士（国家级教授）和太学（等于社会科学院），这时，文官考选除了经义，更看品德，官僚体系又大裁员（名额不多），皇帝自己又表现得非常礼贤下士，于是读书人努力看齐“士人”的新订标准，功利驱动与否，动机已经不重要……总之，汉光武帝确实扭转了那时文官系统的风气，东汉也确实出了不少高风亮节的士人，气节更成为后世中国人的道德理想。

当然，上有政策，下有对策，皇帝从来不可能一个人治国，文官体系把持考选标准，教科书越搞越窄、越读越死，品德越来越弄虚作假。后来，汉儒教条化，那就不是汉光武帝可以预料的了，他只管儒家思想统一中国思想。

虽然提倡儒学、重视文教，光武大帝还是有个败笔：迷信“谶纬”，没有超越王莽的格局。此后，谶纬之术盛行，几乎成为另类中国宗教（从西汉武帝开始，灾异、阴阳、五行隐身于知识分子对经书的附会与注释背后，使得当时社会出现许多作假、但“伪托”为古人写作的“经书”出现，不真、虚伪，成为“汉式儒学”最大的败笔，直接影响了中国式文明）。

公元 57 年，光武帝死，太子刘庄继位，是为汉明帝。

二、明章之治（公元 57—88 年）

刘庄跟汉光武帝有点儿相似，从小聪颖，少年时期就已经让皇帝老爸另眼相看。

刘庄 12 岁时，汉光武帝看到土地清查的账册上居然有些地方标注了“可问”“不可问”字样（大概是官吏不小心，没去掉，原册交到皇帝那里了），汉光武帝看不懂，问群臣：啥意思？大家也不懂。刚好刘庄在场，他插话：这些地方，聚居许多王族、权贵，肯定是清查的官吏不敢太认真吧……汉光武帝派人诘问承办官吏，果然如此。皇帝严办，但激起叛乱。

后来，刘庄 16 岁（算刚刚成年），有个巫师在小城市聚众叛乱，被附近的政府军围住了，一时攻不进去，现场的带兵官拿不定主意，强攻吧，他人少，未必攻得下来，伤亡也重；等中央军来吧，要花时间，他未必撑得住。汉光武帝看到这份报告，群臣正商议着，刘庄说话了：又不是全城的人都造反，叛变者的心思是浮动的，围得太紧了，他们想转移也出不来，不如松开一面，等他们“突围”，再各个击破……皇帝采纳、定策，果然，叛军“突围”后，运动中被政府军消灭，事件结束麻利，代价又很小。

汉明帝比汉光武帝理智好几个数量级，大概从小便冷静地观察老爸管治的得失。即位后，立刻贯彻汉光武帝的许多政策，做得比光武帝还光武帝，恐怕是中国史上执行力最到位的皇帝。

1. 规定外戚不封侯、不得做大官，即使工作突出，也没有例外。

汉明帝传达信号的方式，很有中国特色。汉光武帝生前交代，宫廷要为开国有功的武将们画像，汉明帝做了，但没有功勋赫赫的马援，只因为马援是他的岳父！大臣问他为什么没有马援？汉明帝笑而不答。

不久，群臣明白了皇帝的意思，就是斩断徇私门路，不让外戚有弄权的机会。

在汉明帝的朝廷，所有外戚，官位都达不到可以参与议政的位阶。

2. 严格对待官僚与权贵，犯法必究，从不网开一面。

皇帝的姐夫（就是那个诬陷马援的浑人）、舅舅犯法，照样处死。宗室也不例外。

汉明帝经常在朝廷上斥责官员，甚至自己杖打记账错误的官吏，毫不不留面子。当时的官僚无不小心翼翼，严谨办公。

汉明帝时代是中国历史上吏治最清明的时代，大概也是统治集团最得民心的时代。官员贪腐，依法“禁锢三世”，三代不得做官。

从历史记载可以看得出来，任何时期的统治集团，官吏们大都是一大堆亲朋故旧的圈圈组成，东西方并无二致。所以，汉明帝的严格非常难得，这就是他的智慧。抑制官僚与权贵，豪强自然收敛。

3. 宽松对待平民，继续“与民休息”政策。

多次招抚流民，将国有土地分配给贫民耕种，贷给种子、粮食，兴修水利，整治黄河。当时，黄河改道南移后，没有堤岸约束，下游经常泛滥，明帝命令当时的水利专家王景修治黄河，投入数十万民工、耗资百亿钱以上，筑堤千里，终于恢复河、汴分流原况，此后约 200 年都没有河患。

汉明帝在位 18 年，中国人口从两千来万激增到近 3500 万，人民安居乐业。

4. 继续崇尚儒学，规定权贵子弟都要学习经籍，还给外戚子弟设立学校。

经书里头，汉明帝特别重视《孝经》甚至命令近卫士兵都要背诵。他自己还参与制定王公百官的车辆、官服的仪制。

汉明帝少年时曾跟老师桓荣学习《尚书》，桓荣是当时非常勤学的大儒，年纪大，学问和修养都上乘，修订的《尚书》流传至今，汉明帝很尊重这位老师，让桓荣主持太常府（文教委主任，管文化、教育、宗庙祭祀、礼乐、博士、太学），经常去太常府听老师讲课，这时桓荣已经 80 岁，常生病，皇帝去探视，恭敬地在巷口就下车，走到老师家……最后，自己执弟子礼，为老师送终。两汉王朝皇家持续尊师重道的表现，形成后来中国社会良好的社会风气，成为中国式文明的一大支柱，文化、知识因此更加普及。

汉明帝时期，对外发生了以下几件大事。

1. 公元 64 年，汉明帝梦见一个高大的金人，闪闪发光飞落在殿庭里，第二天他心情很好，召见群臣解梦。博士、学者们说：周昭王时，西方有佛出世，遍体金色……一定是佛吧（周昭王是公元前 1000 年的人，佛陀是公元前 600 年的人）。于是，汉明帝派人往西方求佛，取经人千辛万苦，到了大月氏国（在中亚，这时叫作贵霜帝国），再千辛万苦，带回两个大月氏僧人，用白马驮回佛经。辛苦，因为必须经过北匈奴国地盘，是有风险的。回来后，皇帝当然很高兴，公元 68 年下令在洛阳盖白马寺，安置僧人和佛经，从此，中国开始有了外来宗教——佛教。

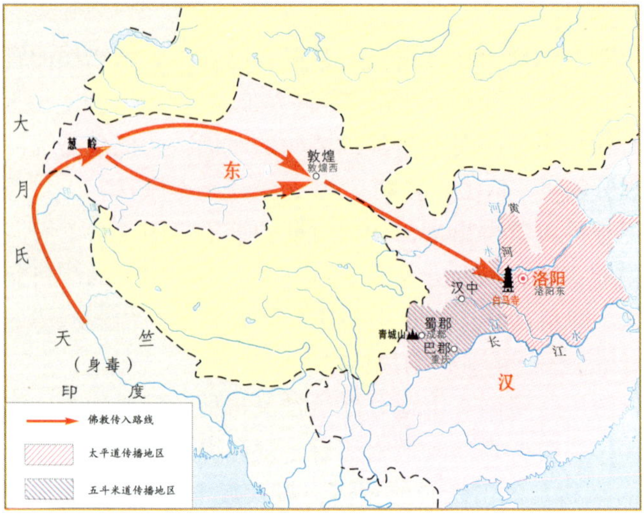

佛教的传入和道教的兴起

汉代“寺”的意思是“鸿胪寺”，是京城里的外交官署、涉外点，安置国际访客的地方，汉的“鸿胪寺”等于现在的外交部。当时，国际间交流不多，外事需要翻译，彼此生活习惯、礼节也不同，涉外很慎重，官方请来的外国人到京城，都集中住宿在“寺”里。洛阳白马寺的命名，表示汉中央政府接纳了佛教。中国本地的祭祀场所，太庙、关帝庙、妈祖庙什么的，没有称为“寺”的。称“寺”，都是从外引进的。

实际上，当时印度佛教已经发展出许多宗派，从汉代直到唐代，大大小小的西域城邦国家也多半是佛教国家。陆续传入中国的佛经，有各国文字、各个宗派的版本，后来，到西方求取“真经”倒成为中外交流的一个很有人情味的历史现象。跟现代一样，“远来的和尚会念经”，因为中国人读不懂洋经文嘛，佛教从汉代传入中国之后，中国人留洋取经的“海归”，无不笃信各自学到的 ×× 版本，于是，到印度的就捧着梵文经版、到康居的就捧着粟特文版、到贵霜的就捧着大月氏文版（像不像20世纪初，中国人留洋的英、德、法、美、日、俄派系呀？）光是比较搞清楚印度国的佛文化宗派，足足1000年（到唐代玄奘回国，才算稍微清楚框架，人家印度国的文化，也是动态演化发展的嘛，任何国家也都一样），不过，那时中国人也已经开发出了本土的佛教了——禅宗。

汉明帝纳佛，不排斥、主动引进外来文化，这是中国社会的一大事件，也是人类史上的事件与尝试，影响深远。其实，只要有所接触、有所交通，人类社群之间的文化吸收与融合，毋宁是经常发生的，相互学习是人类的本能。佛教在中国的传播过程，反映了人群怎么消化别人的文化软体，这些记载是人心工程的经验数据库，相当宝贵。

2. 公元 69 年，有 300 年历史的哀牢国自请归附，于是汉明帝派员设立郡县。当时哀牢人口已近 55 万，多元族群，有千年以上的文化积淀，大致涵盖今天的大理至西双版纳地区，是相当大的郡国。汉置郡县后七年，哀牢反，汉派军平叛，此后，云南迅速汉化。

3. 南匈奴内迁之后，草原成为北匈奴呼衍单于的天下。北匈奴也曾向汉明帝求亲，但汉明帝势不可能同时跟南北匈奴结亲，拒绝，北匈奴遂经常骚扰边境。

公元 73 年，汉明帝觉得中国已经恢复国力，于是反守为攻，命窦固进击北匈奴，胜，深入新疆车师，并屯兵哈密、派“投笔从戎”的班超出使鄯善国，与北匈奴正面争夺势力范围。班超在鄯善“不入虎穴，焉得虎子”，以 36 骑突击匈奴使节团住处，斩杀匈奴特使，逼得鄯善国王归附东汉。

汉明帝觉得班超太能干了，派遣他再次出使西域，窦固想给他多一点人马，班超也不要，仍然是 36 骑原班人马。到了于阗国，巫师亲匈，煽动国王，指定要班超献出坐骑、以便杀马祭神，班超爽快答应，但要求巫师本人前来牵马，巫师一到便被班超斩杀，国王一看情况，便杀了匈奴特使，附汉。然后，班超前往疏勒国，当时，疏勒被匈奴支持的龟兹国统治，疏勒国王是龟兹人，班超派一个部下去见疏勒王，要求疏勒附汉，疏勒王当然不会答应，谈判时冷不防，一人按班超原先计划，一步上前，劫持了疏勒王，龟兹卫士大惊，班超等人进城，另立原疏勒王的侄子为王，于是疏勒国人大乐，也归附汉朝。至此，班超凭个人的勇敢、机智，使东汉王朝势力重现西域。

但，不久后汉明帝去世，焉耆国趁汉国丧，围杀了汉西域都护，班超变成孤军，在疏勒顶住龟兹等联军的进攻。

实际上，这时的南匈奴已经类似今天的自治区或西汉的王侯国（内附的南匈奴族群仍有一个大单于，更自主些），塞外的北匈奴，实质上就是原来的匈奴汗国，不过实力已大不如前罢了。后来，北匈奴治下诸部，也有内附的。

传统史书对汉明帝着墨不算多，这个皇帝的“型”，严谨不苟，重视数据、细节、程序、律法，又挡人财路，不是那时已经功利化的知识分子喜欢的“型”。

写史的，尽说他“严苛”，这就是历来知识分子的“阶级性”，虽然中国历代知识分子出身农民的不在少数，但实际反映了中国社会根深蒂固的小农意识，散漫、贪利的心理作祟。比较严格、不开后门的帝王，如大清雍正皇帝，也惨遭类似待遇。

汉明帝，其实是史上少有的好皇帝。皇帝的职责，本来就是管治好国家机器加造福社会。汉明帝的成绩单，短期、长期，都是“甲”等（光是整治黄河，200年不泛滥一项就值得），他的遗诏还交代：坟陵要省薄！

这是个不可多得的、真实的人士，一生作为，相当实在。

公元75年，汉明帝死，太子刘炟继位，是为汉章帝。

基本上，汉明帝、汉章帝都继承了汉光武帝休养生息的政策。两汉时代，中央政府经常明确“与民休息”的国策，其实有其原因：汉代400多年，是中国自然灾害频发的时期，我们下面再详细叙述。无论如何，经过半个世纪的调养，中国社会又回复“盛世”，就是“明章之治”。

汉章帝即位第二年，公元76年，关东地区大旱，遍地饥民，政府组织救荒，官僚集团趁机向皇帝说：老天爷不高兴，因为你老爸先前管得太严，不免冤杀了一些无辜的人，比如……人情嘛，汉章帝心里明白，整个官僚士大夫统治阶层都受不了汉明帝的严谨，“绷得太紧”，加上社会流行谶纬之说（就是他爷爷，汉光武帝的最爱），汉章帝自己也信，于是，改弦易辙，改为从事宽松：经常大赦，减轻赋役，放宽刑律，取消严规（贪官子弟可以立马做官，不必等上三代了。也不抑制权贵了，外戚又可以参政了），经常超量赏赐宗室与百官。于是，一片欢呼，传统史书也赞他“仁厚”。

汉王朝政治，前后继承的帝王之间，至此已跟打摆子似的，松、紧、松、紧了几回，事实上，从周王朝的文件里也可以看到，人群社会（严格→效率→繁荣→舒松→散漫→衰败→重整→严格）的人性轮回，中国知识分子把这总结为“张弛之道”。

汉章帝的盛世文治：继续夯实儒学。

公元79年，汉章帝效法汉宣帝，召集全国经学会议，亲自参与审定经籍版本。当时，严谨的知识分子已经考据、分辨出一些古籍原版，汉章帝的重点是将后人对经籍的注解部分，大量与谶纬、阴阳、五行思想结合起来。会议结果，皇帝很满意（古籍相当程度复原了，但解释也更迷信化了），下令当时的史官班固（班超的哥哥，是当时的大知识分子），整理记录、汇编成书。

班固是断代史《汉书》的原作者，文笔很好。原先，跟司马迁一样，私下写史，没写完，就被人告发，入狱，稿子上缴，被汉章帝读到，很赏识他的才华，赦免，干脆提拔班固为史官，经常让他随从身边，成为很有影响力的文官，参与了不少国政。班固死时，《汉书》还没写完，皇帝令班固的妹妹班昭继续写（两汉女性，社会地位还行，当然班昭也是个才女），开放皇家图书馆藏的资料给她（有个写作班子），班昭死时，《汉书》还是没写完。传下来的《汉书》，后来是班昭的弟子完成的。

汉章帝一朝，另一个政治成就也是班家操办的，就是班超对西域的经营。

汉章帝即位时，班超孤军还在疏勒，鉴于国势不如汉初，汉章帝决定再次放弃西域，命令班超撤回。班超离开疏勒，经过于阗，于阗人民死活不让班超回国，班超孤军只好返回疏勒，而那时疏勒有两座城已经叛降龟兹。班超捕捉反叛头头，组织疏勒联军先后击破龟兹的同盟国，孤立了龟兹。

班超站稳脚跟之后，于公元 80 年上书汉章帝，详细分析了西域诸国情势，提出了自己的主张，汉章帝很满意（当然啦，就 36 骑嘛，坚持了五年，还发展了势力范围），于是，委任班超全权代表汉王朝，班超成为名副其实的汉帝国西域总督，并给他招募了一支上千人的骑兵队增援（后来也不过增援了 800 骑，一共就 2000 骑）。

公元 88 年，汉章帝死时，班超已经把西域经营到大半恢复为汉的势力范围。

三、跳不出（外、宦、官、富）统治的怪圈（公元88—220年）

汉章帝死后，太子刘肇继位，为汉和帝。

汉和帝继位后，公元 89 年和公元 91 年，外戚、也是真正意义的汉王朝名将——窦宪，只以 3 万精骑（包括南匈奴、乌桓、诸羌的骑兵），深入匈奴王庭，两次大败北匈奴单于，勒石燕然山（今蒙古国杭爱山，班固写的铭文），北单于向北逃遁，不知所终。历时 229 年的汉匈战争，至此结束。蒙古大草原恢复诸部游牧的状态，权力真空不久便被草原左翼的鲜卑诸部填空进来，汉匈战争白打。

班超活到 70 岁，经历汉明帝、汉章帝、汉和帝三个君主。这是个另类天才。

从公元 74 年始到公元 102 年班超死，他后半生 28 年全留在了西域（没见过他回到中国的记载）。这个不平凡的汉人，从小就有“异”志，因为家境清寒，哥哥班固安插他在政府机关里做小吏（文书抄写员），还被炒鱿鱼。班超原本就憧憬到西域立功、封侯，于是，投笔从戎，从军当兵，成为窦固远征军的一员。功利动机，促成班超到西域发展，或许这就是他的宿命，班超一到西域，如鱼得水，水土人文语言都通，简直天生该当“西域人”（班超第一次进入西域时，已经 42 岁，估计，应该早已学会并精通西域的通行语言，很难想象他是到了西域才开始学习的）。实际上，班超虽然是汉王朝西域总督的身份，但更像似西域城邦世界的汗王……西域城邦诸国以及中亚诸国，草原文化是基调，班超常常“调集”诸部骑兵联军，从事进攻或防御，对付敌国，跟匈奴单于没啥两样。

公元 90 年，班超调集诸国联军，抵挡住西方大月氏国号称 10 万大军的进攻，使得“丝路”北道的龟兹等亲匈奴国家附汉，但这时，西域东边的北匈奴已经被窦宪打败，汉匈形势已经转变成对班超有利。北匈奴北遁后，公元 94 年，班超最后、也是最大的一次集结，诸国联军大约 7 万人马，进攻焉耆，第二年，全部西域恢复为汉王朝势力范围。公元 95 年，班超 63 岁，汉王朝封他为侯，完成了班超青年时期的夙愿。公元 101 年，班超派儿子班勇（生长于西域）陪同安息国（今伊朗东北部）使者入朝洛阳（其实，班勇有点儿“质子”的味道）……

匈奴国势既弱，班超管治下的西域实际上成为东方世界与西方世界接触的交易站。欧亚草原诸部从未放弃跟西域的联结。自古以来，西域、中亚便是草原与东西方之间的交易孔道，那里的各国族群，互相交易、多方联结。中国的丝绸布帛、漆器、铁器，随汉使者、商人西出，换回马匹、骆驼、香料（胡椒等）、葡萄、胡桃、胡瓜（西瓜也算）、胡麻、胡豆、苜蓿，当然还有各国的金银铜货币。公元 97 年，班超派遣出使罗马帝国的甘英最远到达了地中海东岸、“望洋兴叹”便折返了。

班超死后，汉王朝派来接班的人混了没多久西域又失控，原因很简单：官僚贪腐严苛，不可能入乡随俗，也没那个素养去了解别人的文化。公元 107 年，西域诸国纷纷叛汉，跟继起的匈奴诸部联盟，一时之间，西域的“匈奴”势力复燃，汉王朝无奈打出班勇这张牌，混乱维持了 20 年后，西域才又恢复为汉的势力范围，而此时东汉王朝也已临近尾声了。

汉和帝即位时，是个 10 岁的孩子，养母窦太后专权，重用哥哥窦宪。王权专制的宫廷政治，又再一次体现为外戚擅权，窦家一门一时权倾朝野，皇帝甚至不能单独会见臣下。窦宪更是专横跋扈到不行，这是个“粗人”，气量小，有仇必报，养了一帮刺客，惹到他的官吏，即使是窦太后的人也照刺不误，弄得京城鸡飞狗跳。

但窦宪打仗倒真行，能把北匈奴大单于打到移民欧洲，本事很大，可是，这样的战功更加刺激了窦宪的野心，自己也想政变、当皇帝了。

公元 92 年，汉和帝才 14 岁，这个少年皇帝相当机智，通过贴身宦官跟亲皇家的大臣沟通，决定铲除窦宪，还调阅史书，学习前人怎么清洗外戚……于是，他以封赏晋爵的名义召窦宪进京，皇帝、宦官、大臣通力合作，迅速兵围窦家兄弟府邸，活捉窦宪兄弟，杀掉其附从的人。看在窦太后的分儿上，汉和帝先命令窦宪兄弟各就封地，分散到地方后，再迫令他们自杀。

作为权臣、外戚，搞政治，窦宪确实是个浑人。但作为将帅，窦宪的武功也的确非同小可。后世史书怎么说好呢？数据是，窦宪是真正终结“匈奴汗国时代”的汉将，兵力最少、费用最少、征程最远（牺牲恐怕也最少）……怎么看，窦宪称为“名将”是当之无愧的，比卫青、霍去病还高，而且是外战，不是内战。

公元 97 年，窦太后死，皇帝方才知道，窦太后是养母，不是生母。但，臣下提议贬抑窦太后尊号，皇帝并不采纳，只是给生母梁氏上了“皇太后”尊号，仍然将窦太后跟汉章帝合葬。看得出来，汉和帝是个性情中人。那时，连年灾荒，他勤政爱民，任用富有同情心的司法官（按谶纬阴阳之学的说法，整理冤狱可以减少“冤气”，从而理顺天灾）。又因为宦官贴心，扩大了宦官职权，这是宫廷宦权的源点。

公元 105 年，汉和帝死，26 岁，很年轻。他生来体弱多病，勤政嘛，常常工作到深夜，可以说是累死的。

汉和帝很不幸，他的众多后妃生产的子嗣们都夭折了，于是，宫廷里弥漫着奇怪的气氛，大家都迷信这宫廷不对劲儿，于是，汉和帝把子嗣都送出宫、寄养在平民人家里。汉和帝遽然去世，留下一笔糊涂账，没人搞得清楚，到底有多少“龙种”散落民间。身份明确的一个，八岁，但身体有缺陷，于是又根据邓皇后提供的线索，找到一个刚出生不久的皇子，赶紧抱进宫里继位，邓皇后就此成为邓太后，临朝称制，成为最高权力者。

结果，这个婴儿皇帝只活了不到一岁，死了（很可能就是汉和帝有基因缺陷）。邓太后迎立 12 岁的汉安帝，继续称制。

公元 105 年到公元 220 年，汉王朝一共经历 10 个孩儿皇帝，只有 4 个皇帝（安、顺、桓、灵）活到成年，王权只能在宦、外、官、军之间找平衡点，苟延残喘。并且此时期天灾频繁，公元 184 年，黄巾军爆发起义，中国社会崩解，势不可免。

在这东汉衰败的 115 年间，比较像样、做了点儿事的掌中央政权的人物，仅有前后两个：最前期的邓太后、最后期的曹操。

邓太后，邓绥，统治汉 16 年。她是东汉开国大功臣邓禹的孙女，汉光武帝打下天下之后，着重压抑权贵，邓禹是仅有的几个例外（他很了解汉光武帝的心思，配合得特好），被留在朝廷参政，也许因为这个缘故，邓家的家教特佳（很文）。邓太后专权，倚赖娘家外戚，但也着意压制娘家气焰，她特别下令娘家人所在地的官吏：外戚犯法，一律依法严惩，地方官不许偏袒。邓太后生活简约，崇尚节俭，经常特赦、减税，为中央政府聚集民心，行事麻利、严格。因为喜爱文风，重用宦官蔡伦主持宫廷作坊，蔡伦成功开发了造纸工艺，是现代纸业的源点。她的宫廷里，还出了一个大发明家，太史令张衡，制作出最早的天文仪和地震仪。

邓太后重用哥哥邓骘，邓骘也确实学养俱佳，提拔了当时的大儒杨震为官，深得文官系统爱戴，但这时，豪强兼并土地的社会癌症已经无可医治。

邓骘屡次推拒朝廷给他加官晋爵，自己带头辞官为母守丧，后来成为士大夫孝制三年的范本。邓骘做官本本分分，儿子收贿（一匹马而已），还将老婆、儿子送到司法机关自首。

公元 121 年，邓太后死，已经 27 岁的汉安帝亲政，普通年轻人被长期抑制都要出问题，何况皇帝？皇帝的乳母勾结宦官，早已诬告邓骘谋反，汉安帝立马趁机查办，宦官集团也趁势迫死邓氏一族。

杨震办学到 50 岁才被邓骘请出来做官，三千学生遍天下，当时号称“关西孔子”。杨震的教学宗旨：做人清白正直，做学问严谨实在。杨震做官，严格自律，不受私谒，自号“清白吏”，廉洁勤政，任用人才。有个被他提拔当官的学生，半夜给他送上 10 斤黄金，说不上贿赂，报答罢了，但杨震也拒绝了，留下“天知、地知、你知、我知”的千古名句。邓骘被迫蒙冤自杀后，文官集团震动，纷纷上书皇帝，请求抑制宦权。公元 124 年，已经是朝廷大臣的杨震亲自上书皇帝，宦官集团震动，先下手为强，杨震罢官，于回乡途中自杀，成为天下名模。

公元 125 年，汉安帝死，阎皇后也找了个婴儿做皇帝，太后专政，但婴儿只活了七个月，宦官集团回头拥立 10 岁的废太子，是为汉顺帝，清除阎氏外戚。汉顺帝的职位，既然是宦官集团给挣来的，当然要倚赖宦官，19 个宦官封侯。这时，汉和帝生母梁氏这支外戚（原本就是权贵一族）跟宦官勾结，在汉顺帝 17 岁时立梁氏女为皇后，此后，梁皇后哥哥梁冀便开始专权。这是外戚与宦官集团的专权，而梁冀这个大老粗，除了专横跋扈，没有丁点儿本事。

公元 144 年，顺帝死的那一年，梁冀操办三次“皇帝”葬礼，第一次自然是汉顺帝；第二次是一个两岁的娃娃，活了五个月；第三次是一个八岁的孩子，太聪明，说了句“这是个跋扈大将军”，就被梁冀毒死。于是，立了 14 岁的刘志，是为汉桓帝。公元 159 年，27 岁的汉桓帝也学汉安帝、汉顺帝先例，联合宦官集团，诛灭梁家外戚集团，五个宦官封侯，这些宦官专政，比梁冀更腐败。

公元 166 年，许多文官、京城太学生（高级知识分子）都上书朝廷请求改革政治，引起宦官集团与文官集团正面冲突，汉桓帝下令逮捕了许多官员和太学生，终身“禁锢”（丧失做官资格），这就是“党锢之祸”。士大夫组成的文官集团，这时候显现出高超的气节，重臣窦武、陈蕃是“士党”主力，继续上书要求政治改革。入狱的高官李膺、陈寔、范滂虽酷刑而不改供词，皇甫规（将军级别）甚至以不在黑名单上为耻，申请入狱。

公元 167 年年底，汉桓帝死，无子，窦太后（窦武女儿）迎立 12 岁的刘宏为帝，是为汉灵帝。

公元 168 年，窦武以外戚身份成为辅政大臣。窦武解除禁锢并计划除去“宦党”，不幸被宦党发觉，并抢先出手劫持窦太后。恰巧一批部队从边疆换防回京，“司令官”张奂被宦官忽悠，以为窦武叛变，这批部队就被用来“平叛”，窦武、陈蕃（这时已 80 岁）反而被害。事后，宦党要让“平叛”有功的张奂当“农业部长”，张奂拒绝封赏，并上书“皇帝”，要求迎回窦太后、平反窦武与陈蕃、重用李膺。12 岁的“皇帝”懂什么？于是，张奂自请入狱，罢官，返乡，禁锢终身。宦党发现士大夫难以收买，干脆大开杀戒，黑名单上列名的士人被杀的不下数百，包括李膺、陈寔、范滂，流放与坐牢的近千人。

公元 169 年，山东一个得罪宦党的士人张俭被诬陷通缉，往塞外逃亡途中，“望门投止，莫不重其名行，破家相容”（看见人家就前往投宿，没有怕灭门之祸而不收留他的），后来宦党清洗，家破人亡的有数十家之多，一个地区甚至因此残破。这反映出当时社会对这些士人的感觉，很悲情。

公元 172 年，窦太后死，宫墙外出现反对宦党的公告，宦党逮捕士人、太学生，以及跟他们有私怨的人达千人以上。

公元 176 年，地方大员曹鸾上书要求平反士党、解放禁锢，结果被捕处死。皇帝这时 20 岁，已经成年，只能说汉灵帝也加入了宦党（皇家买官、搞钱，这里是源点），他下令：凡党人门生、故吏、父子、兄弟中任官的，一律罢免，禁锢终身，并牵连五族。“党锢之祸”的范围无限上纲。

公元 184 年，黄巾军起义，全国沸腾，宦党方才宣布结束党锢，重新起用士人，以镇压黄巾军。两汉政治至此，王权专制软体下的政府由于皇家的“人的因素”，基因、身体、感情、智力等，已经展示出相当清晰的影像：统治权不可能不分享，宫廷内有外戚、宦官，宫廷外有文武官僚、豪富，一起对社会施加影响。“好”与“坏”的数据，在王、宦、外、文、武统治阶层里头都存在，相当随机、而偏于坏多于好，士人算是比较好的。

尽管政治已经败坏、天灾也不断，公元 156 年的东汉人口依然达到了 5600 万，但此后的天灾人祸，使得公元 217 年的人口锐减至 1500 万左右。实际上，灾荒引发底层人民暴动，是中国农业社会的普遍现象，黄巾军起义之前30年间，几乎年年发生，反映出统治阶层的管治方式大有问题（西汉文景时代，灾荒也多发，但社会相对稳定）。暴动，永远是人类一个不得已的求生方式。

黄巾军起义，是以民间宗教形式组织起来的农民起义，东汉统治阶层相对迷信，河北平民张角熟悉谶纬、阴阳、道家黄老之术，以符水咒语给人治病（根据美国现代医学统计，针对人类大部分疾病，精神疗法的疗效不低于50%，专业西医也不过70%左右疗效），在公元172年左右，张角创立组织严密的“太平道”，广收信徒，10年内发展出几十万徒众。太平道的扩张，政治腐败、汉羌长期战争的耗费、土地兼并、天灾、民不聊生、流民遍地，通通都帮了大忙。于是，张角积极准备推翻汉王朝，但行事不密，提前于公元184年初发动，教徒以黄巾裹头，号称百万众。朝廷以外戚何进为大将军，皇甫嵩等（包括曹操）一年内便击败了黄巾军，张角病死、兄弟阵亡。但全国各地非教徒的农民暴动依然继续不断，残余的黄巾军则于公元188年再次发难，中央政府疲于奔命，不得已正式下放军政大权给地方，让地方大员筹饷、募兵、自保，各地割据终于台面化，尤其是可以招募游牧民为兵的西北地区。至此，不但农民反叛，地方豪强也反叛，中央政府名存实亡，天下大乱。

公元189年，汉灵帝死，太子勉强继位，但宦官集团支持另一个皇子，何进召西凉军阀董卓入京，准备铲除宦官，反而先被宦官斩杀于宫内，大臣袁绍闻讯借机攻进皇宫，杀宦官达2000余人。这时间，距离汉灵帝死还不到五个月。

董卓带兵进京后，立刻拥立八岁的皇子刘协即位，就是东汉最后一个皇帝汉献帝。在洛阳京城，董卓纵兵奸淫烧杀劫掠，权贵之家也不能免，袁绍、曹操以及大批官僚相继逃离。公元190年，袁绍发兵讨伐董卓，表面上，各地参加的军阀很多，实际各怀鬼胎，只有曹操独自西进跟董军干了一仗，大败，曹操负伤。这时，董卓看到关东不利于他，干脆挟持汉献帝与京城百姓西迁长安，临行，一把火烧掉了整个洛阳城，京城方圆200里内，变成废墟。公元192年，大臣王允用美人计诱反董卓部将吕布，趁上朝时杀死董卓，夷灭董家。后来，西凉军余部攻进长安报复，杀王允和大批吏民，吕布败走。

这以后，便是长达近400多年的军阀混战，中国世界再次回到“战国”时期，只是“国家”的数量不像春秋战国的城邦诸国那么多罢了。

元末明初的罗贯中，把东汉末年这段历史写成充满戏剧性的小说《三国演义》，脍炙人口，也许是中国历史上最流行的小说。但事实上，活在东汉末年，一点儿也不好玩儿，那是人命不值钱的时代，战乱与灾荒不断，经常发生人吃人的状况，原来的“中国”（关中加中原）人更可能存活不到三成。

《三国演义》的主角们，无一不是当时的权贵、豪富或读书人，提着自己脑袋走江湖，一不小心就丢了。那时有知识的人仍然标榜“气节”或“忠于汉室”，掩饰着个人野心或利益，就是看不到“社会责任”……《三国演义》描绘人性，凸出忠奸形象，几乎是完美剧本，但距离史实很远、很远，连忠奸也是戏台上的脸谱而已，认真不得的。实况转播一下：在洛阳，董卓的部队劫掠迁徙的平民，杀了男的，女的不说了，把男的首级挂在抢来的车上，以此吓唬下一个被抢掠的对象。

张角的徒众，有战役失败后几万人集体投河自杀而不投降的，显示出中国人的宗教狂热。至于历史记述的形容，什么地方是男人吃掉女人，又什么地方是女人吃掉男人，这些是典型的社会崩解现象，人性回归本能的极端。

四、话说曹操

史书怎么记载曹操这个人？

传统史书记载的，当然是后人写的，或许有政治考量，但写的是作者的笔触。

《三国志》中说：“治世之能臣，乱世之英雄。”

《三国演义》罗贯中只改了一个字，“英”雄改为“奸”雄，一字之差，影响至今，只能说，中国文字，太神啦。

无论如何，曹操是那时代的“雄”。如果是太平盛世，他可能是“能臣”或“奸贼”，也是对的，无非形容这个人，有才干，生性自在，富创造力，剩下的就看机缘了。公元 174 年，小贵族出身的曹操，20 来岁做了个小官，治理洛阳北区，俗话说，京城里随便掉下一块招牌板子，都可以砸死一个“局长”，管治权贵集中的地区，谈何容易。曹操却只管申明法令，棒杀皇帝最宠信太监的犯禁的亲戚。宦党只好把他明升暗降，调离京城。

公元 184 年，张角起义，曹操受命配合官军进攻，大胜，朝廷便派他管治济南郡国。曹操到任后整顿吏治，一次性开除 80% 地方官僚，贪官污吏纷纷逃离济南，不消说，济南便治好了。公元 188 年，朝廷调曹操回到洛阳，升为将官，第二年董卓进京后，曹操感觉不对劲儿，化名逃出洛阳，在陈留（今河南开封）散家财招兵、讨董，更联络各地，尊袁绍为“总司令”，联兵讨董。

公元 190 年，袁绍的讨董联军内讧，无疾而终。但曹操坚决讨董，打了几个胜仗后，袁绍任他为东郡太守，相当于今天的专区首长。公元 192 年冬，曹操击败山东北部的黄巾军，收降人口与精锐达百万以上，从此有了一块自己的地盘。之后两年，曹操连续向西发展。公元195年，曹操三败吕布，基本上坚固了黄淮之间的地盘。

公元196年，曹操迎汉献帝并将汉朝廷迁都到许昌，“挟天子以令诸侯”；到公元199年，几经战争，才真正控制黄淮之间广大地域。

在这期间，人的“关系”，分分合合，很复杂。曹操差点儿顶不住，一度想投降袁绍，两人原来便是好友。袁绍、袁术是亲兄弟，当时真正的权贵世家出身，打天下嘛，互相为敌。刘备，号称皇家宗室（那时刘邦后代，恐怕有几十万人），地盘在徐州，一心想当皇帝，被曹操打败，便投靠袁绍。各地称王的刘家，无不有“恢复汉室”的政治号召。而曹操捏住了正主——汉献帝。

公元200年，曹操以极劣势兵力（也许是1 ： 10），击溃南征的袁绍军，全靠“智慧”。曹操首战靠奇袭，赢了立即后撤到许昌北边的官渡（今河南中牟），对付追兵的办法，是把辎重财务“弃”在路上，让袁军兵士争抢，曹操率仅有的骑兵再次奇袭，大胜，袁军震动，于是曹军稳住官渡，跟袁绍大军对峙。后来，得到袁绍后勤补给站的情报，曹操自率5000人马夜袭，火攻，又大胜，袁绍大营闻讯溃败，阵亡达7万人。曹操清点袁绍大营，得到不少曹营人马给袁绍的往来信件，当众烧掉说：袁绍很强，我自己都差点儿顶不住，何况大家呢……（光这一点，古今中外，极少有统治者做得到，大多是秋后算账的）。

公元206年，曹操统一了北方，但袁绍死后，他的儿子们向北投奔乌桓。于是，公元207年，曹操进兵辽东，走间道进攻乌桓，突袭到了乌桓老巢（辽宁朝阳）门口，乌桓才发现，乌桓王阵亡。袁绍的儿子们又投奔辽东军阀，曹操并不追击，班师回朝。不久，辽东军阀果然杀了袁绍的儿子们，并向曹操求和，夯实了曹政权在华北的统治。

公元208年，曹操开始南征，先打下荆州州治襄阳，沿汉水进入湖北，自己带5000骑从襄阳长途奔袭，在长坂（今湖北当阳）大败刘备，刘备残军2万向东到武汉，跟占有江南大片领地的孙权（东吴）联盟抗曹，孙权担心曹操进占长江上游地区，直接威胁到下游的孙吴政权。孙权派周瑜领军3万，孙刘联军在赤壁隔长江与曹军对峙，然后，便发生了中国民间最常听到的火烧赤壁。周瑜用的计策是，军棍修理黄盖，黄盖向曹军诈降，10艘满载淋上油脂柴草的小船靠近曹军链接的船队，接近时，点火，借风势引发曹军船队大火。曹军大败，曹操急忙撤退。

《三国演义》的戏剧效果奇佳，中国人都知道“瑜亮情结”（既生瑜，何生亮）。实际上，这不合人情。史书记述的周瑜，不是暴发户，权贵出身，受过良好教育，没有心理缺陷，年纪轻轻的，20来岁已经是孙吴政权的“大将军”了，娶的是东吴王后的妹妹，他本人也是帅哥一个，雍容大度，富贵名位都不缺，没理由也应该不会小气到去嫉妒诸葛亮，这两人没啥可比性，诸葛亮那时不过是一个还没捞到地盘的宗室军阀（刘备）的师爷（幕僚长）。

赤壁之战，主要是周瑜的功劳。

回到老窝的曹操，大概体会到一口吃不出个胖子来，便沉稳地安定内部。曹操其实很有文采，字写得好，诗文更佳，汉献帝的朝廷在曹操管治下，“上马杀贼，下马草露布”（露布，就是布告或战报），文风很盛，所谓“建安风骨”（建安，汉献帝的年号），就是曹操与儿子曹丕、曹植等当代文人的文章特色，充满乱世现实的悲情与慷慨，流传至今。那时候，人口剧减，曹操很务实地网罗人才，不问品行（不在乎士人跳槽），不问家世（不需士族出身），只问才干。

公元211年，曹操转向西北发展，两年内平定陕甘地区。公元215年，鉴于刘备已经取得四川地盘，曹操肃清汉中地区（川陕交界），关上刘备军进出关中的门户，但公元219年，刘备派关羽（后来民间信仰的“关公”，“义”的化身）领兵，一度进占荆州，孙权顾忌上游刘备的发展，便反过来联合曹操，攻占荆州、江陵，杀了关羽，曹操发布任命孙权为荆州领主（更早些时，曹操曾两次亲征孙吴，迫使孙权结亲，所以，这时候与孙权已经是亲家。并且，北方边境多事，曹操还派兵大败寇边的乌桓、鲜卑联军。总之，典型的战国故事，各大势力随时合纵连横，打来打去。）

公元216年，曹操称魏王，当然，表面上仍维持汉王朝皇帝封王的程序，但已成为实质的“皇帝”；同年，趁南匈奴单于来朝时，将分布在边界内侧（河套至晋冀北部）的南匈奴分解为五大部，匈奴至此正式画上历史句号。

公元220年，曹操死，魏太子曹丕继位；同年，汉献帝“禅位”，曹丕改国号为“魏”。东汉王朝也正式画上历史句号。

曹操一生，领军远征四方，算得上勤劳，而且算得上自己打的天下。

当政之后，地方残破，重申土地兼并的律法以压抑豪强，用平民知识分子为官，以身作则，注重效率与廉洁，使社会风气转回勤俭，算得上智慧。

史书记载曹操自己说的：“如果没有我这个人，天下真不知会有多少人称孤道寡。”

孙吴的特使，假惺惺劝进曹操自己做皇帝。

曹操说：“想让我坐在炉火上烤呀？”

曹操的智慧，不一般啊！

汉代的中国文化基调

东西两汉（含新政权在内）共422年，庞大而统一的国家机器，把人口、经济、文化都领先的黄河流域文明，普及到王朝管治下的全国范围，长期的教化加混同的生活方式下，人脑里的认同软体起了作用。

汉人等于中国人，汉式“儒文化”等于中国文化，便这么形成了。

既然黄河流域“中国”式农业文明，经过夏、商、周、秦、汉的王朝演化与扩张，成为广阔幅员的生活基调，汉王朝又维持了400多年的统治平台，成为今后续起的王朝的管治范本，古代中国人、现代中国人，无不有着“汉代”与“汉人”的烙印，软体如此，硬体也如此。历史记述里的“汉代”模型，以及当时“汉人”的实际情形，当然值得我们多花点儿篇幅去叙述。

明白了汉代，就更容易理解后来的朝代以及那些朝代里的前人，包括现代中国人自身。

我们看历史，一定要“后来有先见之明”，把发生过的事，跟当今正在发生的事联系起来看，啊，原来如此。对我们来说，前人跟今人很不同，他们是昨天的外国人，没有手机、电视、飞机等的生活怎么过？不一样的生活方式和想法，活像个今天的外国人，然而，中国人、外国人，大家都有相似的社会结构、相近的道德标准、相通的思想和情感，古今中外人类怎么做到的？

“人之道”就在这些“后见之明”里头了。

汉王朝从开端到结束，中国人口几乎在同个数量级，大致没变，1500万左右，但是记载的数据，最高点两次到达过6000万左右，在科技与疆域都增长的情况下，显然发生了许多政治之外的事件，影响了当时的中国社会。

一、经济

1. 生产与技艺

战国时代，秦在陕西的（小农耕战加“法治”）策略，造就了强盛的秦国，被当时中国世界的各国采用，而只有秦王朝能够以此做到武力统一中国。原因其实很人性化，秦的“法治”是一种“纪律”手段，严刑峻法，跟信赏重罚是平行使用的。平民百姓，前有军功升爵的胡萝卜诱惑，后有刑罚杀戮的棒子驱策，对国家机器的法规，人情自然遵循。“中央集权”，实际是“统一纪律”。

从社会经济角度来看，当时的生活科技，针对黄河流域的生态环境，扩大农耕面积是最有效的生产方式。秦王朝实施小农经济政策很成功，经济与人口都增长。

汉王朝，自然也想不出更好的法子（或许，根本没想过换条路走，风险太大），于是农民人口编入户籍，成为国家机器的税源、兵源、役源的小农经济体制，便沿袭下来。农政，农业科技的改善（农作物的选种、耕种程式等）、农民副业的推广（种植麻桑、纺织、手工木作等）、水利、开荒等相关的工作，也成为汉政府的重要职能部门。

汉代农业技术，铁器的大量使用及牛耕的推广使得黄河流域的农业文明——翻土深耕和刀割收取普及到南方稻作区域，大大提高了农业生产力，释放了更大比例的人力去进行其他经济活动，包括建筑、纺织、工艺品的制作等。

从出土的汉代文物看，制造技艺已经相当成熟，而且亮丽。汉代文化，包括文官体系，较之同一时期世界其他地区的文化更为先进。

马踏飞燕铜件

绿釉陶狗俑

帛衣

牛耕砖雕

鎏金长信宫灯

漆鼎

漆棺

五铢钱

铁犁铧

灞桥纸

尤其是公元105年，东汉蔡伦造出近乎现代意义的纸张，比西汉纸更薄，成为中国人的一大发明。

汉代田地一亩，约相当于现在0.7亩，正常产粮1.2—2.2石。现代学者统计东汉公元100—150年，有户籍的垦田数字约近700万顷，大约有5000万口人，一般正常年份，可产出17亿±5亿石粮食，农民自留吃用3亿—4亿石。真正情况，或许比这一数字稍大，因为权贵豪富兼并土地，使得农民户籍和实际垦田数量都虚报少了。当时黄河流域是主要粮区、人口区、经济区，占全国85%左右经济比例，虽然这时川、鄂、苏也已进入开发阶段。所以华北灾荒的话，影响极大，因为荒年大面积减产，甚或颗粒无收，是发生过的状况。中国的农业社会，虽早已习惯于囤粮，但大抵经不起连续两年以上灾荒，包括旱、涝、虫、疫、战。

汉代交易媒介包括粮、帛、钱。汉代官吏的薪俸（“秩”）以粮帛计算，当时农民五口之家食用，一年不过30石粮，中央级官员大致400石以上薪俸，1000石已经是部长级别待遇；东汉时，部分折算为钱。实际上，汉代工商业相当发达，铜钱成为主要通行货币。那时的钱，标明重量的秦“半两”（今7.8克重）、汉“五铢”（今3.3克重），含铜量78%左右，汉略大于秦，是货真价实的交易媒介，囤积钱等于囤积铜物资等于囤积财富，是比较真正的“通货（货币）”概念。虽然是比较可靠的“通货”，但商业交易所需的物资流通受限于运输交通（车马、道路、船只），某地区一时的物资紧张，很容易引起对比于铜的价格的大幅涨落。

那时候人们的“经济”行为或思想自然跟现在不大一样，如“财富”——钱，容易被掠夺掉，农业国家嘛，土地又是生活必需的粮食的必要生产资源，于是，“有土斯有财”，有了钱，就买田地呗。

土地兼并，是那时候的一种经济方式，相对稳当的投资。穷人投资读书做官，更是政、经、社各方面都有好处，几乎没有风险，最多书没念好。

汉代五铢钱，做到了秦始皇没做到的货币统一。

汉武帝之后，中央政府严禁私铸铜钱，但随着工商业的繁荣，流通的大量需求，加上那时中国地广人稀（比现在中国幅员略小，但人口只约现在的1%—4%），朝廷难以完全查禁私铸（从禁令宣布的次数，反映出私铸的存在），只能说大致上货币是统一的，市场上无非自然发生“劣（伪）币驱逐良币”的市场规律，私铸铜钱的重量、成色，当然比不上官钱。现代学者估计，西汉政府发行五铢钱，从公元前118年至公元6年，共约280亿钱，东汉政府发行多少，不知道。

东汉末年，董卓进占洛阳后，曾毁掉五铢钱，改铸小钱，使市场秩序大乱，不过10年后，曹操在许昌的政府一度试图恢复发行五铢钱，但已经力不从心，可以看出汉末经济与人口剧降的一斑。

西汉汉武帝的京畿粮价，每石大致在20—90钱。

东汉的京畿物价，大致：一个奴婢4万钱等于20亩地等于两头牛等于400石粮，合每石粮100钱，这意味着，要么，通货膨胀，要么，物流管道阻塞或粮食减产或另有原因。产地的农民卖粮，每石不会大于50钱。

2. 税赋

前面，我们估算过“文景之治”时期的平民负担。主要是每口每年的成人的人头税和小孩的口赋，汉武帝把人头税增加到120钱、口赋增加到23钱，之后直到东汉亡，再没减少过。东汉中期，农户配地约百亩，中央政府基本税收如下。

田赋：收成的1/30；另加刍稿税：每顷（百亩）55钱。

算赋（人头税）：成年人，每人120钱（商人、奴婢加倍）。

口赋：儿童，每口23钱（其中的三钱，专为养马，算是“马赋”）。

户赋：每户200钱。

更赋：成年男子，每人300钱。

献赋：成年人，每人63钱。

农民五口之家、耕100亩地，总负担合计：1426钱加收成穀粮的1/30（平均按三大两小、1.5个男子计算）。

所以，耕田100亩的五口之家自耕农，若平均年收成每亩一石，自家需吃掉30石，田赋3.3石，余66.7石，可换到3333钱（产地收买价，每石50钱）。但戍役、地方摊收等，至少600钱（不戍边的代价是男子一生每人2000钱，平均每户每年需缴纳约100钱。地方摊派，没数据，当每口100钱，算客气了）。地方官僚的好处，主要来自滥收规费与徭役，不然也不会一谈到“整顿吏治”便成为统治者的莫大功劳。

据《史记》记载，西汉汉武帝时代，一般布价每匹300钱左右，麻布每匹200钱左右，汉代的一匹布长四丈，合现在的9.2米，《史记》记载一匹布也就只能做一件衣服（也许是夹衣吧），东汉物价至少是西汉的两倍，五口之家的基本穿衣，就算平均衣穿六年（麻与布，单、夹衣各一件），每年布钱也要1000钱。而农民吃饭，必少不了吃盐，东汉盐价大致每石800钱（每斤6.7钱，汉斤合今220克），一年也得数十钱。可以说，汉武帝之后，基层的小农户平均每年的劳作，存活之外剩下可花用的大致每月20钱，应付其他的生活所须，用具、婚丧喜庆、社交等。难。

总之，两汉社会的基层农民生活，几乎没有抗风险能力。

整个汉代的史实清楚地反映了“休养生息”是政治话语，“整顿吏治”加“抑制豪强”才是管治法宝。

从西汉文帝开始，皇家对灾荒的处理，经常是“开放山林河泽之禁”，以安置“流民”。山林河泽或皇家庭园（包括陵园）属于皇家“私产”，不允许在那里伐木、开矿、捕捞、打猎、垦田，开放一部分给“流民”，流民是什么人？不就是逃离家乡的饥民嘛，让饥民有地方可以安身过活了，暴动造反抢掠的事件就减少了。

皇家私产多，这当然是个办法，也是个政治姿态。但汉文帝为什么不叫官僚地主豪富也分担一点儿责任呢？因为，人情嘛，皇家不带头，哪能使既得利益集团也分点儿利，于是这叫“不与民争利”，他是没办法，指挥不动……

汉文帝之后，基本上，大脑清楚的帝王，景、武、宣、光武、明，都十分明白，整顿吏治等于不准官吏过分剥削，抑制豪强也是一样的意思。无非，王权从来不可能绝对，王权与官僚豪富“共治天下”这是现实，怎么有效执行（整顿吏治加抑制豪强）、增加基层平民的抗风险力，就是他们的智慧。

汉代最后一个实质的统治者，治乱世的曹操也做类似的事。

但他更进一步，取消人头税，改为“户调制”。这更近于治本，使此后中国王朝税赋趋于合理。

曹操的“户调制”：每户绢两匹（1200 钱左右）、绵两斤（40 钱左右）。拥有土地者，田赋定额每亩四升粮（按每 100 亩地征 3.1 汉石的粮）。户税制，简单明了，地方官不得随意摊派，大地主也难以转嫁。地方虽不能随意摊派，中央却不可能没有规范戍役（军费）和地方规费，仍按 600 钱计算，这样，曹操时期的小农户，正常年景的收入有 1505 钱，则政治体制的维持，共占农民年产出的 40%，基层人民的日子仅稍微好过一点儿。

现代学者仔细解析过秦汉税制，虽然都是取之于民的钱粮，但税、赋等名目，以及管理的衙门，那时当然也有许多区分。

我们需要了解的是以下内容：

汉制是全盘照抄秦的办法，而商鞅变法之后的秦王朝，实际是建立了中央集权加资产私有加小农经济加针对土地和人头来抽税的制度。

秦王朝的户赋、田租（地税）和人头税，还有军赋（军费）归中央财政。秦皇家本身就是全国最大的地主，独享园林河泽矿产之利（佣、佃租）。

汉王朝在秦代基础上，庄园山林河泽矿产之外，皇家还额外敛取人头税（口赋与献赋），因此，汉皇家财政收入甚至超过中央政府收入，大致是 2 ∶ 1

（汉武帝时，约 80 亿钱对 40 亿钱，所以汉武帝常“自掏腰包”对匈战争）。

3. 灾荒

或许从灾荒史，更能看明白汉代实况。

两汉是灾荒相当频繁的时段，即使在“盛世”时期，仍引发大大小小的农民动乱，所以汉代国家机器不断以“流民”数量作为地方官僚的绩效标准。相应的管治措施，包括刑罚、水利、汉儒文化的推广，一系列硬体、软体安装，影响整个中国社会以及后世。我们需要还原当时的自然环境面貌，借以了解除了王权专制加小农经济之外，中国文化形成的深层因素。

根据现代学者统计史书记载的数据，两汉 422 年间，共发生 361 次大型天灾。

旱灾 81 次，水灾 76 次，地震 68 次，蝗灾 50 次，冰雹 35 次，风灾 29 次，瘟疫 13 次，霜雪九次。因为当时的人口与经济中心集中于黄河流域中下游，这些统计数字主要是这个地区的记录，且不包括 14 次大歉收引起的饥荒（估计也是气候异常的原因）。成“灾”且载入史书的，生命损失少则千人，多则上万的数量级。

两汉之间短暂的新政权时期，公元 14 年，黄河大改道，直到东汉汉明帝时期（公元 71 年）完成修浚黄河，这 57 年间，黄河没有堤防约束，下游一到汛期，经常泛滥、改道。从大自然的角度，黄河流经黄土高原，冲刷的沙泥原本就是填出安徽、山东、河北平原的原因。而中游的堤防，历代只能不断加高加固，并尽量挖出沉泥，于是，黄河中游一直就是“悬河”，河床早已高出地面，只会继续升高。千里堤防终究是以人工对抗自然，汉代之后，黄河改道也不止一次。

科学地说，以中国之大，发生地球自然事件并不特殊，无非人群受到影响，称之为“天灾”。汉国家机器面对天灾→饥荒→难民→动乱这样的事件，当然要开展救灾，避免灾区社会崩解危及整个王朝。但从两汉数据来看，已经可以看出许多宝贵经验。

（1）灾荒的生态面

① 汉初承平一个世纪，社会繁荣而贫富悬殊，基层农民之上估计存在着 10% 数量的小市民和权力阶层，吃穿用追求时尚享受，并且养成厚葬风气，宫室棺椁大量使用木材（每墓用木为百立方米数量级），加上平民人口暴增（估计农民五口之家，每年需 1800 千克燃材），使得黄土高原森林大大被破坏。

政府与民间，那时当然没有环保意识，即如皇家放松山林之禁，结果森林、动植物遭殃，猎光（吃肉、皮毛穿衣或卖）、砍光（可以卖钱）、烧光

（取暖加烧饭加垦田）是常事。开矿炼铜铁，就更不用说，烧的都是木材。

公元前132年，汉武帝时，黄河决堤（今河南安阳附近），可以说是自然的小灾（上游多些雨水）、人为放大成大灾（中游堤防不给力），泛滥达16郡。中央政府动员10万人救河，几乎砍光附近淇水沿岸的竹林，塞住黄河决口，堤防是重建了，但此后河患越来越严重、越来越频繁。200年后，路过淇水的人记载“不知有此物（竹子）”，后来，连淇水也没了。

今天的黄土高原上，到处被雨水切成一道道深沟，直接是汉代前人“经济发展”的结果，黄河中上游，丘陵高度以下的原有牧草与森林绝迹，成为田垄，水土失去了植被的维护，水流便直接冲刷松软的黄土，最终汇集进黄河。东汉覆灭后，人口剧减，这里的植被渐渐恢复，成为内附各部（匈羌等族群）的放牧地（前面马援的故事，东汉那时他还可在这一带游牧），黄河下游反倒安分了几百年。

② 秦汉的小农经济（人口等于国力）的制度软体，是以黄河流域的生态破坏为代价的。千年后中国的人口与经济中心南移，天灾引起的灾荒便也南移到安徽（淮河流域）、四川（长江上游），长江流域的生态的破坏与黄河如出一辙。

③ 曹操挟天子以令诸侯的公元196年之后，陆续暴发瘟疫，10年内，黄河流域人口损失过半。当时到底是什么流行病，现已不可考，大抵是地方残破、卫生下降，造成的传染病。当时的名医，中医祖师爷之一的张仲景，为此辑录了多年的治病心得，写下《伤寒杂病论》，成为中医第一部医理、医法、药方、制药俱全的临床医学范本。

（2）灾荒的政治面

① 汉初到汉武帝晚期，100多年间，灾年的流民死伤惨重，可并没有发生重大造反事件。主要是汉高祖与汉文帝、汉景帝自己生活不奢华、反应迅速、开放皇家私产以尽量安置难民、政府发放赈粮或赈款，尽管还是有贪官污吏冒生命危险扣克粮饷，大抵差强人意。汉武帝，以外战绷紧社会神经，吏治更严，处理灾荒算是有效率的。但就在汉武帝任内，公元前99年，西汉发生了第一次动乱，关东“盗贼”大造反，起因不直接是灾荒，而是老百姓受不了汉武帝的暴敛了。

② 汉王朝是人类最早的大型中央集权的国家机器，以2000年前人类的初始科技，管治这大块地域上的这么多人群，在信息、交通、运输、统计、监督等各项软体硬体都还原始的状态下，如果碰到灾荒，如果换作我们会怎么做？

灾区打开官仓的囤粮赈灾，那是一定的。

难民数量大到开仓也不够呢？政府只好发钱，钱不够，加紧铸发呗。

可是灾区的粮价已经不是每石数十钱了，可能飙到数百钱以上，明知便宜了手上有囤粮的大户人家（或官倒），也只能睁开只眼闭只眼呗。指望商人见到利多，自然会运粮过去……算正确，也合人情，只是当时的交通和运输条件就那个水平，运粮成本太高，不现实。于是，每次灾荒，政府虽花了大钱，但都送进了官僚豪富腰包，最终，钱花了，还是得允许流民转移出灾区就食。

管治法宝（整顿吏治加抑制豪强）这时不怎么管用，救人要紧嘛。

灾荒多，铸钱多，流入民间官僚豪富的钱就更多，贫富悬殊更大，土地更集中、更多农民卖身为奴婢（或成为佃农），就成为社会和经济问题。

③ 因为信息、统计、监督等软体缺失，严刑峻法又止不住人性贪婪，也看到一些比较无私办公的好官，于是，政治上勾画了“儒文化”，希望臣民能够自律与忠诚。这个教化软体，在科技还不发达的年代，也许是当时中国人的最佳选择，对比西方文明选择宗教，意思一样的。

从灾荒史看，汉代中国以及后来的历史轮回，中国文化，中国人，跟王权专制有关，跟小农经济有关。这也是要到现代才看得出来，小农经济对中国生态的破坏，其实也影响了中国文化成为儒文化那个模式。教化，无非是向善的，但无论什么“家”，都是吃五谷杂粮的人，存在人性的弱点。

人性弱点——贪婪，在政治上的反映便是王权专制，打天下、平民变为贵族，权钱交易、官僚与富商变为豪强。政权与金钱的“权力经济”下，文景时代尚可抑制贪婪，社会遇到灾荒，还能有序运转，汉武帝末年，不是灾年，而社会已经失序、人民开始造反了。

二、汉代的文明

1. 思想

汉代国家机器用一套中央集权的统治软体实现了王权专制的安装，这个政治现实影响了人情，汉代人们的思想比较趋于功利。威权之下，人脑思想的表达变得相当隐晦。比如，阴阳、五行、谶纬之说，本质上是一套联结自然与人文的思想理论，在两汉天灾、内外战争频频发生的情况下，这套“命理”多少给了当时人们一个“合理”的解释与慰藉。东汉时盛行到（迷信到）把它糅合进入对古籍的注解中，连史书也经常记载“算命的说……”（当然，不排除真有“预知”的可能性存在）。阴阳五行思想，可以算是汉代特色，文官集团以“天命”来“约束”专制王权。

综观两汉文士，表达出自己独特而超越的思想的，有两位：西汉司马迁，东汉张衡。他们的官衔都是“太史令”，太史令是宫廷史官，编写历史之外，还起草皇帝文书、管理国家典籍及天文历法。古时，这是最好的研究环境与职位。

（1）司马迁不就是“史家”吗？但是，《史记》明显传达出他的思想，自成一系，跟所有“家”不一样——求真。他是那时中国罕见的“社会科学家”，尽到知识分子落实真相的本分。《史记》的结构，反映了司马迁的思想：表述数据或现象，并给予评论。

比如，他分类当时的重要知识或社会数据，综记为“书”，有礼（伦理秩序）、乐（音乐）、律（自然数学比率的“率”）、历（历法）、天官（天文）、封禅（祭祀天地）、河渠（水文与地理）、平准（经济）。前五书，礼、乐、律、历、天官，记述前人对自然的知识和逻辑，老实说，今人看不大明白，现代意义不大，横竖有现代科学为凭，但从中可以窥见古人的推理模式吧。后三书，是汉武帝当时的社会写实，让数据说话，批评政府政策，这比儒官拿灾异或天人感应来说事更实在、更直接。

又比如，“列传”记载当时社会名人的故事，分类有儒林（儒士）、滑稽（说客）、游侠（近似黑社会老大）、货殖（商人）、龟策与日者（算命的）、循吏（尽职的好官）、酷吏（严苛的警官）、佞幸（宫廷宠臣）等。记述每个人与当下社会实况，内容翔实，文字生动，给每个人的评语也很实在，因为每个人的品格都记载在行为记录里了。

列传的取材与记述内容，折射出西汉前期，特别是汉武帝时代的社会实况，评说则反映出司马迁的独特思想。货殖列传加上平准书，可以看出司马迁已经具备经济学意识。儒林加上游侠加上滑稽加上循吏加上酷吏加上扁鹊仓公等列传，可以看出司马迁这个“儒”至少是个深入观察社会的知识分子，也注意各种人情与“术”，还注意周边邻国情况，有点儿国际观（司马迁对匈奴的记述是匈奴历史最早的文字记载，对汉王朝的其他邻国也一样。没有这些记载，周边族群的历史会成为永远的谜团）。

司马迁记载汉武帝“绌抑黄老，崇尚儒学”，班固记载则是“罢黜百家，独尊儒术”。总之，此后，汉代文教，“儒家”独大。司马迁记述《儒林列传》中表彰董仲舒等名儒学者在办学教育上的贡献，特别推崇董仲舒为人与做学问的品格，也针砭儒士各自的德行和学问功力。

基本上，司马迁是以一个知识分子的真知角度，来对待“儒”“商”“官”等行业，并把各个“人”的贡献、行为、官位与学问分别看待。

这样的思想逻辑，已经初具现代的“科学”思维了。

（2）张衡是东汉中期的大知识分子，邓太后当权时召进宫廷为太史令，他的传统学问和文章（当时流行骈丽的“赋”体文，楚辞是源点）都属上上乘，他发明的浑天仪（天体测量仪）、地震仪及对宇宙的论述等，算是“儒术”的“术”，可惜没有传承下来。

“术数”包括科技，当然是知识分子的责任范围，如长期积累而成的应用数学书籍《九章算术》，两汉知识分子不断继续完善，东汉后期定版、收辑246个应用实例，包括开平方、开立方、简单的方程、负数运算等的解法。千年后，传到阿拉伯、印度，他们将之称为“契丹算法”。实际上，中国算术自商王朝起就是十进位（并且具备“零”数），真正演算则使用“算筹”，大约从战国时期开始，算筹固定在“算板”上，便是“算盘”的原型。既然是“术”，被“儒家”认为是“雕虫小技”，其实，历代知识分子对算术的改良，贡献很大，但几乎没有人愿意专心搞清楚数理。汉初的计相（管计划的副总理）张苍，为了培训、提高统计人员的算术水平，整理了相沿下来的《九章算术》，但没探讨数理逻辑思想（但已经有“负数”概念），仅只焦聚于算术、丈量土地的应用。

知识分子“术”的书本依据，经常是《易经》，《易经》可以说是中国古人的自然科学的哲学。历代知识分子，能超越这个框框的，都可算是思想解放的人物。例如，曹操时代的中医张仲景，从经验数据里找寻临床医学规律，他的方法学，使他成为中医宗师。而汉代集体创作的中医巨著《黄帝内经》，就大致不脱《易经》与阴阳的逻辑。

现实地说，中医的“术”捍卫了中国人的卫生几千年，中医怎么解释理论，并不顶重要，中医方子的数据与实效更重要。而中医的“医德”，给“儒”的实际社会效用提供了许多“儒术”在中国社会发挥的真实例子与数据。尽管没有太多人注意到，但20世纪之前中国社会上的中医，大半具备真正意义上的医德，为人民服务，现代之前的2000年里，中国社会受疾病折磨的程度，远比同时期的欧洲轻。

现代之前，张衡以“儒”的文章留名，他的赋流传了下来，他的术被中国社会遗忘……西汉初期还稍微平衡的“儒术”，东汉时简化成“儒家”了，读书人功利化，越来越少的人知道“术”。术，科技或技艺，需要解析的逻辑，以及练习的苦功，考试又不考，对做官也没好处，当时的知识分子大多不大懂张衡的“术”、只知道张衡的“儒”。

现代知识分子发现，张衡的宇宙观是当时最先进的天文物理学，具备了科学思想的原型。张衡做实验，自己观测日月的数据，相当精准，并且准确解释了月食的原因。他的数理逻辑思想自然不会完美，但100年后，得力于张衡的基础，魏晋时期的刘徽以微分的近似逼近法（跟现代微积分的方法学相同），在公元3世纪就取得圆周率 π=3.1416 的成就，成为中国最早的“数学家”（这数值当然现代也没变，方法学正确，数值推算也会精确）。

张衡对“术”的钻研与做实验的严谨、求真态度，给功利驱使下的中国知识分子保留了一条真正贡献社会的路子和榜样。

2. 汉儒的兴起

春秋战国时期的中国世界，知识分子百家争鸣。秦始皇采纳李斯的建议，烧掉各国史籍与非技术类书籍（那时的各国史籍，是各国史官写的，除了是各国正式的官方记录之外，主要是为了教育各自的统治阶层，所以秦始皇烧掉各国官史，以便统一思想口径，不准私藏，只准政府官藏）。项羽进入咸阳，烧掠秦宫室，秦的皇家图书馆藏书也付之一炬。汉兴之后，刘邦再次进入咸阳，萧何接收秦政府单位，集中保存了秦王朝行政档案和图录，才得以在秦律基础上制定汉律。

同时，汉政府持续搜罗民间私藏的典籍，大致恢复了先秦时期各国的史籍，以及诸子百家的著作，把中国古人的知识留传了下来。

春秋战国时期的知识分子可以读到两类书籍：一类是周人集体著作的古籍，《诗》《书》《易》《礼》《乐》，课题包罗万象，政治、经济、社会、自然、科技、哲理、音乐、诗歌无所不包，是周王室保留下来的书写的知识。另一类是春秋战国当代人的创作，所谓的诸子百家。当然，能够读书写字才能够写作，古籍，是那时候所有知识分子上学的必读书，那时候能读到的书并不多。在这个意义上，读书人就是“儒”。

儒家的“儒”作为门派，是后人定义的。

《论语》里记述春秋时期的孔子只用过“儒”这个字一次，比较是“知识分子”的意思。《孟子》里出现过一次“儒”字，战国中期的孟子本人没用过这个字，是别人提的，这个别人的提法似乎有点儿“儒”门的意思。到了战国晚期，《荀子》里“儒”字出现多次，有点儿门派的意思，但主要是指知识分子的意思。荀子本人也自认为“儒”，他批评孔门弟子各学派，什么俗儒、腐儒、散儒、偷儒等。

实际上，汉初“儒术”笼统泛指周人留下的传统思想。“百家”则泛指春秋战国人的时代思想，包括“法家”“道家”。如果“儒家”思想以孔、孟、荀为标杆的话，那么，所有“儒家”的共同点是理想化传统西周王朝的政治、经济、社会制度，以夏、商、周古代的部落共和、神王权共和思想为传统“仁政”的化身。

孔子是“士大夫”（周王朝的基层官员编制，文士或武士，那时分别不大，都是统治阶层的知识分子），他的“士”标准，需要学会六个基本功（六艺）：礼仪，音乐 / 舞蹈，射箭，驾驭马车，认字 / 写字 / 读历史（《尚书》之类）/ 作文，懂数理（推演《易经》、算术等）。

孔子定的标准算是高难度的，但他身体力行，并且也这样教育学生。对孔子来说，成为“士”，肯定比成为“儒”更重要。士，很有点儿专业功力，儒，只是知识分子，当然知识是必修科。孔子当然不可能知道自己会成为后代“儒家”的祖师爷。

王权专制下的汉王朝，本来政府文化部里，各家学派都有专精本门学问的“博士”官的名额。汉武帝之前，政治上皇家崇尚道家与黄老之术，什么知识分子都用。汉武帝亲政后“绌抑黄老，崇尚儒学”的政治动作是设立“五经博士”，《诗》《书》《易》《礼》《乐》，每经一个，增大了“儒家”思想在文化部门里的影响，建议和执行的人是汉武帝的舅舅，一个喜爱传统学问的人。

司马迁写《史记》，如实记载了这段经过。但汉武帝的舅舅并未完全影响汉武帝，汉武帝很明白知识分子的分派、争夺权力与影响力，他自有政治考量，政府引进儒家，以平衡当时满朝的道家知识分子，真正是“汉家自有制度，本以霸王道杂之”。

西汉“五经”博士，后来扩大为“六经”博士，儒官们逐渐取消其他各家的博士官名额，汉儒遂在政治上一家独大。东汉之后，汉儒基本教科书陆续增加为“十三经”，但不清楚政府任命几个博士官，史书记载，光“六经”的博士官已经 14 位，太学生可达上万人。总之，政府文化部门被汉儒长期把持，传统学问成为教学课本、考试和任官的题材，虽然道家、法家的学问幸存了下来，但影响力衰微，春秋战国时期其他各家的学派则几乎中断。这是非常现实的人情。

大致上，西汉元帝之后，皇帝好儒，儒臣们趁机通过“取士”机制，使整个文官系统渐渐成为儒官天下。东汉之后，汉儒通过教育体制，已经成为中国人的正统思想。政治上的“罢黜百家，独尊儒术”，是文官体系这样子完成的。

汉代“独尊儒术”，没用“独尊儒家”字眼，关键在“术”。

“儒”字，仅只侧重政、经、社、学问，就是“仁政”思想。但当时的生存方式的现实，仍然需要开发大量科技，如医学、机械、算术、物理之类，就是“术”，术在书本上的依据主要是《易经》，涉及自然哲学和算术。六艺里的乐、射、御，也可以算作“术”。

之后的儒家不重视“术”，就读那“十三经”。

儒家无疑是王权政治与文官体系联合操作的最大杰作，既简化了知识分子的脑袋又霸占了官职轨道，还满足了王权专制对统一思想的需求。

虽然如此，中国普及教育、重视知识、崇尚道德（气节），不能不说是汉儒教化的最大功劳和影响。

东汉班固的《汉书》作为官修的史书，存在政治话语，这是官修史书的缺陷。班固兄妹三人，都算是汉章帝重用的官，平民知识分子能被皇帝重用，恩威之下的人情嘛，当然也会揣摩皇帝的意思。于是，《汉书》便出现模糊的历史记载说：汉武大帝，采纳董仲舒的建议，“罢黜百家，独尊儒术”。但汉武帝其实从未“罢黜百家，独尊儒术”，汉武帝自己还信巫蛊呢，而且董仲舒正是因为政府“绌抑黄老，崇尚儒学”后，方才被征召的，虽然他的确建议汉武帝：“诸不在六艺之科、孔子之术者，皆绝其道。”（甚至，董仲舒建议的六艺，似乎也不仅只是六经）汉武帝并未取消各家博士官，只是增加了“五经博士”。

宋代之前，历代严谨的知识分子也指明了这一点，千年后却被另一个宰相级别的特大文官，宋朝的司马光，把这载进史书《资治通鉴》。汉儒思想被正统化、格式化，披上汉武帝外衣，儒家演化过程大致如此。

其实，春秋战国时代的“儒”，无非就是学习夏、商、周传统学问、具备读懂夏、商、周、古籍能力的知识分子，不过是“有知识”的人的泛称，那时候的“知识”文档，也就仅只是周王朝保留下来的那些文籍。“诸子百家”的分类，无非是先秦知识分子的派系游戏，孔子自己教的学生都还分派系呢。知识就是知识，知识本身怎么会有派系？数据只有真假，人的认知和推理会有所差异或侧重，理论和解释可以因人而异，数据不足时，强调同类理论的人会聚在一起，再加上他们的情感和利益，就成了“百家”或“派系”。人类社会的经验和知识不停地累积、增长，思想也不断地演化、成长，同样是知识分子，同样是儒家，后来的孟子、荀子的见地，至少逻辑性、社会性都超越了孔子，但不尽合乎王权专制的软体需要。从汉武帝起，知识分子组成的文官系统，为自身利益也必须攀附王权的政治需要，就已经将孟子、荀子边缘化。

东汉儒学，独尊儒术，但一般文人专只凸出、焦聚、曲解孔子，“儒”从古代的“知识分子”渐渐窄化为儒家单一门派，将孔子神圣化为儒家的圣人，将诸子百家思想排斥为异端，甚至阉割孔子思想，形成中国式文明的最大缺陷：连基本平台都不尽真实。而实际上，西汉知识分子，包括董仲舒等一大批学者，他们自己的思想都大于孔子的思想范畴，包含了道家、阴阳、五行等元素。

以班固的学问，应该是知道历史真相的。我们无法猜测，班固做样记述的复杂心态，或许他觉得，缺陷不重要，真相不重要，反正是件皆大欢喜的“好事”吧。

实际上，历史记述，当然是人写的。无论为了什么原因或目的，删改已有的数据，都是作假。春秋战国时期，中国文字大致齐备，各国史官记录下来的政治事件，作为数据大致可靠。但孔子编写鲁国史《春秋》，也记载当时中国世界强权国家发生的事，有些地方便记载的不清不楚，最有名的便是“晋赵盾弑其君”事件，虽然战国时期知识分子注解《春秋》的《左传》，详细记述了事件经过（当时的晋史官确实如此记载的，但晋史官也知道晋君不是赵盾杀的，总理大臣赵盾被昏庸的晋君逼走，还没出晋国境，晋君便被他堂弟赵穿杀了，晋史官认定赵盾没有尽到臣子的责任：因为赵盾回朝继续掌政后，并没有惩处杀人的堂弟。于是，晋史便把账记到赵盾头上）。孔子虽然也认为赵盾其实是个好官，却更欣赏晋史的礼教立场，于是，《春秋》也就如此记载这个事件。

这是典型的儒家缺陷，士大夫的主观意愿，严重到可以歪曲数据，当记述不客观的时候，真相不存在，评述的意义便也虚拟化了。如果首先求真，将事件经过一五一十呈现，然后再加以评论，不就近乎完美了嘛。

因为预设立场，孔子记述更古早的夏、商、周史实，便偏于虚拟化的理想状况。实际上，夏、商、周流传下来的大都是零零星星的原始资料（文告、文件记载等），春秋时期的知识分子要拼凑夏、商、周史实，除了已经记载下来的政权世系、天象、天灾、战争、文告之外，能萃取的数据相当少。仅仅凭借周政府文件（如《尚书》），便认定周代社会实况（井田之类），证据非常薄弱，最多只能说明周王朝的管治计划。周代社会实际绝对做不到井田制的政治蓝图，连王田制也是理论上的，难于执行到位的（王田的意思是，土地所有权是国家的，由国家分配给臣民）。

应该指出，公元1世纪末，欧亚两端的汉帝国加罗马帝国，辖下各约5000万人口，各有多个10万人以上的聚居城市，统治着广阔地域，散居着无数村落、族群。人类社会当时的运转与生活、科技、文化软体业已具备相当火候，方才撑得起两个庞大的帝国国家机器。但是，那时的科技，最迅速的信息传递，不过依赖马匹和驿站（顶多加上烽火台，传递紧急信号）。

维持帝国内部的相对一致，及时的信息、有效的沟通，一直是个政治上难以跨越的大难题。汉式政治化的“儒”学，便起了“标准软体”的作用，思想、伦理的统一，在技术滞后的缺陷中，有效增强了内部的沟通效率。

汉儒，辩证地说，是中国的历史的产物。

儒家的好处是同一化的文教与思想、基层平民流动上升的通道（这些都是非同小可的社会问题)。

坏处是结晶化的文官体系、思想局限并惰化，儒“术”的精神也丢失了。而技艺、科技、科学，“术”才是一个社会真正的核心竞争力，政治经济的权力分配不是。

3. 技艺

汉武帝时期的外向，接受了许多外来的乐器、乐曲、杂技、服饰、魔术等，丰富了大众文娱活动。

东汉后期，由于纸张供应更上一层楼，无疑为社会提供了讲究书法艺术的物质基础，开后代草书、楷书先河。但书法成为专门的艺术，大抵是魏晋普及造纸行业以后的事。战国至秦汉，书写的载体无非是任何便于毛笔书写的片状实物，木、布(帛、麻、绢)、玉、竹、陶、骨都有出土，大致可以看到当时人们使用什么样的字体、怎样的写法，无所谓“书法”艺术，只能是当时一般人对文字的实用与改进。

出土的竹简或帛书，记载的多是日常通信、契约、税务、图录，成册的简书，也无非是抄写员的笔录，应该不是请个什么“书法家”来抄录，当时没有“书法家”这个说法。倒是这些考古发掘的证物，提供了书写人性化的、中文简化的、约定俗成的演化过程。

文学则以汉赋传世，又流行宫廷乐府诗歌(汉初仿效周王朝的做法，由文化部采集民间歌谣，就是乐府诗)，成串的五字或七字古诗，渐渐形成后世押韵的诗。

不用说,《史记》与《汉书》本身也是文学杰作。

4. 科学

(1)西汉后期开始，严谨的学者们开始整理古籍、辨别文字、鉴别真伪，到东汉中期，古籍大致复原，并附有学者们的注解(虽然掺杂、附会，但尽可能恢复了古籍原文)，是考据求真的最早应用。

(2)许慎编撰了中文第一部字典《说文解字》，系统化了中国文字。

这些以现代眼光看来是科学方法的苦功，应该是两汉知识分子对中国文化的最大贡献，而且真实。

三、其他的外部联结

1. 汉羌百年战争

血缘上，汉人是羌人的一支，7000—8000年前，从甘、青东迁黄河流域的那一支。自然，汉人后裔成了农民族群，而留在甘、青广大地域发展的羌人成了游牧的羌族诸部。大约距今3000年前，游牧羌族也分支西迁进入川西和西藏地区，就是许多藏族的来源。羌、汉、藏三支人群的血缘很近，分支时间不算太长，西方人类学者找到他们之间的许多共同语根，称为“汉藏语系”。尽管如此，长期对不同环境的适应，造就了他们很不一样的生活方式、习性、语言及认同。

汉初之时，祁连山脉下的河西走廊地区原本是羌、匈部落的游牧地。汉匈战争，汉王朝为了“断匈奴右臂”，首先便夺取当时是匈奴右贤王主要地盘的河西走廊，移民、驻军，把那里屯成一块块田地，牧地变成农田，并进一步跟匈奴争夺西域。河西走廊既然是“走廊”，狭长不用说；既然能屯田，水土足以撑起庄稼也不用说，自然游牧诸部也就经常到那里游牧（包括羌族群）。所以，汉匈两大势力打了 200 年，羌族游牧诸部夹在中间，政治上的抉择，总有联匈的部族存在，汉匈战争还没结束，汉羌之间已经不断摩擦了。

西汉晚期，政治动荡，汉王朝无力控制边疆地区，匈羌诸部重返河西走廊。东汉重新站稳脚跟后再回头，继续汉匈战争，匈奴势力被逐出河西走廊，不过，羌族诸部已经生根。大致在公元 40—140 年，东汉王朝与之为敌的各部羌人打了长达 100 年左右的汉羌战争。由于羌族诸部并没有一个统一的“羌国”国家机器，战役规模一般都不算太大，不存在“决战”，而是一个部落接着一个部落的羌族，跟东汉军作战。这时，募兵制下的东汉部队，以及屯戍边疆的官员，由于自身的资质差及粮饷的需求，往往以杀戮和劫掠来进行战役，屠杀一旦开端，双方反复血腥报复，汉羌平民的生命与财产都损失极大，整个甘、青地区，荒凉了下来。

最终，表面上东汉王朝似乎获胜，羌族不再战斗。据现代学者统计，汉羌百年战争使东汉中央政府耗费 300 多亿钱的战费（不包括地区的搜刮），并且整个河西走廊地区因此残破、人烟荒芜，所以汉王朝是实质的最大损失者。汉羌战争还未结束，东汉宫廷政治却已败坏，甘、青地区，连带陕、甘交界区，成为最早的军阀割据源点，如董卓便是以西北的驻军起家的。此后，这一带的军阀部队是典型的多族群部队，由汉、羌、匈加各个游牧部落的人组成，直接造成东汉覆灭。

政治上，汉羌战争不像汉匈战争那么“壮观”，史书记载也不怎么引人注目，能看到的数据就只能拼凑出上述景象。现代的我们倒是可以用“平常心”来了解当时最可能的实情，以及羌人的无奈。

从人情来看，只要不是生活十万分艰难的地区，正常状态下的人性，一般不会立即对新出现的人群产生敌意，虽然不能排除人群之间也会有立即的暴力反应的可能。

汉匈战争与汉羌战争，是人类国家机器软体的结果。部落与国家，原本就是集群掠夺和防御的暴力机器，一开始为了生存竞争，后来也为了掠夺“财富”（如西班牙和后来的英国掠夺美洲的金银，“财富”的概念也是国家机器与经济制度的软体塑造出来的）。“敌忾之心”并非人群的自然状态，是被激发出来的。

2. 佛教与西方事物东来

公元 68 年起，佛教正式登陆中国。但终东汉之世，佛教都没有普及。任何外来文化都需要一个消化过程，软体对接，许多原有的程式需要改写，而且也需要适用这个软体的环境，人们才会接受，所以东汉汉明帝引进佛教之后，佛教在中国一直潜伏，要等到军阀混战、民不聊生的魏晋之后，才开始爆发。

早时东来的安世高、支谶（支娄迦谶的简称）等僧人到中国来翻译佛经，安世高、支谶标示他们分别来自中亚的安息、大月氏。这是融入中国的姓氏文化，那时的西方普遍没有姓氏制度，一般的全名只是（自己的名字加父亲名字加祖父名字），名字串到六代的也并不新鲜。固定的姓氏对于西方是相当晚近的“新生事物”，是受中国文化的影响。

起初，东汉王朝显然以外国事物对待新来的佛教，所以安排西域僧人的生活地点，属于外交部管辖的“寺”，一开始，中国人不经特许是不能当和尚的，而且译经时也培养本土的翻译，并了解西域诸国的语言、习惯、思想、地理的意味。

大致在曹操当权后，曹魏方才开放允许中国人为僧，可以算作东汉末年开始解禁，这也是佛教在中国普及的起点。

除了佛教、动植物、乐器、音乐，还从西方传来玻璃、宝石、金银器（含货币），而以玻璃影响较大，直接与瓷器的釉料工艺相关，后来中国工艺开发的玻璃，叫作“琉璃”。

四、中国文化成型

两汉 400 多年，中国社会的变化不会少于春秋战国 500 多年的变化。文明或文化无疑有了长足进步，农业生产的方式和工具是先进的，幅员、城市、书籍、知识都大大增加，文教、医药、工商已经相当系统化，纺织、建筑、冶金、工艺、美术等，也都显示出人类的智慧。机动力与流通，马匹、车辆、驿站、道路、船只，也反映了社会物质面的改善。

唯一没有改变的是政治体制：国家机器加王权专制。

所有人群社会，都需要管理，管理的软体，政治体制是最大项。管理的社会成本，就是人群喂养统治阶层所付出的税赋、劳役、生命等代价。

周王朝的王权专制，算是王族的集体分赃（宗法封建）。汉王朝的王权专制、中央集权是当权的皇帝与官僚、豪强“共治天下”（庞大的统治、剥削集团），连亲兄弟和宗室成员也成为王权刻意防范和屠杀的对象（王权绝对专制之后，跟皇室血缘越近、越有继承王权的资格，对在任的皇帝就越具危险性）。

战国时代的小农经济被沿袭了下来，被汉王朝国家机器刻意执行。大多数人民（庶民）被特化为社会基层农民，既有“人”的身份，也是“生产工具”。两汉时的中国人群，为管治而付出的社会成本（各级政府拿走的税赋）非常大，明的、暗的，大于基层农民总产出的 50%，即农业生产的一半收益配置给了 10% 左右的人口，而 90% 的人口只享有另外一半收益。这样构建的政治体制，本质上便有极大的不稳定性，王权专制下的中央集权，比王权专制下的宗法封建在政治上更具力道，更易耗尽社会资源，政治上也就更不稳定。因此汉王朝的兴衰，成为历史轮回的标准版。实际上是政治体制的缺陷造成的。

严格说，土地私有、中央集权和小农经济都是秦王朝开的头，汉王朝是继承了秦王朝的体制缺陷。现代学者分析过，秦王朝加诸中国社会的管治成本，竟高达农业收成的 60% 以上。政权大于金权，经济服从政治是显性的权力经济制度，各级政治权力自行摊派、浮加、滥权、谋取财富。那时候的统治者与知识分子，都没有足够的智慧来从人性的角度看到这样的政治软体势必无从稳固。

然而，无论我们多么希望“公平”“正义”，人类社会依然是个集成系统。

两汉的长期统治，施加于中国人群的影响决定了“汉人”的特质，这也是我们要用很大篇幅来了解汉王朝的原因。汉王朝不少帝王，曾经修补或强化政治体制，诸多措施成为中国惯例，形成了“中国文化”的习性。

我们了解了汉代，就了解了中国人的大半。

汉王朝最终确立了文官体系，以“儒”道治国，汉儒则通过文官系统与王权专制的政治密切结合，知识分子功利化把儒文化简化为“四书五经”，迅速统一了教化和思想，丢掉了“术”（技艺与科学）的追求。

从此，文化上的中国社会阶层流化：一个是广大的底层农民，提供税赋、劳役与兵源；另一个是统治阶层，以及提供“财富”“享受”的工商等中间层——“自由民”。

在科技还不发达的 2000 年前，这个幅员广阔、人口众多的王权专制的国家机器，“底层（被治者）”与“上层（治人者）”是截然不同的两个社会，底层近于生存驱使下的本能运作，上层则是“功利驱动”与“儒文化”的怪异混合，多数时候，底层社会和上层社会全然没有交叉，过度的剥削或灾荒，很容易就成为社会崩解的导火线。这样的分化，竟然运作中国社会到20世纪初，自然地，我们也就可以想象，入戏的《三国演义》可以成为“民间历史”，无视于《三国志》等更真实的史书存在，因为中国社会的广大底层近乎文盲，他们所受的教化更多的是从戏剧（看戏）或说书（讲故事）得来，而编戏的人是知识分子（统治阶层），用通俗戏曲来灌输上层要底层知道或遵守的信息与文化，使之成为习性。

“儒文化”是汉王朝修补统治软体的主要措施，孔子被塑造为儒家主要象征。青年孔子对春秋齐国的政治建议，“君君、臣臣、父父、子子”被强化为教条，上层编戏，底层看戏。而老年孔子最重要的人文觉悟，“己所不欲，勿施于人”不被重视。伦理与秩序，礼与义，被固化为“孔儒”的思想中心。实际孔子也是人，他的思想也会改变，青年孔子“君君、臣臣、父父、子子”的激情，老年孔子早已沉淀为更人性化的“己所不欲，勿施于人”理念。后世的儒家既不忠于孔子，也对不起孔子，他们跟王权勾结，利用了真实的孔子。

不过，这些对历史而言不重要了。历史，只记载真正发生的事，用数据说话。孔子活着的时候，他对当时的政治体制并没有太大影响，死后被后世儒家供奉为祖师爷，享受着他绝不会想要的虚荣。但汉儒文化对中国社会确实发挥了巨大的作用——教化。孔儒对教育的重视，无论基于“性善”或“性恶”的论点，都是实实在在“人性可以塑造”的逻辑。无论后世儒家存在多大误区，儒文化的普及，中国文化里头的文教和泛理性因素都是汉儒文化的一大亮点。

我们可以这样总结汉式中国文化。

王权专制（政治体制平台等于中央集权加文官体系）加小农经济（经济体系平台等于人口加户籍小农业）加汉儒文化（社会平台等于伦理加知识的教化）。

在这样的文化氛围中，虽然多数人也贪婪，但主观意识也认为“财富”并非最重要；连带“术”，科技或技艺的重要性被刻意矮化。实际上，从人性看，好逸恶劳是人之常情，知识分子念几本经书、考几个试、搞搞人脉、乖乖不发奇谈怪论，就可以做官领薪水甚至还可以贪腐暴富，于是，谁还老老实实钻研技艺呀？工商致富的人，积累的财富，唯一的出路便是买地，变身为地主、种田、读书，才可以成为权力主流的书香或官宦“世家”。

中国文化这个基本“型”一直流传到20世纪初。

汉文化等于中国文化，汉人等于中国人，大致也就成为历史事实。

相对于同时代的其他世界，汉代中国的统治阶层相当“文”，重视知识与文化。社会阶级只分两类：有文化的，没文化的。仅只具备劳力的庶民，唯一的生计，只能接受国家分配的土地，并编入户籍，失去迁徙自由，终生从事农业劳作。

这些被捆掷在土地上生产的底层农民，数量庞大，可以看做是被国家机器捆绑住的“准农奴”，除了服从统治，别无生存之道，虽然也有农民借天分或勤奋学习脱离底层的案例，毕竟相当稀少。

比较起来，那时的草原世界和西方世界相当“武”，重视财货与工商，从事生产的奴隶很多，社会教育也不那么普及。

儒家的“人本”或“民本”或“人格”“气节”“道德”，尽管不失为一个不错的理念，但是架在庞大的底层、半农奴状态的农民之上的那个王权专制与官僚豪强集团，却是个不可能靠善心或儒家思想来控制的机器。

中国式文明的癌细胞，不是汉儒文化，不是礼教，而是贪婪的专制王权、驱使大多数人口成为底层半农奴的“小农经济”制度（包括户籍）。

由于“庶民”仅只是被统治、被使用的生产工具，知识与文化成为中国社会的另类特权，成为统治阶层的“专利”门槛。

真实的（而不是功利的）知识，从来都是人类生存的必要手段，但制度与文化的习性连带知识也被扭曲，并且小农经济制度制造出的庞大数量庶民，也使得普及教育变得更不现实，于是人性的生存本能，愈加强化了中国社会人人“一亩三分地”的小农私利意识。

极端的财产私有制下的西方社会演化，自然也存在类似窠臼。但西方长期依赖工商、流通、交易、掠夺的社会本质，决定了他们对科技“术”的追求，公元16世纪之后，最终使得金权大于政权，政治服从经济，是隐性的权力经济制度，各种金权或利益集团皆隐身于政治面具之后，操纵政治与认知。

东西文化基因的差异，在于对“人性”的认知。

中国人的生存体验，通通来自小农经济的成败，黄土高原自给自足的农业模式，主要依赖大自然的赐予（土地、大河、气候），以及合群的劳作（水利灌溉）。于是，中国文化便倾斜于强化群体、抑制个性。

西方人的生存体验，没那么依赖大自然条件，小国寡民，彼此分工、互换有无、个体劳作、机动交通。于是，西方文化便倾斜于强化个性、信仰宗教（出门交易，有风险和运气成分，早期人类只能归之于神）。

文化不同，连带对“人”的认知也不一样。

中国人看“人”，首先会感到是什么人群的“人”，然后才感觉那个

“个人”。

传统中国历史，没有个人英雄，只有图腾般的社群话语。

西方人看“人”，当然也会感到是什么人群的“人”，但首先是感觉那个“个人”。

西方人的历史，充满个人英雄，英雄就是图腾，甚至成为部族的代号。

第五章　大混血的三国、晋、南北朝

（公元 220—589 年）

自从东汉末，公元 189 年董卓部队进入京城洛阳开始，汉王朝的中央政府实质瓦解，中国原有的国家机器失效，各地“军阀”（具备一定武力的集团）为争夺统治权，互相混战，直至公元 589 年，隋王朝恢复统一中国为止，中国历史再次进入长达 400 年的“战国时代”。距离上一次“春秋战国”长达 549 年的大混战，整好 410 年。

因为有相对完备的历史记述，人们可以相当了解这个社会瓦解与重组的过程。又因为中文与中国文化已经成型，史书记载在各权力集团的政治话语作用下，人们难以窥见完整的全貌。幸好现代学者可以根据各种史料，重建历史景象。

简单地说，春秋战国时期，可以看做是黄河流域的中原文化在中国大地扩散的记录，普及了中原的农业文明，直至地球物理上适合农耕的界线地带，就是气候变干变冷的草原和沙漠南边。秦汉时期，农业的中国人在这一界线上建造了长城，隔挡草原的游牧部族南下放牧，从而在栅栏围起来的广大土地上，创造了中原文化为主调的汉式中国文化，中国人开始了“汉人”的认同。

魏晋南北朝时期，则是游牧部族在中国大地扩散的记录。

历史的偶然性，让栅栏失去作用，大量游牧部族进入黄河流域，引发汉人大量南迁长江流域。在这一过程中，进入长城内的各个游牧部落也变成了农民，而南迁的汉人则开发了整个华南地区，使汉文化的“粟”主食转变为“稻”主食，由于北方游牧民受中亚影响，华北也转变为“麦”主食。

混血之后的新型中国人，在汉文化的平台上演变出后来的唐式、宋式中国文化。

“汉人”，其实从来就不是羌汉分支时候的“纯”汉人。打从“华夏”族被黄帝一族统治、融合开始，一路混血到现在，农业文明、文化、意识说了算。

跟战国时代不一样的地方，是中国这个时段的历史主角更多的是少数民族人，而不是“汉人”，虽然历史记述的主笔人都自认为是汉人。

公元 589 年，隋王朝又统一了中国。

下面，我们来看看王朝交替，战争频繁的时代。

三国时期
（公元 220—265 年）

实际上，这时期的中国世界，因千年后罗贯中写的《三国演义》小说而声名大噪。小说的主角，诸葛亮（孔明）、曹操、刘备、关公（关羽）等人，家喻户晓。诸葛亮被圣贤化，曹操被妖魔化，关公则被神化。然而，这一时段的历史真相，跟着曹操的魏王朝转。

现在能从史书上看到的统计数据，公元 260 年左右，魏、蜀、吴三国辖下人口，魏国大致为 443 万，蜀国为 108 万，吴国为 254 万，这是农民编户入籍的人数。当然，由于地主权贵等大户人家（包括内附的游牧部落）有所隐匿，但估计那时候全中国人口也就千万左右。而这时华北人口，约略占 60%，华南（含四川）约占 40%，南北对比已经开始转变。

三国鼎立形势图

由于人口稀少，三国之间的征战，经常以掳掠、迁徙人口为目的。三国政府都大力开发水利渠道，并以军队屯田。当时，蜀国常备军10万、吏4万，吴国常备军23万、吏2.3万，吃公粮的人数占各自人口的13%与10%，部队显然必须屯田、自给自足。

魏国情况相对好一点儿。

公元220年，曹丕称魏帝之后，蜀、吴迅速跟进，但魏王朝仍然是中国世界的重心，当时黄河流域的政治与文化依然相对进步、开明，吏治和政府也比较严谨、节约。相对而言，蜀国几乎只靠诸葛亮一人实干，军队“面有菜色”仍然多次北伐中原，最后死于军中，“鞠躬尽瘁，死而后已”。

三国内政，重复王权专制下的老套路，不断上演权力交替时的互斗，终至王朝覆灭。

公元263年，魏灭蜀。两年后，晋篡魏。公元280年，晋灭吴，中国暂时统一。

从史书记载的数据看，当时的实情是生活在吴、蜀的老百姓不会太好过。

而山西、河北等边地，更有大量外族及原先逃避战乱的汉民反复移入。

魏、吴、蜀三国，大致半个世纪，实际是中国人大混血时代的前奏，延续东汉末年的战乱景象。《三国演义》本来就是小说，而人类任何时候的社会切片，都有说不尽的悲欢离合的人生故事。让我们把这段前奏曲跟中国人的历史相关的事件，夹在后面一起表述。

两晋时期
（公元265—420年）

一、西晋（公元265—317年）

公元263年，魏权臣司马昭三路伐蜀，蜀国覆灭。公元265年，司马昭的儿子司马炎，也用魏取代汉王朝一样的招数，逼专制王权“禅位”，建立晋王朝。

司马炎治下的中国，吸取地方士族割据的教训（司马一家也是士族豪强），修改并强化了曹魏的规矩，经济上，一方面限制士族占田的数量（田地少了，“部曲”、农奴或私属兵丁也就少了）；一方面沿袭户调制（除中央政府明定的田租外，谷粮生产全归农户所有）。政治上，一方面虽然限制地主占有田地的数量，但扩大官吏可以荫庇家族、佃户、门客，于是官吏第一品可以占田五十顷，以下至第九品，每低一品，递减五顷。各品级官吏，各有可以荫庇的亲属（三代至九族）、佃户、门客的数量规范。宗室、国宾、先贤之后及儒士子孙，也都享有这种特权。另一方面分封宗室到郡国，意图拱卫王廷，避免割据。

这就是晋初“太康之治”的软体改造。基层农户的生产积极性大大提高，统治阶层的利益也平衡了，于是社会大大繁荣。

公元280年，司马炎灭吴，统一了中国，当时的数据显示中国户籍口数回到1600万，公元282年，暴增到2000万（估计是清查出不少隐匿人口）。

但到公元290年，司马炎死时，地方王族跟士族自然结合，特权的势力大到中央政府无法制衡，形成更多的地方豪强割据。

司马炎没吃透战国到秦汉的历史演化的教训。

于是，公元291—306年晋王朝发生“八王之乱”，八个实力较大的王族角逐中央政权。宗室夺权混战的15年间，华北社会再次瓦解，经济生产停顿，人民流离失所。

流民与内附的游牧部落一起造反，公元311年，匈奴族刘渊在山西建立的汉打下晋王朝京城洛阳，公元316年再打下继位的晋王室都城长安，晋王朝（西晋）覆灭。

公元317年，晋的宗室在豪强士族拥戴下，称帝于江南建康（今南京），即为东晋。

二、战乱的十六国（公元304—439年）

刘渊，同时具备匈奴与汉帝国的王族血缘，所以姓“刘”、国号称“汉”，但写史的汉人因“华夷之辩”不承认，称为“前赵”（或“赵汉”，因为山西从前是赵国）。

现代统计，十六国的135年间，共出现71个国家机器。统治者的血缘，匈奴、鲜卑、羯、氐、羌之外，还有汉、高句丽、丁零、巴人等。实际上，按现代人类学区分，应该大致分成五大类族群：通古斯（匈奴、鲜卑、柔然、乌桓、扶余、高句丽）、羌（氐、羌）、中亚（羯，是匈奴化的白种游牧民，丁零则是突厥的一支）、汉、苗瑶（巴）。

早先被曹操分为五部的南匈奴，这时其实早已落户甘、陕、晋200年，由王族带头造反，以单于（或可汗）身份（针对游牧民）兼皇帝（针对汉民），充分体现了草原传统。

羯人原是匈奴统治下的西域游牧民，随匈奴人内附中原，迫于生活，大多沦为汉人地主的农奴或部曲（佣兵）。羌人则历来受到东汉官僚的压迫与歧视，导致汉羌百年战争，互相屠杀。氐人多是“八王之乱”中与汉人一起逃亡的流民。这些都是受压迫的反抗者。

鲜卑族群又有所不同，汉匈战争时他们是汉人的盟友，汉匈战争结束后，鲜卑取代匈奴，称雄草原长达数百年。匈奴、鲜卑、柔然、辽、金、蒙古、女真都是通古斯部落族群。

看看下图，更能明白公元300年左右，华北“中国人”的情况。

中国壁画上的羯人，即白匈奴族人（“嚈达”）

公元376年的中国，北方为前秦，南方为东晋

在华北各地立国的各个部族，相当草原模式，最短的一年，最长的62年（前燕，慕容鲜卑，公元307年自立为大单于，公元337年对汉人称王），平均不到10年。互相征战，掠夺和屠城是常事，相当血腥，华北人口锐减。

这时华北汉人的生存方式是，聚众于地方士族的武装“坞堡”，兵农合一，互相依赖，自给自足，开启了中国的氏族大家庭制度，而幸存的地方士族坞主，借重相对的武力与经济能力，成为所有统治者忌惮和笼络的对象。

公元317年，东晋祖逖率军北伐，便靠联合地方士族坞主而有所取胜。

公元319年，在山西称帝的羯人石勒（后赵，存在了31年），大概是人类史上唯一奴隶出身的皇帝。羯人作战勇猛嗜杀，屠掠平民常以十几万计，后来汉人报复，几乎灭绝了当时羯人30万口。相对来说，鲜卑族群比较不像匈奴、羯那么嗜血，同族的柔然纵横欧亚

东晋南迁移民分布图

草原，几乎从未屠城；而拓跋鲜卑早期的屠戮，也相对收敛。

实际上，内附时间较久的匈奴、羯、羌、氐早已汉化，也知道农耕是中国大地的经济基础。统治时间长的有慕容鲜卑前燕（在辽宁、河北）共34年，以及巴人李雄的成汉（国号其实是汉，在四川成都，史学上叫成汉，存在了44年），都因大量吸纳流民农耕，建国比较长久。华北的汉人，无论迁徙与否，生存本能下，必定产生文化上的互相适应，于是汉化的外族人，以及外族化的汉人，都是那时华北的常态。

更鲜明的草原文化，来自南下时间比较短的鲜卑和西羌诸部，尤其是已经称雄草原的鲜卑及其同族的柔然，他们完全是汉代匈奴的翻版。在十六国后期，中国北方的文化主调，主要是汉文化和鲜卑文化，华北各族人群，要么汉化，要么鲜卑化。

公元376年，中国一度形成南北两大局面，氐人苻坚的前秦统一北方，跟南方的东晋对峙。公元383年，前秦进攻东晋，大败于淝水之战。然而，从史书记载看，这场大战近乎儿戏，前秦以10 ：1绝对优势的部队，竟被少数东晋部队随机打败，人性里的机智创造了历史的偶然。苻坚和刘渊，都是汉化很深的外族人，苻坚的汉人宰相王猛辅佐他统一了整个北方，直达西域。

公元385年，蒙古草原南部鲜卑的酋长拓跋珪趁前秦瓦解时，建立代国（山西北部），第二年改称魏，公元398年以山西大同为都城，就是拓跋鲜卑的北魏。

公元439年，北魏统一了中国北方，结束了十六国时代。

拓跋鲜卑是鲜卑部落进入中国内地的统治者，但柔然是鲜卑部落在塞外草原的统治者。公元424年，柔然的大檀可汗兴兵攻击北魏，被北魏皇帝拓跋焘打败，此后几年，北魏连续打击柔然，最远达到贝加尔湖区的高车（汉译又称丁零、敕勒、铁勒、狄历），此后拓跋鲜卑常用高车人为佣兵。然而，柔然依旧是大草原的统治者。历史在这里出现类似汉匈战争的重复模式，拓跋鲜卑要做中原地区的皇帝，必须有点汉文化，这样便做不了草原的可汗了，生活在长城里边，纵使同样是骑射出身的游牧民，依然无法征服草原。

拓跋焘重用汉大臣崔浩，实质上的宰相，亲密到几乎言听计从。崔浩也是魏史《国书》的作者，从拓跋鲜卑政权的角度，夹杂汉文化的“华夷之辨”，柔然便成为北魏的“蛮夷”。但崔浩对拓跋鲜卑的历史也秉笔直书，保留了许多真实数据，大大惹恼了鲜卑贵族。

公元450年，听信谗言的拓跋焘斩杀崔浩、灭其九族。事后，拓跋焘后悔，但已无从挽回。

崔浩笃信道教，除了屡次给拓跋焘定重大策略之外，还谏议灭佛，佛教一时大受打击。

公元 439 年，拓跋焘统一了中国北方，这时，南方的东晋已于公元 420 年被刘裕的刘宋取代。中国历史南北朝对峙的时代开始。

十六国时代，中国北方的情况大致如上述。

这是个战乱不断的时代，生存本能使得生命很极端。人性的阴暗面，心理上的扭曲、变态、报复、奇怪的慰藉充分表现出来。人性的亮面、勇气、坚忍、理智、仁爱，也有所展示。佛教、道教、玄学，大行其道。

三、东晋（公元 317—420 年）

东晋是晋王朝一个小宗室琅琊王司马睿因缘际会开创的王朝。

西晋“八王之乱”期间，司马睿是洛阳的一条光棍，连封地琅琊（今山东胶南）也没去过，只能非常低调地生存，京城里唯一的朋友是琅琊特大士族的王导。王导倒是个学养俱佳的知识分子，也有点儿实力。当时情况，司马睿想不沾光也不行，于是他只好什么事都找王导商量着办，王导就那么一步一步协助司马睿走出困境。

就在乱局的惊涛骇浪中，公元 305 年，司马睿几经风险、勉强混到南京，成为晋王室在江南的代表，头衔一大堆，但依然势单力薄。那时，天下已经大乱，江南士族根本没搭理单薄的“宗室”，江苏地方的文武势力没有一个前来支持的（从人情看，这时距离西晋灭掉东吴才 25 年，吴地士族势力还未必服气晋王朝）。王导成为司马睿唯一的支柱。公元 311 年，前赵打进洛阳城，杀了晋帝，并屠杀士民 3 万多人，闻讯南逃的北方士族多达 60% 以上。王导一面联合南渡的士族，一面安抚江南地方士族，共同支持司马睿。公元 316 年，前赵打下长安，俘虏继位的晋帝，西晋亡。第二年，司马睿称帝。

当时的东晋，是个空降到江南的朝廷，人生地不熟的，王导做了大量联合地方势力的努力，勉强将司马睿扶上帝位。司马睿登基时，竟想招呼王导一起排排坐，他内心的惶恐可想而知。王导当然坚拒。

东晋，注定是个偏安的朝廷。北方南渡的士族掌握朝政，然而政、经、社一切都要仰仗地方，南方地方士族自然不服。那时，士族自有一定武力，就是“部曲”（私人佣兵），幸好当时中国南方仍属地广人稀，南渡的汉人尽可填充、开垦荒地，当然，已开发的城市附近，南北士族的利益冲突就无以避免。

更何况北方士族的割据习性未改，经常觊觎司马睿的王座，而南方士族豪强凭空要伺候好几层官僚，更是满肚子怨气。于是，跟北方类似，叛乱、造反也成为东晋的家常便饭。王导的一切心思全花在怎么协调南北士族和平共处、均沾利益上。

这就是东晋政治的本质。

士族豪强把小农意识稍微放大，分割地盘，小农经济也稍微放大为庄园经济，底层老百姓苦难依旧，甚至更苦。在东晋王朝跟南北士族的政治妥协下，虽然江南处处湖水，但没有一片帆、一张网不受到官僚豪强盘剥的。

针对北方流亡的士民大多是从故乡抱成一团一团南迁的特性，东晋为了照顾流亡士民与安抚当地士族，在南方士族势力较弱的地区（多为丘陵、山区），设立侨州、侨郡、侨县，以安置逃亡来的士族和民众。侨州、郡、县的名称跟北方故土完全一样，流亡的人连籍贯都不用改写，于是流亡的北方士族继续充任侨州郡县的各级文武官职、继续以北方流亡民众充作佃客或部曲，当做换个气候暖湿的地方种田而已。并且，定居初期还免税……

这些西晋政治体制的癌细胞，通通移植到东晋。

公元 347 年，东晋桓温打下成都，灭了成汉，桓温立马野心大炽，但受到当权大士族谢安的压制。公元 383 年，已经统一北方的前秦大举进攻东晋，号称百万雄师，被谢玄（谢安的侄子）的 8 万“北府兵”智取打败，东晋一度扩张到黄河南岸。但用南方资源到北方打天下，人情上也不通，东晋连生死攸关的淝水之战，最终倚赖的还是“北府兵”，由南渡的北方人组训成的部队。

后来取代东晋的刘裕便是北府兵出身的将领。

公元 385 年，谢安死后，东晋朝廷醉生梦死，桓温的儿子桓玄，成为藩镇势力，东晋中央政令被压缩到江浙地区的八个郡而已，但官僚机构依旧，老百姓的负担可想而知。

公元 399 年，南渡的一个寒微士族孙恩利用五斗米教（属于道教信仰）起事，很快形成铲除北方门阀和地方官僚的运动，浙江中部，从宁波到嘉兴，屠戮非常残酷，王谢大世家也没有幸免，可见孙恩本人及南方百姓的怨气有多大。

孙恩的战术倒真正新颖，他用南方人擅长的船战，战败了就上船，驶到东海的海岛上去（舟山群岛）。公元 401 年，孙恩水军 10 万进逼南京，被刘裕打败，一年后入寇浙江沿海，兵败投海自杀，当初随他起事的 20 多万徒众消亡殆尽，只剩数千，推卢循为头领，逃亡海岛，继续造反。公元 404 年，卢循攻陷广州，公元 410 年，卢循又率 10 余万众再次进逼南京，又被刘裕打败，逃到交州（治所在今越南北宁），第二年被交州地方官剿灭。

原本就中气不足的东晋王朝，经孙恩一闹，奄奄一息。

公元402年，桓玄攻入建康，公元404年，桓玄废晋，自立为皇帝，国号楚，旋即被刘裕击败。至此，刘裕掌握了东晋政权。

这一时段，发生了件破天荒的怪事：浙江诸郡闹了大饥荒。

难怪嘛，被孙恩搅的，逃的逃、杀的杀，没人种地了。

不少士族，披着精制的罗衣，抱着心爱的金玉字画，关着大门整家整家地饿死。

这些人不知民间疾苦，不知道怎么掘草根、剥树皮、抓蚂蚱充饥，当然也更不会人吃人。

总之，江南会饿死人，大概只有东晋朝才会发生……

为了做皇帝，刘裕强力发动北伐，要以军功来改变自家“门第”。

门第观念是魏晋社会的怪异软体，比论资排辈还要腐朽，只比印度的种姓制度稍微好一点儿。本来，权贵和豪强世家，所谓“上流社会”，互相结交，这是很自然的人情，所有人都有个生长的环境，跟熟悉或类似的人往来，沟通起来比较不费劲儿，跟现代的同学或同事小圈圈一样的嘛。东汉中期以后，“党锢之祸”加军阀割据混战，人们聚众自保图存，人与人之间的疏离感越发严重，生存与权益与信任的考量，竟衍生出“门当户对”的怪异软体，活生生把社会层级化、圈圈化，成为一个没有制度的“制度”。

实际上，南渡门第最高的王、谢两家，固然吃香喝辣，高手不少，但也不乏饭桶。

而南渡的北方士族，也不是北方最贵最富的“门第”。家大业大的士族，家口、田地、财富太大，搬不走、南迁风险太大，他们宁可武装自己当坞堡主！比如，中原崔氏，一直旺到唐代……

王导为了打进江南士族圈圈，主动学江浙话，想跟当地大士族陆家联姻，惨遭拒绝，北方士人嫌他坏了规矩、南方士人嫌他是外来户。

总之，门第反映了当时社会的一个非理性现象，互相画地自限、互相排斥。

刘裕其实是个很有智慧的人。他年轻时，渔、樵、耕都做过，还卖过鞋子，没办法，出身贫穷，没得书读。他完全知道民间疾苦，还喜欢赌钱，典型的无产阶级，总想一次“暴发”，赌输了，曾被庄家绑在拴马柱上讨赌债。他在北府军当兵，北府军是能打，但将领劫掠民财，比盗匪还厉害。

刘裕后来当上北府军将领，严饬军纪，他领军的部队，秋毫无犯，自然胜多败少。

刘裕专政后，于公元409年开始北伐，直打到公元417年，收复洛阳、长安。最终稳固了豫南、淮南、山东一线，跟北魏对峙，使长江以南地区的老百姓远离前线战火。

公元 413 年，刘裕下令取消东晋原有的“侨县”制度，裁汰大批士族官僚，消除南北侨土界限，士族一律成为南方人，并且架空高门大族（关系户），重用一般知识分子。这是对晋王朝政治体制的第一次手术，中国南方渐渐具备实质性的“中央政府”。

公元 420 年，刘裕称帝，国号宋（史书也称为“刘宋”），东晋覆灭。

这时，北魏也开始了中国北方的统一。

十六国时代即将过去，中国进入南北朝时代，南北方对打的时代。

人们需要特别注意：传统历史记述的十六国，专注于华北的汉文化区域，实际上，在整个标记为魏晋南北朝的 369 年间，在甘、青、川、藏的高原板块上还有一个独特的历史演化，那就是吐谷浑。这是鲜卑的一支部落——慕容鲜卑——西迁到甘、青的部落，吐谷浑的名字来自部落酋长慕容吐谷浑。

晋王朝承袭汉王朝，对草原上的游牧迁徙是没有话语权的。西晋刚统一中国不久，公元 283 年，慕容吐谷浑率所部 1700 户人，西迁到阴山下放牧，最终掩有陇西、青海、四川一部分和西藏东部，统治这个领域内的羌、氐、藏诸部游牧民。公元 329 年，慕容吐谷浑的孙子将这支混融了各部族群的部落，改以其祖父的名字吐谷浑为族姓及国号，而王族则以父亲的名字吐延为氏。公元 540 年，正式建都于伏俟城（今青海湖附近共和县，铁卜卡古城），就是史书记载的吐谷浑国，是青藏高原上最早信奉佛教的国家。宫殿布局有明显的汉风，官制、王公和妇女服式略同于汉族，并使用汉文。隋、唐王朝都曾以公主和亲。

吐谷浑实质存在了 378 年（公元 285—663 年），一度是东西方丝绸之路的另一条重要干线。唐代时，亡于吐蕃（西藏）。

南北朝时期

（公元 420—589 年）

公元 439 年，北魏统一了中国北方，结束了中国北方的战乱时代。

这时，中国北方是个统一的鲜卑政权，中国南方则是个统一的汉政权。

中国南北方的竞争，正式开始。下面的叙述，以北朝为主轴。

拓跋鲜卑的北魏，是整个魏晋南北朝时代，长城内寿命最长的国家机器。

公元467—499年，魏孝文帝拓跋宏在位。这是中国史书着墨很多的皇帝，因为他坚决推行彻底的汉化，王族改姓“元”，同族的秃发（也念“拓跋”）鲜卑贵族则改姓“源”。公元495年，拓跋宏更不顾包括太子在内的鲜卑贵族的反对，迁都洛阳。迁都后，禁止鲜卑服饰和鲜卑语，朝廷官员全改汉姓并落籍洛阳，把鲜卑贵族门阀化，鼓励他们和汉人士族通婚。魏孝文帝的统治，有一系列整顿吏治、抑制豪强的措施，分配土地、平均税赋、鼓励农耕，农业生产富裕起来，连带桑、酒、牧和手工副业、工商都呈现繁荣景象，彻底改变了中国北方的荒凉景象。这给后来隋唐的统一，打下了坚实的基础。

****

草原上的柔然

世人对柔然的了解，不如匈奴，中文的记载算多的，确定了他们长期是拓跋鲜卑辖下的一支鲜卑部落。由于北魏拓跋焘厌恶这支崛起的同族部落，故意称他们为“蠕蠕”（汉译音的柔柔、芮芮、茹茹、蝚蠕，都是柔然的名号）。公元402年，柔然首领社仑自立为丘豆伐可汗，称雄此方草原，最有名的是大檀可汗（鞑靼、达达、塔塔尔，都是汉译音，他的后裔甚至以鞑靼为部落称号）。柔然有冬季南下河套阴山放牧的习惯，并不断劫掠长城边邑。“敕勒川，阴山下，天似穹庐，笼盖四野。天苍苍，野茫茫，风吹草低见牛羊。”就出于柔然民谣。

柔然跟原来的宗主国，南进的拓跋鲜卑从未停止摩擦，尽管拓跋焘打败过大檀，并因此双方也和亲过，但战事几乎年年发生（对北魏而言是“蛮族寇边”）。极盛时期的柔然，疆域不下于匈奴，并且因为拓跋焘灭佛，许多北魏僧侣和佛教徒避难投奔柔然，加上当时中亚、西域崇尚佛教，柔然汗国成为佛教国家。

因为跟北魏摩擦，柔然历来一直与汉人政权结盟抗魏，并结盟厌达节制中亚。又因为柔然强大，控制着中亚与西域，中亚西边的波斯也就通使北魏以抗柔然。公元460年，柔然灭吐鲁番的佛国高昌，北魏无法救助，柔然进逼敦煌，北魏方才作出反应。柔然历史，可以从中亚与西域各国历史记载中拼凑出许多细节。

公元487年，柔然辖下打铁的部落，贝加尔湖西边的铁勒部落西迁中亚（今土库曼地区，汉译音，实际即“突厥”的意思），便是后来的突厥（司马迁笔下的汉译音是屠耆，也是头门或头曼，万夫长的意思。中亚铁勒部首领，就被柔然封为头门）。

公元552年，突厥可汗求娶柔然公主被拒，柔然当时的阿那瓌可汗对突厥使者说：你们不过是为我们打铁的奴匠，有什么资格娶公主？突厥大怒，进击柔然，阿那瓌轻敌，战败被杀。不久，突厥也消灭了柔然的同盟厌达。典型的草原风暴，突厥瞬间成为北方草原直至中亚的主人。

受佛教影响后，柔然汗国一度与北魏和解，资建大同云冈、敦煌莫高窟等佛窟。其盟友厌达也在阿富汗兴建了闻名于世的巴米扬大佛（公元2001年被塔利班炸毁）。

全盛时的柔然，辖下的中亚与西域成为佛教的转播站。由于柔然的保护，虽然后来中亚和西域整个地区转信伊斯兰教，北方大草原依旧是佛教天下。最终，佛教在中国生根、本土化，成为中国佛教。

北魏在公元534年分裂后，东西两魏都和亲柔然，引为奥援。突厥击杀阿那瓌之后，柔然也分裂为东西两部，东部柔然投奔继承东魏的北齐，不久复归草原。公元555年，突厥彻底击溃西部柔然，西部柔然可汗带着3000残兵也投奔北齐，但北齐已得罪不起突厥，在突厥使者的威逼下，北齐交出投归的柔然可汗人马，通通被突厥斩杀。按草原规矩，中男以下幸免（不杀低于大车车轴的男孩，约一米高度），发配给王公贵族为奴。

这时，大约有2万骑的柔然部落向西逃避，辗转到达东欧。公元558年，自称“阿瓦尔人”（Avar）的异国使团抵达君士坦丁堡（今土耳其的伊斯坦布尔），请求与拜占廷的东罗马帝国结盟，这给西方人带来了巨大的惊讶和震动。不久，突厥也派来使团，抗议拜占廷人接纳阿瓦尔人，这时的西方才知道，阿瓦尔人就是柔然人。

拜占廷选择与较为强大的突厥人结盟，以对付死敌波斯，阿瓦尔人则拉拢波斯夹击拜占廷，并先后征服了保加利亚、捷克等地，在东欧平原上重建柔然汗国，保加利可汗（汉译音保加鹿、保尔加等）跟魁鞀可汗一样有名，其后的伯颜可汗更成为中欧强权，用匈奴对付汉王朝的手法，迫使拜占廷和亲、纳贡（以东罗马金币缴纳）。

当然，最有名的是“中国马靴”——马镫，是柔然带到欧洲的。

实际上，柔然部落大概以蛇为图腾，自称“茹茹”。虽然不特别嗜杀，镫在马上冲杀自如的骑兵，始终是东西方世界畏惧的东西。突厥人称他们为“阿帕尔人”（Apar），隋唐时代的中国人随着突厥称他们为“阿拔人”，都是阿瓦尔人的转音。满语中的“Abahai”（汉译音，“阿巴亥”）、突厥语中的“Abakan”（阿巴坎），都是蛇的意思。后来，金、辽、蒙古、清，叫“阿巴亥”的人多了。西方电影的“蛮族”影像，许多也用蛇图腾。

草原上的柔然跟西方世界的关联，大致如此。他们上承匈奴，下启突厥、辽、金、蒙古、清，欧亚草原继续产生后来对东西方世界的重大影响。

魏孝文帝的彻底汉化政策，或许出于睿智，他大概看出来，用拓跋鲜卑的骑兵对付农耕民族，绰绰有余，但要对付柔然、征服草原，明显不够用，草原游牧与农耕定居，是截然不同的生活方式和文化。拓跋鲜卑既然已经入关百年，再回归草原也没有可以容身的地盘，何况关内生活舒服多了。既然选择了定居，就要夯实统治基础，同化入汉人社会，是拓跋鲜卑部落唯一长治久安的路。

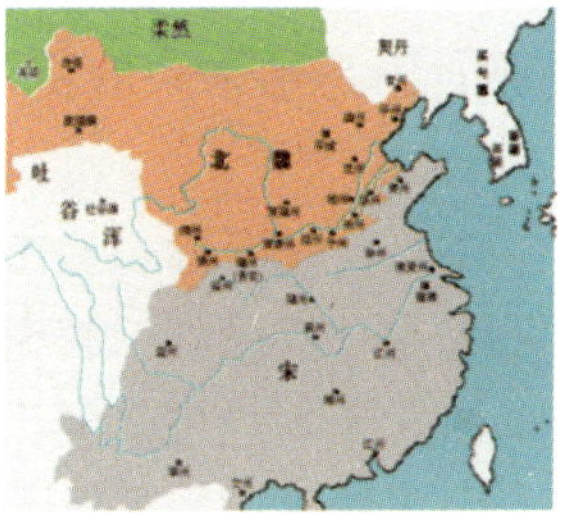

公元475年，魏宋对峙

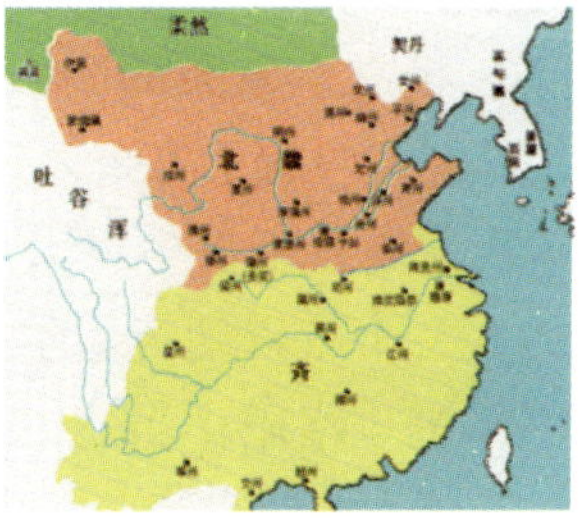

公元500年，魏齐对峙

魏孝文帝作出了历史性的抉择，他的拓跋鲜卑族人却因为汉化或不汉化而分裂了，虽然最终整个拓跋鲜卑部落还是定居了下来。

终魏孝文帝之世，拓跋鲜卑始终存在不愿汉化的部落势力，尤其在直接面对“世仇”柔然的前线军区，山西大同北边靠长城边的六镇，他们保留鲜卑习俗和语言，成为鲜卑文化在长城内的最后据点。公元 523 年，柔然饥荒，阿那瓌可汗率 30 万大军将六镇劫掠一空。北魏政府随后的处理如蜻蜓点水，无济于事，于是六镇贵族与流民造反，北魏荒唐到请柔然派佣兵协助平叛；公元 524 年阿那瓌再次领兵 10 万彻底镇压六镇，北魏政府将二十多万流民安置到正闹着水旱灾的河北，饥民无处就食，纷纷逃亡。公元 525 年，以六镇鲜卑部落为主的流民在河北再次造反，最终导致北魏政权崩解。

再次造反后，葛荣成为首领，号称百万之众，四处觅食，只知屠掠，跟草原游牧似的（东汉赤眉军的翻版）。其中有两个叫高欢和宇文泰的人，这两个人后来脱颖而出，掌控华北，分别成为后来北齐、北周的建立者。

在北魏政府平叛过程中，晋北一个部落酋长尔朱荣向曹操学习，散家财、招兵买马，以 1400 骑起家，很快发展出一支劲旅，准备打天下。

公元 527 年，葛荣率众围攻邺城（今河南安阳），仍号称 100 万，估计，真正的战斗部队当不下 10 万，打算一举灭魏。尔朱荣只带了 7000 骑兵，每人两匹马，从晋北直扑邺城。尔朱荣将骑兵的作用发挥到极致，他只规定了条简单原则，第一驱散敌军，第二不以斩首论功。所以，兵士虽然带刀箭，但多以长棒挥击。葛荣的部队被数千骑兵忽左忽右来回冲击，十几万人马竟然被冲散，中军暴露，于是尔朱荣回头集中兵力，杀向葛荣中军，生擒葛荣。这年，尔朱荣 34 岁。邺城之战，尔朱荣威震天下。

随后的处置充分显示了尔朱荣的才智：数十万降兵，就地解散，一概不问，各自带上家眷，回老家去！等这些游勇走出百里，散兵散得抱不起团来，再令各地官员临机押遣。

北魏政府动员的后续部队还没集结，战事就已经结束。

降兵里头的宇文泰是一个青年将校，被收编成为尔朱荣的一个部将。而早先已离开葛荣、投靠尔朱荣的高欢，那时已是尔朱荣的将领，战斗之前，凭着人脉熟悉，阵前就收编了万余人。

公元 528 年，北魏宫廷发生灵太后为独揽政权而毒杀皇帝（她的亲生儿子）事件，并另立一个三岁幼帝。尔朱荣认为时机已到，秘密联合一个声望高的宗室王，率军进攻洛阳。当然，大军如入无人之境。灵太后与幼帝，被扔进黄河，宗室王成为傀儡皇帝。

随后的处置骇人听闻，也显示尔朱荣欠缺政治头脑：他骗满朝文武百官说，请他们与新皇帝一起出城祭天，在黄河南岸，把这 2000 官员全部屠杀，就是“河阴之变”。基本上，北魏朝廷的“汉化派”，鲜卑族和汉族官员一次报销。

洛阳震恐，居民率先弃城出逃，京城立刻萧条下来。民愤太大，尔朱荣也不敢进驻，留在山西遥控傀儡皇帝。

这时，中国南方已经经历三个王朝，刘宋、南齐、南梁。

刘宋的刘裕是个平民皇帝，赤手空拳打天下，但继任的刘家人不怎么样，有弑父篡位的、残杀手足的、荒淫暴虐的，最后被一个高门第的权臣萧道成夺去，就是南齐。怎么来，怎么去，23 年后，南齐也被萧家族内的权臣萧衍夺去，就是南梁。

萧衍倒是个还不错的文人皇帝，生活俭省、工作勤奋，但东晋南朝历来的吏治加上士族豪强的既得利益，需要动大手术，刘裕做不到，萧衍也做不到。南梁初期，萧衍重用的士族范云、周舍都是几近两袖清风的清官并且有才干，加上皇帝带头节约、带头勤政，20年间，政绩斐然，建康京畿附近到萧衍死，50年间没发生过内乱（东晋南朝以来的头一回）。萧衍做到了知人善用，但最终败在萧衍护短，护自家人的短，他大女儿跟他六弟私通，还派刺客杀他，事败、刺客被抓，女儿没脸见爸爸、自尽，萧衍居然没怪罪六弟，纵容到这分儿上，可见他对官僚士族利益集团自然也宽容。

公元525年，北魏乱象毕露，徐州地方官叛投南梁。萧衍派陈庆之领兵2000，护送次子萧综去接收徐州。北魏派宗室领兵2万阻击，被陈庆之打败，这是陈庆之生平第一次打仗，而陈庆之作为武将，弓马功夫两不行，是个儒将，主要靠生活简朴、有胆有略、与士卒同甘苦，兵士愿意效死。这些长项，却无法阻止任务失败：萧综到了徐州，叛投北魏。因为，萧综行前，人老珠黄的老妈竟然告诉他：老妈原是南齐废帝的妃子，被萧衍接收七个月后就生下他，萧衍虽对他视如己出，却是他的杀父仇人！于是，陈庆之把人送到了，萧综也带着徐州叛投了，陈庆之只能迅速撤退回南方。

萧衍本来就是个文人，经过这两次家庭打击，心理承受能力达到极限，改信佛去了。公元527年，皇帝到同泰寺，舍身做了三天和尚。加上范云早死，周舍死于公元524年，继任的人是皇帝的马屁精，而且贪腐，南梁就此一泻千里。萧衍后来多次“舍身为僧”，大臣要从国库里捐许多钱给同泰寺把皇帝“赎”回来，偏偏萧衍活到85岁，当了47年皇帝……魏晋南北朝时代的中国，真的很“无常”。

公元529年，那时当朝的梁帝萧衍，大概想把北魏的浑水搅得更浑，派陈庆之领兵7000，护送一个“河阴之变”后投靠南梁的北魏宗室回洛阳当皇帝。这个北魏宗室的皇帝梦没做成，却造就了陈庆之的传奇英名。这年，陈庆之45岁。

陈庆之是江苏宜兴人，寒门出身的知识分子，中年之前的“工作”，主要是陪侍皇帝下围棋，萧衍很爱下棋。那时代，整个中国南方，士族门第基本控制政权，门第不高的“寒门”很难跻身上层社会。所以，公元529年，萧衍派一个45岁的寒门儒将陈庆之，只领军7000（穿白衣，人称“白袍军”）向北深入3000里路到洛阳，下的什么棋，古今中外，至今都看不清。

陈庆之倒是坚定地一往直前，他那7000人的部队，一定被他感动得个个都成为真正的勇士。南北两边后来的史书记述，当然各有浮夸，现代学者整理出比较有逻辑的数据大致：

（1）临战 47 次，克 32 城，进入洛阳，估计北军不战而走的居多（典型游牧战法）。

（2）7000 南军进攻 7 万北军防守的睢阳城（今河南商丘），完成扶立另一个北魏皇帝登基的任务（这“皇帝”急不可耐呀）。

（3）攻占荥阳（今河南郑州）后，面对北军合围之势，以 3000 骑兵主动出城迎战并打败北魏万余骑兵。

（4）尔朱荣听到各地战报，当然率精锐部队直扑洛阳，陈庆之化装为和尚，只身逃离洛阳，返回南梁，走时，所部 7000 人大约剩下 5000，护卫和被扶立的“皇帝”，通通被俘。

这个战事很快就结束了，尔朱荣继续平定北魏各地的叛乱，北魏基本恢复北方统一的态势，尔朱荣越发自信满满。公元 530 年，尔朱荣被他自己扶立起来的傀儡皇帝（这时，也是他的女婿）诱骗进宫，事先已经有皇帝要除掉他的风声，尔朱荣依然自信得连武器也不带，侍卫也都徒手，被皇帝女婿亲手刺杀。

人性贪欲，权或钱一再冲昏理智，历史也一再重演。

萧衍已经是要出家当和尚的人了，却还要赌上 7000 条命去博什么？被陈庆之扶立的北魏“皇帝”进了洛阳，立马夜夜笙歌，大概知道好景不长，加速过足“皇帝”瘾，两个月后被尔朱荣俘获。陈庆之或许知道，即便以当时北魏内部到处起火的局势，他全身而退的胜算也不大，之所示义无反顾，算是报答皇上提拔的知遇之恩。尔朱荣会打仗，打胜仗打到失去警觉性，失去性命，死时 37 岁。

这些真实发生的故事，有点儿感伤，算是那个战乱时代的注解吧。那 7000 人、那些徒手侍卫，他们展现的不知道是淳朴、勇敢、信念，还是无奈。

陈庆之回到南京，成为整个南方最传奇的“军人”，萧衍派他做了封疆大吏，为南梁镇守边州，除了战功，又多了政绩，55 岁死去。

尔朱荣死后，北魏皇帝自然要铲除尔朱家族势力，这一过程中，高欢逐渐掌控了北魏政权，宇文泰则掌控了黄河以西地区。结果，皇帝想要联合宇文泰来清除高欢，被高欢先下手为强，杀了皇帝。公元 534 年高欢立了个傀儡皇帝。第二年，宇文泰也在地盘上立了个傀儡皇帝。两帝都还是拓跋王族，国号都还是魏，便称作东魏、西魏，互相攻战不休。二十多年后，拓跋家被高家、宇文家分别正式取代，便是北齐、北周，那时，草原已经是新兴的突厥天下，南方也已经被陈霸先的南陈取代。

北魏在孝文帝汉化推行之后，主要是回归小农经济的均田制见效，华北人口逐渐达到 3000 万以上，虽经六镇造反的破坏、两魏的分裂，但在公元

580 年左右，北齐尚有 2000 万人口、北周也有 1000 万人口。

公元 548 年的华南，南梁人口有 1100 万左右。

公元 549 年，淮南的割据军阀打下南京，萧衍被软禁在宫廷饿死。南方大乱，北方两强趁乱进兵南方，南梁靠陈霸先领导有方，勉强撑住危局，没被两魏瓜分。

浙江湖州本土地主、寒门出身的陈霸先，继承了南梁的烂摊子，但南方的生存空间被压缩到只剩一半。陈霸先只在位两年，幸好南陈继任的统治者大脑清醒，持续整顿吏治、刺激生产 20 年，到公元 580 年，南陈治下人口也就大约 300 万。

这些数字只反映了农户户籍上的统计数字，南北方士族豪强都勾结官僚、多所隐匿，数据不会准确（尤其是南方）。然而，大致可以窥见，南方已经大势已去……

公元 581 年，杨坚取代北周，建立隋王朝。

那时候，北周相对人口较少，为了扩充兵源，很早就采行兵农合一的“府兵制”，收募私家部曲，废除鲜卑人专只当兵（家属免除赋役）、汉人则专业务农（提供赋役）的旧制。府兵平时屯田生产，农闲时军训；东汉以来的募兵制，慢慢回归为乡兵制。

杨坚掌控北周政权后，进一步取消一些限制，各族一视同仁，逐渐剥离了士族豪强的地方武装、集中了政府军权。

杨坚这些软体措施，确立了北周和隋王朝的优势，大混血后的新型“中国人”出现了，混了 400 年，也该是时候了。

公元 589 年，隋王朝统一了大江南北，魏晋南北朝时代结束。

公元 590 年，杨坚更规定府兵一律编入州县户籍，以此兼顾兵源、税源。

****

欧洲的“蛮族入侵”事件

“十六国”及“南北朝”时期，出现于公元 4 世纪初，加上之后的北魏延续了几百年。直接肇因则是汉王朝政治腐败，东汉王朝为抵御匈奴，一方面允许游牧民搬进华北居住或成为佣兵，这些部族内附了近 300 年时光；实施募兵制，引致军阀割据。后来真正入主中原的反倒是新近入关的鲜卑诸部，大致可说是“中原内乱”。

公元4世纪末，西方世界的罗马帝国也遭受“蛮族入侵”事件，延绵时间更久，“罗马帝国”再也没能恢复。直接肇因则跟汉王朝一样。公元2世纪中期，日耳曼诸部逐渐“内附”到中欧，迁徙到莱茵河、多瑙河西岸，进入现今的德国、法国地域。公元370年左右，匈奴西迁，压迫当时在东欧平原的东、西哥特部族更向西迁徙，他们又押着当地的日耳曼部族跨过多瑙河、莱茵河，进入罗马帝国地域。更糟的是，跟东汉王朝一样，罗马帝国的军队，早已雇佣当地的日耳曼人当兵，罗马军队早已被同化。

公元410年，西哥特人洗劫了罗马城。公元419年，罗马皇帝被迫允许西哥特人在高卢（今法国）南部定居，成为第一个罗马境内的合法王国。这一时段，也正值中国十六国时期，汪达尔部族蹂躏西班牙、北非，勃艮第人则占据了法国。

公元450年，匈族阿提拉可汗已经西进到达法国巴黎附近，所经之处，焚掠一空。罗马军队集中兵力，勉强挡住，阿提拉转而劫掠意大利。若阿提拉不是死于非命的话，匈族大概会就此占领罗马。但罗马仍难免于公元455年被汪达尔人洗劫，而公元476年，最后一位西罗马帝国皇帝被一个日耳曼部落酋长赶下皇位，西罗马帝国正式画上历史句号。这时，中国南北朝的对峙才刚刚开始。

100年后，阿提拉的后继人不敌西迁的柔然人，匈族人后裔融入柔然、日耳曼、斯拉夫诸部，成为匈牙利人。大约300年后，柔然汗国被新兴的法国查理曼大帝消灭，查理曼从布拉格获得以吨计的黄金，大多是中欧柔然汗国历来从东罗马帝国刮来的。退回保加利亚的柔然人，最终也跟当地各部族融成一块，再也看不出通古斯人形象。

新型中国人的中国文化

无论国家机器的形制如何，只要有国家，就有战争与和平，而且国家内部也一定存在争权夺利或文明创造。

中国历史的王朝更迭，并不奇怪。地球在演化，环境在演化，人群社会也跟着在演化。人类历史能够比较详细记录下来的第一次社会大混乱，是中国的春秋战国时代，以大一统的汉儒文化作为“中国人”的象征而结局。人类历史能够更详细记录下来的第二次社会大混乱，是中国的魏晋南北朝，结果混乱出新型中国人，并出现中国文化新版本，一个吸收了草原和印度佛文化元素的“中国文化”。

长城内，汉儒文化依旧，但中国人的意识已经大不相同。

游牧各部迁徙到中国北方各地，长期跟汉族人民交流血缘和文化基因，北魏的汉化政策，最终使长城内的北方人通通融合成“汉人”。然而，“汉人”在汉代的原意，更接近现代西方的政治话语，不过是“汉国人”的意思。

汉儒文化平台，使得各族新“汉人”在新的“汉文化”里成为新型的“中国人”。

在这个时段里，原有的北方汉人大量移民南方，垦殖的结果也改变了整个华南的生态。魏晋南北朝结束的时候，华南已经占到当时中国世界经济与人口比例的30%左右（整个汉代，这比例不过15%）。先后的移民数量，可能高达500万（公元360年之前，南方的军队近百万，基本上是南渡的北方人），总量甚至超过华南各地原住民的总和，彻底改变了中国南方的风貌，黄河流域的人口、农耕技术、生活方式整个搬进华南。

春秋战国时代，人口的扩张属于自然繁衍，拓殖原地附近的荒地。后来，秦汉第一拨规模性的移民，北边是河套和河西走廊，南边是粤、赣、湘一线，属于政治性移民。例如，秦王朝在广东及华南各处的据点，共留下50万南征部队，当地无疑会散布着这些人的血缘和文化。

魏晋南北朝时代的第二拨大移民潮，规模远超第一拨，主要填充了安徽、江苏、浙江、福建、江西、湖南、湖北、四川。因为属于逃难性质，许多移民多选择山区，与原住民交融，以保障安全。又因为数量大，使得闽、粤、赣等山区保留了大量原汁原味的中原文化，如闽南语叫作“河洛话”，岭南山区的“客家人”男性的“汉族”基因（指的是人类学上的羌汉族系的O_3基因标记）比例高达60%，比今天南北方汉族人的平均值多出六个百分点。闽南人和客家人的文化，成为研究秦汉时期中原文化的现代活化石，包括当时的语言、语音、生活习惯等。

北方人南迁路线

总之，混血混出新型的中国人，以及多个文明元素的新型中国文化。

由于汉儒文化仍然是社会的主流，

汉文化软体的崇祖特性、文化的话语权，使得“汉人”成为此后“中国人”的代名词。现代西方政治的“民族国家主义”，中国人老早已经实践过，并且发现行不通。中国人的文化主义话语，老早大于国家主义话语。

现代中国人口，男性的汉族基因约占一半比例，自认为是“汉人”的比例，则约90%。而女性的基因比例，随地而异，大抵以百越、苗瑶、羌汉、通古斯为主，各地差异很大。南北汉人生活习性和长相上的差异，环境是最大因素，其次是母系基因。

“汉人”实质上主要是文化认同，其次是氏族认同（如姓氏，汉人对同姓有强烈的同宗感情，恰巧是最科学的基因学规律：Y染色体，父亲只能遗传给儿子，因此严格的姓氏制度，是亲缘关系的最佳写照，除非发生概率极低的Y变异）远大于国家认同，不能以西方政治的“民族主义”或“国家主义”来解释或取代。

现代中国人大概已经搞不清楚，生活习性中哪些是来自草原或西域了。只说三件：

（1）坐椅凳、上桌子、大盘菜、一起夹菜吃饭，睡床。

魏晋之前，汉人是席地而坐（垫子）、各有矮几、分菜各自吃饭，睡榻。

（2）音乐和舞蹈。

原来的古琴、秦筝、磬，老早不敌流行的胡琴、鼓铃、胡旋舞等。

有名的“花木兰从军”的故事，明显是北魏背景，诗词开头就说“可汗大点兵”，只有北朝的皇帝才兼有可汗的身份，兴许花木兰是外族人，才有从军的义务，而且要自备弓刀马匹……花木兰被征召到漠北打仗，打的是鲜卑同族的柔然。

（3）雕像艺术，以及佛教。

包括武术（内功吐纳，其实也是一种瑜伽，而各式猴拳、禽、虎招数，是典型印度古人向动物学习的练功把式的延伸）。

这些，连同汉代儒文化、地方农庄坞堡形成的士族大家庭门第（后来的“地主”“乡绅”），都成了从那时候起的中国人的“中国文化”载体。

由于进入南方的移民数量庞大，当时的华南丛林沼泽遍布，虽然南京附近瞬间开发，南京本身也一跃成为当时中国最大的城市，但技术转移并不均匀，大量移民到更南方地区的人群，为了生存，仍旧“刀耕火种”，开发、繁衍与文明的过程中，生态的破坏，无疑相当大。

一、经济与技术

东汉军阀混战到魏晋，经历了100多年，西晋短暂的统一（只有23年），人口从1000万增长到2000万。公元280年，西晋统一中国的时候，南北方人口总数约1600万。后来，战乱开始，记录能看到1000万数字的，北方是公元370年达到的，南方则是公元548年达到的。而北魏孝文帝推行汉化政策之后，公元520年和公元580年的记录，都是3000万，之间的公元534年，北方人口一度减少到2000万。隋王朝统一中国的公元589年，南北方人口总数约4000万，大抵符合南北方的史书记述。

所以，从人口数量看，公元189—589年，北方长期战乱下的人口总数翻了两番以上，回到3000万，而内附的各游牧族群的人口，起始不会多过300万。南方由于北方汉人大量移民，人口总数翻了三番以上，到达1000万，而原住民的起始数量也不会多过200万。战乱流血，并未遏止文明和人口的增长，这也跟春秋战国时代有所类似，虽然难免一时的相对降低。

可见人类的生命力与适应力是多么强，农业生产方式对人口的增殖的刺激多么明显。

东汉末年到魏、蜀、吴三国时代，正常商业活动近于停顿，社会上以物易物是常事。蜀国占据铜矿优势，蜀钱成为蜀国经济最有力的支柱，甚至通行全中国，魏王朝还刻意输入蜀国铜钱，借以调剂商业流通。

魏晋之前，东汉末年的军阀割据与混战，农业人口针对这种政治局面的适应，老早就开发了南北士族的坞堡庄园经济，实际是“地主经济”，各地士族的政治权力，不亚于当时的统治王族。“庄园”经济不过是把全国范围内的小农经济，分割在众多略小的坞堡庄园的势力范围里执行起来，庶民还是庶民，统治者的层级，除了“政府”官吏，还有“坞主”士族等大地主，社会管治成本、农民负担无疑大增。魏晋南北朝时段，割据与战乱，使得工商流通交易不便，庄园经济只好尽量自给自足，整体社会经济自然萎缩，民间交易基本上是盐、粮、布等同货币。但南北各王朝的贵族竞相奢侈浮华，南方的海外贸易、北方的西域贸易，奢侈品商业不退反进。

北魏孝文帝实施汉化，颁布了“均田令”，由政府直接分配土地给农民，意图师法秦汉、恢复小农经济，跟士族地主争夺土地和人民，北方经济复苏的速度实际超过大量土地被庄园和寺院垄断的南方。北魏末年，公元540左右，北魏一个地方官贾思勰编写了中国最重要的农业专书《齐民要术》，将黄河中下游的实用农业经验进行总结，并分类为谷粮、果菜、畜养（含家禽、鱼）、兽医、酿造、储藏等，详细到可以看出当时中国人怎么进行人工选择交配、育种。贾思勰的专著被后来的统治者当做宝贝，甚至不许不相关的官员阅读，使得一般知识分子不大明白这本书对中国的重大影响。《齐民要术》中提到数十种中原以外地区的可食用植物，南北方农业信息或物种的交流很明显。贾思勰对中国农业的影响无疑很大，无论怎么推崇他为“人民的贾思勰”都不为过。《齐民要术》白话的意思就是“老百姓谋生的重点知识”或“怎么教老百姓谋生”。

经济萎缩了，税率比汉代低，曹魏以后，以实物（粮、帛）征收田租和户调，但编户的自耕农数量大大减少（士族所占土地总和，近乎全国土地之半），使得徭役负担特别沉重。史书记载，曹操“分离天下”，服劳役在外的人几乎终年难得与家人一聚。这成为魏晋南北朝的常态，尤其是权贵、官吏、士族之家有免役的特权，而富人还可以折钱代役。又由于连年战乱，人口降低，户调也持续加重。整个魏晋南北朝时代，“庶民”其实跟“农奴”相差不远，而特权阶层属下的佃户、仆役，本来就有奴隶的性质。

由于政权寿命短暂，各地规矩不一，难以表述老百姓承受的实际负担，大抵超过了东汉时代。特权与士族是实质上的经济和政治上的割据。在这样困难的情况下，人的大脑倒开足了马力，增进效率，生产技艺比两汉更为先进。

纺织方面，三国时期的蜀锦（具备有花纹图案的织绣），东吴江南的丝织，曹魏北方的织造，无论质与量，都有长足进步。炼钢直接关系兵器和武力，这时已经制式化“百炼成钢”技术，手工量产。瓷器方面，北方生产白瓷，南方生产青瓷，都达到相当高的水平。造纸也已制式化，南北方都有集中的造纸业城市，纸的普及，使得书法、绘画大大长进。

饮食方面，三国时期，蜀国发明了馒头，后来，北魏也盛行各式西域传入的烤大饼、炸油饼。自魏晋开始，喝茶从宫廷（汉王朝通云南后，就有茶了）普及到士族。

在民生艰苦的时刻，知识分子的思想就会落实到应用技术，同时技术的开发，自然会落实到求真的科学逻辑上。

西晋的裴秀阐述了地图绘制原则，北魏的郦道元则进一步实地考察水文，写了《水经注》，成为人类史上第一个地理学巨著，将历来许多虚拟的、模糊的中国水文，第一次实证为水文地理。

刘宋的祖冲之继续深研曹魏时期刘徽的数学，求得近代数学之前最严密的圆周率数值——3.1415926 和 3.1415927 之间。他儿子祖暅继承父业，也求得等幂等积定理。可惜，当时就没什么知识分子能真正理解他们的著述，很快就完全失传。

现在看来，刘徽—祖冲之这一脉的“术”，必然就是近乎现代微积分的算术版。他们大概还未能将之“数学化”或“公式化”，但肯定已经具备成熟的数理逻辑概念与方法学，才有可能推算出回归年为 365.24281481 日（今测 365.24219878 日），木星公转周期为 11.858 年（今测 11.862 年）。

祖氏推定的历法，无论岁差和日月食的预测，都要比此前的历法准确得多。

祖冲之是中国真正意义上的理工科学的第一个先行者。从他发明的水力碓磨等（直到现在，中国南方农村仍有使用），可以看出他的机械系统知识是很丰富的，虽然他还没真正进入现代所谓的物理学的范畴。

这一时代的器物形象，充分反映出各族文化的混融。同时，中亚异域风情的金银器也流传到了中国，影响后来中国金银器制作的风格。

钗

南方陪葬的青釉堆塑谷仓陶器

北方陪葬的陶武士俑

两晋南方黑瓷、青瓷

北方青瓷

南方青釉牛头灯盏

二、佛教的普及、道家的玄学化，以及儒、道、佛三教的合流

没有人说得清楚，从什么时候开始，人类就懂得埋葬死者。考古发掘的尼安德特人的简单墓葬大约有 10 万年历史，唯一幸存的我们“智人”这一支人类的老祖宗，可考的简单墓葬也有 3 万年以上的历史。埋葬死者，显示老祖宗们相信有灵魂和鬼神的存在，这是他们对一切不可知的世界的天然诠释，包括宇宙浩瀚的数量级和概率发生的偶然性。随着文明的演化，老祖宗生活的原始社会里有了“原始宗教”，如萨满和巫蛊等“信仰”，这些其实反映着人类的“原始理性”，给还不确切明白的事物，如生与死、任何无可奈何的事件找个解答。

信仰是人类从老祖宗那里留传下来的，宗教的定义则有现代西方话语的内涵，大抵“宗教”被定义为需得有固定的庙宇、经典、仪式、传教士与教会组织，当然还有信徒，简直跟国家机器一般。但是夏、商、周在黄河流域开发的中国文明，经过相当理性的周王朝统治后，中国古人自然的神灵崇拜、图腾崇拜、祖先崇拜大量被理性化为社群仪制与思想信念，相当程度地成为中国政治话语的一部分，这样，中国人似乎没有了“宗教信仰”……但一碰到大事或乱世，社会崩解，人们自然恢复老祖宗的状态，寻找宗教信仰、寻找心理慰藉、寻找“怎么会这样子”的答案……中国人发生意外，最普遍的呐喊不是“妈呀”就是“天啊”。相对来说，绝大多数外国人喊“我的神呀”。

战国到两汉，虽然社会文明了许多，但知识毕竟不能跟现代比，巫蛊和图谶之风一直很盛，人们心里当然有鬼神的影子。民间更直率，地上有专制王朝，天上也就有“上帝”和各级“天官”，道教于焉产生。老百姓造反，太平道教、五斗米教等，都是“黄老之术”的“宗教版”，庙宇、经典、仪式、传教士与教会组织样样俱全。道教算是中国本土宗教，民间婚丧喜庆的仪式，大半少不了道士。

到了魏晋时期，中国知识分子作为统治阶层的一部分，老本是儒家，人本嘛，岂可简单认命了事？但入世嘛，没能力解决战乱，出世嘛，又不能装神弄鬼，无可奈何之下的逃避，只好钻进道家的本体论，专拿《易经》《老子》《庄子》来研究研究，清谈论辩性命与天道的“本质”，玄之又玄，虚之又虚，就是“玄学”。

至此，儒家与道家合流。

这时，中国北方战乱的真正主力是草原上的鲜卑诸部。在鲜卑取代匈奴之前，草原西边的中亚和西域诸国，早已是佛教世界。简单地说，继承草原霸权的鲜卑和柔然在进入中原之前，也继承了草原上流行的时尚，发源自印

度的佛教。游牧部族把西域的佛教信仰带进了中国北方，随着北方王朝的统治，皇家宗教借政治力量而普及，这才是两汉并不普遍的佛教真正立足于中国的原因。

人类社会都需要“教化”，中心思想或信仰，这是早期人群社会软体的必需品。无论是宗教还是儒家思想的教化平台，都是政治力量（国家机器）的普及。儒文化靠汉王朝普及，佛教靠印度的孔雀王朝，基督教靠罗马帝国，后来的伊斯兰教则靠阿拉伯帝国。

曹魏政权开放中国人可以出家之后，史书记载，西晋时期，共有佛教寺院 180 所，僧尼近 4000 人。

东晋初期，寺院已发展到近 2000 所，僧尼近 3 万人，同时寺院也拥有田地、奴仆、佃户，开始存在寺院经济。这个时期的译经数量大增，翻译质量也高，当时出现许多名僧，最有名的有两位。

第一位，东晋的道安（公元 312—385 年），他按照汉代整理中国古籍的方法学，严谨考据市面上流传的佛经版本，区分真伪谬误，尽量重新修译，并订立寺院僧尼戒规。针对当时和尚跟从师父的“姓氏”，如安（安息）、支（月氏）、竺（天竺）、康（康居）等，佛教有多少门派，西域各国就有多少门派的僧侣在中国传教，道安打破这些沙门框框，规范中国本土和尚，统一姓“释”（从佛陀俗姓，释迦牟尼，汉译音的第一个字，表示都是祖师爷的门徒）。

道安本是儒生出身，宣讲般若学（理解万物本源的智慧），他把佛家的“性空”联结到道家的“本无”，大受南方（东晋）已经偏向玄学的知识分子欢迎。又把汉代以来零散的中国佛教系统化为僧团的组织、戒律、形象等，传教非常成功，连北方（当时是前秦）都信服。

公元 378 年，苻坚（前秦）打下东晋的襄阳城，道安被俘虏到长安，苻坚为他组建了几千人的道场，除了传教便是译经。七年后，道安卒。

第二位，西域龟兹的国师鸠摩罗什（公元 344—413 年），他的情况比道安更特殊，这是个传奇人物。公元 383 年，信佛的苻坚派远征军打下龟兹，目标就是鸠摩罗什。远征军在押回鸠摩罗什的途中，前秦崩解，他被自立为王的长官留在甘肃（西凉）。公元 401 年，姚兴（后秦）打败西凉，鸠摩罗什终于被迎接到长安，这年他 58 岁。鸠摩罗什天生聪颖，七岁时随母亲出家，母亲说：他会历经磨难，但最终会到达东方传教。他也确实是被“抢”到中国来的，路上走了 16 年！但彻底学会了中文。

姚兴也为他组建了几千人的道场，让他安心译经、传教。鸠摩罗什通晓梵文、西域文、汉文，具有印度传统宗教文化的深度，选择的佛典具备系统教义，其汉译翔实并标准化（例如，至今依然传送的《金刚经》）。至此，佛教迅速在中国夯实，印度文化真正与中国文化接轨。12年后，鸠摩罗什卒。

鸠摩罗什对中印文化交流还有一个非常特殊的贡献：音乐和舞蹈。

因为，佛经在印度是拿来弹唱的。传教嘛，要通俗。传教时，还可以用器乐演播佛曲，信众载歌载舞。而龟兹更是以管弦金石乐团闻名西域，包括羯鼓、腰鼓、琵琶、五弦、竖箜篌、笙、笛、箫、拍板、排箫、筝等。中文的韵与律，当然跟梵文不一样，文字翻译可以达到信、达、雅，文字之外的境界，吟唱，那味道可大不相同，鸠摩罗什还就能给中国带来印度原味的佛乐——“梵音”。我们需要了解这点，才会明白敦煌和其他地方的大量壁画上，印度佛教的天上人间、飞天舞伎、反弹琵琶、鼓铃与彩带、鲜花飘飘的景象，是有舞有声的……

中国佛乐一开始是印度化的，而在西域中亚的草原和绿洲，音乐是人们生活和表达的重要成分。由此可知鸠摩罗什是史上第一个东西文化交流的使者。

道安和鸠摩罗什，“大师”或“神人”，他们本身就足够成为中国北方王朝的战争目的，十六国时君主们的宗教狂热可见一斑。宗教信仰，本来就是游牧民族生存的一大精神支柱，君王的热情，无疑起到跟“罢黜百家，独尊儒术”同样的作用，当然，佛教的温和教义，也跟儒家思想一样，不能遏止人类争夺权力的私欲膨胀，寺院或教堂继续累积各种形式的财富，数量大增的僧团成为庞大的“祭师团”，不事生产，加重了庶民的负担，僧团上层也照样贪腐丛生，专制王朝，不用说，继续轮回崩解。

到了南北朝时期，统治者都信佛。佛教徒已经遍及全中国，南北朝各政府都实施一套僧官制度，管理宗教事务。

南朝的梁（萧衍）不但定佛教为国教，而且规定汉族佛教徒“吃素”。寺庙在南方遍地开花，萧衍还将南音与吴声注入佛乐，佛乐开始中国化。北朝的北魏政府大开佛窟、大建佛塔。

那时，中国共有佛教寺院3万多所，僧尼近30万人。可以想象，需要多少农民的生产力，才可能供养得起。直接在寺院庄园里工作的劳动人口，当不下30万，附属的家人等人口，大致在200万之数。

以经营土地为中心的寺院经济，比例大到引起北魏、北周各有一帝以灭佛、没收寺产、强制僧尼还俗来充实政府财源和人源。

魏晋南北朝时代，受佛教感召的中国人，也跟西方人一样展现出宗教热情。

史料记载的第一个西行求法的中国人是曹魏国民朱士行，公元260年，

57岁的朱士行到达西域于阗，在那里搜寻、抄写佛经，22年后他的弟子才送回第一批佛经。朱士行也是第一个正式受戒为僧的汉人（公元250年，在洛阳白马寺），有感于早期中国佛经翻译简略难懂，他毅然西行取经，后来朱士行老死在于阗。

而这个时期，真正到达印度取经的汉僧是东晋国民法显。

公元399年，62岁的法显有感于中国佛教戒律不全，发愿到佛教源点的印度去取经，走陆路，于公元402年进入印度世界，游历求经九年，公元411年从锡兰搭船回国，遇风浪，漂到苏门答腊；公元412年，他在那里转船继续海路回国，又遇风浪，漂到山东登陆。

时年75岁的、毅力坚强的法显，不但带回来中国佛教亟须的大批戒律经典，也带回来广泛的国际知识。他对中国佛教的贡献，绝不下于后来的玄奘。法显的游记是中国和南亚之间陆、海交通的最早记述，涵盖中亚、印度、南洋约30国的地理、交通、文化、物产、社会风俗、经济。

其实，西行求法的汉僧，前仆后继，相当多，牺牲也不少，都有所贡献。但像法显那样目标明确的（找佛律，不是泛泛找佛经、佛像），绝无仅有。法显堪称中国人开放的典范，他名气不如玄奘，是历史的偶然，明朝出了小说家吴承恩选了玄奘作为《西游记》的主角唐三藏，流行的程度不下于《三国演义》，民间家喻户晓，法显只好默默无闻，但比曹操好过一点儿，至少没被抹黑。

至于理性化的、深层次的哲理，那是知识分子的大脑游戏，信仰本身难以全然理性化，或许可以界定为是一种人类的另类激情（如果撇开灵魂之说），跟“智慧”不尽然是逻辑，而可界定为是人类理性和情性的综合体一样。

魏晋南北朝时代的中国传统儒家士大夫，自然本能地要维护自家地盘，那时的儒家经常排斥道与释的学问和思维，但“儒术”抛掉“术”之后，面对道与释的泛自然、泛天道的理论，尤其是佛家带进来的辩证思维方法，全然束手无策，只能诉诸民粹：中国人已经长期安装与运转的社会伦理。这时，小农经济的小家庭制与士族经济的大家庭制，已经平行几百年，最终经济决定意识，三家合流。

儒家吸收道家的天道观和佛家的因果论；道家吸收佛家的轮回观，天道的自然循环掺进了业报；佛家吸收儒家的伦理观，出家人也要孝顺、崇祖。

此后，中国文化，尽管还是儒文化的平台，但少不了道家和佛家元素。宋明儒家“理学”“心学”，主题和形式都有道与佛的味道。

中国的民间信仰道教，依然健在，庙宇叫作“道观”，道曲依旧流行、道士也依旧给社会做各种沟通天上人间的道事，黄老的经典依旧。而民间供奉玉皇大帝和佛陀，神佛并祀，并不新鲜。

中国佛教汉化，大量佛像雕塑都换上中国脸孔，汉地出家人也只吃素，而佛陀自己都不禁荤（随缘，人家施舍什么，就吃什么，哪来挑的）。寺院经济结束后，佛教演化出中国禅宗，僧尼除了谨守孝道，还从事农作劳动，不耕不食，算是彻底汉化了（印度僧侣是不事生产的，靠化缘度日）。

佛教对中国的影响，无疑是深刻与巨大的，不仅仅是长期战乱下的、人们的心理或精神需要。佛文化在中国普及到佛等于神，民间对一切不明白的神祇，常称为某某佛。佛教在中国的普及，给迥然不同的人群文化的融合和吸收创造了一大案例，佛经里存有大量印度词汇，或直接以中文译音创造新词（如“佛”“菩萨”“涅槃”，属于中国本来就没有、无法意译的事物），或以中文意译创造新词（如“文殊”“观音”“如来”，属于中国可以用中文表述而通的事物）。引入并消化佛文化，当时的中国知识分子的确尽到了责任。

这道练习题，近代的日本做得非常好，公元19世纪，日本决策西化，当时日本知识分子的翻译，尽善尽美，诸多现代汉词，如“科学”“社会”“经济”“机关”“物理”“化学”“哲学”等大量词汇，都来自日本。反观近代中国知识分子，在这方面的表现远不如日本，也远不如魏晋南北朝，因为近代中国多数的西行留洋是去镀金的，不是去取经的。日本的留学生，则是去西方取经的。

****

佛教到中国

佛是“觉（悟）者”的意思，原本没有神格。

现代印度（两汉时，汉译音：天竺）文化，是大约公元前800年中亚“白标”的吠陀游牧部族迁徙进入南亚次大陆产生的。为统治当地的原住民，他们普及了多神的婆罗门教（以“梵”为主神，传诵吠陀经。吠陀，原意即“智识”的意思，但以当时的水平，宇宙只好是神造的），并实施种姓制度（区分社会等级为祭师、贵族以及武士、平民、贱民。祭师是最上层的婆罗门，垄断知识和神权），而以原住民为“贱民”，严格到连触摸贱民都会弄脏自己，至今仍然是印度的社会问题。

创教的佛陀是乔达摩悉达多（大约公元前563—公元前483年），

是当时印度城邦世界里，一个土著小国的王子（今属尼泊尔）。虽然是统治阶层，他却天生慈悲；有感于人群的生老病死和苦难，29岁弃家流浪苦行，35岁在菩提树下觉悟因果业报，从此开始了众生平等的弘法，强调主观的慈悲、客观的无常无我，以及不生不灭的涅槃境界。佛教有点儿不像是宗教，佛陀是以“觉者”、知识分子为先驱的角色，掀起反对婆罗门与种姓制度的社会运动。众生平等，百姓喜欢；祛除婆罗门宗教神权，贵族喜欢，佛教于是大盛。

佛陀弘法，没有经典、教士，佛陀死后，门徒分为许多宗派。佛教一度成为印度的最大宗教。婆罗门化的佛教最终成为一个没有印度人的印度宗教，今天印度少数佛寺里，湿婆神与佛陀并祀。信仰，宗教，毕竟不敌人群习性，印度的教化始终是吠陀式的，种姓制度也战胜了佛陀。

公元前261年，孔雀王朝的阿育王在残杀诸多骨肉兄弟并几乎统一南亚次大陆之后，大规模征讨孟加拉国地区，目睹10万人被杀、15万人被掳的惨状，心生悔痛，转而信佛，从此改变统治策略，宣布以佛教为国教，包容各地原有婆罗门教，政府出钱盖佛庙、建佛塔，并帮助教徒集结，将佛陀生前的口述编辑、审定成佛经。可以说，阿育王用佛教完成了王权凌驾于婆罗门神权的改造。

政治上，比较通俗的佛教教义，“四大皆空、轮回报应”，也跟儒家的“君君、臣臣、父父、子子”类似，正好满足王权专制的需要：教人民忍受现世，不要造反。当然，这也由不得帝王，王朝的崩解，自有人性的规律。阿育王一死，孔雀王朝立马崩解。

古代印度

阿育王时代是印度王朝最大、最强的巅峰。那时，孔雀王朝占有今巴基斯坦全部、阿富汗大部、伊朗和塔吉克斯坦小部。阿育王政府资助僧团传教到印度以外地区，僧团最远到达叙利亚、埃及，并使得中亚与西域城邦世界、锡兰、缅甸等地佛教化。

公元前221年，当秦始皇统一中国时，中亚和西域早已大小佛国遍布，城邦诸国各自信奉佛教，影响了欧亚大草原游牧部族的宗教信仰（当时称雄草原的是诸部匈奴，后来是诸部鲜卑）。

简单地说，公元7世纪兴起的伊斯兰教传到中亚之前，连魏晋南北朝末期的草原新主，继承柔然的诸部突厥，也是佛教国家。

佛教经由草原，大举传入中国。

时间：魏晋南北朝时期。

地点：华北。

这时的佛教，已经是有经典、仪式、僧侣、戒律的宗教了。

佛陀也跟孔子一样，如果他们活在今日，大概也会反对以他们名义为生的佛教或儒家吧。

佛教在中国开花结果，从中国人信仰的四大菩萨就可以看到：观音、文殊、普贤、地藏。文殊是后来清王朝的信仰，大清的皇家寺庙——五台山，是拜文殊的。观音（慈航普度）、地藏（我不入地狱，谁入地狱），普贤（普陀山，以及西藏布达拉宫，都是拜普贤的，只是汉语、藏语的译音不同而已），这些都是现代中国佛教徒崇拜的主神。

人们回头看历史，不禁发现，连佛教也可以汉化，那么中国本土的儒文化的底蕴就更足了。

但宗教是印度人生活在印度的必需品，是中国人生活在中国的奢侈品，中国人真的信神吗？像印度人信佛那样信吗？中国人真正信仰什么？汉化的佛教，到底是什么宗教？这个结局，这个困惑，作为历史“数据”留存于历史长河中。

三、艺术与文化

1. 文与乐

诗词本来就是拿来吟唱的。北魏时更有草原音乐舞戏流行，描述花木兰从军的《木兰辞》，无疑是当时北方的民间戏曲，很通俗，但也看得出汉代乐府诗词舞戏的流行化。看戏大众化，应该是草原文化融进来的结果，当然会跟中原地区原有的乐曲风味混在一起。

诗词要入音乐，就更讲究音韵和谐，而中文是单音字，不比任何其他语言的多音节，这也许促成后来唐诗宋词独特的押韵，使中文的表达、发挥更上层楼，因为象形的单音中文，听觉上的表现，或许难以同多音节的语言相比，但加上文辞对仗反差所激起的意象，勉强补足中文在听觉音乐感上的不足。这或许是那时代的血缘混融，对拓宽中国文化的最大成就。所以诗、词、乐、曲、舞、戏，普遍流行。

时至今日，人们即便看电视，大概都不能少掉草原歌舞……

曹魏提倡文学创作，“建安文学”使曹魏成为中国文明史上第一个以文艺特色而知名的时代，留下许多文人故事和他们的诗文。而曹操、曹丕、曹植父子三人更是才情俱佳，留传下来的作品充满北方朴实大气的情与艺。魏晋之后，士族南迁，南方文人面对社会上的长期割据混战与无奈，作品悲伧，倾向避世或与世无争，保留一份自我清静。比如，传世而有名的陶渊明的田园诗。

频繁更替的短命政权在政治上势必无可作为，而士族庄园经济又保障了那时代知识分子的生活，文人的创造力都发挥在文学创作上了。这是个中国文学蓬勃发展的时代，开发了美学上的纯文学，中文的文字技巧和艺术性大大长进。

文人们发表了许多纪实纪事的小品短篇，士人的奇闻逸事大量被描述、记载，成为后来中文小说的源点，南朝刘宋的刘义庆将收集到的这些短篇辑成《世说新语》传世。不能排除这或许是受到当时已经流行的民间戏曲故事模式的启发而出现的一种“文学版”小说。

南梁开国的皇帝萧衍，他自己就是上乘文人，史书记载说他真正六艺娴熟，能文能武，在管治国家之余，依然手不释卷。萧衍转信佛之前，对《易经》《春秋》等儒家经典都有所著述，他还是第一个对班固的断代史——《汉书》表示不满意的人，为此，自己领导了一个史学班子，编撰了《通史》，可惜没流传下来。萧衍也通音律，并按照中原王朝乐府诗的做法，采集江南民歌，编成“新乐府辞”，朴实的语句，把江南儿女缠绵绮丽的感情，表达得淋漓尽致，堪称一绝。

南朝梁朝廷的文风，不在曹魏朝廷之下。萧衍崇佛后，犹有禅诗传世，并著述佛学，糅合儒、道、释，首创“三教同源”的说法。

萧衍的儿子，太子萧统，主持编撰了《昭明文选》，把秦代以来的古诗分类、选辑了七百多首，成为中国第一部纯文学的诗选集。

同时的文官刘勰，则写成中国第一部文学评论著作——《文心雕龙》，《文心雕龙》本身的文字也是上乘佳作。

往后，这些都成为中国文坛的传统。

2. 雕刻

北魏孝文帝迁都洛阳前，北魏政府和民间开凿了山西大同的云冈石窟。

迁都之后，开凿了河南洛阳的龙门石窟（此后，各王朝持续雕凿了400年）。

雕像的风格自然是中西合璧的，有西域佛教艺术的特点。只不过，佛的脸孔，很快就变成中国人的脸相了。

3. 书法

东晋王羲之、王献之父子以书法传世，但都真迹难寻。

王羲之比较有名，得力于唐太宗个人的厚爱。实际上，艺术的东西，见仁见智，咱们自己瞧瞧看呗。

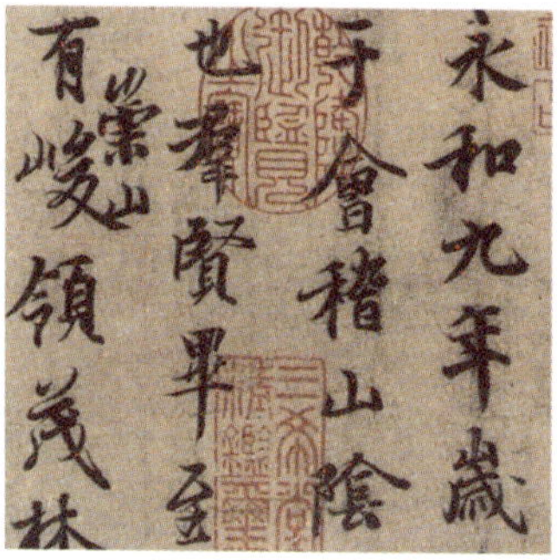

王羲之的《兰亭序帖》

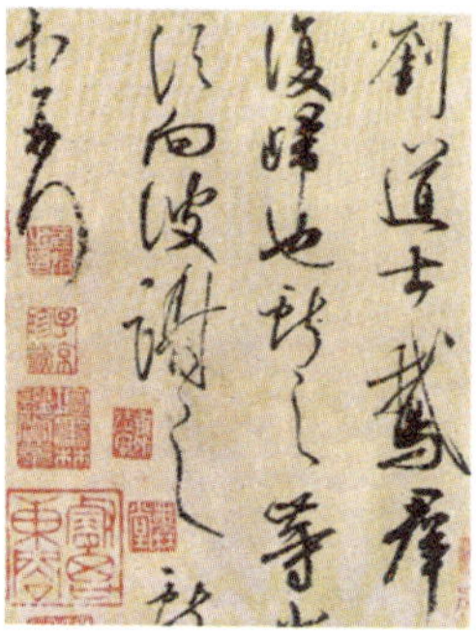

王献之的《鹅群帖》

4. 绘画

那时代传世的画作极少，东晋大画家顾恺之有几幅代表作传了下来，但也不是真迹。

《女史箴图》局部

纸张和水墨表达的中国书画，不易长期保存，但形象艺术很直观，我们也只能通过史料记述，以及传下来的摹本，想象一下魏晋南北朝时期的艺术和审美观。史书记载的书画大家，当然不止二王一顾，但其他人没有作品留传，我们想象也无从想象。

四、思想

魏晋南北朝共369年，结果是中国经济与人口南移，以及中国吸收了北边草原的新鲜血液和游牧民携带进来的各种文化。其后的隋和唐帝国，可以被视为是这个血缘和文化大混合的成功“中国化”。这次的转型，拓宽了“中国人”和“中国文化”的基因，然而，小农经济和儒文化的基本平台依旧存在，验证了秦汉440年中央集权统治所夯实的社会软体有多么结实……一直影响到今天。

春秋战国时也是战乱，魏晋南北朝时也是战乱，所有适逢其时的中国人都感到肃杀与困惑，但是春秋战国时期的知识分子，思想上是比较自由自在的，百家争鸣，百花齐放，而魏晋南北朝时期知识分子的自由度多半发挥到艺术、文学或玄学领域去了。这个时代的边际条件，并不自在，汉儒文化软体已经框住人脑，佛家哲理，或许是一条出路，但出世的人毕竟还是要活在现世里，印度人没走通这条路，中国人也没走通。

乱世的人们活着，生存无疑是第一优先。但，无论什么时代、什么地方，知识分子能有知识，他们显然不是社会的底层众生，而是统治阶层的一部分。

儒家文化对人性是两面的刃。一方面，知识分子享有统治阶层的特权；另一方面，教化要求知识分子对秩序忠诚、对苍生负责（以天下为己任）。在知识等同于特权的年代，儒家的教化软体是把权益跟责任挂上钩。文官系统跟权力妥协的方式是没有规范一套具体实施儒文化理念的制度，任由政权或金权泛滥，于是，知识分子（包括王族、权贵、士族、官吏、豪强）作为个人多半沉沦于私欲。苍生仅只承担了被统治的义务。整体社会人群的福祉全看少数统治者掌握、鞭策、管理、监督整个统治阶层的能力这也是中国历朝历代，整顿吏治与抑制豪强永远是基本指标的原因。

中国人在南北朝乱世接受了佛家，跟汉皇室主动求佛有些微妙差异。佛或儒本来就不是政权，他们需要依附权力才会普及成为“标准”教化软体，这里隐含着佛家或儒家众多“传教士”的利益，汉王朝求取佛经，而佛教并未普及，不仅仅是“不了解”那么简单，要统治阶层的知识分子换装软体，跟其他传教士分享利益，阻抗可想而知。

魏晋乱世开始，佛教也开始在中国飞跃发展，跟草原武力开始统治华北、统治集团崇佛直接相关。当然，佛家的“四大皆空、因果业报”对众生而言，是强化了心理上的接受现实使其，以更大的忍受力来熬过生存的艰辛。对生活比较有保障的知识分子而言，是淡化了心灵上的罪恶感，也接受现实的无奈，把对苍生的责任感矮化为对门第之内的大家庭和大家族，继续把儒文化教育给庄园势力可及的后辈。

这个时代的士族跟当道的王族争权夺利，没有违反儒家“忠诚”信条的顾虑，当时的政权无分南北，都需要当地士族们的支持，政令进不了庄园或坞堡，人们生活在武力与利益平衡的夹缝里。

这是个很奇特的跟草原类似的农业城邦诸部的状态，国家机器和朝廷政府甚至比不上匈奴的组织和动员力，农业毕竟不如草原机动，人们太多地固定在土地上的细小“农业部落”，维持政令的代价将是永无止境的攻城，不可想象，也力不可及。十六国时代华北战乱了一阵子，大家很快摸到汉地规律，就形成南北方两大农业国家的对峙了……

传统历史的写法突出政治或战争，然而这一次的“战国时代”，不比上一次的战国时代，各个政权的寿命太短，真正影响或改变了中国格局的只有三个。

第一个，曹魏的曹操与曹丕父子，他们自然是知识分子，但超越汉代知识分子的墨守成规，以法家路线治国，以部队屯田，用人不讲究门第，写文章回归表达感情和文学（跳出“文以载道”“言必称尧舜”的老套）。

中国文学和艺术的兴起，曹魏是转折点。曹操的小儿子——曹植就有一帮文友，个个都是当时的文艺创作高手。从文艺解放的角度看，曹操父子，一门三杰。

由于曹魏朝廷回归文学，才有了“竹林七贤”释放个性的清谈玄学、饮酒兼装疯的艺文表现，嵇康还因此被西晋王朝杀害。被庄园经济和朝廷势力豢养的文人想表达个性并不容易，最终这七人当中还是出现跟西晋政府妥协“入仕”的人。

不过，对中国人的文艺表现，释放个性无疑是个重要指标，智性进入玄虚之余，情性进入唯美，个性终归是人性的一部分，人道之不可或缺。

第二个，北魏孝文帝——拓跋宏（元宏），不用多说，汉化政策真正缩短了混乱持续的时间，节省下来的社会成本不可估量之大。并且，北魏政府努力恢复小农经济，抑制士族庄园经济势力，实际是抑制豪强割据，虽然北魏政府崇佛，但利益冲突的时候，游牧天性说灭佛就灭佛，实际也是抑制另类豪强。

这些，使得北方实力远胜南方，最终才有隋王朝统一的基础。

第三个，南朝梁的萧衍，因缘际会，使得这位典型的士大夫成了统治者，后来又使得他成为佛教的信徒。萧衍具备政治威权和顶级儒家的光环，而他努力糅合儒、道、释三家思想，消解软体疙瘩，是佛教普及全中国的最大因素。萧衍朝廷的文风，具有江南的娇艳特色，从此，中国诗词音乐书画，不再仅只是黄土高原的苍茫，更具有了烟雨朦胧、小桥流水。

有没有出现类似春秋战国时的知识分子，诸子百家之类，想引领自己和当代苍生脱离困境的呢？

答案是当然有。

我们要叙述一个独特的人物——葛洪，来映照这个时代的社会境况。

葛洪（公元284—364年）晋丹阳郡（江苏句容）人，长期隐居罗浮山。

葛洪家族其实是三国的东吴士人，晋王朝一度统一中国，东晋南渡后，他就算是东晋人。

这是个典型的困在儒家平台上的道家人物。

两汉以后，中国的知识分子所受的教化，无不是汉王朝规范的教科书，大致就是经、史、子、集，而以儒家经典（经与史）最重要、比例最大。汉儒文化其实只有两个重点：伦常（忠、孝之类的德行）加上修身（艺、术之类的内外功夫）。

而官吏的甄选，内功特重孝道，外功特重经史，所以史料描述的东汉之后的名士，千篇一律，动辄因父母之丧“哀毁逾度”（形容伤心到不知道怎么办了，几乎要自杀）；越脱离常轨，德行越高。当然，我们不排除真有母子感情好到这种程度的。

这种情况，反映到外功，便是下笔作文，必定引经据典，什么事都有“三皇五帝”夏、商、周的份儿，托古崇古，好似大汉朝并不存在，创新的知识分子反而风险很大。

葛洪经历过社会挫折，看穿了人情下的儒文化的虚伪，起码是不自然、不合人性的自然，后来他就在罗浮山隐居，转向道家。他相信道教神仙的长生不老术，写《抱朴子》一书来发扬光大道教的神仙理论，并颠覆传统儒家框框，从理论上来强调文学就是文学，创新和审美都是人性的自然，美就是美，“道”在其中，不必每篇文章都得正儿八经跟古人挂钩。他自己炼丹，公开实验结果和程式，并把一些跟养生、卫生相关的化学品公布出来，可以说是中国乃至世界最早的原始“化学”。化学离不开实验，重复实验，后来不久，道家术士就发明了火药。

葛洪也精研医术，将行医的经验案例写成《肘后备急方》（手头上常备的医疗手册），以浅显易懂的文字公诸于众，即使不懂医学的人也可以清楚地按照手册施行医疗，而且所列的药物都是便宜易得的。针对南方的瘴疠，他排除鬼神的迷信，强调是由环境里的“疠气”引起（现代医学指出，每个大环境各有不同的微生物种群，南渡的北方移民，一时尚未适应这些微生物种群，就得病了，也就是人们常说的“水土不服”）。

葛洪是世界上第一个记述传染病的医生，当然不是用现代的词汇，但知道他指的是结核、天花、恙虫病。他也是第一个尝试免疫方法的医生，对被狂犬咬伤的病患，他把狂犬的脑汁涂在病患伤口，“以毒攻毒”，实际就是现代免疫学的方法。后来，中国人便发明了种痘预防天花（天花曾多次引发欧洲和美洲的瘟疫，死人以亿计）。

葛洪的著述充满呐喊。他努力把真相说清楚，力所能及地捅破一切面纱。

（1）医疗不难，药物也不贵，我试过有效的方子在这里。

（2）文学和政治议论不一样，文学就是要美丽、要感人。政治议论的文章嘛，就得真实、敢于直言、拿数据说话、言之有物、解析有理。

（3）化学嘛，要做实验，实实在在掌握物质变化的规律，我做过的实验结果在这里。

葛洪算得上是那个时代的思想家，他没有宏伟的哲学著作，但以文字呼喊“真实”。

他也没有什么“功名”，但以实际行医救人，并公开积累的医药经验，回馈社会。

说他是道家，他就是；说他是儒家，他也是。

他只是个有思想的知识分子，对得起社会的知识分子，真实的知识分子，困在乱世的知识分子，被中国儒文化淹没的知识分子。神仙之道是他仅有的避难所。

从秦汉至此，中国文明已经演化810年。真正的“中国文化”，中国人群每天要使用的、大脑里冀求的无非包括以下内容：

（1）文字和典籍，西汉后期才系统化并落于真实。

（2）中医，积累了长期的临床经验，但公开的医书或数据不多。

（3）生产技术，农业经验有农书，工程经验、算术等留传很少。

这些都是科技，都具备“科学精神”的方法学，都是实用的“术”，由于绝大部分的中国知识分子心思不在此，这些“核心技术”都在中国社会边缘化，连文字和典籍也常常被遗忘。但是，拉拔起中国文明、扩散出中国文化的，还真就是丝绸、瓷器、漆器、纸张、钢具这些实物。即使在魏晋南北朝的乱局中，东西世界的贸易也没中断过。

知识不交流、不积累，在那个时代就已经是个困境。葛洪之类是极少数的特例。

中国很早就形成了一个文化一统的帝国，中国知识分子把自己的文化傲慢误以为是别人向往的软体，其实人家要的是硬件。向西行求佛这样纯粹吸收软体的事，发生在中国人身上，非常难得。而汉化了的佛教——禅宗，只有中国文化、中国文字普及的地区才容易搞得明白。

中国技艺在利润的驱使下，“秘方”多半“家传”或师徒传授，数据和方法学不交流，难以形成科学。葛洪、祖冲之等成为“异类”，并且他们的技艺对于传统中国知识分子也学不来。

五、生态与灾荒

东汉王景整治黄河之后，黄河入海的河道维持了800年没变，可能跟魏晋南北朝时期的气候有点儿关联。现代学者根据贾思勰的农书、郦道元的水书，以及自然灾害的统计数字，大致估计了这时期的平均气温，比现在还低5℃左右。或许，这是个气候变得比较干冷的波动时期（这一推测需要古气象学者证实），贾思勰农书上的节气日期，如桃花始开的日子比汉代记载的日子要晚半个月；而且公元332年，华北发生大雹灾，砸死数以万计人口，禾稼荡然无存，这恐怕是人类史之最的记录。总之，魏晋南北朝时期，大干旱，以及大蝗灾的频率是来得多些。

干冷气候对人群的直接影响就是游牧民喜欢南迁，原因是黄河没改道淤沙少了，淤沙减少的直接原因是黄河中游地区恢复为草场，形成了水土保持。

另外，北方汉人南迁，渐次开发淮南、华东、华中、华南。根据北魏史料记载，当时淮南犹有大片森林，偶尔还看得到华南野生象群。四川的开发，也使得长江中上游的支流河道开始淤沙，发生改道或并道，直接的影响是云梦大泽（洞庭湖）和鄱阳湖渐次萎缩。

就400年的时段而言，魏晋南北朝的天灾频率跟两汉是差不多的。但死亡万人以上的灾荒次数，比两汉严重。南北方都发生过10万人死亡的疫疠，因蝗、旱、涝引起的大饥荒也都发生过。实际上天灾的出现人祸难辞其咎。公元516年，南朝梁竟采取北魏降将的献计，在淮河筑堤坝，准备水淹寿阳（今徐州），结果那年淮河涨大水，大坝决堤，水流径直冲刷到海，淹死人数达15万。天灾，被人祸放大了，而且放得很大。

一句话，地震、旱涝、瘟疫，大自然只按它自己的游戏规则运行，10年、50年、100年、200年、1000年一次的地球事件……稀松平常，有大致的规律。但就人类生命的数量级而言，超过50年一遇的频率，人们就感觉很突然了。

如果不是高密度垦殖的小农经济，而是较有计划的生态经济，维持低密度垦殖、护持水土环境、限制捕捞打猎、不过度生育，那么，中国人遇到过的所有天灾，不论是纯粹的或偶然出现的灾害所能造成的伤亡，绝对不会是“数量级”的现象。

偏偏中国大地适于农耕，早期人群在那里演化出精耕农业，当时是“高科技”，成为王朝国家机器的经济来源，造就“以农为本”的小农经济意识，倚赖开发农地来增殖勉强可以存活的人口。这个不能“可持续开发”的习性，长期而言，对族群、对土地、对生命都是一大伤害。当然，古人还看不到这些，只能怪“天灾”。

秦汉小农经济实施到这时，业已 900 年，中国人口大致在 1500 万—6000 万波动，战争暴力使人口没有爆炸，而砍掉的森林、失去的物种却再也不能恢复……此后，当人口又恢复到峰值的时候，中国人只好面对北方更少的森林与自然资源、更大的人际竞争压力、更加快速的以开发北方的方式来开发南方……

第六章　大开放的隋、唐、五代十国

（公元581—960年）

中国人的故事，打从开天辟地开始，说到公元6世纪这里，应该已经有点儿谱了。

先民集群在中国大地求生，群落的人数渐次扩大，众多人的大脑的智性互相激荡，开发出更有效的工具、更方便沟通的语言和文字、更有组织的社群，渐次形成了分工、交易、资产私有、文明、部落、国家，以及王权专制的社会管治制度。宏观地说，这个历史过程，全世界各地的人类都没有什么本质上的差异。定居的农业文明也罢，不定居的游牧文明也罢，人类集群的自然演化，都走上了权力制度这个途径。

但是，城池与国家反映的却是人际的私有和斗争意识，防御与掠夺针对的是其他人群。对照其他掠食动物的群落与领地行为，人类并不特殊，这也是天性的一部分。

无非人类更有能力、更有计划，同类相残的规模更大罢了。

实际上，中国人的历史记述，以及全球各国人的历史记述令人一遍一遍地读着战争文学或斗争文学。私有和斗争意识下开发出来的人性勇敢、懦弱、机智、愚蠢、诚信、背叛、仁慈、残忍、贪婪、简约……被描绘得淋漓尽致，似乎人类所有的情性和理性，多样化里头也展现了隐约的规律，使得社会发展成为那样的社会。

隋唐之于魏晋南北朝，跟秦汉之于春秋战国，中国人的历史似乎重演了一回。

全世界国家的基因都一样：竞争、竞争、再竞争。全世界国家的生老病死也一样：变法、扩张、胀死、重组。这也是自然演化出来的，斗争意识下的制度与文化软体的演化规律。其实，数千年来，所有的历史记述，深刻地反映了人类集群到了国家机器之后的社会经验。

前面几章大致描述了，在国家机器的软体制约下，中国前人之间的权力争斗，以及当时中国人的各种表现，包括思想和行为。中国人很早就喜欢写史、留下记录，传统中国历史虽然偏重统治史，但也反映了人性的方方面面。

其所讴歌的“特例”，如公平、仁爱、信义、忠贞、廉节、勤俭、学问、思维……正好反射出国家制度下，中国人所梦想的“好社会”与“好人”大概是什么样。

在这方面，严格说起来，地球人都没有太大的不同，毕竟世界各地的社群都有着本质雷同的软体，以及众多同样的头脑硬件。

虽然如此，历史并未机械地重复轮回，演化仍在进行中。

隋唐两朝再次统一了中国，朝代更替了，王权专制的国家机器换了最高统治者，但连续性的因子继续存在。

知识分子官僚体系、户籍制小农生产、地主经济、大家庭习性，都沿袭至今。

从微观上说，经过魏晋南北朝的历练，中国文化已经不完全是汉儒文化了；当时的知识与生活已经很有一点儿异域风情了，地主庄园经济已经占很大份额，只有户籍制小农生产依旧。

从历史在时间上与空间上的“连续性”看，隋唐时期的中国社会，自然有北周、北魏的影子，统治集团依然是草原鲜卑贵族的血缘后裔，汉化无非使得阶级与门第的规矩礼数更为精致、严格罢了。这跟汉律沿袭秦律是差不多的意思，而汉室虽出身于楚人平民，入主秦人的关中，汉风便有秦、楚之风了。

长达400年的魏晋南北朝，众多政权之间的战乱，使得中国农业人口聚众自保，他们依托在地主门下，形成无数坞堡和自给自足的庄园经济。实质上，当时的中国社会存在着不计其数的细小“农业部落”，各自割据一小块固定的地盘，地主们跟统治的政权之间维持着一种微妙的平衡。

收租的地主，并不是新鲜事。

商、周朝时期的奴隶主，来自宗法封建的权贵，春秋战国之后，政治权贵和经济富豪都可以兼并土地成为地主。土地的用途，园林或田地早时叫作“庄园”或“庄田”，只是生产的侧重不同而已。给地主打工的佃农、奴仆、佣兵，通常聚居在庄园的一个角落，由于“庄”的角色，这些“村落”后来就被叫成“村庄”。

中国村庄的源头，实际是地主庄园经济的遗存。

姑且称它为“地主经济”，而地主的真正来源却是“土地私有”，再往上推，就是人类自己的“资产私有”制度。因为私有制，权力也成为可以继承的“私产”，才有了王权专制，以及追逐最高权力下的人性疯狂与变态。

大地主实际就是大农业部落的头领。

有坞堡，有农民，有部曲佣兵，实际也就是割据地方的酋王。魏晋南北朝时期，草原文化的部落意识留给中国人的遗产，便是这些随时可以发作的割据，王权强势的时候，地主们通过经济运作、努力兼并土地，王权弱势的时候，特大地主就成为真正的酋王。

军事或政治上的王权，并没有绝对控制“农业部落”的办法。

土地私有的连续性，远远超过王朝的连续性。

这也是两汉之后的统治者需要“抑制豪强”的根本原因。

或许，后来公元13世纪元朝的忽必烈，是唯一懂得怎么运作“农业部落”的帝王，他只是按草原规矩，任由“农业部落”半独立发展，但跟游牧部落一视同仁：平时征税，战时征兵。后来灭宋的张弘范，便出自“农业部落”。

连续并深刻影响中国人的不只地主庄园经济，还有鲜卑文化、佛教寺院、士族门第。

北魏是汉唐之间连续时间最长的王朝，它成功地将鲜卑文化嵌入汉文化之中。

统一华北的北魏，正式的国名是“魏”，本身就有继承“曹魏”华北地盘的意思。

北魏分裂为东魏、西魏。陕、甘的西魏被北周取代，因为占有关中（周朝的老地盘），正式的国名是“周”。齐、豫的东魏被北齐取代，因为占有中原和山东（春秋齐国的老地盘），正式的国名是“齐”。

这些，都是汉化的关联措施。宇文氏的西魏、北周，后来汉化得很有趣，连官制都仿效周礼，中央政府的六部以“天、地、春、夏、秋、冬”命名。

但是，鲜卑与汉的血缘与文化的结合，产生了“出将入相”的草原式贵族门阀，延伸出隋唐渊源：唐太宗李世民的外曾祖父是北周老祖宗宇文泰，北周贵族独孤信则是隋朝开国的杨坚的岳父，也是唐朝开国的李渊的外祖父（更有资料显示，这支陇西李系，是一支汉化了的拓跋部落）。

北周、隋、唐的王族，其实是陕、甘关中地盘上的带有鲜卑血统的贵族。

出身并不重要，习性很重要。两汉时代的中国人已经开始重文轻武，隋唐时代的中国人，可以说是文武并举，具备那么一点儿草原性格。

人们需要知道，两汉之后直到现代，中国文化从未间断掺和“胡”风，这才是演化出现代中国人的真相。

其实，全世界人类社群的“文化”都有互相复制的痕迹。

文化有那么丁点儿像基因，在适存的环境，文化就会复制，成为习性。

王朝、国家，当然是争斗出来的江山，历史自然无法逃避要继续记述一些战争“英雄”或“将帅”，他们是独特的、有着特殊的才干或勇气或运气的人。

但从隋唐开始，我们将不浪费笔墨于战争事件，避免迷失于只见朝代轮回的争斗史。

隋代　科举和大运河的源点

（公元 581—618 年）

一、隋朝的开创者——杨坚

隋文帝杨坚虽然他老爸是北周的开国功臣、封为公爵，但他小时候生长于寺庙之中，养成了节俭的品行。长大后娶了鲜卑权贵的漂亮女儿，这个女人善妒，却很有大脑，是杨坚一生最好的贤内助，于是，杨坚也惧内。杨坚相貌不凡，是大帅哥，很年轻便袭爵、出入宫廷，伺候有名的北周武帝宇文邕。公元 577 年，雄才大略、生活简单、工作勤勉的宇文邕统一了华北，第二年病死时才 35 岁，这时，杨坚甚至还没有崭露头角。

原因很简单：伴君如伴虎；宇文邕既然是雄主（在他任上，原本贫弱的北周，强力灭佛、兴儒，竟凭空释出 300 万口生产力，又博得被统治的汉人好感，这才蓄积了足够能量，统一华北），面对相貌谈吐不凡的杨坚，不免三番两次起了杀机。杨坚在老婆的运作下，即便把女儿嫁给荒淫的皇太子，做了皇帝的外戚亲家，依然战战兢兢地活到 38 岁还没有安全感，因为女婿一接了皇位就想杀他。幸好荒淫无道的女婿只当了一年多皇帝，真的把自己玩儿死了。杨坚老婆强力运作夺权，让他当上自己六岁外孙的摄政宰相，一年后，公元 581 年杨坚登基，成立了隋王朝。自然，少不了跟其他觊觎政权的势力打打杀杀。

40 岁当了皇帝的杨坚节俭、工作勤奋、怕老婆（独孤皇后）、缺乏安全感、极端谨慎、易怒而又常自责、经常事必躬亲成为他性格的一部分。这个被形势造就出来的帝王，统治早期是中国历史上少见的大明君之一。

隋文帝修缮的政治软体，一直沿用到清朝结束的 20 世纪初叶。

1. 隋文帝在内政方面的举措

（1）精简政府机构。中央政府设三省（政令的构思、审议、执行，分交内史、门下、尚书三省）六部（尚书省的执行部门，分为吏、户、礼、兵、刑、工六个专管的部级衙门），地方简化为两级（州、县），裁撤500多个郡县与大量冗官，实施任期制和年度考核，并将文武官职纳入同一个品级轨道。

这个职能明确而又相对制衡的组织结构，是1400年前人脑的伟大设计。

（2）官吏由中央政府吏部直接任免，实施科举考试制度，这一制度成为全世界首创。

知识分子出仕官职，从此不问出身，打破士族门第的垄断，只看考试成绩，是人类史上最公平的文官考选制度。

这也是人类史上最伟大的设计之一。科举制度经隋炀帝增加“进士”科目与录取人数，趋于完善。

（3）恢复、推行均田制，整顿户籍，再次落实小农经济，实际是平均地权，跟地主们争夺土地和人口。将府兵制里的部队就地编户落籍，兵农合一。

隋文帝整顿户籍的执行力远超历代，在没有照相机的年代，他要求官吏经常根据相貌肢体特征来检查户口，并在确定户口数目的基础上收取赋税。这些实用办法，稍微防止了地主和官僚的勾结，解放了大量佃农人口（公元583年，复查出地主们隐瞒的44万户164万口。隋炀帝继位后，再复查，还清理出几十万口）。这时，隋文帝治下的华北地区，政府扎扎实实地掌握了近400万户2400万口。虽然地主经济仍然并行存在（资产私有制加上封建权贵的结果），国家机器无疑获利最大。

上面三项措施，使得隋王朝的国家机器高效率运转，公元590年隋王朝统一了全中国。公元604年，隋文帝死，统治23年之后，传给继任的隋炀帝，达到890万户4600万口（后来唐王朝有名的唐太宗死时，中国才360万户约1600万口，唐王朝巅峰时的唐玄宗治下，才回复到910万户5200万口）。

2. 隋文帝时的节俭与刑法改善

（1）从小习惯素衣素食的皇帝，自己带头提倡节俭，多少起了一点点作用。

随着社会经济的恢复，赋税大增，征收的布帛、粮食有余，政府在各地修建了许多百万石以上的仓库。公元637年，隋王朝已灭亡20年，隋文帝也已经死了33年，仓储积存的粮食布帛还未用完；那时的唐王朝官员告诉唐太宗说：“隋家储洛口，而李密因之；西京府库，亦为国家之用，至今未尽。”

现代发掘出隋代洛阳仓储遗址，有近300个粮窖，其中一个留存有大量炭化谷粒。这些还是经过隋炀帝大大浪费之后的数据，可以窥见隋文帝时期的经济景况。

现代考据，隋文帝和独孤皇后的合葬墓，史料没有随葬品的记载，而当地百姓传说：无宝可盗，历代军阀、土匪都来挖过，没有收获。应该属实。

（2）隋文帝主持改编《隋律》尽量从宽，将秦汉以来相沿的1000多条刑律砍掉3/4，正式废掉宫刑、灭族等酷刑。这是一个合乎人情的重大司法改善。

3. 与突厥的关系

对于北边的突厥（那时的突厥老早已经是继柔然之后的草原霸主），隋文帝显然具备草原智慧，他对突厥各部落“联弱离强”，绝不轻启战争。公元599年，突厥大内讧，战败的部落投奔隋王朝，隋文帝筑城安置内附的部落并封其头领为可汗。公元602年，隋军大破入侵的突厥大可汗，趁势夺回了河套地区，把边界扩展到阴山以北。

隋文帝的“武功”、智谋与隐忍，远过于血腥的杀伐。

隋文帝杨坚在传统历史记述中只突出他的长相如何如何之好，暗示他具有“帝王之相”。实际上，他的前半生长期处于杀机之中，夺权成为他这个“贵戚”能够生存的唯一选择，若非独孤皇后的支撑和决断，杨坚早已不存在。而长期缺乏安全感，似乎没有给隋文帝的管治模式带来太大障碍，他的诸多措施是中国历代统治者能够带给老百姓的最人性化的社会制度；虽然晚年的隋文帝有点儿变态，相当多疑、非常专制、诛戮功臣并经常违反自己早期制定的策略。

内附的突厥部落送给隋文帝一顶高帽子，尊他为“圣人可汗”；后来，也送给唐太宗“天可汗”的高帽子。不过，这些大概有汉人从旁“协助”的嫌疑；自从十六国开始，草原后裔在中国同时兼任“皇帝”与“可汗”，早已不是新鲜事。

“尊号”大抵是农业文明的遗存。

比隋文帝小两岁的独孤皇后却比文帝早逝两年。两人十分相爱，当初，独孤皇后一家都是贵戚，大姐和长女都是北周的皇后，但她依然柔顺恭孝，陪伴杨坚度过没有安全感的困难岁月。

杨坚挨到摄政，独孤皇后却告诉他：骑虎难下，只能坚决往前了……坚定了杨坚登基开国的决心。她当了皇后后，边界州官准备以800万钱购买突厥人带来交易的一箧珍珠，来拍她马屁；被独孤皇后制止，并告诉州官：我又不需要这些东西，现在突厥经常进犯，边关将士疲劳，不如拿这800万钱分赏有功的人……

隋文帝爱老婆、怕老婆，是有道理的。皇帝连上班，都要带上皇后，两人同坐一个轿子，直到上朝的楼阁。皇后倒不会进办公室，但派个宦官伺候皇帝，当然也就知道了朝廷发生的状况，经常匡谏皇帝，偏偏皇后的意见还往往合皇帝的意。

二、毁了王朝的杨广

继位的隋炀帝杨广，跟秦始皇一样，由于王朝的短暂，失去有自己的基因后代的护卫，承受传统历史的骂名。而传统史书都是后面朝代的人写的，并且是吃公粮的史官、学者执笔，为了合理化后面王朝的统治，抹黑前代的政治话语是必然的。

我们只能根据现代学者整理的数据，尽可能还原历史。

1. 传统史书记述对隋代的报道，过于负面，有正统王朝政治话语的问题。从人性的斗争面看，全世界任何王室，最高统治者本来就是争的权力。为了最高权力而演化出来的制度，本来就可以看做是权力斗争的游戏规则，而古今中外，杀害血亲的“皇家故事”，多了去了，简直可以视为正常的“皇家风险”。皇家成员的人性，本来就不大可能“正常”。人们只能按一个一致的原则来检视、评断所有王朝的君王及其作为。

杨广似乎是个“问题家庭”里长大的天才儿童。当然，对于天才，所有束缚都是“问题”，皇家更是“问题家庭”。

缺乏安全感的老爸经常暴怒、失去理智，然后自责，虽然冷静小心时候的老爸很有才干。占有欲极强的老妈，能力似乎还胜过老爸，应该是这个勤俭皇家的专制重心，管教的规矩大概相当严厉。大抵压抑和逆反是这个“不正常”家庭的孩子的常态。后来，杨勇（太子）的浮华纵欲，未始不是一个对父母的反抗。杨广的自信、好大喜功，或许也是一个对父母的反抗。

公元 589 年，隋文帝启动统一南朝的战争，派 20 岁的皇子杨广领兵，迅速平定华南。隋军纪律严明、秋毫无犯，势如破竹，这是朝廷的政略与兵将的功劳。但华南各地的士族势力立马大造反，坐镇扬州的杨广派兵一年内平定。隋文帝派他继续坐镇扬州，经营江南，前后共 10 年。这 10 年历练了杨广，让他展现了才干和个性。

杨广大概看出来了，400 年的南北隔阂，征服南方容易，统一南方还需要办法与时间，于是他学会江南方言并娶南梁王室萧氏为妻（后来一直是唯一的皇后），任用江南学者收集、整理典籍。

杨广当皇帝之前，就已经藏书累积近 2 万卷（包括当时学者编写的一些地方图志)。他从小好学,喜欢文学、书画、艺术,是诗文的绝顶高手。从留传下来的隋炀帝著作看,他是唐朝诗文的开创者,融合了中国南北文风的长处,情、韵、雅、境俱全。

在扬州的10年,杨广体会到南方的富饶、人文的柔丽,他是爱上了江南。继位前的笼络江南文士、继位后的大开运河,都是杨广有意识地融合南北、向南靠拢的动作。

史料可以看到的数据是隋炀帝时期的藏书量是中国历代之最,也是现代以前的全球之最,达到37万卷、近8万类图书。其中不乏当时的创作,如全面收集、整理各地的文学、诗歌、音律;又比如,派出当时著名的地理学家裴世矩到张掖管理国际贸易,实际去收集西域情况,写出西域44国的《西域图记》,彩绘山川地图、人物、衣着、物产;并且内地各郡县也应诏编写出大量类似的地方志,详细记载、图示各地的风土人情与地理。可惜,隋的藏书大多毁于隋唐交替的战火,没能流传下来,不然光藏书这一项,后代要骂他,还真不好骂(后来,唐玄宗时的藏书最多不过8万卷,唐代著述和唐代之前图书各约3万卷。唐的藏书也难逃战火,大多没有留传下来)。

对平民知识分子,隋炀帝扩大科举考试,添加的"进士"科目成为此后定制,沿用了1400年,直到公元20世纪初。科举制度"开科取士"彻底解除了东汉以来士族与权贵门阀对官职的垄断(那时门阀势力,主要集中在关中地区),即使从政治面看,公平地考选各地、各阶层的人才,无疑也有助于建立更全国性的中央政府,以及建立更有效率的官僚系统(隋炀帝后来营建洛阳新都,也有摆脱传统的关中权势集团的意识)。

这些"文"的方面,不但显示出隋炀帝是个"文人皇帝",而且还是个"改革家皇帝"。除了他自身的文学成就之外,科举与大运河两件事,对此后中国人的影响是根本性的,远非"功业"或"功德"形容。

科举,文官考试制度在16世纪由传教士介绍到欧洲,公元1791年,法国付诸实施之后,欧美仿效。"开科取士"成为全球性制度。人类社会自从演化出国家机器与王权专制之后,人人平等出仕的文官考试制度是最重要的软体改革工程,做官的机会平等之后,才谈得上做皇帝的机会平等(选举制度),最后才谈得上平等做"人"。

隋文帝、隋炀帝父子率先设计、安装了的科举考试制度,使得隋朝之后的中国专制王朝人文荟萃,中国文明长期领先全球达1000年之久。

大运河（使得那时的长安、洛阳、开封、扬州、杭州都成为繁荣的商业都会、国际贸易的重要城市。因为大运河，南方物资源源不断输入北方，对南方的经济依赖，大大加速了南方的开发，400 年后，长江流域也成为“中国”的代名词了）

大运河严格地说是“大运河网络系统”，许多渠道古早已有，但隋炀帝将之体系化联网，即便不能完全排除隋炀帝对南方的情感因素，政治上，也是他的睿智与先见之明。那时长江以南人口已近中国半数，而且还是“开发中地区”，资源、物产丰富，开凿大运河、开发江南无论从政治、经济、军事、南北沟通上，都是中央政府管治的必要载体。南方物资与人才，从此源源不断输向北方，刺激了整个南方的进一步开发，以及全中国的进一步混同。现代中国人之所以是今天这个样子，大运河是主要模具，汉武帝塑造“汉人”之后，“中国人”其实是隋炀帝用大运河彻底重塑的结果（接通黄河流域和长江流域）。现代中国人的基因统计数据，充分地反映了这一点，其他就不说了。

隋炀帝任上，修缮长城、开凿大运河，都是当时百万人力数量级的劳役工程，冻、饿、劳、疫，至少死亡一半，天下疲敝。隋炀帝即位时，基层人数 4600 万，任上 14 年，几乎随时有 200 万以上被征发的兵、役存在，仓储存有足够全国 50 年使用的粮帛，而百姓仍然辗转死于沟壑。内战结束、唐朝开国时，中国基层剩下 180 万户约 900 万人口，我们无法估计因战争所减员的人口，就按 1500 万计算，那么，隋炀帝直接消耗掉的人命可能不下 2000 万，平均每年 150 万，大致符合史书对被征发的老百姓的存活率的记述。这个数据坐实他“暴君”的骂名，虽然隋朝之后骂他的全部王朝都是他的直接获益人。

政治上，隋炀帝推行科举考试，一竿子打翻当时全中国士族与权势门阀的既得利益。开凿大运河消耗民力太大，引起民怨，同时隋炀帝明显的感情倾向，也引起整个北方的疑忌。而他却不放在心上，连禁卫军都还是关中部队、鲜卑将领……在前面叙述两汉的那一章，我们已经谈过，人性（习性）是适应水土环境的，北人远戍南方或南人远戍北方，都会不习惯、思乡，这是基本人情。

隋炀帝的改革措施，超大气、宏伟，但急切付诸实行，一口气得罪了几乎全部臣民，用现在的政治话语说就是“失去群众基础”。公元611年，黄河发大水，泛滥齐、豫40多郡，百姓开始造反，此起彼落，直到公元618年，隋炀帝在扬州被思乡的禁卫军政变、绞杀，隋朝覆灭。这七年间，内战群雄并起，而这个皇帝似乎浑然不觉，依然三次进行对高句丽的战争。他大概是个活在自己构思的完美世界里的人，如果做个艺术家，肯定会大大超过做政客的成就，偏偏历史的偶然性让他做了帝王。

此外，隋炀帝还天生精力过剩，想到什么做什么。

这反映在他到处营造皇家宫室、园林、排场，收集奇珍、异宝、美女上，消耗的民力非同小可，并随时召集大规模夜游、夜宴……他的随兴与精力，也可以从他是史上唯一巡行过青海、张掖、辽东和东突厥等遥远边区的中国皇帝。

浪漫、好奇、任性、野心、虚荣……在人性上，是同一根筋。

隋炀帝的对外战争、工程、宫室、巡游、宴乐、藏书，通通都有一个吻合的特点：费用浩大、不恤民力。这样一个似乎生活荒淫怪诞的皇帝，视生命如同游戏，他无时不在玩耍。当隋国家机器开始崩解的时候，他也感觉到手上的玩具玩儿不转了，居然看看镜子跟皇后说：我颈上人头，谁人来砍掉呀？然而，写作极品诗文、收藏图书、推行科举、开大运河、对外战争，不可能仅只“随兴”。

他的原则性与坚持性非常一致，最简单的数据来自他的家庭，隋炀帝所有的浪漫与任性，并未影响他对皇后始终如一的爱情。他死后，皇后带着孩子们被东突厥汗国迎立到山西，继续隋王朝香火，几年后被唐王朝灭亡，皇后继续存活了相当长一段时间，最终唐太宗将皇后遗骸送回扬州跟隋炀帝合葬。隋文帝、隋炀帝父子两代的墓葬，结果成为中国所有王朝最不浪费社会资源的帝王陵寝。

2. 我们也简单提一下“武”的方面。隋炀帝的表现是急躁、偏执、蛮干，他任上的对外战争除了攻打契丹是靠东突厥骑兵，“以夷制夷”之外，隋炀帝的外战规模，动辄动员百万人，耗费资源无数。

（1）早期攻打契丹，造成辽东的权力真空，高句丽势力很快就填空进来。

（2）攻打吐谷浑，也造成青海高原的权力真空，吐蕃势力也很快就填空进来。

（3）攻打西突厥，亦不过扩土至高昌，繁荣了西域贸易（还倒贴、诱求商旅来交易）。

（4）三征高句丽耗竭无数生命和资源，第一次战事的出征部队碰到辽东大疫，生还不到 10%，民怨来自接二连三不停地耗损与恐惧，不造反才怪。胜败本身，已经无关宏旨。

隋炀帝的主动“外向”，跟魏晋南北朝 400 年的混血相关，跟当时的国家情势相关。跟隋朝类似的唐朝也外向。一开始，民间大抵也有类似汉王朝长期被匈奴压制的反作用心理，隋炀帝外战起初，未始不得民心。

后世无论怎么评说隋炀帝，他不会在乎。他活着时不会在乎，何况死后！更何况，全部后来的王朝“盛世”，无不是在隋朝制度与运河的软硬体平台上搭建起来的。

唐代　不修长城的朝代

（公元 618—907 年）

公元 617 年，关中权贵集团的李渊在太原起兵，攻下长安，第二年称帝，国号“唐”，当时的地盘只有晋、陕。李渊派次子李世民领军，渐次打败隋末的群雄，公元 624 年，基本统一了大江南北。公元 626 年，唐王朝发生“玄武门之变”的王位继承内讧，李世民和部将在玄武门射杀了兄弟，第二年即位，就是唐太宗，定年号为“贞观”，统治中国 23 年。公元 628 年，唐太宗消灭了最后一个割据势力，中国恢复统一状态，大致继承了隋王朝的版图。

传统历史记述，对 23 年的“贞观之治”着墨很多，唐太宗享受大帝级别待遇。但他任上的基本国策，依然是历代盛世帝王的老方子：整顿吏治、与民休息。但这就够了。

唐太宗像

唐太宗大概是最风靡中国历史的帝王。从史料数据看，这是个性格很自在的君主，做作似乎不是他的全貌。至少，李世民大帝超爱老婆长孙皇后，是装不出来的。

贞观时期乃至整个唐代，留下许多人物的事迹。文人、军人、平民等故事很多，能够流传下来，反映了那时中国社会已经相当发达，积累的软体硬体就等着一个相对安定和平的时机开花。隋王朝积淀的底子，至为关键。

而隋王朝以来艺文蔚为时尚，虽经隋末折腾，大抵社会已盛文风，诗文戏曲艺术都很流行，连带民间小说（“传奇”）也盛行。例如，记载唐太宗的内战风云，可以从民间故事“风尘三侠”窥见唐人社会习性的一斑，故事里的李靖与红拂女确实存在。故事里，红拂女看上了年轻的李靖，主动黏上去找他私奔，成为李靖太太。李靖是开国功臣，战功赫赫，后来也是打败东突厥汗国、活捉可汗的名将。

又比如，中国人的“门神”画，门上威武的武将形象，画的是当年唐太宗麾下最有名的战将秦叔宝和尉迟恭。然而，人民的眼睛是雪亮的，当年的时尚流行，传奇小说、门神画、饰物等，所反映的意识、艺术、代表人物等，要比各种后来的“演义”更真实地显现出当时的社会认识与风情。其实，玄武门政变骨肉相残，古今中外都一样，不足说事。

有名的琵琶曲《十面埋伏》，相传源自贞观时期的《秦王破阵乐》，本来是隋末战乱期间，唐军流行的乐曲，可以说是当时民间改编的“军歌”。后来，唐太宗令臣工扩编为宫廷舞乐，曲、词、舞、戏俱全，我们可以想象当时中国“交响乐”舞剧，锣鼓喧天、旌旗蔽日、雄壮威武的热闹与激动。这个舞乐，唐末战乱时失传，但曲律传到了日、韩。唐乐古谱、傩戏（戴面具的舞戏），如今只能在日本找到一些痕迹。

公元645年日本“大化革新”，日本皇室引导日本社会全盘中化。事实是，日本于公元593年开始派“遣隋使”留学中国，此时正当隋文帝盛世。大批遣隋使将中国文化、政制、佛教等输入日本。当时到中国“取经”的日本留学生，许多一待二三十年，中国改朝换代，继续前来的就变成“遣唐使”。政治上“大化革新”的主调是以中国式的“中央集权”政制夯实日本内部的统一。文化上，几乎吸收所有能学到的中国知识与技术；文字载体则是以中文来拼出日语，日文保留了一些独特的隋唐草书（简化字），如“佛”字，日文写作“仏”。因为融合中日文化非常彻底，日文大概是全世界最难学的语言系统；又因为有全盘移植文化的经验，公元19世纪日本开始西化之后，融合西方文化也非常彻底。

“贞观之治”是“大唐盛世”的开始。

中国历代王朝，只要整顿吏治、与民休息，无不“盛世”繁荣。

唐代文臣武将大量留名历史，一得力于科举考试，官吏多少有点儿文采，素质提升；二得力于唐王朝延续时间289年，是中国史上最长的统一王朝，社会安定发展的时间相对也长。太宗贞观到玄宗天宝，与民休息，唐初盛世长达120年之久，社会各个领域自然涌现许多人才，不独文人墨客为然，留到下面再叙。

另外，还是要强调史料记载的户数、口数，都是基层小农“纳税户籍”数字。地主、大户、寺院隐含的奴婢和佃农没有统计数据，实际的人口只能推测。大致在唐开国初期，急于恢复社会经济，均田制执行会比较扎实，然后，经济繁荣、土地兼并、官商勾结隐报，保守估计，需要以史料记载的口数乘以 1.3 左右，或许比较接近实际的人口数量。这样，唐太宗死时中国人口恢复到 2100 万左右。

公元 627 年，贞观元年，玄奘和尚违反法规偷渡出关，辗转到达印度取经。

公元 645 年，玄奘学成归国名满天下，回到长安京城之后，唐太宗没有追究玄奘违法偷渡的事，还把他奉为国师级和尚。皇帝让玄奘主持译经，并让他写出《大唐西域记》，细述游历过的国家、山川、路线、风土、人情。由于当时西域城邦各国与印度没有记载历史的习性，玄奘的记述实际保留了那段时间的那个地区的历史，成为近代东西方学者对整个西域地区最主要的考古指南（楼兰、敦煌、阿富汗巴比扬，都是这么被“发现”、被“发掘”的）。得益于明朝小说家吴承恩以玄奘为原型的《西游记》，公元 16 世纪之后，玄奘——三藏法师家喻户晓。玄奘毕生主持佛经翻译，往往必须亲力亲为，因为只有他一个人通晓印度文字背后的印度历史与社会积淀，他译出大量信、雅、达的中文佛经，实质推动了整个东亚的佛教散播。唐太宗与玄奘关系很好，却始终没有信教。公元 649 年，害病的唐太宗孤独地在皇家别墅疗养，没有亲人陪伴，他把玄奘召到身边，朝夕相处，可以想象一个孤独强人与和尚之间的人情。

玄奘为孤独的“天可汗”大帝送终，唐太宗 19 岁就领军打天下，死时才 50 岁。

唐太宗生前废掉几个造反、内斗的皇子，继位的依然是长孙皇后生的李治，就是唐高宗，他的皇后是武媚娘，就是后来中国史上唯一的女皇——武则天。（则天其实是谥号，死后的名字。活着的时候，女皇自造“曌”字，改名武曌，意思是“日月当空”，念“照”）。李治夫妇先后统治帝国长达半个世纪之久。夫妇俩基本上维持唐太宗的既定国策。到武后晚年，中国达到 600 万户 3000 万人口。大唐盛世局面继续。

武则天是中国史上最有名的女性。她的一生，映照出男性社会下，女性坚强的生存，以及复杂的情感故事。武则天的老爸是部级干部，她小时候死了父亲，同父异母的哥哥们把她们母女扫地出门。后来入宫做宫女，唯一的本钱就是女性的直觉和美貌，被唐太宗看上，成为众多后宫的小女人之一。

唐太宗死后，她依法出宫进庙、削发为尼。不服命运的武则天，偶然趁年轻的新皇李治进庙参拜的时机，色诱李治，使李治安排她挣脱寺院，成为新皇的后妃，逐渐坐上皇后的位子。我们不得不说，皇后对皇帝的感情，多少有点儿问题，至少不能排除功利的因素。

虽然武家的哥哥们自以为荣华富贵不是这个妹妹的恩赐，而复杂的女皇心里，却依然对娘家的哥哥们、子侄们，甚至比对自己的亲生儿女们还要照顾。武则天女皇是有点儿心理不平衡的，专政时已经60岁，男宠不断，直到80岁……她在娘家子侄和亲儿子间摇摆到75岁，狄仁杰轻描淡写对女皇说：当今社会的祭祀，只会去拜父母，不会去拜姑妈的……这才重立早先被自己废位的儿子为太子。

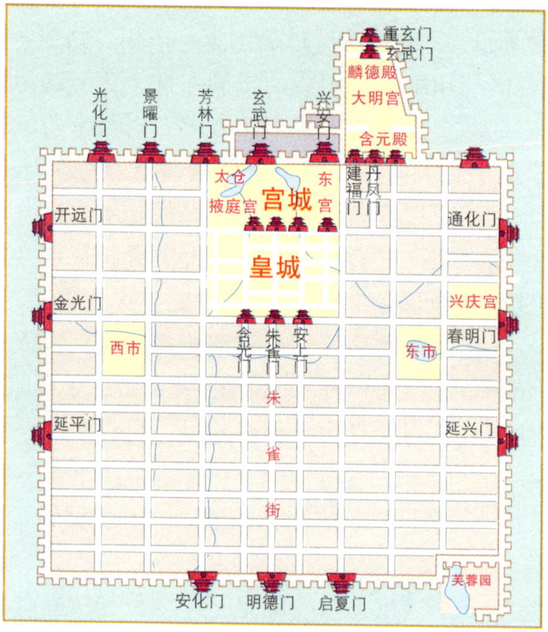

唐长安城平面图

公元705年，年迈多病的武则天早已失去掌控朝政的力气，宰相张柬之发动政变，杀掉她乱政的男宠，提前迎回太子继位，回复李唐江山。不久武则天也去世。新皇按照武则天的遗嘱，在她的陵寝前立了一方硕大的无字碑，表达着武则天生前的意志：由得你们说去。看你们能怎么说我！

公元712年，武则天的一个年轻的孙子——李隆基在发动两次宫廷政变、铲除两个又想当女皇的女人之后（一个是伯母，一个是姑母）接班，这就是唐玄宗。唐王朝在他40多年任上，达到巅峰（公元713—741年，号“开元”），也跌落谷底（公元742—756年，号“天宝”）。唐玄宗治下人口的最高数字，在公元750年左右达到900万户5300万口。公元766年，唐玄宗死后才四年，中国人口已锐减至300万户1700万口。什么原因造成人口锐减3600万呢？想来应该是割据造成了众多中央政权失控的“农业部落”状态。

唐太宗到唐玄宗，贞观到天宝，约130年，中央政权和周边民族政权纠纷不少，我们平行地看一下这段时期的情况，也就说明了传统唐代历史记述的许多事情。长城很长，外面的世界变化非常大，突厥、吐蕃、契丹、高句丽、南诏等都跟唐人有所纠葛。

隋唐时期的中国，是带有草原印记的社会。历史在时间和空间上是无缝链接的，没有突然冒出来的历史。时间上，魏晋南北朝只不过是个开端，直接给中国人烙上了草原印记，这也是长城内外必不可少的混同过程。隋唐之后，草原直接就是辽、金、元、清各朝代的源头。空间上，长城以北的外部邻居，从未间断以它的方式对农业政权施加交互影响。比如，隋唐文物，金银器盛行，带明显的中亚、伊朗风格（草原时尚流行金银器，比较不流行瓷器或书画），影响了后来中国器物的艺术造型与风格。

****

突厥汗国

南北朝时期的欧亚草原，先是柔然汗国的天下，公元552年开始，草原易主，进入突厥汗国时代，长达200年。

突厥是草原上首先开发了文字的游牧部族之一（公元19世纪末发掘公元5世纪左右的突厥碑文），大致采用波斯语的字母来拼写突厥文字（而古波斯文又有最早的西亚拼音文字的渊源），突厥汗国不但有官制，而且有法律，因此同化了大量草原游牧部落，形成现代的突厥人。

然而，突厥部落的起源，迄今仍未完全确定。现代的“突厥人”，操突厥语的人群，包括土耳其、土库曼斯坦、哈萨克斯坦、阿塞拜疆、乌兹别克斯坦、吉尔吉斯斯坦、塔吉克斯坦等国人，以及分布在伊朗、中国、俄国、塞浦路斯，以及欧洲的柯尔克孜、撒拉尔、塔塔尔、钦察（车臣）、维吾尔（回鹘、回纥、裕固等音译）等族人。现代突厥人认为自己是北匈奴的分支，混同了贝加尔湖西边古早的铁勒（敕勒、高车、丁零等汉译名）等部落。全球目前突厥人口约1.5亿，是欧亚草原最大的族群。我们要谈的是公元6世纪建立的突厥汗国。公元6世纪时，新疆的金山（今阿尔泰山）是突厥游牧的地方，他们臣服于柔然，是给柔然汗国提供铁器的“铁奴”部落。

公元552年，突厥首领头门（或头曼）击破柔然，始称伊利可汗（伊尔汗，忽必烈可汗的弟弟旭烈兀，统治波斯时，也这么称呼），王廷则立于蒙古境内的杭爱山，很快就成为欧亚大草原的共主。

实际上，公元13世纪成吉思汗的蒙古汗国虽然几乎打败了世界各地势力，但蒙古草原以西的游牧部落，尽皆突厥化，蒙古历次西征后留下的统治的蒙古后裔，也都突厥化。勉强将草原历史跟中国历史对比的话，匈奴好比夏、商、周，形成了草原的游牧国家机制，突厥汗国就好比汉王朝，发挥了突厥文化成为草原文化标准版的作用（类似儒文化之于中国文化）。这在公元14世纪，突厥化的中亚帖木儿汗国（蒙古后裔）大力推行伊斯兰教之后，更加明显。无非游牧文明即便突厥化了，各个部落依然个性鲜明，政治上“统一”的时间远比“分裂”的时间短暂罢了。

在这里，我们需要澄清一个概念。“联弱离强”，分化部落联盟国家，或任何政治团伙，这是所有国家机器的典型策略，而且是草原部族的强项。游牧国家，人口少，千户（即千夫“侯”，可以随时出征1000骑兵）已经算得上字号，5000户，一般可以称“汗”（王）了。人少，人命值钱，游牧国家很少蛮干、硬攻。从东晋十六国开始，中国北方的少数民族政权，对付地主们的割据“农业部落”，通通都是采取的“联弱离强”，不存在他们“使得”中国分裂的事，人类的国家机器，本来就有割据的因子。东西突厥的分裂，自有草原文化的根源，隋文帝只是刚好碰对机会罢了。草原上，无论匈奴、柔然、突厥、契丹、金、蒙古……血缘混杂，部落众多，诸部各自随机强弱，互相攻战或臣服或联盟，可汗“统治”的概念比皇帝松散得多。北魏分裂成东魏、西魏之后，所有跟草原接壤的中原政权没有一个没臣服过柔然、突厥的，包括隋唐内战时的群雄，唐也在内（李渊创唐初期）。这跟刘邦开国时，也臣服于匈奴是一个意思。

中国人的“和亲”“岁赐”，跟西方拜占廷向波斯、大食等的“公主出嫁”“购买和平”完全一样，都是“不平等条约”。避讳，只能是忽悠自己罢了。

隋朝的皇帝可以兼具草原可汗称号，正是草原文化的操作。隋末群雄向突厥称臣纳贡，是草原势力相对强劲。唐太宗李世民再度兼具可汗称号，又拉锯回来。李世民灭东突厥汗国后，李渊高兴得敞开来喝酒庆祝，因为李渊就臣服过东突厥可汗，传统唐史虽隐讳了这件史实，抹掉了这个数据，但抹不掉李渊的情绪。而中国皇帝的可汗称号，毕竟不是整个草原的共主，不跟中国接壤的部族多的是，自然会有继起的部族填空草原的统治。

我们把这些说清楚了，才会了解草原世界，以及为什么草原一直深刻影响着中国。公元658年，唐攻灭西突厥汗国后拥有了西域，23年后，突厥部落的一个小头领阿史那·骨笃禄，只带了17人回到蒙古去游牧，之后一年内，部落成长到5000人，占领呼和浩特附近地区称汗，即后东突厥汗国，不断劫掠长城边区。之后15年内，他就统一了蒙古草原与西域，包括东北的奚与契丹（像不像成吉思汗的蒙古、努尔哈赤的女真故事呀？）那时，唐玄宗也只能不断联合铁勒诸部和回纥，对后东突厥汗国进行围攻。公元744年——唐天宝三载，后东突厥汗国被回纥攻灭，突厥汗国画上句号（注意：薛延陀、铁勒、回纥，这些草原部落国家，如果今天还在原地，都算是“现代突厥”部族，这跟南北朝之后整个华北都成为汉人是一样的）。

但是，草原依旧，游牧机动的文化也依旧，东西方农业文明的人们对游牧民族的迷惑还是依旧。直到现代。

有一点是东西方文明与草原文明几千年来都一样的：国家机器加王权专制加扩张和掠夺。后东突厥汗国的成立和成长，无非反映了草原特色：迅猛、动态。

本质上，国家机器设计本来就是为了集群暴力掠夺用的，我们需要点明这一点，去除“文明”的偏见。就“国家”制度而言，游牧国家并不怎么特别野蛮，文明国家也不怎么特别文明。

以现代的视野来观察，更早的汉匈对峙，其实已经是个信号，标示着当时世界各地的人类文明业已积累到相当程度，各地国家的扩张性，也提供了文化扩散交流的载体。

只不过，那时人类的机动能力限于马匹、车辆、道路等硬体条件，“全球化”的过程缓慢罢了。然而，正是动态机动的草原文化因子造成魏晋南北朝的混血，以及隋唐的开放。

魏晋之后的几百年，中国和欧洲都经历了“蛮族入侵”，对欧亚两端隔绝的文明而言，东西方人们并不知晓对方所经历过的事。对欧亚大草原上的部族而言，却依稀知晓东西两端的事物，信息会模糊，但没完全失去，即使是口耳相传。这跟现代的传播：“听说什么人从前到哪个黄金地段、发了什么财……”一样有效，久久流传，然后总会有人再度尝试“寻宝”。文明，就这样被草原机动力搅拌、复制起来的。

隋唐面对相当复杂的周边情况，至少对定居的农业中国人来说，那时真的有相当多很现实的事务，不是长城可以阻拦得了的。隋唐虽盛，别人也不弱。事实是，所有的地球人都面对类似的情况，全球各地文明都在长进，只要没有战乱出现，人口都在增长，国家都要扩张，政权之间的摩擦、争斗更加频繁。

根据中国史书记载：隋文帝用“联弱离强”之计，使突厥汗国分裂为东西两部，并使其渐渐衰落。公元 630 年，唐太宗联合薛延陀（铁勒诸部之一）攻灭东突厥汗国；公元 658 年，唐攻灭西突厥汗国，西突厥余部西迁中亚，渐次向西发展。公元 682 年，突厥余部再度在蒙古草原建立后东突厥汗国，公元 745 年，后东突厥汗国亡于回纥。

唐太宗的开明或开放，中国人主要以魏徵敢直谏、太宗也容谏为显例，不排除知识分子被杀破胆了，好不容易碰上一个肯让你说话的统治者，感激得五体投地。

其实，唐太宗的开放还表现在他对治下的少数族群部落的包容与尊重上，或许是学会了草原的智慧。在信息与交通都还不便的年代，草原上成功的统治者面对广大地域的众多部落，唯一的有效管治便是任其相对自由自在、包容尊重各部族的习性；过度管治无不立即遭受反弹。后来，辽、金、元同时统治草原、汉地（华北）、西域（城邦），都是同样策略，不开放都不行。

实际上，唐太宗即位之时，唐王朝周边的新兴势力还有一个是吐蕃，它与唐王朝经历了联姻争战等不同时段。

这一时段，吐蕃王朝兴起，但还没到达影响西域的程度，三藏取经，正好夹在新兴事物能够鲜明地被中国人感知之前的时刻。三藏来回旅途中看到的西域遍地佛国，连跟唐王朝敌对的突厥诸部，都有佛教的烙印。他去的时候，在吐鲁番盆地的佛国高昌讲过几回法，16 年后，再经过吐鲁番，已经没高昌国了，灭高昌的正是大唐帝国。因为高昌夹在唐与西突厥两个老大之间，那时西突厥距离近些，对西域诸国的掌控较强，高昌便倾斜过去，不料唐太宗也气旺，高昌便成为杀鸡儆猴的牺牲品。三藏留学，高昌国王对他的帮助极大，三藏一定对人间的事充满唏嘘吧。后来，西域诸国，先后夹在突厥、唐、吐蕃之间，更为难了……

唐太宗即位后的第三年，公元 629 年（只比唐太宗统一中国晚一年），年仅 13 岁的松赞干布继承父位，开始了平叛和统一高原各部的行动，经历几年的努力，稳固了吐蕃王朝的统治，并开发了文字、律法、官制，并迁都逻些

（即拉萨），以一个新兴国家的锐气，迅速扩张。

吐　蕃

今天的西藏在唐代时称为吐蕃。蕃，念作“波”。

青藏高原是块辽阔的地域，青海、甘肃的古羌族群，源远流长，羌汉藏之间，共有许多血缘和文化的根，如12生肖与60年一轮的纪年，又比如，昆仑山脉驻扎着许多羌藏汉神话里的诸神。但高原的环境甚至比草原严酷，地广人稀，生活演化也类似草原部族，从拾猎发展到游牧，而只要适合种植的地带，大致也渐次发展出定居农业。人类从什么时候进入西藏地区游牧，已无从确考，现代藏族人的基因数据反映出很大比例的古羌族成分，大致是3000年前的分支。实际上，由于高原的相对隔绝，西藏基因库是比较不混杂的，甘、青地区则羌、藏、汉、草原、西域族群混血。而地理上，万年之前要进入青藏高原，早期“智人”是可以从西域南下，从滇缅北上，从甘、青西向……诸多可能路径……

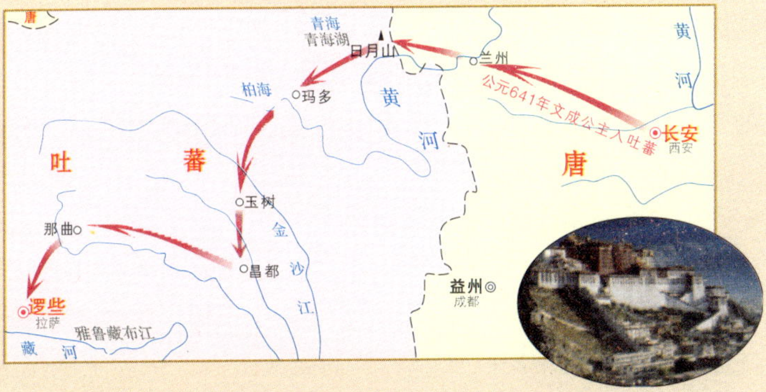

文成公主入吐蕃路线图

公元638年，吐蕃进军甘肃，被势头正旺的唐王朝击败，松赞干布转而向唐王朝求婚。当时，唐太宗正忙着跟西突厥汗国争夺西域，吐蕃成为唐王朝进出西域必经之地的河西走廊的一大变数，于是公元641年，唐太宗许婚，将文成公主嫁过去，此后双方频繁往来，时战时和，完全看两国当下形势与力气。公元648年，唐朝出使天竺的王玄策碰上天竺战乱，使节团被洗劫，王玄策逃到吐蕃，松赞干布派兵帮助王玄策打回天竺去接回使节团。公元658年（唐高宗时期），王玄策第二次出使天竺，干脆由吐蕃入天竺。

吐蕃争夺、统治西域百多年，经常要同时面对当时的东西两强，唐帝国与阿拉伯帝国（大食），而吐蕃治下人口大约只有这两大帝国的十分之一，可见当时吐蕃的能耐。

游牧族群笃信宗教。公元845年左右，佛教已传入吐蕃200年，早已融合了本土萨满教（苯教）成为藏传佛教，吐蕃本身已经是个十足的佛教国家，藏传佛教势力大到足以左右政治，甚至唐、吐蕃会盟都由佛教钵阐布主持。而那时候伊斯兰教也已传入中亚、西域，许多原来信仰佛教的国家转变为信仰伊斯兰教。赞普朗达玛为制衡神权，采取灭佛兴苯措施，毁寺焚经，立刻引起社会动荡，并波及西域。朗达玛一死，儿子们争位，分裂互攻，内战全面爆发，内战的社会成本超出吐蕃能力，导致百姓相继造反，吐蕃不仅退出西域与甘、青，并迅速覆亡。之后，西藏地区社会返祖回到神权统治，直至现代。

200多年的吐蕃跟草原国家的旋风一样，在青藏高原各地留下深刻的血缘和文化的印记。

有了藏文之后，将传说追记为历史（跟司马迁写“三皇五帝”差不多），不过，吐蕃部落的故事多半是以史诗形式传唱下来的，人们至少记忆了松赞干布之前32任赞普的名字，虽然无由确证，吐蕃历史传承千年以上是肯定的。

公元663年吐蕃王朝灭吐谷浑并掌控西域。公元675年唐复控西域；公元678年唐军18万在青海被吐蕃军打得大败；公元687年吐蕃王朝再占西域；公元692年唐又复控西域。就这么互相争斗不休。但这时，阿拉伯帝国势力已经直达中亚，是个地跨欧亚非三洲的庞大帝国，跟唐王朝接壤了。

阿拉伯帝国吸收了许多波斯文化元素，但波斯文化之于西亚大抵跟中国文化之于东亚类似，古老而强劲的文化习性，各自影响其周边族群。欧亚大草原的东西两部分，蒙古草原以东，跟中国接壤（长城一线），比较联结中国文化；中亚以西跟波斯接壤（咸海、里海、黑海一线），比较联结波斯文化。当然，沿多瑙河西进欧洲就联结欧洲文化（希腊罗马文化）。

唐玄宗初期唐势盛，在中亚、西域接连击败大食军，并在甘、青多次打败吐蕃军，吐蕃势力稍被抑制。为专心对吐蕃，唐与中亚突骑施（西突厥一部）结盟，多次打败大食东进部队。但公元751年唐将高仙芝调集葛逻禄

（也是西突厥一部）等部队，在中亚怛罗斯（今哈萨克斯坦塔拉兹附近）会战大食骑兵，葛逻禄叛唐，联合大食袭击唐军，唐远征军覆没退出中亚，而阿拉伯势力的扩张也就止于中亚。公元755年，唐王朝内乱（安史之乱）无力经营西域，唐玄宗死后不多久，公元763年吐蕃、吐谷浑、党项诸部联军长驱直入攻占长安，劫掠两周后退出。吐蕃独占西域到公元845年左右，吐蕃爆发内乱后，唐恢复对甘、青地区的控制，但此后的河西走廊吐蕃已经是军阀割据的局面了。

人们今天回头看传统中国历史记述，需要这样铺垫时间与空间的周边情况，才会明白（或感觉）唐太宗为什么非嫁个公主给松赞干布；两汉为什么非和亲草原；魏晋之后，为什么中国“割据”一再重演；而突厥世界（土耳其、高加索、中亚）、伊朗、阿拉伯、埃及、中东、北非、东南亚又怎么扭成一块，冒出个帝国；然后就止步于西域，没有扩散到蒙古草原或青藏高原?

西北方的渊源，就简单描述到这里。

说完了唐王朝西边的邻居，再来描述一下东北方的渊源，隋唐跟契丹、高句丽的关联。这还涉及东北亚历史。可考的文献，主要来自中文记载。

东周到两汉时在现今中国东北地区，见于中文记载的有肃慎、扶（夫）余、山戎、濊貊、东胡、乌桓、鲜卑、高句丽等部族名称。而秦汉之际，游牧的匈奴早已控弦百万统一北方草原，势力直达东北了。

大抵，古老的通古斯血缘诸部散布在北方草原东部直至太平洋海岸（包括今天的俄国西伯利亚、中国东北、朝鲜半岛、日本），拾猎、游牧、农业定居，各随自然环境而适应。草原东端联结到东北平原，其间被高耸的兴安岭山脉和黑龙江水系分割，有了森林、湖泊。但东北气候寒冷，一年之中，庄稼生长的时间长不了（越靠北越短），即使从事农业定居的东北鲜卑诸部，放牧或渔猎仍然是必须的，有点儿像欧亚草原的绿洲。而现代考古发现，大约7000年前辽河上游已有红山文化，6000千年前扩散到下游出海口附近时（辽东），就已经混有山东龙山文化的元素，吃上了小米（黍）。此外，据现代基因统计，哪怕是西伯利亚的古老渔猎部落，通古斯里的百越血缘成分也不低。

两汉联合草原东端的鲜卑诸部以制衡北方草原的匈奴，显示出那时的通古斯族群已经随地缘关系演化出匈族群与鲜卑族群两大系（对汉王朝能感受到的而言）。其实，他们血缘相近，游牧文化也相近，更因为机动，语言的根也近。差别来自国家机器教化出来的习性，无论匈奴族群还是鲜卑族群，部落很容易转化，全看哪部国家机器主导北方草原了，匈奴、柔然、突厥、蒙古莫不如此，同源而各有特色，随地缘环境而异（如受其周边的文明和血缘影响）。即便是西突厥，可以将斯基泰诸部突厥化，也依然认同草原传统的匈奴文化（实际上，因为草原游牧没有流通障碍，匈奴文化里就含有斯基泰因子），隋代东西突厥之所以分裂，也是跟他们接壤的汉文化与西亚文化起到了拉扯的作用，扩大了部族间的差距。

魏晋到隋唐时期在中文记载的中国东北有鲜卑、柔然、奚、契丹、扶余、高句丽、靺鞨、勿吉。更早见诸文字的濊貊在这时也出现在中文记载的朝鲜半岛。

从现代了解的历史数据来看，黑龙江水系的通古斯族群的一些情况如下：

（1）选择向西扩张而进入北方草原的有匈奴、鲜卑、柔然、蒙古，都跟随匈奴的草原文化模式建立游牧国家。他们有“贵左贱右”的习俗，因为面向温暖的南方时，左手边是发祥地的丰美草原，而右手边要到河套、祁连山下，才有放牧之地，所以，“左贤王”的位阶要比“右贤王”高一点儿，左贤王，经常就是太子或继承人。

（2）选择向南扩张而进入东北平原的，建立半农半牧国家都受到中国农耕文化的影响，跟中国王朝的关系更密切，主要是契丹、扶余、高句丽、靺鞨族群。

① 向南进入长城的鲜卑、契丹（辽）、金、女真融入中原，成为中国历史的一部分。

② 向南进入朝鲜半岛的扶余、濊貊、靺鞨融入朝鲜，成为朝鲜历史的一部分。

回顾东北地区的历史演化我们知道，西汉的汉武帝曾征服大部分东北平原与朝鲜半岛，汉人开始垦殖这一地域，汉王朝在那里设置了六个郡（其中四个设在朝鲜半岛），直接对其进行统治。

到公元前1年，扶余的一部高句丽崛起于辽东，扩张进入朝鲜半岛北部。但汉王朝仍有两个郡在朝鲜半岛东北部。

这时，朝鲜半岛出现了几个部落国：濊貊族的东濊，东沃沮，南部的“三韩”（众多部落酋长）。大抵是古老的“棕”标、通古斯，以及松辽鲜卑诸部，在半岛山地的孑遗与混融。

而沃沮、靺鞨、勿吉，都是中译的转音，通古斯语系“山林部落”的意思。而通古斯诸部，也可以说成泛鲜卑诸部，包括蒙古、契丹、女真。河川与森林为这些白山黑水环境里生存的“林中木百姓”提供了生存所需的渔猎资源。当部落扩张时，方向本身就反映了游牧或定居的天择条件，因为进入不一样的环境了。农、牧生活方式的选择，其实由不得部落决定，自有适存的天道。

公元3世纪中叶曹魏联合高句丽夹击辽东的汉人割据势力，后来高句丽背盟，曹魏便进击、摧毁其王城（在今吉林集安）。

公元5世纪末，北魏时期高句丽迁都平壤后达到极盛，成为朝鲜半岛的区域霸权。半岛南部的“三韩”则演变为新罗和百济。

公元6世纪中叶，新罗、百济联盟打败高句丽后，新罗取得汉江流域农业区统治权，成为统一大同江以南地区的基地，并利用汉江通海联结中国。高句丽势力逐渐退回辽东。

公元598年，高句丽居然进袭辽西郡，挑衅隋王朝，当隋文帝准备发动战争时，高句丽王却慌忙上表谢罪，自称“辽东粪土臣元”。后来，高句丽跟东突厥来往，引起隋炀帝的注意，公元612年之后，隋炀帝三征高句丽不顺，引发了隋王朝崩解。这一时段，朝鲜半岛是“三国时代”，互相征战。最小的百济跟高句丽结盟，新罗则引中国为后援。

由于百济联合高句丽侵略新罗，新罗向唐求援，公元645年唐太宗趁机亲征辽东，虽胜，但没有完成占领的目标就退兵了。公元655年高句丽联合百济、靺鞨，进击新罗，新罗还是向唐告急求援，唐高宗先后派出海陆军攻灭百济（公元660年）与高句丽（公元668年）。

辽东与朝鲜北部，从来都是汉、鲜卑、契丹、奚、扶余、靺鞨的居住地，汉朝置辽东郡之后，在此种地的汉人不在少数，汉族人口与各族人口混居。高句丽覆亡时，汉人估计占到高句丽王朝当时记载的70万户数的一半（唐出使的官员的报告估的）。战争时期无论什么族的人都会四面八方逃避战祸，从战后东突厥、契丹、新罗、靺鞨的相关记载看（流民迁徙到他们地盘的记载），战争本身大概造成高句丽王国流失1/3人口。而唐与高句丽的长期战争中，先后将高句丽族人迁入中原内地近30万人，估计占到末期高句丽族的多数。唐玄宗时名将高仙芝就是内徙的高句丽人（姓“高”，也是汉文化的习性，跟康居人到了汉地就姓“康”一样）。

流散各地的高句丽人后来都融入当地的多数族群里去了，包括契丹、新罗、靺鞨。

战后，辽东地区空旷下来。

公元698年，粟末靺鞨在首领大祚荣带领下在今吉林地区建立政权，逐渐南下填空进辽东。

不久，公元713年唐玄宗封大祚荣为渤海郡王，公元762年粟末靺鞨成为唐的属国，是最早全盘中化的东北王国。全盛时有10万户，近乎百万人。

渤海国存在229年后，被新兴的辽（契丹）灭亡，变成了辽的汉化基地。

朝鲜半岛基本上被新罗统一。

新罗统一朝鲜之前，百济遗民作出抗唐的最后努力：向日本求援。日本也想趁机扩张到朝鲜半岛，先后派出近 3 万陆军、约 2 万海军加 1000 艘战船，协助百济复国。

中日邻国之间的第一次交战，就这样发生了。而且是海战。

日本大败，此后 900 年再没进入朝鲜半岛，直到明朝。

唐太宗到唐高宗这段时间的东北战争，造就了两位将领的功名：苏定方、薛仁贵，他们东征西讨，成为唐王朝这段时间的外战栋梁。

除了公元 660 年攻灭百济，苏定方早先还攻灭了西突厥汗国（公元 658 年）。

而从士兵成长为将帅的薛仁贵，更成为民间传奇人物，是许多小说与戏曲的题材。史书记述这位武艺高强的平民，贫困到要迁祖坟、改风水，他的老婆柳氏点醒他：不就是没碰到机遇嘛，皇帝（唐太宗）要亲征辽东，你这一身本事，当兵跟着去就是了，得了功名再回来改葬祖坟也不迟……薛仁贵武艺果然了得到使他崭露头角，得到皇帝提拔。除了公元 668 年攻灭高句丽，他早先还大败过继东突厥而起的回纥、铁勒等诸部突厥，使回纥死心塌地跟唐结盟。唯一的败仗在公元 670 年，领军进青海跟吐蕃军作战，失败（副手引致的），军阶被扒光，降为平民，但后来继续被唐高宗起用，战斗一生。

既然发生了第一次中日战争，而且是海战，不得不谈一下刘仁轨这个有点儿特殊的人物。公元 661 年，刘仁轨被唐高宗派往新罗前线，此时他已 60 岁，还是个文官。接到命令，平生第一次上战场，拿出跟文官的刚直与严谨，一丝不苟治军，纪律严明，同时小心谨慎的刘仁轨总能察觉并治理前线部队的后勤与士气等问题。

公元 663 年，刘仁轨以 7000 唐军加 5000 新罗军、140 艘战船，对上经验老到的（2 万日军加 5000 百济军）、1000 艘战船。唐军船大，日军船小，当时，造大船是“高科技”项目，而且刘仁轨率军以逸待劳，在百济的白江口严阵以待。最终结果，大船团将小船团分割、围住，火攻，日军大败，损失四成左右战船与水军。日海军战败连带陆军震恐，唯恐没有退路，只好全线迅速退回日本。

刘仁轨的胜仗促成日本奈良时代进一步全盘中化，连带新罗也受益，信使频繁往来，保障了朝鲜半岛 900 多年的相对和平，新罗得以专心统一朝鲜半岛。

隋唐真是个中国人无法不跟周边发生关系的开放时代。

人类社会，文明一直在积累，科技一直在进步，区域性的联结，一块一块集成起来，本身就是个全球化的过程。

通过时间上的前后历史、空间上的周边历史，人们应该看到了我中有你、你中有我的联结，不是吗？犟是白犟的，中国世界和外部世界的相互作用力与影响，到了隋唐已经相当明显，不明白的是人们的意识、思维的习性，文化或教化的惯性。

继续说唐玄宗这个经常在戏台上出现的唐明皇，梨园祖师爷级的人物。

当然，唐明皇的故事跟杨贵妃的故事密不可分，从许多后来舞台演出的曲词中可以嗅到盛唐的风情（唐宫廷里有许多果树林苑，梨树集中的那个园子是喜爱乐器，同时自己也玩乐器，又懂得音律与歌舞的唐玄宗亲自教导皇家舞乐剧团的地方，以后，就成为传统娱乐界的代名词。那时的超级文人，如李白，都当过梨园的编剧、填词）。

公元 736 年，51 岁的唐玄宗死了最宠爱的妃子，自己闹得寝食不安，居然把一个漂亮的儿媳妇召进宫里，就此宠爱起来，很快变成了他的杨贵妃。

大唐皇家，男人讲究尚武气概，女人讲究肉感奔放，盛唐也许是中国人最大气的时代。

从考古（壁画）和考据（文献）的数据看，那时中国社会上层，男子的时尚是打马球（从波斯传来的），受伤的事经常发生，权贵子弟也常为了点儿小事搞一下决斗。女子的时髦是低胸、显出丰满曲线，抛头露面赴宴或看戏，甚至也打马球。

现代中国人，大概难以想象盛唐时期的“唐人”模样。

那时中国人的礼数非常周到，社会上日常生活的言语、动作，无不彬彬有礼，贵气、富含人情味。唐代社会软体模式，被当时的日本相当完整地复制了过去，中国人早已丢失“唐风”，如今只能从日本人身上依稀可以感觉到一些。比如，见面打招呼，鞠躬如也。又比如，语言文字的表达，现代中国人称自己“我”“余”，而日本依旧是唐式的“僕”“私”，谦恭但绝不卑下，充分表现出唐代人际沟通软体的滑润与细致。

隋唐时期中国人的日常生活相当艺术化，也具备国际观。

书法、绘画、造型、陶瓷、诗文、戏曲、歌谣，都有审美的时尚流行。

马路与驿站发达，而水运交通也方便了大宗物资的运输，大运河接通了中国南北，海船又提供了“海洋丝路”的便利，中国各大城市几乎都有外国人的聚居街坊，长安城更不用说，常住的外国居民可以占到人口的 10%。广州集中的外国人也有数万，还包括那时的犹太人。突厥、铁勒、契丹、高句丽等各族裔的唐军将领不在少数，中国政府的文化部门也任用日本留学生，最高的职位做到正部级。

那时，中国人已经开始普遍喝茶，这当然是从云贵高原传到汉地的智慧。

最初的茶是滇缅丛林里的原生物种，今天全球已知的、可以食用的茶种，源点都来自云南地区。当地族群喝茶、嚼茶叶，至少有3000年的历史，最早有点儿药用性质，解“瘴气”。云南原生乔木茶树很高大，采摘不便，农业族群从什么时候开始驯化灌木茶树，已不可考，大抵是苗瑶族群努力的结果，人们只知道，汉代时，灌木茶已经在川鄂种植，汉王朝宫廷里也喝上了茶。隋唐时，闽粤江浙也已经有了茶园。由于运输困难，那时中国人喝的是紧紧压成饼、团、砖的茶块，泡茶先要撇取茶块、烘焙并碾成粉末，再投放进热水里。近年来，考古学界发掘了西安法门寺的地宫，看到了唐代的众多茶具，包括茶碾子。日本倒一直保持了这种喝法（虽然后来日本“茶道”受宋代的影响较深，不过唐宋时都喝的是粉末茶）。人们现在直接泡茶叶的喝法是在明代以后更加普及了喝茶的结果。

陆羽开始写作《茶经》的时候，是唐玄宗统治的晚期。陆羽开始喝茶的时候，云南各部族刚建立南诏国不久，与吐蕃王朝结盟。唐玄宗任上，两次派兵进云南，几乎都全军覆没，至少损失15万人马。但公元8世纪末，南诏开始建立与唐王朝的关系，成为唐的藩属国。公元10世纪初，南诏被“大长和国”取代，公元10世纪后期，再被大理国取代，最终融入中原政权板块。陆羽的《茶经》则风靡了整个中国世界，以及日本、韩国、越南等地，喝茶成为东亚的代表性文化之一。

仔细观察唐代制度，从开国到唐玄宗天宝年间，都是遵循隋代奠定的制度，执行与监督比较到位。基本上，唐初帝王算是比较“与民休息”的，他们工作还算勤奋。

第一，监督官僚系统，让他们分工、制衡（有专业“纪律”“计画”“信息”的谏官），发挥应有的管理作用，并对执行不顺畅的疙疙瘩瘩进行修补，使隋代建立的两大软体都顺利运转（中央政府三省六部管理体制加王朝人事制度的科举考试），吏治算得上严谨，至少比较称职，

第二，最高统治者以身作则，尽量不乱花钱，反正隋代运河与长城两大硬体都已建设完成，唐王朝又有尚武精神的遗存，成为不靠修筑长城来防御的朝代，大抵只要皇家自制，生活不太过奢侈，官僚集团也就多少收敛一点儿贪腐的力道。

唐玄宗恋上杨贵妃之后，开始不务正业、专心享受奢华，钱就不够用了。天宝以后，唐王朝开始急速下坠，很快就不行了。我们正好瞧瞧，比较一下，同样爱花钱，为什么汉武帝顶住了，而唐玄宗却顶不住。

第一，汉代与唐代都实施均田制（就是小农经济，政府授田，农民编入

户籍、承担税与役）。隋唐初实行府兵制，兵源很清楚，征兵从府兵出来，农民很早就不用服兵役了。但府兵家人编入户籍之后，老百姓情愿务农也不愿当兵，到唐玄宗时，已无兵可征。于是，回到募兵制，而人性自私，边将为了争功或扩大势力，甚至经常挑起边界小纠纷，以获取朝廷更多资源，再一次形成军阀割据暗流。

第二，所有朝代小农经济而又资产私有的结果，必然是土地兼并。

但汉朝重农抑商，汉武帝经常打压豪强地主、整顿官僚集团。

而唐朝是重农而不轻商，实际上商人还多半有点儿知识，大量渗入官僚（统治）阶层。

结果，汉武帝对实况的掌握远超过唐玄宗。

汉武帝不但没有专心享受生活，还有知止的大智慧，延缓了汉王朝的崩解。

唐玄宗的下半场，日子过得美滋滋的，夜夜笙歌，他虽然主持作了传世的《霓裳羽衣舞》曲调，却导致了唐王朝的崩解。

以现代的角度回头看，王权专制的国家机器、王族传承最高权力这个软体的软肋，就在于统治者那一个人所带来的偶然性，而全部风险则由社会承担。

公元755年“安史之乱”发生，两个军阀联合造反。当时的军阀，实际是中央政府派任的，同时享有地方财权的封疆大吏——“节度使”，表面上仍然是一统的政治话语，就是传统历史记述的“藩镇”。实际上，此后到公元907年，唐王朝一共经历了152年漫长的失控期，直到藩镇割据终于覆亡了唐朝，中国人口则从7000万锐减至3000万以内。

唐王朝的僵死过程跟东汉王朝末期相当类似。大致，每当中央政府不行的时候，统治者的自危意识会愈加自闭到只信用身边比较熟悉的人——宦官。而京官也抱团结成党派，于是，藩镇军阀集团、宦官集团、文官集团，加上孤单的皇家，多方角力。其中，宦官就在宫廷里边，最容易操纵王权，谋杀、迎立、废立、勾结藩镇，如同儿戏。也会偶然出个意图振作的皇帝，但要搭配更大的智慧，才有可能扭转局面，这概率就非常渺茫了。社会没有真正意义的管理，局面就这样变得越来越败坏，就等着自然天灾频率逢合，烂到底，再自然涌现另一盘棋，重新来过。我们就只捡重点说了。

唐玄宗在最得意的时候会碰上“安史之乱”，也可以说是历史的必然。毕竟这是他自己一连串的作为造成的。唐王朝没有立即覆灭，因为出现了两个将星。

第一个是郭子仪，这个官僚子弟，文武、胆识、操守俱佳，推荐跟他关系并不好的李光弼（平时这两将，互别苗头）给朝廷去统率官军对抗安史乱军，李光弼以为郭子仪是要害他去送死，两人说开后，尽弃前嫌，郭子仪还分兵1万给李光弼带走。李、郭联合作战，最终平定“安史之乱”。公元763年，吐蕃、吐谷浑、党项联军攻下长安，劫掠15天后退去。公元765年，一个军阀勾结回纥、吐蕃、吐谷浑，号称30万众，再度进犯长安。郭子仪临危受命，只有1万兵马，又被重重包围，68岁的老将，毅然单骑亲往回纥营地，成功劝说回纥汗王共击吐蕃军，遂大破吐蕃军，保障了唐王朝此后20年的相对安宁，成为传奇的历史转折点。当然，唐早先与回纥结盟时期，许多回纥人跟郭子仪一起并肩作战过，知道他的公正与诚信。他的作为，功业不用说，也是个“人情”上的大案例。

第二个是李光弼，契丹族，治军严明，有勇有谋，经常以少胜多，成为官军平乱最主要的统帅，若非宦官掣肘，他平定“安史之乱”大概不会用上八年时间。皇帝想与李光弼商量，李光弼不敢进京，害怕宦官要整肃他（因为，已经搞过一回）。皇帝与主将，只靠信使沟通，这仗还真难打，李光弼还打赢了，真正难得。我们只能说，王权专制的缺陷，大到无法产生正确的应急机制。人性私欲，使得宦官们“枪打出头鸟”“红眼病”到任何时候都容不得任何人有点儿什么成绩，社会兴亡，从未在这些不正常的人的意识之内。

即使内有“安史之乱”，外有突厥、吐蕃、回纥、党项、契丹等的摩擦，又即便有郭子仪、李光弼等名将，加上众多文采飞扬的文官，乱世皇帝们的德行似乎也有规律可循。应该不是王族基因的问题，是制度习性，造就出宦官、党派、割据，人人自私、自利、自危，自然推出傀儡君王，以便他们操纵、攫取权益。这些皇帝，不见得笨，不醉生梦死又能咋办？

最后一根压死骆驼的稻草出现于公元875年。时机的背景是连年旱涝成灾，黄淮下游饥民成群，山东一个贩卖私盐的江湖人物黄巢趁机造反，自己打天下。平时就跟官军玩惯了猫捉老鼠的游戏，又屡次科考落第，黄巢是恨透了当时的社会。造反嘛，像极了西汉末年赤眉军的套路，最多的时候簇拥了上百万部众，所到之处，消灭权贵、官吏、富商，杀人绝不手软。史料记载，公元879年，黄巢大军横扫江、浙、闽、粤，打进广州城，屠灭12万人，包括当时全部不幸在那里的成千上万的外商。公元880年，黄巢攻进长安，终于当了皇帝，完成他自己诗境“满城尽带黄金甲”的夙愿，杀光所有还在城里的宗室、权贵、高官，并没收所有富家的财物。黄巢虽想定下来不当流寇，无奈他的整个集团都不知道怎么组建国家机器，跟东汉赤眉军完全一样，盘踞京城后，军纪立马瓦解，坐吃山空，很快便沦为饥民团伙（鲁迅先生说得很透，官军是“不流的寇”。但是，当流寇很容易，当不流的寇其实还有点儿难度）。官军则趁机反攻，一度攻进长安，黄巢再攻进城时，迁怒京城百姓曾欢迎官军，屠城……人性至此泯灭。

公元 883 年，唐王朝借来 1 万沙陀骑兵（西突厥的别部）反攻长安，黄巢 15 万兵马，一触即溃，弃城逃跑，纵火烧了京城。退到今河南淮阳附近，干脆开人肉磨坊，将人磨碎充作军粮，吃人还不用吐骨头，成为古今中外仅有的、大规模丧失人性的案例。

公元 884 年，黄巢终于被剿灭时，百万部众只剩下千把人，先后饿死的约占半数。

公元 907 年，藩镇最终打进京城，杀尽宦官（仍然是东汉历史重演），并结束了唐王朝。

北方中原在此后 53 年间，先后历经五个政权，每个平均 10 年，就是“五代”。

南方等地区，则在前后 82 年间，交错着 10 个政权，就是“十国”。

传统中国历史记述，按表面上的王朝政治话语，中国人似乎只经历了半个多世纪的战乱与分裂。而实质上，从公元 755 年“安史之乱”开始，中国社会动荡，尤其是华北，至少经历了二百多年的乱世。对当时华北的中国人来说，隋唐盛世像似一场虚幻的春梦，尤其是底层农民，从魏晋以来六百多年，总是经常发生血腥与破坏的时段。

人们很难想象，日本引进了盛唐时期的中式社会软体，在其后几百年相对安定的岛国环境里，完成安装与消化，似乎效果还不错，大概因为日本不全是小农经济的缘故。

五代十国　辽、宋崛起的序幕
（公元 907—960 年）

按传统中国历史记述的口径，以王朝政治话语为标杆，“五代十国”无非是表面化了的国家机器。实际上，唐王朝自公元 755 年“安史之乱”起，已经失控，黄巢造反后，已经实质裂解，那时候的中国人所碰到的境况是，连续 200 年的割据与战乱，华南、华北的血腥与破坏程度不一样罢了。

通过对五代十国疆域的了解，人们可以清晰地知道，这一时期，东北地区平行发展着一个草原汗国——契丹（辽）。

公元 907 年，耶律阿保机治下的部落联盟性质的契丹汗国已经是北方最大的势力。

公元 916 年，耶律阿保机强化契丹国家机器，王权专制并兼顾对草原游牧，以及对汉地农耕的双轨管治。

对辖下的游牧族群，汗位世袭，按草原规矩办，辽官治辽。

对辖下的定居农业族群则称帝，跟北魏一样，汉官治汉。

公元925年，耶律阿保机灭渤海国，分封给太子（长子），就是东丹王（东契丹的意思），并将其遗民约40万人迁徙到今辽宁朝阳。太子非常汉化，管治农耕的东丹，招徕大量汉族移民，延聘许多华北士人，东丹完全汉化。

公元926年，耶律阿保机病逝，秉性刚烈的皇后述律平称制，大杀功臣，后来自断右手为丈夫陪葬。她的意志彻底改变了草原汗国自匈奴以来的发展模式。皇后坚决反对全盘汉化，宁可违反丈夫的遗嘱，也要草原风的次子继承汗位与帝位，耶律德光便在公元927年继位。历史数据告诉我们：兼顾草原与耕地的契丹，确实主宰了华北直至中亚，强大到“契丹”一时成为西方世界对东方“中国”的代名词。

公元930年，东丹王向当时中原的后唐投诚，耶律德光夯实了对辽阔的契丹帝国的统治，继续施行耶律阿保机的“汉官治汉、辽官治辽”双轨政制，实际是按辖下族群的文化实施管治，尽量不强迫他们改变习性，以避免造成大规模反动。

这个草原汗国统治软体的一大创新，超越了匈奴以来的草原意识，成为后来成吉思汗以区区300万泛蒙古部族宰制欧亚世界的蓝本。“汉官治汉”的结果使辽帝国境内只要适合定居农业，便掳掠来汉人和流民在此相对稳定，辽政府也相对鼓励农业生产以取得利税。汉人的血缘和文化，加速扩及东北，陶瓷、纺织、粟作等技艺，内地农民已经栽植的西域农作物种，西瓜之类，也普及到东北。

公元938年，当时中原的后晋为了取得耶律德光的支持，割让燕云十六州（在今河北、山西），向契丹称臣（儿皇帝）、纳贡（每年30万匹帛）。

公元947年，耶律德光灭后晋，在洛阳称帝，随后改国号为“辽”。

至此，辽（契丹），才是华北和草原的关键政权，直接影响五代十国，以迄宋、金、元。

辽短暂进入中原，但保留住了关内的燕云十六州，从此，东北和关内连成一片。

由于传统历史记述的中原话语，辽代的影响力被大大低估，只好合并到下一章再叙。

回到五代十国的情况。

事实上，魏晋以后，中国人以长城为国界的农民意识早就失去作用。

隋唐皇家为混血儿，隐约有点儿草原气息，而历史演化的本质，草原游牧民南下进入汉地，混融血缘和文化，从人类本身的生态发展看，是自然趋势，魏晋南北朝直到宋元明清，并没什么太大不同。明代长城达到农耕帝国防御的极致，也挡不住这个趋势。

人们可以按传统历史记述的段落来描绘这时段的中国人，但必须跳脱中原本位的标记与意识，才看得清史料数据所反映的当时代乱象的真实面与连续性。

事实是，贯穿整个隋唐时代，更多的草原血缘与文化不断融入了中国人里头。其后的宋、元、明、清直到现代，开放与融合的趋势从未止息。

一、华北中原的五代（公元 907—960 年）

唐王朝之后，中原的五代依时序为后梁、后唐、后晋、后汉、后周，军力大致都比其他地区政权强。因为中国人取名字都喜欢往上挂钩，喜欢沾点儿渊源，即便国号也重名太多，历史记述只好加个“后”字，方便区分，叙述南北朝各国也是这样处理的。

在这前后只有 53 年的短暂时段里，中原竟出现五个朝代，平均约 10 年就一个朝代，但实际只有两个脉络。

1. 朱温，原先是黄巢的得力干将，公元 882 年，降唐成为藩镇；公元 907 年叛唐、灭唐，成立梁政权；公元 923 年，后梁亡于后唐，统治时间才 16 年，却是五代最长的政权。

朱温的人生可以算是人性小说的好题材，在乱世里的聪明全用在“生存”二字上，史书都说他狡诈而多疑，滥杀部下。但他偏偏对老婆情有独钟，他老婆又偏偏比他更有智慧，朱温算是宠信老婆的男人，老婆替他出了不少好主意，为他消了不知多少灾……朱温灭唐自立后，老婆病逝，临终劝他：要做皇帝，那是男人没办法的事，只要注意戒酒色、少杀部下，就可以好好收场……但老婆死后，朱温比唐玄宗更荒唐，扩充后宫妾妃不说，儿媳妇们也都成为他的女人，公元 912 年，他最终被儿子杀死。

朱温跟黄巢的背景有点儿类似，算是下层人物出身，对唐政府心怀不满，对宦官和高阶文官尤其不满，几乎将他们通通杀光。在朱温控制的整个地区内，他重用失意文人，所以反而轻徭薄赋，民间农耕与经济稍微恢复，成为朱温跟李克用争天下的本钱。但李克用的儿子李存勖，也学会了朱温的招数，最终灭了后梁。

2. 李克用，原先是内附部落沙陀突厥的世袭武官，趁黄巢造反的时机，攻城略地，扩大地盘。根据唐代史料，白种的沙陀部落原本在今新疆准噶尔盆地一带放牧，唐太宗时是唐的藩属，跟着唐军进击西突厥，但吐蕃王朝统治西域时，把他们迁到甘肃张掖一带，成为吐蕃军进击中原的前锋。回纥统治草原时，吐蕃王朝顾虑沙陀胳膊向外拐，想将他们西移，沙陀干脆就向唐王朝投诚，搬进陕晋北部，虽然只有3万户（帐），但唐政府已经相当紧张，屡次分散他们到河套地区。唐军用沙陀兵打击过吐谷浑、吐蕃、回纥、党项，李克用扩张地盘到山西大同时，唐军也打击他们，沙陀就向北投奔鄂尔多斯的鞑靼部落。李克用便是在这种错综复杂的情势中成长的。

公元880年，唐政府起用沙陀来对付黄巢，赐姓李。于是，李克用与朱温成为唐王朝对付黄巢的王牌军，事后，李克用、朱温则分别得到山西、河南的地盘，各自成为大藩镇。这是整个中原“五代”政权系列的源点。

后梁之后的后唐、后晋、后汉、后周，都建立在李克用打下的基础上。

（1）后唐存在14年。李克用的儿子李存勖灭后梁建立，李存勖文采武略俱佳，但一当上皇帝就变了个人，开始奢侈享受，喜欢乐戏，宠信伶人与宦官，并疑忌大臣，很快就逼反了李克用的养子李嗣源（后唐打天下的主将），李存勖皇位只乐了三年就被攻杀，李嗣源继位（公元926年）。

李嗣源是沙陀平民，这是个天才，不识汉字，靠文官念奏折来进行统治，居然抓到全部要害，任上几乎杀光辖下的宦官和伶人，自身生活非常俭朴自律、禁止一切奢华（包括外交体面）、废除浮规与高利贷（规定回款达到本金两倍时，立即解除债务，也就是放贷者的收益最多只能一倍，不允许利上加利）。并且，他纳谏能改、严惩贪腐、核实税赋（地方账册直接交到中央财政部，杜绝地方勾结造假）。这些措施，立竿见影，一年左右后唐境内达到斗粟十钱的成绩。李嗣源算是个比较像样的统治者，可惜不够熟谙汉儒文化，难以完全驾驭文官倾轧，虽然让儿子们重视汉文化，但还是出现一个造反夺权的儿子，叛乱被平定，但不久他也惊愧而死。李嗣源在位七年，华北人民算是短暂地休息喘了口气。

继位的儿子昏庸，公元937年，后唐亡于石敬瑭造反（借助于契丹）。

（2）后晋存在10年。由李嗣源的女婿石敬瑭建立，石敬瑭也是沙陀人。

石敬瑭为了做皇帝，割让燕云十六州（今河北至山西的北部）给契丹，也许是个历史偶然事件。那时耶律德光管治契丹帝国“汉官治汉、辽官治辽”双轨制已经安装完成，这个事件不过加速了辽的强大而已。契丹助石敬瑭建立后晋，当然不是亏本的买卖。石敬瑭屈辱地做了七年皇帝，精疲力竭，烦虑而死，其儿子继位后，拒绝向契丹称臣，耶律德光立马率契丹大军攻入后晋，蹂躏地方三年，到处掳掠，最终攻进都城，石全家被俘、被迁徙到辽西。

公元947年，后晋亡于契丹。

（3）后汉存在三年。由石敬瑭的大将刘知远建立（公元947年），刘知远也是沙陀人。

刘知远救过石敬瑭两次，是石敬瑭的主将。但他取得兵权后，本性就显露了出来，变成石敬瑭不得不提防的对象。石敬瑭死后，契丹攻入后晋，刘知远按兵不动，坐视后晋灭亡。然后他称帝，打出“驱逐契丹”的政治号召，各地尽杀契丹人，耶律德光整支部队深入已久，只好撤军。但刘知远只做了一年皇帝就死了，其儿子继位，却疑忌大臣到乱整的地步，逼反郭威等宿将，还杀害了郭威全家。

公元 950 年郭威攻回都城，没有立即称帝，随后假借契丹进扰的信息，郭威集结部队迎战，半途中演出部将“拥立”事件（多半是预谋），于是班师回朝，登基，结束后晋。

（4）后周存在 10 年。由刘知远的大将郭威建立。

郭威是一般老百姓，被姨妈抚养带大的孤儿，粗通文墨、算术，长得魁梧大气，有点儿原始的正义感，爱打抱不平。18 岁当兵，但懂得念书，增长知识，很快就“提干”为军官。据说，郭太太（柴小姐）跟郭威是类似红拂女跟李靖故事的平民版，柴小姐商家闺秀出身，知书达理，但家道中落，萍水相逢便看上这个男人的气质，就跟定了他，似乎郭太太还稍大他一两岁。在太太的刺激下，郭威的视野和文化大幅提升。

公元 950 年，全家被杀、被部下“拥立”的郭威当了皇帝。这个贫困出身的统治者，政治作风跟李嗣源类似，上任后立即进一步取消或降低了官府对农民的剥削，但他也注意文官的任用，选拔了能干的宰相。郭威失去全部家人，就收了他太太的侄儿柴荣为养子，柴荣成为继承人。三年后，郭威病逝，临终交代养子：必须薄葬，薄到跟平民一样。

柴荣继位后，延续郭威内政，自己简约，身先士卒、整顿吏治、严谨军纪、文教考试、刺激商业，雷厉风行，超越郭威和李嗣源，后周国力大大长进。柴荣在位五年多，南伐南唐，北讨契丹、北汉（后汉的一小部，在今山西），大致将国界从淮河推至长江，初步奠立统一中国的基础。

但柴荣 38 岁就病逝，大概是累死的。

公元 960 年，后周亡于禁卫军将领赵匡胤的兵变，跟郭威完全一样的招数，假借契丹内犯，部将“拥立”，赵匡胤“黄袍加身”，登基，结束后周。

唐、晋、汉、周，以及赵匡胤的宋王朝，基本上都是“窝里反”的传承，涉及统治者与统兵将领的自危感。当时的将帅很容易成为拥立或割据的势力。王权与军权之间，找不到平衡点，全靠无情杀戮。逼反、造反、残杀是家常便饭。宋王朝则纯属野心政变。

光从这些五代统治者自身的故事，便可以感觉到那时北方中国人所面对的景象。

中原五代，互相杀伐，杀戮残暴而血腥，道德沦丧，人性滑落向兽性。割据势力之间，分分合合，叛与降，像吃白菜似的，比草原还草原。连同这之前的黄巢，以及军阀部队作战与劫掠的并行，平民遭了殃。这时的北方，瓦解的不仅仅是人口数量，连文化也开始衰败。人们退回到近乎生存本能的状态，这是中国文化最黑暗的时期。佛教寺院也未能幸免，为了攫取经济资源，大小规模的洗劫、灭佛事件经常发生。王朝与儒文化的关联——识字、官吏，基本上是为了统治和作战。

没有任何一个统治者不沾血腥的，李嗣源、郭威、柴荣，只是人性未泯而已。

而政权平均寿命只有10年，频繁更替，好比国家机器跟社会的婚姻关系不稳定，经常闹离婚，影响下的人群，文化习性就差了。隋唐盛世之风，也只好“礼失求诸野”，到日本去领略什么叫作“唐文化”（日本人当然也自有发展，不过，“和风”里头有许多“唐风”的影子）。

二、中原之外的十国主要在华南（公元907—979年）

除了在山西中北部的北汉（公元951—979年），其他政权都在淮河以南。

蜀：前蜀（公元907—925年）→后蜀（公元934—965年）

苏：吴（公元907—937年）→南唐（公元937—975年）

浙：吴越（公元907—978年）

闽：闽（公元909—945年）

粤：南汉（公元917—971年）

湘：楚（公元907—951年）

鄂：南平（公元924—963年）

北汉之外的九国存在的时间有长，有短，这是按传统历史记述的政治话语，以称帝（王）起算。实际上，以“节度使”名义的割据自主，存在的时间就更长了。南方地区战火相对少于华北，社会相对安定，经济与文化突飞猛进，成为之后中国人历史的主脉。

秦、汉、隋、唐以来的安南（交州）郡县在唐朝晚期改派静海节度使管治，黄巢造反以后，安南实际已经自主，没有唐朝派驻的官吏。之后的“节度使”仅只是对越南北部地方政权的承认而已。南汉政权两次想扩张到交趾（河内），都被打败。公元939年，吴权在交州称王，独立的安南，成为现代越南国家历史的源点。

十国之中，北汉与南平地小而弱，可以不谈。

相对较强的是苏系的吴、南唐，一度并吞楚，大到对中原王朝形成威胁。其次是蜀系的前蜀、后蜀，原因是产粮大国，并且是丝、茶出口国。这一时期茶商已经遍及各地，用茶交易北方的马匹、盐、布。四川从唐代起就号称“天府之国”，后蜀更一度交出斗米三钱的成绩单。江苏素有“鱼米之乡”之称，经济的富足自然也不在话下。

苏系与蜀系的政权直接跟中原政权接壤，都是汉文化的底子，他们自然地“远交近攻”，跟契丹结盟，制衡北方相继出现的五个政权。

沿海的吴越、闽、南汉又自成一格。浙、闽、粤的气候自然适合产粮，但多山，山地产茶，而海岸线则自然提供了海外贸易的方便。这一时期的海外贸易兴隆，跟日本、高丽，东南亚的占城（越南中部的马来人的古国）、三佛齐（苏门答腊与马来半岛的古国），西方的波斯、大食都有商业、信使往来。这实际上就是海洋中国的成分，只不过从来没有进入（小农经济加汉文化）的中国人的意识里罢了。

通过南方政权这个格局来了解南方中国人的境况，我们也许用“倒叙”的方式更能表述清楚。

简单地说，五代十国的北方的政权在公元960年有了结果，宋王朝继承后周，开始统一中国的步伐。对南方九国，宋王朝从容易打的开始，先后兼并湘、鄂、蜀、粤，然后兼并较强的南唐。基本上没有发生太大的血腥战争。而最能反映南方氛围的前有后蜀覆灭时王妃花蕊夫人的诗：“君王城上竖降旗，妾在深宫那得知，十四万人齐解甲，宁无一个是男儿。”后有南唐李后主被俘到汴京（开封）的词：“春花秋月何时了，往事知多少。小楼昨夜又东风，故国不堪回首月明中。雕栏玉砌应犹在，只是朱颜改。问君能有几多愁，恰似一江春水向东流。”

吴越的钱俶继承祖父钱镠“保境安民”的宗旨，于公元978年自动到宋王都汴京献上吴越国版图，当时的福建军阀也一起动作，宋王朝统一华南。

钱镠是整个南方政权唯一的明君。值得说说。

这个贫寒出身的人，具备很不一般的智慧。穷困的年轻人难免功利，他就去贩卖私盐，觉悟到贩卖私盐不是个办法，就去从军，渐渐成长为将帅。取得浙江地盘后（包含苏州），建设杭州为都城，看看周边割据互攻的乱象，想想从军所经历过的叛降无常，钱镠立定“保境安民”四个字为宗旨，努力把狭小的地盘开发为民间乐土。他在任上兴修水利，使钱塘江海潮不复侵入内地，杭州—嘉兴—湖州平原成为浙江粮仓，并且有行船之利。外务上“远交而不近攻”，对军力强大的中原政权称臣，谨守朝贡，以制衡强邻吴、南唐，换取边界和平。海务上，发展内外贸易，甚至册封日本、高丽。内政上奖励农桑之外，礼贤下士，大力推动文教，并且还礼佛。治下的人民过上了近百年安居乐业的日子，此后江南文人辈出直到现代。钱镠，能够一反国家机器的扩张基因，回归“以人为本”“以民为本”，绝对不是因为失去野心，他只是有汉景帝留给汉武帝的智慧“知己、知人、知机、知止”，他敢册封外邦，大皇帝的架势是摆在那里的。但吴越国家机器没碰上那个足以扩张的边际条件，唯有绝对的理性方可克服一己的私欲吧。这可是了不起的智慧！至少造福了当时以及后来的江南人民。

史料对钱俶很有一些描述。但历史看数据，行动是唯一的表征。他献出吴越国，使得战火完全不延烧到浙江，不但保全了地方人民，也保全了江南财富。人之常情，总会对自己的既得利益依依不舍，何况是“王”，心情波动难免。钱俶能做到舍己存民，说明了钱家的教化非常成功，有坚强的原则性，而且是理性的。

历史演化的结局是最后北方统一了南方。

不必费太多笔墨去描述五代十国的细节，无非是帝王将相的砍杀史。

这段政治模式没超出自从人类有了国家机器之后的演化模式，而自从春秋战国有了比较详细的记录以来，身陷国家制度与意识的人们，在权力的习性与欲望的驱使下，争夺权力，却没有意识或能力去检视大量古人老早经历过的类似情景所留下的经验数据或智慧，于是连宦官、外戚、权臣的内乱，税赋的不公，土地的兼并都再三重演。但是，经济与文化都不输北方的南方，为什么还是没有能力统一中国呢?

倒叙出这个疑问，我们拿来作为隋唐、五代十国政治史的小结。

中国人的历史、文明，虽然是平行而遍地开发的，但最早的国家机器首先从黄河流域开启，国家机器的扩张强化了中原文化的普及，成为中国文化的基本平台，这在两汉达到极致，汉帝国在与匈奴争斗的过程中，人们也看到了汉文化农耕帝国的极限——长城。匈奴虽然最终被汉帝国消灭，但草原文明的机动优势已十分明显，冷兵器时代，骑兵便是当时人类军事科技的极致。凭借骑兵的优势，魏晋南北朝便成为草原族群进入农耕地区的大混血、大融合的时代。

魏晋南北朝时期，农耕的汉文化向南迁徙扩散，华南地区完全汉化，华南族群混融成了种稻米的南方“汉人”。而华北跟草原族群混融的“汉人”，却拥有了一项新的基因：比较机动、比较尚武、比较熟谙骑兵技术。虽然中国社会整体依旧是中原农耕文明的底子，但魏晋之后，北方的武力始终大过南方，这就是中国人的历史最终都是北方王朝的国家机器统一了南方的原因。

既然正统王朝大多居于北方，传统中国历史记述倾斜于中原或北方，就是人之常情了，统治中心的都城大致无非西京（长安）、东京（洛阳）、汴京（开封）、北京。从隋唐直至明清的历史都没有超越这个现象（明太祖朱元璋算是介于南北交界，但明成祖朱棣仍然是迁到了北方），尤其是大运河开凿之后，南方的粮食与物资可以源源不断输将到北方，北方王朝更没有将统治中心设在南方的必要，何况敏感的竞争对手都源自北方草原，从安全感上考量，也会把都城设在北方……

南方从来没有养马的文化，森林与气候的原生环境不适于马匹，开发成田地之后，更不会去养马，南方基本上跟当时的军事高科技绝缘。而北方发达的生产技术普及到南方之后，农业固然更多产了（气候好嘛），但原本还有点儿溪河海洋机动意识的南方族群也被同化为农民（包括早出晚归的定居渔民）。

没有机动、交易、掠夺的海盗意识，也就没有成为海军的基础，这跟游牧民在草原谋生，自然成为骑兵是一个道理。西欧的海军无不源自海盗（后来郑成功的海军，实际就是他老爸海盗的老本，并且还是“国际兵团”，包含各色人种）。汉化的南方除了城堡，别无防御机制，更甭说进攻华北了。

这也是魏晋之后，长城再也圈不起栅栏来的原因，公元18世纪火炮取代冷兵器之后，长城更完全失去作用。中国大量渔民也不是水手，有农民意识，所以大量渔民不过是兼靠捕捞为生的定居“农民”。大运河上从事漕运的“船民”搁在大湖里，有几分水手的味道，但湖泽终究不是大海。只有历代冒险下南洋通商的海员，庶几有点儿海洋机动的基因，而唐代之后，东南亚不乏中国海盗建立的地盘或“国家”，但也不见容于中国政治主流话语。

隋、唐、五代十国这一段时期的中国人的政治面大致叙述完了，下面要叙述那时代中国人的社会面。

不一样的经济

一、人口

隋、唐到五代十国，南北方人口比例正好翻转过来，意味着经济也一样。

公元755年“安史之乱”前的盛唐，记录为全国907万户5291万纳税人口，小农户平均近于六口之家。但这时南方运河漕运到京城的米粮，已超过每年 200 多万石，而全国人口大县（“望”县）85 个，南方只占 20 个（其中九个在四川，江浙、两湖才共 11 个）。显然，盛唐时期，南方经济已占很大比例，江南、四川是“已开发地区”，大部分南方则仍然地广人稀。当时移民南方，官府文件经常提到“虎患”，有教老百姓如何捕虎的册子。公元 819 年，大文豪韩愈被贬官到广东潮州，还要驱逐鳄鱼（发表了《祭鳄鱼文》），可见隋唐时期的南方生态还很自然。后来的战乱必定刺激移民南下，进一步垦殖华南。

公元 742 年，唐玄宗天宝元年，这时北方 493 万户，而南方 257 万户，总共 750 万户 4531 万纳税人口，南方约占全国的 1/3。这是盛唐时期南北方的人口比例。

由于小农经济，农民编户入籍，官府的户口与税赋，大致按小农户数来统计。我们假设“非纳税户籍”的人口大约是基层农户纳税人口的 30%。这当然是推测的，但这里有一个公元 760 年战乱期间的唐政府数据，提到当时的课税农户 194 万户 1700 万口（平均近于九口之家），而不课税户 117 万户 1462 万口（平均近于 13 口之家）。根据这些数字，全国 311 万户 3162 万人，非课税户籍人口是课税户籍的 86%。不过，由于战乱，人口减损近 3600 万，若全算为基层农民的丧亡，不合理。比如，许多农户会加入地主庄园，情愿成为佃农，非课税户籍的人口会大增，而课税户籍的数目会大减。这个 86% 比例不能作为常态的典型数字，实际情况也可以从每户人家的平均口数看出来。

课税不课税是假象，天下哪有不课税的政府？非课税户籍是照样要纳税的。

“课税农户籍”的减少，只反映了一个现实：从官府分得田地的代价太高，不如做地主的佃农，还可免去诸多官吏人治的麻烦……这才是地主庄园经济的现实基础。

汉代以来直至隋唐的土地兼并，大抵是地主与佃农平分收成，而农具、草屋、种子等起码设施，是由地主提供的。换言之，算个总账，佃农的产出大致可以留下 50% 自用，而编户入籍的农民虽然明订的税赋只约 40%，但徭役和官吏的非法摊收，自耕农大约还留不到收成的一半。

小农经济，也需要严谨的吏治，方才可以确实支撑。

吏治的聚敛习性是地主庄园经济形成的重要因素。

土地兼并问题的本质，隋唐与秦汉都有吏治的阴影。

公元 821 年晚唐政府记录的课税户籍人口为 1576 万。宋初的统计，则为 1628 万。

唐末人口统计难以严谨，但可以从漕运数字折射出来，公元750年左右，南方粮运到北方近250万石，公元799年时降到40万石以内。而黄巢乱前，漕运早已基本停摆，有运河失修、淤塞的问题，也有人口锐减的问题。

五代十国时期，史料对江北至中原之间地区的叙述是："人烟断绝，荆榛蔽野。"

与此对比，我们就可以体会到钱镠的吴越国，保境安民、避免战祸的根本性与人性。并且可以断言，由于北方是战乱重灾区，这时南方人口应该已经超过北方，宋开国80年后的统计记录，南方已占中国人口的65%，正好印证了这一点。

总之，隋代高峰时，约6000万人口。隋末唐初，锐减至1600万左右。盛唐高峰时，约7000万人口，唐末不会大于3000万。五代十国结束时，也不会大于3000万。这是包括盛唐时期所有内迁部族的人数，突厥诸部、鲜卑诸部等，加起来也有百万众。

宋代初年继承的便是这3000万左右的中国人口，而华南比例超过华北。

北方燕云十六州在那时是契丹帝国治下，估计也就几十万人。

二、税赋

自曹操开始户调制后，中国的税赋制度逐渐开始脱离人头税的形式，但关键在"役"。

曹魏的年赋税比"文景之治"时期的赋税还轻，但汉末乱世，人口稀缺，实际上老百姓服劳役的时间往往远超一个月，影响了农业生产，成为真正的负担。终魏晋之世，无以改善。

南北朝时期，大半土地为地主庄园坞堡所有，北魏汉化后为夯实政府的统治基础，在征服来的土地上恢复小农经济，推行均田制，按口授田，分田（大致每户100亩），农民只有使用权，不准买卖分来的土地。隋唐基本上继承均田制（但时日一久，使用权便成为所有权，准许买卖了），并将底层人民固定在土地上，以收取税、役（所以，土地税收大都叫作"田租"）。

北魏的年赋税，每对夫妇每亩两石粮加帛一匹加不定数的徭役（主要用于运输）。

北魏已经按生产劳动力收税，户籍有15岁以上未婚男女每人按上述征收1/4。

此外，劳役也已经可以用缴纳绢、布的方式来替代。

实际上，以小农五口之家的典型，北魏时期的税大约是上述数字的1.5倍，依然比曹魏时期轻，徭役也比魏晋时期轻。

隋初的年赋税正式确定为“租庸调制”。

租（田租，交谷物）：每亩三石。

调（户税，交帛或布或棉）：绢两丈与绵三两，或布 2.5 丈与麻三斤。

役：20 天，丁男 50 岁起“免役收庸”，庸等缴纳绢或布。

唐初的年赋税：租、调、役跟隋初的规定完全相同，但更为合理。

“输庸代役”：国家若不征集劳役，每丁需缴纳绢六丈（或布 7.5 丈）。

国家若征集劳役，每丁除服役 20 天外，若加役 15 天，免调，加役 30 天，租、调全免。

出现自然灾害时，农作物损失 40% 以上免租、60% 以上加免调、70% 以上加免役。

可以说，秦汉以来，到隋唐初期才勉强达成了小农经济“轻徭薄赋”的比较理想的状态，基层农民比较安居乐业，就有了隋唐盛世的基础。从史料数据看，地球当然按它自己的模式运转，天灾是经常的，隋初各地仓储不少，有千万石存粮的，也有过一次发粮至三四百万石救济灾民的记录。隋末战乱，生产停滞，唐初还有过京城附近饿殍枕藉、人相食的事件，但因为政府轻徭薄赋，很快就恢复到盛世景象。

仔细检视数据，北魏、隋、唐之初，都是人口锐减、国家新立、地广人稀的状态。政府征服、占有大片土地，推行均田制，回复小农经济，百亩之田、五口之家、编户入籍，所提供的谷物、绢帛稳定了社会经济，绢帛更成为货币的替代品。而唐初基层农民每年的税役总负担，实际为每亩三石粮加每户绢两匹（八丈）、绵三两。隋唐时期的徭役跟曹魏时期相比，近乎无役，实物纳税还少，绵一斤七两、粮 0.1 石 / 亩……农民更可以比较专心耕作，生产效率无疑增加了。所以，社会经济迅速增长。隋唐盛世的规模必定远超两汉盛世，因为剥削少了，但剥削少的原因，其实来自均田制执行初期的严谨吏治（不贪腐）。

但秦汉以来的疆域就那么大、可耕地就那么多，隋唐的均田制、小农经济，并非“可持续发展”模式，随着人口增长，不久就饱和了，没田可分给“纳税户籍”的小农了。实际上，唐高宗时期就已经有饱和现象，而且吏治松弛促成土地兼并的私田面积加速扩大，比国家机器扩张的速度更快。那时，唐中央政府已经面临窘境，人口增长多、税收增长少、而费用增加大，并且课税户口的增率远不及非课税户口的增率。武则天时期，土地兼并已经严峻到均田制无以为继，无非国库尚有积蓄，也不怎么乱花钱，还能将就着过。到唐玄宗后期，乱花钱，便开征许多工商税项（包括盐酒专卖等），名目繁多，最终自然是转嫁到物价上，贫者愈贫、富者愈富，土地就更加兼并集中到地主豪强手中。基层人民贫困化，以小农户籍为税源的均田制崩盘，租庸调制也就失去作用，实际上是官僚胀大、吏治自肥的结果。

唐政府为了扩大税收，于公元780年正式启动“两税法”。

由宰相杨炎拟出的这个税则，是小农经济国家机器的一大进步：不再“以农（课税户籍）为本”，全面按实际田地征收税赋，并且在已有的工商交易税项之外，开征“资产税”。贵族、商人、官僚全民交税，俨然已经像现代国家的架势，虽然当时统治阶层的用意，明显的仅只是要增加政府财政来源，并没有重新设计国家机器税赋结构的意思，但就起码的公平性而言，按经济能力收税，确实是中国人的第一次尝试。基本上沿用了800年，直至明代。

两税法的雏形，事实上在唐玄宗晚期已经浮现，杨炎将之制式化而已。

唐政府财源，来自“课税户籍”的小农，交的是租庸调，但怎么可能白白放过“非课税户籍”的地主大户？老早就针对“非课税户籍”的地主们，征收“户税”（缴纳钱、绢）与“地税”（缴纳谷物）了，到唐玄宗晚期，所征收到的户税加地税已经跟租庸调相差不大。另外，工商税收也已占到一定比例，但还不是主要财源。

1. 两税法：每年夏、秋两季交税。

（1）原则：① 承认既成事实，资产（土地）私有，所以，有资产就按资产缴税，人头无税。

② 全民缴税，缴税额度只按每户资产大小。取消租庸调及一切杂税、杂役。

（2）两税：① 缴钱帛的，叫作户税。每户的税额，按其资产事先区分税等（九个等级）。

② 交谷物的，叫作地税。按田亩良莠，上等田多交、下等田少交。

（3）办法：① 唐政府定出年度户税与地税总额，分摊到各州，各州再分摊到地方。

② 全体国民在居住地入户籍，地方官方按其资产（土地面积）分等、造册。

③ 游贩、小商，在当地的营收，征收1/30（后增为1/10），类似现代的营业税。

全民缴税，共同承担政府开支，而且是按经济能力（资产大小）不按人头，小农户籍的税赋大大减轻。比如，地税相当于租庸调的租税，原来每年每亩三石粮，两税法实施后，变成上田每亩0.11石、下田每亩0.07石，平均田租只约原来税赋的5%。这也反映出唐末土地兼并的严峻程度，以及原来的小农户籍的负担有多么沉重。

两税法，税制单一，简单明了。一开始，小农得益，“安史之乱”后的唐王朝一度“中兴”。

但运作过程中官僚系统以权谋私、舞弊，很快又造成极大弊端。

2. 弊端有以下两种：

（1）苛捐杂税从未取消，而且有增无减，不然官吏有权何用？吃喝什么？

何况朝廷自己也继续全面征收每亩15文的“青苗地头钱”（后来还继续加码）。

（2）户等与地目在评定时，权贵、富商、官僚之间勾勾搭搭，绝不公平。造册之后，更经年不再核查，等于定死了每户人家的税额，成为统治阶层把税赋摊派到人身的黑洞。税额不变，而土地既然私有、自由买卖，户口资产增加等于税率降低，资产减少就等于税率加大，于是土地兼并，一发不可收拾。最终，交不出税钱的平民（包括失产的农民）只好逃亡。

权力制度加吏治是公平税赋的死结。或者说，政权和金权的权力经济是社会死结。

两税法的公平原则留传了下去。而无法执行的唐王朝很快就面临黄巢的大造反了，黄巢直接诉求就是“杀官”，跟东晋五斗米教造反的孙恩如出一辙。

自有人类国家机器以来，政、金权力制度下的经济意识和行为只能造就唯利是图的习性，无论小农经济与否，整顿吏治加抑制豪强始终是国家政权管治的关键。

古今中外，人类社会的关键因素完全一样，偶然出几个大刀阔斧的“明君”，整顿吏治加抑制豪强加裁员加简约自制，搞几个短暂“盛世”还是解决不了“朱门酒肉臭，路有冻死骨”“取之尽锱铢，弃之如泥沙”的问题。

不改变人们的意识、习性、制度、文化这些软体，人类权力机制或利润挂帅下的社会和历史，只好重复轮回并放大的同样现象。

三、工商贸易与城市化

隋唐连接魏晋南北朝，继续重农，但不特别抑商。

北魏以来的均田制试图回归秦汉中央集权的小农经济，而实际皇家、权贵、官僚、富豪的地主庄园经济，始终占社会相当大的比例。汉武帝时期，皇家财政可以大到是中央政府收入的两倍，至少是分开来征收、管理的，账目相对清楚。

东汉光武帝之后，精简人事，皇家财政也归政府财政部统一征收、管理，公私渐渐不分，地方官吏浮加规费，都成为王朝要承担的政治风险。

隋初，隋文帝休养生息，取消盐、铁、酒等工商税项，任由民间发展，而府库充盈。

唐太宗继续开放工商，贞观时期管治2000万人口的唐中央政府不过600多号官僚。

到唐玄宗任上，管治7000万人口的唐中央政府竟有18800多号官僚，而外战频仍，常备军队达70多万。估计各级地方官僚的总数也有几万人，大致，那时候平均每90个中国人要养一个吃公粮的人（对比：大清乾隆盛世，大约是125个人养一个）。开元时期，唐政府财政吃紧到要迅速恢复中断了100多年的官营盐、铁、酒专卖，再次重复汉代低效率的窠臼。

“安史之乱”后，两税法实施之前，中国终于出现了像样的财经官员——刘晏。

刘晏小时候是神童，七岁就被唐玄宗召进宫廷。他在唐王朝近乎崩解的时候，扛下财政副总理职务，非常儒式，强调“理财以爱民为先”“敛不及民而用度足”，完全不考虑增加老百姓的税赋。其方法包括以合乎人情的方式，增加经济运转的效率。比如，食盐专卖，取消官产、官运、官销的庞大官企（等于大幅裁员），改成官府仅只向盐民统购食盐并批发给盐商去运销各地，但又在缺盐地区重点设立官方盐仓，预防盐商操纵盐价，结果，食盐供应更充分，政府精简了开支还赚了一点儿批发的差价，老百姓吃盐省了钱不说，盐价还相对稳定。刘晏改革盐政，光这一项，每年为唐政府收入60多亿钱，达到当时中央财政的一半比例（后来，唐末政府以类似模式，专卖扩及茶叶、酒、金属等）。

针对关中缺粮，刘晏的办法更绝：官办漕运，分段运输（杜绝一条船长途走到底的翻船事故），造好坚固的船、雇佣老百姓行船运输，既创造就业，又不用征发劳役，京城米价还很快回复平稳（最高达每石千钱），成功解决了每年10万—40万石粮食的北输，并用平准仓储的办法，丰年收粮入官仓、歉收年卖出，平稳粮价波动，政府也获利。

刘晏最科学之处在于建立政府经济情报网，及时收罗全国气候与庄稼生长情况、各地土特产与物价等，俨然一整套现代商品经济的运作模式。而针对救荒，政府开仓或运进粮食、贱卖给老百姓，换回当地土特产，运到可以卖回高价的地区出卖，减轻政府赈灾的负担。没有准确的经济情报和分析，这是做不到的。

刘晏是管仲之后的“管仲”，无疑有现代经济运作与管理的模样。他训练出来的财经官吏，操守、纪律、专业俱佳，有效地支撑了中唐王朝。

但刘晏是被杨炎诬陷而被冤杀的，唐王朝的“中兴”格局也就可想而知了。

公元780年刘晏死时，资产只有两车的书籍，外加几斗粮而已。他是隋唐中国社会开始向工商转型时期最突出的知识分子，两袖清风的、管钱的、利民的高官。

最终唐王朝也杀了杨炎。其实，专制王权下的唐代，也就只能这个水平了……

刘晏的事迹衬托出唐人已经步入商业化社会。

刘晏常说“如见钱流地上”，意思是：政府要增加收入，处处都有正当的商机赚钱，无须压榨百姓。典型的儒家“不与民争利”“因民之利而税之”的人人有利的经济思想。

商业交易，当然不是隋唐才出现的事物，此前我们并未多谈，因为初唐之前，中国还是典型的农业社会。在此正好稍微深入一下，了解中国古人工商贸易的历史演化过程。

人类族群很早就掌握了分工的重要性，技艺的专业化提高了社会的生产效率，这早已是“常识”。有分工自然就有交易，互通有无就是“商业行为”，自然就有专业贩卖、流通物品的“商人”。这在夏、商、周三代便已俨然成型。

古早时期，大致定期集中人群、交易各自产品的地点叫作“市”。而堆放、储存、看守物品的棚寮叫作“店”。大抵秦汉以来便这么叫了。

但交易是人群的行为，自然就要在人们聚居地的方便所在。秦汉小农经济时的城池是地方的统治中心，人多，城里城外都会产生市集，而基层“乡”“里”，人少，就要花点时间去赶集了。秦汉至隋唐的“市”，每个月可以多到五六回，大运河通航后，因为运输方便，沿岸港埠或桥、路交汇所在，便搭起许多“店”，后来扩大用途，交易取货之外，也服务行旅客商，便成为旅店、饭店、酒店。魏、晋、隋、唐时庄园经济使得人们居住更集中，“村庄”与“乡里”并存，而军营所在的寨堡称为“镇”，更需要物资或服务，这些地方都吸引市集的产生，渐渐地，“村镇”“城镇”也就叫开了。

唐代长安城是在隋文帝建造的大兴城的方方正正的格式上扩建而成的。方正的马路，围出许多“坊”，每个坊都用围墙圈住，马路上没有店面。整个坊只有两个或四个门可以进出，晚上锁门，住在坊里的人户只能从坊门进出。商业活动都集中在两个特定功能的市内：东市、西市。唐政府为便于管理，把同业的“店”集中在市内的特定建筑区块，方便了同业间的生意协调，唐人从生产到流通，便有了“行”“市”的概念。而东、西二“市”天天开业做买卖，“市”固定到了城里，并且天天交易，“城市”就此叫开来。

唐末以后，坊市规矩破坏，商业交易扩展到东、西二市以外的坊里。宋代之后，坊墙更开出店面，马路两边的店面也搭出类似二市里的骑楼，方便摆摊、顾客也避风雨。二市要招徕生意，坊门索性不锁了并开始流行“夜市”。这就成为现代中国人熟悉的城市面貌。

隋唐是中国社会加速商业化的时代。城里行市集中，按商品区分有灯市、珠市、花市等，村庄和城镇还并存着定期的集市，流通着菜市、草市等。所有这些商贸的发达，很大程度上要归功于隋炀帝开凿的大运河，时至今日，水运依然是人们最经济的运输方式，使得南北物产流通成为可以买得起的商品，而海洋机动也带来了外国物产。

既然已经有固定的商业区——“市”，在那里营业的商人、小手工业者，都有“市籍”。

秦汉时的市籍商人是不允许做官的，重农抑商嘛。隋到唐初，不抑商，但重农思想依然浓烈，而市籍商人所交的税实际是东西两市的地租，不是营业税或商业税。那时候，货物的流通一般没有关卡税，秦、汉、隋、唐政府的“农本”意识里，抽关税、与民争利，是很下作的事。但官僚集团的膨胀与自肥，政府无力约束吏治（政府原本就是官僚统治集团组成的嘛），使得均田制、小农经济的执行，不敌原始的资本主义，专制王权为了增加收入、分利、养官，唐朝中期开始征收真正意义的商业税：货物通关有关税（约2%），行市有营业税（约3%）。并且，唐政府也营商，垄断诸如盐、酒、茶等专利，政府以权力、专利经商，叫作“榷”，垄断商业的国企衙门就是“榷场”，因为总得有地方堆放货物。大抵，汉代以来，榷这个字都与专利国企垄断相关。

中唐之后，商业税收与国企垄断盈利，渐渐成为王朝统治阶层不可或缺的财源。

相应的商业制度，便在当时的中国社会萌芽了，如先周文字已经有“赊”这个字，原意也就是商业上的信用赊欠，到了唐代，钱或货的赊与贷，约略形成一点制度。东西两市里也出现了“柜坊”，这“柜”是钱柜，为客户在市里保管钱财，免得带来带去，既不安全也不方便，并且还开发出“飞钱”，实际就是现代的汇票或取货凭证之类的“契约形式的钱或货”，以方便远程交易。

这些信用制度，到了宋代便是“钞票”和“银行”的雏形。中唐以后，政府到处设关卡，货物流通，过五关便给官方抽去10%的“税”，到了贩卖地点，另有营业税3%，其他各种“中介”“（利）息”“引”（证照）的成本，价格不翻番才怪。王朝与官僚获利多嘛，当然鼓励商业，唐初仍然还是二等国民的市籍商人到唐末也就可以做官了。

可以说，中唐以后，中国国家机器开始脱离秦汉小农经济范畴，虽然农业与小手工业仍然占政府收入的很大比例，但工商贸易的利税已不容忽视，社会迅速商业化。

在小农经济平台上，原始资本主义既然可以推动中国社会商业化达千年之久，中国人却始终没有形成类似现代的资本主义。为什么？这个疑问，跟中国“有科技而无科学”“有考据而无考古”一样，成为李约瑟等英国剑桥学派提出来研究的大疑问。

不一样的唐文化

一、思想

1. 资讯方法学

隋炀帝任上，开始了对信息与数据做有系统的收集、分类、编纂、归档，使之成为人们的知识。这是中国人思想意识上的重大突破。

隋炀帝以政府力量进行大规模的资讯调研，并成立国家图书馆，将中国史上大量的资讯集中，并消化、管理，跟现代资讯方法学殊无二致。可惜，战火几乎毁尽隋炀帝的成果，但唐王朝延续了这个方法学，重视资讯、信息、数据，才有诸如刘晏等的成就。

隋炀帝时代，曾经针对民生相关的重点，搜罗并编辑了全国各地的图籍、博物志（气候、地理、交通、人群、动植物、矿物等）、医术、药书（药方，含验证的统计数据，以及本草）。隋末战火之后，唐代继续编辑地方志成为惯例，保留了传统历史记述之外的更近于真实的大量数据。唐初对医术、药书的编纂使得大量医疗资料留传了下来，唐太宗更以此为基础，政府成立官办的医学院，培养医生，成为全球首例。

2. 实证方法学

隋唐国子监（相当于现代的大学）设置“算学”专业（数学系），当时科举也选拔数学等专业人才。南北朝时期的数学家祖冲之著作的《缀术》（方法学近于现代微积分），隋唐时代是科举的算学基本教材（唐代为“算学十经”之一）。但在知识分子的功利意识（当官、做统治阶层，相对简单）下，《缀术》没有人钻研，很快竟完全无人能识，自然也就无从教起，终至失传，连文档也没保存下来。

这大概就是中国人有科技而无科学的原因之一吧！

祖冲之父子对天文历法的观测与改良在隋文帝时期继续进一步改进，由于重视专业，隋初历法准确度大大提高。隋末大乱，因为传统中国历史的政治话语涉及历法，所以唐初废弃隋历，这时恰巧有个非主流的大知识分子张遂有数学天分、对天文着迷，传统儒家典籍对他而言小菜一碟。张遂不愿沾染政治，就遁入佛门，号一行，当和尚使他接触到了印度数学。唐玄宗征召僧一行来修订历法，结果，一行实际更多的时间是在研究科学而不是传扬佛教。

一行首先坚定了历法必须与天象一致的原则，当然，历法本来就是地球上的人以天文规律来记录时间的办法。这就牵涉观测，以及计算。他一边改进祖冲之以来的方法，更近一步地解决二次方程式的计算，又跟当时的机械工程师梁令瓒合作，改进汉代张衡以来的装置，制作出水运浑天仪，更准确地机械报时（这是全球最早的“机械时钟”）。这些工作就绪，一行主持全国范围的天文实测，派人在北起铁勒（今贝加尔湖附近）、南到林邑（今越南中部）的 13 个不同地理纬度地点，量测冬至、夏至、春分、秋分的日影长度，以及冬至、夏至的昼夜时间长度，为编造新历提供了必要数据。

这是人类史上第一次实测并计算出子午线长度。这个近 1300 年前的实验所提出的数值，跟现代卫星量测值当然有误差（15%），但可以看出一行严谨、细密的工作态度。一行等到这些数据齐备，才着手编造新历——《大衍历》，只花了两年多时间就完成了。

编完后不久，一行去世，死时才 44 岁。

一行死后，唐政府大量对比历代流传下来的天文记录，发现《大衍历》是历代以来误差最小的历书。这些都是实证与实验的功力，而中国人喜欢留下记录的“历史癖”也发挥了作用，至少留下许多可以验证的数据。比如，一行比对出千年前汉代记录的恒星位置，有所移动，于是提出“恒星自行”的论断（从现代知识看，这论断不对，应该是古人的记录有观测准确度的问题，以人类千年时间的数量级，无法测知遥远恒星与地球之间的距离变动。仪器灵敏度是天文观测的关键。汉唐时期的简单器具和物理知识，从地球上目测太阳系各个星球的轨道，一行可以相对精准地推算出历法。但扩及到恒星的运动，就不行了。只能说，一行的量测比汉代准确些）。

3. 禅宗：中国化的佛教

就历史真貌看，佛陀本人不会反对宗教，但他的初衷，毋宁是社会运动：解放众生。佛陀是统治阶层出身，而当时吠陀式的婆罗门教化，对印度知识分子而言也带有智性。佛陀修行、冥思、悟道，他弘的佛法不全然是宗教性质，但追随佛陀的徒众大抵都是婆罗门教原来的徒众，虽然佛陀只认自己是

“觉者”、悟道之人。佛教则是以宗教的形式进入中国的。中国人接受佛教之后，便将许多外神都称为佛。

到了唐代，我们无从知晓那时的中国人究竟知不知道印度这段历史，多半是不知道。但中国居然出现了一个天才——慧能和尚，连智性也不用，“直指人心，见性成佛”。这个中国禅宗的“六祖”（这号是后人封的），对佛教的进一步汉化及其大大普及只能以“神奇”二字形容。

自从佛教东传中国，儒、道、释之间的思想纠葛从未止息，虽经汉唐千年消化，软体对接实在不是件易事。唐王朝君主，各有所好，大抵在道教与佛教之间摇摆。中国社会的教化，由于文官统治，复加科举，始终是儒家天下。中唐国力始衰，政治上也曾灭佛，儒佛思想斗争就更趋炽热。不过，这是热闹，实际上，隋、唐、五代时期，中国人思想上的儒、道、释因子更加融合，越来越难分彼此。

而禅宗，便是儒、道、释之外的另一个超越，虽然形式上还是佛教的，精神上则是超感觉、超理性的，很有点儿现代存在主义的味道。慧能成为老子、孔子之后，祖师爷级别的第三个中国大哲。

根据史料，慧能，本姓卢，广东人，家贫，后北上湖北黄梅求法。碰巧庙住持弘忍和尚正在物色传人，要弟子们写出各自心得。据说，大弟子神秀在墙上贴出“身是菩提树，心如明镜台，时时勤拂拭，勿使惹尘埃”，慧能请人念给他听，当即请念的人替他写上读后感“菩提本无树，明镜亦非台，本来无一物，何处惹尘埃”。弘忍看后大惊，很机智地撕去慧能的贴纸，但半夜却到慧能宿处去传衣钵，并要慧能立即离开。慧能很惊险地逃离众多和尚们的追击，回到广东，隐姓埋名了很长一段时间，方才开始弘“法”。

在广州一间庙里，慧能听到和尚们关于风与幡的议论，他简单地说：“不是风动，不是幡动，和尚心动。”立马折服了住持，请慧能升座讲法。不久后，慧能转到粤北韶关的南华寺讲法，一住30多年，先后追随他的弟子有数千人。这个“南宗”佛教，风靡全中国，连武则天都派人请他进京……

慧能开创的中国禅宗思想有以下内容：

（1）顿悟成佛，回归佛陀原意，但更自在、随性、简易、直接，真正“众生平等”。

（2）诉诸人心本源，不立文字，当然也可以丢掉言语、仪式等一切形式而“通”。

（3）心灵上的超越和理想与现实并存，肉体、环境、本性、心灵，自然是通的。

禅宗偈语有“杀佛灭祖”“酒肉穿肠过，佛祖心中留”“空即色，色即空”“狗子亦有佛性”“原来你还有”“活在当下”“语言文字都是沟通的障碍”等饶富哲理的阐释。禅宗肯定不知道现代的生态演化或脑神经学，但对人脑意识与潜能的作用，以及“自然”倒具有相当的启发性。

就宗教而言，禅宗是最不像宗教的宗教。

像慧能的经历被派系和尚追杀，这已经反映佛教或任何宗教的世俗性。

自古以来，中国社会或任何人类社会，业已养成争夺功利的习性，包括寺庙住持的位置、教产、僧侣的利益。禅宗或许是1300多年前人群社会的一大反思，比佛祖针对吠陀种姓制度或婆罗门教神权的统治更加颠覆。

难怪20世纪60年代，美国青年反越战运动之后，文化上禅宗盛行，嬉皮士运动、反体制运动等都有禅宗理想主义的色彩。

禅宗从一位起初并不识字的平民起源，并不神秘。禅宗不讲究“神通”或“灵通”，只强调“通悟”。现代人已经认知，包括暗物质与暗能量，宇宙里还有太多我们不了解的东西存在，鬼、神、魂只是一般人们使用的代号。但人脑的通悟，究竟是什么质能或系统状态，或许文、艺、科学，甚至战阵的灵感都近似这种状态，禅宗其实并非特例。虽然宗教话语下的禅宗故事，总是神叨叨的为多，这是教徒们的习性产物，慧能自己一定反对不真实的描述（佛祖或孔子也一定反对把他们“升级”为神，孔子就很强调“知之为知之，不知为不知，是知也”）。

二、科技

1. 医学：隋代已将医学专业分类，临床医科、医技、病理、药物都有专书，动辄数千卷。

唐初，政府开办分科系的医学院，并编订药典《唐本草》，都是世界首创。而编写《千金方》的孙思邈被中国人尊为“药王”，是继汉代张仲景、东晋葛洪之后，医德、医术兼备的名医，进一步夯实了中医系统知识。

2. 陶瓷：邢窑白瓷、越窑青瓷，唐东西两京（长安与洛阳）的三彩釉陶，五代时期南方的秘色瓷，无论工艺还是造型，都有特色。见下图例。

邢窑瓷器

唐三彩　　越窑瓷器

3. 印刷：公元 868 年的中文《金刚经》是迄今发现最早的雕版印刷实物（下图）。史料记载，公元 593 年，隋文帝为扶植佛教，敕令“废像遗经，悉令雕撰”，就是刻版印刷，但没有实物留传下来。

《金刚经》局部

4. 农业和纺织业：直柄犁被曲柄犁取代。江、浙、闽、粤、川、鄂等地茶园种植开始出现，茶此后成为重要经济作物。河北地区的文锦（图案是织出来的）、绢形成产业。

5. 火药：公元587年的书籍已经载有火药的配方。

6. 天文、数学、历法：唐代僧一行的事迹，已如前叙。这方面，僧一行曾受过印度老师的指导，有所交流。

7. 造船：隋代开始造大船，并且是大海船，据说可以航行到西亚地区的沿海。后代只有明朝可以相比。

8. 建筑：隋代两京不单是唐代两京的基础和城市与坊的形制，也是日本和朝鲜半岛模仿的对象。安济桥（在今河北赵县）是世上最早的石拱桥，至今犹存。

9. 交流：印度的蔗糖、西域的金银器等工艺传入。隋代还译出印度、西域医书。怛罗斯之战战败后，被黑衣大食俘虏的唐工匠传出了造纸、印刷、火药、纺织等工艺。

三、文化与艺术

唐代中国人的审美观怎么形容好呢？自在、张扬，而又规矩严谨。

大概是中国史上唯一开放到不仅跟国际接轨，甚至引领国际时尚的年代……

中国人大概没有不知道《唐诗三百首》的，李白、杜甫、白居易家喻户晓。实际上唐诗押韵、对仗，文字游戏规则非常严谨，将汉字的微妙处发挥得淋漓尽致。

唐诗成为盛唐时期的代表，当然不是凭空出现的。诗、词，原本就是拿来吟唱、入乐的，周代的泛理性风格压抑了中国人载歌载舞的感情发挥，汉文化的“民族性”在音乐方面不如草原发达。经过魏晋南北朝“胡乐”、佛乐的浸染，隋唐皇家的草原因子发酵，民间也喜爱音乐、舞、戏，加上隋炀帝的提倡（他自己懂音乐、爱作诗）、唐玄宗更是乐剧迷（自己当教练、调教皇家戏班），激发了那时中国人的情艺面，表现出中文的另种风情，展现出中文意想不到的好处：意象（本来就是象形文字嘛，见字如见景象）。押韵，则更使得吟唱如同音乐。

唐代时好诗、好诗人太多。只好请读者去找到对自己口味的诗和诗人，艺术嘛，得自己去感觉。

唐代书法，也是千古典型，知识分子学习用毛笔写字，大概都经历过以颜真卿、柳公权书帖为“标准版”的过程。史书记载，唐太宗很喜欢王羲之的行书，让文臣们临摹《兰亭序》给他，死了还拿王帖陪葬。既然没有王羲之的真迹，流传的各种临摹版本又各自不同，现代青年更大量不用书写（用电脑），书法作为艺术，跟看古董差不多吧。

唐代的书法也达到了艺术的一个高度。

中国人常说：字如其人。写字的艺术，也可以感觉到写字人的风格、个性。

诗词、绘画、音乐、雕刻、戏剧，一切艺术都是“（沟）通”“（表）达”人情的。

唐代的艺术鼎盛不独唐诗为然。戏曲、绘画、雕塑（各地佛窟）、小说（传奇）、建筑、茶道，无不达到艺境，展现细致唐风。

中国人的盛唐情怀

中国人对汉、唐，无不有着“剪不断、理还乱”的情结。

虚荣心是人类社会的正常心理，往好处说是激发荣誉感，往坏处去说是面子问题。关键在于意识与认知，需要跟数据一致、跟真实的境况一致，落到实处。

其实，宋代之后，政权的教化一改隋唐比较相对外向的风格，更加内向与文弱，盛唐情怀，兴许就是一种心理补偿作用——平衡。

另外，自然也有传统历史记述的政治话语作用。

缅怀盛唐，吹吹牛，不算是正统唐史的问题，全世界的人类史都是以自我为中心的。

传统隋唐史的真正缺陷在于故意矮化、抹黑隋王朝的事迹，以至于后世中国人除了“隋炀帝开大运河，是暴君”之外，几乎对隋王朝没什么印象。

但所有唐代，乃至后代的中国人，通通都是隋王朝的直接受益者：政府组织分工明确、科举考试公平选才、大运河沟通南北、比较开放和实在的资讯方法。

唐代完全延续隋代安装的软体，中国人的意识大转弯，才有盛唐，以及宋代的文明。

隋、唐、五代共历 379 年，中国人休养生息的时间也就是共 160 年的两个盛世，其他时间都在战乱。隋王朝开发的软体和硬体传承了下来，对唐代中国人发挥了关键作用。而唐初开发的软体（大气而又细致的盛唐文化，包括思想、科技、禅宗、诗歌、戏曲、音乐、礼数、坊市），经不起中唐之后的长期战乱对人性的破坏，宋代中国人只传承到一部分。

然而，隋唐毕竟是开放、外向的朝代。

那时中国人的思维，沉淀出几个重要的、超越前人的意识。

1. 全民一体承担税赋

由于权力经济的本质，以及吏治的不严谨、不专业，两税法的实施又回到“以人头为本”的小农经济老套，加速了唐朝的覆灭。但一个简单而公平的原则是按每个人的经济能力来承担税赋，进入了中国人的意识里头，这意味着，资产私有制里的土地占有，既然是资产、生产工具，就应该公平纳税，而不是吃定底层原来就贫困的平民人头。即便是针对不定居的小商人在当地交纳营业税，也是按其经济能力来承担税赋，是同样的意思。

当然，那时没有现代的“经济学”，中国人没能积累这个开端，形成对“资产”与“经济”的认识，所以税赋对象仅只单纯地针对田地的占有面积。

此后 800 年，中国人的国家机器不全靠小农经济的征粮维持，户税（资产税）和工商税在此占到相当大比例。剩下能够改善公平的功课便是吏治加货币。吏治是老大难的政治管理课题，货币则是新生的课题，因为纳税要缴钱（不全是绢帛），官、商都可以通过不正当的操纵影响物价，变相地使得平民百姓的税赋担子加重。事实也就那样发生了，但后人在唐人的经验上，总算一点一点地进步了。

2. 认识到工商贸易的税收也是政府财政的重要部分

隋唐初期，朝廷对工商贸易的关税或交易税不大在意，反正数量不大。盛唐开疆拓土，均田授籍，而实际唐王朝疆域并不比汉代大。盛唐城市规划倒很整齐，方方正正的街坊，集中了的商业交易，成“市”成“行”。

唐初并未特别鼓励工商，国力与税收靠小农经济，但集中的市面与行业已经有商业管理的味道，很快，唐玄宗开征各项工商税，便尝到了甜头。唐代中国人开始认识到工商贸易的税收可以成为国家机器的重要财政来源。

这一经验传到宋代，便制式化工商税项，并且奖励工商发展。

实际上，唐末的政府税收主要靠资产税与工商税，虽然那时的工商税并不规范。后来的宋朝，明的还是讲“以农立国”，但暗的已经相当“以商立国”，讲究刺激工商发展了。

3. 禅宗在精神上释放了人性的自由

佛教在中国传播的漫长岁月中，其提倡的众生平等观念被中国人吸收得最彻底。本体与色相的辩证统一、认识论、宇宙观也丰富了中国人的思维与逻辑方式。

虽然我们不能完全确定关于慧能的种种记载的真实度。门徒记述他的言行《坛经》(类似儒家的《论语》)，去除宗教话语之后，大致可信。慧能的“悟”是天生的，大概类似爱因斯坦之对时空、贝多芬之对音乐、凡·高之对绘画极其敏睿，这些古今中外的天才脑袋是普通人学不来的。好在人脑可以“通”，社会能让他们表达出来，我们能学而“通”之，容易多了。禅宗的道理跟相对论、交响乐、印象画一般，渐渐积分成人类文化的组成部分了。

当然，人们也有其他习性。农业社会、游牧社会、工商社会，只要是“社会”，必然产生政权与金权，因为管治与经济就是人群生存、自然演化出来的手段。禅宗、音乐、绘画、文学、艺术……这些可以看做止痛剂，从来不是消炎片，治理不好权力经济制度的本质。后来禅宗的普及只是中国人或地球人普遍需要止痛剂的一个标识。

现代知识已经告诉我们，除非人类物种改变意识，养成控制人口繁衍、生产生态化、分配公平化并节约化的习性，不然人类的轮回、物种的毁灭，毋宁是必然的宿命。消费经济下，连文化、艺术也是“消费品”，地球就这么颗弹丸，战争大概不是人类物种自控数量的好办法，至少业已证明不是个有效办法。自然演化出人类的“智”或许才是人类物种生存的终极工具……

盛唐之世具有开放的思维，中国人接受了禅宗。众生喜欢这种经济、简单、明了的宗教形式，知识分子也喜欢这种了无拘束、更加奔放的创造力。大概只有上层的统治者和“宗教界”有点狐疑，但是人都会被慧能的自由、自在、自我、自性及其背后的平等观所感动。比如，喝茶那么简单一件事，可以很考究地“点茶”、斗茶，一道道程序和茶具，细细的、抽象的表示心意，享受跟友人一起的时光。也可以为了维他命 C，煮成生活上的食物，品尝“苦”味儿、衬托出其他食物的甘甜。更可以单纯解渴生津，或为了养生避瘴，而牛饮一下。到处都有禅味，无处没有禅意，人我同一、物我一同、时空一体……

当然，回过神来，众生依然时时要为生存底线劳作，统治阶层仍然要时时提防或算计。人类自己制定权力经济的游戏规则，促使人人为利益搏斗，没有放松的时刻，直到下一次短暂释放的到来……一切就在超越与现实之间来回振荡，生命像似虚拟的真实，现代人体会的如此逼真，1400 年前的慧能以及他的“禅”，不容易呀。

4. 科学方法的应用

隋唐时代，至少统治阶层是认识到了数据、信息、资讯的重要性的，这更能协调器具、计划、计算、人力、组织等。政府运作效率在王朝初期是有效率的。“富强”是比较科学办事、比较算得清楚账目的结果。后来“生之者寡，食之者众”的局面，有统治阶层自利自肥的膨胀，有统治者本身的奢侈浪费，两个因素互相恶性循环，造成乱世。大抵，那时候办事的习性与制度，当然不敌统治阶层的贪欲。

但隋唐至少让中国人见识了科学方法的功力。

比较唐初与东汉初，唐太宗面对的局势未必好过东汉光武帝，各自都继承了一个元气大伤的国家机器。东汉王朝面对的主要外患只有匈奴，虽然强大，但已经被西汉王朝消磨得差不多了。唐王朝面对的突厥汗国却还在强盛期，吐蕃王朝也正在兴起。唐初能够挺起腰杆面对整个北方外患的就不外乎运作效率。

隋代开发的比较科学的行事风格是唐初唯一的依靠。公正地说，隋炀帝也固筑长城，因为还有点儿钱可花。唐太宗既无太多钱，也无太多人力，他当然只好以机动力对付机动力。史料记载唐太宗的窘境：玄武门之变后，突厥可汗乘虚而入，十多万骑一度打到长安附近，而长安兵力不过数万，唐太宗只好假设疑兵，自己只带了六骑出城（包括房玄龄、高士廉），跟可汗隔着渭水叫阵，最后花钱消灾、突厥退兵。

隋代在数据、信息、资讯、情报、分析这一整套现代习以为常的办事方式做了许多功课。这是一整套许多人的集体运作，计划、执行、监督、核实、决策、应变都忽悠不得，唐初无疑严谨落实，才有可能做到“贞观之治”、延续直至武则天时代。

但唐玄宗继位时，官僚数量已经膨胀到损害运作效率与成本，估计这并非突发事件，大概在唐高宗、武则天夫妇任上，业已一发不可收拾。

秦、汉、隋、唐，直至明、清，甚至现代，中国式的“科学”方法欠缺经济意识、没有经济效益。原因也很简单，从官吏到农民，多是算小账的小农经济意识，自私自利成为常态。大账需要数据、信息、统计、数学，算不好、不会算。

历代明君“整顿吏治”除责成运作效率外，无非也是提高经济效率之举。

从数据看，唐初在尽可能稳定经济、繁衍人口的同时，外战不断，几乎都是不得不打的，资源的消耗非常可观。唐政府应对的组织能力、办事效率，不可谓不佳。

除了认同汉人与汉儒文化之外，唐人还自成一格，或许可以说是北方汉人的原型。

整个隋唐时期，中原汉文化仍然是全中国之首，公平的科举考试，印证了北方混融的彻底程度。现代学者曾经比对经济能力约略相当的一个江南县跟一个关中县（那时都算是肯学习的地方），发现唐代北县进士 14 人、南县没有。到北宋时期，这情况刚好大逆转，北县 7 人、南县 82 人。

五代十国的割据，可以看做是隋唐时期统治者没能清理干净魏晋南北朝遗留下来的疙瘩，事实上也可以看做是中国人自然的“农业部落”习性，这是农业族群面对战乱唯一的有效经验。任何社会，哪有战乱而不割据自保的?

但至少在五代十国的战乱中人们看到钱镠的吴越国，是个不可多得的、正面的案例，即使放在全球人类史里头，依然突出。环太湖周边的“江南”，小桥流水的江南，经过钱镠的统治与建设，100 年之后便交出上面提到的科举进士的典型成绩单。

进士大抵相当于现代的博士，而北县、南县的差距往后还继续拉大，明代是 2∶155、清代是 0∶270……数据的背后，当然有经济力与人口不对等的因素，仅只是反映了中原文化移植到了南方的事实，以及南方经济实力的飞跃。

历史一般不会中断，除非发生灭绝事件。

魏晋南北朝的大混血，混融出南北汉人略微不同的型。

隋唐的大开放，中国南北都继续混融，大运河加速了南方经济与文化的开发。

中原汉文化的老底——秦汉以小农经济加儒文化定型。

魏晋南北朝把外族风注入中原，中原则把汉文化注入南方。

隋、唐、五代十国扩大外族风注入中原之外，也扩大汉文化的发展，南方经济则开始超越北方。

只不过，隋唐以来，中国人依然以小农意识来经营中国罢了。

是统治阶层看不到呢，还是看到了不说破呢? 人们只好沿着历史追索下去。

从连续性的角度来说隋唐除了隋唐王室都具有草原血缘之外，文武并重、行事比较实在、喜爱音乐与艺术、思想与作风开放等特征，都不是汉儒文化的典型。

隋唐的中国人是有英雄崇拜情结的，门第、贵族的阶级意识强烈。

五代之后被宋代抹去，回归“汉人”传统。

唐代是中国人唯一不修长城、直接依赖骑兵防御国家的年代，也是率性奔放、外礼内敬、有理有情、男人像男人、女人像女人的年代。

盛唐情怀成为中国人梦幻般的回忆。

第七章 经济化的宋、辽、金、夏

（公元 907—1279 年）

“盛世”是个诱人的词。而实际上盛唐巅峰时刻的中国版图，比今天的中国还小，但现今中国可耕地的面积却比唐代大不了多少。大唐盛世时，中国不过七八千万人口，主要依赖黄河流域的农耕，李唐王朝也创造出了当时人类最先进的文明与文化。

当赵宋王朝“终结”五代十国、近乎统一中国的时段，宋代疆域又小于唐代，但宋代盛世跟唐代比不遑多让。宋代的中国人口大致是唐代的两倍，而宋版图只约唐版图的一半。显然，黄河流域可耕地的垦殖在唐代大概已达极限；宋代对长江流域的拓殖，必然养育了增殖的中国人口，才有营造大宋盛世的可能。

虽然宋王朝从未统一当时的中国，甚至宋政府经常受制于平行存在于中国大地的朝代和政权；但宋代可以说是当时中国的一个概括的代名词。宋代时期的中国人真正将黄河、长江、珠江甚至松辽各大水系的可耕地，努力形成农业产出，滋育了当时各地 1.5 亿数量级的人口。宋人的成就不可小觑。

宋文化、宋人的科技，扩散并影响全球。现代科学兴起之前，宋人囊括了人类最主要的几项技术发明，包括活字版印刷、真正意义的瓷器、指南针的航海应用及黑火药的军事应用。影响非常深远，好几百年之后，方才被后世的人们超越。

思想起以“文弱”出名的宋代，自然会疑问：“他们怎么做到的？”

叙述宋代历史，需要平行穿插叙述。

把公元 1111 年的北宋形势与公元 1142 年的南宋形势并列在一起，便可看出强烈对比。除了辽、金跟宋王朝并存的还有西夏（公元 1038—1227 年），在甘、宁、陕、青地区；大理（公元 937—1253 年），在云南及缅越一部分；

几个“节度使”的区域政权。更有蒙古帝国及元朝（公元 1206—1368 年）是下一章专叙的主体。

这里无所谓“分裂”，反而是“统一”的序曲。例如，经营东北与漠南的辽代、金代，因为长期占有燕云十六州，渐渐便联结起晋、冀、鲁、松辽，使这些地方更像个命运共同体。由于随后的蒙古汗国在中国大地的征服，灭金、灭大理、灭南宋，置于元代中央政府的统一号令下，明、清两代又继承了元代的正统，“前现代”的中国模样方才大致演化形成。

公元 1111 年的北宋形势

公元 1142 年的南宋形势

重文轻武的两宋
（公元 960—1279 年）

“藩镇”割据，要有武力，想当皇帝，就更要有武力才行。

最接近王权的武力便是京城的禁卫军，通常由皇帝自己掌握，并且这支武力一定是全国最强大的武力，王权的号令才可节制地方武力、通达全国。

不过，庞大的皇家禁卫军团，不可能没有组织、也不可能没有各级将帅，况且，皇帝还得管理国家机器政令，于是禁卫军司令官成为兵权之最。皇帝自然会派他认为最忠诚的人出任。但人在人情在，人一走茶就凉，完全正常的反应，人是情感的动物嘛。甚至统治者看错人，或者权力的诱惑冲淡了人情，人没走茶也凉。种种案例，古今中外都一样，都算权力制度下的正常人性。

公元 960 年，宋代开国皇帝赵匡胤之于后周柴荣，跟后周郭威之于后汉刘知远，完全一样。五代十国中的后周只存在 10 年，以禁卫军“拥立”司令官郭威当皇帝开始，以禁卫军“拥立”赵匡胤司令官当皇帝终结。

后周首尾两次政变，赵匡胤都参与谋划和执行，第一次当配角，第二次当主角。

但赵匡胤的智商和情商，明显高得多。开幕的前戏就编得不错，众将官给他黄袍加身，他念着台词：既要我当皇帝，那就得完全听令行事……

当然有预先设计好的带头下跪、应承的人，众将自然也跟着下跪、应承，山呼万岁……

等回到京城，演完旧朝“禅让”仪式，宋王朝正式开张，赵匡胤跟参谋长赵普商量的头等大事就是：五代出了什么问题，为啥皇家都坐不安稳帝位？

赵普回答：兵权太集中，将又专兵。

于是，皇帝裁撤禁卫军司令官这个职务，分权为三军，通通直接向皇帝汇报，节度使（相当于地方军区司令）也失去财权。

三年后，赵匡胤演出“杯酒释兵权”，召宴当年扶他登基的六大将，酒过三巡，故意抑郁地说：要不是大伙帮忙，我还当不了皇帝，可当皇帝，不好玩儿，睡不好觉。

众将问：为什么？

皇帝说：这摆明了，谁都想当皇帝呀，怎么睡得安稳？

众将慌忙表忠：陛下别这么说，现在天命已定，谁还敢有异心呀！

皇帝摇摇头回答：你们虽无异心，但若你们的部下贪图富贵，一旦给你们黄袍加身，就算你们不想当皇帝，那时不做行吗？

吓得众将纷纷离席、叩头，请求皇帝指点一条“生路”。

皇帝这才说：人生苦短，博取富贵嘛，无非自己想过上好日子并照顾子孙。不如你们释去兵权，出守地方，多积田产多享受，也算造福子孙。皇家也跟你们通婚、结为亲戚，君臣之间无猜疑，上下相安，不是很好吗？

这下子，众将听明白了皇帝的意思，第二天起，通通称病辞职，皇帝收了兵权，改任青年将校，但也信守诺言，安排老将到地方落户，并一一结为姻亲。

武人藩镇割据的病因就此根除。

对于文臣，皇帝另有一套。原本宰相可以坐着议事，赵匡胤借故单独召见宰相，制造宰相离座的机会，一晃眼间，侍卫撤掉椅子，皇帝再出现在龙座上时，宰相只好站着说话。第二天上朝时，宰相也没了座椅，从此满朝文武，都只能站在皇座前奏事。

皇帝独揽文武大权，跟杯酒释兵权似的，轻轻松松建立于不用血腥、不动声色之中。

人性化管理，宋太祖赵匡胤也许是中国历代帝王中做得最好的一位。

完成管理目标于人性化的沟通之间，并针对他所了解的历史教训，自己简约生活作为表率，中央集权，建立重文轻武、以经济替代武力的机制，使得此后宋王朝治下的中国，迅速成为当时全球文化最灿烂、文明最发达的地方。

官修的传统历史记述，以及民间许多传说大致都突出了赵匡胤的温厚个性。其实，这是他通达人性的智慧，可以从他的诸多做法上看出来。

（1）先易后难、先南后北的统一策略，但不放弃燕云十六州。

（2）重文轻武嘛，增加科举名额，增加文官。重视知识嘛，自己带头并鼓励读书。而且，基本不杀上书说事的人或文官，使政府比较轻易掌握社会信息。

（3）作为宽厚的示范，照顾退休武将及柴荣后人，改善长期战乱下紧张的人际关系。

总之，中央集权更加重文轻武，管治方式大转向，当然有摸索过程，但赵匡胤任上一举完成。任何制度都是靠人做出来的，赵匡胤的智慧是通过人性、以身作则、与人为善表现出来的。他做到从前的统治者们都没做到的事：转向、无缝链接。

宋代之后，国家机器迈入比较制式化的文官治理时代。至于王权专制、统治阶层膨胀贪腐等，虽然也是人性的基本问题，他那时候自然感觉不到，看不到就不是他的问题了。

就中国人的历史来说，赵匡胤的影响绝对可称“大帝”，他有足够的公心当大帝。

公元 975 年，宋灭南唐，大致统一了中国。

公元 976 年，赵匡胤进行北伐，死于途中。

赵匡胤在位 16 年，49 岁死去，弟弟赵光义继位，是为宋太宗。

这个皇位继承，很有些古怪，但无从确定真相。

不过，宋太宗赵光义倒完全继承了哥哥的既定国策。

公元 979 年，宋灭北汉，大致统一了长城之内，燕云十六州除外。

这时宋王朝治下总人口约 3250 万，公元 1110 年飙升到一亿一千多万，每年净增 1%。

因为重视商贸，工商利税逐渐占到中央财政年收入的大半以上，宋王朝高峰时达到 70%，一亿六千万两白银，不但远超秦、汉、隋、唐，连明、清两代都难望其项背。

公元 986 年，赵光义再遣宋军三路攻辽以争燕云十六州的所属权，以大溃败告终。从此对辽采取守势。

明代初年，民间小说和戏剧作家们从这次北伐失败的历史情节里，抽取、编写了《杨家将》这一故事，脍炙人口，“杨门女将”穆桂英等大红特红。实情是，西路军主帅潘美碍于监军的意见，不采纳副帅杨业对战事的建议并令其勉强出战，导致杨业被俘、绝食而死。戏台上的杨继业是大英雄，潘仁美则是大奸臣。其实，潘美是宋初的武将功臣，据说忠诚到赵匡胤可以将柴荣的一个幼儿托付给他抚养成人，但宋制重文轻武之后，监军的文官往往权倾主帅，人性使得武官难以据理力争，因为即使打赢，依然要面对满朝文官集团的刁难……

《杨家将》类似《三国演义》，深入人心，民间“历史”再次凸显了通俗流行的厉害。

宋军贸然北伐，情报不准确、前锋冒进，三路军团也协调不当，不全是重文轻武的过失，中原宋人和宋太宗低估了当时统治辽国的、年轻的萧太后。

当然，此后，重文轻武的宋王朝，历史数据显示，败多胜少。

辽代（契丹）紧抓燕云十六州
（公元 907—1125 年）

在辽西科尔沁草原起家的契丹游牧诸部，大抵为柔然、鲜卑族群，公元

660年左右开始结成部落联盟，可汗由诸部头领推选，一般是轮流当家。联盟嘛，开始都比较松散，游牧诸部随地缘关系与机运生存，晚唐名将李光弼便是附唐的契丹部落之一的酋长。

公元907年，耶律阿保机成为比较成气候的八部联盟的可汗，强势驾驭诸部，定国号为“契丹”，并开始分工、分权，组织八部。这时，按八部联盟约定俗成的规矩，可汗三年一任，最多可以连任三次。

公元916年，连续三任可汗后，耶律阿保机称帝，建制世袭，契丹正式成为一统的国家机器，以长子耶律倍为太子（征服渤海国之后，以其地封太子为东丹王，“东契丹”的意思）。酝酿改制的过程中，诸部反对，包括耶律王族（不用说，王权世袭后，八部权贵都失去当可汗的机会）。这时，述律平皇后成为阿保机最得力的助手，帝后二人各率自己的禁卫军血腥镇压内部，几乎杀光耶律王族，包括许多阿保机自己的弟妹侄甥。随后，阿保机一度被其他七部劫持，辞去可汗职务，带领部众迁徙到滦河流域，筑城、农耕、开发盐铁资源，其他七部的盐铁供应很快被耶律部垄断。述律平趁机建议阿保机诱骗诸部头领来耶律地盘“鸿门宴”，一次性清洗完毕。阿保机称帝。

八部契丹是耦婚制，耶律部王族只与述律部王族通婚。述律部原本是契丹化的回纥人，取法萧何辅佐汉室的意思，后改称汉姓萧。整个辽代皇家的皇后、驸马、首相大都姓萧，累世婚姻，亲上加亲，耶律与述律两部成为契丹真正的统治集团。

阿保机在位19年，东灭渤海国、西扩土西域，订定契丹文字及“汉官治汉，辽官治辽”的双轨政制。“北府”按草原规矩管治游牧族群，“南府”以汉制管治农业族群，律法因俗而异，有组织地混编各地政府，分治各个族群。并建立东西南北中五个京城，皇帝四时巡察居住，以示不忘游牧的意思。那时汉地燕京（今北京）是辽的“南京”。

由于辽人汉化程度高，“契丹”成为那时西方世界对“中国”的代名词。

公元926年阿保机死，坚决反对全盘汉化的述律平皇后称制，她阻止汉化的长子接班，支持比较草原风尚的、经常跟随阿保机征战四方的次子耶律德光继承王位。一阵恐怖血腥之后，皇后自断右手给阿保机陪葬，耶律德光成功继位。

公元930年，被母亲搞掉帝位的长子、东丹王终于受不了，投奔后唐，耶律德光全面巩固了政权（东北平原的东丹国大量收容华北流民，汉制汉官，全盘汉化）。

公元936年，耶律德光挥军南下中原，助石敬瑭灭后唐成立后晋，后晋则割让燕云十六州并向契丹称臣纳贡。这些长城内的州郡，成为契丹南进中原的基地（大致今河北与山西的北部地区，包括北京和大同在内）。

公元944年，后晋换主、拒不称臣纳贡，耶律德光再度进军中原。

公元947年耶律德光灭后晋，按中原仪制称帝于开封，改国号为“辽”。

辽军灭后晋之战，采取大规模恐怖、掳掠的策略，蹂躏华北三年，给后汉提供了最现成的号召，华北到处扑杀辽人，耶律德光没做成中原皇帝，撤兵途中病死。但他总结了经验：恐怖政策对汉地没用，毕竟人口太多……

之后，辽帝国的故事一如古今中外的王权专制国家机器，权贵们忙着争权夺利，阴谋、内乱层出不穷，一时无力南侵。公元959年，面对后周柴荣的北伐，当时的辽帝告诉臣子：燕云十六州本来就是汉地，人家要拿回去，又有啥好可惜的？

但柴荣病死，天下归了赵匡胤的宋，辽自顾不暇，采取守势，固守河北地区。

公元979年，赵光义亲征在山西的北汉，大致完成统一。辽曾派兵助北汉抵挡，被宋军击败。

公元982年，辽主年少，萧太后（萧绰）称制，孤儿寡母的局面让赵光义轻敌，趁势北伐至燕州时，在燕京城外被辽军击溃，仅以身免。

萧太后相当汉化，也具备草原性格，恢复“契丹”国号，铁腕统治，重用能干的文武大臣，限制王侯不得串联，并且减税、练兵、整顿吏治，使契丹复强。

萧太后一生摄政27年，老早就改嫁给韩德让（辽国唯一的汉人贵族，后来赐姓耶律），韩德让也始终是萧太后母子的最大助力。萧太后死后，辽帝亲政，开设科举。萧太后母子统治时期，使辽帝国实力达到顶峰。

公元1004年萧太后母子亲征宋王朝，率大军深入中原，兵锋直逼开封。

宋真宗震恐，想南迁避难，但宰相寇准坚决反对，最后寇准陪宋真宗北进澶州（今河南濮阳），渡过黄河，表示过意思后宋帝当即渡回南岸，但前线宋军已经士气大振，并以强弩射杀了辽军前锋将领。宋真宗其实无心玩儿战争游戏，萧太后也估量一时难以灭宋，于是双方来回讨价还价、议和。

宋辽战争中宋军基本没出现什么可圈可点的将帅。而超级文官寇准最终还是被贬逐广东雷州以死。王权专制，重文轻武的原意便是专“权”，文官集团或许表面上吃相比武官好一些，但功高震主而又不能同流合污的寇准，当然也在王权与文官统治集团的打倒之列。

公元1005年宋辽澶渊之盟结为“兄弟之邦”，双方各自退回到战前的疆界互不骚扰。宋王朝则每年“赐”给辽银10万两、绢20万匹。

宋辽的和平局面此后维持了120年之久。

萧太后母子相继统治之后，辽帝国也经历典型的历史轮回，专制王权总会轮到几个不怎么灵光的皇帝当家，奸佞当道，权力不正用，国势渐衰。但公元 1042 年趁宋与西夏长期交战，双方都精疲力竭之际，辽向宋提出无理的割地要求，宋不能战，便同意在澶渊之盟的基础上，每年再增加银、绢各 10 万。但改“赐”为（缴）纳，宋王朝从大哥降为小弟。这时的辽帝讹诈完宋，又想去讹诈西夏，率军亲征西夏，但铩羽而归。

公元 1066 年契丹再改回“辽”的国号。

公元 1114 年辽辖下的鲜卑部族之一的女真部酋长完颜阿骨打正式起兵反辽，一年后就统一了诸部女真建立金王朝。完颜阿骨打统兵如入无人之境，立国 200 年，幅员和资源都广阔，同样是游牧鲜卑起家的辽帝国，竟全然无法抵挡。辽帝国迅速瓦解。

公元 1125 年辽亡于金，遗民先后在草原或汉地建立几个政权，被完颜阿骨打一一消灭。

公元 1130 年辽残部耶律大石约 2 万人马放弃北方草原东端，有意识地向西迁徙到了西域。两年后在叶密里（今新疆额敏）称帝，疆域涵盖西域和中亚。这就是中亚史上著名的西辽（西方称为：黑契丹、哈剌契丹、喀喇契丹），王室信佛，继续以辽帝国的政制统治那里多民族、多宗教的族群，长达 86 年。最终为成吉思汗所灭。

西夏　谜一样的国度
（公元 1038—1227 年）

根据史料，公元 881 年割据陕北的节度使拓跋思恭（唐王朝赐姓李），是党项族西夏政权的源头。既然以拓跋为姓，理应有鲜卑血缘，大概是早先吐谷浑的分支部落吧。在魏晋南北朝那一章里，我们谈到过，一支慕容鲜卑部落进入甘、青地区，混融了诸部羌族，形成了吐谷浑族群。隋唐时代，东迁进入陕、甘地区的党项被称为党项羌，他们来自四川西北的松潘高原，但自称祖先为鲜卑人。这明显是吐谷浑族群的特征。以拓跋为姓，兴许是为了要联结隋唐的鲜卑意识。无论吐谷浑或党项，血缘与文化都是羌藏游牧诸部的基底，掺和了鲜卑及其他族群因子，方才形成独特的族群个性与名称，而且无论吐谷浑或党项，都包含许多个部落。

唐代青藏高原的政治主角是吐蕃王朝，比较成政治气候的羌族诸部，包括吐谷浑、党项，采取联唐抗击吐蕃策略。那时的青、甘、陕地区的情况是吐蕃军劫掠诸羌，党项人便“内附”唐，向东进入甘肃。“安史之乱”后，唐政府将党项迁移到陕北、鄂尔多斯草原东南一带，党项人经常以雇佣兵形式助唐平乱，后来便成为唐代西北疆的藩镇。

宋朝开国后，这一部人据有陕西关中，宋太宗挤压党项原来的地盘，削藩镇兵权，取消节度使世袭，公元 982 年统治党项的贵族集团被迁到京城居住。其中一位李继迁借故离开遁入草原，再次上演后突厥的故事。很快，公元 985 年李继迁已经占据两个州的地盘，并联辽抗宋，公元 990 年由辽帝国册封为夏国主（萧太后也会“以夷制夷”），正式跟宋王朝翻脸。公元 996 年李继迁进击宁夏灵武（“塞上江南”），宋太宗派兵五路攻夏，都被击败。

公元 1002 年，李继迁攻陷宁夏灵武和甘肃武威，截断西域与宋的商道，并禁止马市，断绝了宋王朝的军马来源。至此，当时在位的宋真宗只好承认李继迁在西北的割据地位。公元 1004 年李继迁死（这时，宋真宗正忙于抵抗辽萧太后的入侵），其儿子继位，夯实统治、消化地盘，后来迁都到宁夏银川，但仍同时向宋、辽称臣。

公元 1032 年，李继迁的孙子李元昊继位，大举扩张，这时的西夏在汉文基础上创造了西夏文字，各族群混编到一个以党项人为主的政府组织里，治下的农牧民都可以私有、买卖土地，疆域拥有整个甘、宁与一部分青、陕，势力直达西域。

公元 1038 年年末，李元昊称帝，知会宋政府请求承认，但宋统治阶层反应激烈，多数官员主战，当时在位的宋仁宗便宣布削去李元昊的节度使“官职”，并悬赏捉拿，等于宣布宋、夏开战。

宋夏战争持续三年，双方都打得精疲力竭。

一开打，李元昊就给了宋王朝一个下马威，宋帝脑袋瓜儿稍微清醒了点儿，仓促起用一时之选的文官主帅夏竦、副帅韩琦与范仲淹共同主持前方军务。但宋王朝的西北部队千疮百孔，全然不敌夏军。无非西夏国小兵少，经不起战争的消耗。最终，宋方按范仲淹的策略，屯田、练兵、整顿军纪、步步为营，李元昊虽打赢了几个战役，终究回到了谈判桌上。

公元 1044 年，宋夏和约议定：面子上，宋王朝封李元昊为夏国王，正式承认西夏。里子上，宋岁赐夏银 7.2 万两，绵帛 15.3 万匹，茶 3 万斤。另外，每年还得在各种节日有所表示，并且开放两个榷场（宋的国营外贸点、兼关税口），进行双边贸易。

此后，宋夏的和平局面维持了约 40 年。

宋夏战争中宋出现了一位超级文官——范仲淹。

这位刚直的文官，经常被文官集团“弹劾”，几度被贬，最后死在赴任途中。

但范仲淹从行伍中提拔了名将狄青，当时宋人不愿当兵，宋军在士兵脸上刺字、防止逃兵，狄青战功彪炳、范仲淹又特别指点他读书上进，狄青一度成为中央副总理级别的文官，文官集团里比较有原则的好官，甚至如韩琦和欧阳修都无聊到硬要罢了狄青的官，无非是看不起不是进士出身的武将。说三道四的人多了，王权愈加猜忌，最终狄青被贬放地方，49 岁忧愤死在任上。

然而，史载狄青最有名的故事是皇帝见他脸上刺字，劝他用药水祛除，他说"陛下是按功劳给我升官的，不是按我的出身，还是留着它给士兵们做个榜样吧"……

宋向辽、夏购买和平的方式，堂而皇之记载于传统历史记述，在突出经济文化优越的政治话语粉饰下，宋人开发了很奇特的自我忽悠的意识……

宋夏和约刚签字，辽帝就率 10 万精锐亲征西夏，被李元昊打败，但西夏恢复对辽称臣。这时，西夏实力达到巅峰，俨然与宋、辽鼎立。

李元昊以小抗大成功后，自恃不可一世，竟比后梁朱温更嚣张，公然强纳自己儿媳妇为妃。

公元 1048 年，李元昊被失去老婆的儿子割掉鼻子，流血而死。西夏政局开始动荡不安。

之后，西夏也经历割据、太后及其娘家党团长期执政等事件，欲振乏力。

公元 1120 年之前，夏跟宋、辽经常发生摩擦，宋夏之间还爆发过几次大战，宋王朝损失巨大（公元 1082 年宋神宗时，宋军丧师 60 万人，资源耗费无数），西夏更加民穷财尽（既然打仗，宋当然不会付钱购买和平）。

公元 1099 年，当时的辽帝斡旋宋夏再次回到谈判桌并遣使毒杀当时专权西夏的太后，助西夏恢复王权，但多年对宋辽不自量力的挑战使西夏元气大伤。

公元 1119 年，宋军终于大胜西夏军一回，基本上把西夏逐出陕西地盘，西夏只能向宋王朝表示臣服。

那时，完颜阿骨打已经崛起，西夏迅速转向金称臣，成立金夏同盟，助金灭辽，并在金兵南下侵宋时，蚕食宋地。

金王朝于公元 1125 年灭辽、公元 1127 年灭北宋。金夏的友好关系维持了相当一段时间，金虽助夏铲除割据，但也讹诈了不少利益，那时候的西夏国王倾心汉化，西夏人民在这不大踏实的和平环境里休养生息了大半个世纪，直到公元 13 世纪初，铁木真的蒙古汗国崛起。

契丹、女真、蒙古都算是泛鲜卑族群，契丹和蒙古更有草原柔然部落的渊源，女真比较具有更多的山林部落模式。党项的鲜卑成分则已经非常淡薄。由于金王朝对草原部落不放心，金的草原策略偏于掠夺与杀戮，蒙古诸部常遭女真屠戮，铁木真视金王朝如同世仇。而西夏是金的盟国，并且跟克烈部走得很近。

公元 1203 年，铁木真兼并克烈部，两年后率蒙古军团劫掠西夏边城而去。

公元 1206 年，铁木真称汗——成吉思汗，连续打击西夏，作为灭金的前奏。

公元 1209 年，当时的西夏京城被蒙古军围攻，夏向金求援，但金帝却坐视不救，于是金夏同盟破局，西夏送公主为成吉思汗妾妃，此后十多年夏附蒙古击金，金夏交战，彼此损失巨大。后来，西夏醒悟，再图联金抗蒙古，时机已失。

最终，公元 1227 年，成吉思汗西征之后，回师灭夏，屠戮惨烈，西夏王陵尽遭劫掠。

金代　东北走出的政权

（公元 1115—1234 年）

在黑龙江下游起家的女真，是鲜卑血缘的靺鞨（沃沮、勿吉）族群之一，山林与河流的自然生态，使得部落众多，文明程度参差不齐。辽帝国的北府，按草原习俗来管治这些部落，每年冬天，辽帝都会北巡到黑龙江水系附近，召集各部落酋长，进行集体渔猎（如凿开冰洞捕鱼，鱼宴、喝酒，必不可少），摆场面、纳贡物、赐钱帛、行赏罚交流感情，并显示帝国的统治。

公元 12 世纪初，完颜部是诸部女真最大的部落，年轻的酋长完颜阿骨打志向远大。当辽帝鱼宴、要求靺鞨各部酋长跳舞助兴时，完颜阿骨打拒绝、端坐不动，辽帝也没当回事。此后，完颜阿骨打不再参加辽帝的巡狩仪式，开始兼并诸部女真、靺鞨。

公元 1115 年，完颜阿骨打统一了黑龙江下游直至鄂霍次克海各部落，建立金朝，挥兵南下，进行灭辽战争。

到了公元 1122 年，辽帝国五个京城都被金军攻占，次年完颜阿骨打死，其弟继位。

公元 1125 年，遁避草原的辽帝被俘，辽亡。辽宗室耶律大石率残部西迁。

辽覆灭之前，宋曾遣使走海路通金，联金灭辽，成立海上之盟。宋金双方约定：由南北夹击辽国，宋负责打回燕云十六州，金负责灭辽，而宋每年缴给辽的钱帛则改缴给金国。

但宋军始终战不过辽军，金军却打下燕州，将燕京人口洗掠一空后，交回空城。

至此，金已看透宋王朝的虚弱，灭辽后，立即进行灭宋战争。

公元 1127 年，金兵攻下开封，宋徽宗、宋钦宗父子二帝被俘，是为“靖康之耻”。北宋亡。

而宗氏子弟赵构在河南商丘即位，是为宋高宗，开南宋一朝之始。

之后，金兵紧紧咬住赵构朝廷，赵构一路南撤，金兵随之南扑。公元 1130 年，赵构撤到临安（杭州），金兵渡江攻破杭州，赵构上船浮海到温州海面，漂泊四个月。

但金兵深入，不能持久，金兵北撤时，宋涌现两颗将星：韩世忠、岳飞。

韩、岳军力单薄，岳飞在南京附近拦金兵后路，韩世忠则以 8000 水军堵击北撤的 10 万金兵主力，整个金的南征军团差点儿灭顶。此后，金兵再没渡过江南。

公元 1161 年，金兵再次试图渡江灭宋，被当时正在现场的文官虞允文随机应变击破。

公元 1131 年，惊魂稍定的赵构迁都杭州，南宋正式开张，立即跟金“议和”。

南宋政府的武力，首先用于清理因北宋瓦解而引起的南方各地的割据，夯实统治基础。

公元 1142 年，赵构在两年前岳飞北伐胜利的筹码上，派秦桧跟金廷签订和约：

（1）宋向金称臣，金帝册封宋帝。

（2）宋、金以淮河至大散关（陕西宝鸡西南）为界。

（3）宋每年向金纳银 25 万两、绢 25 万匹。

战争暂时结束，宋、金形成南北对峙。

为了议这个和，赵构不惜在岳家军可以进攻开封的情况下，连下 12 道金牌撤回岳飞，并在合约签订前，满足金方要求，以“莫须有”的罪名杀害了岳飞父子……

此后，宋、金还发生了两次战争，都以和议收场。

公元 1164 年，宋、金改为侄叔关系，钱帛减为各 20 万。原因是金先动手，但不得逞。

公元 1208 年，宋金改为侄伯关系，钱帛增为各 30 万。原因是宋先动手，但不得逞。

但，那时宋金战争已经无足轻重，草原上已经传来成吉思汗的铁蹄声。

基本上，金初的完颜部女真统治集团，有点儿类似辽初的耶律部契丹统治集团，各部头领贵族共同议政。无非在科尔沁草原崛起的辽比在黑龙江崛起的金更多点儿游牧帝国的味道。耶律阿保机与述律平塑造了不同于匈奴以来的草原帝国模式，纵横欧亚草原之余，对农耕的地方采取统治而不单纯掠夺的双轨政制。完颜阿骨打及其诸部女真，更多些山林部落半农半牧的习性，更容易吸收农耕的汉制，南向打天下，统治集团的部落民变成占有土地的地主。定居、役使华北农民，更接近女真和靺鞨部族原来的习性。

事情与历史，也就这样发生了。金灭辽之后，很快形成单一的汉式中央政府，贵族议政形式也很快转变为王权世袭，首都定在燕京，甚至考虑迁到开封。少数统治多数嘛，跟任何传统王权专制的问题一样，权臣都是完颜皇家贵族，王权交替时，骨肉相残非常血腥。不过才半个世纪，金人尽皆汉化，金廷也充斥汉臣。金人迅速融合为汉人，统治集团一度要提倡金初的女真文化，但金人（包括统治集团本身）甭说文字，连语言、服饰、礼仪几乎全盘汉化掉了，唯一没汉化的当然是“利益”。南下落户的金人估计也就 30 万—50 万人，强占的土地当然多半是良田，而为了奴役汉地百姓，迁徙汉民填充东北，并且也迁徙中原百姓、挪移到新的地方劳作，使汉民难以抱团反抗，以便于攫取老百姓的税赋租役，供养新加进来的统治阶层。

南宋实际面对的是一个统治华北的新兴农业国家，金的老百姓都是新、老“汉人”。

公元 1165 年左右，华北甚至也实行科举，考的依然是儒家经典。

虽然金宋战争继续进行，那纯属是国家机器的扩张本能。大抵，那时候的战事，金军里的汉兵已不在少数。辽长期管治下的燕云十六州的人民，有点儿“胡化”，对辽、金统治阶层而言相对是比较可靠的兵源。对宋人而言，感情上更歧视，因为是不同国的、敌国的“汉人”。

金朝从未真正制约过北方草原，更由于辽对草原诸部的残余影响，金采取的草原策略比较野蛮，对草原的信息也比较闭塞。自然，金成为王权专制的国家机器之后，所有人类争权夺利的历史故事，也都类似地发生在金王朝……

金朝治下的华北，当然也有盛世，新融合进来的血缘与文化，使得华北的戏曲、小说、陶瓷等展现出不同的风貌，继续在后来的蒙古元帝国发酵。

而频繁的战事，使得疫疠流行，刺激了中医发展，华北的医书总结大量临床经验，成为不同流派的中医理论。华北人口从公元1142年的3300万增加到公元1210年的5300万，每年净增0.7%。

公元1211年和公元1212年，成吉思汗两次攻进华北、围困燕京，在金国只剩下11座城池的时候，金帝只好献黄金、公主，换取蒙古退兵。公元1214年，蒙古军一撤，金朝立马迁都到开封，隔年，成吉思汗就以此为借口攻陷燕京，河北成为蒙古新征服的地盘，成吉思汗留下大将木华黎统军经略金国，自己率部西征中亚。这时，金朝祸不单行，黄河也大改道，山东一片汪洋，饥民自然造反，东北也出现割据势力，而南宋则趁机取消纳贡。金兵对付蒙古军不行，对付宋军或西夏军还是可以的，便向南宋、西夏扩地，加速消耗了彼此的国力。于是南宋也联蒙灭金，重复联金灭辽的故事。

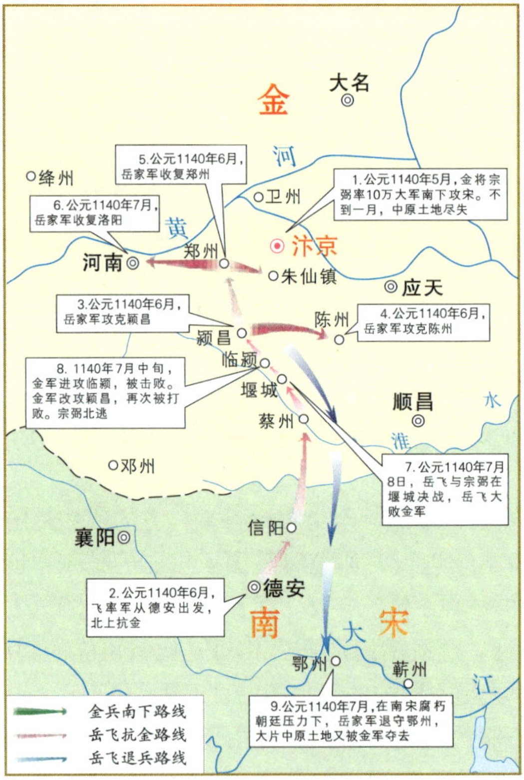

岳飞抗金示意图

公元1227年，成吉思汗西征后，回师灭西夏，那时华北已经大半被木华黎征服。成吉思汗的去世，并没带给金朝喘口气的机会。

公元1229年，蒙古汗国由窝阔台可汗继位，隔年便三路伐金，直驱开封。金军大败，被围的金帝只得求和，但却又杀戮蒙古使节，犯了成吉思汗定下的大忌（蒙古西征，最直接的导火线便因对方杀戮蒙古使节团），于是蒙古军再次围攻开封。公元1234年，最后的金帝南逃，蒙古将领史天泽（汉人）一路紧追，金帝最后被蒙宋联军围住，兵败自杀，金亡。

成吉思汗进入华北后，引用了许多“农业部落”的北方汉人，史天泽并非特例。

在蒙古汗国王廷的大帐里，汉臣、辽臣、突厥臣、波斯臣、西域臣……比比皆是。

蒙古故事，留待下一章再叙。

两宋的政治

宋代开创了独特的文化，以奇特的方式在汉儒文化的教化平台上运作“商业”社会，就是今天中国人商业模式的原版。

商业就是商业，不就利润挂帅嘛，宋人居然可以混同“商业文化”和“儒家文化”，够有创造性的。当然，宋代“商业”的概念跟现代商业不会完全一样。

今天的“中国人”与其说是汉人或唐人，不如说是“宋人”。今天的“中国文化”中宋文化的基因是最大因素，连“向钱看”的意识、方式、动作也跟宋代近似。

影响或促成宋人这样改变的力道来自赵匡胤的策略：“重文轻武”“内实外虚”。

任何国家机器的本能，当然是生存（持统治）与扩张（扩大统治）。

亲身经历过五代十国的乱象、武将出身的赵匡胤冒险搞政变、当皇帝，他自然不是搞慈善或环保或非营利组织来的。中外古今的王朝都是冲着一本万利来的，都图“长治久安”、王族世世代代当皇帝。

但赵匡胤大胆给国家机器转型，是个蛮有公心、与民休息的决定。很有意思。

实践这个策略并没有可循的先例，需要摸索。以宋初四平八稳、没出什么太大意外的情况看，路是人走出来的。人们要给带头的赵匡胤十分的敬意。

中国人从此摆脱贵族门阀政治的阴影，虽然还是王权专制，但公元10世纪末，就明确了皇帝与士大夫共治天下的意识，而士大夫嘛，从科考里头比较公平地产生。

宋代政策，正不正确？这是辩证的。

历史只留下数据告诉后人，那时的中国人做了什么、怎么做、产生了什么结果、他们脑袋瓜儿又变出什么样的意识。

“内实外虚”嘛，很明白。宋国够大了，统治好内部，外部将就将就，比较无所谓。

对内实，严密统治。州政府管生杀，县政府管税收，军队的精锐（禁军）皇帝自己抓，部署在京城附近。其他一般部队镇压地方，协助州县维持秩序和收税。

对外虚，机会主义。边界自然也驻重兵，花钱募兵，能打就打，购买和平也无所谓。钱能解决的事都好办。实际上，连禁军也不大能战。对外主要靠“经济制裁”。

国防是宋政府财政开支的最大项，战争期间可以占到70%，平时也占到半数。

以结果论，庞大的常备军（大致1%人口当兵），对内的作用远大于对外的作用，老百姓还是负担沉重。

“重文轻武”嘛，既然要“重文”，赵匡胤能想到的、他权力能及的办法，便是增加科举考试的录取人数。而要增加文官数量，当然要安插文官，于是政府组织变得臃肿起来，并且迅速涨大。武官的权力被收缩，拥兵自重的毛病是去掉了，文官结党营私的毛病却制式化起来。自私、自利、自肥，可以看做是人性自然的通病，但武人用刀枪去威胁和掠夺的，文人用教化的话语权去形成意识和制度。

两宋共319年，科举考试118次，光进士就2万多人，平均每年增加70多人。

那么多“有资格”当部长或总理的人，竞争有限的几个位子，权力倾轧的火爆程度可想而知，只不过不用刀砍罢了。

宋代皇家骨肉相残的事件相对较少，最多像赵构宁可偏安江南也不要打回开封，或许自忖打不赢金军，恐怕更多考虑的是迎回父兄（宋徽宗、宋钦宗二帝），他这皇帝还怎么当？

唐代科举考试分为常科（定期举行的）和制科（皇帝下诏临时举办的）两类。

科目有50多种，包括明经、进士、俊士、明算、明法、明字等。

其中的“术”科有明算、明法、明字等，需要下苦功，知识分子无利可图，迅即荒废。明经起初也考时务和经义，后来简化为死背经籍就行，比术科好混多了，成为一般知识分子的当官捷径。

进士这个隋炀帝创办的科目，考时务策论、诗赋、文章，是科举考试中最难的。

唐代进士平均一次不过录取20人上下，唐代宰相也大多是进士出身。（唐玄宗还特别重诗赋的押韵、对仗，之后可以说唐代进士不但要有点儿学问，还得有点儿文艺。）

而在礼部（文化部）考试过关的知识分子，还须经过吏部（行政、人事、组织部）选试，通过才任官、进入政府机构。同样是进士出身，同样是后代文人推崇的“唐宋八大家”中的柳宗元立马通过选试，当即被分配到皇家书院（国立大学）任职，韩愈则三次选试都没有通过，不得不去担任地方节度使的幕僚，之后才通过地方任职进入官场。

武则天时代加设武举考试，由兵部（国防部）主持。

科目有马射、步射、马枪、负重摔跤等。唐名将郭子仪便是武状元出身。

隋唐以科考选拔平民知识分子，但任官就不仅看考试成绩了，还要有世族或权贵的推荐，因此，要当官的知识分子必须搞关系、托庇于门阀之下，才可混进文官行列，不乏欺世盗名之辈。隋唐政治没有脱离贵族门阀政治的意识。

总的来说，隋唐科举制度还行。新软体嘛，有个渐渐完善的过程。

宋代的科举沿袭唐制，但科目大为减少。赵匡胤把科举分为三级，州试、省试、殿试，皇帝殿试之后，不需再经吏部选试，直接授官，无非是重视文人、让进士成为钦点的“天子门生”的人情动作。

公元1065年，科考确立每三年一次。而进士名额大增，平均每次300多人，甚至可达600人。

为扫除隋唐以来科考的徇私、勾结、舞弊现象，宋太宗开始实行糊名和誊录，将考卷上的姓名、籍贯等密封起来，并把考卷另行誊录，防止主考官辨认出考生的名字或字迹。

两宋的文官迅速成为新兴统治阶层，官僚集团自成一个利益团伙，宋太宗以后，“官权”实际已经与王权并驾齐驱。当官发财的游戏规则就是上有政策、下有对策，科考的关节、代答、作弊等毛病至迟在北宋末年已经发作。科考只是“资格证书”，但当官的利益诱惑太大，团伙自然给“自家人”走后门、走歪路……

公元1069年，宋神宗用王安石变法，改革科举考试的内容，取消明经恢复明法，规定考生答卷要能阐述经义、写出自己的论点，殿试更只考策论

（限千字以上）。明确要求知识分子要用大脑并且要具备解决社会实际问题的知识（经世致用）。

王安石的改革，遭到司马光、苏轼等人的反对，实际是改革妨碍了整个统治阶层的既得利益（堵塞了对“官权”、做官渠道的垄断），文官集团分裂对打。

以现代角度回看，反对派从未说明科考必须死背经书的道理，反对派似乎只是不爽王安石自己编了教科书，以政府权力规定为考试的标准教材，总之，理念之争，玩不过各种实的虚的利益之争。

我们从文官的来源和数量着手，科考制度点出两宋“文官政治”的本质。

北宋覆灭前，进士约 15000 人。两宋老百姓大致平均 8000 纳税人供养一个进士。而科考的次级功名的知识分子更十倍于此数，虽然不见得都能进入政府任职、领饷，但文官统治集团之庞大，毫无疑义。

公元 1041 年，距离宋太祖开国不过 81 年、距离宋太宗死也不过 44 年，宋政府再次起用被贬的范仲淹，组合成三人领导班子，去宋夏战争前线带兵，那时候，范仲淹已经感觉到宋代“积弱”的情况。范仲淹被前方的实际情况吓了一跳，整个地方和军区都在忽悠，他仅只用“人”的基本逻辑，落实屯田（粮）、练兵（技）、整顿军纪（军官和老兵自己不带头冲锋，押着新兵顶在前面送死呀）、步步为营（没有切实情报就不盲动），不过一年，西夏就已经吃不消。

公元 1043 年，当时的皇帝把这三人班子召回京城，他们提出搞“新政”。

范仲淹实施的这次“新政”不过两年，既得利益的文官集团也吃不消了，立马发动罢谪范仲淹。而“新政”相当小儿科，不过是呼吁落实行政效率、选贤与能、整修军备、减轻税役、公款公用、改革科考（进士重策论、明经重义理，这点后来王安石跟进）、裁抑裙带关系……没怎么动真格的（范仲淹是个“光杆司令”，难以真的实施“新政”）。

这是制度出了问题，官僚制度出了大问题，官僚集团成为利益渊薮、成为社会的吸血鬼。相对于前面的王朝，宋皇室其实并不算怎么奢侈浪费，而公元 11 世纪起，政府财政收入巨大，每年税收都是千亿文钱的数量级，对辽、夏购买和平的总支出不过 5 亿文。财政的大部分都养了吃公粮的人，包括军队、各级官僚……

王安石变法拼命想开源节流，提出“理财以农事为急，农以去其疾苦、抑兼并、便（利）趋农为急”的具体办法，如青苗、募役、均输、市易、免行钱、方田均税等。

简单说，无非是减轻农民负担、提高国企效率、工商按营业额纳税、打击高利贷、税赋按田地大小……这些，都没有超出唐代两税法公平纳税的精神，或刘晏提高经济效率的执行力。王安石算是准备了一批班底人员，但没有刘晏组训的彻底。

王安石、范仲淹都是原则性很强的、操守极好的精英知识分子。

他们想为宋代社会尽点儿责任，稍微变点儿法，各自在九年、两年内烟消雾散，了无痕迹。而中唐的刘晏组训的专业班子，支撑了唐王朝后半个世纪。

反对范、王变法的文官有欧阳修、司马光、苏轼等，他们何尝不同情老百姓？

只是这些精英知识分子没有办法真正解决社会问题或政治问题，与阶级意识的关系不大，跟宋代社会更加急功近利关系很大的，跟汉儒文化不重"术"的关系更大的。

宋代知识分子欠缺专业意识，而执行政策当然需要权力后盾，但执行的班子却不能只会讲政治而不懂得专业知识。

宋代精英知识分子中的改革派或保守派，大抵都很费劲儿地围绕政治话语兜圈圈。即使彼此的理念大致差不多，但实施的办法、执行的组织与计划，需要调研数据与分析、评估具体的阻抗（既得利益的），才可能针对问题的实质，聚集共识、形成力量、避免"党争"、设计、实行。

党争在很大程度是反映了文人抱团的私性或傲慢，这是人的因素在作怪。

实际数据相当清楚，宋代执政或对立的党派，都没仔细看当时文档上的具体数字。

宋太宗之后，商业税收迅速占政府财政三成以上。这时的中国还号称是个"农业中国"。

宋太宗之后不久，六成以上的政府财政收入已来自各项商业税收（很快到达七成），农业税赋只占 1/3 左右。那时的中国，怎么看都不像农业国家……

然而政府开支大量是消耗在冗官、冗兵、冗费上。

老百姓真正的疾苦来自官吏太多太滥，都想吃香喝辣、要官威，自然鱼肉乡里去了。各种规费浮加，都制式化，直接是民间的重担。

此外，1000 年前手工业就是民间商业的真正来源，征收形形色色的商业税项，也等于间接增加民间税赋。羊毛出在羊身上，官多、兵多、费用大，追到底，都是老百姓缴的税。

宋政府从工商和流通搜刮大量钱财，养活大批官僚和军队，这些文武人等，除了呼口号之外便是领饷、等开饭、搞"副业"、攒小钱。不专业的官僚，不只降低整体社会的“核心竞争力”（运作效率），并且还要破坏正常法律、作恶地方。

事实上，《水浒传》描述的小规模造反是宋代社会的常态。宋王朝大批官兵主要用来镇压内部，而招安、募兵的费用也成为宋政府消化农民造反的一个标准手法。

宋代有心的知识分子应该是看到了官僚集团太过庞大的问题，但牵扯一大堆人际纠纷，只好避重就轻不谈或当做看不见。缩编多少、怎么缩编、缩编什么，连想也不敢想。

王安石不过是重新提出公平纳税的原则，大概还没有大裁员的思路，但捅到了既得利益集团的神经。可见官僚集团已经涨大成什么样的庞然怪物。

两宋的政治模式可以概括为：官僚统治集团人多、不好办事、各怀鬼胎。

论政治家，寇准、范仲淹是有点儿作为的。

王安石，是真想做而失败的。他是个言行一致、心思单纯的人，心怀鬼胎的官僚（包括“改革派”）看他，当然是“不正常”的人。大概当时没有人相信他的动机或是根本不了解他到底想干什么，宋人已经是“经济动物”，下意识里大抵都是金钱或利益。

武将狄青、韩世忠、岳飞都是真正能统兵打仗的将帅，但不可能被重用。

其他的“文人”之间，相轻之外，更轻武人，心巧而不齐，文章好但空洞（没实质、没解决问题的技术），对社会问题的认识不尽实在（甚至麻木）。

流传的宋代民间故事中人们以传奇和戏曲来纪念包拯（包公，比较严格法治的开封市长），传统历史记述，则更多的表扬欧阳修（接包公任市长）。这也无关阶级意识，写传奇的人也是统治阶层知识分子，不过反映了不同的思维与认知罢了。

宋皇室的专长则是在自己不小心养大的官僚团伙之间和稀泥、搞“平衡”，专制的心思都发挥在防范权臣和武将，当然也相当程度地抑制了外戚和宦官。

结果，传统历史记述宋王朝最多的事例尽是追封、追谥被贬死、杀死的好官。

这大概就是两宋的政治情结吧：做实事的官，在活着的时候都不是好官，死后才成为好官。

死去的官，对王权没有威胁，还空出官僚集团的位子，更不会对各种既得利益形成改变现况的危险，存在着的统治集团完全乐于对其加点儿虚衔，以示“尊重”，搞搞笼络。

宋代在北宋前期就迅速将科考平民化，并据以任官，组织起庞大的文官统治体系，相当程度地把知识跟权益挂上钩。公正地说那也是当时人类社会的一大进步。

两宋的经济

一、人口

由于公元 1127—1131 年的金灭北宋战争，人口只能按各王朝相对稳定时期的数据推算。实际上，北宋末年镇压江南方腊的农民起义，虽然没有失控，但杀戮难免，南方曾大遭破坏。不久，赵构南渡，金兵进击江南，加上南宋内战，江南大部分都遭遇战祸，造成一次南方汉民的南迁（更往南迁入两广）。

这次的迁徙，主要从赣南和闽西迁入两广。不是因为金兵南下，而是赵构定都杭州之后，为夯实南宋王朝的统治基础，武力统一南方地方势力，内战的战火延烧到赣、湘、鄂，引发当地人民不安、进一步南迁。

而在淮南与江南，持续十多的年宋金战争也造成那里超过 20% 的人口损失。大抵连同北方拥入的难民，江南人口直到南宋中期才恢复赵构南渡前的水平。

总的来说，南宋前期一连串的战争，使得江南、淮南、湘鄂（洞庭湖）一带人口锐减。

魏晋以来，中国的战争经常伴随人口迁徙（包括掳掠），以填充对人口的需求。但宋代庞大的官僚体系留下比较多的记录，可以整理出这时段中国的人口数据，虽然是粗略的数字。

辽兼有草原与汉地，但燕云十六州人口不及百万。

西夏盛世人口也就 250 万左右。

北宋前期人口 3000 万，后期 1.1 亿。

金前期人口 3300 万，后期 5300 万。

南宋前期人口 6000 万，后期 8500 万。

为了便于比较，让我们以后来的南宋疆域作为“南方”的定义：淮南直至两广。

北宋末年的数据显示，“南方”人口约占那时宋王朝治下人口的 65% 左右。

金灭北宋时的“南方”，约7300万人口，那时的“北方”人口约4000万。

金与南宋的前期，中国总人口约9300万，“南方”人口约6000万，“北方”人口约3300万。

金与南宋的后期，中国总人口约1.4亿，“南方”人口约8500万，“北方”人口约5300万。

在忽必烈开始统一中国之时，可以说：那时中国人口已达1.4亿，南方人口，以及经济已占中国60%以上。

更由于南宋的迁徙与经营，可以说：基本上，南方的开发与汉化完成于南宋时期。

唐、宋对南方的开发，当然还是密集耕作模式，这意味着潮州的鳄鱼绝迹，以及华南虎成为珍稀动物……

二、税赋与商业

由于史料数据比较详尽，人们已经可以用相对简单的逻辑来了解宋代中国人的社会了。

北宋土地比唐王朝小，人口却多得多，吃公粮的更成倍增加，老百姓负担加重。南宋更不用说土地、人口都比北宋少得多，吃公粮的却不比北宋少，负担更重。

而两宋基本税制就文件来说，沿袭唐代两税法，税赋似乎不重。

实情当然不可能是那样。人们尽可以自行推理。

第一，人口增殖而基本存活，显示（耕地增加加上农耕技术改进）使得粮产足够吃。

第二，庞大的官僚集团、军队、皇家的花销，战争的开销、各种用具，当然是老百姓负担。

农业的积累和剩余够吃，但不够用。

显然需要以某种方式来刺激生产并攫取到手上来，宋政府才可获得足够的供应，以装备军队、应付战争并且维持统治阶层的运作而不至于造成社会逆反。

面对这种状态，文官集团的脑袋瓜儿就好用了。

为了财用，宋人从隋、唐、五代十国的经验中扩大了“禁榷”（官企垄断专利）的范围，增加了“流通”的关卡税率，当然还有工商营业税率。

一句话，类似于国家资本主义，刺激商业流通与消费以增加税收。

而庞大人口制造的产出，通过形形色色的公私税费，将剩余价值集中到政府手上用以养活、支撑官僚体系自身。

不得不说，两宋经济大概是人类社会最早的、有意识的、规模经济的尝试。

很快，宋政府统治阶层就尝到了甜头，官僚们也发现商业上的利税惊人且易取。

隋唐时期，由于以农立国，政府管理社会经济行为，交易买卖规范在市坊或集市，起初没有商业税的概念。唐玄宗后期，开始征收通关过卡的行税和固定开店的营业税，渐渐有了商业税的意识。但那时政府财政的主要来源仍然是农业税赋，不足之数一般靠官企垄断的盈利来挹注，相当于国家资本主义行为。

虽然如此，隋唐时代已经开始征收相当于现代的“印花税”，当时叫作“契（约）税”。

土地买卖，需要定契约并向政府申报，以便落实户籍管制，于是政府趁机收取契税。

隋唐契税税率不大，小于 1%，后来延伸到针对所有买卖契约文档，相当于一种“公证费”。

这可以说是除了关卡税之外，政府对工商业征税的原型，营业税是后来才加的。

北宋契税税率是 2%、4%、6%，有增无减。南宋时，更高达 10%。

打从中唐起，禁榷官企原本只是盐铁茶等物资的专卖，不用多久，文官们就发现印发证照、收证照钱，比经营生意容易多了。于是，宋政府专作垄断物资的经营，政府发行“许可证”或“特别通行证”，当时叫作“引”。运输、贩卖禁榷物资，商人须先花钱向政府买盐引、茶引、香引等，付过引钱之后，理论上关卡不得再收关卡税。

宋代关关卡卡相当多，一般商品的流通，各地方的“关税”加起来很容易超过 30%，连携带铜钱过关都得留下买路钱。所以，对发生灾情的地区，宋政府会特别“关照”粮食不收关卡税。

“引”本身可以转卖，这是人类历史上钞票似的有价证券的开端。

事实上，宋政府加大商业税收量的方式，引发姑且叫作原始资本主义的商业模式，因为只有大盘商人才有足够现金来买各种大宗物质的许可证（当时引同时具备“交货凭证”的功能）。而官僚集团照顾“自己人”的方式，便是制式化“中介”的利益，当时各行各业，都有所谓“牙人”团伙（买卖的中间人，收取一定的百分点，可以高达 10% 以上）抽成，成为做买卖的游戏规则（不是“潜规则”）。

整个政权加金权的统治集团，都热心于商贸流通，每道转手，官方和私人都剥层皮。

以当时的生产技术来看资源和物产就那么多，增长有限，真正用得到的也就那么多，生产不可能无限制增加，消费也不会无限制增加，流转的功效，实际是通货膨胀。

宋初，一两银子等于一匹绢等于一贯文等于1000文钱，北宋后期，一两银子等于2500文钱上下。

宋代官僚、军队的数量级，大致是人口的1.5%左右，而边界长期紧张，政府财政开支巨大，鼓励流通以收取利税，官僚集团更鼓动商贸以中间获利。

民间则“资金”充裕，政府财政开支里头需要实物的部分，包括部队装备都向民间采购，大量金钱也涌向社会，一片繁荣景象。

宋初一开始，两税法就是说说的，并且以各种花样进行赤裸裸的加码剥削。

例如，一会儿征收粮帛实物，但指定缴纳地点，老百姓难以承担运输，便须额外缴纳“脚钱”以雇工代运；一会儿又只征收银钱，老百姓只好以粮帛折价缴纳，折价按官府牌价，自然低于市价，等于额外加征。

这些还只是县政府需要上缴的“正税”，官吏或地方的浮加不在内。

搞久了，习以为常了，县官干脆明目张胆起来，县政府也懒得自己去征收税赋，一块块地盘承包给“揽人”包揽税收，官民“两便”。

老百姓则宁愿花钱消灾，省掉跟官府折腾的麻烦。

连税务也“商业化”，宋代社会至此完全“向钱看”，经济化的程度达到当时世界之最。

两税之外，宋政府也征收各种“附加税”或“规费”多如牛毛。

例如，跟正税关联的附加税总额逐年增加，终至于达到本税的50%以上。

北宋为了宋夏战争，四川需要就近向陕西支援粮草，为了运转及时便让四川地方政府以一定数量的银钱和绢帛作抵押，发行类似政府信用的交子，支付给在川陕的商户，采办军需。这实际就是人类史上最早的钞票货币，不单是政府信用，而且具备信用杠杆作用（一块本钱当两块花）。很快，宋中央与地方政府都有交子发行，并且民间可以用交子互相交易或缴纳税项。那时，政府作为信用的抵押品，粮帛之外，银两、香料等都是主要组成（由海外进口的乳香等南洋、西洋香料，是政府垄断的）。

赵构南渡后财政困难，政府便发行会子，以信用杆杠来筹集财政所需。

各种交子、会子本质上都是具备货币性质的金融工具，本身并不产生物品，仅只方便流通。政府信用的维持，需要真正的储备抵押，或生产力上升

北宋交子

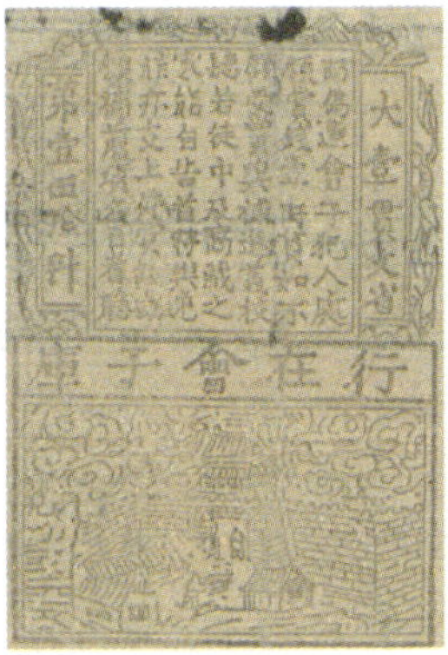

南宋会子

所产生的税收盈余（等于维持实物抵押）。但当时文官的意识和习性，自然还没积累到金融认知的程度，于是宋代钞票从开始的十足兑现（一开始，甚至超过100%面值），到南宋中期只值60%，后来发行更滥，便濒临信用破产，难以流通。但宋代文官已经了解到银子跟钞票之间的关联作用。

宋代的文明和民间各种技术创新，可以说是“经济化”的结果。

政府向钱看，官僚统治集团玩儿金融，因为都是不劳而获，从经济流转中截取利益。

民间也向钱看，但民间需要实体经济，老百姓若不真正劳动、生产、创造、发明，社会无由产生财富，再怎么流转，也就那么几文钱的净值。

宋代农业技术有所提高，主要表现在土地的利用最大化，收干沼泽甚至在浅滩水面架板敷土种东西。手工业不用说，技艺精巧，商品众多，连农民也穿丝织品。

一切为了挣多点儿钱、缴税。

宋代经济相当货币化，人人向钱看，在生产还不算太发达的1000年前，形成中国人的商业意识：把贸易等同于经济，以为流通就是经济，就是“商机”，并且习惯受中间人的盘剥。

宋代也把市坊转变为街市店面，商住不分，形成后来的中国城市特色。

但也正因为这些中国特色的缘由，宋代的商业化仅只为了政府财政收入，宋代是“万万税”的！

宋政府将禁榷垄断的官企延伸到许多行业，如大运河的运输政府包办，一度达到拥有6000艘船只，赚足民间南北物流运输的钱。又如，边界贸易的榷场机构管制、垄断进出口贸易，南方跟北方打“经济战”，限制粮、帛、纺织机、牛、铜钱、药材、茶叶、香料出口，北方就限制马匹出口，结果利润所在使偷渡走私盛行，甚至榷场官僚参与走私舞弊分赃。因为“敌国”的老百姓也是汉人，北人生活所需跟南人没啥差异，北方药材中的甘草、枸杞就大量进入宋地（事实上丝织原来就是北方传到南方的，江南丝织发达便起于南宋）。

南北经济战争中实际是南方吃了大亏，军备必需的马匹变成北方垄断的商品，价格飙升到不行，而禁运的大宗商品（如粮食）南方商人照样打通关节，走海运直接供应到燕州。

宋代官企禁榷范围几近无所不包，许可证无所不在。跟宋政府财政收入直接相关。

真正的外贸来自海洋。进出口的商品，当然也必须经过特定官企榷场的盘剥。

宋人、宋船下南洋的不在少数。

东南亚历史中，华人在当地建立政权的有以宋邦、宋城为名的案例，但没有联结汉唐为名的案例。

通商通到足以开山立寨、建立邦国，而母国官员不闻不问、专注于税收或私敛，中国式“商业经济”的本质也就可想而知了。

但无论如何，两宋经济模式通过税赋和商业所产生的财政，足以养活庞大的官僚集团，以及庞大的人口增殖，不能说不是当时的一大现象，并且是在那个规模数量级上的人类社会的新鲜事……

三、科技

宋代重用文官，虽然儒文化不重视科技，但因众多知识分子的聚集，也使得中国人的脑袋瓜儿有所激荡、有所发明。宋代的科技成就，蔚然可观，尤其在应用方面。

北宋时期，沈括从政不怎么样，涉入革新与保守的党争，政治原则性不强，留下骂名。但若单搞科研，沈括却是个相当集大成的人物，恐怕是中国历史上到宋代为止的第一名。

中国人的天道观，历代王朝都会重修历法，实际也需要这样，因为前代历书都有误差，沿用久了日、月的天象跟历书标的当然不全符合。沈括在长期观测的基础上提出误差更少的历法，其实就是现代通用的阳历，有闰日而无闰月。并且由于实验更为严谨，他发现指南针指示的南北极与地理上的南北极，稍有差异，这就是地磁偏角现象，无疑会提高当时航海的准确度。“石油”是沈括给命名的，他也提出以石油制作烟墨观点。

沈括最大的贡献在于他对科技信息的笔记《梦溪笔谈》。

这部书相当详细地记载了当时的许多发明，包括活字版印刷术（毕昇），天文数学的计算（卫朴），药材的栽取和使用，炼铜术、木工术、机械传动等。使得宋代科技没有完全被淹没。

沈括对“术”具备真实的意识，他自己动手做光学实验，叙述针孔成像和凹凸面镜的作用，并且根据化石推断出华北平原形成的原因，正确地指出

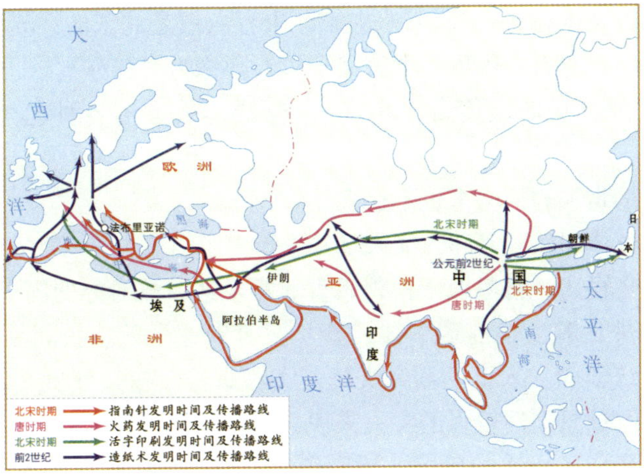

中国古代四大发明传播示意图

冲积地质与远古海岸线的存在。沈括也是人类史上首先发现声音“共振”现象的人（他将其称为“应声”），他还改进了球面三角的计算方法。

宋代技艺在日常生活上的实践比较突出的是瓷器和茶叶。

瓷器烧制方法涉及高温窑，尽管当时宋人还不懂得量测温度，但已经掌握了烧结釉水、使陶器成为瓷器的技术。釉面温润如玉的宋瓷，以及此后的元、明、清瓷器成为外贸出口的强项，中国人以此赚足了西洋银子800年，直到公元19世纪，欧洲懂得量测温度才破解了釉水烧结成瓷的原理。

实际上，辽萧太后侵宋战争的战利品之一，就是掠夺技术，技术跟着人跑，尤其是工匠。有迹象显示宋的定窑白瓷，在辽军撤退之后几乎从宋地消失。继起的是辽定白瓷，产地在那时的辽京城附近。

宋代，民间普及了茶叶及喝茶。

当时讲究“斗茶”，上至帝王公卿下至贩夫走卒，全民喝茶。宋皇家往往以新制茶饼带动时尚消费，喝茶可以很贵也可以很便宜，茶叶栽植的农艺十分兴旺，茶园遍及各地，几乎各省都有响亮的茗茶。

宋文化

宋朝词人众多，各有千秋，艺术嘛，各有所好。打宋初开始李后主的词便已风靡当时，而以文立国的宋代，文人几乎都是词人，留传下来的好词，太多了。

宋朝时散文也盛行，“唐宋八大家”中有六位是北宋的：苏洵、苏轼、苏辙、欧阳修、王安石、曾巩。苏家父子三人则称为“三苏”。

包括绘画、戏曲、传奇（小说）、瓷器、茶道等各种艺术绚丽，大放异彩。

这些只是北宋的，南宋也不遑多让。

在南宋时“理学”兴起，文人玩儿思想去了。

宋代重文轻武，科考取士使得教育非常发达，政府办的国立学院就很多，传统儒学之外，其实也有武、律、算、医等专业学院。民间私立书院更多，大多传授传统学问，入世的儒家义理。文官掌控政权造就出文人很容易讨生活的环境，但对原则性较强的文人来说，那时社会的商业化、佛与道的盛行、对外的虚弱形成了巨大的反差，他们生活大致无虞、内心却不禁嘀咕：这就是儒学的经世致用吗?

实际上，汉代统一思想以来的中国传统学问，是经过统治阶层过滤的儒家思想。

春秋战国时期的儒家直接出自孔子、孟子、荀子，他们的学问主要是“统治的艺术”，当时的“经世致用”主要针对战祸下的社会疾苦。孔子强调的“仁政”“以人为本”，是方向性的，一旦落实到真正的管理方式，孟子、荀子就会有“性善”或“性恶”的分野，宽严之间就会有两条路线：以德教为主的“儒”和严刑峻法的“法”。

春秋战国的知识分子未必都是儒家，儒家只是诸子百家中的一个学派、士大夫意识浓烈的那一派。孔子自己从未有过当皇帝的非分之想，人生目的无非“立德，立功，立言”，辅佐统治者达成“仁政”的理想。儒家教化出来的知识分子其实就是古时“士大夫”的型，个人的目标相当具体，当官、管治社会。儒家很人性，深切体认“权力”腐化的本质，所以要求去除私欲的道德标准。至于人性的本质、老百姓到底希求什么、怎样达到“以人为本”的社会，孔子、孟子、荀子都并未深入研究，给专制王权、御用文人、知识分子留下了广阔的利用或议论的空间。

魏晋南北朝直到宋代，规模超过春秋战国的两次大战乱带来大混血，也带来佛、道的盛行。佛、道两家形而上的哲学，在唐初融合出禅宗，但是，佛与道两家的抽象和推理对比宋代商业社会的现实，给那时的中国知识分子带来难以逃避的冲击。

两宋无论“道学”或“理学”都有佛与道的影响。

宋儒运用佛、道的逻辑推理，谈论与佛、道同样的抽象课题，真正完成了儒、道、释在中国的糅合。我们无须知道糅合的细节，但需要知道北宋开端的道学集大成于南宋的理学，朱熹则是这个思想课题的代表性人物。

宋儒的本意是激活个人的思考，以那时的知识基底（如佛、道）去阐述、寻找真理，而不是死抱经书不放，并提出能够激活社群能量的办法——“经世致用”。

追索道理的部分与欧洲文艺复兴的理性觉醒类似，因为思考或感觉本来就是自我的大脑运作，对于客观存在的道理或本性什么的，理解万岁，相通更万万岁。

在理性层面上，宋儒是开放的、刺激大脑活动的。

但经世致用的部分管治社会的心思，这是春秋战国时期的儒家压给知识分子的士大夫情结，这与欧洲文艺复兴的全面释放个性完全相反。

在情性层面上宋儒是禁锢的，沿袭儒家文化，要求知识分子必须扛起社会责任这限制了人情的表达。

宋儒理学强化了早期儒家所继承的周王朝的泛理性主义。凡事皆有个理，这是典型的儒家思想。宋儒以为找到理便找到了打开宇宙、社会、国家、个人的钥匙。

从现代知识的角度看，道理当然是存在的，但不是宋儒想象的那把绝对的钥匙。

这是没办法的事，人类的意识和思想本来就是时空环境下的产物。宋儒做了他们该做的功课，拉拔当时的知识分子跳出死背几本经籍的窠臼，活跃了思想，苏醒了自我。

至于后来，道学或理学又栽进死胡同，其实不大关宋儒的事，这跟后人把孔子变成圣人一样，那是教化、政治经济社会学的问题，是系统知识没有跟上。

宋代，真正摸到理性的是沈括，他提出：已知的知是有限的，人的求知则是无限的，讲出了一点近似现代的认知。关键在于他会有意识地下工夫去求证，而不仅只想象、思考。沈括是现代之前，中国人思维最接近现代科学的人，恐怕也是全球最早近于现代科学意识的人……

宋代真正的情性表现在文艺和气节上。由于社会责任感的担子太沉重，文艺虽然释放个性，但依然相当含蓄、相当压抑。

气节这个无可奈何的社会责任感的表达与释放，宋代倒是中国历代最感性的。当然不会人人做到，但宋人的气节意识很强烈，人情的表达才会扭曲成为虚伪。人们需要认识到，虚伪的背后有个实在的软体在运作，使得自我的欲望不得平衡，才会显得虚伪。

理学到了明代出了王守仁（王阳明），他强调格物致知，知行合一。

至少，他本人做到了经世致用，在日益复杂的政治环境里，实实在在帮助了社会，虽然王阳明的贡献仍然主要是政治性的……

儒文化很入世，很强调经世致用的学问。宋王朝的重文轻武策略，给那时的中国知识分子提供了一个大场地，试练了300多年时光。炼成了什么样的中国文化呢？

儒文化传统教化出来的知识分子，最奢望的政治状态便是“皇帝与士大夫共治天下”。

孔子一辈子都盼望有这样的日子到来，好实践他老人家的理想。

宋王朝居然说到做到文官管治社会，孔子一定羡慕得流口水。

但专制王权当然是有私心的，占有国家机器就为了独家垄断权力。

既然王权担忧武人割据，知识分子又有私欲，巴结、附和王权就为了分享权力。

结果，宋代皇帝和文官们互相脑力激荡出来的制度，只是个武力松弛的社会。

辽、金、西夏、蒙古大军如入无人之境，至少有一半原因是宋人自己造成的。

打从宋初伊始，宋人就面对一个特异的边际条件：怎么在凶悍的邻居旁边生存，并且还得过上不错的日子……

从数据看，缺少篱笆墙的宋人，提心吊胆地活了300年，把自家大院里整治得还行。使的绝招叫作“经济化”，当然不是第一天就这么设计的，是在整个社会的人情私欲里，被当家的文官们摸索、演练、制度化出来的。

虽然国家机器算得上横征暴敛，但钱财也往下流通，造就了一个官、商主导的“消费经济”社会，街道上都是店面，夜市里斗茶，江南农民甚至有穿着丝织裤子种地的。

人通通都向钱看，从商品的流转里抠出利益，无数制式化的“中介”盘剥，基本上居然没造成太大的社会逆反。或许汉武帝以外战绷紧内部神经，宋政府也学会了，虽然是被动的、不由自主的。

总之，文官统治集团以国家机器的权力把宋代社会商业化，发明了货币等金融工具，激活了那时中国人的创造力。宋代1亿人口的数量级，供养了千亿文钱数量级的政府财政收入，达到近代以前中国王朝之最。

从经世致用的务实面看，宋代文官统治集团并没有交白卷。他们在儒文化的教化平台上居然镶进了商业意识，虽然难免有点儿畸形。国家机器包山包海，上下交征利，人人都变成经济动物、人人都分沾到一点儿利益。

从经世致用的务虚面看，宋儒的道学和理学也没有交白卷。他们在国家文弱的情况下，强化了中国人的“气节”意识，使得南宋成为最难被征服的国家。

蒙古帝国花了三代人的努力才征服南宋，而陆秀夫、文天祥宁死不屈的榜样并非特例。宋王朝覆亡的时候臣民自杀殉死之多，也达到中国历代王朝之最。

后代中国人从宋代继承了什么、改进了什么，那已经不关宋人的事。

宋代肯定是个人文绚丽、多样化的朝代，也是中国工商经济大于小农经济的时代。

在虚实两面交错的宋代中国文化里头，人脑的平衡并不容易。

宋代中国人的历史，提供了从意识形成到制度与文化形成的一连串参考，是人类文明与社会演化的大数据库。而经过元代的洗礼，明代中国人的“复古”以宋为师，宋儒文化勾画的、以长城为界的重文轻武、内向、理学、金融、工商、小农……各项元素与矛盾更加消化成为习性，再经过清代的强化，直接就构成现代中国人的主料……

说了这么多史料，下面说两个有趣的故事吧。

第一个，女人裹小脚，宋代开始的习性。

小脚女人可以刺激男人的性趣？这行为据说是从宫廷舞女开始的。裹小脚、踮起脚尖走路的女人，活像跳芭蕾舞，走路摇摇摆摆，跳舞似的风情，男人会喜欢，也许有点儿性的意味。现代的论文分析一大堆，不好说，说不好……

从人情平衡的角度看，宋代这个时尚或许发展的还算自然、合理。

宋代科举考试基本上打破此前千年以来的贵族门户制度。宋代取士真正做到不问出身，只看考试成绩（舞弊是买卖问题，不是门户、阶级问题）。宋代之前，当官要依附门阀世家谱系，从宋代开始无所谓士族，百家姓都可以做官。平民出身的官僚集团成为新兴统治阶层，官权跟王权几乎平起平坐。

但新兴阶层也有门当户对的自然习性，婚嫁从前看出身，现在看什么？看知识呗。

知识或受教育的机会，成为维护子孙利益的关键因素。虽然科考不问出身，试卷却必需一定程度的知识。花得起时间学习的人家，多少要有点儿经济基础，并且子孙的学习环境与见识直接影响他们知识的开拓。

于是，新兴文官阶层里的通婚，文化知识相当成为自然选择。

但怎么判定对方有提供文化与知识的潜力呢？给女人裹小脚就是被新兴文官集团接受的一个标记，至少劳动人民的女儿多半裹不起小脚，劳作时间长嘛，学习与知识就少了。

此外，男人的基本任务是护卫家园。宋代文弱，十打九输，男性雄风往哪里摆？往家里摆呗！但如果家里的女人都像萧太后骑马射箭样样通，男性咋还有雄风？男人文弱，只好让女人更弱不禁风，经由扭曲变态的审美意识，让女人裹小脚成为统治阶层男女都接受的时尚，掩盖住宋代男人打不过邻居所带来的心理创伤。

我们只是说明，一时的流行能够成为习性或制度，自然是许多因素促成的。丝毫无用的文化因子留传不会久，能有一定的用处才会久久留传，这就是演化的真义。

第二个，利欲下的公心与私心。

宋代的王权专制其实相当彻底。在组建庞大文官体系的同时，王权不只防范武将专兵，也防范文臣专政，几个宰相分权相互制衡。

宋代科考取士量产出许多人才，高阶的职位就那么多，文人之间的竞争无疑非常激烈。无论儒文化怎么禁锢私欲私心，都不可能期望人人行事处世坚持原则。何况宋代社会还是个向钱看的社会，不是每个精英都适合当官，在政治上“立德”或“立功”的，学术上“立言”也不错嘛。无奈，儒家教化出来的知识分子科考原本就考的官员“资格证书”，宋代又是文官集团统治，一进官场抱团分派，人情更加冲击原则……

宋代的党争中“精英”也难以幸免落入“权力”的圈套。

两宋的管治方式，以及那时中国社会所反映出来的面貌，深深地刻画了人性真面目：人多未必好办事，官多则必办不好事。

人就是个有自我意识又必须结群的、很麻烦的动物——经济动物。

王安石，学养俱佳。反对他的司马光、苏轼也一样。

王安石变法时自然涌出当权的革新党，沈括就是其中之一的部级干部。沈括从事科研，甚至有诺贝尔奖的资质，但政治智商、情商两缺，泡在北宋官场却干打小报告的事，差点儿整死苏轼，这成为他的污点。人要知己、知止，确实不容易。

司马光反对变法，自然就是在野的保守党。他写《资治通鉴》，书名直截了当：怎么从历史记述里头学得统治的经验。《资治通鉴》作为一本通史，太政治化。此后的传统历史记述，连党争的味道都看得出来。人要忠实于历史，确实也不容易。

宋代当然也有坚持原则，不抱团结党的文官，官阶做不高罢了。

理学家朱熹与心学家陆九渊辩论学术，各自的学生“党性”就相当坚强。

朱、陆两人倒交流得挺好。朱熹很会教书，一被召做官麻烦就来了，讲原则呗，惹得当权的宰相和皇帝都不喜欢，罢官了事。但许多学生做官，必然涉及政治斗争，于是理学一度被当时的南宋政府斥为“伪学”，趁机整肃了大批文官。

实际就学问而言，朱熹总结孔孟之道的理“己所不欲，勿施于人”“行有不得，反求诸己”，确实是儒文化精髓。

现代知识已经让人们了解到，“人”情性与理性的感与觉完全是自我的，是每颗脑袋瓜儿的独特运作。人脑只会组织自己的感觉与认知，不可能感觉别人的脑袋瓜儿的感觉，但人类基因开发出的人脑硬软体结构却可以激发情理的共鸣共通。

人际的沟通通过语言、文字、逻辑、肢体动作、神情……通过去的是各个独立开发的自我的情理。

2500 年前的孔子就已经领悟到这些，他强调自省、最大化自身的理性，减少沟通的障碍，以跟别的脑袋瓜儿通情达理，最大化“人道”。

孔子当然不具备现代演化或脑神经学的知识，但他从周游列国的困厄中、从见识到的众生中启发了智慧，得到与 2500 年后现代知识雷同的结论……

孟子的彻底“民本”以人为本，更是抓到了人性群居的本质。群嘛，大圈圈和小圈圈都是群，大圈圈跟小圈圈的利益冲突的时刻，取舍与行动便映射出人道。

朱熹活在宋代的社会，他不过是领略、回归了中国的传统智慧而已。

中国传统智慧就是正确处理“人的因素”，私与群、个人与社会、利益与公义之间的“人道”。中国人多，麻烦也多，中国智慧都集中思考“人际关系”去了。

近代以来，中国知识分子反传统、反礼教、反儒成为“时尚”。

中国文化，当然存在许多“非现代化”因子。礼教跟小脚一样，这些不能适应现代化的习性，都是中国社会演化出来的。环境变了，不适存的习性自然被淘汰，如公元 19 世纪中国沿海商埠，人们自动解开裹脚布。

反礼教运动，有意识地加速淘汰礼教、释放知识分子对社会的激情都是好事。然而，反儒？激情太过，非理性。但有压迫就有反抗，人性的平衡，本就不易。

礼教、小脚又不是儒家设计出来的。能够形成那样的习性，汉代以来的中国人都要分担点儿责任，唯独孔子、孟子、荀子没有责任。

儒文化诉诸理性的原则“己所不欲，勿施于人”“行有不得，反求诸己”像似礼教吗？

几经贬逐的苏东坡也许道尽了士大夫性质的中国知识分子的境况：

大江东去，浪淘尽，千古风流人物。故垒西边，人道是，三国周郎赤壁。

乱石穿空，惊涛拍岸，卷起千堆雪。江山如画，一时多少豪杰。

遥想公瑾当年，小乔初嫁了，雄姿英发。羽扇纶巾，谈笑间，樯橹灰飞烟灭。

故国神游，多情应笑我，早生华发。人生如梦，一樽还酹江月。

权力机制下的皇家，也未必自在。

宋徽宗——赵佶是个艺术天才，他画画、写字、做木工那是天生的高手。

他的瘦金体书法成为当时的时尚，金朝的贵族都非常喜欢。

但赵佶不幸是个皇帝。金兵还没打到开封，他自知不是做皇帝的料，赶紧让位给太子……来不及了，父子都被金兵俘虏（靖康之耻），死在金国的大后方。

赵佶如果早早不当皇帝，宋代必定会多个光芒四射的艺术家，而不是多个亡国之君。

宋代中国人，其实是做了人类史上很破格的“实验”。

最终的数据显示，知识与技艺，还是改变了这个世界。

例如，公元1040年左右，宋初的知识分子将民间军事技术汇编成《武经总要》，详细记录了黑火药的配方和应用，成为宋人的秘密武器。

火炮加钞票两大发明，以及天文数量级的货币经济的试练，都没能挽救宋王朝。

但中国这些新兴事物，却成为公元13世纪中叶的蒙古汗国的利器，传遍蒙古治下的欧亚世界。人类的热兵器时代伴随着工商时代悄然来临，没有疆界的“经济”竞争开始笼罩全球，人类即将进入另一个时代。

赵佶的《腊梅双禽图页》局部

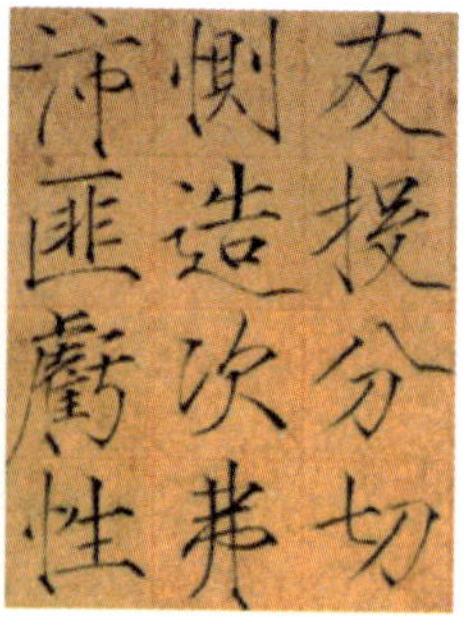

赵佶的书法

第八章　全球化的蒙古、元帝国

（公元 1206—1368 年）

成吉思汗一生所创造的蒙古汗国是人类史上空前绝后的案例。

欧亚草原的游牧文明，经过匈奴、柔然、突厥、契丹这四大汗国的能量蓄积（信息、知识、制度……），在公元 13 世纪发酵。蒙古汗国成为欧亚众多族群的历史交集点，人们需要跳脱各自的“朝代”观念，才会正确理解公元 13—15 世纪发生在欧亚大陆的这段历史。

首先，蒙古跟成吉思汗这个人无法分割。成吉思汗缔造了蒙古的新格局。

成吉思汗——孛儿只斤・铁木真的一生，是个了不起的传奇。

草原环境下的人性发展，铁木真或许是个极致。

最接近他那时代的蒙文记述——《蒙古秘史》相当真实地、淳朴地展现了当时蒙古部族的状况。蒙古汗国是立国后方才有文字，录下口传吟唱的历史，本身就是优美的文学作品。

人们不知道成吉思汗是多大的部落的王族，他老爸也许只是个千户或百户级别的小酋长，这位小酋长年轻时抢了邻居部落的新娘子，生下他时，又恰巧他老爸俘虏了另一个敌对部落的酋长，所以敌酋的名字——铁木真就成了他的名字，以纪念胜利。

10 年后，敌酋的儿子来报仇，毒杀了他老爸，而他的堂兄弟却煽动族人抛弃了他们母子……

铁木真的孩童时期过得很艰辛，老妈独自拉扯他和弟弟们长大。

少年时期，他第一次杀人就是跟亲弟弟一起射杀了同父异母的弟弟。

当然惹得老妈歇斯底里、大骂了铁木真一顿，但他也终于被妈妈教会了团结的重要性——几支合在一起的箭杆是折不断的。

此后，铁木真善待诸弟妹，渐渐收拢部众，恢复了一些人马。

铁木真 18 岁成亲，仇家报复他老爸抢亲之恨，也抢走了他的妻子孛儿帖。

但铁木真请求朋友部落帮忙，联合攻打仇家抢回老婆（那时已经怀孕）。

老婆看出他的这个“朋友”有兼并铁木真的意图，劝他率部离开，独立游牧。

这是他一生的转折点。

独立游牧之后不久，铁木真称汗（实际是登上酋长王座，当时部众不过千人吧），但惹得昔日的“铁杆子”联合13个部落围剿他。十三翼之战是铁木真第一次领军作战，也是他一生中唯一的败仗，此后大小60战，再没败过。

公元1206年，44岁的铁木真攻灭了蔑儿乞、塔塔儿、克烈、乃蛮，统一蒙古草原，再次称汗——蒙古大汗，被尊称为“成吉思汗”（没有统一的译法，通常译为“拥有四海的大汗”）。

征服、掠夺是草原的生活方式，也是成吉思汗的生活方式，但成吉思汗率领的蒙古铁骑，做到草原部落从未实现过的事：真正横扫、统治欧亚大陆。

蒙古现象成为欧亚众多国家历史的一部分。由于人类从来没有过几近统治全世界的案例存在并持续对各地施加至少100年以上的影响，再加上后来的政治话语框框，相关各国这时段的传统历史叙述大多不得全貌，都需要重新再加以认识。

蒙古帝国　世界的征服者
（公元1206—1260年）

蒙古帝国显然在东亚草原维持了鲜明的蒙古标签，今天的诸部蒙古仍然是“蒙古人”。而血缘、文化都近似的东亚草原其他部族如匈奴、鲜卑、柔然、突厥、契丹虽然都是“蒙古草原”和“蒙古人”的前人，但他们的标签却早已不复存在。

现代的泛突厥诸部，依稀还有突厥印记，但也分化成难以统一的族群了。

反之，离开了蒙古草原的蒙古部落中的许多倒成了今天的泛突厥诸部之一。

其实，亘古以来人祖们在辽阔的欧亚草原上生息，至迟在5000—6000年前，就已经驯化马匹，以机动游牧为生。欧亚草原虽然广阔，但也满布山川沙漠，区域的生态、距离的阻隔自然分化出部族，形成草原诸部。草原部族的文化与认同则源自武力统治的部落。

蒙古部落早先是鲜卑柔然系的室韦部族之一，血缘文化近于契丹，在呼伦贝尔草原西北的这一支被辽人称为蒙兀室韦，实际就是汉译音的蒙古。

公元1206年，铁木真统一斡难河源（鄂嫩河）的蒙兀室韦诸部，成立蒙古汗国，他被尊为成吉思汗。因为善战，西邻的突厥诸部称蒙古人为“鞑靼人”。对草原族群来说大概柔然鞑靼可汗（达达、大大等汉译名）的记忆已经成为剽悍的标记（欧亚草原上许多部落都被称为鞑靼，塔塔儿，塔塔……或许都有点儿柔然的渊源）。

在他统一漠北游牧诸部后，“蒙古人”似乎瞬间遍布蒙古草原，实际上，若靠蒙兀室韦诸部拼命生小孩都做不到。关键是被成吉思汗征服的游牧诸部，很快都蒙古化了。

显然，成吉思汗订立的制度最大化了草原部族的优势，成为各部族群的速凝剂。

实际上机动本身也像搅拌器，蒙古之前的草原统治者匈奴、柔然、突厥、契丹等各自都糅合众多“血缘”（看追溯祖先到多久以前），但只有突厥系与蒙古系的认同留传至今。如今的欧亚大草原上突厥和蒙古是最大的族群，分别是亿、千万人的数量级。

成吉思汗建立蒙古汗国之后，创造了蒙古文字（用畏兀儿文字母来拼写蒙语），颁布了人类史上第一部类似宪法的《札撒大典》，把匈奴以来的许多草原惯例包括政体、行政、司法、生态、伦理、社会组织等规制成文。

基本上，《札撒大典》倾注了成吉思汗本人的全部经验和智慧。

（1）忽里勒台大会由“黄金家族”、各部落长老、千户以上文武官员等共同议决大政，包括推举汗位继承人、任命大断事官（类似大法官）、战争等国家大事。

在专制王权体制里，掺和了部落共和元素，回归草原传统。

（2）大断事官除审理诉讼之外，须整理判例，翔实记录，不得更改，成为判案的依据。

这是世界最早明文规定的判例法律原则，“入乡随俗”符合草原部族的多元性。

这也是辽人“辽官治辽、汉官治汉”的进一步深化，蒙古汗国才可能管治诸部。

（3）十进位的户籍组织（十户、百户、千户、万户），万户长或千户长由大汗任免，千户以下，下一级由上一级任免。平时负责税役与驿站的维护，战时供应军事器材。

军事组织也是十进位，十夫长由队员推选，百夫长由十夫长推选，千夫长由百夫长推选。规定：“只有在行军时能考虑到不让军队饥渴、牲畜消瘦的人，才配担任首长。”并且，临战不得掳掠，打完仗，再统一分配战利品，战死之家，也有份儿（抚恤之外）。对万夫长以下、不能完成任务的军官撤职，处罚全家。

这些是对匈奴以来的草原规制的遵循和改良。

（4）征召自由民和千户长以下的勇健者、有能力者为禁卫军（“怯薛”），须带上亲兵若干人，以及自己的弟弟一人。

实际上，这有点儿各部族押在王廷的人质的味道，但成吉思汗突出禁卫军的级别和待遇，使之融合成大汗的死忠部队（也就是中央军）。

（5）对于草原生态尤其对绿地和马匹的维护，规定相当细。违者甚至处以死刑。

并且规定：保护水源，不得在水中拉屎拉尿。

这些，无疑是草原习性的精华。

（6）虽然蒙古人信奉萨满、拜“长生天”（“老天爷”），但宗教完全自由，一视同仁。并且对各派教士免税、役，对贫民、医生和有学问的人免税。

由于萨满信仰，游牧民一般都尊重神灵之类。成吉思汗几个嫡子的媳妇与孙媳妇信奉景教（基督教的另个支派，大主教在叙利亚）。他还从燕京请出长春真人丘处机，宣讲道教。

（7）财产私有，任何人不得干涉财产继承。没有继承人的死后财产分给生前的奴仆。并且规定：以信托资金经商、累计三次亏本的处死刑。

《札撒大典》充满草原性格。甚至规定：不论贫富贵贱，人人平等劳动。

大断事官执行司法判决时，是率领临时拨遣过去的禁卫军分队来执行的。

其他的行为规范，如明显反对酗酒，剥夺酗酒官员的职权，或没收财产。

对于偷盗、谎骗惩处极其严厉，一般都是死刑。

法典也规定：开战之前必须明白宣战。

成吉思汗似乎总结了一套心理战法，散播恐怖，让敌人恐惧战栗……

但他的逻辑其实很简单：草原游牧民数量不大，只要流了蒙古人的血，就以屠城报复，而且要广为人知、放大心理恐吓的效果。

交易、掠夺、杀戮、信息传播原本就是自然形成的草原生存法则，成吉思汗把它们玩儿成艺术。他对机动战法抓到诀窍，他曾经训诫诸子诸将：“绝不屯兵于坚城之下。”蒙古骑兵不轻易攻城，因为自己人的伤亡代价太大。

成吉思汗造就了人类史上罕见的战争机器，诸部蒙古一听见战争的鼓声就亢奋。

无论生死，人人乐于从军，因为知道家人会受到照顾，至少会分到一份儿战利品……

他是亘古以来，草原上“原始共产主义”的部落文化的实行者。

无论法典究竟实施了几分，他都创造了许多世界纪录，改变了“文明”

的意识。

我们只是通过法典说明，野蛮或残暴远非蒙古帝国能以征服欧亚大陆的真相。

蒙古汗国恪守草原习性、发扬草原文化，达到最优化，并以此缔造了“前现代世界”。

人们习惯的现代世界的政治轮廓，许多国家的疆域直接就是蒙古帝国遗留下来的。

蒙古帝国治下的族群歧视当然跟维护蒙古利益相关，跟现代的“种族歧视”一样的意思。

草原诸部蒙古最多不过二三百万人口，却统治欧亚大半区域、远超2亿人口，而成吉思汗立国后，方才有蒙古文，蒙古汗国自然主要采用草原习惯的管治方式，将地方势力都看成部落、跟各地的地方势力“部落共和”，事实上，就是辽帝国的“因俗而治”或汉帝国的“以夷制夷”。中央集权主要无非征税与征兵。而少数统治多数的现实，自然会形成权力和利益的等级制度。

实际上，蒙古帝国发起的战争，真正投入战役的蒙古铁骑难得超过10万。

成吉思汗生前，诸部蒙古恐怕也就10万户（帐）左右，大致100个千户。

征服使得草原人口膨胀起来，因为户户都带回战利品，包括工匠、奴仆和妇女。

扩张到各地的蒙古政权，在成吉思汗之后的200年里，联结起比较一致的律法，任何地区的国家史和朝代史很难描绘出像蒙古帝国这样的草原的、多元意识的文化。

东亚到西欧，无论是基于何种文化平台，都有“文明的傲慢与偏见”，加上后续政权的政治话语丑化、妖魔化蒙古是必然的。

对当时蒙古触及的周边国家来说，自然不习惯蒙古的“人道”方式，违法似乎都是严刑伺候，并且保护动植物过头……但这些大抵反映了当时草原的普遍意识与认知，因此，执行得也相当彻底。蒙古人“野蛮”的名声竟因此广为传播。

其实，不论是战争的屠杀也好，政争的骨肉相残也好，蒙古帝国的数据不见得比各国“自己人”的历史数据更血腥。政治话语放大了文明的傲慢，扭曲成族群偏见。事实是屠城也有规矩：只杀“高过大车车轴的男子”（大致一米以上），不杀妇女小孩。

成吉思汗虽然后妃无数，子女众多，是史上基因扩散得最广的男人，号称千万后裔。但孛儿帖始终是他的正宫皇后。

孛儿帖为铁木真生了四个儿子——术赤、察合台、窝阔台、拖雷。

他们的后裔继承了蒙古帝国绝大部分疆域。

蒙古草原上，沾成吉思汗血缘的叫作“黄金家族”，此后几乎所有欧亚草原上的汗王，大都有点儿黄金家族的渊源。

公元 1219 年，成吉思汗西征，因为战争风险按例应当安排接班人。

但人们怀疑孛儿帖皇后的长子术赤的血缘（蒙语“术赤”意思是“贵客”），认为他不是成吉思汗的亲子。次子察合台为此吵闹不休，于是，成吉思汗干脆循蒙古草原习俗，让术赤分兵经营欧亚大陆西北方。大汗给的训令是：向北，直到蒙古马匹能征服到的地方，都是你术赤的领地（“兀鲁思”）。

那时的东亚人，当然不知道有那么一块今天叫作东欧的地方，那时的欧洲人也无从想象呼伦贝尔草原的存在。但自匈奴以来，草原诸部对欧亚两端的信息从未间断，虽然不确切，但隐约知道，中亚的西北方，还有一大块值得征服的牧地。

我们不知道成吉思汗怎么看待长子术赤的血缘，但他始终善待妻、子，只能反映两件事：铁木真深爱孛儿帖，以及铁木真具备常人没有的开阔胸襟。

他的坚定与忠诚，也可见一斑。

他的这些人格特质，实在的、开放的情性和理性如同磁铁，在征服的过程中迅速吸引了四面八方的人才。大汗的王帐汇集了各地各族的精英，比如：

（1）速不台，这是史上领军打仗战区最广的指挥官，在成吉思汗麾下无战不与，并且是历次蒙古西征欧洲的实际统帅。后来，拔都西征时，速不台打到维也纳附近，若非大汗死讯传到（这时是第二代大汗，窝阔台汗），参军的黄金家族需要赶回蒙古参加忽里勒台大会，今日欧洲大概会是不同的面貌。

蒙古军东撤后，速不台回到东亚，继续在东方征战。

（2）木华黎，成吉思汗率主力西征中亚，留下木华黎以少数蒙军继续灭金之战。

（3）耶律楚材，蒙古打下金王朝治下的燕京之后，得到这位辽国高度汉化了的王族，成为蒙古经营东方的总参谋，实际也是窝阔台汗时期的宰相。他以汉地的经济价值说通了窝阔台汗，制止了蒙古在汉地继续使用屠城策略，并将军、民、财权分治。

（4）塔塔统阿，成吉思汗灭乃蛮后得到这位畏兀儿人，他制作蒙古文，并成为蒙古的财政大臣。此后，蒙古帝国辖下各地区的课税官大量用色目人（当时蒙古汉人、南人之外的人）。

蒙古帝国管治辖下臣民，也作兴“以夷制夷”“分而治之”，当然有种族等级色彩。

对中国淮河以北地区统称汉人。南宋地区称为南人。西域以西自然是色目人。

成吉思汗时期，对河西走廊以东公文用汉字；以西用回鹘文（那时主要为中亚）。

后来四大汗国体制形成，中亚以西便也用阿拉伯文、波斯文。

在统治中国的机构里，中枢用许多色目人，随着南宋覆灭，也用北方汉人节制南方汉人。

但在统治西方的机构里，中枢偶尔也用汉臣，掺用汉地的管治办法和思路。

公元 1227 年之前，成吉思汗曾三次攻西夏和金，然后西征中亚，灭西辽、花剌子模，达到里海。并分兵速不台、哲别二将，攻略钦察，直抵黑海东岸。回师途中灭西夏。

公元 1227 年，成吉思汗在宁夏去世，那时的蒙古帝国早已统一戈壁大漠南北、东滨太平洋、西达里海，大致尽纳毡帐部落。

成吉思汗逝世留下兴起中的蒙古帝国、蒙古人意识及蒙古现象。

按蒙古习俗，幼子继承家产，从逻辑上讲幼子年纪小，力气、经验比不过年长的。所以，祖产一般给幼子继承。而在扩张的过程中，分封人众给年长的儿子们，各自去外面征服、占有新的地盘。于是，小儿子拖雷自然分到大半禁卫军及蒙古草原，并监国二年、等待各地黄金家族成员回家开会，这些成为拖雷系起家的本钱。

公元 1229 年，成吉思汗第三子窝阔台被推举为大汗。遵照遗训，灭金后，于公元 1235 年由术赤继承人拔都（他是次子，但术赤系诸王子推举他继承老爸的领地）率部西征欧洲，各部贵族都派长子参军，包括窝阔台自己的长子贵由，以及拖雷的长子蒙哥。

拔都西征，就是著名的“长子西征”。

宿将速不台实际统军，一直打到窝阔台汗的死讯传到中欧前线，西征戛然停止。

拔都回师途中建立钦察汗国，统治俄罗斯 200 多年。

公元 1241 年，窝阔台汗死，皇后监国五年，硬拗到他们的长子贵由被推为大汗。

这时蒙古帝国的氛围已经稍微不同，开始浮现出专制王朝的诸多权力倾轧问题，草原习惯的王帐也迁到固定的都城喀喇和林。

贵由汗在任上降服了吐蕃王朝，但只当了两年大汗就死了，皇后监国三年。

公元 1251 年，拖雷的王后唆鲁禾帖尼在拔都支持下，斡旋忽里勒台大会诸宗贵，推举拖雷长子蒙哥继承汗位。至此，汗位继承转到拖雷系。

这是蒙古帝国召开的最后一次忽里勒台大会。

后来，中亚窝阔台系王族造反被镇压，窝阔台汗国丧失大部分领地。

但蒙哥汗死前，蒙古帝国基本上仍然依照成吉思汗的草原规矩办事，如幼子、太后监国，推选首领的贵族共和制度等。

唆鲁禾帖尼为拖雷生了四个儿子：蒙哥、忽必烈、旭烈兀、阿里不哥。

他们继续征服欧亚，然而，大扩张却彻底改变了蒙古帝国的草原性质。

公元 1259 年，蒙哥汗死在灭宋战争的前线合川东钓鱼山下。

这时，忽必烈已经灭了云南大理国，南宋指日可下。

旭烈兀也已经打下波斯直至中东的西亚地区。

按例，黄金家族需要回到哈喇和林开大会，推举大汗。但拖雷幼子阿里不哥按例继承祖产，也就是蒙古草原，占据了有利位置。

实力最强的忽必烈率先在上都（今内蒙古多伦）登基，宣布成为大汗。

阿里不哥接着也在哈喇和林宣布即位，兄弟间大打出手，忽必烈很快打回漠北，但没有处置弟弟，随后，阿里不哥几度集结反对势力开战，直到公元 1264 年被俘。

面对不可能统治辽阔且遥远地区的现实，忽必烈册封察合台汗国（并将大汗在中亚的直辖地割让给察合台系宗王）、伊利汗国、钦察汗国以换取黄金家族内的支持。

至此，大征服之后的蒙古帝国分裂成五大块——四大汗国和元帝国：突厥化的察合台汗国；半波斯化、半阿拉伯化的伊利汗国；半突厥化、半斯拉夫化的钦察汗国；封地模糊不清的窝阔台汗国；半汉化的元帝国。

忽必烈继承了蒙古汗国的蒙古本土疆域，并在新征服的地盘（金、宋、吐蕃、大理等地区）按汉文化习性称帝且于公元 1271 年正式启用“元”的国号。他随后改造并定都燕京，称为大都，这就是此后明、清和今天的北京城。

元代行省划分图

忽必烈曾试图在哈喇和林召集忽里勒台大会，以落实名位。但大会没有开成。

而窝阔台汗国却冒出了一个坚决回归草原传统的黄金家族成员——海都汗（窝阔台的孙子），兼并了不少察合台汗国的地盘，还联合各汗国新生代汗王成立反忽必烈同盟。

海都以成吉思汗的方式纵横蒙古草原，势力一度到达东北平原，使忽必烈的哈喇和林与大都都备受压力。海都是当时黄金家族仅存的少数、纯粹蒙古意识的宗王。

终忽必烈一生都没摆平草原特色的海都。

直到公元 1303 年，忽必烈的曾孙海山（当时镇守哈喇和林）才终于消灭了海都。海山因此还成为元朝第三任皇帝，他跟察合台汗国一起瓜分了海都的窝阔台汗国（原本也是从察合台汗国夺过来的），并跟钦察汗国、察合台汗国、伊利汗国签订和约，让他们接受册封、正式承认元帝国的宗主权。

实际上，蒙哥汗时代的大扩张使蒙古帝国已经涨大到不可能有效行使中央集权的统治。

当时的科技，各地区的文化习性，经济的联结性，不能也无须支撑单一的一个专制王朝。

无论这部超大型的国家机器是源自草原还是农业文明，其实无关宏旨。

也许，海都汗是个最好的证明，他跟忽必烈的冲突，血缘或文化，并非是主因。

成吉思汗后裔——黄金家族，各自被领地内的臣民同化，“皇帝与士大夫共治天下”是很现实的统治需要。而各地的统治阶层，自然是当地的利益和文化挂帅。

没有地盘的海都汗只好回归草原传统，才有夺权的号召与办法……

蒙古四大汗国的任何一个都是相当大的帝国。

大汗兼大帝的忽必烈虽然继承了蒙古帝国的草原武力及宋王朝的经济力，但也只能是一个军事经济体的东亚王朝——元帝国。

忽必烈大帝或称忽必烈大汗，实际上完成了成吉思汗与蒙哥汗以来的大征服。当时的中国，地广、人众、文明，都是当时世界之最，实际也是蒙古人征战的主要目标。

此后不到百年，中亚的察合台汗国演变成突厥化蒙古的帖木儿汗国，实际兼并了那时的伊利汗国与钦察汗国，最终演化出现代中亚直至土耳其的泛突厥国家。

术赤系的钦察汗国被帖木儿汗撕裂，东欧部分领土最终演化出现代的俄罗斯。

旭烈兀系的伊利汗国被帖木儿汗吞并，最终演化出现代的伊朗、伊拉克和叙利亚。

公元 1370—1507 年的帖木儿帝国成为最后一拨蒙古现象，直接影响了现代世界的格局。

忽必烈的元帝国不消说，演化出明、清王朝和现代的中国。

回到中国元朝的故事之前，还是要趁机再说明一下当时东西方世界的情况。从而了解，欧亚大陆的中部会出现蒙古帝国并非“纯属偶然”。

一、先从当时东西方世界的运输交通与信息流通的渠道来看

没有蒙古汗国统制欧亚，当时东西方的信息和交通不会确切或固定到成为知识。

公元 1291 年，天主教方济各会教士孟高维诺经海路到达泉州。欧洲直接联通中国。

然而，草原诸部对于东西方的交通路径早有认识，只是由蒙古将之证实并公开。

事实上，在成吉思汗的意识里极其重视信息与情报，包括山川、交通、人情。

正因为掌握信息与机动，蒙古帝国经常可以几方面同时开战，跟瞎子打架，有啥可怕？

尽管有马匹和帆船的机动力，当时东西方的交流依然费时、费力。年，是基本单位。

但是，蒙古帝国提供了相对比较安全的社会秩序，以及驿道、驿站、确切的路径与信息等，减少了帝国领域内的旅途风险。

这可不是一点点的“方便”，蒙古帝国领域超过当时欧亚大陆人居面积的七成以上。

对公元13—16世纪的人们而言，蒙古将当时已知的世界“全球化”了。

东方的信息和货物以更大的数量级流向西方，反过来也是一样。

人们的观念、意识、知识、科技，无疑受到更大的刺激和启发。

公元14世纪前期欧亚大陆主要国家及东西方交流

二、再从当时东西方的政治形势来看

1. 西方

公元5世纪，诸部“蛮族入侵”欧洲之后，逐渐定居下来，形成众多半农半牧的国家。大抵东南欧的部分接受了（基督教加希腊文化）的教化，就是东正教和东罗马帝国的领域。其他欧洲地区接受了（基督教加罗马文化）的教化，就是天主教和诸部日耳曼人的领域，包括法国、德国、英国、奥地利和混融的匈牙利、波兰等。北欧稍微特殊，主要是诸部维京人建立的瑞典、挪威。数百年的安定形成相应的社会（宗教神权＋贵族领主＋封建骑士）制度。国家机器的扩张本能，促使各国向外发展。

但公元7—12世纪的西亚、北非经过阿拉伯帝国的经营，已经是文化经济都胜过欧洲的伊斯兰教世界。于是，公元11—13世纪的中欧日耳曼系诸国，只能借天主教之名发动野蛮的军事行动，向南跨过地中海，劫掠中东、北非诸国。这些活动，使得当时被天主教神权统治下的“黑暗时期”的欧洲，见识到了拜占廷文明，并从藏书里“复古”找回了失去的希腊文明（典籍），终于引发了思想的启蒙。伊利汗国势力进入中东后，这一军事行动向南的掠夺自然也就停顿。

东欧日耳曼系诸国扩张方向主要是向东进入乌克兰平原。同样在公元13世纪中叶，也受到蒙古西征军痛击，盔甲骑士联军不敌蒙古铁骑。至此，钦察汗国西以多瑙河南端为界，成为东南欧的邻国。

北欧维京系诸国扩张方向是向南进入斯拉夫人世界。公元9—11世纪时，北欧人是莫斯科附近的强权。公元前10世纪以来，欧亚草原游牧部族的迁徙，斯基泰、匈奴、柔然、突厥等对斯拉夫人而言不管“白标”“黄标”，都从“中国”方向而来。而黑海、里海以北的内河网络联结北欧，使得皮毛贸易火热，打造出维京系基辅大公国的繁荣，逐渐循俄罗斯的众多河流网络，打通了直到西伯利亚的另一条东方商路。那么多族群的来来往往，血缘和文化都融入斯拉夫人，形成多个俄罗斯公国，莫斯科大公国最终脱颖而出，政治上择定东正教形成现代俄罗斯。但在公元14世纪之前，这个过程尚在进行之中，钦察汗国成为当时东北欧、北亚的统治者。

简单地说，公元13世纪的西方，既没有可以抵挡蒙古扩张的实力，也没有缓冲区的存在。

欧洲整体正处于天主教神权的黑暗时期，文化经济落后。而那时西亚的阿拉伯帝国已然式微，那时的俄罗斯也尚未成型。中欧、东欧、北欧几度联军，意识落后，数十年不变，难以制衡蒙古。速不台下令射杀骑士兵团的坐骑，使落马的盔甲武士行动不便，立马成为半固定目标，任人宰割，致使全军覆没。历史一而再，再而三地重演。

2. 东方

隋唐王朝主动参与草原竞争。

宋王朝重文轻武，内实外虚，自动放弃经营草原。宋人弃权使草原成为单纯的草原部族竞争。辽、金、西夏，崛起壮大都如迅雷。

而成吉思汗的草原意识强烈到宁可放下灭金也要立刻西征，追逐草原性质的对象。或许，他对统治汉地兴趣不大；或许，他意识到城池、庄稼又不会跑掉……

公元13世纪，简单地说，全然内向的中国没有可以阻挡蒙古扩张的意志存在。

拿公元 11 世纪前叶北宋的巨著《武经总要》来做例子。

文官认真总结了当时最先进的军事科技，宋政府也在都城建了庞大的兵工厂，但还是仅生产的冷兵器。汉地既然缺少马匹，生产的武器自然也就防御多于攻击，其中最厉害的床弩几乎是把小标枪当弓箭弹射出去，实战中射杀过辽萧太后的前锋将领。宋辽议和，攻城用的抛石机，不是宋人强项，这个不如西方世界的火炮，旭烈兀一打下西亚，忽必烈立马把火炮连同工匠引到中国。襄阳最终就是用炮给轰下的。

《武经总要》里对黑火药和火器（类似抛掷出去的炸弹）的记载很详细。首先拿来应用的却是二百多年后的蒙古西征军，见于公元 1248 年的西方记载。此后百年火炮迅速成为西方的基本军备（包括帖木儿汗国的“回回火炮”，以及明成祖的部队），但明初之后，中国人就不再推广应用，火炮的升级版要通过后来的传教士再回传中国。公元 19 世纪末期，化工业出现，西方立马淘汰黑火药，改成硝基炸药。

缺乏意志自然也就缺乏意识、缺乏应用。

公元 12 世纪前后东西方“文明世界”的状况，给成吉思汗提供了一个近乎净空的大环境。

金灭辽后向南进入汉地，又给成吉思汗提供了一块近乎净空的蒙古草原。

这些环境因素的基本格局延绵数百年……

成吉思汗风暴般崛起，得力于这些并不那么偶然的“偶然”因素。

他的敏锐与意识显然跟草原文明合拍，真正调动了匈奴以来的草原能量。

蒙古人大征服的结果是人们首次可以感觉到全世界是相通的，全球是一起脉动的。

类似成吉思汗的海都汗面对已经填满的草原世界，自然玩儿不起来。

历史的演化大致如此。

蒙古是欧亚大陆许多国家与族群历史的一部分，各有各的“蒙古情结”。

就数据而言，成吉思汗的蒙古帝国，虽然扩张及于欧亚大陆，他的后裔却大多融入各地族群里，最终只有拖雷系血缘在公元 14 世纪中期之后的明代返回蒙古草原，又渐渐分裂成诸部蒙古。但成吉思汗的血缘——黄金家族长期统治各地，通过跟地方势力的联姻，掺进到各地区后来的统治王族，几乎成为欧亚大陆各地区王朝必不可少的基因，不独蒙古草原为然。

后来，清王朝开国之后，很快确立满蒙联姻策略，就为了沾上黄金家族血缘，以节制蒙古草原，孝庄太皇太后（康熙帝的祖母，皇太极的皇后）是有名的黄金家族案例。当然，这并未减少草原上的斗争，血缘或民族主义，从来只是人群政治话语的诉诸感性的部分。

西方第一次世界大战的时候，人们发现，交战双方阵营的王族互为姻亲，到现代更发现，不少欧洲王族还都沾有黄金家族血缘。

按照中国人的宗法意识来叙述，成吉思汗的血缘，术赤系的克里米亚汗国，到公元18世纪晚期亡于俄罗斯。中亚诸国基本上是突厥化的察合台系、窝阔台系、术赤系的后裔们互斗，影响较大的帖木儿汗国在公元16世纪初亡于术赤系的乌兹别克汗国。公元19世纪初，中亚仍存在黄金家族血缘诸部汗国，但除了蒙古老家的托雷系诸部，已经没有蒙古汗国的意识了。

瘸子帖木儿汗是成吉思汗第二。他屠、焚大马士革，跟奥斯曼土耳其决战，屠灭对手10万骑兵，延缓了东罗马（拜占廷）的覆灭近半个世纪。他对中亚的征战破坏极大，虽然后来重建，但此后的丝路转向海洋，实质上加速催生了近代的“海洋时代”。当然，海洋机动本来也比草原机动更少障碍。

后来，帖木儿系的一支进入北印度，建立莫卧儿帝国，存在了300年。世界最美丽的建筑之一泰姬陵就是莫卧儿王朝的作品，汇集波斯、突厥、阿拉伯的异域风情。公元19世纪中叶亡于英国。

这是最后一个消失的黄金家族王朝。

拖雷系的旭烈兀子孙统治伊利汗国（也称“伊尔汗国”）共102年，公元14世纪中叶亡国（以“伊利”为名，伊利可汗是整个突厥世界的创始人、推翻柔然汗国的人，人们也可由此窥见突厥与波斯的渊源）。

忽必烈和旭烈兀兄弟俩的皇后都是景教徒，旭烈兀自己是传统蒙古的萨满信徒，但也给老婆盖了教堂，臣民却几乎全是伊斯兰教信徒。旭烈兀征服西亚，大约只用了10万蒙古铁骑，半数是从钦察汗国借来的，其他部队是地方势力征兵。

伊利汗国后来跟钦察汗国争夺阿塞拜疆，双方的蒙古子弟兵对阵，会战前居然先停火一天，让诸部蒙古子弟相聚叙旧……

拖雷系的忽必烈子孙统治中国共108年，元朝也在公元14世纪中叶覆灭，但忽必烈系后裔退回蒙古草原后，以诸部蒙古的形式存在至清朝。公元17世纪中叶，泛鲜卑的女真族群在东北平原崛起，那时清王朝创始人努尔哈赤扩张进入草原的最大障碍便是辽西忽必烈系的林丹汗。但林丹汗死后，部众归顺了清王朝，于是皇太极将满族的盟旗制度施行到漠南蒙古。

至此，可以算是蒙古帝国的句点了。因为发生在中国，也可说这是元帝国的最终覆灭。

蒙古统治具有悠久文明习性的西亚（波斯）和东亚（中国）各只约百年。

可以看出来，草原国家机器难以套装进去，大抵有点儿像南北朝初期的北魏情况。

被统治人群的传统习性、内在利益的平衡，显然不是草原国家机器能轻易操纵的。

即便在兴起中的俄罗斯范围内钦察汗国的影响力也很快被边缘化，局促在小范围内。

实际上，套装任何新的国家机器软件都不容易，这是“人”的现象。

交代完蒙古帝国的大致情况，下面说说中国的元朝。

元代　来自草原的王朝
（公元 1260—1368 年）

成吉思汗生前征战时的蒙古帝国纯粹是草原意识，战争的目的就是掠夺——“财富”。对成吉思汗来说，人口、工匠、医生、知识都是可以分配的、有用的“战利品”，不仅仅是物产。草原意识对所有其他的文明大抵开放，而且渴望获得。

公元 1215 年，成吉思汗攻金，打下了燕京。他很快就从蒙古一贯的信息搜罗中得知燕京城里有一个能干、有学问的契丹贵族耶律楚材，立马召见、任用。此后 12 年，成吉思汗西征、灭西夏都带上耶律楚材。实际已经是个汉人的耶律楚材成为大汗王廷里的左右手，对蒙古帝国的南扩、统治与转型起了重大作用。

公元 1229 年，窝阔台汗继位为蒙古大汗，耶律楚材说服察合台汗向新任大汗行礼跪拜，从此更加确立了大汗王廷的中央威权，这也就成为蒙古帝国定制（君臣礼仪是汉文化渗入的开始），窝阔台大汗也更加重用耶律楚材，直到公元 1241 年窝阔台大汗去世。后来，窝阔台的皇后称制罢用耶律楚材，公元 1244 年，耶律楚材死于哈喇和林。

毕生都为巩固蒙古汗国中央政制的耶律楚材伺候了两代大汗，给忽必烈的元朝奠下稳固基础。

（1）窝阔台大汗一上台，就提议军、民、财三政分立，相互制衡。蒙古当时，万夫长等于割据地方的军阀，随意征取税役，王廷对此没有监督、限制。耶律楚材明确告诉窝阔台大汗：这在汉地行不通，并且有害。

（2）公元 1231 年，大汗依照他建议的组织构架，任命他出掌新设立的中书省，相当于宰相。蒙古帝国开始具备中央行政机构，国家机器进一步结构化。

（3）公元 1234 年，速不台灭金最后一击时准备攻破开封屠城，耶律楚材反对屠城，获得窝阔台大汗同意，开汉地不屠城先例。此后，征服汉地，一般不再大举屠城。

（4）公元1235年，蒙古帝国大断事官检核新征服的中原户口（110万户），拿其中76万户来分赏，耶律楚材反对。于是，窝阔台大汗虽然分封，但规定了中央收税份额，为了征税，土地、人民自然纳入州县行政体系，虽然不分军民户籍，但中央已可稽核。后来，忽必烈在这平台上，让中央派遣民政官、课税官，万夫长只管军政，贵族只享有特权，元朝国家机器比较回归王权专制与中央集权。

（5）灭金后的公元1237年，华北恢复科举考试，经义、词赋、策论三科，取士4000多人，除了稳定窝阔台大汗对华北的地方统治，也为忽必烈时代储备下了人才。

（6）在不合适农耕的汉地，耶律楚材另行颁布汉地临时法律，约束贵族、严谨吏治、限制滥用死刑。后来，忽必烈干脆沿用金王朝定的、相当汉化的律法。

窝阔台大汗任上蒙古的大事是灭金之后的拔都西征。

公元1234年，蒙宋联军刚灭金，蒙古军北撤时，南宋意图趁机收复中原，被少数蒙古军打败，损失大量人马、物资。此后六年，蒙古虽专心拔都西征，但留下少数部队并向新征服的女真、党项诸部征兵，试探由四川顺流进入湘鄂与苏浙，双方在襄樊展开拉锯战，最终蒙古军被宋军孟珙击败，南宋暂时保住长江天险。

公元1251年，蒙哥继位。蒙哥汗沉断寡言，管理严厉，不爱奢侈，只喜打猎。他上任后，还清过去王廷欠下的一切债务，取消权贵免税特权，但中国传统史书尽说他“凉薄”，似乎多给点儿好处窝阔台系宗王就不至于造反……

蒙哥汗迅速平定内部叛乱后，于公元1252年命二弟忽必烈进军滇、川，展开大迂回，从侧后方击宋，避免正面渡江。公元1253年他命三弟旭烈兀统军10万再次西征，向地中海挺进。

蒙哥汗很有想法，以外战绷紧蒙古，并借此夯实拖雷系权势。

在蒙哥汗治下，依然是草原意识的蒙古帝国。

忽必烈出发两年后灭大理，分兵兀良哈台（速不台长子）为南路军。

南路军继续向南打进越南后，再转北一路打到湖南，千里奔袭，如入无人之境。

公元1259年蒙哥汗死在合川东前线，忽必烈只得北撤，争夺汗位，南宋得以苟延残喘。

公元 1260 年，忽必烈在上都宣布即位；公元 1271 年改国号为“元”。

成吉思汗以来的蒙古情况已如前述。现在要联结一下发生在中原的情况：

南宋前期，淮河以北虽然是金的统治范围，但华北各地存在许多汉人地方势力，金王朝能够管治华北 5000 万人超过百年，除了本身汉化之外，自然也是找到了诸多利益的平衡点。南宋偏安江南，“直把杭州作汴州”恐怕就是没摸着“部落共和”机制，北方的众多地方利益未必全然欢迎南宋的北伐或统一。

事实上，成吉思汗崛起后，大量金王朝的统治阶层看出来蒙古铁骑势不可当，无论为了自家利益或社会安定，他们宁可投效蒙古。耶律楚材不是唯一案例。南宋跟东晋类似，王权专制而说不清楚利益保障，对“农业部落”领主的现实利益而言，秦汉式的统一并不比草原式的统一好到哪里去。史料载有不少华北各地的汉人千户、“世侯”（成吉思汗、窝阔台汗两代灭金论功行赏的结果），很能说明这个状态。

至于统一后的管治，又回到整顿吏治加抑制豪强的问题，这时不要割据的“农业部落”扒层皮，要直接统治，甚至要笼络人民了。窝阔台汗灭金时用汉官杨惟中在战区“行中书省事”（代表中央政府到地方办公），这便是元朝“行省”的来源。

杨惟中寻访儒、道、释医名家，又搜罗宋代各派理学书籍，集中到燕京，办起蒙古帝国第一个国立书院，更以威权集中大量工匠，推广毕昇的活版印刷术，发行大量书籍，使得燕京成为北方的理学重镇兼印刷产业中心。窝阔台汗去世后，杨惟中接替耶律楚材为中书令（宰相），他巡察汉地，没少打杀各地枉法欺压老百姓的蒙、汉官僚权贵。

杨惟中本人是窝阔台汗收养的汉人孤儿，精通多种语言，20 岁便被大汗派去通使西域诸国，他会那么重视文化，有中国也有波斯的影响。他后来成为忽必烈的主要臣僚。

忽必烈从青年时期开始，帐下就有大量汉臣，他 37 岁正式接掌漠南事务，主要班子更是汉臣。文臣有姚枢、赵璧、刘秉忠、赵良弼（女真族），武臣有史天泽、董俊与董文炳父子、张柔（他在兵火中抢救出金国家档案《金实录》，他的儿子张弘范最终灭宋。张柔部下还有王鹗、郝经等文人，王鄂、郝经后来成为忽必烈的主要臣僚）等。

蒙哥汗生前曾经试探忽必烈，封忽必烈为漠南军政总管（类似术赤兀鲁思）。

姚枢提醒忽必烈：已经不是成吉思汗时代了，大汗今天封给你的，随时可以取回去……

忽必烈这才清醒过来，赶紧向他大哥报告：总管事务是臣子应该做的，封地一概不要。

于是，蒙哥汗才放权让忽必烈施展身手。

忽必烈即位之前，蒙古帝国灭西夏、灭金、灭任何地方，草原掠夺的意味很浓厚。

战争过后的地方，人口与经济凋敝，战争的效益锐减，即便严厉的蒙哥汗也没法改善。忽必烈用汉臣经营汉地，禁止滥杀、恢复农业经济、整顿吏治，漠南情况立马改观。

但是，羽毛渐丰的忽必烈引来蒙哥汗的疑忌，蒙哥汗派出中央税务稽查组“检查”漠南工作。

姚枢给忽必烈出主意：立马带上家眷回哈喇和林，朝觐蒙哥大汗，啥也不用说……

公元1257年，忽必烈一家子风尘仆仆在哈喇和林扑了空，再赶到宁夏六盘山，天寒地冻中见到了蒙哥汗。蒙哥汗没料到老二会全家人来行营朝见，兄弟俩见面泪汪汪，啥也不用说了……忽必烈自动交回漠南汉地、甘、陕、豫、鲁的军政大权，稽查组自然也就没用武之地，撤了。但，灭宋的助手给自己拔了，于是公元1258年，蒙哥汗只得亲征四川……

实际上，就王权专制的国家机器看，政治的权力游戏中草原文明或农业文明的人性并没什么不同。蒙哥汗原先让弟弟们分别往东南与西北扩张，为的是护卫、巩固草原中央。

但权力制度必定伴随着一切可能被启动的欲望，人的心思是跟着制度转的……

事实上，忽必烈自有野心，就算他没有，他的部众也会挑起他这个欲望……

就经济利益来看，当时的忽必烈已经是全部汉地“农业部落”的头领了，蒙哥汗还是个草原游牧诸部的头领。蒙哥汗之死倒逼得忽必烈不得不迅速作出抉择……

忽必烈也只能选择元帝国模式，他带来的蒙古子弟兵这时也已知道统治比掠夺的好处大。

忽必烈老早就体会到割据的“农业部落”跟草原部落除了生活方式不一样，人性的本质其实差异不大。

他的即位有那么一点儿被拥立的味道，当然是由部下拥立。

汉臣不用说，因为忽必烈是蒙古诸王中比较汉化的，至少是“以华制华”或有心统治汉地的。其他的臣属，无论是诸部蒙古还是诸部色目，既然跟了他，不夯实地盘，哪能吃香喝辣。

公元 1260—1264 年，忽必烈集团跟阿里不哥集团战斗、争位。

斗争一开始，忽必烈阵营发生了一桩“农业部落”反叛事件，并且涉及忽必烈很信任的一位重要汉臣（主管财经的副宰相）。这使忽必烈不得不延缓打回漠北的动作，先肃清内部。最终，虽然是汉将史天泽带兵解决了叛乱，忽必烈却再也不放心汉人，加深了族群歧视。

即便如此，北宋、辽、金以来的华北社会格局并未因统治者换成蒙古人而有所改变。

而南宋既无能抗金，更加功利化了的南方社会也更无力抗元。

公元 1273 年，被元军围困了六年的襄阳孤城的守将吕文焕最终投降。

公元 1276 年，元军打下杭州，南宋实质覆灭。此后三年，南方各地不断拥立宋室王族并进行抗元斗争，出现文天祥、陆秀夫、张世杰等气节之士，留名青史。

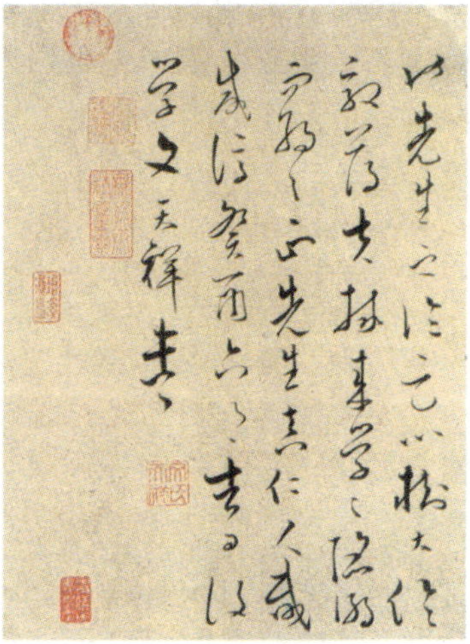

文天祥草书作品

传统中国历史记述似乎把南宋迅速覆亡的责任归罪于吕文焕变节不死，成为元将。后来的知识分子更无聊到把“张弘范灭宋于此”这句话，讽改为“宋张弘范灭宋于此”。河北人张弘范虽然是汉人，但燕云十六州的河北自公元 938 年起，已经历辽、金、元 300 多年的统治，他就从未做过宋人。吕文焕被围六年，始终孤军抗战，南宋政府腐败到不能给予任何支持，还时不时扯后腿……南宋彻底灭亡前的几个小朝廷内的政争，以及小朝廷之间的竞争，活像商人做买卖一样激烈。两宋这样的格局，又不是辽人、金人、元人作出来的……

两宋的统治阶层中央贪腐、地方贪腐，靠流通整个社会商业攒钱，平民百姓只看到官商一起搞钱，没看到他们搞气节、讲原则。如果知识分子平时拿出点儿气节来坚持公义、整治贪腐、协调南北，又何至于需要诉诸死节或民族主义。

公平地说，人是社会动物，自有人类以来，私利与公利一直就反映基因的生存与延续，两个本能的平衡和抉择。所有制度、国家机器、王朝、教化当然都夹杂公私利害，不然赵匡胤或成吉思汗干吗费劲儿打天下，人民又干吗要对王族“忠诚”。

无奈，各时各地各国的人类史都有过许许多多王朝和王族，到底该“忠诚”于哪个？

实际上，王族血缘已被国家机器软件化成“民族”的象征。

从现代知识看，人类都是同个祖先的后裔，人类物种的内斗，国家或民族的斗争，无非是各自的基因本能：扩大生存地盘并复制自己习惯的文化和制度，使地盘沿袭自然演化出来的、已经有效的生存方式。人类各个文明，草原游牧部落彼此掠夺，定居族群则统治阶层掠夺被统治阶层，演化出一套套“规矩”，王权专制也要“与士大夫共治天下”，汗权专制也要“部落共和”。

残暴或贪婪是对所有被蒙古征服的国家的统治阶层而言的，蒙古的掠夺当然是暴且贪的，直接抢掉了他们现有的资源嘛。对原先就是被统治的阶层而言，残暴或贪婪本来是形容的原先的统治阶层，现在换了不熟悉的皇帝，课税官员出现不同的脸孔、不同的名目，但还是同样的衙门，拿得更多，无疑是更暴且更贪的。何况，蒙古在史书中还没有话语权……

忽必烈皇帝自然也必须与一群人共治天下，但他的部属不只有汉人。

他迅速明确了军、民、财政分立的统治策略，地方政府成为三驾马车，以蒙、汉、色目搭配。色目人就此垄断元朝财经权力。

为防范汉人割据，忽必烈削减文武汉臣“世侯”的封地与权力（董俊、董文炳父子是唯一例外，因为其封地大半早捐出来办教育了），但没动蒙古贵族。

简单地说，汉地虽以汉法治汉，但汉法之外，为了管治在汉地的非汉人族群，元政府套用了《札撒大典》的适用条例。又由于各级政府三驾马车中的蒙古、色目族群被分散到中国各地，很快就融入当地文化，包括超级大将伯颜的后裔跟江南士人殊无二致。

但这些新“汉人”是汉法之外的特权阶级。元朝政治的基本格局大抵如此。

忽必烈大汗兼大帝，不可能也不必全盘汉化。

元帝国依然拥有蒙古草原，并且俨然是其他三大汗国的宗主。

忽必烈的意识里，征服者成吉思汗不单是他的祖父，也是他的榜样。

单单统治汉地，元朝压服不了草原黄金家族诸王。面对众多兄弟、堂兄弟、子侄辈甚至叔伯辈的挑战，确保汗位的唯一办法只有征服、再征服，证明他比成吉思汗还厉害。

于是，忽必烈的元帝国不断发动战争。

1. 西北，公元 1275—1301 年，元军主动进攻窝阔台系的海都汗，黄金家族内战，互有胜负。年迈的忽必烈两次亲征，只稳住蒙古东半部江山。忽必烈死时，孙子阿难答镇守西北陕、甘、宁，大将伯颜镇守哈喇和林。皇孙铁穆耳继位后召伯颜出任宰相，另派忽必烈曾孙海山接替伯颜防务。海都汗趁机进攻哈喇和林，被海山打败，死于撤退途中。至此，成吉思汗生前版图尽归元帝国。

海山后来杀争位的阿难答，继任元朝第三任皇帝，派弟弟接管阿难答领地。但经过阿难答的经营，陕、甘、宁地区已相当程度转奉伊斯兰教。

2. 东北亚，公元 1231—1258 年，窝阔台至蒙哥时期，蒙古八侵高丽，但高丽时叛时降。

公元 1270 年，忽必烈派兵征服朝鲜半岛全境，彻底消灭反元势力，将半岛北部划归辽阳行省，半岛南部设征东行省。

公元 1274 年，忽必烈嫁一个女儿给高丽王子，后来护送其回国继位，兼征东省长。此后百年，高丽国主都娶的是元朝公主。高丽地位，介于元朝的藩属与行省之间，而更近于藩属，因为韩人坚决抗元。

公元 1274 年，侵日，败。公元 1281 年，大举侵日，大败。

忽必烈皇帝两次举兵东征日本，皆败。其实，无关飓风，倒跟日本人抗元的意志与准备直接相关。飓风刮到时，元军已登陆、苦战近两个月。最多勉强可说，元军多数是征兵而来的南军、汉军、韩军，不复蒙古帝国早期部落联军的锐气，而且蒙古将领并不熟悉渡海作战或日本战术。

元帝国的扩张政策代价之一是元朝的财政。而北京作为国都，集中全国税赋，豢养中央官僚和权贵，自然需要交通与运输。好在汉地早有经验：大运河，用船运。

于是，忽必烈任用郭守敬整治大运河，疏通山东段，并开凿通惠河（大都到通州），连接大运河直达江南。郭守敬已经具备近似现代的工程知识，掌握水平面概念，广设水闸，调理水位。他整修的元代京杭大运河，自公元 1293 年完工后沿用至 20 世纪初，元朝漕粮输京每年达 200 多万石，明朝翻番，成为此后北京的命脉。

船、运河、海洋，忽必烈很早就有这样的概念。大概因为灭宋受制于渡过长江天险，不得不面对水军的需求吧。灭宋过程中，忽必烈接收了许多南宋水军，也了解了东亚海洋贸易，才有张弘范海战消灭张世杰的南宋最后据点及两侵日本。

3. 东南亚，公元 1277—1293 年，元军两侵安南（北越）、占河内，最终被迫撤军。三侵缅甸，劫掠其都城后撤军。又动用海军，一侵占婆（南越），一侵爪哇（印尼），最终都被迫回船上，撤军。东南亚不胜其扰，都接受册封为藩属，应付了事。

比较值得说的是公元 1296 年，元使节周达观经海路通使真腊（高棉），记录下了这次出使一年的游记。百多年后，暹罗（泰国王朝）入侵真腊，王城吴哥被废弃，淹没于丛林，公元 19 世纪末被法国人重新挖掘，举世惊艳，印证了周达观的记述。现代的研究发现，高棉时的吴哥是百万人口聚居的热带大都会，人们按湄公河每年的旱涝规律就近优化了洞里萨湖水的生态利用，解决了引水、喝水、排水、灌溉、捕捞等一系列问题，使其发展成为当时东南亚乃至世界数一数二的特大都会。

另外，史料记载南宋末年光泉州一地，海盗进犯达六次之多。南宋覆灭前，元大都所需粮食也是通过“海盗”集团从长江口走华东沿海北运的。

忽必烈统一中国后恢复秩序，并决定以大运河加海运保障大都的供应，海路开始成为元、明、清三代的南北运输主要路线之一。海盗被招安后变成海军。

公元 1287 年，忽必烈为击破海都汗联盟亲征辽阳。帝国舰队走海路，将部队的庞大后勤补给直运辽河口。

而元朝南进东南亚出动过海军，走过海路通使，用过广州、泉州、温州等港口。

总之，自忽必烈起，至少元代中央政府是具备海洋意识的。

以忽必烈、旭烈兀兄弟俩的交情，元帝国与伊利汗国信息往来频繁，而伊利汗国的波斯、阿拉伯文化成分无疑会将海洋意识与知识传播到当时的中国上层。

忽必烈的帝国扩张政策当然不会只是“虚荣心”驱动的。

隋唐以来，中日间的海洋贸易相当繁荣。作为当时亚洲乃至世界的主要金、铜产出国，金、铜是日本对中国出口的大宗。而南洋进口的香料，也是宋王朝发行钞票的储备之一。

这些，忽必烈不可能不知道，也不可能不流口水。

元帝国要保持老大的位置，军事开支很大，经济利益的掠夺必然是主要目的。

海洋机动是蒙古集团新上手的掠夺工具，玩得不如草原机动那样熟悉。

忽必烈对新工具、新方法显然足够敏感，他两侵日本，很清晰地认识到，海洋机动跟草原机动没有本质上的差别。马匹是统治世界陆地的根本，船舰自然是统治世界海洋的根本。

元朝的海洋意识打开了后来的明成祖（朱棣）的大脑，才有了郑和七下西洋的行动。

海洋意识、渔民、船商、海盗、海军是关联事物。沿海中国人应该自然产生才对，但秦汉小农经济同一化了定居农业意识，所产出的统治阶层与知识分子对草原机动和海洋机动当然陌生。蒙古黄金家族入主中原反倒迅速认识到海洋与海权的重要，但也仅只短暂地影响到明初最上层而已。此后的中国人仅把沿海海路当做大运河的漕运辅线来用。其实，宋代以来的中国海盗活动已经猖獗及于东海与南洋海域，但丝毫没有进入知识分子视野，因为没有海洋意识，完全无视这部分海洋中国人的存在。

忽必烈皇帝干到公元 1294 年，其死后的 40 年间出现了 10 个皇帝，元国家机器的帝位继承，更加凸显了王权专制的问题，蒙古亲贵特权争位，政治长期动荡不安。

帝国的财政格局担负庞大军费以及三驾马车带来的剧烈贪腐，注定了社会动荡。

公元 1351 年，河北、安徽红巾军大造反，元帝国的崩解已不可避免。

公元 1368 年，朱元璋的明军统一了长城以内，元朝覆灭。

就中国人的历史来说，游牧民南侵不是什么新闻，但真正统治全中国，元帝国是第一次。元王朝对信息、交通、物流的高度重视，驿站和船队的发达，实际将汉法扩及更大的疆域，演化出现代中国。同时，蒙古基因扩散至欧亚各地，融入当地的族群与文化，然后，蒙古各汗国互相征战，说明人类“国家机器”本身才是战争的源头。人类文明，从来都是相互借鉴、学习、复制。文明的冲突实际是国家的冲突，是利益集团间的冲突，并且当时的人们只具备使用暴力来解决冲突的意识。

人们也需要明白，跟元帝国同源的蒙古其他四大汗国也是国家机器，忽必烈在中国发生的状况，他们也发生。专制王朝的扩张、统治、镇压、融合、崩解相当正常。古今中外的国家机器莫不如此，边际条件造成野心和格式的不同而已。

说完了元朝的政治，我们再来看它的经济、文化与科技。

由于军事第一优先，皇家又有“部落共和”的习性（跟附属的统治势力一起分赃），造成吏治更加腐败，权力经济下的官商勾结、官官勾结、权贵勾结，例外太多，虽然大致也有户籍、税赋等法规，但实际意义不大，只能按记述下来的数据描绘粗略的，甚至是数量级的轮廓。

元王朝继承的是宋王朝的商业化社会平台，但“中间”环节的力道远超宋代。

元代平民百姓的负担不可能比宋代轻松。

从户籍说起。

草原征兵原本就是从千户、万户这些“诸侯”部落按每户派出男丁来计算的。自备马匹、武器，所以100个千户，很容易就是10万铁骑，并且无须考虑后勤补给，本来就是出门去抢夺的以战养战。

但元朝是个帝国了，抢谁呀？蒙古周边的地盘早抢完了。

不过，从“文明世界”学会了统治是上层掠夺下层的艺术，需要户籍，于是便将草原编制掺进汉地小农经济的户籍，就有了许多名目：

军户（分蒙军、汉军、南军，出兵时各自负责该当携带的战具）；

站户（负责驿站一切供应，可占有一定的免税土地）；

匠户（各种技艺都有“专业户”，医、水手、船、丝、织、陶瓷、金、银、铜、铁等）；

盐户（为垄断专卖的国企制盐）；

僧户（按宗教分为佛、道、教士等，皇帝赐予或元初已占有的土地，免税）；

儒户（教书授徒的儒生，偶尔需要承担差役）；

猎户（为皇家提供活的鹰、隼，以及皮毛和野味儿）；

头下户（“投下户”，是分给贵族或寺院的农户，不得迁徙，政府按户征收定量钱帛）；

乐户、娼户（提供娱乐的专业户）；

养老户（皇帝赐给贵族和功臣养老时，专门提供仆役的奴户）；

民户（这就是汉地小农经济的农户，提供税与役）。

分类这么多，税役的征收各不相同，地方政府真正能掌握到的只有民户、儒户，以及僧户下的一部分小农和一部分匠籍专业户。

终元之世，各地民乱不断，外战也频繁，徭役只靠民户，负担十分沉重，尤其是大运河、驿道的开通与维护，外加造船。

户籍还不能随意更改，专业或职业形同世袭。控制之严，超过历代。

例如，元军主力骑兵从蒙古军户里征集，两侵日本，损失5万蒙古部落民。而汉军户，损失达12万以上。蒙古部落民是刚好被征集南侵的各个草原千户领主带进中原的，汉军户则是灭金、灭宋时俘获或投降的金军、宋军重组、安置来的。无论蒙汉，一入军籍，世代子孙都得当兵。

可想而知，为了吃上一碗安稳饭，老百姓显然会尽量依托各类专业户，以求学得一技之长，伺机转入匠籍。这意外地强化了技艺的积累，手工艺随之大大发展。

史料记载的人口数据不可靠。忽必烈称汗时，灭宋战争还在进行之中，户数1400万出头。他死时，帝国已经拥有全中国，户数还是1400万（略少于称汗时的统计），人口则近 6050 万（含僧尼 20 多万，无业游民 40 多万）。

这些数据，仅只统计民户，但平均每户 4.3 人，比小农经济的“五口之家”还少。

肯定有大量隐匿未报的人口。我们按前面几章的同样方法估测，元初中国当近于 1 亿人口。

元代中央财政管理相当混乱。政府主要收入：户税、丁税、地税、商税、各种专卖。

户税：四两银子，钱帛各半缴纳。所以，每年约 6400 万两银。

丁税、地税南北不一，大致算起来合每丁三石粮。所以，每年约 6000 万石粮。

商税：忽必烈改国号为元之前，商税收入 4.5 万锭银，灭宋时达到 45 万锭（锭银就是中国人熟知的“元宝”，元朝之宝，重 50 两）。

商税的急剧增长，无疑是国内外贸易兴盛的结果，估计每年约 3000 万两银。

专卖：盐是大项，茶、酒、醋，甚至竹子都有专卖。当然，跟宋代学习，发引就是了。

专卖的收入或许达到税赋的半数，估计每年也达 3000 万两银。

以上粗估，在 2 亿两银子的数量级。然而，元政府还经常闹穷，钱乱花，入不敷出。

忽必烈按草原办法由国家出资（贵族可以出钱插花、占股）雇中亚商人直接经营西亚跟中国间的进出口贸易。这部分的“官商”经理人，可以免费使用通达四大汗国的驿站系统，贩运东西方货物。元政府投资经商到底赚了多少钱没有数据，应该少不了，物流成本低嘛，而且具备政策、信息、情报方面的绝对优势。

官商经理人自然也发了大财，在各地放高利贷，以钱滚钱。

自从人类扩散出非洲之后，人类史上第一次出现中国与西亚、中东、欧洲之间的国际商业往来，开始了真正的大接触。虽然东西方各个分支的人类族群在大约 70 年间消灭了近 1 亿人（蒙古征战、杀戮、瘟疫、灾荒全算上），东西方倒因此通了，知识积累得更加厚实。

元青花瓷的制作是其中一个显例。

当时西方没有烧出釉面温润如玉的瓷器的技术，而中国传统素色瓷的样式不合西亚人民的口味。于是，伊利汗国送来西亚的宝蓝色釉料、画师，中国瓷窑则配合来料加工，烧制出有丰富异国风格的图案，亮丽、大气的元青花瓷立马轰动，成为人类史上第一个真正意义的全球时尚商品，风行欧亚。无论数量、品种、价位高居元朝出口主要商品的前列，当然没少赚西方银子，直至明清。

中国瓷器因此一改传统，转向彩绘瓷，也丰富了当时中国人的审美观。

元帝国在征战之余，真正烙下的时代印记是把宋人的绝活有效地、一股脑儿地发散到全世界。其中影响最大的是把宋代的经济方法传播到全球。宋人发明的钞票、信用、金融杠杆等一系列软体，忽必烈大汗全部派上用场，西方也迅速学会。

当时的元帝国中央发钞局跟现代的美国联邦储备银行异曲同工。但在当时元钞是全世界唯一通行的钞票，那时的元朝政府比现在的美国还牛。

宋、元之后人类再出现钞票，要等到 18 世纪的欧洲了。

忽必烈任上发钞有充足的银根储备，元钞可以直接兑现金银，通行窝阔台汗国、察合台汗国、伊利汗国、钦察汗国，真正促进了全球商贸流通。而通过对中国产品的需求，元帝国的宗主位置也更加巩固。

当然，所有宋代开发的商业格式，包据税、钞票滥发、垄断、行业、中介，元代也全都一体继承过去，本来就是宋人在玩儿的嘛，宋人只不过护照换发为元人罢了。唯一的改变是理财的官员换成了西域商人，连钞票发行也采取承包，以便上下其手。结局可想而知。

忽必烈之后，元钞陆续增发，通货膨胀，到公元 1309 年只值面额的 1/25。

公元 1350 年，元廷无视南宋的前车之鉴，在没有储备的情况下扩大滥发钞票，纸钞迅速贬值到失去流通的功能，又因为元代没有铜资源，不发行铜钱，民间失去了交易的媒介，社会退回以物易物，经济秩序大乱，这是元朝覆灭的主因（铜根缺乏，一直是中国以铜钱流通商业的基本问题，这应该是忽必烈侵日失败后更没有铜资源，干脆发行纸钞，不发行铜钱的另一个因素吧）。

元代商业模式比宋代商业模式更近于现代意义的、市场行为的商业。

虽然官倒、特许状垄断、官商勾结不比宋代少，但元人的商业意识更开放。

前文已经说过，宋代之前的“商业”是为政权服务的，连同官方的各种专卖垄断，商业流通的主要目的是取得商业税和专卖的利润，以增加政府财政收入。至于商人从中获利，宋政权仅只将之视为一种“商业成本”，宋代商人依然没有社会地位。

元代时商人是外面文明世界的商品、信息、情报的主要来源，元政府不但不歧视商人，反过来很重视商人。商人要交易、营利，元人认为天经地义。

例如，元政府会投资经商，搞元青花瓷的来料加工，通过政权垄断的“官窑”生产，但不禁止私商制作、进出口青花瓷，景德镇也并非烧制青花瓷的唯一地方。

元代商业买卖大家做，公私一起做，各做各的，自负盈亏，政权不干涉金权运作，而且视商人为资讯的来源，也就是知识的来源。

宋代财政主导下的商业模式倒教会了元政府：原来政权还可以这样搞钱，当然就全盘继承下来了。

无本生意，透支信用，或滥发钞票，真说不清是蒙古人还是汉人带的头。大概是汉人吧。或者是“人性”，因为当下的美国人也这么干！不然，哪来的“金融海啸”？

蒙古征服世界当然也征服中国。西进的被突厥与波斯的伊斯兰教文明同化，东进的被中国文明同化。

用现代术语来说，当时中国来了许多蒙古和色目“移民”，出生在中国的“第一代华人”更多。汉语，经常要用，比较易学，文字嘛，总是比较难学。（忽必烈大汗，甚至帖木儿汗，都通晓一点儿汉语，但也就那么一点儿了）。

但音乐、戏剧、流行歌曲、小调吟唱，永远最快入门，何况汉地乐器大半是从西域来的。

于是，元朝廷鼓励平实直白的表达，白话文艺术大行其道。好懂嘛！

白话文写作的元剧、杂剧、话本小说（其实是上图下文的画本小说），成为那时候的“普罗艺术”，各种剧目都可以在宫廷演出。并且由于皇家的开放，剧本的创作无须担心“思想有问题”，题材相当如实反映当时的城市社会，怀念旧宋的、讥刺贪官的当然叫座，奔放男女感情的更全国流行。

已近于现代白话文的元曲（戏剧的唱词），继唐诗、宋词之后成为中国文学的奇葩。

王实甫的《西厢记》不只表白了人性的情欲，也有爱情至上的意味，起码高于追逐功名。关汉卿更绝，直白表达他是个蒸不烂、煮不熟、锤不扁、炒不爆，响当当一粒铜豌豆……

这些元曲名家已经相当自我，反叛传统束缚，比意大利文艺复兴还早300年……

元曲、话本有相当数量流传了下来，但大多不知作者，很能反映元代文化的大众性。

元朝廷也鼓励书籍传播，印刷产业生意兴隆，活字版印刷术迅速传到西亚、欧洲。

忽必烈当然也保留一些蒙古传统习俗，用萨满仪式祭山、祭水、祭树。

但他后来改信藏传佛教，任八思巴为国师，影响了蒙古草原改奉藏传佛教。忽必烈还让八思巴为元帝国制作新的蒙文，用上藏文 41 个字母，可以更精确地拼音出元帝国治下各族群的语言。

元朝正式文告、法令、印章、牌符、钞币等，以及汉文经、史等的翻译，都用过一阵子新蒙文。

忽必烈从青年时代起，帐下并非只有汉臣，还有许多波斯、阿拉伯等色目臣子。他们带来当时最先进的天文学仪器和数学，促进了中国人对“术”的认识，许多知识分子认真地吸收了波斯、阿拉伯的方法学。

王祯编纂的《王祯农书》，其中的《农器图谱》绘制了 306 幅各种农具、农业机械图。元政府还刊行了孟祺等参编的《农政辑要》，提倡关于土质、气候、播种、施肥、灌溉的系统知识，又附加以畏兀儿人鲁明善编的《农桑衣食撮要》，细化为按月的农事活动纲要，以及游牧生产须知，显著地提高了中国人的农牧技术。

医学方面出现了中医“金元四大家”，金朝、元朝治下的北方汉人各有两位。除此之外最突出的是元代著有《世医得效方》的危亦林，他甚至可以进行全身麻醉与骨折复位手术。而各族群的医学、药学传入中原，涌现出蒙古、回族医学家。

长春真人丘处机到成吉思汗王廷倡导养生思想之后，蒙古族的忽思慧整理出中国第一本食疗营养的《饮膳正要》，元政府更编纂《居家必用事类全集》，提倡健康饮食。

火铳是元代的发明。现存最早的实物，是在元上都发掘出来的铜质火铳，于公元 1298 年制造。

对于火器的应用，在成吉思汗西征时就已经用上，以抛石器抛掷出黑火药“炮弹”。

整治京杭大运河的郭守敬也具备优秀的数学素养，他主持的新编历法沿用了 300 多年，就是得力于诸多观测仪器及定时器的改进。

忽必烈对帝国舆图的绘制比较认真，他派探险队具体考察黄河源头，所得到的结论更近于现代卫星数据。公元 1339 年之前，平民汪大渊两次从泉州出发，共花七年时间，除游历典型海上丝路之外，兼及摩洛哥、东非，更经印度尼西亚前往大洋洲，也许是东西文明世界最早“发现”大洋洲的人。汪大渊写下游历见闻《岛夷志》，节录版《岛夷志略》流传了下来。

大抵，元人思路是实用、实在。

用儒文化的传统思维，难以窥见元代中国人的面貌。

用各国传统历史的本位意识和朝代逻辑也摸不到“蒙古现象”。

元朝的中国，不只草原文明强力混融进农业文明，东西方文明也开始大量相互渗透。

蒙古人启动了“全球化”

公元 1344 年，黄河在山东、河南连续三次决口，饥饿的老百姓为了生存只能造反。

中国再次战乱到公元 1368 年元朝结束，黄金家族退归蒙古草原。

公元 1206 年，成吉思汗称汗以来，50 年左右的时间，蒙古帝国征服了从东亚滨海直至地中海南岸的广大地域，统治了欧亚大陆众多族群、众多文化。无论各地各国的传统历史记述如何描绘蒙古人的统治或入侵，大致可以总结以下几个相同点：

（1）蒙古人很凶残，杀人无数，但我们实在打不过他们，“上帝之鞭”嘛。

（2）蒙古人很厉害，几乎打平了整个世界。

（3）幸好像场噩梦，风暴嘛，不久就过去了，一切又回到“正常”。

不过各国历史没说清或没闹明白的：

（1）中亚帖木儿汗国是操突厥语的黄金家族汗王，用着跟成吉思汗同样的招数，征服嘛！

（2）蒙古帝国是蒙古人的蒙古帝国，蒙古四大汗国是各地族群的一个王朝，君主来自黄金家族罢了。

四大汗国之间维持松散的联盟，用现代术语就是“蒙古共同体”，但这个共同体之大，依然是人类史之最，那是全球比较“自由贸易”的唯一时代。

（3）元朝是中国人的历史中的一个王朝，仅只是忽必烈大汗元帝国的“中国”部分。元青花是来料加工的“中国制造”，“蒙古共同体”内的“国际商贸合作”的成果。

（4）成吉思汗是要打造一个全球的、草原式的蒙古帝国，他自然料不到会成为一个全球化的“蒙古共同体”架构，虽只运转了百多年，但打开了所有人的视野。

（5）改朝换代从来没有一个“正常”可以回归，中国政权成为明王朝之后，无论血缘或文化，蒙古的印记已经存在，抹不掉，只是中国人从元人演化成明人而已。

实际上，亘古以来草原游牧民从未停止过迁徙、找寻更容易过活的地方。

机动的优势，造成交易与掠夺并行的意识，打得过的时候抢东西，打不过的时候换东西。

任何人群都不断有出类拔萃的人出现，成吉思汗只是刚好在草原周边近乎净空状态的时候出现的那个特别的人、体会到草原机动和信息优势的人。他只是碰对容易抢东西的时机，又特别能抢、带头抢的范围最大而已。本质上跟“文明国家”的政权（或金权）的统治与剥削，没有丝毫不同。

蒙古征服欧亚大陆，跟欧洲人征服美洲是一码事；毁灭的程度也不相上下，各自都消灭近亿数量级人口。那时候“全球化”的代价是血腥杀戮，政权或金权制度下，国家机器的扩张不是杀戮就是奴役。不能指望出现一个来做慈善的政权或金权，人类社会演化出国家机器的源点和制度的设计就是为了利益。

“蒙古共同体”的全球化，方便了当时的国际贸易，带动了东西方更多人的利益，真正促进了东西文化的交流，形成了现代世界。

人们该怎么评价蒙古、怎么回味这段历史呢？

历史只留下数据，元帝国还留下最后一个数据点：缺乏储备的滥发钞票，结果是失灵。

现代不流行政权全球化，流行金权全球化，“蒙古共同体”变成隐形的“联邦储备银行共同体”。美国人带头“理财”，幻想从流通里榨出油水，刺激“金融”靠滥印美钞，“消费经济”靠浪费资源……结果导致金融海啸。全球化嘛，全球一起遭殃。

人类的理性告诉我们：天下没有免费的午餐。这才是世人没有学会的经济学。

两宋到元代，对当时的世人而言，蒙古帝国当然是让人生畏的。

从现代人的角度回顾，得力于全球性的视野，也许我们会看到更深层的方方面面。例如，宋代中国人口近乎隋唐的一倍，而版图还比隋唐小很多。中国人无疑会尽量开发可耕地、尽力提高农产量，基本食用似乎也没出现大问题。

两宋时，南方跟北方的“经济战”无论茶叶、机械、铜钱、粮食、布帛、马匹等的交易，就两边老百姓的基本食用来说影响不那么大。因此，更可以让人们看到，“财富”的概念相当倾斜于“奢侈品”或针对政权与金权的“竞争优势”的占有。

当时的“核心竞争力”——马匹、机械、铜钱等资源与技术，这些也都是财富的象征。当时中国南北方的贸易或者世界东西方的贸易中，香料、茶叶、瓷器、金银珠宝等都是“物以稀为贵”的流通“财富”，跟各地人们的基本食用关系不大。

两宋社会商业化尽管有强烈的政府财政目的，“财富”意识的普及，流通的结果，茶叶、瓷器、金银铜矿开发达到一定程度量产，大宗的茶叶、瓷器也成为基本日用品，金银铜就货币化为基本“财富”。缺乏金银铜的中国居然通过全球贸易积累了大量银两，自然地演化成为“银本位”的国家。

蒙古帝国的全球化，无意间演化出一个人类经济模式，元代的中国是当时全球的经济运转中心。全球各地的财富商品的流通，很自然“经济”地把金银输送到中国，以交换丝绸、瓷器、茶叶。比如，宋末的日本开发了新的金矿，在日本当地黄金一两只值 700 文，而当时日本缺银，当地银一两可值 10 贯（1 万文），中日商人自然地从日本输送黄金到中国换取银两、茶叶、瓷器。西方不缺银，类似的运作是输送银两到中国换取瓷器、丝绸与黄金。

信息和物产的不对称，通过财富交易，加速流通、平衡。

尽管各地各国的政府一概收取关税、货物税、营业税等，商业经济，莫之能挡，利之所在，冒险犯难。然后，日本引进茶种，自己种茶、自己烧瓷、自己开发“茶道”，不让中国专利专美……

西亚也一样，帖木儿帝国时代，中亚造纸供应整个西方，之后奥斯曼土耳其帝国的伊兹尼克地区也烧制出类似元青花以及更多色彩的瓷器。

蒙古全球化的过程也是世界经济化的过程。

人们可以不全都同意“财富”的定义或内容，但背离财富原则的流通，如滥发钞票、不可兑现的钞票、没有诚信的钞票，无论多大的帝国或政权，自然地受到经济制约，很快丧失流通力，成为废纸。这就是游戏规则基本的“诚信”。

但金融海啸居然可以历经宋代、元代的失败，一再重演到现代的美国，宁非怪事。

这或许是人类智慧的盲点。

金融运作，印钞票、搬钞票，制造不出“经济”，自然界原本就没有免费的午餐。或许，现代人类到了需要修正“财富”定义的时候，毕竟人类历史历来的财富意识下的财富硬件，“有用”的程度不够（财富，多半只是炫耀政权或金权的占有）。

成吉思汗、忽必烈及蒙古族群，开启了世界的全球化，他们没能打造出一个全球化的政权，但通过宋代中国人开发的金融运作方式用货币与信用无意中打造出一个全球化的经济共同体。

蒙古的草原文明征服的本能使得蒙古率先成为冷兵器到热兵器的先驱，最终，热兵器与金权毁灭了成吉思汗热爱的草原文明。

自从老祖宗走出非洲，一路拾猎扩散到世界各地，生存本能驱使下的占有领域的行为，通过文明的开发，成为占有生活资源的私有制度。无论定居农业还是机动游牧，人性都自然地发展出部落与国家的社群形式；栅栏、壕沟也从防御野兽侵袭演变为城池、寨堡，防御人际掠夺。领域——“势力范围”越来越固化为疆界、门槛。

“智人”的后裔被自己的画界意识关在自己的领域里。天地，不再宽阔。

蒙古人的草原意识、大征服重新把人们的活动领域扩大到几乎与世界同大。

地球没变，地平面也没变，老祖宗用6万年时间走遍，蒙古人只是无意间打破了各种壁垒，让“前现代”的全世界人群又回归到可以流通的状态。

不过，从此世界再没有一扇可以关得起来的大门了。

第九章　结晶化的明、清

（公元 1368—1911 年）

蒙古帝国和元朝静悄悄地将许多草原文化因素渗进中国文化里，不仅只是全球化的国际贸易。

例如，元代施行的刑法许多都比中国历代的轻：流放基本取消，改为“发放原籍”，交地方官和乡里“列管”；伤害罪除牢狱之外须罚赔赡养费或丧葬费；偷盗罪，一般罚赔损失的两倍。

当然也有不公平的条款，地主虐待佃农，量刑就比一般农民犯同罪轻，明显向地主倾斜。

但这些按照蒙古的判例法原则辑成的成文法规，形成明清时期律法的一部分准则，不能不说比秦汉以来的刑罚律法概念更为“先进”，因为汉法的意识始终是建立在针对小农经济的统治上的，充满国家机器的统治话语。

而判例法则“法不责众”是自然的，并且罚则的轻重，多少反映各个族群的习俗或民意所认定的“公平”。

例如，文艺通俗化，题材、形式、表达都比中国历代更人性化。

近代中国人的流行文化，如家喻户晓的《三国演义》《水浒传》《西游记》《金瓶梅》《警世通言》《牡丹亭》等通通都是明代作品。描绘平民生活，讴歌男女爱情，大众化戏曲与小说反映了草原对汉地文化的某种解放。

这些都是全球化的蒙古帝国和元朝平台沟通了各地文明的结果。

事实上，无论东方还是西方，文明和血缘总是不断混融。蒙古帝国和元朝更是把各地文化大搅拌了一下。公元 13 世纪之后，全球一开始通的当然是经济，中国人的货币金融及中国产品大量流通到西方。西方的物产、金银、宗教也大量流通到东方。

东西方社会的技艺、思想、审美都因为交流而面临着极大的转变。

一方面，城市化的“经济”，工商、流通、贸易、文艺、时尚不断地改写着人类社会的“权力制度”软体。对金权的追求迅速取代对政权的追求。

另一方面，元帝国一统中国，打破了东西方传统文化的“文明”意识。

面对难以理解的“蒙古现象”，西方人释怀比较容易，不就是“上帝之鞭”或“阿拉的旨意”嘛。对“一切皆有理”的中国传统思维而言，合理化“蒙古现象”并不容易。当时的元代理学，立即从单纯理智的“道问学”直接找解答，转向为比较模糊的“尊德行”、诉求人性本源，曲折迂回地寻求合情合理的释怀。结果就是，公元16世纪明代思想家王阳明的“格物致知”的心学，以及后来李贽的正面肯定“人欲”、强调“百姓日用即道”。那已经近于欧洲文艺复兴、追求个人价值的思想了；东西方人脑的反应，不谋而合。

但是，经济毕竟是基础建筑。蒙古人的全球化加上宋人的货币金融，直接促动了人类的工商经济。而宋元失败的货币金融软体，却使得明代回归小农经济，很快庞大的中国社会基层便凝结成一个硕大的晶体。历史的偶然，又使得满族入主中原，清朝不像元朝，不但没有带进什么新鲜元素，反而出于统治的需要更加晶化中国社会。

于是，小农经济加上汉儒文化把明清社会一锅熬了，明清两代，只好混同在这一章里叙述。商业与金融曾经带给宋元社会的风光，当然没被遗忘，政权和金权的获益者大咧咧地在城镇里从事着交易，统治着乡村，继续着不可能协调的两极化。

明代　走向封建制的顶峰
（公元1368—1644年）

一、农民皇帝，明太祖朱元璋（公元1368—1398年）在位，回归小农经济

公元1344年黄河大改道，天灾暴露了元王朝统治体系的缺陷。实际上，元代经常发生民变，汉地的蒙古人与色目人一样也存在大量贫民并也一样沦为农奴或奴仆。

元末崩解的直接导火线来自公元1351年的钞变与治河。政府滥发钞票，结果钞票成为废纸，社会经济退回史前时代，以物易物，民不聊生，加上征发十几万人整治黄河，官吏趁机敛财，安徽民间的白莲教聚众起义，红巾军大造反，一发不可收拾。

白莲教是隋唐之后中国民间的秘密结社，掺和佛教、摩尼教、道教，崇拜弥勒佛或西天光明佛。

这时候历史的偶然性从赤贫的底层社会中出现了中国史上第一个农民皇

帝——朱元璋。他很努力地试着让国家机器符合平民百姓的利益，结果明王朝成为人性的大实验室，留下许多不可思议的数据，包括朱元璋的一生，以及他对回归农业经济的尝试。

公元1344年，朱元璋16岁，安徽大旱、蝗灾、瘟疫流行，之后黄河连年发大水，冲过大运河，河南以东一片汪洋。本来就是贫民的朱元璋顿时成为孤儿，便投靠到附近的庙里当个小和尚，不到两个月庙里也没得吃了，只好出走、乞讨化缘，浪迹江湖三年，再回到家乡的庙里时，已经是个20岁的青年和尚了。日子混到24岁，已经参加红巾军的儿时玩伴汤和来信让他赶紧参军闹革命，朱元璋的人生就此展开新的一页。

朱元璋作战勇敢、略通文墨、不贪利，很快成为头领的亲信，红巾军的头领还嫁个义女给他，就是后来的马皇后。但这帮红巾军整天搞内斗，不能成大事，于是参军不过两年的朱元璋毅然带上从小就是铁杆子的汤和、徐达等24号人马，独立打天下去了。南下途中，朱元璋招募人众，扩编至3万人，并收拢了李善长、胡惟庸与常遇春、蓝玉，收养朱文正、李文忠、沐英为义子。公元1356年，朱元璋打下南京城，四年后任刘伯温为参谋长并收降傅友德。明朝开国元勋与将帅大致到齐……

公元1360年，朱元璋在元末割据的军阀中排名算是老四。

他懂得运用刘伯温的策略，以军屯积粮、不扰民，先后各个击破陈友谅、张士诚，随后以民族主义的号召，于公元1368年在南京称帝，并攻下元大都（北京），覆灭元朝。

回头收拾明玉珍割据的四川，然后花一生时间八次出长城北伐蒙古汗国，第六次是公元1388年，蓝玉领军打到贝加尔湖俘虏整个蒙元王廷组织与8万人众，瓦解了忽必烈系黄金家族政权，此后，蒙古恢复草原诸部状态。

明王朝于公元1368年开国，两年后中亚突厥化的蒙古帖木儿帝国也开国。

朱元璋再次统一长城里边的中国的时候，帖木儿帝国正在统一其他蒙古汗国的过程中。退归蒙古的北元、伊利汗国、钦察汗国这些黄金家族王朝跟帖木儿帝国之间虽然都有蒙古渊源，但国家机器要扩张地盘，就是冤家了。

大致也就是公元1388年前后，明王朝遏制了北元，完全控制了陕、甘、青与新疆东南部，直接跟新疆西北的帖木儿帝国、新疆东部的北元势力接壤，事情就多了。

大抵朱元璋并不真正了解帖木儿帝国，或许还存在联合中亚以压制蒙古的主观愿望。

朱元璋希望帖木儿帝国按朝贡的先例，跟明王朝结盟，远交近攻，抑制蒙古草原。

帖木儿汗本人略通汉语，但他是成吉思汗第二，那时候中国已经在他的目标单上。“朝贡”可以赚钱，因为使节团到中国的差旅费是明王朝掏腰包招待的，并且还可以刺探中国情报，于是不管明王朝怎么规定，帖木儿帝国相应不理，年年“纳贡”，一次上千匹马的互市不当回事。

尤其是国书卑词“称臣”这件事，让朱元璋皇帝大乐，乐到忘记帖木儿帝国也能跟蒙古结盟，事实上帖木儿汗跟诸系黄金家族是通婚的。

公元 1397 年，朱元璋派出 1500 人的傅安使节团出使帖木儿帝国。当时的帖木儿汗已经拥有蒙古四大汗国中的三个，并扩及北印度和土耳其，对自以为上朝天国的明朝使节很麻利地处置：扣留。但派人陪傅安周游帖木儿帝国，西至里海、黑海、地中海，南至印度，一共花了六年时间。

有了这样的亲身经历，傅安对当时中国之外的欧亚大陆的认识肯定是中国人之最，超过元朝时代的中枢汉臣。

公元 1404 年冬，68 岁的帖木儿汗亲征中国，中途病死，历史的偶然让双方避免了一次恶战（史学者大多看好帖木儿帝国会赢）。这时，明王朝已经是明成祖朱棣在位。

公元 1405 年，傅安终于带着剩下的 1000 人马回到北京，向朱棣皇帝述职报告，写有《西游胜览》，不过已经失传。文臣们做的序文倒流传了下来。随后朱棣五次再派遣傅安通使中亚、西域诸国。

傅安任职“外交部”31 年，九年在西域，12 年在中亚以西，比汉代的苏武还辛苦，传统中国历史记述居然没有他的传记。傅安年迈回国申请退休，当时官僚认为：多年在外、无以考核、于法不合，一副不给退休金的架势。幸好当时的皇帝（继承朱棣的仁宗）还算有点儿头脑，让他衣锦还乡……

朱棣相当有国际观，定都北京，当然有内政方面的考量，但也有针对北方外患的清晰认识，京城中央军与禁卫军向来最强，而且皇帝亲掌，等于皇帝自己看守国门。

朱棣的主力神机营实即火铳队，朵颜三卫更是地道的辽西蒙古骑兵。

他很幸运地避免了跟帖木儿汗直接交战，随后立即夯实对松辽直至西伯利亚东部海岸的控制，设置了奴儿干都司（省级军区），并进兵哈喇和林（一把火烧掉了），尽力压缩蒙古可能扩张的空间。针对帖木儿帝国除继续陆路通使之外，更派遣郑和下西洋，意图打通海路远交欧非。

但我们从傅安的遭遇（朱棣另外派遣通使中亚的外交使节，却享受高规格的传统历史记述）、郑和的遭遇，看到朱元璋父子两代以及他们之后的明王朝统治者，截然不同的意识与认知。而朱元璋厉行海禁，朱棣开禁，海洋此后关关开开，纠缠中国人至今。

对于元朝的经验，朱棣之后的明王朝知识分子似乎选择了刻意忘掉，他们无视已经日益增加的国际信息、知识和商贸的交流量，大抵又回到自闭状态。

统治者和统治阶层各自存在思理上的矛盾，现代回顾明王朝的事儿，有点儿说不清。

所以，先说朱元璋开国时期，外部存在着具有威胁的势力。实际上，他们碰到类似汉武帝跟匈奴之间的情况，终明之世无以摆脱蒙古的阴影。这样，明清历史的演化，便容易理清了。

明代的朝贡制度，当然不只满足帝国的虚荣，但作为政治手段，实效近乎零，毕竟现实的部落或国家机器，岂能以中国式虚无缥缈的朝贡制度来维持和平？

明朝时，其疆域北到大漠，东北逾外兴安岭，抵库页岛，西北至新疆哈密，西南包括西藏、云南，东、南到海并包括南海诸岛。

明朝疆域图

郑和的故事广为人知，明王朝展示武力，但实际上试图以经济利益收买各国。

在东北亚，也上演类似的故事。明初，奴儿干都司辖下的黑龙江地区经常招徕各个西伯利亚渔猎部落，甚至还有库页岛来的小酋长们，他们各自欢天喜地地领回明王朝发放的丝帛瓷器等，代价常常只是口头承认中国霸权。以至于“苏州织造”从库页岛南流，被贩卖到日本时，当时的日本人还以为北方另有一条西伯利亚丝绸之路被悄悄地开通了……

等到中央财政不胜负荷了，文官集团便在郑和死后，私匿船舰及航海图纸，等于抹掉一切海洋知识，干脆实行“锁国”。西方世界与现代中国人至今难以相信，世上真有这样的事会发生。但的确发生在中国人身上了。

明朝统治阶层主导的政府行为，似乎欠缺经济意识，但统治阶层的日常生活行为及城镇民间活动却经济意识高涨。人们从未忘记宋元时代经历过的城镇繁荣。

大概这就是朱元璋杀不尽贪官的原因吧。经济运作是当时全球性的新鲜事物。

朱元璋和马皇后感情上相当小农经济意识：以很传统的方式表达对乡土、对农民的热爱，偌大国家就是扩大化的皇家一亩三分地。

朱元璋非常痛恨贪官污吏，非常尊重知识分子，情理纠结相当复杂。

朱元璋没少被“经济问题”困扰，他回归小农经济后让农民交税直接缴纳粮帛。

在朱元璋的一本账上经济逻辑很单纯：贪官的钱多了，平民百姓的钱就少了。

于是严惩贪腐，除杀无赦之外，经常剥皮、做成人皮灯笼以此警示当官的知识分子……

朱元璋 30 年任上杀掉的贪官污吏达到近 10 万数量级，包括学官。

但晚年的朱元璋未免感叹：为什么贪官们前仆后继，愍不畏死？贪腐是人的本能？

朱元璋也没少被“王权专制的国家机器”问题困扰。

皇帝与士大夫共治天下，专制王权需要一帮统治阶层来管治国家机器，这，他是明白的。

所以，明代科举制度执行得也相当上轨道，但朱元璋不放心知识分子的心思（欲念），便进一步钳制其思想，规定只从“四书五经”里出题，并且文章格式只限“八股文”……

但分权终究跟分赃是一样的道理，人人在忠君爱国之余，也要从王权里榨出油水来，于是对张扬跋扈的权臣、可能影响到皇家大权独享的官员，罗织“造反”的罪名大加杀戮，从心理上血淋淋地震慑。

明初两大案——胡惟庸案、蓝玉案，一共收拾的文武官员不下 7 万人。马皇后算是可以稍微制止朱元璋诛杀人的人，他们的长子（太子），偶尔劝劝老爸。

皇帝说：我帮你把扎手的刺都拔掉了，不好吗？

太子回答：有什么样的皇帝，就有什么样的臣民……

气得朱元璋拿起椅子就甩过去。

不过，明太祖确实做到了传统盛世帝王该做的事：整顿吏治，与民休息。

他自己带头节俭生活，降低税赋，政府更从那时人口过剩的山西组织数百万移民，先后充实那时凋敝的黄淮流域（冀、鲁、豫、皖），并大举兴修水利（筑湖堰、开水渠，为历代之最）。

明太祖的农业政策很务实，农民分田、入户籍，详细规定栽植棉麻丝的亩数。

此外，另有军屯和商屯。边地军队三分守城，七分屯田；内地军队二分守城，八分屯田。允许商人开发边疆，投资、雇人屯田，就地缴纳粮税。

多管齐下，边地军粮基本上自给自足。

朱元璋并不了解宋代经济模式，他直觉地重农抑商、以粮为纲。

明代承袭许多元代政制，包括诸多户籍的分类，但明太祖借胡惟庸案，废掉了传统宰相这个位置，王权专制与中央集权都达到历代之最。

这样的统治需要精力十万分旺盛并精神集中的帝王才可维持绝对的控制。

明朝后来被宫廷宦官、锦衣卫特务机构擅权，这都是明太祖自己种下的因缘。

他的后代可没他那样的精力与专注。

明太祖中期民户达到 1060 万户约 6000 万人口。

这个户数几乎贯穿明朝 276 年的统治，没太大变化，官方统计数字甚至经常变少。

上有政策，下有对策，不是错漏，勾结少报。官权自欺，王权也自欺，有意思……

实际人口总数成为谜团，只能靠合理猜测。大抵从明初 6500 万人口膨胀至明末 1 亿人口，公元 1620 年高峰时应近于 1.5 亿人口。

平行而可以佐证的数字来自史料记载的垦田总数，公元 17 世纪明代田亩达 780 万顷，达到历代高峰，壮观的云贵梯田完成于明代。

明太祖自有一套“公平”的法则，他借“惩戒”张士诚故地为名对江南富饶之地征收特高税赋，减税 20% 之后，苏州一府每年仍需缴纳近 300 万石米粮（苏州田亩只略大于全国的 1%），几乎是明王朝全国粮税的 10%……

二、明成祖朱棣（公元 1402—1424 年）在位，恢复文官统治

公元 1398 年，朱元璋去世。太子早死，21 岁的皇太孙继位，就是建文帝。

温文儒雅的建文帝即位后，修改爷爷的策略，虽没有恢复宰相制度，但扩大了文官统治，六部尚书的权位开始超越将军与督抚大员。当时的超级文官，包括帝师方孝孺，学问是有的，管理则不灵。他们急于恢复类似两宋文

官集团的统治，取消对僧道的优惠（限制庙产，并一体交田税），实施南北方一致的税赋（南方入仕的知识分子占全国 75%，而江浙两省更高达半数以上，税率一致明显有利南方地主，因为南方产值高），并且开始削藩。

姑且不论这些文官是不是有偏袒地方之类的私心或者执行力能不能落实，建文帝政府的改革措施相当理想化，招致众多既得利益的地方势力、武人、佛道宗教中人的反对。

尤其是削藩更是遭到极大反对，朱元璋治下的王族，诸皇子皇孙，藩兵多不过 15000 人，少的只有 3000 人，造反其实是有困难的。公元 1399 年，当时的皇叔燕王朱棣勉强算得上是被逼反的，起兵造反的老本也不过区区 800 人马，口号是“清君侧”，因为建文帝“违背祖训”。

朱元璋让朱棣镇守北京遏挡蒙古，功劳、经验与能力当然是验证过的。

朱棣除了年轻时被开国文武大臣李善长、徐达调教过之外，他还是徐达的女婿，并且身边另有一个特殊人才——姚广孝和尚，这是个跟忽必烈大汗身边的刘秉忠和尚类似的人物。

两宋中国人把儒、释、道三教彻底合一以来，无论外表披着什么衣裳的知识分子，入世济民的儒家思想也结晶出诸如耶律楚材、姚广孝这一类文采飞扬、深研医术（或其他术）、策略实在、禅机丰富，能力足以出将入相的另类怪才。

人嘛，都有人情，各有习性的侧重，朱熹、方孝孺是老师，要讲理学、气节；耶律楚材更喜欢道家的话语；姚广孝、刘秉忠是和尚，就多些禅理喽。

实际的管理能力又是另外一门智慧，看个人的经验积累与境遇。

但这些大抵都是具备儒家的政治热情、想要实现理想的、有所抱负的知识分子。

姚广孝 48 岁那年才跟 23 岁的朱棣结缘，此后成为朱棣唯一的朋友、最主要的幕僚长兼助手。明王朝的转折点就出现在燕王朱棣造反、夺位时，“靖难之役”内战四年，鼓动、策划、执行等姚广孝通通有份，内战开始时他已经 64 岁。而朱棣也奇迹般地经常逢凶化吉，就这样“偶然”地攻占明王廷，公元 1403 年，43 岁的朱棣成为皇帝，即明成祖。

南京城被攻占后，内战结束，建文帝死于宫廷大火。

朱棣试图淹没一切建文帝的痕迹，当做是继承老爸朱元璋的帝位。当然，野史八卦就多了去。那时，68 岁的姚广孝和尚建议明成祖不要杀方孝孺，大概预料到典型的儒家知识分子会大力反弹。但被方孝孺激得盛怒的朱棣大开杀戒，夷十族，传统九族之外连门生、故旧一起算上，成千上万人头落地。这样的残暴竟然激发士人风骨，不少知识分子宁死不当明成祖的臣民，谎称是方孝孺的学生自愿上断头台……

在明王朝这种情况下，公元1404年68岁的帖木儿汗亲征中国，病死在伊犁附近，帖木儿帝国迅即陷入争夺汗位的内战中。朱棣则从容地夯实了对中国的统治。随后，帖木儿帝国释回六年前出国的傅安使节团，傅安的报告加上朱棣自己也有蒙古部队，使他对西方信息的掌握远超过他老爸明太祖。于是明成祖决心理顺明王朝的国际关系。

公元1405—1421年，明成祖派“三宝太监”郑和率27000人、240艘船的庞大船队，从长江口出发，六次下西洋（第七次是明宣宗所派），远达东非，展示明王朝是继元王朝之后的东亚霸权，当然也想绕到帖木儿帝国的西端找寻盟国。实际上，明代的大航海不只于向南向西；另有一支从松花江口出发的船队，向北向东。而北美洲东西两岸的证据显示中国人早已登陆。

当时的埃及是马木留克王朝，马木留克（马木鲁克、马穆鲁克、马木路克等汉译）原先是埃及从钦察汗国雇佣过去的突厥奴隶兵团。旭烈兀汗的蒙古铁骑打到中东时，蒙哥汗死讯传到，旭烈兀立即率主力部队掉头东归参加忽里勒台大会，丢下一支正往埃及进军的万把人蒙古骑兵，他们在西奈半岛被马木留克军全歼，马木留克军成为西方第一个打破“蒙古不败”神话的部队，回到埃及奴隶佣兵夺权，马木留克变成埃及与红海地区的新主人。早先对东亚蒙古的敌对意识使得马木留克王朝拒绝郑和船队进入红海（当然喽，西方人很难分辨黄种人之间有啥不同，反过来也一样的）。

郑和船队始终进不了红海，自然也就抵达不了地中海。

找不到西方盟国，明成祖只得另外想办法折服帖木儿帝国集团。

公元1418年，明王朝通使中亚示好，两年后中亚、西亚27国组织600人的庞大使节团随中国使团回访。明成祖派遣6000精骑到嘉峪关迎接，并护送他们顺便沿途“参观”明王朝九边军镇。被访的军镇派出部队里的蒙古、回族裔军官接待，特意展示军镇军力，并介绍明王朝的民族平等政策，打破中国虐待蒙古、回族的谣言（跟现代美军开放航母给人参观是一个意思）。之后，明成祖在北京皇宫接见使节团。但帖木儿帝国使节团领头的正、副使分别是帖木儿帝国的丞相与大将，以“我国向无此俗”为由，拒绝跪拜，只行鞠躬礼（其实，他们的级别在其本国君主面前是免行跪拜礼的）。

这个外交礼仪风波之后，明成祖先是安排使节团到中原和江南旅游，包括名胜古迹与繁华都会。然后，邀请使节团观赏明朝皇帝在北京周边的大规模“狩猎”。

公元1421年，操各地方言的10万明军盔甲鲜明、阵列整齐地演出了长达一个月的“狩猎”，神机营亮出各式火器，各国使节大开眼界也大为震惊。

这些高科技武器包括步骑兵专用的火铳、火炮，“一窝蜂”（火箭炮）、“火龙车”（火焰喷射器）、“安南铳”（抬枪）等。

以狩猎为名的“演习”结束后，明成祖就近在土木堡行营（今张家口附近）接见各国使节，帖木儿帝国使节团带头跪拜，明成祖写了封信给帖木儿帝国君主，表示“愿两国臣民永享太平安乐之福”。这次阅兵的相关记载，也见于中亚各国典籍，跟随过帖木儿汗本人的副使更在回忆录里声称：我不得不承认，大帝（帖木儿汗）死在东征的路上是一件幸运的事情，这使他保全了一生的英名……

明成祖打时间差，用 17 年折服中亚。蒙古汗国被孤立在蒙古草原上。

此后，中亚、西亚诸国与中国的关系一直维持到明末。光帖木儿帝国向中国遣使的次数就达 60 多次。而使节团回国后，埃及便解除了东方商船禁入红海的禁令。

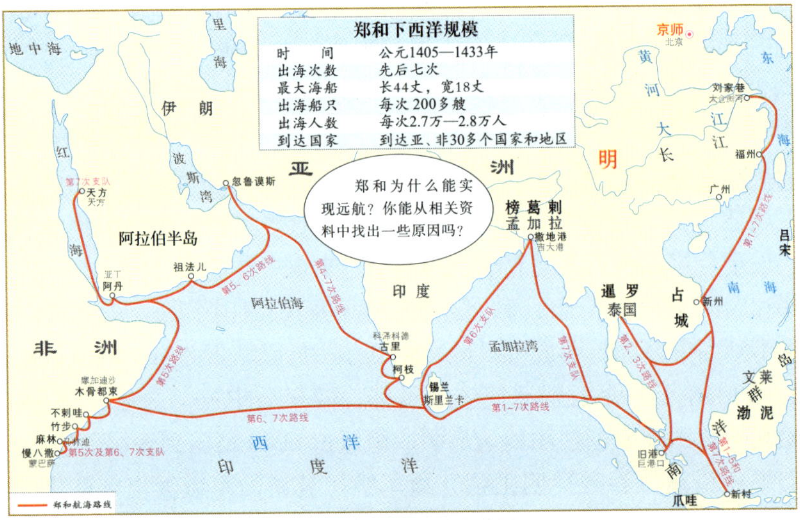

郑和七下西洋路线图

在位 21 年的明成祖朱棣死于公元 1424 年第五次亲征蒙古时，七年后，公元 1431 年，郑和第七次也是最后一次下西洋，终于抵达阿拉伯半岛南岸的阿丹国（亚丁，今也门），他派出一支分队，进入红海的阿拉伯吉达港，一组中国穆斯林代表前往麦加朝拜。两年后，62 岁的郑和病逝于回航途中。

在明成祖任上，短暂的建文帝的改革：文官统治继续发酵；削藩继续进行。

朱棣很理智地看到，王权独揽确实需要帮手，便以稍微低阶的官位在六部尚书之上设置内阁，等于有好几个副总理，但没有设总理。实际上，后来发展为有个形同首相的内阁首辅。这比单一宰相更具效率，并且兼具制衡作用，对王权的威胁也较少。

明清两代的文官体制，就此大致确立。

于是，明王朝回到文官集团统治的局面，明成祖死后，不多时武官便成为文官的附属，地方文官甚至差遣卫所军士当杂役使用。将官到兵部办事，常常要跪各部文官……

总之，明朝中期之后中国人恢复到两宋重文轻武的状态，这才会发生郑和死后不过40年，兵部文官竟可以凭一己的定见，藏匿图册终至海图、方舆图、造船图等消失无踪。

闻所未闻，骇人听闻，如同一个团长擦枪走火激发世界大战决定了亿万人的存亡一样荒唐。

朱棣一当上皇帝就任命解缙和姚广孝等知识分子编纂《永乐大典》，这是当时世界上最大的百科全书。可惜只4%左右幸存至今。

明成祖死后，10年左右，小农意识的文官们都不愿意经营偏远地区吧，省级的奴儿干都司、交趾布政司、哈密卫全撤了（藏地的都司因本来就是羁縻性质的世袭，延续了下去）。情况跟两宋类似，但这次内缩比宋代更主动，是小农经济意识的文官集团的集体意志的高度发挥，或许也是看透了“财富”大抵都不是实用之物吧。

从数据看，朱元璋、朱棣两代皇帝的56年间共北伐蒙古13次。这个数据本身已经说明，诸部蒙古依然是草原上的强权，不然以帖木儿帝国之强，早已进入蒙古草原，用不着通婚了。

朱元璋父子一开国就铁了心跟蒙古对着干，除了打仗，和亲、岁赐通通免谈。

到朱棣时，草原黄金家族已经分裂成三大部，鞑靼（蒙中）、瓦剌（蒙西）、兀良哈（蒙东）。其中，兀良哈成为明王朝的蒙古联盟与佣兵，所谓的关宁铁骑或朵颜三卫的来源。鞑靼、瓦剌则先后统一大漠南北，成为明王朝的劲敌。

瓦剌部更一度扩及中亚，延续到清王朝，成为康熙皇帝打击的对象——准噶尔。

我们还可以从一些细微的地方看到明王朝在明成祖之前与之后的变化。

朱棣亲征蒙古五次，打到鞑靼称臣（但瓦剌又趁机坐大），皇帝亲征，率领的部队并非全部骑兵，也没有数量优势。朱棣的自信和勇气是历代帝王炎是最大的。

朱元璋的表达更微妙，元青花瓷是出口赚银子的强项，要抹掉蒙古印记嘛，把元代流行的几何图形部分，进行简单的修改，实者虚之、虚者实之，原来白、蓝的地方颠倒为蓝、白，就是硬要跟元青花不一样，是“明青花”瓷了嘛……以至于几代人之后，中国人竟然完全不知道有元青花的存在，欧美也是到公元20世纪60年代才“发现”元青花瓷的。

底座图形反差

元青花　　明青花

朱元璋、朱棣父子的意识、意志、行为完全主动、“操之在我”。

或许由于朱元璋、朱棣父子的精力旺盛，中国的王权专制也在他们任上登峰造极。

从税赋看，明代中国人的负担似乎不重。

明初“重本抑末”，农业技术有所增进，南方已经一年三作，两宋时代的“苏常熟，天下足”到明清时代变成“两湖熟，天下足”，湖南大米运销各地，促进了各地农业与商业的分工，而明太祖征收粮帛实物，税率仅只10%左右。明成祖定都北京，物资远程北运，刺激漕运发达，河岸城市车水马龙，各种商业、服务业鼎盛。

公元15世纪，东西方先后进入大航海时代，郑和船队率先将美洲的各种薯类（马铃薯、甘薯等）、南瓜、花生、棉花等作物传入航线上的西非、印度、东南亚与中国。中国农民特爱这些高产的旱地作物，普遍栽种。对土壤要求相对较低的番薯和玉米可以利用山坡地种植，成为明清两代中国人的口粮组成，垦田面积因此大大增加。这些农业经济的增长，无疑是明王朝的基础（但这形成了另外一个问题，坡地开发为农地，人口膨胀加速、自然生态破坏加剧、水土保持失衡，此后的天灾频率更快、规模更大……）。

从常备军的数量看，明初军户近300万，明中期达到400万，这是全国的总兵力。

军户跟元代一样，世袭的兵籍不让转业，但又不见得专业。国家机器有三四百万军户，大致每户一丁服兵役，也就有大量常备军。但军户 70% 以上时间处于半农奴状态从事军屯，以便部队自给自足。

朱元璋常自夸：我养兵不费老百姓一粒米粮。

实际未必完全做到，但明初所需百姓补给的军粮，大抵真是历代最低的。

然而，明初面对的外部竞争环境，要求军队具备相当高的战斗力。于是，朱元璋父子很认真地装备起明朝的部队。大致的标准编制是 5000 人的“营”（近于现代的旅），每营有 8% 炮兵、20% 骑兵、72% 步兵，火器配备率高达 50% 以上。

军事科技和装备的先进一直是明初能够顶住外部强权的主要因素，但庞大数量的马匹与火器的维持就一直成为明王朝中央财政的重担，因为，装备的供应要用银子置办，粮帛实物税不能解决问题。这就牵涉到经济、货币、吏治……老百姓的负担来自实物税之外的银钱征收。

明成祖之后，内地各卫所的军户沦落为贱民。

而中央军与九边军镇至少有 100 万大军必须保持在明初部队 70% 以上的战斗力，大明帝国才勉强维持。在这罩门上文官集团也大致明白军队战斗力的重要性，给予配合。只不过，恢复文官统治之后，统帅位置多半是由中央政府临时派来的文官担任，军队是职业化了，但没有专业化。不但指挥系统没专业化，连明初的“高科技”火器优势，明中期以后也很快被外部追上甚至超越。

原因很简单：军户没有创新的动力，宁可去民间当佃农或给匠户打工，都比军屯的待遇好些。明初军户的临战经验几乎没有传承下来，就更谈不上跟后勤供应的匠户合作，联合操作武器技术的纵深开发，何况武器供应体系还存在官商勾结的贪腐问题。

这样，也许人们不能怪兵部有良心的文官要藏匿图纸档案数据，因为，兵部完全知道，战斗力打的是银子，而中央财政缺银子，并且小农经济社会，对“术”并不敏感。高层要调研数据就是要有所动作喽，中央每收进一钱，平民出的是两钱，吏治搜刮呗。何况，打仗还得死很多人……

明军能打吗？全看指挥官行不行，以及指挥的是“正规军”（边军）还是“杂牌军”（卫所）。明初之后，文官上阵指挥战役，经验就矮了一截。如果领的是卫所士卒，结局已可预料。传统历史记述相当突出明初名将的案例，但朱棣死后，更多的是敌军如入无人之境。

朱元璋看出历代王权交替的麻烦，坚持立下嫡长子接班的规矩，以减少皇家内争，为此还直接让嫡长皇孙接他的班。但专制王权的诱惑实在太大，朱棣本人立刻破坏了老爸的规矩，不惜打几年内战夺权。

朱棣的嫡长子是个读书人，经常在朱棣出征的时候给他看家、管治后方，很受文官集团的爱戴，可以说满朝文官都是“太子党”。

朱棣更像个武人，但最终权衡形势，还是指定了嫡长子为太子。太子继位后，皇帝只当了一年不到就死了，但传统历史记述把他供奉得很好，谥号是“仁宗”，主要是他平反了内战时期的诸多冤案，确定了内阁体制、全面恢复了文官统治，并且为了平衡南北汉人，规定科举进士名额为南方 60%、北方 40%，从此成为明清定制。

接下来是仁宗的嫡长子宣德皇帝继位，此后的明王朝皇帝，在王权绝对的氛围中“与士大夫共治天下”。

文官统治集团里的知识分子们，展现出各种各样奇奇怪怪的、“以天下为己任”的复杂情结，他们以小农经济的意识，变通地管治着元代留下来的军户、民户、匠户……努力地以商业利益刺激、调动各种户籍人口的积极性和创造性。

比如，明初匠户需要服役，服役期间，政府只给基本工资，匠户要放下手边的生计，长途跋涉前往服役地点，自然消极怠工，效率差到不行，于是，改成折银代役、政府就地雇工完成项目。这“方便”非同小可，大家都有利。

明代中国人就在小农加商业的“双轨制”经济中寻求生存与平衡。

小农的乡村与商业的城镇、被统治阶层与统治阶层运作所需的逻辑根本不同。

明代社会，城乡两极化，认知畸形、繁荣畸形、道德畸形、行为畸形。

“畸形”是形容没有一个“一致贯穿的诚信机制”，无法将各种习性与教化连贯出理性上和情性上兼容的逻辑，难以深化人性的智慧。

朱元璋开国时，元王朝并没留下什么铜钱，他也只好印发“大明宝钞”，无本生意嘛，当然是滥发。宣德继位才三年，公元 1428 年停止发钞，因为“大明宝钞”贬值到面值的 0.1%—0.01%。

中国缺乏贵金属资源，政府铸铜钱立即引来私铸，因为私铸的利益高达 100%。

钞票失去信用、无法流通之后，明王朝只好实施铜银双本位的货币制度，两种货币的转换“汇率”，自然是随着市场机制浮动，即使是现代的财经管理都难以驾驭，何况明代中国人还是“第一个吃螃蟹的人”，就此烦扰中国社会到清王朝结束。

宋元以来的货币经济以国家机器的意志和数量级给全世界开了路。

由于政府官僚无专业的“术”，只能放任民间发展，于是铜银资源两缺的中国竟渐渐成为“中央财政银本位、民间交易要铜钱”的国家。

明清案例依然是现代经济学的重要数据库。

而明代后来的海禁是虚的，海岸线这么长，比长城还难看管，加上官商勾结，走私几近于自由贸易的环境。最终公元 16—17 世纪，每年流入中国的日本和美洲银两是以百吨的数量级计算的。先后流入中国的白银达到万吨数量级。

盐、茶、金银铜矿等不用说，是国家资本的专营专利项目，流行各种“引”（特许状）。此外几乎没有商税的概念，明初连海关税也没有。官吏对平民的盘剥主要来自征“役”，运输、公共工程、匠作等对老百姓不便的劳役让老百姓花钱买个方便。

文官统治集团的文宣强调“道德”“不言利”，也“不与民争利”。

实际是文官控制、不让国家资本进入专卖以外的行当，以便官与商另行勾结、图私利。结果明代社会中工商自由的程度比两宋还要宽松，民间分化为两极，乡村是小农经济，城镇是工商经济。而工商的目的纯粹是赚钱（宋代工商有政府财税目的）。

中央财政中粮帛实物税充裕，但银钱收入不过百万两的数量级。

朱元璋“藏富于民”的理念倒真实地实现了。至少城镇是繁荣兴旺的。

皇家富，官僚富，城镇小市民富，农民则看具体管治他们的官吏贪心的程度……

明王朝有个真正的“穷人”——政府。

公共事务如赈灾、战争等，大半靠临时征税，正是官吏最欢迎的方式，可以时不时借机浮加取利……

知识分子的小农习性、汉儒文化教育出的泛道德与不专业，使得文官统治集团没有“术”的专业意识。在施行管治权力的时候，他们是王权的代表，要求平民“忠诚”。在分摊义务的时候，他们是资产私有的代表，要求王权与政府“不与民争利”。

明代社会兴许是人类史上大规模自由资本主义试练的首例。

现代中国人很难想象明朝社会是如此情况，实际上清朝社会也差不太多。

明代的繁荣可以从当时景德镇的陶瓷业看出端倪。

当然有沿袭宋元的官窑，规模巨大，设施完善，但“不与民争利”，只供应皇家而已，成为纳税人供养的工艺研究所，开发出来的技术则成为工匠们的“私有技术”，自由扩散。

民间自然跟上大量民窑，上万家作坊反映了内外销的火热状态。

海洋丝路上的各国以及沉船充斥着明代瓷器及碎片。

各地的印刷和造纸作坊规模也相当大，千人以上的纸厂不下 30 家，生产各类纸张。印刷业更创新到铜、铅活字印刷，彩色套印和线装书一一出现，使得官方和民间藏书兴盛。

发达的商品经济使明代中期以后的城镇呈现出截然不同于乡村的面貌。《水浒传》《金瓶梅》等小说实际反映的是明代中国城市社会景象，茶楼酒馆成为主要休闲场所，连带家具、园林、旅游都成为明代现象。

传统儒家文化与重商文化的矛盾，当然也反映在女性的缠足、贞节牌坊、才女的数量上。

总之，典型的“明朝”跟明初形同两个世界，虽然政治话语依然沿袭明太祖的诸多“祖制”，但奢侈浮华取代勤俭持家的时间超过200年。这在宣德任上，就已经大致如此。

给窘困的明代中央政府财政雪上加霜的是小农意识的皇家，打小算盘，成天将国库银子往皇帝内库搬，以至于亡国的时候内库金银堆积如山。

朱元璋的嫡长子不幸说中了：有什么样的皇帝就有什么样的臣民。

比如，滥发钞票的结果，使许多商业税所收进来的钞票贬值到等于没有商业税收，明代有很长一段时间干脆取消商业税，全中国跟“自由贸易”免税区差不太多。当然，中国式的“自由贸易”有个潜规则税项：吏治制度性贪腐下的各种规费。

宣德皇帝只在位10年就死了，八岁的儿子继位，历史的概率再次将王权专制的负面展现：宫廷政治嘛，皇家最熟悉、信赖的莫过于身边的近侍——太监开始擅权。结果是14年后蒙古瓦剌部首领也先从西北扩张到东北，在土木堡俘虏了亲征的明王朝皇帝，并进而围困北京城。明王朝当时的兵部侍郎（国防部副部长）于谦当机立断立刻拥立皇帝的弟弟即位为新皇帝，坚守京城。拒绝谈判，也先拿这位集能干、刚直、廉洁、忠诚于一身的于谦，没一点儿办法。

也先挟明王朝皇帝为人质竟然没捞到好处，又打不下北京，真正哭笑不得，只好退兵。

人情是很微妙的东西，也先俘虏了明王朝皇帝，勒不到赎金不说，还得伺候供养着这位俘来的皇帝爷，可是也先似乎跟这位皇帝爷有缘，就是狠不下心杀掉他。

一年后，蒙古人受不了啦，跟北京商量要送回皇帝……

这下新皇帝不干了，于谦再次发挥作用，说服新皇帝把哥哥皇帝接了回来。

但新皇帝立马将哥哥皇帝软禁起来，这弟兄两个皇帝搅浑了明王朝政局。

新皇帝坐了七年帝位，始终重用于谦，文官集团的毛病也再次展现：分帮结派，妒忌、反对于谦的诸多变革。新皇帝病死前，于谦的反对派发动政变，哥哥皇帝再次即位。

于谦很快被杀了，锦衣卫抄家时骇然发现，于谦是两袖清风的清官一个……

历史似乎开了一个大玩笑，王权专制或文官统治或任何制度，自然存在着各种正面、负面的概率。王权专制加文官集团加人性的演化结果在明代的"特例"相当多。

复位的皇帝也只再当了七年，死后成化皇帝继位，他是个饱经波折、心理不健康的、口吃的长子，虽然为于谦平了反，但贪恋一个足可当他母亲的女人、宠信宦官、设置皇庄、皇家带头兼并土地，足足乱政 23 年。

公元 1487 年，帝位传到弘治皇帝，历史的概率又轮回到王权专制的正面：

弘治帝俭约、减税、节制宦官、任用贤能。政治清明了 18 年。

公元 1505 年继位的是个顽童皇帝——正德帝，整天要人陪着嬉戏玩乐，终于内反（各地造反，包括宗室宁王）、外犯（这时漠南蒙古被黄金家族达延汗统一，号称"小王子"）。但正德荒唐到要王守仁（王阳明）把已经俘获的宁王送到南京，让自己过过"亲征""俘虏敌酋"的瘾。

公元 1521 年，顽童皇帝正德玩完亲征游戏，在北归途中，贪玩掉进水里染病，回到北京后病死。由于没有子嗣，内阁大臣们按明太祖规定的"祖训"，从弘治的孙子中迎立 14 岁的朱厚熜继位，就是在位 45 年的嘉靖皇帝。历史的偶然让基本上是个湖北人的朱厚熜继了位。

朱厚熜继位的故事几乎是春秋时期晋国统治集团迎立 14 岁的晋悼公的翻版。当年迎立晋悼公的晋国大臣们被少年晋悼公质询：如果只是要我回去当个傀儡君王我是不稀罕的，要干就是真王，你们就得听命，不然趁早找个听你们的……

少年嘉靖帝到了北京城外，也要大臣们先按礼制安置了他，才肯进城当皇帝……

但晋悼公延续了晋国的霸业，而嘉靖却搞砸了明王朝：王权和官权的矛盾立即在一件皇家的家务事上碰撞了；嘉靖要追封自己的生父为皇帝，而不仅只继承顽童皇帝。

皇帝和大臣们竟然在"礼制"问题拗上了，最终当然是握有太监、锦衣卫以及永远存在的文官派系的王权获胜，内阁首辅被迫退休。

首辅的儿子杨慎是当时有名的精英，很能代表明代知识分子在管治上的无奈。知识分子只能将自己的智慧披上祖训或儒家思想的大衣，以为可以泛道德地框住王权，造福已经相当商业化的社会，结局是屡遭下放的杨慎留下感慨，成为《三国演义》的开篇词：

滚滚长江东逝水，浪花淘尽英雄。是非成败转头空，青山依旧在，几度夕阳红。

白发渔樵江渚上，惯看秋月春风。一壶浊酒喜相逢，古今多少事，都付笑谈中。

明王朝的文官体系比春秋时代复杂多了。当时的知识分子已经在王权绝对的氛围下适应了 150 年，见识过了方孝孺、于谦等的被杀，也经历过多次贪腐文官和太监的专权，似乎摸索出一套制衡王权的办法：要求大家都死死地按祖训或儒家道德的游戏规则行事，减少彼此的摩擦。虽然也有像于谦、王阳明那样有作为的知识分子，但不重术的汉儒文化加王权专制的弊病在嘉靖任上大爆发。

王阳明是史上极少数文武全才的知识分子。他 27 岁才考上进士，观政工部。顽童皇帝即位那年，王阳明 34 岁，因反对权宦，被廷杖、谪贬到当时还不开化的贵州龙场驿，一待就是四年，受到连言语都不通的土酋的照顾，感悟出一些人生哲理，从此宣扬格物致知与知行合一的“心学”，成为一代大儒。这个南方汉人，少年时在北京长大，居然也精通骑射、兵法，兼具南北汉人之长。

公元 1516 年，王阳明 44 岁，出任江西巡抚，明王朝治下的诸部西南夷造反，王阳明上马统军、下马治民，平定江西。公元 1519 年，王阳明在进军闽西途中南昌宁王叛乱的消息传到，兵贵神速的王阳明立马掉头迎战，生俘宁王，也就半年多时间平定叛乱。此时明王朝从各地征集的大军都还没到位，这才有正德皇帝趁机要玩儿亲征的戏码，没有危险了嘛。

大有出将入相才能的王阳明自然不是文官集团的最爱，只做到省级干部，57 岁病逝。王阳明的学问讲究实践，要身体力行，是中国绝大多数知识分子做不来的。

心学传到清朝后没落。跟唐文化一样，被日本承接过去，成为近代日本士人的功夫。300 多年后，日本明治维新时期的风云人物大都服膺心学，包括西乡隆盛与东乡平八郎。打赢日俄海战、彻底改变日本命运的东乡平八郎更随身携带刻有“一生伏首拜阳明”字句的腰牌，在明治为他举行的盛大庆功宴上，面对众人的诸多询问，东乡只是静静地亮出腰牌作为回答……

公元 1522 年，由于东南倭寇为患，文官集团认为是海洋贸易引起，于是严厉实施海禁，销毁浙江沿海船只，停止海洋贸易，但海防更加空虚，从此倭寇如入无人之境，骚扰东南州县长达半个世纪，而中外海盗也蜂拥而至南海（那时候的商船都有武装，商、盗是一体化的）。明军屡次击败葡萄牙海盗，但公元 1557 年，葡萄牙人还是从广东地方政府那里取得澳门岛“长期居住权”。

公元1534年起，嘉靖帝不大上朝，只召见内阁大臣议事。公元1542年，因为练道家长生不死术，嘉靖奴役宫女们采集清晨露水，竟然发生中国史上唯一一次的宫女弑杀皇帝事件，嘉靖在睡梦中差点被勒死。此后，嘉靖干脆不上朝，任用拍他马屁的、会写道家祷词的文官为内阁首辅，擅权达20年之久，贪污舞弊，无所不为。

****

公元1492年（明弘治五年）欧洲大航海时代开始

公元1492—1504年，意大利人哥伦布受西班牙政府资助，四次远航，到达中、南美洲。

时代背景是公元1453年，继帖木儿帝国之后的西亚强权奥斯曼土耳其帝国灭掉了东罗马帝国（拜占廷），掐住了欧洲通往东亚的商路。开辟大西洋西岸直通东亚的航线，获取财富，绕过伊斯兰中介直接获取财富成为当时欧洲国家和探险家们的梦想。

西班牙人随后殖民中南美洲，先后灭掉印加、阿兹特克、玛雅等当地国家并掠夺资源。西班牙人传来美洲原来没有的天花病毒，原住民无力抵挡新来的病毒，几近灭绝。

公元1500年，葡萄牙人也到达了南美洲的巴西。

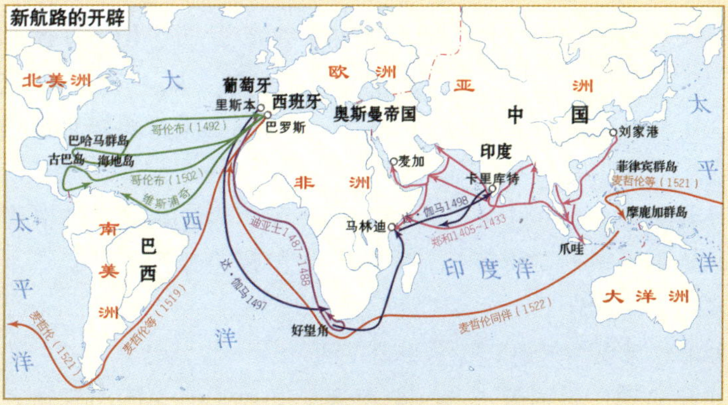

新航路的开辟

而正当明嘉靖帝接班之时，公元1519—1522年，葡萄牙人麦哲伦也受西班牙政府资助，船队向西航行三年，绕过南美洲，进入太平洋海域，经过菲律宾、印尼横渡印度洋，经南非回到西班牙。麦哲伦死在菲律宾，但船队最终证明了地球是圆的，并且打通了美洲和亚洲之间的商路。

欧洲的启蒙与觉醒公元（公元14—17世纪）

欧洲进入海洋时代，虽然直接是利欲驱动，但也有历史的酝酿过程。

1.远的：自从公元5世纪之后，包括日耳曼等诸部灭了罗马帝国。此后就落地生根，接受了希腊罗马文化加基督教，融混成新型欧洲人。欧洲的纬度和地貌，使得他们半农半牧，保留了游牧诸部的习性，大小诸侯竞争地盘，形成“战国时代”似的风貌，就此演化到今日，成为欧洲常态。

2.近的：公元7世纪之后，跟欧洲接壤的西亚地区是新兴的一个宗教世界。为此，公元11—13世纪的天主教会怂恿欧洲列国发动战争，但骑士们或农奴们更乐于到地中海东岸劫掠。实际上，天主教会也进行其他向东的接触活动。除了金银珠宝之外，这些活动带回去三件意想不到的战利品：①伊斯兰教世界典藏的希腊罗马书籍，让欧洲人重新认识了欧洲古文明。②黑死病和鼠疫，在公元14世纪末期，几乎扫灭1/3到1/2的欧洲人口。③蒙古汗国的直接接触，以及中国事物的信息。

靠东方商路发财的众多意大利城邦原本文化就高于欧洲大陆内地。战争残酷无情的劫掠对希腊罗马古文明的再认识加上大瘟疫的惨烈，促成公元14—15世纪北意大利的文艺回归人性面貌，促成“文艺复兴”（按字面直译应该是“启蒙”），整个欧洲涌现大批文学、美术、建筑的新风格。公元16—17世纪，文艺复兴更深化为理性复苏，欧洲大陆内地开始了脱离天主教的控制并进行宗教改革，同时涌现大量数学、物理、生理、心理等科学知识。这时，经由蒙古的征服，造纸、印刷、指南针、火药等中国技艺都已传入欧洲，对东方财富的渴望开启了大航海时代。

3.海权时代的来临，成为欧洲觉醒的第一个烙印。

当时欧洲边缘的西班牙、葡萄牙、荷兰、英国等大西洋沿岸国家依次崛起。

公元1492年，哥伦布登陆美洲，同年摩尔帝国失去在西班牙的最后一个据点。西班牙、葡萄牙同时航向美洲、亚洲建立海洋霸权。公元16世纪末被英国小海盗战术挑得暴怒的西班牙经历了一场悲惨的英西海战，结果大败，渐渐失去了海洋霸权。而公元17世纪中叶才脱离西班牙独立的荷兰立刻成为继西班牙之后的海洋殖民霸权。

4.工业革命是欧洲觉醒的第二个烙印。

科学的文明成为继农业的文明之后人类的最大事件。人类历史悄然拐了个大弯。

那时，北方的达延汗的孙子俺答汗拥有整个蒙古，扩及河套（筑呼和浩特城），更进军青藏（俺答汗治下的蒙古改信西藏格鲁派佛教，并将格鲁派教长封为“达赖喇嘛”，这是达赖的起源）。公元1550年，俺答汗打到北京城外，嘉靖被迫开放大同等马市。

东南倭寇其实不是嘉靖时期的新鲜事物。

元末时日本也处于“南北朝”分裂混战之中，败战方的散兵游勇常常投奔怒海成为海盗，劫掠朝鲜半岛，渐次延伸骚扰辽宁、山东等沿海之地。

明成祖时代，明军在大连附近全歼上千进犯的倭寇，而当时中日官方尚有正式往来，日本政府也以消灭海盗为务，双方配合使中国沿海维持了相当长时期的安宁。明初的倭寇是真正以日本人为主的“海盗”。

公元1467—1615年，日本经历了148年的“战国时代”，重复“南北朝”的故事释出不少败兵游勇为倭寇。时值明王朝成化初年至万历末年，正是明朝步入衰败的时期。

中国的海禁从文官提案的意识到内阁议论和决策的确立，反映了整个明代的畸形。

仇英的《抗倭图卷》局部

一方面是朱元璋小农经济的价值观，超低税赋、征收粮帛实物，使明初确实做到“藏富于民”。一方面是明初政策所造就的繁荣，促进了商业经济与资本集中，带来更大的物质刺激和要求，以及吏治的贪腐。另外文官体系里的知识分子又不重“术”，专业人才更远不如宋元，一味以自己都难以做到的道德规范来取代人性自然趋利的经济运作规律。结果，海禁政策想以断绝海洋贸易的方式来堵塞、驱除海盗，仅只助长了沿海中国人的走私，入海为寇。嘉靖之后的倭寇日本人的比例很少超过30%，同一时期的朝鲜史料记载，那里的倭寇中日本人甚至占不到20%。明代倭寇主力实际是中国海盗，依托日本港口为基地，当时的琉球、台湾、海南岛都是他们的“势力范围”。

倭寇不过是配置日本武士刀为武器的海盗。但我们也只好暂且沿用倭寇这词吧。

公元1542年，安徽私商汪直以日本长崎的平户岛为基地，建立了东亚史上第一个海洋商业王国，国号“宋”，自称“徽王”，控制了琉球至广东之间的海域，领有20万众，包括华人、日本人、琉球人、欧洲人，以及千艘数量级的船只。但凡进入这个水域的船只（商盗不分），生意、补给都受其节制，包括葡萄牙船只。

汪直会立国称王，因为他是中国人，带有中国文化的习性。

近代以来的商业王国，叫作“公司”，公元16世纪之后，大型跨国公司，如西班牙、葡萄牙、荷兰、英国等各自的“东印度公司”，其实都像似“国家”，一个以绝对利润挂帅的“国家”，各有领域、人众、组织、武装、税收、生计。欧洲政权的君主或政府是这些“公司”的合伙股东，“公司”可以跟其他国家或公司缔结合约。

汪直的“国”，实际也就是“公司”。后来，中国人在南洋各地据有不少类似的“公司”或“总厅”，对跟他们打交道的欧洲各国而言通通都以“国家”方式对待。

汪直是当时日本战国诸侯西洋枪支最大的供应商，而汪直在平户的5000禁卫军清一色西洋火枪配备，俨然是日本诸侯中的列强。这是草原游牧最直接的海洋机动版本，跟后来英国强占中国香港完全一样。各国史料没有海洋“宋”国的财政数据，但以百年后类似规模的郑芝龙（郑成功的老爸）年收千万两银子来看，汪直的规模只大不小，而明朝政府财政中实物等通通折合为银子，每年也不过4000万两出头。

那时候中国沿海转入地下的海外贸易，进出口商品的大半都在汪直的掌控之中……当然，“徽王”的人马除掠夺船只外，也上岸掠夺，跟草原汗国没什么两样。

公元1558年，在明王朝总督江浙军务的胡宗宪费苦心的招抚下汪直回国谈判。

但这时来了个莫名其妙的清官，浙江巡按使（副省级的司法官），他不顾上级胡宗宪的保证，把到杭州游玩的汪直逮捕入狱，并报告朝廷、弹劾胡宗宪有勾结海盗的嫌疑。

第二年，中央政府文官集团下达指令，汪直被斩首示众。

汪直的义子接班，开始报复，杀掉胡宗宪派去做人质的亲信，随即大举进攻浙江沿海。

这时候在胡宗宪的全力支持下，明王朝涌现两颗将星：戚继光、俞大猷。

尤其是戚继光，大概是中国历史上最耀眼的专业军人。

戚继光是军籍的世袭武将，出身在山东的一个卫所，从小受到老爸严格的文武训练，17 岁承袭父职（近似百夫长）。但他要证明自己的本事不是世袭来的，22 岁考中武举，第二年到北京参加会试，碰上俺答汗围困京城，临时被抽去防守城门，之后会考黄掉了，兵部直接派他回山东带兵。

公元 1555 年，戚继光被调往浙江，此后三年他目睹了军队临战就散的惨状，怪不得蒙古、倭寇侵明如入无人之境。

公元 1559 年，明政府等于骗杀汪直，东南沿海风声鹤唳，恰巧戚继光经过义乌，见识义乌人集体械斗、奋不顾身的场面，于是在胡宗宪的支持下，招募 4000 义乌兵，戚继光把这支部队严格整训成军纪绝对严明、战技绝对专业的劲旅。两年后，倭寇大举进犯浙江台州（在宁波与温州之间），戚家军以少胜多，13 战 13 捷，荡平浙江倭患。随后，倭寇移师南犯闽粤，戚家军也移师福建，此后到公元 1566 年，戚继光跟俞大猷军一起肃清闽粤全数倭患。前后戚家军总数不及 2 万人，一次投入战役难得超过 8000 人，而敌我阵亡比率，平均近于 50 ∶ 1，是空前绝后的纪录。

戚继光成功剿灭倭患，没有文官胡宗宪的全力支持是不可能做到的。

公元 1568 年，戚继光带 3000 戚家军接防蓟镇，成为北京的边防军区司令官。靠内阁大臣张居正和蓟辽总督谭纶的支持，总算可以做点儿实事了。他首先采取守势，整修长城，加强防务，今天看到山海关到居庸关一线的长城，便是戚继光修建的；其次加强火力，各式火炮、枪支都配上；最后改变战法，建造大型战车，临敌必出关迎战，使蒙古铁骑不得靠近长城边。

包括俺答汗在内的蒙古诸部都吃过戚继光的大亏，远远避开蓟镇，转而攻略李成梁防守的辽东，最终造成努尔哈赤崛起松辽。

在文官集团结党结派的恶习下，公元 1582 年张居正病逝后，包括戚继光在内的胡宗宪、谭纶等“张派”人物通通倒台，一年后戚继光调广东两年后被罢官回老家，又三年后戚继光穷困潦倒，59 岁出头时病死在家乡。

这样的将才明王朝也就用到军、师长的分儿上。

戚继光并没有海洋意识，但他是唯一提出以海军进攻日本打击倭寇巢穴的人。

他是专业军人，以海军对抗海军不就是跟以骑兵对抗骑兵一样的嘛！逻辑是一致的，与李唐王朝不修长城，而专以骑兵机动对付游牧机动的意思完全一样。

嘉靖皇帝算是个极端好命的皇帝，居然熬到了倭寇的落幕才死去。

明朝的文官统治集团也极端好命，闯了海禁、骗杀汪直那么大的祸害，东南沿海死了十几二十万平民百姓，居然出了胡宗宪、谭纶等文官提拔了戚继光、俞大猷等武官平息了战祸。

但中国人很不好命，海洋中国的机遇就此错过……

当然，说说而已，这些哪里是“命”。

明代中国人其实酝酿着极大的变化，小农经济与工商经济，草原机动和海洋机动，多种意识一起冲击着明代中国人的头脑。

传统中国历史记述仅只述说了小农经济加儒文化那一面的故事。

明代中国人的思想其实也多样化，这才会出现那么多实的、虚的人，出现那么多不可思议的清官、贪官的纠结。只不过中国人没拗过自己那些小农的习性罢了。

倭寇事件道尽明代中国人的政经纠葛。

明代的畸形来自政治王权高度专制，而经济金权高度自由。

中国人的历史居然这样产生了。

人类历史是人群演化出来的。人的意识和知识是相互沟通、影响、交流和积累的结果。

作为人群演化的相对比较完整的数据库，中国人的历史大致记载了4000年左右“中国人”的经验数据，这也是自然演化的结果。农业文明的开发方才使得人类拥有了文字，中国文明恰巧是诸多文明中连续最久而又被记录得最多的文明罢了。

人类4000年之前的信息与经验只能从现在人的诸多习性中用现代科学方法去试着分析出来，并加以理解。史前时代的人类演化中所有人群都展现雷同的轨迹，先后都进入种植、父系社会、分工、资产私有、国家机器、神权、王权模式。人类演化出文字的时候，权力与财富早已成为人类的意识，被教化出来的意识。相应的习性、文化，表现于社群的政治与经济活动（生产、分配、秩序、交易、统治、掠夺）中。

4000年来的中国经验并不能涵盖全部人类的经验，但文明的传播就是知识的扩散。

秦汉的大一统既是国家机器的扩张，也是中原文明的扩散，小农经济加汉儒文化能够普及在黄淮流域，证明了那是个可以适应中纬度地球温度的生存模式。

匈奴的草原帝国证明了那是个可以在高纬度地球草原适存的模式。

之后呢，生存竞争促使欧亚大陆东西方的草原游牧民不断迁徙进入农业地区。在中国便是魏晋南北朝的大混血、隋唐的大开放，那时候的中国文明，融合了草原传来的印度佛教。而希腊文明、印度文明、基督教文明、伊斯兰教文明，各自原来就是各地区可以适存的文明模式。全球范围的血缘与文化的扩散和交融，仅只说明这个现象是人的现象。各地区的开发、融合、新兴人群是自然界的常态。

宋代的经济化运作是个数量级的尝试，创造了人类社会的货币金融。元代的全球化流通无疑更放大了经济与货币的作用。从此，经济与金权逐渐凌驾政治与政权，改变了人类的文化。

明代的中国版图比宋代大，人口数量级一样，技艺和繁荣的程度都超过宋代，换言之，作为一个经济体不比宋代小。而明政府财政收入却只是宋政府财政收入的 1/4 左右，显然，明代民间比较“富裕”，被政府剥削较少。但人类的分配制度从来都不平均，自然界或生物界也从来不存在平均分配的状态。人群是要衣食住行的，能消耗的、能用掉的、生存必需的粮帛需求量其实不算大。所谓的“财富”无非就是奢侈品、器械、土地、占有的奴隶，本质上代表“权力”，代表对人力、物力的优先使用权。

朱元璋对老百姓够好的，他一生杀贪官绝不手软，但明王朝的皇家也希冀权力与财富，不然朱元璋干吗打天下？朱棣又干吗还打自家人的天下？人们的意识与习性是互相感染的、共通的，所以朱元璋杀不尽贪官，他的节俭仅只是自发的“道德”的象征。道德不是法律，管治社会却需要明确的运作法则，明代也出了很多清官，但清官数量跟国家机器正常运转并没有关联性，清官多仅只反映贪官更多，吏治贪腐成为定律；或者也反映出史官是清水衙门，写史的人在著作里投射了自己的情感。

宋元之后，中国社会其实已经率先进入经济与金权的时代。

尽管明代王权绝对专制，宦官可以乱政到胡作非为的地步，但王权随时可以杀掉宦官，内阁或文官集团的待遇并不比宦官好到哪里去。可是，正由于朱元璋的人情，藏富于民的理想，超低的税赋和超低的政府财政的实现，明代经济几近于完全自由、放任，恐怕是人类史上唯一的大数量级的“自由经济体”（现代的“自由经济”只是说说罢了，到处都是贸易与关税壁垒，自由度远逊于明朝。但西式经济阳谋多于阴谋，规则多于潜规则）。管治这样一个全新模式的社会，诚非易事。

无论儒文化还是各种宗教文化，这些适应王权专制的教化软体，相应的道德、诚信等核心软件，维系了人类4000年来的习性。4000年来的习得之性——习性，也就是第二天性的惯性，我们实在很难苛责那时候的中国知识分子，没能超越传统儒文化，开发或改写出适应自由经济的教化软体，何况，人群转型是个渐进的过程，金权与政权的斗争对于500年后的今日人类而言也未止息。只能说西欧在这个课题上比中国人更早地找到了规律和办法，开发出不同的意识与习性，勉强平衡了权力机制的矛盾。

但财富与权力的本身，作为人类文明的代价，这个意识或习性是不是人类物种存续的必需品，在业已认识到地球资源的局限性和生态环境的脆弱性的现代，必然是“智人”大脑继续要做的功课……

倭寇事件暴露的远远不止经济与政治的深层纠葛。

明代政治体系下戚继光不能全然专业地做军人该当做的事，他必须站队，像于谦或王阳明那样不结派沾边而办成事的功力戚继光没有，活在重文轻武的社会，没拿他当杂役来差使就不错了。没有胡宗宪的倾力支持，像戚家军这样的专业部队不可能存在。将领专有一支部队是王权专制的大忌讳，所以戚继光招募戚家军的人数从未过万，练成后，经常分兵留守地方。戚继光后来被北调去对付蒙古，也只能带3000戚家军作为亲兵队。如果没有沾到张居正的边，戚继光不可能扎扎实实拱卫京师15年……

张居正是畸形的明代里大脑最清醒的知识分子，甚至可以算得上是秦汉以来的第一个。但就历史演化而言，他并非异数，转型中的社会无疑会出现许多可以认识到社会正在变迁的人。每个人的机遇不同，能量的数量级也不同，像汪直、戚继光、李贽等已经认知到世事的某一方面，尽管不是全貌。

公元1566年，嘉靖帝终于死了，其儿子继位，是为隆庆皇帝，张居正成为文官集团的两个当家人中的一个。他的务实面迅速发挥功效：第一个，促成“隆庆开关”——解除海禁，开放海外贸易，此后到明朝覆灭，全球以万吨计的白银流入中国；第二个，给戚继光挪除一切人事障碍，尽量发挥戚继光所长，确保北京安全无虞；第三个，开放边城，与漠南蒙古互市，俺答汗从此不再寇边，此后，马匹源源不断、大量供应到内地。

不过就是回归正常的经济运作，张居正也不过只运用合乎实况的人情和理性，不但解决了海疆与北疆的紧张局势，省下无数军费，而且白银与美洲农作物流入中国，更刺激了中国的农业“革命”，以及内地经济的持续增长……

公元1572年，隆庆帝死，九岁的太子继位，就是在位48年有33年不上朝的万历皇帝。

万历皇帝的老师张居正成为内阁首辅。史料记载的皇帝生母李太后是中国典型的贤妻良母，管教皇帝相当严厉。在太后的信任下，张居正担任首辅兼帝师，享受的是近乎摄政的待遇。在管治国家机器的工作上，张居正可以算得上是历代最称职的总理级官员。“实在”二字可以概括张居正的行政风格。

张居正任内阁首辅10年，专抓主要矛盾，除了隆庆年间的三件大事之外，他在万历年间也只做了三件大事。

第一件，核实数据

丈量全国田亩数字，居然比弘治年间多出300万顷，达到700万顷，光这部分的实收粮帛，就多出40%以上。另外，针对盗匪横行的治安情况，严惩地方官隐瞒不报，当然，更严惩盗匪，地方治安迅即改善。

第二件，考核官吏成绩

除大量裁汰冗员之外，对所有官吏明确职责，并要求官员提出上级可以接受的计划，一式三份，自留、内阁、都察院各一份，“立限考成”（按期限办事，并按数字考核成绩）。考绩不称职的官降级，可以降到成为平民。

针对科举“当官发财”的习性，这是中国史上第一次稍微像样的制衡措施。

当然，官吏的花销也就必须有所计划，连带皇家也不得不节制开支……

第三件，一条鞭法，简化税收名目与程序

既然田亩和男丁的数字都核实清楚，税收简并成银、粮两个数字，统一征收，老百姓容易看懂，政府也有确切数字，更防止了官吏以潜规则贪污舞弊。

（1）取消“役”，合并到“地税”和“粮税”。政府需要的工役，通通雇用老百姓来做。

（2）各地区所交的钱、粮税率并不相同，但有定额，按特定比例分摊到地、丁。

（3）分摊原则以地为主，基本上取消人头税（丁负担少或无）。

当时，除了南方一些田亩还缴纳实物粮米，全国范围都收税银，等于银两货币化。

而政府雇用老百姓进行运输或工程，等于充分就业，原来害怕服役的人现在可以做工领饷。

经济运转货币化，更刺激工商“专业化”起来，地区分工、城镇化，大大兴盛。比如，江南更集中生产丝、绵、织品，广东也更集中生产蔗糖，这些传统产粮区转而倚赖进口湘鄂大米来解决粮食的不足，通通按经济规律办事，不用政府“主导”。

张居正推行的这些“改革”，当然跟既得利益严重冲突，以文官统治的分党结派，以及中国历来的地方小山头习性，自然也非一朝一夕就可贯彻。但推行五年后，明政府财政达到破纪录的岁入400多万两，转亏为盈；10年后，中央府库存银千万两，粮仓也饱满，足供数年之需。

而最重要的是平民百姓额手称庆。也许是有史以来第一次王朝官府不是“万万税”，哪怕非常短暂。当税则简单明了甚或仅只是一个数字的时候，吏治便失去鱼肉乡里的诸多名堂，尤其是“役”的分摊。估计摆摊费、祠堂费、治安费等还是有的，但至少吏治以权谋私的法螺被大大抑制，平民百姓的负担多少减轻了一点儿。

吏治跟资本主义或什么主义无关，跟制度下的人性与贪腐有关。现代世界，税局和法部，无不豢养大批官吏，规则多到只有“仲介”“专家”看得懂，完全一样的意思。规则简单了，数字无从取巧了，就无须豢养那么庞大的地税员、国税员、稽核员、指定的会计师和律师集团了。当然，最终还是权力的问题，规则或数字容易明确，但办事效率卡在经办吏胥，依然是个潜规则。

公元1582年，张居正病逝。第二年万历皇帝莫名其妙地开始清算张居正。

原先被剥夺利益的大小文官集团当然落井下石，趁机取消诸多对他们不利的“改革”。

张居正的一些措施被废掉，一条鞭法名义上被沿用，但已面目全非，苛捐杂税恢复就不是“一条鞭”了。吏治故态复萌，变本加厉。

严格来说，张居正的措施并未更张统治体制，仅只限制了官僚地主的盘剥，调动了民间经济实力，夯实了管治，稍加数字化管理把执行的漏洞堵了堵。仅此而已。

他的“改革”只留传了一项——银本位的货币。他无意间加速了民间经济的发达，估计此后明代手工业产值占到当时全球一半以上，人类的外贸体制是这样带起来的。

从现代回顾，张居正对当时的社会情况具备相当真实的感觉。那时候，当然没有现代经济学的概念，但张居正对各种信息和人情显然有足够的灵敏度。得力于更加畅通的全球海路，那时候距离开放海禁不过十多年，民间藏银已达千万两数量级，其后直到明末中国人握有的白银更达亿两数量级，也许占到当时全球白银的1/3以上。

张居正自然没有现代金融的意识，只是通达信息与人情懂得顺水推舟，既方便了平民百姓，又增加了政府财政收入，从官僚地主特权这些高收入阶层里头取出他们本该承担的份额而已，并且还是相当公平的、按田地资产的大小来征收地税……

私营工商的商人，以及商业税收不大在他的视线内，幸好不大在意，中国才有人类史上第一个近乎理想状态的自由经济体的试练。

公元 1587 年，万历皇帝开始不上朝，而且不大批奏折，自闭至死长达 33 年。不知是什么原因，但可以肯定此人是个心理不正常的变态，王权专制的负面概率达到最高指数。

公元 1592—1600 年，明王朝经历三个战争，跟叛军在宁夏打、跟日本丰臣秀吉军在朝鲜打了两回、跟叛乱的贵州土司在遵义打，耗掉 1000 多万两银子。差不多把张居正为政府财政攥来的积蓄花光了，明王朝又开始面临中央财政困难。

但自闭的万历皇帝依然可以派出太监为皇家搜刮财富。而失去头头的文官统治集团因士大夫被教化出来的“君主依恋癖”，既见不到皇帝，又没有敢于专断负责的另一个张居正，只能分分派、占占位、内斗，“党争”爆发。当然，表面上是“政见不同”，反正递上去的文件也不知道万历皇帝看没看，只有太监们忙着传话。

中央的无政府状态，倒加强了民间经济体的“自由活动”，贫富悬殊扩大到难以想象。

公元 1583 年，意大利教士利玛窦进入广东。这位欧洲启蒙时期的耶稣会教士重新启动了忽必烈之后中断了近 300 年的天主教在中国的传教。启蒙运动的烙印显然深刻影响了利玛窦，他认识到，人都有雷同的人性，在一个陌生的环境中，如果不能打入当地知识分子的生活圈获得人们在文化上的尊重，无论什么教都传播不开的。到中国之前，利玛窦已经在印度和越南传教四年，他很快发现东方知识的渊博不下于西欧，于是利玛窦决心以西洋知识作为结交中国士人的敲门砖，并潜心学习中文。那时以郑和为开端的大航海时代早已过了近 200 年，东西方测绘的海图正可互相印证。公元 1584 年，利玛窦在中国人测绘的世界地理图上参照西方知识，出版了中文的万国全图，连同他带来的诸多仪器、钟表成为他的“通行证”。

利玛窦也写出第一本中文—拉丁文字典并翻译出拉丁文版的“四书”。

公元 1598 年，利玛窦在辗转到北京的路上在南京结识了李贽、徐光启，后来跟徐光启一起译出中文版的前六卷的《几何原本》，跟李之藻一起译出中文版的《同文算指》11 卷。利玛窦的自然科学知识确实使得穿着打扮本土化的他成功进入中国知识分子阶层，这些译作也成为欧洲科学进入中国的开始。

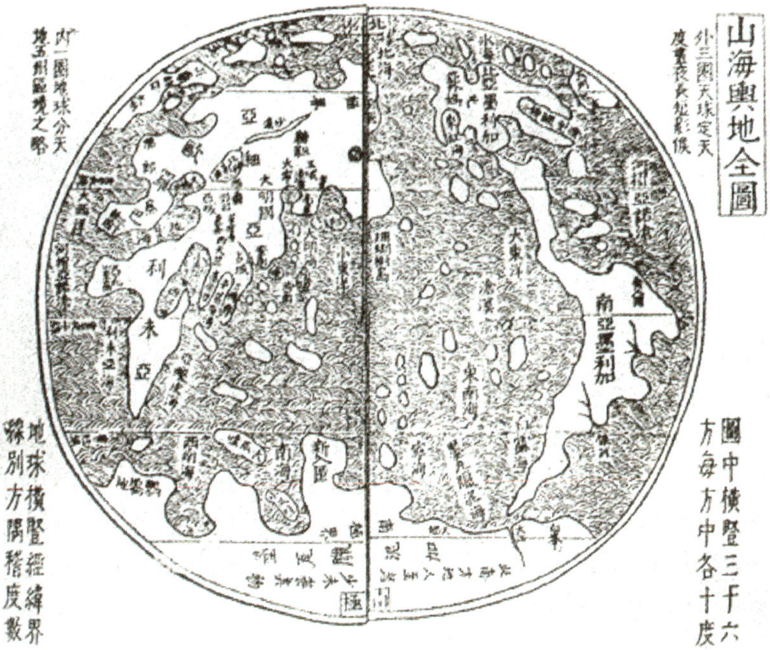

《山海與地全图》

公元1601年，利玛窦成为明代第一个到达北京的欧洲传教士，公元1610年他死在北京。他至少引起了中国皇帝的注意或好奇，允许天主教在北京传教（自然也就是可以在中国传教），西洋钟表成为明清皇家的宠爱，传教士们得以出入宫廷、维修钟表。

利玛窦的教堂有万人数量级的中国教徒，包括徐光启、李之藻等士人。

万历年间的中国也许可以形容为“有秩序的混乱”。

小农经济加王权专制加儒家文化像块硕大的结晶体，被浸入海洋加金权加西学的新环境里，能接触到、能感受到新环境的人们自然变得“特立独行”，思想或行为相当有趣，也相当破格。

（1）李贽写了《焚书》《藏书》等著作，全面质疑结晶状态的单一汉儒文化传统，造成一些影响。但那时的中国距离春秋战国百家争鸣的状态太远，结晶力太强。

老年的李贽被关进监牢，自杀。锦衣卫连这都要谎报，说他“不食而死”。

（2）徐光启成为引入欧洲科学的第一个中国人，翻译几何学的中文名词术语“几何”（geometry音译）、平行线、切线、三角、对角、直角、锐角、钝角等，达到玄奘翻译印度佛经的严谨度。他以同样的精神主持天文历法局，明确引入地球是圆的概念，以球面三角学改造天文观测仪器。他也搞试验田，编著《农政全书》，正式推广甘薯等旱地作物。

（3）李时珍厌倦做官，辞掉御医工作，潜心 27 年写成《本草纲目》，《本草纲目》既是植物学，也是药学的经典作品。

（4）徐霞客这个世代书香的富裕人家子弟有个自在的老爸：不做官也不跟权势中人打交道，经常出门游山玩水。于是，徐霞客从小便也爱看史、地、游记。他妈妈更棒，没拿“孝道”拴他，还鼓励他不同的“男儿志在四方”。徐霞客 22 岁开始出门游历，51 岁最后一次远游，29 年间大部分时间花在中国各地的山山水水，游玩兼考察地理与地质。他所写的《徐霞客游记》是他的旅游日记，只留传了一部分下来，是现代之前中国人对中国大地最真实的地理考察记录。

（5）宋应星被科考折腾大半辈子，但几次到京城赶考的长途跋涉让他开了眼界，感叹知识分子埋首“四书五经”，衣食不缺却不知粮米或蚕丝怎么来的。于是，回头旅游各地，考察作坊、田野、矿山，细心记录，专注实学。公元 1634 年，他将调研到的当时科技著成《天工开物》，图文并茂，从东北捕貂、南海采珠、和阗采玉到蚕蛾配种、黄铜炼制，通通列入这本“技术的百科全书”，已经有现代科学的味道。

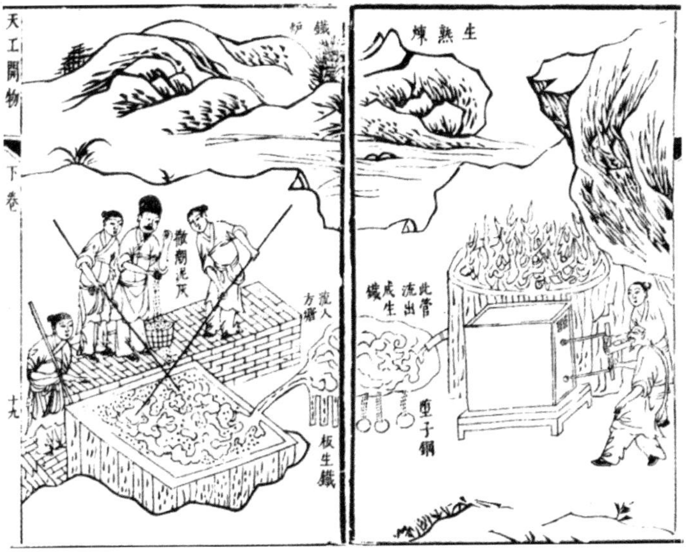

《天工开物》内文绘图

晚明时期，涌现诸如上述类型的出类拔萃的知识分子，绝对不是万历的功劳，更不是汉儒文化的功劳，是那时中国高度自由的经济体造就出来的。

即便王阳明、戚继光、张居正等在传统历史记述中也都没有给予真实的评价，因为他们偏离结晶体“正统”。但如果没有金权对政权、西方对东方、海洋和草原对内地种种矛盾与拉扯，人脑是很难“自我刺激”出另类思维的。

公元1616年，得力于辽东军世袭武官李成梁的割据化，鲜卑女真部酋努尔哈赤得以忽悠李成梁一家子，李成梁一家子再忽悠北京。李成梁蒙明王朝发粮饷，努尔哈赤也蒙李成梁发粮饷。李成梁对努尔哈赤时抚时剿。努尔哈赤对李成梁代表的明王朝也时降时叛，但兼并诸部则不遗余力，就这样迅速坐大并称汗（后金）。

初期的后金是典型的部落共和，分臣民为八旗（部），由八旗头领“推选”可汗，虽然努尔哈赤是明显的特大头头。

从现代回顾，女真崛起当然是明王朝的政治腐败促成的。但明王朝的内缩政策是朱元璋、朱棣两代皇帝之后的事，而政策的形成实际是文官集团的意识和认知牵着不作为的皇帝走上去的路子。

传统历史记述中多半评价明初两帝的主动对外为“扩张”，充分反映文官统治集团里的知识分子经过两宋长期的内缩，早已满足于长城以内的世界，自闭于草原和海洋。科考出来的文官既没有兴趣也不想去了解长城以外的世界，更没有能力洞察历史真相，以为汉、唐、明初的主动仅只是“扩张”的冲动，无视于长期以来汉人的被动与固守，从未能阻挡草原的主动与机动。

宣德之后，草原实际又近乎真空状态，游牧诸部早已自由竞争快200年，不断有雄主出现，努尔哈赤就是再次力图统一草原并进入长城以南的一个，何况历史早已证明，不难做到……

由于自闭，中国人不但看不清草原信息，也嗅不到海洋味道。

公元1620年，万历帝死，死前一年努尔哈赤军在萨尔浒（今辽宁抚顺附近）击溃明军，后金崛起。而接万历位的皇帝只做了一个月就嗑药死了，接下来继位的皇帝起用清议派的东林党文官，其他各派系便投靠到太监手下成为阉党，党争以阉党胜利执政告终。阉党对东林党的整肃，只能以“政治迫害”来形容，可以想象当时社会被压榨的程度。当时的传统学问的精英展现出对抗黑暗的气节，但都自我沉浸在“忠君爱国”的心理中。

公元1625年，当时最有才干的文官袁崇焕接任明东北军统帅后，居然能在阉党执政乱搞的情况下以火炮打败并击伤努尔哈赤。

第二年，努尔哈赤死在都城盛京（今沈阳），第八子皇太极经部落会议“推选”继位。皇太极继位后立即进攻朝鲜，先夯实后院。

明末这时，地球气候帮了女真族一个大忙。

现代学者认识到，公元13—19世纪的地球，经历了一个小冰期，全球各地经常发生干旱、低温现象，伴生的饥荒、战争、瘟疫，抹去各地许多人口。

现代学者也认为，这是欧亚大陆游牧民迁移扩张的因素之一。

公元1627年，崇祯帝接班，立刻整肃阉党，但几乎全国大旱，陕西饥民首先造反。

此后，华北灾荒与疾疫不断，李自成、张献忠等造反军继续坐大，直到明朝覆灭。

实际上，公元1640年前后，东亚气温达到小冰期的最低状态，华南、日本到处缺粮。

不过，帮女真族最大忙的却是崇祯帝自己。

公元1629年，皇太极绕过山海关，突然进到北京附近，袁崇焕急率朵颜三卫骑兵赶回京城护驾。皇太极打不过，但略施反间计，崇祯帝竟逮捕袁崇焕并诛杀之。至此，明政府先后派到东北的文官统帅都死于明廷之手，世袭的辽东武官李成梁一家子割据地方倒没事。

有崇祯帝那么蠢的对手，皇太极倒不急了。撤军回老巢，夯实统治基础。

皇太极花六年时间统一漠南蒙古，直到蒙古林丹汗部完全归附，尽收林丹汗的后妃为自己的嫔妃。然后，公元1636年，改女真族名为满洲，改国号金为清，废汗称帝，立来自蒙古科尔沁部黄金家族的原配为中宫皇后。

他成立蒙古八旗、汉军八旗。吸取战争的教训，军队装配了火炮，步、骑、炮，协同作战。

公元1643年，皇太极病逝，异母弟多尔衮等为辅政大臣，拥立五岁的皇九子福临继位，是为顺治皇帝。皇太极死前的几年，五次肃清山海关内外的明军据点，生俘明蓟辽总督洪承畴并使之投降。这时，崇祯帝已经接近玩完了……

但最终覆亡明朝的不是清王朝，而是李自成。

自公元1627年以来，明军进剿华北民乱，胜多败少，但饥民造反此落彼起，永无宁日。几个年头过去，没倒下来的李自成、张献忠已经成精了，完全草原式游击战，甚至可以时降时叛，或贿赂逃生，东山再起。无论统兵官是文是武，没有三枪打不透的人，上官打不透，下官一定打得穿。崇祯的明廷处置乖张，人人自危，明军很快学会“养寇自重”：若一举消灭了叛军，胜利结案，还得面对军需报销、官僚集团的妒忌，不如一直胜而不灭，粮饷源源而来，不亦快哉……

乱到公元1644年，里外受敌的崇祯帝一个闪失，李自成攻进北京，崇祯帝自缢死，明亡。

李自成跟朱元璋没啥本质上的不同，那时候的“农民革命”，不就是打天下、做皇帝、抢东西嘛。李自成军的文官幕僚，在遍地饥荒的年代，提出“迎闯王，不纳粮”的号召，大受农民的欢迎，动辄聚集“百万大军”，无非是流民大军到处掠食。

但李自成集团的智商和情商比朱元璋集团低太多，李自成军进到北京城后，他自己率先住进皇宫去爽，部队则打砸抢了一阵子，又杀明山海关守将吴三桂全家，逼得吴三桂投降清王朝，引清兵入关……

朱元璋打天下，是很有一套的，朱家从贫民变成皇家之后，朱元璋也的确重新制定出对农民有利的规则。明代后来的演化可不是他得以预料的，朱元璋已经做到当时人们各种习性下的最佳平衡点。

多尔衮率入关的清兵押着吴三桂军为前锋攻向北京。李自成率10万农民军迎战，大溃败。至此，清王朝开始了统一中国的进军。多尔衮的战术，跟成吉思汗没有不同，打头阵的当然先押上降军，除了比较熟悉当地地理人情之外，先消耗掉的也是这批人。在这意义上，此后的清兵许多是被收编的明降军。

南方各地的势力自然要拥立明朝宗室以抵抗清军兵，但“党性坚强”的文官集团习性使得任何抵抗都存在内耗，缺乏组织与协调。清议派的东林党人倒货真价实地展现了气节，出现了史可法的死战扬州，清兵损失巨大，打下扬州后，屠城十日泄恨。

清兵攻城，实际都是大炮起了关键作用。

前面稍微细说明王朝过程，因为明代中国人的“型”已经跟秦、汉、唐、宋大不相同。

明代社会的边际条件，政治高度专制加经济高度自由，使得人们长期处于政权与金权的两极分化之中。明王朝统治阶层，包括皇家和文官集团，小农意识的本质使得大部分人从未认知到中国面对的世界正在加速全球化与经济化的过程中。

明代中国跟现代欧美类似，权力阶层只管收税或收租，民间有办法的通过生产、服务、流通去赚外洋或内地的银子，没办法的则老老实实种地。

人类自有历史以来，社会本来就严重层流化，有文化的“劳心”，没文化的“劳力”，不独中国为然。5000年来，各地人类族群都经过神权、王权时代，知识与艺术品等稀有物长期就是“权力”与“财富”的一部分被“文化阶层”占有，而人类生存繁衍的老本农业生产，则长期由底层人民从事。

两宋的文化人未必完全理解话语权与定价权的作用，但已经懂得从各种经济流通的税收里为国家机器和个人榨取财富。

明初试图回归小农经济，国家机器仅只垄断盐、矿等专卖，放任商业流通，无意间扩大了宋元以来的民间自由经济，结果明初两帝的休养生息使得中国城乡差距更超过前代。但在统治阶层的意识上，确自以为是小农经济的、更强化的思想统制，通过科考，将绝大部分知识分子的能量都纳入传统小农经济的晶格里，驱使读书人努力试着体会儒家经典统治农业社会的大道理。然而，绝大部分文官却是从城镇的考场飞黄腾达的，他们生活在繁荣的花花世界，商业兴盛，整个社会只好患上适应不良的精神分裂症。

举个明显的例子，来看看明人意识与行动的光谱。

明末，郑芝龙成为东海和南海的新霸主。公元 1625 年，他将基地从日本转移到我国台湾，之后，崇祯年间，泉州老家碰上大旱，于是从福建组织大规模移民，垦殖台湾。公元 1635 年，他击败荷兰与一支中国海盗联军，更取得泉州、厦门一带地盘，确立霸主地位，打破荷兰对日贸易的垄断，迫使荷兰对华贸易的商船向他缴纳税金（“保护费”），郑芝龙的船队更通商东南亚。

清兵入关，势如破竹，福建的明朝遗王遗臣赶紧笼络郑芝龙，加官、封爵，希望他协助抗清。但对郑芝龙而言，老婆是日本权贵之家的女儿，手下船队在日本、我国台湾、东南亚的利益，每年千万两银以上，明朝、清朝，不就是中国换个来压榨他的头头嘛，他怎么会认真替明王朝再打天下？公元 1646 年，眼看大局不对劲，不顾儿子郑成功的反对，郑芝龙带了另外几个儿子北上福州降清，海洋人碰上草原人，有理说不清，糊里糊涂被清军移送北京。清军当年就打进并劫掠泉州，郑芝龙老婆自杀……

公元 1647 年，郑成功在小金门誓师抗清，此后 10 年，以海权取得厦门、金门及几处东南沿海小岛与港口，走私贸易筹饷，完全是海洋机动模式。舰队嘛，招募来的队伍里头有白人、黑人、日本人。公元 1659 年，郑成功舰队从长江口逆流而上，连战皆捷，包围南京，清廷震动，但郑成功最终大败，返回厦门。第二年，清朝海军进攻厦门，被郑成功歼灭，声威复振，但缺乏陆地资源，军粮不足。于是，郑成功想起老爸原来经营的台湾地盘，公元 1661 年，郑成功率舰队攻向台南荷兰人据点，荷兰人不支，退出我国台湾，撤向印尼。同年，清廷在北京杀害郑芝龙一家。

郑成功一家统治了台湾 22 年，还不包括郑芝龙控制北台湾的那十几年。

发生在郑家的，不能视为那时代的特例。宋元经济发达以来，海盗或海商，汪直以及其他众多海洋中国人，不获传统中国历史记述者的青睐罢了，历史待遇，远远不如拥众十万的“流寇”或万骑的草原“部酋”。人们只对他们“富可敌国”印象深刻，从未质问：海洋究竟养活过多少人、杀过多少人……究竟有什么功过?

公元 1521 年，麦哲伦接通大西洋与太平洋航线之后，欧洲不但证明了地球是圆的，而且科学思想与商业经济都迅猛兴起，欧洲人跟中国人之间，很快就直接接触了，彼此的头脑都受到冲击。在这样的边际条件下，王阳明无疑是最后一个传统意义的大儒。之后的中国知识分子，已经无以自外于全球共通的现象：枪炮、银子、知识、科学、音乐、绘画等。像公元 16 世纪末的李贽和徐光启，可以是那时候的珍稀物种，但直到清朝覆亡，他们还是，这就显示：明清社会是连续的同一盘局，文官统治集团的文化基因没变，中国人的意识与常识固化，对铺天盖地、明显涌来的欧洲现象视而不见，只看到洋银。清代中国，除了皇家换了“异族”之外，还就是个硕大的汉文化晶体。

了解明代，即了解清代，政治高度专制加商业高度自由加意识高度结晶的景象。

集权专制加汉儒文化对“利”的避讳，造就了近代中国怪异的城镇“自由经济”发财被私密化，人人都做，唯一的禁忌是不能说，不能干扰到政治伦理……所以只开发出潜规则相当随意。从社会制约或平衡的角度看无疑是最“自由”的。

明清两代的这些意识私而不公，不幸就是现代中国人的原型。

清代　封建王朝的终结
（公元 1644—1911 年）

清兵入关后迁都北京，毕竟这就是打天下的初衷。

那时多尔衮是实际操盘的摄政王，清政府定了条简单的规矩，所有被征服地区的男人一律剃掉前额上的头发、拖条辫子，跟满族一样。一方面，对战时立分敌我；一方面，彻底挫消汉人的意志。这是相当高明的政治举措，模糊彼此的意识，显示清王朝汉化之深、谋臣之多，也显示多尔衮的智慧，非同小可。为此，不惜针对抵制剃发令的嘉定进行三次屠杀。后来形成一个潜规则，叫作男从女不从、生从死不从，在衣着上，吃公粮的男人要穿清王朝“制服”，女人还穿汉妆，男人活着是清王朝的臣民、死后可以穿汉服去当明王朝的鬼。

清初的公元 1644—1660 年是清政府巩固统治时期。

统治汉地剃发易服并非多尔衮仅有的一招。他也重用汉臣，废除明末的苛捐杂税，并清理狱政，尽量让汉人感觉合理。

为维持满族人对王族的向心力，多尔衮放手让满族人占房、圈地（强占田地）、掠夺。失去田地的农民为了生活，常常跟元代一样成为掠夺者的农奴。

公元1650年，多尔衮意外死于狩猎时坠马，他没有子嗣。少年皇帝顺治亲政，11年后驾崩，驾崩时才23岁，自然也就没有太大业绩，或者说少年皇帝的指令未必被贯彻执行，如顺治帝老早下令禁止满人圈地，实际到康熙帝任上才被严格执行……

顺治帝之死在史料中交代死于天花，也叙述他痛失爱妃、哀毁逾度。

顺治帝任上，中国迅速恢复文官统治轨道，无非满汉官员名额，自然倾向满族，依稀还有八旗贵族世袭的色彩。这一时段各地经常发生抗清行动，不过，七岁的康熙帝继位时，连云南都已经进入清王朝的统治范围。

康熙帝的成长挺坎坷的，七岁丧父、九岁丧母，成为孤儿，唯一的依靠是祖母孝庄太皇太后。孝庄为了子孙的帝位费尽苦心，严格调教出的顺治帝、康熙帝，即使按汉文化的标准，这两位都算得上中规中矩的好皇帝。孝庄自己生活俭约，为了不开外戚干政先例还拒绝垂帘听政，任由顺治帝指定的辅政大臣主持政务。

公元1667年，14岁的康熙帝亲政，那时的辅政大臣之一鳌拜势力已经大到形同摄政王的局面。孝庄指点康熙帝隐忍不发，只是招了一些青少年摔跤高手到宫廷里，表面上少年皇帝喜爱这个体育，跟着玩乐，自然没引起疑窦。公元1669年，鳌拜进宫，就这样不经意地被几个青少年擒住被诛。至此，入关后的清王朝才开始真正做到王权专制。

明崇祯至清康熙前后大约40年间，天主教耶稣会延续利玛窦以科学知识传教到中国的策略，派遣许多对中西文化交流卓有贡献的教士到达中国，包括德国人汤若望与比利时人南怀仁。他们都具备当时欧洲的天文、数学、铸炮、力学等科技知识。

在明崇祯初期到达中国的汤若望，被徐光启延揽进入明政府的历法改造项目，印行了他的第一本中文书，介绍伽利略观察天文的望远镜《远镜说》。随后，崇祯指定他造炮，于是编著了《火攻挈要》，这是最早介绍欧洲火炮的制造方法以及使用炮火的相关事项的中文图书。由于火炮制造涉及化学、数学、采矿、冶金等各方面知识，汤若望又跟编历法的同事们翻译了当时欧洲的矿冶全书，中译本叫作《坤舆格致》（万国或外国科技的意思）。清兵入关后，保护技术人员（工匠），汤若望成为清王朝天文历法局的官员，公元1645年，他在徐光启的新编历书基础上重新整理出《西洋新法历书》，书中包括欧洲托勒密、哥白尼、伽利略等那时代的新发现与新知识。

多尔衮立刻重用汤若望为中央科技顾问，出入宫廷，以欧洲医学知识治好顺治帝未婚皇后的病，成为孝庄感激的“义父”、顺治帝的“玛法”（尊敬的老爷爷，比老师还高一等）。少年的顺治皇帝对汤若望的劝谏几乎无所不从。孝庄选择康熙帝继位也是因为汤若望的医学建议：出过天花的玄烨不会跟顺治一样因天花而死……但汤若望的传教手册把中国“三皇五帝”与基督教上帝造人的传说混融为一体的尝试招来汉人知识分子的激烈对抗，鳌拜专政时期，汤若望等编造西洋新历的工作人员被集体下狱，其中的汉人被杀，汤若望被判死缓（孝庄说的情）。

至此，徐光启在崇祯年间培养出的汉人西学精英完全覆亡，中国人再次认真接触西学是鸦片战争失败以后的事了，200 年后那时的欧洲文明已经进入科学时代……

汤若望于公元 1666 年病死，但他的新历沿用至今。

公元 1659 年进入内地的南怀仁很快成为汤若望编历的助手，跟汤若望一起经历牢狱之灾。鳌拜死后，康熙帝释放南怀仁，并实测检验新历、汉历的推算，结果，南怀仁所用的新历准确无误，于是，康熙帝给汤若望平反，用南怀仁为科技顾问。

南怀仁后来做到工部侍郎（副部长）。清初国家天文台的观测仪器几乎都出自南怀仁转移欧洲技术。他也印行当时最新的世界地理学与地图集，介绍地球、月亮等都是星球的概念。欧洲当时的一切科技知识、风土人情，南怀仁无不详细著述，并把这些引进中国，康熙帝甚至指定他解决超重石料通过卢沟桥的问题。

实际上，康熙年间铸炮上千门，南怀仁是总顾问。康熙时期内战平定闽、粤、滇的三藩割据，台湾、准噶尔；外战则遏止沙俄进入西伯利亚，通通跟使用大炮直接相关。

公元 1688 年，南怀仁去世，四年后，康熙帝正式允许天主教在华传教。

东西文化在中国境内的碰撞，这当然不是第一次，碰撞结果如下：

（1）权力角逐的部分，反欧洲的汉人知识分子以政治诬陷的方式整肃欧洲传教士，先胜后败，康熙帝最终重用南怀仁，但牺牲了一批当时已经开始吸收欧洲文化的汉人知识分子（这些人未必是天主教徒）。后来，南怀仁更以同样政治诬陷的方式整肃戴梓（本土的铸炮发明家），戴梓被康熙帝流放到沈阳，终身未得平反。

（2）宗教的部分，康熙帝放宽教禁后，天主教一度得以传入中国。

（3）科学的部分，失去中国知识分子的载体，西学始终未能进入中国人的头脑。

（4）技艺的部分，欧洲铸炮与绞盘等的应用得到推广，但没有科学的支撑，便长期停留在公元17世纪的水平。反之，中国技艺原来超越欧洲的部分，如瓷器、丝绸，至迟到公元19世纪中叶通通被欧洲超越。

康熙本人，倒是个综合性知识分子的典范，好学不倦，并且中西知识渊博、执行力到位。

（5）对于王权：康熙灭鳌拜后，基本上也收掉八旗部落的族权，王权专制、世袭。

（6）对于汉地：禁止满人圈地，减税赋，垦荒地（移民残破的四川），倡导儒学（朱熹的理学），重视礼教（为立嫡长子为储的事，却折腾了他后半生近30年）。

同时又搞文字狱和削藩，从此中央政府禁锢了知识分子的思想。

（7）对于草原：当准噶尔部扩张至漠南蒙古时，康熙主动以武力对抗，直至新疆并入版图。

当沙俄陈兵黑龙江上游的雅克萨时，康熙迅速迎战、驱逐，直至沙俄求和，签订《尼布楚条约》，使沙俄兼并西伯利亚的动作押后了170年。

（8）对于海洋：针对“反清复明”的郑氏台湾政权，采取攻势直至台湾并入版图。

然后开放海禁设立海关，江、浙、闽、粤四口通商。汉人开始经商、移民海外。

（9）从重用南怀仁看，康熙吸收了足够的欧洲知识，甚至对水利工程等项目也能正确判断其物理可行性。

（10）从汉法治汉又实施文字狱看，与民休息、倡导儒学，却不惜借知识分子性命对汉人进行思想钳制，强力夯实统治基础。实际对八旗权贵的整肃也绝不手软。

（11）从坚决统制草原、置府台湾、册封达赖与班禅、驱逐沙俄看，康熙帝的草原意识并未消失。操之在我的主动与进攻永远是最佳的防御。

（12）从中央财政看，清初皇家生活的俭朴，即使内外战争频繁，政府财库仍有余银800万两。

总之，满族虽然对大草原而言属于山林部落，或许由于黄金家族血缘的渗入，带来更浓烈的草原意识，从皇太极到康熙，以草原法则对付草原事务的精神也折射到汉地以外的事务。

康熙大帝更像个汉化的忽必烈大汗，统治着业已农、商两极化的中国社会。康熙之后的雍正帝、乾隆帝草原意识大大削弱，开始出现故步自封的情况……

明清之际由于灾荒、瘟疫、战乱，人口大约由1.5亿降到1亿数量级。

清朝疆域图（1820 年）

康熙帝在位 40 年后的公元 18 世纪初，大致恢复为 1.5 亿人口。

康熙帝活到 69 岁，在位 61 年，亲政后实际统治了 54 年。既然以汉法治理汉地，当然沿用许多明制，包括科考、税赋、中央财政等。史料数据记载，大抵康熙时期的中央财政年收入 3100 万两银子、700 万石粮、200 万束草料。其中“摊丁入亩”，取消人头税、按田亩征收的地税约 2700 万两银，政府专卖的盐课约 280 万两银，内外关税只约 120 万两银。典型明代模式，在重农抑商的名号下，民间经济的自由度更加宽松，平民百姓的负担应该算是历代最轻的，折合约每 100 亩田地每年才缴纳地税四两银、田赋一石粮加 0.3 束草料。

康熙帝后来甚至宣布“永不加赋”，把财政收入固定为一个数字（比如，纳税的丁数，按全国 2400 万的定额来征收，而实际男丁是两倍以上数字），以激励更多的农业开垦。但康熙帝也感觉到人口压力，对天灾人祸的承受能力的降低，只是被教化成以农为本的“仁政”思想后，束手无策罢了。

结果是鼓励了更多的隐瞒、匿报。民间的自由经济加速了土地兼并，农民农奴化，人性的贪欲使得生产的分配更加不均，很低的税赋仅只便宜了地主阶层。各地区的不均，加上吏治必然贪腐所存在的官商勾结，自然引发流民现象。清朝跟明朝一样再低的税赋依然不能保证基层农民安居乐业。

康熙帝至死都无法确知他治下的人口到底有多少。因为，那个共治天下的统治阶层有文化的人包括权贵、官僚、地主，仅只把皇家与政府所要求的固定税赋当做定额的“成本”，所有的本事都发挥在压榨的最大化上面了，怎么会轻易泄露流民的秘密。

传统历史记述中形容康熙统治后半期太宽松，以至于吏治腐败。

实际是利益集团摸透了一个政制，懂得怎么从中取利并忽悠执政者。这跟现代美国也没什么不同，金融资本集团早已摸透怎么玩要“民主自由”政制，以取得最大利益，金融海啸才会不断发生……都是人的问题。权力经济的制度性贪腐，政权的执行者是官吏，金权的执行者是公司与“专业”人员，倒霉的是平民百姓。

公元 1722 年，康熙帝死后，皇四子胤禛继位，胤禛当皇帝时已经 44 岁，在位 13 年。

康熙帝后半生几次立储、废储，皇家父子、兄弟之间的权力斗争，文官统治阶层的结党分派，以及官僚的忽悠，雍正帝算是冷眼观察到了。

雍正帝任上严格执行了三件事：

第一件，掌握更多的信息与加大执行力。

扩大密奏基础，大量文官实际必须将各地信息奏报皇帝，雍正帝便依靠这些情报，比较及时地掌握了地方与人员状况。为了更准确地决策，更有效率地行政，雍正帝还新设军机处，此后成为王权专制更核心的执行机构。

第二件，整顿吏治，严格摊丁入亩。

既掌握真实状况，官吏与地主们便调皮不起来，地税的征收更实在，转嫁给佃农或浮加规费的贪腐也大大减少。中央财政立马增加了 300 万两银的地税。摊丁入亩的经济效益也展现在垦田面积恢复到近 890 万顷。雍正帝之后的清代地税长期维持在 3000 万两银左右。

雍正帝期间，政府财库存银一度积存达 6000 万两，历次内外战役后，留给乾隆帝的仍有 2400 万两。

第三件，改土归流。

长城以内，云、贵、粤、桂、川、湘、鄂等地的少数民族区取消世袭土司的割据，设立府、厅、州、县，派文官直接治民。

雍正帝虽然仍未对国家机器进行数字化管理，但这些结构性的改善，给清王朝的盛世打下扎实的基础。严格摊丁入亩，当然妨害太多既得利益集团，于是传统历史记述所描绘的雍正帝总有一大堆古怪离奇的传说，大抵都是想抹黑他吧……

雍正时期，文官统治的内缩迹象已经显露，跟沙俄谈判划界，签订《恰克图条约》，未经战斗就主动退让《尼布楚条约》规定的疆界的一小部分。

对抗准噶尔汗国的战役，清军战败，随后准噶尔试图扩张到漠北蒙古，却被喀尔喀部蒙古击败，于是清廷与准噶尔和谈，双方划定以阿尔泰山为界，清王朝只保有天山南路。

雍正帝唯一的安慰是进一步夯实了对青藏高原的管治，年羹尧和岳钟琪肃清了青海和硕特部的反叛（这是黄金家族的蒙古部落，那时领有全部青藏），雍正帝设置西宁办事大臣、拉萨驻藏大臣，分别管理青、藏。

康熙、雍正交替之际，也是欧洲将人类的理性发扬光大、科学蓬勃发展之时。人类天然的物质欲望激发智性的应用，技艺创新、金权改写制度软体，王权还得跟金权借钱。

公元 18 世纪初叶的欧洲，西班牙、葡萄牙的海权已经渐被英国、荷兰取代，欧洲大陆部分主要是法国天下，东欧则俄国崛起。俄国的殖民扩张成为欧洲的屏障，牵制了土耳其境内势力及中国的清王朝势力，欧洲海权时代来临。这时候，德国莱布尼茨的微积分、英国牛顿的物理学、法国孟德斯鸠君主立宪的三权分立、伏尔泰权利自由的天赋人权，以及光学、化学、显微镜、蒸汽机等都已奠基。

科学的文明正在悄然地改变欧洲人的意识与认知。而英国没流血的光荣革命确立了宪法的概念与议会制度的实施，政治权力成为人群同意下的“社会契约”，给自由经济的运作奠定坚实的法理基础，英国更发行了欧洲第一个纸币，资本主义就此造就了英国的崛起。天下事物不存在全然“自由”的状态，连宇宙的真空都还受制于物理规律。自由永远是相对的，权利与义务不可分。明清的经济化比宋元的经济化更“自由”，因为少了国家财政制约，但中国人经济化虽早，经济运作却只是王权专制下的衍生物，经济运作不是中国社会的主力，政治专制才是。明清两代民间的“自由经济”其实是王权专制、轻商、吏治腐败、权力集团以商人为提款机的结果。

欧洲在公元 18 世纪结束的时候，实力已经超越奥斯曼土耳其帝国，以及中国的清帝国。急欲参加欧洲的俄国，很快认识到海洋机动的必要，虽然政治上“脱亚入欧”，但农业经济上的农奴制不久就被欧洲的资本主义激化为农民革命的动力。

当然，这一时段欧洲的海权与资本主义化还没成长为巨兽，欧洲产品一时还竞争不过中国产品的性价比，东西两边暂时还没有直接冲突。

于是，中国与欧洲的直接接触，碰撞的竟然是中国王权与天主教神权。

这是个饶富人性的故事。

按理，明清王朝的皇家礼遇利玛窦、汤若望、南怀仁等耶稣会传教士，这些葡萄牙耶稣会派来的教士也确能融入中国知识分子阶层，传播西洋知识与宗教。

偏偏这时欧洲的葡萄牙是小国，法国是大国，天主教神权这时已没落，政治平衡嘛，便开放法国教会也进入中国。

法国传教士为了跟已经在中国根深蒂固的耶稣会别苗头，就奏报天主教廷：指责利玛窦已“入境随俗”，中国教徒祭祖、祀天、敬孔，混淆了耶稣教的一神教义……那个糊里糊涂的教皇“下令”禁止中国教徒“偶像崇拜”的行为。结果，本来开放耶稣会传教的康熙大帝晚年也下令禁教，但他的确喜欢西洋知识，并没严格执行。

到了雍正时期，福建地方一起小事件加上天主教攻击佛教，惹翻了草原尊重一切宗教的习俗，皇帝便严格禁教。耶稣教在中国就是这样子被禁的，等到鸦片战争后再回头，就有船坚炮利的阴影了，但中国人真正失去的是跟欧洲人的直接接触。

公元1735年，雍正帝去世，弘历继位。弘历当年25岁，实际统治了清朝63年。

这位贯穿公元18世纪的统治者，继承父祖辈留下来的庞大帝国，基本上全用的老办法。对权力的敏锐度，使得聪明而勤奋的乾隆帝从即位至死专权了63年。绝对的权力对明代的嘉靖皇帝或万历皇帝或许是一种负担，所以倦勤。对康熙帝或乾隆帝更多的是一种享受，乐此不疲。

管治汉地，一方面搞文治，搜罗图书，编《四库全书》，但烧掉许多敏感的“华夷之辩”书籍。另一方面继续大搞文字狱，禁锢知识分子思想，有文化的人除了考据和艺文，没有什么可做的事。汉儒文化所截取的青年孔子的思想“君君、臣臣、父父、子子”，在乾隆帝任上得到最大发挥，不但结晶到读书人大脑里，而且成为平民百姓的日常生活规矩，逆伦、妻杀夫、子杀父、不孝、不忠之类成为朝廷必办的大案。

除此之外，官吏贪腐、无能之类反而容易官官相护、过关。清王朝本来就概括承接了明王朝的文官集团，沿袭的是明代的管治意识，采用跟明代类似的重农抑商、超低的税赋和政府财政，结果是清代跟明代几乎没什么两样的社会经济与生活，垦田面积则终于开始超越明代水平，城镇商业繁荣兴旺。乾隆晚期，人口大大增殖，农村反而呈现穷困，移民海外的华侨数量激增，中国海盗也重现东南沿海。

为应对草原和西南少数民族，乾隆帝没少花军费。

公元1750年，乾隆帝镇压想要取代政教合一的藏王，兼并分裂的准噶尔汗国各部，直接军屯伊犁、统治新疆。随后，乾隆帝进军川藏交界地区，将大小金川（即金沙江）改土归流。

之后又进行了一场相当可笑的清缅战争，那时缅甸崛起，缅甸国王意图统一东南亚，正在征服暹罗（泰国）的前夕，属下将领竟然招惹中国，进攻云南，乾隆帝轻蔑地派了一些部队去肃清已经取得西式枪支的入侵缅军……

交战双方都轻敌，便打了场旷日持久的战争，暹罗化了的汕头华侨郑信趁机驱逐缅军，成为泰国国王，东南亚恢复原状。最终，前线交战的双方将领精疲力竭，不等各自的大老板命令，便签订和约撤军，惹得清缅帝王都不高兴；18 年后，缅甸主动遣使朝贡，清缅战争方才正式结束。有意思的是，现代看到双方各自上报的和约内容，出入很大，显示那时候的清人已经开始忽悠上层。清缅战争暴露了清朝文武与满汉官员经常谎报军情，乾隆帝发现以后才开始认真调兵遣将……

公元 18 世纪末，喀尔喀蒙古入侵西藏被清军击败。乾隆帝随后驻军、分治前后藏，确立了达赖、班禅的转世和金瓶抽签的办法，西藏诸部政教合一，但外交与国防归清廷。

乾隆时期的八旗军早已失去战斗力。清缅战争时，缅军的西洋枪炮是最后一个警铃，始终瞧不起“南荒小夷”的乾隆帝没醒过来，派去作战的人马被瘴气整得胡说八道，更看不清爽。草原祖辈重视信息的习性，到乾隆为止丧失殆尽。

乾隆的“武功”，耗费了不少中央财政，但文官集团的头脑不如宋代，原来四口通商的内缩成一口通商，只留下广州海关，而且由十三行承包、垄断对外进出口贸易（这其实是广东“官商利益共同体”操弄清廷政治的结果，行贿中央官员游说皇帝，硬把其他海关闭掉，以专断海外贸易的利益）。乾隆帝和文官互相激荡小农经济理念，无视四倍于康熙、雍正时期的关税收入（这时已达 500 万两银以上），以及垦田农业与人口数量之间的恶性循环：公元 1790 年，中国人口突破 3 亿，无论政府怎么减税（康熙一次，乾隆四次，减免全国地税近 3000 万两银），破产农民的造反事件已经层出不穷。

公元 1774 年，湖北东部灾荒，地方官员对赈灾人数的密折数字超过当地以往的人口统计总数，乾隆帝大怒，下令各省核实人口数字，开始实施保甲制度。清朝农业税赋本来就不重，而隐匿的政治风险太大（有杀头的可能），中国总算开始具备比较真实的人口统计数字。虽然京畿、塞外、台湾地区的数字不在保甲统计的范畴内，乾隆帝至少录得全国超过 2.65 亿人口，公元 1794 年，人口激增到 3.13 亿多（前一年的乾隆谕旨提到全国 3.07 亿人）……这时，内地粮荒、民变已是家常便饭，粮价高居乾隆初年的六倍以上，汉人移民台湾地区近 400 万，东南亚各地也华侨遍布。鸦片战后，海禁大开，连美洲都出现华人移民，清末全球华侨已不下 700 多万人。

公元 1792 年，英国国王以祝贺乾隆 80 寿辰的名义，派马戛尔尼使节团

800人到北京，提出开放通商的要求，以及包括座钟、气象仪、地球仪、天体仪、手枪、步枪、榴弹炮等600件礼品。乾隆帝震惊，但强自庄敬，让陪同的文官“透露”：这些东西，天朝也有的……然后还为了英国人不肯觐见时三跪九叩而生气（后经协商为，递交国书时鞠躬、寿辰宴会上跪拜）。乾隆帝回赠中国传统的丝绸、瓷器、玉器3000件，他不知道，马戛尔尼在北京街头看到一些乞丐，对中国虚实自有定见，何况英国使团还另有观察报告，叙述所经农村的人口密度：比当时欧洲最拥挤的地区还稠密……

这时候的欧洲情况是：

英国进行第一次工业革命已经二十多年，将手工生产大量改造为机器生产，提升了产品的质量，更利用瓦特设计的蒸汽机作为机械动力，工厂的产能与效率，以及英国经济都呈数量级增长。工业革命加速了欧洲资本主义金权的成长。

法国则从1789起发生法国大革命，法国人民推翻了专制王朝，民主、自由、平等、理性（科学）成为法国人的旗帜。此后近一个世纪，法国成为人群理念的实验室，其间经历了各种意识形态的政权，一再试练各种国家机器软体，包括各阶层人群的共和、君主立宪的复辟以及拿破仑的帝制。公元19世纪初，拿破仑一度使法国扩张及于全欧，最终败于英、普鲁士（后来的德国）等同盟。这是人类史上最集中的国家机器试验场，形成现代法国人鲜明的个性，影响极其深远，法国人的理念旗帜至今引领全球。

到了公元1871年，法国被新兴的普鲁士王国打败（普鲁士王国在铁血宰相俾斯麦的经营下统一了德国），德国成为欧洲的新兴帝国。至此，法国人已经没有继续试验的余地，各阶层势力迅速凝聚国家机器为共和国，虽然巴黎工人短暂地成立了“巴黎公社”政府（人类史上第一个无产阶级政权的尝试）。此后，法国跟美国一样是资本主义金权主导的“民主共和国”。

乾隆帝一生，前半生努力夯实统治基础，好歹落实了疆界。后半生任用宠臣和珅，文官集团报喜不报忧，加速折旧。明王朝震慑知识分子，朝堂上扒开裤子打屁股多少还出点特例，还存在大脑清醒的精英。清王朝震慑知识分子用血淋淋的文字狱，而且罗织、牵连、累及亲友。八股文取士，其实是跟明代学的，但清代几乎不大出现头脑清醒的精英了。50岁之后的乾隆帝，自闭的程度只有万历皇帝能跟他有一比。

乾隆帝跟他父祖雍正帝、康熙帝一样也感到人口增长的压力，但束手无策。当时的汉人知识分子洪亮吉从江南人均田亩数字的锐减、粮价的上升感受到人口压力，毕竟国家机器的疆域扩张已经停滞，可耕地已成定数，洪亮吉悲观地预测到农民造反的现实性。

公元1798年，英国传教士兼学者马尔萨斯针对工业革命后的人口增长、失业、贫困问题，发表了《人口论》，促使工商业时代的欧洲正视人口增长、自然资源、人为经济之间的诸多问题。人口普查、人均田地、人均产值等数字，很快成为现代经济学的标准参数。马尔萨斯实际提出可能的人为控制方式包括晚婚、禁欲等节育手段。

这些“西学”未能传入当时闭关锁国的中国，较早的洪亮吉无法成为东方的马尔萨斯。

乾隆帝死于公元1799年。以儒家文化“孝道”治天下的乾隆帝为了不超过祖父（康熙帝）的纪录（在位61年），于公元1795年，在位60年后，让位给儿子，留给嘉庆帝的家当包括政府财库余银7000万两（嘉庆帝上台后，乾隆以太上皇名义又统治了三年多，直到去世）。

公元1796年，嘉庆帝刚继位，立刻爆发了白莲教民变，波及川、鄂、陕、甘、冀，清政府花了九年半时间、2亿两战费，方才平定。八年之后，连年灾荒的冀、鲁、豫爆发白莲教余支的天理教民变，被消灭，但天理教徒一度攻进清皇宫。

嘉庆帝并非不思改进，他自己生活节俭、工作勤奋。

整顿吏治，首先拿和珅开刀，也杀了一些贪腐官员。但乾隆晚期的积弊，臣民的说谎、作假、散漫，吏治的腐败，已经不是嘉庆帝可以医治的了。

公元1799年，嘉庆帝流放敢于上书直言的洪亮吉，洪亮吉到达伊犁百日后，被赦还，后来嘉庆帝还主动禁绝了文字狱，但更没有人说实话了。

官员说谎、懒散的毛病极大，比如，公元1816年，英国再次遣使进京，由于赶路载有英国国书和礼服的车辆没跟大使一起到达，英方自然要求等会儿，中方外交官员竟然以大使生病来忽悠皇帝，嘉庆帝显然另有情报，以为英使傲慢，大怒，取消觐见，实际那时候中国禁绝鸦片，双方已经摩擦并在广州、澳门小小交过手了。

又比如，沿袭祖制，不准汉民移垦东北，但内蒙古、伊犁就让内地农民移入，垦田近10万顷，而长期被“包养”的八旗子弟什么也不做，吃闲饭、增殖人口，对士农工商的生计一窍不通，嘉庆帝下令八旗子弟回垦东北老家，居然被抵制，最后不了了之。嘉庆帝谥号“仁宗”，中国历代的仁宗大抵都是行“仁政”、执行力不佳、跟吏治潜规则妥协的君主们。

实际上，吏治会产生潜规则、体制性贪腐，古今中外皆然。只要存在不受监制的专制，无论是政权还是金权，就一定衍生不受监制的吏治，以及相应的潜规则、体制性贪腐。

无非对长期王权专制下的中国人来说，吏治问题更加突出，明清两代，下官“孝敬”上司，早已成为习性。甚至督抚大员到中央部署办事，明明是公事公办，却需要“活动经费”来疏通部署书吏，否则一定借故迁延不决、办不成事（雍正帝就看出了“部费”的玄机）。

类似的状况也发生于现代的金权顶端，美国华尔街是银行、股市等金融资本不受监制的典型，整个“资本产业”自定游戏规则，业内“官吏”（所谓“职业经理或经纪”）除特高薪水之外，吃香喝辣，体制性贪腐造成天文数字的“活动经费”，才会发生接二连三的“金融海啸”。本质上，都是不同权力经济下的“吏治”问题。

公元 1812 年，中国人口爆炸，超过 3.62 亿。

嘉庆帝死于公元 1820 年，这一年，中国人口超过 3.83 亿，垦田近 1000 万顷，所有山坡地尽已垦殖为田，水土保持化为乌有，旱涝灾情越来越严峻。在洪亮吉的著述里，江南粮价从雍正时期的每升 6—7 文钱涨到乾隆末年的 35—40 文钱，大旱涝时节，江南也饿死人。良田的地价则从清兵入关时的每亩 2—3 两银涨到乾隆中期的 10 两左右，嘉庆之后，更飙涨到 50 两。物价沸腾，稍有天灾小农经济的农民首当其冲，卖田成为佃农、流民，迫于生计远走他乡，便只好加入会党，骗、敛、劫、杀了……

明清两代的初期，吏治比较严谨，较低的税赋与政府财政大抵实现了传统中国小农经济的理想。这使得中国人改朝换代的原因变得相当清晰：分配不均，主要来自吏治的贪腐及统治王族的奢侈浪费，不当地剥削了小农经济脆弱的剩余。

明万历年间，史料记载垦田达到 750 万顷，人口约 1.5 亿，人均五亩，如果吏治清明，民间相对是可以生存而有余的。

清雍正年间，史料记载垦田 890 万顷，人口估约 2 亿，人均还是近五亩，而吏治严格。到嘉庆中期的公元 1812 年，史料记载垦田为 970 万顷，人口为 3.62 亿，人均 3.2 亩，而吏治松弛。

传统史料的垦田数据并不完整，但恰巧传统史料的数字大致只涵盖汉地“小农经济”地区，亦即税赋的来源地，正好说明汉地农业人口爆炸的问题：洪亮吉测算的汉地造反底线是人均四亩地，正是乾隆让位之前 10 年的景况。

现代考证，明清垦田数字，因涉及地税，并未包含不纳税的边地或政策倾斜的地区。确切田亩数字比史料所列大得多，但传统史料至少足够说明汉地小农经济实情。

嘉庆帝虽然努力，但没抓到重点。

中央财政已因白莲教的长期造反陷于破产边缘，但他还是毅然拨出 4000

万两来整治河患，并且在位的最后一年，做了清王朝最后一次减免全国地税的动作……

实际财政当然不会自然平衡，于是文官统治集团开始勒派：商人报捐、关税加码、盐斤加价、公摊养廉等。这时候，民间当铺已遍及城乡，生意兴隆，既是经济繁荣的标志，也是民生凋敝的信号，不仅官僚、地主、商人参与放贷，连军队、政府、皇家也投资入股。官盐加价使得私盐走私兴旺，回头降低了政府盐业税收，无论农业、工商业，经济的恶性循环，终嘉庆之世如大火燎原一发不可收拾。而贪腐的吏治，潜规则下的无形“税赋”使局面更加糜烂。

道光帝继位之后，公元1833年，“中国人口”超过3.99亿，人均2.5亩，实质上那时的清王朝已空前虚弱，但统治阶层浑然不知，还自我感觉挺好的。

公元1840年开始的鸦片战争，实际是人类史上金权第一次凌驾于政权之上的标志。

那时候明清是铜银双本位货币制度，政府财政银两本位、民间日常生活铜钱本位，已经沿袭260年。中国商品外销只收银两，更已沿用400年以上。而工业革命后的英国，这时已经是海洋霸权（公元1805年，英国纳尔逊舰队击败法国拿破仑与西班牙的法西联合舰队。纳尔逊成为公元19世纪英国霸权的象征），但英国经营东方商贸的东印度公司对华贸易却长期处于入超状态，非法贩卖鸦片毒品到中国是东印度公司唯一可以平衡对华贸易的途径。暴利之下英国人选择了非法的毒品生意。

公元1838年，黄爵滋上书呼吁清廷禁绝鸦片，当时的湖广总督林则徐表态支持，奏告道光帝：若不严禁鸦片烟，中原将“无可用之兵、无可筹之饷”，于是，道光帝派林则徐前往广东禁烟。公元1839年，林则徐会同两广总督邓廷桢在虎门销毁东印度公司走私的鸦片烟2万箱。

公元1840—1842年，第一次鸦片战争成为欧洲入侵中国的开始。

东印度公司立足以使英政府出兵、“正常化”毒品走私，这很能说明资本主义制度的性质。

无须掉进“道德”的陷阱，人类的经济活动自有社会以来分配的发生从来都是“权力经济”。交易与掠夺一直是草原或海洋机动文明的生活方式，打得过的时候抢东西；打不过的时候换东西。比较固定的农业文明、王权专制靠统治的权力进行剥削、分配。在草原游牧、海洋贸易、农业定居之间，国家机器可以有多样的农牧商成分，形成许多不同的混合文化。即使在同一个国家之内，人们也各有不同的看法。

鸦片战前的英国议会仅以些微少数票决通过对华开战，后来四次出任英国首相的格莱斯顿在当时的议会反战说："在人类历史上，我还从来没有见过如此不正义并故意要使国家永远蒙受耻辱的战争。"人类演化出国家机器，原本就是"权"与"利"，而不是"道德"的目的，跟什么主义无关，也跟什么民族无关。不会因为是英国人搞的，就"更不道德"。

鸦片战争形势图

我们倒需要从第一次鸦片战争看看那时候的中国人出了什么状况。

林则徐一到广州，立马就组织人手，搜罗外文书报、翻译外面信息，编印成册，成为近代中国第一批介绍欧洲的文书。林则徐积极备战，练兵，购置西洋火炮，搜集西洋船、炮图纸（准备仿制），几次上书分析英国可能的战略，要求中央政府下令沿海各省备战（但清廷对此置之不理）。林则徐的务实使得在他短短的任上英军打不进广东。

英国方面显然相当了解中国。英军发挥船坚炮利的作用（这时候仍是帆船时代）封锁广州、厦门海口，攻占定海（舟山），陈兵天津，直接恫吓北京。道光帝果然害怕战火逼近北京，很快便撤了林则徐、邓廷桢的职，改派满官。于是，英军再南下陈兵广东，于公元1841年年初攻占虎门、进围广州，向商行勒赎600万银圆而去。

而满官竟然将惨败上报为"大胜"。

这时候，英政府已经看穿清王朝是纸老虎。这个不宣而战的鸦片战争，转而成为一场纯粹的劫掠，英政府胃口也变大了，增兵，扩大抢掠范围，反正此前在炮火下签立的临时和约清廷也还没正式批准。于是，后继的英军长驱直下至浙东沿海各城，于公元1842年直逼南京，最终迫使清廷在英军旗舰上签订了《南京条约》。战败国割地、赔款、惩凶（林则徐被流放伊犁）是当然的，但强迫开放广州、厦门、福州、宁波、上海（五口通商并设领事馆）、共同协定进口关税（等于英方钳制中方海关税率）、领事裁判权（英国人在中国犯罪不受中国法律制裁）三项，是明显的不平等条约。第二年，又追加一项最惠国条款。

五口通商的五个港口中的上海成为列强进入中国腹地的基地。各口的租界让中国人直接接触到西洋事物与知识，上海地区很快变成中国最现代化的地方。

整个第一次鸦片战争过程，清廷、文官统治集团、中国人完全麻木，既没有动员全国抗战，也没有征召比较了解洋务的闽粤台海洋中国人来了解西洋情况。战败后，除了敲醒林则徐、魏源等少数知识分子的脑袋（开始注意西洋的进步），其他人居然继续自闭自大……

很人性地说，入关后的清政府至此对于继续掌权统治完全失去安全感：热兵器时代的满蒙八旗已经没有战斗力，汉人虽已奴化，但数量太大，而完全汉化了的统治者不相信臣民，也不相信自己，绝大多数中国知识分子的头脑则已僵化。

《南京条约》签订后，英国当然不可能独享中国这部提款机，欧美各大小国家通通赶赴中国盛宴，清廷则一概与之签立不平等条约。简单地说，就是不平等地开放中国市场，任由欧美各国金权的掠夺。金权很完美地借鸦片战争展现了它对政权的操控。

15 年后，英法便找个借口，发动了第二次鸦片战争，合法化对华的鸦片毒品贸易。

公元 1850 年，道光帝死，咸丰继位。

公元 1851 年，洪秀全领导人们在广西起义。公元 1853 年，太平天国军攻下南京，定都，改称天京，这一年，受太平天国运动影响北方捻军起义。

公元 1853—1856 年，英、法、土三国跟俄国进行了克里米亚战争，俄国战败，转向东方发展。公元 1857 年，英国镇压印度民族起义后，流放莫卧儿帝国末代皇帝，统治全印度。

太平天国起事那时，中国人口达到 4.3 亿。

道光年间屡次下令禁烟，我们没有确切数字来说明鸦片对当时中国财政的影响，大概每年从出超 300 万两银变成入超 300 万两银，估计自嘉庆以来，流失白银 5000 万两以上。然而，清政府正规财政收入直到第一次鸦片战争结束，始终维持在 4000 万两银左右，包括关税，自清初以来都没怎么改变过。

嘉庆年间的内乱、赈灾等，至少花费了 2 亿两，乾隆给他留了 7000 万两，他又给道光留了 3000 万两，那嘉庆、道光的战费从哪里来？

答案：捐官和卖官位的收入。这是从顺治年间就开办的、对清政府军费等无以预算的开支的一项补助措施，因此，清代入仕除了科举，平行的还有捐纳制度。传统清史料根本不谈捐纳制度，引以为耻，乾隆帝晚年看出“羊毛出在羊身上”的弊病，曾训令禁止、永不开捐。但嘉庆、道光两朝地主、官僚、商人的捐纳数字绝不少于2亿两，通通都转嫁到租金和物价上。更穷困的人民、更紧缺的银根、更高的物价造成的现实怎能让老百姓不造反呢？

道光帝几乎没给咸丰留下什么库银，也许百万两不到，咸丰政府可谓一贫如洗。

咸丰帝继位后，加收厘金（货物税）1%左右，关税当然也增加了。平定太平天国的13年内战期间，估计共耗费社会资源超过银子8亿两，从史料数据估计厘金、关税各增收约超过1亿两，中央财政不足之数全靠卖官的捐纳支撑，每年应不下5000万两。

嘉庆之后，直至清王朝覆亡大约100年间，厘金、关税、捐纳、盐课的总数当不下20亿两银子，这也就是中央财政预算外的军费、赈灾、治河、赔款的总额，老百姓平均每年额外负担2000万两银子。加上吏治潜规则的，税外之税、赋外之赋，大约跟正规财政的数字相当，也就是正规、不正规的每年各4000万两。羊毛出在羊身上，晚清关内老百姓真正的负担总计是每年1亿两银子数量级的有形、无形的税赋。

对人均2.5亩的五口之家的小农而言，是连存活都有问题的……

公元1857—1860年经历第二次鸦片战争。

先是早前《南京条约》的续约谈判，英方提出无理要求，被清廷拒绝。于是趁清王朝内乱、焦头烂额之际，英国借口海盗追捕事件、法国借口传教士被杀事件，于公元1857年年底英法联军一天内攻下广州，俘虏了两广总督叶名琛。

实际上，一年前英军就已经进逼过广州，当时叶名琛处理海盗追捕事件还据理力争，令英方束手。但清廷因为兵、饷俱缺，密令叶名琛“息事宁人”。叶名琛只能盛装、坐以待俘，英军把他囚送印度，关在笼子里卖票观赏，不久死在印度。

叶名琛比那时候绝大多数稍触即溃或望风而逃的部队官兵好太多了。

公元1858年，英法与美俄四国公使在上海集结，两个强盗、两个准备趁火打劫的一起商量怎么压榨中国。两江总督的反应很中国式：请他们回广州谈。但强盗团伙更有高招，率铁甲舰队上天津（这时候蒸汽机已经装备到船上，木帆船换成了铁甲舰），轻松打下大沽炮台，咸丰帝连忙派员到天津，跟四国签立《天津条约》。对英法赔款，其他的不平等条款则一体均沾：增加10个通商口岸、北京设大使馆、传教士得在内地自由传教、洋人得在内地自由旅行或经商、长江开放洋船通航。另外，约定在北京换约（盖印签字的正式条约），对俄另加共同查勘边界条款。美俄不料如此容易得手，不久便跟清廷交换了条约的正本，清政府还当美俄为“调停人”。

英法觉得中国提款机钱没取够，正琢磨间咸丰帝自己送上来一个借口。咸丰既不备战，也不动员全国抗战，却指令谈判人员：要求取消大使驻京、长江通航、洋人内地旅游等条款，并且不要到北京换约。英法联军二话不说，于公元1859年回头再度进攻大沽，这时咸丰已经换将，英法联军舰队跟大沽炮台的炮战被有备的僧格林沁挫败，清军炮队击沉多艘敌舰，击毙英舰队司令，清军取得整个鸦片战争唯一一次的小胜。

公元1860年，英法重新集结重兵，携同美俄“调停人”一道封锁渤海湾，英军占领大连，法军占领烟台。然后登陆塘沽，迂回攻下大沽、天津，咸丰帝急忙派员议和。英法既已存心劫掠，当然条件谈不拢。这支不到3万人的英法联军迅速进攻北京，焚掠圆明园，咸丰仓皇北逃；最终签订《北京条约》，对英法赔款增至各800万两，英法得从中国招募华工出国，加开天津为通商口岸，并规定中国海关的出口税率为5%、进口税率为2.5%。更搞笑的是跟美俄“调停人”也签《北京条约》。俄“调停人”敲竹杠，空手就攫取了黑龙江以北、巴尔喀什湖东南150万平方千米的大片土地。

英国东印度公司走私贩卖鸦片到中国，英政府经过前后20年的侵华战争，终于将毒品买卖“合法化”，并通过战争的掠夺抢走超过3500万两银子（有案可稽的赔款和勒赎），并联合列强迫使清廷成为欧美在中国的最大“专业统治人”，《北京条约》签订后，清政府迅速设立总理各国事务衙门，实际是列强大使操控中国政治的接口单位。

对中国人而言这些其实不是太新鲜的政治事物。有点儿像五代十国的华北，清朝末年的清廷不过是个后晋石敬瑭似的角色，英国或列强也就是新兴的辽帝国的位置。辽扶植后晋仍不免于辽征晋之战，列强可以扶植清廷统治中国也不免于八国联军侵华之战。

但那时候的中国人绝大多数似乎丧失理性，进入活死人的境界，居然看不到教训：只要认真积极备战，侵略军便不能得逞，林则徐与僧格林沁就是例子。

欧美政治话语非常热衷于将鸦片战争粉饰为“商业战争”，其实没有必要。以枪炮来走私毒品本来就是“海盗”的行为，用海军来进行商业跟草原汗国殊无二致。

蒙古汗国会征服、掠夺，但说到做买卖的强买强卖还不是常态，买卖双方更多是自愿的。不平等的买卖、存心害人的买卖，做不长久。连蒙古汗国都明白这个道理，蒙古人绝不会把对世界的征服、掠夺说成“商业战争”，西班牙人也绝不会把对美洲的征服、掠夺说成“商业战争”。而列强对中国的毒品走私却如此说了。

现代人神圣化“商业”，跟草原人神圣化“征服”、中国人神圣化“道统”没有差别。

当农业文明作为主导的时候，中国的道统文化风行亚洲。当蒙古汗国主宰世界的时候，征服成为时尚文化。公元 17 世纪起，欧洲新兴的资本主义宰制全球时，商业至上，利润第一。

然而，历史证明人群的教化赶不上人群自身的变化，人类的文明毕竟是动态演化的。商业文化也跟人类过去的诸多文化一样，面临人群自己制造出来的许多问题，这个软体必然也会被更换。现代人已经意识到利润不是人类存续的唯一因素。

现代文明、科学才真正是人类演化上的大项。

现代的科技与资本主义以及从前各地的技艺与商品流通都是互相刺激、平行发展的因素。这些积累促成了科学成为现代人类的重要文化基因。科技与科学是人人愿意接受的东西。早先的利玛窦、汤若望等，后来的牛顿、达尔文等都是以科学知识赢得中国人的尊敬与学习的。

商品或信仰或制度都不是霸力可以传播的。

商品嘛，核心竞争力就是性价比。西方科技发达后，规格化量产价廉物美的产品，自然行销全球。现代日本，自第二次世界大战战败后，无须海军护航，日本产品照样全球流行。

性价比才是真正的“商业战争”。而现代的“核心竞争力”除了性价比，更讲究生态。

鸦片战争的过节就说到这里。

鸦片战争结束时，太平天国运动已经闹了 10 年。

洪秀全是个四次科考落第的农村塾师，科考失败令他抛弃儒家经典，把孔子牌位换成上帝牌位，半部《论语》治天下换成以耶稣教的宣传册子打天下。虽然洪氏之教与耶稣之教风马牛不相及。

洪秀全并未读过耶稣教经籍，但他创立拜上帝教，突出耶稣原本的平等精神，入教的徒众都是平等的兄弟姐妹，正合那时人口爆炸的中国的需要，尤其是公元 1853 年定都南京之后，颁布《天朝田亩制度》，构思计口受田（不分男女）、剩余归公（除生存所需之外，皆入“国库”）、乡官自选（乡民每年选举出地方官）、福利社会（丧失生产能力的人、婚丧生育的人等的费用都由国库开支），基本上近于废除私有资产制度。但这个“制度”也仅仅是在“构思”阶段，根本没有施行。

公元 1859 年，洪秀全又颁布《资政新篇》，构思基本上全盘西化（工商资本主义以英国为师），禁酒、禁烟、禁佛道、禁奴隶、禁杀婴、禁游手好闲，设立新闻馆、医院、养老院、孤儿院……这些仍然仅只是太平天国的政治文宣话语。不过，倒是朴实地反映了当时大多数中国人的欲求（3.5亿人以上吧），应该也是直到今日全球绝大多数人的欲求。不过洪天王只不过把它作为装裱门面的幌子，束之高阁。

以太平天国实际的建制看，当然还是打天下、占有天下的套路，并且还是原始王权兼神权的色彩。作为打天下的暴力集团，他们的意志、组织、方法、策略、执行比朱元璋或多尔衮差太多了。攻下南京后，他们眷恋城市，不久就发生严重内讧，随后的内耗大大折损了太平天国的实力。

无可战之兵、无可筹之饷的清王朝倚赖汉地自保的团练——曾国藩的湘军，来抵挡太平天国的扩张。

曾国藩仅只运用既得利益阶层害怕改变游戏规则的心理，屡败屡战，很快摸索出筹饷、练兵、作战一套完整的办法。清廷便授权曾国藩总揽苏、浙、皖、赣四省军务，曾国藩则分兵左宗棠经营浙江，并派李鸿章另组淮军、经营苏东。湘淮两军跟洋枪队的联合作战经验，使湘军、淮军系统的汉臣成为晚清洋务运动的主力。

公元1861年，北逃的咸丰帝死在热河（承德），五岁的载淳继位。权力欲极强的老妈慈禧太后迫不及待地联合咸丰的弟弟——恭亲王发动政变，灭掉咸丰帝指定的辅政大臣肃顺等人的势力。慈禧垂帘听政，大权独揽，专权达47年，几乎到清王朝覆亡。

协助慈禧夺权后四年，恭亲王也靠边站了。但年轻的恭亲王经历鸦片战争的洗礼，认识到“师夷长技以制夷”的重要性，跟曾国藩、左宗棠、李鸿章、张之洞等结成洋务派，主张“中学为体、西学为用”。欧洲列强的回应则是支持清廷灭太平天国。

第二次鸦片战争结束后，公元1861年，英国派员到南京试探跟太平天国联合灭清的可能性，被洪秀全拒绝。至此，欧洲列强坚定了扶植清廷的决心，在上海原有的美国人主持的洋枪队基础上，派英军将校把洋枪队扩编成5000人的常胜军，协同清军作战，将太平军逐出上海、苏州等地。

公元1864年，湘军攻下南京屠城，太平天国亡。

功高震主的曾国藩很低调、巧妙地逐渐淡出政坛，分散湘军势力，突出淮军，让年富力强的李鸿章扛天下之重。公元1868年淮军消灭了捻军，汉地内战基本结束。

公元1867年，左宗棠受命平定陕、甘、青地区的动乱，两年后基本平定。但新疆各地割据，帝俄搅局、强占伊犁，公元1875年，63岁的左宗棠受命西征，第二年湘军出关肃清北疆，第三年肃清南疆，然后湘军在新疆备战，公元1880年，68岁的左宗棠带上棺材出关，率军前往伊犁，准备与帝俄决一死战。但他在哈密被召回北京，因为中俄谈判，帝俄归还伊犁……

中国人只要有意志力、积极备战、广搜信息、逻辑清晰，列强并不可怕，这才是“师夷长技以制夷”的技，技与计是分不开的。左宗棠是晚清极其少数的明证之一，他的西征功课之一便是带上老友林则徐当年在新疆绘制的地图与风土人情的报告，至少提供了比较确切的信息。左宗棠回到北京大受慈禧和李鸿章的疑忌，后来法国想独吞越南，中法开战，福建水师全军覆没，朝廷就派左宗棠去福州顶住，第二年，73岁的左宗棠病死在军务任上。但包括我国台湾、广西、北越战线法军实际败给了左宗棠辖下的湘军。

在慈禧专政下，同治帝战战兢兢地只活了19岁，公元1875年，同治帝病死，慈禧从近支宗室里选立了自己妹妹的儿子四岁的载湉继位。

慈禧继续专权。统治策略极其简单，重用汉臣、联洋制汉、挟守旧派制洋务派。

她毫无治国理念，只有操控权力的欲望。王权专制的弊病再次显现。

慈禧任内怎么说呢，还是拿湘淮军做例子吧。

曾国藩、李鸿章以一介文官做到出将入相，但也就只能是“师夷长技以制夷”的见识与格局，而他们已经是当时相当突出的中国知识分子了。曾国藩幕府里，当然有劝他趁势夺取天下的师爷，也有自学成才、看得出西方并非结晶化的中国士人想象的“蛮夷”的师爷。最终曾国藩拿劝他取天下的师爷的人头向慈禧的清廷表态，并推出李鸿章去扛天下之重，不知道这算是曾国藩的“智慧”，还是李鸿章的“没有智慧”。

****

第二次工业革命　公元1866年

时代背景：科学的发现与研究，使得科技发明如虎添翼。例如，公元1859年，英国达尔文的《物种起源》揭示了生命的演化论，影响极其深远，造就现代生命科学的基础。

物理学方面，公元1831年，英国法拉第发现电磁感应现象；公元1888年德国赫兹发现电磁波。在人们完全理清电学之前，电就已经被广泛应用了。

公元 1866 年，德国西门子研制出第一部发电机，欧美迅即进入电力时代，第二次工业革命开始。发电、能产生电力之后，电动机、电灯、电话、无线电等各种电器产品的发明使得第一次工业革命后的生产机械化更得以自动化，生产力突飞猛进。

公元 1867 年，瑞典诺贝尔研制出高效炸药，其后更研制出无烟炸药，大大促进了枪炮工业的发展。公元 19 世纪 80 年代也是化学工业飞跃的年代，研制出有机化学的氨、苯、塑料、人造丝等化学产品很快成为人们日常生活的必需品。

公元 1885 年，德国本茨用电点火的内燃机制成第一辆汽车，就是现代奔驰汽车的起源。公元 1903 年，美国莱特兄弟发明了飞机（以内燃机为动力）。汽油内燃机的广泛应用，使得石油产量呈数量级增长。石化、机械、电力，成为标志性工业。

公元 19 世纪后期，科学研发与理论已经直接成为技术与生产力的最大推手。

儒家文化的精髓要求知识分子“以天下为己任”，当然，知识分子也要吃喝拉撒睡，权力和物质欲望是免不了的，中国的洋务派成为社会主流的同时，造就了许多“有钱人”和“超级买办”，但没有“专家”，更没有“西学”……

同时代的日本知识分子秉承同样的儒家文化精神，日本的倒幕运动开港派，推动了明治维新，当然也造就了许多“有钱人”，但日本从此也有了新兴的工业、专家，以及西学。

日本大量翻译西方文、理、法、商、工的书籍，现代汉语中 70% 以上词汇是日本知识分子的成就……

合理的解释或许是曾国藩有自知的智慧，知道自己没有真正的能力改变中国人，全身而退算了；而李鸿章没有自知之明，不知道自己除了当大官之外，并没真本事促进中国社会发展……

至于日本，虽然当时幕府“锁国”也有相当日子了，但日本社会从来不是小农经济的结晶体，海洋一直是日本岛国的生存所需，历史上的海盗、交易就不说了，至少渔捞必不可少（蛋白质的重要来源）……

西洋武力敲开国门，中、日统治阶层的知识分子的反应各有不同。

慈禧得以长期掌权是她的运气，不是她的本事。她躺在当时中国人结晶化的脑袋上。有什么人民，就有什么政府，这是辩证的。

针对西方的科学文明加海洋机动加资本主义，只能说中国的小农经济加儒文化不灵。日本的海洋机动加儒文化就灵。

境况：日本人的思维并未全然西式资本主义化，但吸收了科学的文明。中国人的思维倒完全西式资本主义化（自私自利），但没吸收科学的文明。

从今天回顾公元 19 世纪中叶西方带给中、日知识分子的最大震撼自然首先来自“船坚炮利”。鸦片战争后的东亚各自的洋务运动无不首先焦聚于军事改革。

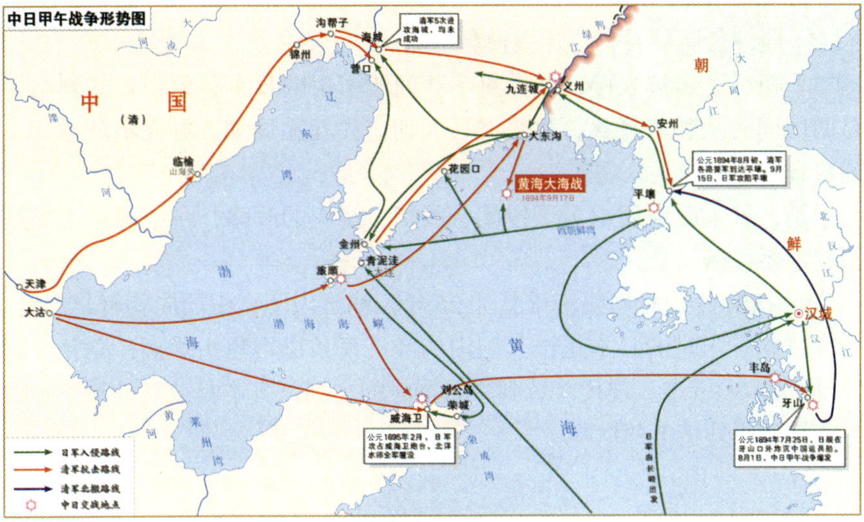

中日甲午战争形势图

中国在洋务运动时向欧洲购买了大量军备，一时之间中国部队成为亚洲最大的陆海军，但当时中国知识分子说谎、作假、散漫、贪腐的习性依旧，中国社会依然是小农经济的遗存，城镇人和文化人架在庞大而近乎原始的农村人口之上。

日本的洋务运动（维新）购置欧洲军备的数量当然一时无法跟中国相比。但日本人同时也认真引进了西方的软体，包括制度、技术、学校、工业化，以及科学、数据化的管理。对于西方资本主义式的经济运作，利润挂帅，明治维新时也依样画葫芦，很快就引领日本跟欧洲一样，必须以枪炮打开“市场”、维持经济运转，这是资本主义的必然。

时治维新初期，占人口比例 75% 的日本农民首当其冲更加贫困，甚至卖儿女为奴为妓。到了公元 1890 年，日本过剩的工厂与生产引爆了日本第一次经济恐慌。

金权肆虐使日本军国主义政权不知不觉沦为工具，自然地跟随欧洲列强脚步掠夺中国的市场与资源。

日本的维新在政治上其实只是开办一个跟草原帝国类似的军事王国，只不过机动方式不是游牧骑兵而是西式船舰车辆。

维新不久，日本便入侵我国台湾、兼并琉球、入侵朝鲜，这并非探路，但认证了中国人确实处于相当麻木不仁的状态，清政府对日本的扩张反应如下：

（1）我国台湾省被入侵，在欧美列强“调停”下，以50万两购买实际已撑不下去的日军撤回。

（2）琉球藩属被吞，清廷摸摸鼻子默认。

（3）朝鲜藩属被入侵，袁世凯率驻朝清军击败日军，但中日谈判结果竟然是两国同时从朝鲜撤兵，将来派兵入朝应先互相通知，办完事就撤回。等于确定日本可以派兵入朝。

于是，日本政府便拟定了侵朝、侵华、侵亚的政略，将中国作为提款机成为其主要目标。

公元1894年，日本明治维新才26年，朝鲜内乱，中国向朝鲜半岛增兵，并知会日本。当时的日本正被其国内的经济萧条搞得焦头烂额，立刻“赌一把”，借机扩大事态。现代能看到中日当时的文档，日本是故意推动甲午战争的，包括运用外交上的欺骗。

****

日本明治维新　公元1868年（清同治七年）

太平天国打下南京的公元1853年，美国军舰开进日本东京海面，强迫日本开国。第二年，实质统治日本的德川幕府政权被迫与美、英、俄、荷兰等签订《亲善条约》，锁国体制崩溃。公元1858年，德川幕府跟美国签立《修好通商条约》，反幕势力趁机发动“尊王攘夷”运动，幕府随即镇压、杀害运动人士。但幕府控制力较弱的西南诸侯，继续联系皇家、鼓吹尊王攘夷。公元1863年，长州藩的武士（武士都是知识分子）高杉晋作等激烈行动，火烧英国使馆，并炮击美、法、荷船舰，迫使德川幕府宣布攘夷、封闭港口。至此，英、美、法、荷军舰开始进攻西南诸侯，德川幕府则恢复镇压运动人士（高杉晋作曾于公元1861年被派往上海考察，目睹鸦片战后中国的虚弱与麻痹，大受刺激，决心根本变革日本体制，成为倒幕、维新最主要的推手，但这时仍以“尊王攘夷”为号召）。

公元1865年，高杉晋作再次举兵，号召转向为“倒幕尊王、开港维新"，但兵变失败。公元1867年，年轻的天皇明治继位，立即密令长州藩等倒幕。次年，德川幕府奏请"大政奉还"，明治反而下令幕府"辞官纳地"，逼幕府造反。随后，倒幕派主力的长州藩与萨摩藩以一对三的劣势兵力在皇城京都击溃幕府军，末代幕府将军退走东京。

公元1869年，明治以武力统一了日本，迁都东京，立即执行王权专制，废藩置县，建立户籍制度，并改用公历。后来，诸多藩阀间的权力矛盾引发短暂内战，被政府军平定。

明治政府从成立起持续推行新政，没有间断。维新重点有以下内容：

（1）实施义务教育，全国公立学校总共八所大学，256所中学，53760所小学。使知识分子充分就业，传播知识，并以原有宗教神化王权。此外，大量派遣留学生到欧美学习。

（2）西式君主立宪，但政权与议会藩阀化。法式刑法、混合法、德式民法、美式商法。英式海军、德式陆军。征兵制，20岁以上男子一律服兵役，三年役期加九年预备役。

（3）设立日本银行（中央银行），统一货币。明确土地私有，抽取地税。

（4）兴建新式铁路、公路，公元1872年第一条铁路通车，此后铁路里数迅速增加。

（5）发展西式工商业。废除工商行会制度和垄断组织，废除内地所有关卡。招聘欧美专家，引进西方工业技术，建立纺织缫丝等示范工厂，推广科技应用。

（6）明治改造出一个表面上全盘西化的日本，实际是军、工（冶金、开矿、兵器制造）复合体的军国主义王国。明治之后，日本军事相关预算是政府财政之半的数量级。

以日本的有备对中国的无备，结果可以预料，北洋舰队全军覆没，日本陆海军在中国如入无人之境。

公元1895年，日本"指定"中国必须派李鸿章为谈判代表，李鸿章便灰溜溜地到日本签下《马关条约》，割台湾加巨额赔款，并引发俄、德、法三国干涉日本对辽东半岛的强占（当时，这三国都已各占了山东、辽东一些地盘），中断了日本从侵朝、侵中国东北到侵华的步调。此后俄国加速扩张到中国东北，这就是九年后日俄战争的源点。

公元 1896 年，情急的李鸿章居然幻想联俄制日，到莫斯科跟俄国人签立《中俄密约》，以东北建筑铁路的路权交换中俄联盟以对日。第二年，俄军便强占旅顺、大连，随后“租借”整个辽东半岛，整个东北沦为俄国势力范围，俄国“调停人”就这样兵不血刃成为甲午战争最大的实质获益者。同一时间德国强占山东青岛。

清末至此，一些青年知识分子倒被刺痛得有点儿知觉了。

甲午战争那年，28 岁的“海归”孙中山上书李鸿章，提出改革的主张，上书给李鸿章的人多了，但李鸿章不理会。同年 11 月，孙中山到达夏威夷，组织兴中会，正式以推翻清政府为宗旨。鸦片战争以来半个世纪中国人终于开始苏醒，由孙中山等留学回来的一批知识分子，以及华南地区的进步人士起头，很自然，毕竟珠江三角洲长期以来便跟西洋接触，有一点儿海洋中国的氛围……

公元 1895 年，兴中会动作很快，成立一年内就试图发动广州起义，但不幸泄密，还没动作便被清政府搜捕殆尽，白白牺牲了一些青年才俊。

这年 4 月，李鸿章一签下《马关条约》，内容就迅即传到北京（公元 1871 年起中国已有电报线），排斥《马关条约》的各地官员与知识分子连署的奏折，立即纷纷到达清廷。

当时正赴京参加科考的举人们在康有为、梁启超带头之下上书清廷，请求拒和、迁都、变法，号称连署的举人超过千人，然而这个上书从未送到傀儡皇帝光绪手上。康有为、梁启超立即会合当时精英知识分子沈曾植等（清末百科全书式的大儒，王国维的老师）创办强学会，有意识地运用新闻报刊的形式宣扬变法自强、君主立宪、维新等事物。

虽然强学会一年后便被清政府解散、改编为译书局，但与强学会相关或受其启发的各地议政团体、会团、报社、新式学堂等，风起云涌，三年内达到 300 多个，包括湖南谭嗣同与唐才常的南学会……中国人似乎突然兴起政治狂热，经常发表政论的康有为、梁启超声名大噪。实际上，当然也是报刊媒体的作用，中国人开始尝到信息传播的厉害。

兴中会与强学会此后发展为清末的革命党（行动派），以及保皇党（改良派）。

革命党主张推倒重来，建立新体制。保皇党认为中国人都想当皇帝，乱，不如君主立宪……

那时候的中国人才刚刚开始睁开眼看世界，还要摸索很长一段时间才能学会教训。

那时候的中国青年知识分子提着自己的脑袋搞政治，还没理清什么“派”

人头就掉了……

公元1898年，已经被慈禧压抑23年的光绪皇帝也热血沸腾，不甘做亡国之君。他召见并重用康有为，向慈禧要求实际权力，任命谭嗣同等参与新政，在虚幻的“戊戌变法”103天“维新”期间，竟下达110多个改革相关的指令，大抵跟日本、俄国变法的内容类似。然而，地方官僚，包括张之洞、李鸿章等洋务运动大员，没有一个听光绪帝的。慈禧则早已部署怎么收拾光绪帝了。当光绪帝感觉到危险时，密令康有为、梁启超等人迅速离京，后来慈禧囚禁光绪帝，逮捕数十名“新党”，并斩杀谭嗣同等“戊戌六君子”。

中国的维新还没开始就已结束。此后，君主立宪的改革派——帝党，成为慈禧的眼中钉。

谭嗣同死时33岁，他可逃而不逃，决心以死赴义。

把文稿托付给梁启超，并说：不有行者，无以图将来，不有死者，无以召后起。

回绝日本大使馆的保护，谭嗣同说：哪有不流血的变法，中国就从我谭嗣同开始流血吧……

谭嗣同被捕后写下：望门投止思张俭，忍死须臾待杜根。我自横刀向天笑，去留肝胆两昆仑。临斩时他说：有心杀贼，无力回天，死得其所，快哉！快哉！

唐才常听闻慈禧政变，东避日本，在那里会见了康有为、梁启超、孙中山之后，于公元1899年回到上海，迅速跟沈荩等成立“自立会”，组织长江沿岸的黑社会帮派与清军士兵，策动湘、鄂、皖、赣同时起义。但事机不密，于公元1900年淮南提前动作，失败。

唐才常在汉口起义发动前，就被张之洞抓获，枭首示众。死时33岁。

沈荩发动洪湖起义失败后，以新闻记者身份潜入京津地区活动，公元1903年，搞到《中俄密约》内容，立刻公诸天津英文报刊，令内外舆论哗然，迫使慈禧政府不敢跟俄国正式签约。慈禧很快逮捕沈荩，并下令将其棒杀于狱中。沈荩死时31岁。

沈荩的惨死被英国最大报纸派驻北京的名记者莫理循详细公布，当然也包括《中俄密约》内容。当时，俄国对中国的鲸吞已引发欧美列强的不满，莫理循甚至摆明挑拨日本抗俄。实际上，日本早已积极备战，欧美也乐得以夷制夷、以日制俄。日俄战后，日本独占中国东北，莫理循又回头专挑日本的不是。莫理循成为当时英日关系的寒暑表，政权或金权对媒体的运用，话语和信息的操控，那时已现露，尽管莫理循本人并不自觉。虽然如此，新闻媒体依然是平民百姓主要的信息与数据来源，跟人们读书一样，不可尽信，需要很理性地去解读其中的数据，而不仅只接收记者发出来的信号……

公元19世纪结束时，中国人的历史数据表明，鸦片战争后的60年间，无论欧、美、日表面上的政体如何，实际上，都是资本主义运作下的金权帝国的性质，利润与利益已密不可分。那时候，列强对中国的瓜分，主要是为了市场，大规模人口的市场给工业量产的商品找到出路、产生利润。流通、运输靠海洋与轮船。工厂、生产、轮船、电报、新闻媒体……这些正好是新兴的科技。或者说，利润的刺激调动了人脑，加速了西洋科技的突飞猛进，互为辩证因果。

中国人对科技生产或水运运输或商业流通，当然早有体会，不然隋炀帝干吗开大运河？唐宋又怎么会将经济重心转移华南？明清大部分时期，又怎么会出超而成为银本位国家？

“资本主义”只不过是个翻译过来的时髦词汇，其实自从人类社会发生私有财产制度开始，“财富”的意识已成为全球人类共通的习性，权力的本质——政权或金权都为了分配与占有。无非现代的资本主义，通过“利润（包括地租与利息）”“工资”来分配财富，金权压倒政权，虽然政权统治阶层仍取得相当份额的利益。

中国人小农经济的结果是政权压倒金权，当然也通过利润与工资来进行分配，但统治阶层更多地通过“税赋”及税外之税、赋外之赋，以权力进行盘剥。

政治权力对中国社会而言如此重要，怪不得慈禧或历代统治者只有终身或被推翻的皇帝，没有任上退休的皇帝。

所以，光绪帝“百日维新”的赌博充满浪漫激情，人们会记得这起事件，实在是由于强学会开启了中国式媒体传播，渲染鼓动了中国知识分子的政治热情。并且由于光绪帝的失败等于判决了由政权体制内自上而下改良的不可行性，给政权体制外自下而上的兴中会（知识分子加会党）革命主张开了路。

谭嗣同、唐才常、沈荩这三位互相是朋友的湖南人，加上孙中山，其实是当时中国知识分子觉醒之初，最浪漫的行动派代表人物。当时觉醒的中国青年知识分子无疑非常多，连同开风气之先的康有为、梁启超、沈曾植等改良派代表人物，也不得不算是传统儒文化“以天下为己任”对中国人的贡献。实事求是地讲，他们分别代表了对中国传统体制武伐与文攻的第一波变革，中国人晶体的能量因之松动、释放，才有现代中国的产生。当然，历史记述常常会因为战乱或政治等因素而湮没数据，可以肯定的是中国近代史一定还有众多属于觉醒了的、不知名的人物，但人们已可从上述人物大概勾勒出公元19世纪末的中国境况。

仍然必须沿着时间与空间来综述。公元 1860 年，当圆明园被英法联军焚掠、鸦片战争结束、欧洲列强以优势热兵器迫使清王朝治下的中国人开放内地的时候，距离康熙与乾隆时代不过百年左右，中国人却已经忘记，清王朝能够入关并主宰蒙古草原，不是八旗骑兵比蒙古骑兵厉害，而是清兵带上了火炮。鸦片战争后，中国虽然开了大门，但大多数平民百姓并没有渠道得知完整的信息，只能从日益出现的洋人及地方官吏的态度揣测发生了什么事。可以漫游内地的传教士或商人自然也不会贸然进入交通比较方便的城镇以外地区，西洋事物所能传达的信息或信号是需要一点儿时间来扩散的。中国民间的“洋务”知识非常有限。

到了公元 1897 年，列强各国的耶稣教的各个教派几乎都已进入中国。民间是很现实的，相当比例的中国教民无非是托庇洋教堂的势力，图自己的利益。于是，山东发生了教案，愤怒的老百姓杀了两个德国传教士。

这就是义和团的源点，发生在甲午战争战败、上层知识分子热衷于维新之时。

中国知识分子阶层，大概衣食无缺。其中信息比较通的，搞维新或革命，试图跟国际接轨；信息比较闭塞的也只能死抱古籍延续旧习。

基层农民知识与信息两缺，而且本来就缺衣少食，碰到突然冒出“教民”那么一个新生团伙的欺压，又不能仰仗官吏的保护，本能的反应唯有聚众自保，打杀洋人和教民。各种恶势力很快就渗入其中，雪球越滚越大，群众无知无识，混淆了各种迷信、法术、号召成为一群非理性、仇恨洋人跟洋东西、纯粹发泄生活不满的团体。义和团杀掠的无辜平民远远多于不法教民，而唯一不排斥的洋东西就是洋银。

包括慈禧在内的官僚统治集团则思绪混乱或没有思想，简单地说，连这样松散的团体都成为沉沦中的清廷想抓住的一把稻草秆。

于是，公元 19 世纪末，义和团从山东扩散、进到了北京。

公元 1900 年，公元 20 世纪伊始，北京局势一片混乱。

义和团对洋人的仇视引起列强恐慌，列强派兵 400 进入北京、保护使馆区（那时，已经有机关枪），另有天津就地组成的 2000 八国联军则正在途中，但被清军聂士成部击败（也配备了机关枪），退回天津。慈禧政府只好立即召集部队进京，并默许义和团进入北京，以求自保。

义和团进京后，局势迅速失控，德国公使率先开枪射杀义和团，义和团则烧教堂报复，同时八国联军海军攻下大沽炮台。之后，德国公使代表各国使团前往总理衙门要求慈禧政府保护使馆区，但被清军射杀。于是，发昏的慈禧居然下令向各国宣战，并放任义和团围攻使馆区，明码标价每个洋人、洋妇、洋孩的赏格。

在各国增兵到达之前，从大沽登陆的八国联军部队向天津进攻，而仅有2000人部队的聂士成是唯一奋勇抗战的清军将领。由于先前坚决镇压义和团，义和团趁机掳掠聂士成家属，聂士成只好率队追救并负伤，随后，战死在抗击八国联军的前线炮台。

天津很快陷落。

慈禧宣战后六周，八国联军集结了不到18000人的部队扑向北京。日军8000人、美军2000人、俄军3500人、英军2500人（印度兵加华兵）、法军1000人、德军300人、奥加意不到100人。

8月14日，攻城一天后八国联军当晚攻进北京；第二天大早，慈禧胁带光绪帝仓皇逃向西安；第三晚北京完全陷落。八国联军随即纵兵奸淫烧杀抢掠，北京一度呈现废墟景象，堪称人类史最大劫掠事件。金银珍宝就不说了，文物方面《永乐大典》（所剩无几）、《四库全书》（残缺）以及无数古董字画流散世界各地。之后，各国仍然继续增兵北京，主要是日军、俄军、英军，各加10000人左右，总兵力达到55000人（这些数据，仍需确考）。

这年年底，慈禧政府除了接受八国提出的条件之外，已别无选择。

公元1901年夏，慈禧政府与11国（加了荷兰、比利时、西班牙）签订了臭名昭彰的《辛丑条约》。

这个条约赔款4.5亿两白银，是按当时中国人口，每人1两白银计算的。

并且规定，拆除大沽炮台、各国可驻军于北京到山海关的铁路沿线……

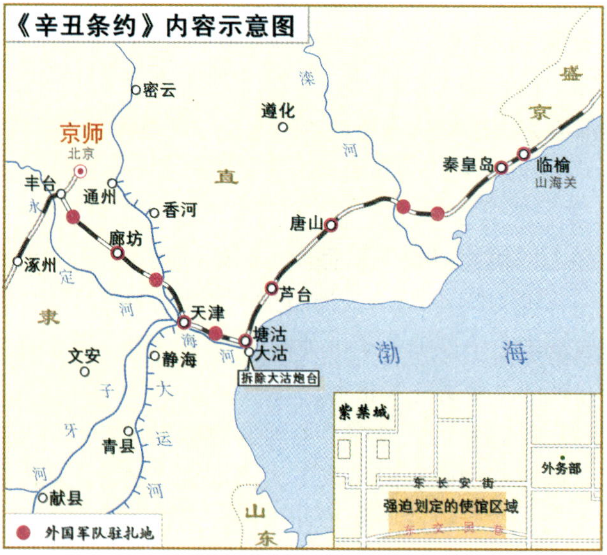

《辛丑条约》内容示意图

八国联军之时，并行着发生了许多历史事件。

（1）慈禧宣战后，东南督抚大员宣布“东南互保”。

江浙与两湖的封疆大吏为使战火不波及东南，便联合在一起跟列强媾和。

随后两广、福建都加入，东南半壁割据，清王朝崩解之势已成。

（2）革命党与保皇党都趁机行动。

孙中山派郑士良到深圳旁边的惠州起义，但日本转变态度，取消与孙中山的军火交易，一度发展到万人的惠州起义以弹尽援绝告终。郑士良退归香港。

同时，保皇党的唐才常部署的四省大起义，因康有为在日本筹饷失败，又事机不密，各地被迫各自行动，最终以唐才常被张之洞捕杀告终。

八国联军之前，日本支持革命党和保皇党，为的是给清政府制造麻烦，削弱中国。

八国联军之后，日本一百八十度转变，为的是不制造任何中国可能复强的机会……

（3）八国联军进北京的同时，俄国派兵全面占领中国东北。

《辛丑条约》签订后，俄迫于各国反对，第二年象征性撤军，但第三年就找尽借口赖住不走。

这时，沈荩爆出《中俄密约》内幕，中外哗然，慈禧政府只好放弃联俄制日。

之后不久，日俄开战。

（4）八国联军攻下北京后，列强却从德国派瓦德西来出任联军统帅。

八国联军已经抢掠北京之后，各国依然继续增兵来华，增兵后，日、俄、英是最大组分，比例大致 2 ∶ 1 ∶ 1，其他诸国的总和也不到 1 份。德军总共才 900 人（增兵 600 人），还远少于各 3500 人的美军、法军。但列强之间各怀鬼胎，既然德国公使被杀、德军人数又少，而那时的德国又已称雄欧陆，便让德国派大员出掌联军。元帅级别的瓦德西就这样当了已经没仗可打的八国联军统帅，他最大的贡献是留下了一些关于各国抢掠北京的记录（日记、书信），虽然他到任已是事发之后两个多月：

① 北京被占领之后头三天，公开允许的抢劫造成不可估量的破坏……很遗憾那么多珍贵物品被以最粗暴的方式对待，毁坏无数……很幸运德军没有参与官方的抢劫行为，天津之战中我们只有 300 人参加……德军是在抢劫结束之后很久才到达北京的……在德国，如果人们想象这场战争是为传播耶稣教文明和生活方式的话，他们肯定要感到幻灭了。自从“三十年战争”（耶稣教的新教诸侯反抗奥、西等天主教旧教帝国的战争）和路易十四时代（法国王权专制极盛的君主，坚持王权大于神权，法国虽是天主教，但支持新教造

反）的劫掠以来，还没有像这样的……

② 俄军的抢劫以最原始的方式进行，东西被扔得乱七八糟……俄占领颐和园后，珍品被作为官方的战利品运走。德国王室送给清帝的礼品被发现在运往旅顺港的途中，在我方霍普纳少将的抗议下，这件礼品才转交给我们。

③ 法军在抢劫方面也绝不落人后。

④ 日军的战利品须上交国家，日本政府肯定大大捞了一笔。

⑤ 美军的抢劫是被官方禁止的，但美军都是些牛仔冒险家，禁令全被置之不理。

⑥英军的抢劫相当有“制度”，抢来的东西须集中搁在使馆的一个地方，以便日后“拍卖”，拍卖的收入再按照计划分配给军官。但据英国军官说：印度士兵（英军几乎全由印度士兵组成）根本不能理解没有劫掠的胜利有什么意义……

甲午之战、八国联军侵华后的中国境况很能说明公元20世纪以来的世道：隐形的资本主义金权驱使显性的各式政权，在“商业”的名义下肆行掠夺之实，尤其各类工厂一经设立，商品成为量产就必须“推销”出去，以维持“利润”。

欧洲推动了科学的文明，但金权加政权的权力经济制度使得人类虽蒙科技之利，但也彻底把人类变成了“经济动物”，人类成为“利润”的工具，更是军火产业的刍狗。公元1861—1865年，美国内战（南北战争），机关枪被发明出来，光军人便死亡75万，之后，人类科技的最大应用大抵都表现于杀人的军火，其次才是生活上的应用。

工业革命以来，战乱并未使人口增长减缓。科技发达使得人口上升，战争破坏则减损人口，人口再上升、更大的战争再进行……恶性循环。战争，几乎成为人类自行控制物种数量的手段，军工复合体成为国家机器最大的推手。

公元20世纪，人类灾难深重，不独中国为然。

东西方的传统“人道”，通通失去意义。即使美国南北战争表面上“解放”了黑奴，实际要到百年后的公元20世纪60年代末，美国黑人方才具有法律上的平等地位，而美国社会人们的意识里种族歧视仍然根深蒂固。这无关基督教的教化，所有教化都是与人为善的，但另有一种社会教化——权力的教化塑造了人们的德行。典型的权力，西方金权或东方政权，这些权力意识，自然地教会人们不平等的态度与行为。

1. 对世界而言：

（1）第二次工业革命使得德国成为欧洲新霸主，以当时列强的“征服”意识，德国人自然努力加速扩张，要求重组已经被英、法、西、荷等瓜分了的世界。美、日则各自努力在美洲、亚洲扩张。八国联军侵华之后的中国随时可以被列强瓜分，但列强之间新旧势力的冲突与平衡使得中国幸免于立即被肢解。

（2）日俄占有中国东北的欲望导致公元 1904 年爆发日俄战争，俄国战败。日本随即在中国急速扩张，最终导致公元 1937 年中国人全面抗日。

（3）德国的扩张，当然引起英法既成势力的压制，最终造成公元 1914 年开始的第一次世界大战，德国战败。但英法强压德国的结果使德国人反弹，继续造成公元 1939 年开始的第二次世界大战。

（4）科学文明的扩散使得任何势力都不可能长期独霸，英、德、日、美本身就是案例。

但隐形的金权挟科技之势主宰社会的结果，显性政权不匹配的落后地区人民深受各种权力经济之害，公元 1917 年，俄国爆发了十月大革命，列宁与托洛茨基领导的俄国共产党最终取得政权，成立了人类史上第一个社会主义国家。

2. 对中国人而言：

（1）清政权以及中国社会的腐败已经到达非撤换体制不可的地步，城镇里头革命的呼声很快超越改革的呼声，广大农村人口文化落后依然未被触动。

那时候的中国知识分子大概已模模糊糊地感觉到非变不可，但怎么变不很清楚，主要的宣传与行动都针对改变政权。这当然跟知识分子阶层的传统文化有关，除了“统治”的意识，人们不知道社会还有更需要的东西存在。

当时，甚至直到现在即便中国人已经深刻体会到科技不如人，但绝大比例的知识分子的脑力依然侧重于管理而不重“术”，无视于义和团所反映出来的根本问题：生产力落后加大量贫困、没机会受教育的人口。

（2）后来第一次世界大战、第二次世界大战中中国都是“战胜国”，但第二次世界大战期间废除不平等条约时发现中国人单庚子赔款一项，就已赔出去 6.5 亿两（含利息）。列强的掠夺所得远大于交易所得。

（3）日俄战争后，清政府不得不“移民实边”，开放汉民垦殖东北。此后，东北人口迅速增长，东北平原从此也成为汉地农耕文化。

（4）清政府于公元 1895 年始建新式陆军，取代此前的八旗、绿营。

公元 1905 年，取消科举考试，始建新式学堂，此后凡 6 万多所。

（5）当时中国知识分子的革命党人，有许多团体进行推翻清朝政府的行动：

起初有兴中会（孙中山、汪精卫等人，两广）、华兴会（黄兴、宋教仁等人，湖南）、光复会（陶成章、蔡元培、章太炎等人，江浙沪）、科学补习所（刘静庵等人，武昌，后改名为日知会）等。

公元1905年，革命党人共同在日本成立同盟会，以孙中山、黄兴为领导。

公元1907年，同盟会中的湘鄂人士更组织共进会（焦达峰、张百祥、孙武、刘公等人），集中吸收长江流域新军低阶官兵，以及三合会、哥老会等会党分子，后来在武昌新军成立文学社（蒋翊武、刘复基等人）。

文学社在武昌新军发展出3000多会员，占武昌新军的1/5。

公元1908年，慈禧终于死去，她死前一日光绪帝暴崩，不到三岁的溥仪继位。

孙中山、黄兴领导松散的同盟会多次在华南起义，均告失败。历次起义牺牲了诸如倪映典、秋瑾等青年，革命基层力量则逐渐由会党分子转向新军。公元1911年4月，黄兴、赵声等在广州起义，也失败，就是黄花岗烈士的由来。

广州起义失败后，清廷成立了一个全由皇族组成的内阁并宣布民间投资的川汉与粤汉铁路收归国有，至此，除了等于宣告“君主立宪”不可行之外，四川还立即爆发了“保路运动”，同盟会与哥老会合作围攻成都，附近的荣县在同盟会吴玉章等人的领导下，宣布独立。清廷于是派湖北新军进川，武昌空虚，同盟会在新军的工作终于发酵、准备起义，但10月9日孙武在共进会所制造炸弹时被炸伤、机密文件等外泄，在文学社（起义指挥部）的蒋翊武只好决定当晚提前起事，而军警已围住文学社，刘复基、彭楚藩等被捕，10月10晨即被斩首。蒋翊武没剪辫子，被围后乱中机警逃出。

公元1911年10月10日夜，被通知了、预备了要起义的士兵们，突然群龙无首，武昌新军工程营的一个排长见手下一士兵形迹可疑，持枪上前收捕，被另一个士兵程正瀛率先开枪击毙，情况登时沸腾，于是班长熊秉坤带上队伍，临时拉来连长吴兆麟（日知会员）当指挥官，攻占军械库，第二天黎明，起义士兵打下了湖广总督衙门，并聚集在原本为立宪成立的谘议局大厅。

武昌起义的新军最高军阶不过连长，他们找来谘议局长汤化龙（留日的进士）等人会商，虽然也有革命党人十几人参与会议，但蒋翊武等同盟会领导人都不在，于是在吴兆麟提议下，会议通过推举黎元洪旅长为都督。黎元洪死活不敢就位。

10月12日，起义军已占有武汉三镇，并通电全国；同日，蒋翊武回到武昌，此后跟吴兆麟一起护卫武汉，阻挡袁世凯北洋军的进攻，直到双方停战。

两个月内各省纷纷宣布独立，不久各省都督的代表们在南京集会，成立中华民国临时政府，孙中山被推举为临时大总统。

袁世凯是武昌起义之后被清廷重新起用的将领。

光绪帝搞维新时，袁世凯以出卖谭嗣同得到慈禧重用，但慈禧死前，袁世凯被清廷权重猜忌，被迫退休。

清军改建新军时，袁世凯在小站（天津）练兵，成为新军的将校摇篮，其中北方六个镇（师）被袁世凯掌控，这就是北洋军系。袁世凯复出后，挟北洋军系南胁民国议和、北逼清帝退位。

公元1912年2月12日，宣统正式退位。

2月13日，孙中山辞临时大总统职，3月10日，袁世凯在北京就任第二届临时大总统并迁都北京。

20世纪之前的中国人

明清两代共545年，是中国式文明——小农经济加汉儒文化盛极而衰的全过程。

王权专制达到极盛，思想禁锢、知识结晶，闭关锁国、社会结晶，民间手工业发展近于极致、商品交易几乎完全自由，科举八股化、捐官盛行，社会最大的流通成本来自官吏与中间商的贪腐（浮规、利与租的话语权），中央财政则银本位化。

同一时段也是欧洲文明——科学加资本主义经济从萌芽到兴旺的历程。

欧洲启蒙运动与私营工商业刺激了个人主义和资本主义，荷兰的银行体系甚至开发了信用状以支持海洋贸易，科技与科学相互刺激发展，终于启动了海权时代，以海洋船舰机动取代陆地马匹机动，后来陆地也以火车、汽车的机械驱动取代马匹等的兽力驱动。生产工业化、机械、电力、化学全面取代手工业，中央与公司财政则金本位化。

原有的官吏等的贪腐通通法制化为“专业集团”的盘剥，隐形而不定的浮规蜕变为显性的定规，游戏规则本身便保障了“特殊人士”或“公司”的利益。

从现代回顾明清时的中国人，“藩属”或“朝贡”的意识固然可笑，但人们的认知有个演化的过程，就像对“君主立宪”的态度，现代欧洲人还不照样渴望“王室”“贵族”等荣衔。幽默地看，是新闻八卦必不可少的味料，不过是个习性罢了。

意识与习性自然造成认知上的差异。

例如，“economics”一词，日本人汉译为“经济学”，取自“经世济民”的意思，因为日本人有儒文化的概念。英文“economics”一词，绝对没有“经世济民”的意思。

欧美的经济学就是对供求、成本、利润、运作的数理化模型，以期找出利润最大化的方式，实际上可以是现代“运筹学”的一部分——“operation management”（操作管理）和“engineering”（工程）之类。

从西方人的角度来看，货币金融就是最高手段的经济学，连生产都不必，就从“理财”、钞票的流通上榨出油水来，跟宋代中央财政的手法类似。人均的粮食消耗还是那么多，人口增加嘛，就多开垦土地；但用的东西可以多浪费一点儿、多刺激一点儿产销、以钞票流通放大“经济量”，社会看似一片繁荣，结果呢，以通货膨胀榨取银两，豢养庞大的官僚（或公司）集团。

中国传统文化的“经济”思想更近于现代人群与社会环境资源的平衡。讲究人与人、人与物之间的平衡，“利用厚生”。中国人直到汉代之前，山林里的非季节性捕捞、打猎、伐木都是不允许的。经世济民本身不是唯利是图，日本人把“economics”译成“经济学”是好意的错译。日本人把政府职能的“经济部”称为“厚生省”这又对了，经济部不是搞钱部，原本就应该是厚生部……

货币、金融经济都是宋人的伟大发明，目的是供养一大批官僚知识分子，皇帝与士大夫共治天下嘛，中央财政不足，通过刺激商业流通来榨取银钱。那时中国“经济”全然货币化，结果北宋中央财政收入高达1.6亿两白银，统治空前“繁荣”。

交易、掠夺对草原或海洋机动的民族来说是同一回事，打得过的时候抢东西，打不过的时候换东西。所以，蒙古帝国立马将宋代的发明普及到被征服的世界。忽必烈时代元朝政府除了征收实物粮帛税赋之外，中央财政是2亿两白银以上，如果跟宋一样全部货币化是2.3亿两白银。成吉思汗以区区200万蒙古人主宰欧亚世界，蒙古人子孙散播并同化于欧亚大陆各地，全靠马匹机动加交易或掠夺，分而治之。

现代资本主义从英国起源，公元18世纪，对应的英国社会，科学有物理、微积分、化学，科技有蒸汽机、纺织机，律法有光荣革命、社会契约论，货币则有欧洲第一张纸币……

他们未必知道宋元对他们的影响，实际也就是那么来的，无非宋元的“经济”是为了中央财政的搜刮，英国的“经济”则为了个人财富的“利润”积累……

欧美经济学原本就是追求利润最大化的。

掠夺比交易更有好处的时候，自然就开战，更何况一打仗，私人银行就可以借钱给国家机器（以人民的纳税为担保），军工产业也可以大卖军火给交战双方。

战争破坏后的重建，更可以满足已经投资了的各类民生工厂的产能。“经济”上的好处，西方“经济学”的不传之密仅此而已。

若回归汉语的“经济”或“厚生”，利润的最大化并不等于经世济民。

利润从来只是人类社会运作的诸多参数之一，所有的参数——人口、可耕地、科技、生产、分配、管治、效率、环保、资源（包括水源）、生态、可持续发展等的优化才是汉语“经济”的本意。

宋代中国人已经试练过大数量级的财政、货币金融、商业流通、税收之间的关系。

鸦片战争后，中国人也尝到了私有资本的利润最大化的味道。

俄国共产主义是对西欧资本主义激发的反思或反应，主要着力在合理化分配这个参数，但仍不及汉语“经济”原意。

通过中国人的思维依稀看到了人类社会的问题，但没有实在的方法学，因为没有科学的意识，传统中国知识分子只有“统治”的意识，务“虚”而轻“术”（科技与科学）。这其实也不是古早汉儒文化的残疾，人类毕竟需要演化到公元 18 世纪，方才依稀浮现“科学”。而科学的逻辑很容易指出：现代中国人想用西法解决西法产生的问题，会跟现在全球各地能有什么不同？用“资本主义最高阶段”的货币金融来解决货币金融产生的问题，当然无解。正反两个极端，宋、元、明、清正好都试过了。

明代朱元璋回归小农经济，税赋征收实物粮帛，中央财政一年不过几百万两白银。

张居正把“役”和“地税”货币化为缴纳银子，田赋仍然交粮帛，中央财政也不过 600 万—800 万两白银。民间“经济”几乎放任、“自由化”，除了“海禁”。而实际上，中国官方的海关税率曾经非常低甚至没有。这就是连西方也艳羡的明清“自由经济”（虽然也有人为的是贸易壁垒，如，官吏、中间人等的“物流”成本）。

其实，汉代以后的中国知识分子，既没有开发出西方的数理经济概念，也丢掉了传统文化的生态经济思想，张居正无非是限制了官吏随意浮加的税外之税、赋外之赋，促使中央财政的游戏规则比较透明罢了。

张居正其实是个踏实的执行者，一个检漏比较彻底、防漏工作比较有效的运作长。他真正的“改革”体现在贸易正常化，解除陆界与海界的封关，开放跟蒙古与外洋的互市，灭掉战争的导火线，才有晚明昙花一现的西学输入。

他重用戚继光打破体制禁忌，带出“专业军人”，但文官统治与王权专制的框框不会容忍武将专兵，戚家军自然也就无以复制。

清代时是少数统治多数，汉地统治几乎完全沿袭明制，乾隆盛世，中央财政每年也就4000万两白银左右，但府库积存达7000万两，最主要原因是满族皇家远远比中国历代王朝俭朴得多，奢侈浪费的程度没有历代王朝那么高。从皇太极到多尔衮，主要战役前的部队加菜不过是包顿饺子吃。

乾隆中期之后，皇家与城市居民日益豪奢，但残酷的文字狱已经灭绝知识分子的诚实度，跟科举平行的捐官制度使得低阶官吏更像在做买卖，投资嘛，当然为了赚钱，贪腐必然变本加厉。清朝能够出现洪亮吉、林则徐之类非常理智的、讲实话的文官实在是异数，然而当时却无人珍惜。

林则徐禁烟之前知道这是硬仗，为了实际接触洋人，特别去澳门考察，结果立马丢掉了先前的偏见（“洋人不喝茶就不能解肉毒”“洋人没有膝盖，所以不能跪拜”之类的传言），并且立刻组织搜罗、翻译西洋书刊信息，后来交付魏源完成晚清中国人第一部介绍世界的书籍《海国图志》，对后来日本与中国知识分子的维新运动产生了直接影响。

开放心智、取得比较真实的信息，是改变意识和习性的主要条件。

开放显然比亡国灭种便宜得多。

林则徐的开放与实在，就那时候中国知识分子的习性来说，只能以“出类拔萃”来形容。洪亮吉能让数据自己说话，就更了不得……

咸丰元年（公元1851年），太平天国运动刚刚开始，中国人口达到4.3亿。

清朝结束（公元1912年），中国人口达到3.6亿。由于保甲制普查，这些数据的可靠度很高。

可以说，经历太平天国等内乱，以及第二次鸦片战争、甲午中日战争、八国联军战争、日俄战争等在中国境内的外战，中国人口有所下降，大致回到乾隆晚期的水平，而乾隆晚期正是人口压力迫使川楚白莲教徒开始大造反的时候。

乾隆盛世尚且无以养活3.6亿人口，何况清末？

中国人感觉到需要改变，当然不是只从甲午战败才开始，太平天国运动，就是先例，虽然有点儿制度软体上的空想，但也挠了一下子痒痒。其他的造反，全是打天下的老套路，包括义和团在内都属于对环境的反动或反应。

知识分子有意识的改变起于甲午战败后的兴中会与强学会，而强学会虽然主张君主立宪，但以新闻媒体之力，普及信息、传播西方政法知识，却真正帮了革命党一个特大的忙。武昌起义会稀里哗啦地成为革命派与君主立宪派的“共和”，也是因为新闻媒体尽是君主立宪话语居多。大抵早期的留学生除非留学美、法，一般以留学英、日、德的最多，多数接触的都是君主立宪国家，自然认为这是列强的常态。

不过，清末的知识分子其实蛮惨的，林则徐与鸦片战争与太平天国没唤醒他们，甲午战争与八国联军战争倒撼醒了他们，放眼一看，眼花缭乱（跟汉唐知识分子出国求佛法真经类似、最终求到印度去），然而真经只有一本，科学而已矣，但“富国强兵”之术，列强的经文都不一样，遗祸至今……

实际上，明清除了战祸，天灾频仍，饥荒、饿死人的事屡屡发生，而人口增长的趋势未曾稍减。只要没有特大战乱，如在抗日战争之前的26年间，民国政府所公布的年均人口数字为4.45亿 ±0.4亿相当平稳，是则清末数据应为4亿多人（大概少算了关外约3000万，待考）。抗战八年之后又两年的公元1947年，公布的人口数据为4.6亿。民国时期连同抗战的破坏，中国人口始终维持在大约4.5亿水平，只能归功于人类科技的进步（如医药更为发达、交通更为迅捷等）。

这说明了乾隆以来，除了自闭之外，中国人真正的问题是人口……

洪亮吉跟马尔萨斯看到的现象与逻辑是真实的。

林则徐睁开了与国际接轨的那一只眼，政法与科技逐渐学习了欧、美、日、俄。

而知识分子的科学意识依然模糊，经常不让数据说话，甚至搞假数据，习以为常。

另一只眼看到人口与自然环境的生态平衡，由于西方的“经济”专只讲“利润”，至今没得睁开。

其实西方经济学最根本的道理不是利润，而是“天下没有免费的午餐”。

天生天养固然没错，但也可以天诛天灭。在最根本的道理上，东西方的智慧是暗合的，地球的资源就那么多，人类无法创造出自然资源，耗掉的许多是无法再生的。

明清时的中国人并非丑恶的中国人，而是人口太多的中国人。

明清时的中国是全球人口爆炸的真实缩影、真实数据。

无论什么主义与制度，人类种群内的剧烈的生存竞争下的人道，必定不是人群的天然状态，拥挤的猴群还要出问题，何况是业已演化成掠食动物的人类。

义和团只是一群求基本生存的人们，是现实的显例；没有发展成为另一个黄巢集团，是近代中国人的运气……

知识、科学、科技，这些人脑理性的软体或许可以解除中国人的自闭。

但小农经济下的习性、人多好办事的意识，以及城市工商业下的习性、唯利是图的意识，转变这些意识和习性，才是公元20世纪以来，现代中国人的真正挑战。

第十章　现代的中国

（公元 1912 年—至今）

来看看 20 世纪初的中国影像：

既然公元 19 世纪中叶起就已经有了照相机，先直接看看公元 1895 年时洋人来华摄下的中国人的留影，感受一下当年的氛围。

城乡的贫民

城镇平民及龙图腾

轿子

马车

八国联军杀害义和团

劳作的农民

城市里的人群

私塾

清末街景

上海西校

手工锯木作坊

城乡运输

公元1895年，甲午战败的中国跟日本签署了《马关条约》，撼醒了一部分中国知识分子。这一年，以传统士人为主的君主立宪派——强学会，在京沪出版了报刊，议论时政，打开知识与信息的通路，各地纷纷跟进。同时，以华侨为金主的革命派——兴中会更直接进行了一次被事先镇压的广州起义，陆皓东等被捕遇害。

这文武两个路线的变革，立即被清廷抑制，但中国变革的势头已无可遏制。

1.“文”的变革路线

（1）康有为、梁启超、沈曾植等的强学会虽被勒令解散，但相关联的宣扬维新思想的报刊遍地开花。湖南更出了谭嗣同、唐才常、沈荩等青年。

公元1898年，立宪派促成年轻的光绪“百日维新”，慈禧反扑，谭嗣同等“戊戌六君子”被砍头，康有为、梁启超走避日本。

（2）唐才常、沈荩到日本，跟康有为、梁启超、孙中山会晤后转变为“武”的路线，回国成立自立会，广收长江中游的会党分子及新军士兵。自立军一度达2万人，领军人物包括秦力山、吴禄贞、林圭、蔡锷。公元1900年，八国联军侵华时，自立会仓促在淮南起事，是辛亥革命之前的最大起义事件。

（3）较年长的康有为、梁启超、沈曾植等则继续以新闻书刊之力论政，宣扬维新立宪。公元 1905 年，慈禧政府不得不“预备立宪”，两年后各省开始成立谘议局（类似临时议会）。议员由选举产生，但选举权与被选举权都有资产与知识等的严格限制，并计划全国民众识字率要在九年内达到 20%。

这是“文”派的成就，包括促成八国联军时的“东南互保”。

2.“武”的变革路线

（1）孙中山在兴中会第一次广州起义失败后（公元 1896 年），立即成为清政府的通缉犯，从此不能回国，只能游走国外，“体外闹革命”向华侨募资、向留学生宣扬革命并派革命党人进入两广“边区闹起义”。兴中会员多华侨、留学生，既然以推翻清政府为号召就需要武力，就大量招募港穗地方会党分子，尤其是大小头目。组织、保密、纪律、思想都存在严重缺陷。

兴中会会众一开始几乎可以说是海洋中国人的那部分……

（2）公元 1903 年，黄兴、宋教仁、陈天华、吴禄贞等在长沙成立华兴会。那时吴禄贞已经是武昌士兵学校的副校长，吸纳新军士兵成为既定方针。

吴禄贞是中国第一期留日的士官生，在日本加入兴中会，曾秘密到自立军协助唐才常。公元 1910 年，后来的同盟会出巨资助吴禄贞贿赂清廷权贵，吴禄贞居然出掌北洋新军第六镇（原师长即段祺瑞）。

公元 1911 年武昌起义，吴禄贞意图以职权之便发动兵变，被复出的袁世凯识破，随即收买第六镇军官将吴禄贞刺杀。死时吴禄贞才 31 岁。

华兴会众以长江中游湘、鄂、皖、赣的新军士兵与会党为主……

（3）公元 1903 年，陶成章、蔡元培、章太炎、龚宝铨、魏兰等在上海成立光复会，主张暴力排满、民族革命。后来的会员包括蒋尊簋、徐锡麟、秋瑾、尹锐志与尹维峻（姊妹）等浙江青年。光复会是当时巾帼英雄最多的革命党团，秋瑾、尹锐志等不但是制作炸弹的刺客，也能指挥战役。蒋尊簋则是与蔡锷、蒋百里齐名的留日士官生，回国后当了浙江新军团长，浙江便成为光复会的重点基地。

蔡元培、章太炎、龚宝铨等文人则渐渐淡出光复会活动。

光复会众以苏、浙、沪的新军士兵、警察与会党为主……

（4）公元 1905 年，上述革命党人在东京合并为同盟会，奉孙中山、黄兴为领导，并开办机关刊物《民报》宣扬革命。《民报》先后由章太炎、汪精卫、胡汉民、陈天华、朱执信、廖仲恺、张继等担任主要编辑与撰稿人，明确提出政纲：“驱逐鞑虏，恢复中华。创立民国，平均地权。”

但各派对武力革命的进行方式，意见分歧很大。公元 1907 年，同盟会武派分裂：

① 不相信遥控的“革命”，陶成章退出同盟会，跟青年光复会员回老家干革命。

② 不相信“边区闹革命”，焦达峰、张百祥、孙武、刘公、刘复基等长江中游青年会员（多为原华兴会员）另组共进会，也回老家干革命。

③ 黄兴的传统学养很深，天性豁达大气，有“成事不必在我”的风范。经常跟孙中山论辩，却以行动支持孙中山的决策，甚至自己率队进行起义（钦州及广州的那两次）。

④ 孙中山对各路不受节制的“武将”当然恼火，恰巧这时从上海滩新到日本的陈其美加入了同盟会，陈其美有黑白两道的复杂背景，他把结拜兄弟蒋介石等拉进同盟会，这就是蒋介石起家的源点。

将时代背景、图像与脉络理一理，为的是说得清楚那时候中国人的境况。

所有上面提到的人物，都是塑造出现代中国的人物，许多人很年轻就牺牲了。

下面说几个小故事，来纪念并衬托出中国人是怎么纠结着跨入公元20世纪的：

（1）公元1903年，四川青年邹容在上海出版《革命军》一书，章太炎在《苏报》上撰文推荐，清廷震动，最终章太炎被捕入租界牢狱。邹容自动投狱，陪章太炎坐牢，但不堪折磨死于狱中，年方20岁。《苏报》案轰动当时全中国。

公元1906年，章太炎出狱，被同盟会迎到日本，随即主持《民报》，拉进刘师培，跟立宪派梁启超大打笔仗。由于章太炎的学问与名气，同盟会算是扭转了新闻媒体的文宣。

章太炎继承乾嘉学派的考据功夫，以尊其他诸子百家的方式来抑儒家，比较近于春秋战国时期中国人的思想面貌。

鲁迅、许寿裳、钱玄同、周作人、刘半农、黄侃等学者都与章太炎有师徒情谊。

考据，实际是资料与数据的考证、统计、比较，是中国传统学问唯一近于现代科学方法的。西风东渐之后，到日本留学的知识分子无不被日本扎实的汉学根底震动。日本人研究汉学的方法学，其实也就是考据。

日本学者针对诸如经济或社会等现代的课题，从浩瀚的中国历代史料中整理或还原出中国前人的本来面目。

中国的文人很难置身于政治之外，章太炎太有名气、笔太利，袁世凯忌惮他，便把他圈禁在北京。其实，所有党派都忌惮他。

另外一个超级文人——沈曾植的笔也很利，现代人只知道他是书法大家，他的字当年值钱、现在更值钱。其实，沈曾植把考据功夫用于塞外的时空（比如，辽金元的历史与边地的变迁）、历代汉字的声韵与发音，当然还有传统经史的基本功，无所不考，成为当时中外汉学家眼中的大儒。

一辈子逆反的章太炎真正讲究“造反有理”，一发现有理，连自己的反也造——反孙中山。“革命党人”的章太炎最后居然跟沈曾植的结论一样：中国人太爱当皇帝，与其大家抢当皇帝，不如好好立宪，大家按游戏规则来玩……

但他们都太浪漫了，在权力的诱惑下，人性很扭曲，那规则文人是玩不了的。

（2）同盟会声势浩大，那时留日习武的青年同盟会员组织了40人的丈夫团，包括李烈钧、程潜、赵恒惕、阎锡山、唐继尧等正规的日本士官学校学生，以及非士官学校学生黄郛、张群等（黄郛、张群是蒋介石在日本振武学堂的同学）。

清政府北洋军系当然也有留日士官学校学生：孙传芳、徐树铮、吴禄贞。

上述留日士官生都是中国近代史上的风云人物。

那时，日本士官学校把中国留学生集中分班，而管训他们那批的队长正是冈村宁次，抗战后期的日本侵华军总司令。

（3）从世界大环境来看，那时英国科学、科技、人文荟萃，是最大的霸权，英国政治话语凌驾于法国与美国的民主革命话语上。英国人为了合理化白人殖民剥削，不惜扭曲达尔文的演化论为进化论（物种演化不过是生物对大环境的适应与生存，无所谓进或退），从理论上炮制“优越族群”，并形成了等级森严的、具有贵族情调的“绅士（君子）文化”。权力在士绅小圈圈里转。精英统治自上而下领导群众，被“科学化”为人们意识里的“理所当然”。

这其实原本就是人类社群演化的特征，“统治”阶层嘛。只不过英国人给添上“科学”的伪装之后，权力经济掠夺起来，就更没有道德顾虑罢了（后来，欧洲的党团，都以社会“进化”的“科学”来忽悠平民百姓，纳粹是其中的显例）。

猛然一看中国那时代的人物，无论革命党人或立宪党人，也无论文的武的，他们之间似乎都有点儿“渊源”，权力圈圈里的人脉是个小圈圈嘛。联结点都在东洋，除了地缘较近之外，自然也因为日本相当汉化，维新之后的日本兼具西化与汉化之长，是中国人比较容易学习的对象。而知识分子对变革中国，除了儒文化“以天下为己任”的情怀之外，也沾点儿英国贵族或日本武士的浪漫。实际对那时的中国人而言有资格去投票选举议员的不过 0.4% 左右，有资格被选为议员或参政的就更少得可怜。政治在那时还是一小撮精英的事。

20 世纪，人类知识与科技突飞猛进，社会硬体随之加速演化，人们意识与道德的软体来不及更换，光谱相当混乱，延续至今。

比如，徐锡麟留学日本自然是有点儿知识的。又是浙江人，老乡沈曾植也欣赏青年才俊，自然便向同是维新派的安徽巡抚恩铭打招呼。公元 1907 年的恩铭正在努力搞新政，花大力气翻新整个安徽教育体系，一见青年徐锡麟也确实喜欢，便重用其为警察学校校长，结果，恩铭被徐锡麟刺杀……随后，秋瑾可逃而不逃被杭州军警捕杀。即此二例可见人性之纠结。

上面勾勒的仅只是"高级知识分子"的层面。

实际上，那时候的中国社会，平民百姓生存已经十分艰难，"政治"一不能当饭吃，二没有信息，三是见官没好事。2000 多年的小农经济中老百姓对生存以外的事无力提起兴趣。改朝换代不就剪个辫子、无非缴税给总统嘛。

变革或革命一直是中国知识分子主导的、从上而下的游戏。

武昌起义或辛亥革命在现代中国无人不知。中华民国由之而起……

然而，由于"政治"原因，描绘那时实况与景象的资料并不多见，以至于现代中国人除了辛亥革命＝武昌起义＝民国成立之外，对其他几乎没有更多的印象。

真正组织武昌起义的是蒋翊武，临时随机触发起义的是程正瀛（兵）、熊秉坤（班长），现场指挥的是吴兆麟（连长）。这些基层官兵长年受孙中山先生倡导的革命思想影响，又受到黄兴、宋教仁等同盟会领袖的支持和指导，终于做了这样一件惊天的大事业。

公元 1911 年，27 岁的蒋翊武是华兴会员，追随过宋教仁，当过记者，混进新军当班长、组织文学社，在士兵中发展出 3000 社员。起义前，将文学社与共进会（实即同盟会分支机构）合并、计划起义事宜、派人前往上海跟黄兴、宋教仁接洽。

但 10 月 9 日，共进会组装炸弹失事，因为抽烟引起爆炸事机败露，蒋翊武果断决定当晚起义，分发通知还没完成军警已包围文学社。蒋翊武虽逃脱，但起义骤然群龙无首。

10 月 10 日晚上 8 点，已经得到起义风声而又群龙无首的新军靠士兵们自己的机智应付突发状况。26 岁的熊秉坤悄悄传话新军工程营的弟兄们：估计文学社名册已泄露，不反也是死……这给起义上了弦，当程正瀛打响第一枪、射杀持枪到营房来检查的排长时，情况立马沸腾。熊秉坤还冷静地找到 29 岁的革命党人连长吴兆麟，来指挥大伙儿的行动，先攻占军械库，11 日黎明时分，攻进了总督衙门。

接下去的发展就很合乎那时的世道了，士兵们的反应：赶紧找“领导”。

但文学社与共进会的机关已被端掉了，于是吴兆麟找来维新派的湖北省谘议局长“商量”，并推举自己的老上司——协统黎元洪来当“都督”，黎元洪一下子成了开国元勋。

武昌起义就这样稀里糊涂地成了维新派与军头的战利品。

虽然有许多人为的计划，历史却多半不由得少数人来设计。老天爷给了人们“人性”，人群各自有习性与生计，其中有革命党也有政府军，事件的发生相当随机互动地推演。大趋势的必然性里头，存在太多的偶然性……

吴兆麟倒是兢兢业业地工作，协调革命士兵、通电、发文告。10 月 12 日，革命士兵占领武汉三镇，蒋翊武从外面赶回武昌，木已成舟。

此后，蒋翊武、吴兆麟一起恪守岗位，尽力维护武汉地盘，并电催黄兴、宋教仁到场。

蒋翊武、吴兆麟是真正有意识地推动、执行武昌起义的革命元勋。

面对土崩瓦解的局面，清廷只好再次起用袁世凯，调动北洋军进攻武汉。

年轻时的袁世凯是淮军名将吴长庆旧部，随吴长庆驻扎朝鲜，甲午战争前算是抑制了日本侵朝的几次试探。甲午战争后，李鸿章洋务运动下的整军方式破产，清政府只能组建新军，直接复制西洋军制。而京畿附近的兵力落到袁世凯手上，他聘请德国人为教练，成为北洋军系的源点。八国联军侵华之前袁世凯率部镇抚山东，立马判定义和团拆铁路、电线属于邪教乱民，施以镇压，义和团遂被驱赶到京津。八国联军侵华之后，袁世凯成为清政府实施新政的重要人物，对北方的建设起了重大作用，北洋势力扩张引起朝廷的注意。宣统继位后，清廷立即让袁世凯“荣退”，但他依然是北洋势力的精神领袖。

后来袁世凯复出时自有盘算，北洋军进攻武汉并未使出全力，但也够蒋翊武、吴兆麟手忙脚乱的。1911 年 10 月底黄兴终于回抵武昌，但对武汉三镇的局势已经起不了大作用。那时除广州、上海属于商团或民间武装起义之外，各省起事都是新军士兵，清中央政权实际进入真空状态。地方势力、北洋军、革命党、立宪派之间的随机平衡决定了“地盘”的临时归属。袁世凯的北洋军系无疑最有组织（比较有规矩）、实力最强，他也尽情地发挥了这点优势。

这时候，上海滩陈其美的混法对后来孙中山的“国父”位置，起了决定性作用。

苏、浙、沪三地就革命党人而言，光复会势力最大，陶成章早已暗中策反了不少新军与警察。就会党而言，上海滩青帮实力最雄，而陈其美便是青帮头头之一。

陈其美原本跟光复会李燮和约定好上海起事时间，11 月初，起事前夜，陈却贪图首功，冒失地率百来个青帮徒众进攻江南制造局，结果被俘。李燮和按约定起事后，立即率队攻占制造局，救出陈其美，并占领上海市区。但两天后在推举“沪军都督”的会议上，陈其美操控青帮徒众持枪鼓噪，取得都督称号。李燮和则避到上海市郊的吴淞，另外组建光复军，不久遇刺而退出大上海，进攻南京去了。

袁世凯的尾巴还来不及展露革命党阵营内的夺权已经开始白热化。

12 月中，苏浙光复军联军攻下南京后，联军参谋长陶骏葆到上海向宋教仁报告，顺便到沪军都督府打招呼，竟被陈其美就地枪杀。同盟会居然不了了之。

公元 1912 年元旦，中华民国南京临时政府成立，孙中山被推举为临时大总统，宋教仁任法制院长，编制宪法草案，这是个偏向内阁制的临时约法。

这时，袁世凯实际操控南北议和与清帝退位，糊弄南京与北京政府。

这一年，民国刚刚元年，1 月中，陈其美就指使蒋介石在上海刺杀光复会领袖陶成章，舆论大哗，蒋介石畏罪潜逃日本，躲到年底才回老家，孙中山要求“当局”严查、破案、惩凶，但此事最终不了了之。至此，光复会势力大衰，虽然蒋尊簋仍出任浙江都督，并随即与章太炎、张謇等组织统一党。

上海滩就此成为漂白了的陈其美的地盘。

2 月，宣统帝退位，孙中山辞职，袁世凯被选为继任的临时大总统，在北京就职。

黎元洪则继续当副总统。黎元洪、袁世凯没浪费时间，立马对武昌起义的革命党人下重手。

8 月，将张振武等人诱骗到北京枪决，引起轩然巨波，居然也不了了之。

革命党人面对更有组织的暴力束手无策，同盟会之松散无力，于此可见一斑。

8 月，宋教仁改组同盟会为国民党，跟孙中山、黄兴齐名领导。

公元 1913 年，国民党获得国会中的多数席位，成为最大党，宋教仁组阁在望。

袁世凯为制衡国民党，请梁启超回京，梁联合统一党等成立进步党，是为第二大党。

3 月 20 日，宋教仁在上海火车站遇刺，死时 31 岁。三天破案，效率破世界纪录。

留下的资料：凶手、线人是黑道人物，有唆使嫌疑的是袁政府总理等官员，但这些相关人证迅速被灭口。刺杀宋教仁真正的机构与动机成为永久的历史谜团。

宋教仁是当时坚定的“共和国”理念的知识分子，企图以投票而不诉诸武力的方式来取得政权，这是中国人的第一次尝试。他被刺杀不会有政治以外的原因。无论死于什么政治集团之手，他的死都是中国人无可估量的损失，也许中国人失去了一次完全依照法律演练政治的机会……

宋案发生后，各方矛头直指袁世凯，孙中山也想武力夺权，赶回上海布置讨袁行动，东南半壁各省一时纷纷宣告独立。但李烈钧、柏文蔚等讨袁军不堪一击，陈其美则连制造局也攻不下来，商团担心战火波及上海，跟列强商量派租界军警缴械、驱逐讨袁军指挥部离开租界。两个月不到，讨袁完全失败，孙中山、黄兴、陈其美出逃日本。

陈其美继续遥控暗杀行动，公元 1914 年年初，刺杀商务印书馆老板夏瑞芳（上海商团巨子）。公元 1915 年年末，刺杀袁的沪军司令。

公元 1916 年中，陈其美自己也死于袁世凯刺客枪下……

响应讨袁号召的武昌起义最大元勋蒋翊武在湖南老家发动讨袁行动失败后，潜入江西，在那里被北洋系军阀捕杀，死时 29 岁。

公元 1914 年，孙中山在日本成立中华革命党，入党跟加入秘密帮会一样，盖手印、宣誓对党魁个人效忠。黄兴拒不加入。

这一年，第一次世界大战爆发，日本趁机夺取德国强占的山东权益。

公元 1915 年，趁西方列强欧战正酣，无力东顾，日本加速在中国扩张的布局，以金钱与军火来操控割据各地的势力。

在这样的环境下袁世凯在公元 1915 年年底称帝。这堪称袁世凯人生的一大败笔。但他称帝的原因和动机近百年来成为史家争论不休的话题。

自立军的老革命党人蔡锷潜逃出京，回云南起兵倒袁（“护国军”）。

公元 1916 年春，蔡锷在川西击溃优势袁军（涌现一颗将星——朱德，当时 30 岁），护国战争声势大盛，6 月初，袁世凯还没办登基仪式就病死了（忧愤而死的吧）。

不久，蔡锷到日本医病，死在日本，年 34 岁。

袁世凯既死，帝制闹剧烟消雾散，孙中山停止中华革命党的活动，回到上海……

公元 1916 年后的中华民国实际是各路军阀割据的局面。

各路军阀其实并没那么“地方化”，只是人们以头领的省籍来表述派系。袁世凯统兵多年，北洋还是有点儿规矩的，北洋集团中枢很有些文武兼备的高官，王士珍、徐世昌就是这样的人。

中国人的历史，或人类任何国家的历史只重复教会人们一件事：社会秩序崩解必然带来典型的“武人割据”现象。

比较有组织的暴力公开的叫“军阀”，秘密的叫“帮会”，他们距离现在不过100年，但人们已经对其知之甚少，再过100年，历史大概也只会轻轻一笔带过：天下大乱，群雄并起。

我们拿甲午战败、《马关条约》签字的公元1895年作为“现代中国”的第一个界标，因为“现代”跟“西化”的意识难以分割。事实上，前后两次鸦片战争迫使中国人开了大门，但直到被迅速西化的日本打败，大批中国知识分子方才开始真正自觉需要求变、学习西洋，这才是中国人大脑“现代”意识的源点。

八国联军侵华，更刺激了中国知识分子这种现代意识的觉醒。

诉诸革命或维新，那只是“现代化”的一个政治选择而已，无论共和或君主立宪，都可以是“跟国际接轨”的一个变革。

我们无从过多地议论当时的中国人整体。古今中外，全部人类社会直到现在仍然处于国家机器管治社会的阶段，知识分子一直就是统治阶层，谱写着社会与文化最主要的政治（政权）与经济（金权）制度软体，而清末中国人的识字率普遍偏低。日本维新能够迅速奏效，国民教育是关键因素，信息、知识、教化（政法与公德等软件）得以普及。日本维新一开始的大小学堂总数，跟40年后清末新政的学堂总数差不多，而那时候的中国人口是日本的十几倍。

事实上，经过公元19世纪的诸多科技变革，欧洲人也一样忐忑不安地迈进了公元20世纪。

人类各地社会都处于大变革、大革命的状态。中国人也被这种国际气氛感染了。

****

第一次世界大战　公元1914—1918年

日本明治维新之时，也是欧美进行第二次工业革命之时，在40年内，人类不但将工业生产科技化，并且有了相对论，揭开了物理世界的奥秘。

此前的100年间，第一次工业革命时人类用机器生产取代手工生产，用蒸汽动力取代人力或兽力。而第二次工业革命的40年间，人类用化工生产燃料、材料、日用品与医药，用电力来运转机器与通信、照明，用内燃机来驱动汽车、飞机、轮船、坦克。

第二次工业革命的技术不再是中国人概念里的“术”，通通需要数理化知识，以及科学的方法学。没有科学就无以发明或掌握这些技术，“科技”是很恰当的转译词。这一时段人类开发的科技沿用至今。比如，因电磁学而产生的无线通信与发电机，因电力而产生的电灯、家电、电影，因化工而产生的无烟炸药、塑料、医药等。而集成的应用如汽车、飞机、电控等就更为广泛。

我们要强调的是科技加速发展的势头出现在公元1916年，爱因斯坦发表广义相对论，人类当时还无法实证，但29年后美国就研制出原子弹。

公元1871年，普鲁士王国在宰相俾斯麦的辅佐下，打败法国，成立德意志帝国，就是此后的德国。德国科学发达，是第二次工业革命的主要地区（发电机和汽车，都是德国人的发明），德国也因此富强。

但到公元20世纪时，世界早已被英、法、美、俄等老牌列强瓜分得差不多了，德国已经没有余地可以扩张，除非重组世界秩序，跟英、法、俄打仗。

当时的欧洲各国利益纠缠，关系复杂，合纵连横又联合又斗争。大致是英、法、俄为一边，德、奥、土为另一边。

公元1914年，奥匈帝国的皇太子在塞尔维亚被刺杀，奥匈帝国向塞尔维亚宣战。

塞俄有盟约（都是斯拉夫人），英俄、法俄也有盟约（制德），这是一边。

德奥有盟约（都是日耳曼人），又拉土耳其下海（制俄），这是另一边。

于是，英、法、俄与德、奥、土大打出手。

公元1917年，美国也对德宣战，实则早已站英法那边。

第一次世界大战是场浩劫，科技使得火炮精良，毒气、飞机、坦克都是相对新鲜的东西，立刻应用到战场。科技也使得动员高效，大量兵员被迅速集中到战场。而军事将领的意识与经验还停在没有这些东西的年代。战事大抵都很快陷入胶着的阵地战状态，火网密蔽，双方都伤亡惨重。

公元 1917 年，俄国人民不堪战争的耗损而爆发革命，俄国退出战争。

公元 1918 年年末，德国力不能支而投降。此后，在巴黎和会上，列强迫德国签署极其屈辱的降约，15 年后就引致纳粹德国崛起。

第一次世界大战代价很大，约 1000 万人阵亡，2000 万人受伤。所幸双方将领虽然使用毒气弹，但大抵不滥杀平民。但 1918 年春爆发了“西班牙流感”，两年内全球近 4000 万人死亡（当时世界人口 17 亿，感染约六成），成为第一次世界大战不得不停的原因（各国都抽不出兵员），美国电影院等公众场所甚至关门长达一年。

第一次世界大战打出两位名人。

（1）凯末尔，在奥斯曼土耳其帝国首都伊斯坦布尔保卫战时任师长，挡住敌军的进攻。第一次世界大战后，土耳其被瓜分，他领导独立战争，驱逐列强，废除不平等条约，成为现代土耳其的国父。

（2）劳伦斯，英军少校，不流俗的知识分子，他实际领导寻求独立的阿拉伯部落联军，打败、驱逐当时统治阿拉伯的土耳其军。但第一次世界大战后，列强还是瓜分了中东。

民国时代
（公元 1912—1949 年）

武昌起义那一年是辛亥年，武汉给中国的变革开了头，中国各地一哄而起闹革命，比如蔡锷也领着新军与革命党人（年轻的朱德也在其中）攻占昆明，宣布云南独立。这其实是那时的状态。革命是辛亥年的标识与时尚，不独湖北，更不只云南，当然也不只同盟会、光复会、新军、民团武装等。这年年末，光复会组织的苏浙联军打下南京后，南方各省“都督”的代表们响应“中华民国”的号召，到南京集会，成立“中央临时政府”，清廷的中央政府则派袁世凯主持“南北议和”。显然袁世凯跟孙中山、黄兴的同盟会不断有“沟通”，议和的双方似乎把赌注都押在枪杆子袁世凯身上。

公元 1912 年，中华民国元年，条件谈拢。

2 月，清王室取得民国政府优待条例，末代小皇帝溥仪退位。

3 月，袁世凯则被南京临时政府的代表们选为第二任临时大总统。

一时之间革命党人大概兴奋地认为，革命已经成功，跟武昌起义一样容易……

不用说，袁世凯当然不会到南京就职，而且很快就把“中央临时政府”搬到北京。

公元 1913 年，国会选举大胜的宋教仁被刺杀，临时约法的内阁制自然破局。

当时国会议员分属数百个政党，容易收买，袁世凯更不会按照约法的规定办事。

中华民国一开始运转就是个军政府，北洋政府表面上是中国唯一的中央政府。

公元 1912—1928 年是“北洋政府时代”，北京中央政府的政令大抵只能贯彻于北洋军势力能够到达的地区。

公元 1916 年袁世凯死后，黎元洪以副总统身份晋升总统，段祺瑞则是国务院总理。这时，第一次世界大战已进行快两年，交战双方起初都从中国组织劳工到欧洲协助战地劳务。日本参战后，对德、俄宣战，并迅即兼并了劣势德军在山东的权益。此后，大量中国劳工被英法招募到欧洲（大部分在法国），达 17 万人。中国实际上站在了英、法这边。

1. 公元 1917 年

（1）俄国革命成功后俄国共产党最终取得政权，俄国退出第一次世界大战。

（2）段祺瑞强力主导对德绝交、宣战，当年收回一些德租界，停付对德赔款。

段祺瑞的强势运作引起一连串国内事件，包括张勋导演的溥仪短暂的复辟、国会的解散、黎元洪的倒台、冯国璋的代理总统等。孙中山则另组广州非常政府，联合西南军阀高举“护法”大旗。段祺瑞则以北洋皖系胁迫北洋直系一起对南方进行“武力统一”。

2. 公元 1918 年

（1）第一次世界大战结束，英、法、美、日胜利，德、奥、土联盟瓦解，帝俄则变成苏俄。

（2）西南军阀操控广州非常政府，此后四年孙中山几番进出广州，完全无力对抗北洋政府。

（3）段祺瑞的武力统一政策以秘密向日本大规模借款的方式（当然损失国家权益）扩张北洋皖系，并驱使北洋直系对西南用兵。结果，外则加速了日本独占东北的权益，内则打造出吴佩孚、孙传芳、冯玉祥等新一代北洋军阀。

3. 公元 1919 年

（1）英、法、美、日四强主控的巴黎和会等于战后分赃大会。

（2）德国割地、赔款，超出德人能够负荷的程度，此后直接造成纳粹迅速兴起。

（3）无视中国这个参战的战胜国，列强将德国占有的山东权益强划给日本。

（4）英法也无视对阿拉伯独立的承诺，瓜分阿拉伯，造成直到今天的中东问题。

参加巴黎和会的中国代表顾维钧针对损害中国权益的相关条款，据理力争，甚至提出废除不平等的条款，列强相应不理。迅即的电讯、透明的信息把消息瞬间传到北京，没几天就引爆了五四运动。中国代表团最终退出和会、拒绝签字。

五四运动本质上是青年中国知识分子自发的爱国运动，北大学生起的头。

游行抗议

4. 作为社会与历史的事件，这是个轰轰烈烈的数据点

（1）学生罢课、商人罢市、工人罢工、市民加入游行，显示明清以来结晶化的中国社会经过 20 年的学习西方，至少城镇这部分业已蓄积足够的信息、知识与能量，足以解冻晶体，释放动能。

（2）反帝国主义（集中于对日，反“二十一条”）、反军阀等政治诉求的表达，无论形式和内容都首开中国人的历史先例。政治被还原为“众人的事”、打破统治阶层少数人的独占，解放了中国人的政治意识，空前成功。

5. 北大学生能够触发五四运动

（1）公元 1917 年，上任校长不久的蔡元培以学术自由的方式办校，放任李大钊、陈独秀、胡适、鲁迅、钱玄同等教授继续宣扬搞了一年的新文化运动。

新文化运动主张扬弃传统文化（尤其针对儒家文化），代之以科学、民主，并从苏俄引进了共产主义思想。

科学、民主、打倒孔家店、妇女解放、社会主义成为当时最时髦的风尚。

蔡元培开创北大自由思想的氛围，是五四运动的源点。

（2）五四之前，新文化运动开始了更通俗易懂的、口语化的白话文运动。

中国从隋唐开始就有普及化的民间小说文学，用词浅显易读的明清小说，《三国演义》《水浒传》《红楼梦》等更加平易，实际已跟白话差不太多。

五四前陈独秀、胡适倡导文学现代化，进一步解放白话文的应用。实际上，当时的白话文体有许多种，包括各地报刊常用的，如梁启超等的文体。

鲁迅的《狂人日记》《阿 Q 正传》则是第一批现代白话文小说，形成口语白话文。

白话文运动影响极其深远，是中国人现代化的第一块基石。原因是文言文与其他白话文体都无以完全承载西方文明的转译。

西方文明的说理是科学逻辑的，言情是个人主义的；而无论情与理的表达，以及律法规制都诉诸与众人沟通明白、引起理解或共鸣。并且，西方文字承载信息的传递，事物的定义必须明确，没有含糊的余地。而传统中国文体，典故的理都是政治或道德的习性，不是数理的。所描述的情怀，一般人也难以领略。要传递确切信息文言远远不如口语。

总之，现代口语化的白话文使得西方律法、科技、文学等得以大量转译成中国人能读明白的东西，真正使得中国人跟世界接轨。

在这点上五四是“以民为主”的。五四运动后，孙中山改组中国国民党。段祺瑞的爱将徐树铮则陈兵蒙古，迫外蒙古取消自治，回归中国轨道。

公元 1920 年长江上游拉纤

公元 1920 年北京街景

公元 1920 年北洋内讧，北洋直系打败皖系，段祺瑞倒台。这直接是五四效应。

公元 1920 年李大钊、陈独秀开始积极宣扬共产主义、筹建中国共产党。

公元 1921 年，中国共产党正式成立，到会的包括毛泽东、何叔衡、李汉俊、李达、董必武、陈潭秋、王尽美、邓恩铭、张国焘、刘仁静、陈公博、包惠僧、周佛海等 13 位代表。

公元 1922 年，孙中山的广州非常政府以失败告终，退回上海。

公元 1923 年 1 月，孙中山在上海与苏俄代表越飞会晤，正式取得苏俄的支持与合作。2 月，孙中山回到广州，10 月，以鲍罗廷为顾问参照苏俄模式改组中国国民党。

公元 1924 年 1 月，孙中山确立了改组后的国民党三大政策：联俄、联共、扶助农工，同意中共党人以个人身份加入中国国民党。当时中国国民党中央执行委员会（含候补委员）的 41 名成员中有 10 名共产党，包括李大钊、陈独秀、谭平山、林伯渠、瞿秋白、毛泽东等。而中国国民党中央八个部中组织与农民部长为共产党人。3 月，在苏俄大量军火和金钱的资助下，黄埔军校成立。

这一年，苏俄进军外蒙古，成立蒙古人民共和国，蒙古自此进入苏轨道。

孙中山任命蒋介石为黄埔军校校长，这是蒋介石一生的转折点。

公元 1924 年年末，冯玉祥在北京发动政变，北洋直系大总统曹锟倒台，冯玉祥与张作霖联合拥立段祺瑞代摄执政。孙中山撑着病体（肝癌）应邀到北京，共商国是，但北洋政府坚决不同意再成立国会。

公元 1925 年，孙中山在北京病逝，时年 59 岁。之后四个月，广州成立国民政府，汪精卫当选国民政府主席。但孙中山生前的左右手，立刻分裂为坚决执行孙中山联共政策的“左派”（以廖仲恺为代表）与反对联共的“右派”（以胡汉民为代表）。国民政府成立之后才一个月，廖仲恺被刺杀，始终未破案，也成为历史谜团。

掌握文武实权的汪精卫、蒋介石趁势合作。

被国民党尊称为国父的孙中山在 28 岁组织兴中会，坚持了长达 31 年的革命生涯，一生颠沛流离，屡败屡战。坚定的理想与信念是孙中山奋斗的支撑与力量。

从人性常情看，孙中山常年生活在外国，一方面深感中外差距太大，希望得到列强外援。苏俄革命与五四运动使得孙中山认识到，中国革命要成功非“唤起民众”打倒帝国主义与军阀不可。

苏联的资助必定也让孙中山感慨良多，虽然没有其他列强惯用的“本金”“利息”“权益”等条款，但苏联国家机器染指东北铁路与外蒙古的意图，却不因共产制度而有所改变。但列宁时代的苏联世界革命的激情高涨，确实是当时中国革命唯一的助力。

公元 1926 年，张作霖的奉军进占北京，段祺瑞退出政治舞台。

这时的奉军拥兵 40 万，据有东北、山东、京津。北洋直系的吴佩孚据有湘、鄂、豫、冀，依托京汉铁路沿线拥兵 30 万；孙传芳则据有苏、浙、皖、赣、闽，拥兵 20 万。

但公元 1926 年的国民政府却毅然决定北伐。当时国民革命革命军 10 万，据有两广及于湘南。除了看透北洋军各自为战的心态之外，国共合作的黄埔军校也在短短两年半内培训出黄埔第 1—4 期军官，平均每期 9 个月，共约 4700 名革命军人。

国民政府进行国共合作才两年多，就意图“武力统一”中国。

此后，北伐成为国共两党共同的政治话语。

6. 公元 1926—1928 年，国共合作的北伐时期

（1）共产党改变了知识分子的思维模式：既然 90% 以上的中国人是乡村农民，如果革命不能改善农民的境况，如果革命无法获得农民的支持，那中国人干吗要革命？

大地主家庭出身的知识分子彭湃留日念大学时，正好经历了俄国革命、日本平民因米价飙涨而暴动、中国学生五四运动，这使他成为自我觉悟的社会主义者。公元 1921 年，他学成返乡任广东海丰县教育局长，立即趁机组织了中国第一个农会。第二年，他烧掉地契把自己田产分给佃农，两年内使海丰农会扩大到 2 万会员。公元 1924 年，彭湃到广州加入共产党，主持国共合作的农民运动讲习所（办了两年，末任所长为毛泽东，共培训了 800 个农运干部）。公元 1927 年年末，海陆丰成立了中国第一个“苏维埃”（工农兵政府），政策激进，跟地主武装反复相互屠杀，只存在了三个月。

公元 1929 年，彭湃在上海被捕牺牲，死时 33 岁。

另一位跟彭湃一样觉悟到农民问题的就是毛泽东。除了耕者有其田的土地分配之外，毛泽东更看到中国人的历史，改朝换代其实就是农民运动

公元1927年的中国影像

的结果。公元1926年，共产党主导的湖南农会已达200万会员，初具“人民战争”雏形，群众以向导、情报、补给等诸多方式支持北伐军作战。

（2）公元1925年5月，上海发生日资厂劳资纠纷，共产党组织工人罢工，日方枪杀工人代表，随后在英租界游行的工人与学生又遭英方开枪，死伤数十人。于是全国沸腾，上海罢工、罢课、罢市，各地波浪式展开，“反帝”成为当时的政治话语。群众运动的文宣成为共产党支援北伐军的利器。

（3）北伐军于公元1926年首战吴佩孚军，造就了以张发奎部叶挺（共产党员）独立团为代表的“铁军”的威名。实际上，国民革命军各路都势如破竹，不齐心的北洋军系吴佩孚、孙传芳被各个击破。

（4）公元1927年3月，北伐军攻占南京；周恩来等发动上海总罢工，随后工人武装占领全市，但蒋介石的北伐军旋即接管上海。这时，北伐军已占有长江以南。西北的冯玉祥、山西的阎锡山均已参加国民革命军，指向北京，对奉军与直系作战。

4月初，汪精卫、蒋介石在上海商定汪主政、蒋主军。汪精卫前往武汉。

当时，连黄埔军校在校生也分成两部分，分送武汉、南京。

但蒋介石突然变卦，他自己火速赶到南京组织政府，并在上海发动政变，残杀共产党员。蒋介石在上海突然联合上海滩的帮派政变，当然不是发疯，蒋介石这是弃苏联、投美英。政变只是蒋介石的“投名状”。

到达武汉后的汪精卫莫名其妙，不知道蒋介石搞什么名堂，立马宣布开除蒋介石党籍。后院着火使北伐停顿。

7月中，汪精卫的武汉国民政府驱逐鲍罗廷，也开始反共。

8月1日，张发奎部的共产党势力在周恩来、朱德、刘伯承、叶挺、聂荣臻、陈毅、贺龙、周士第等领导下发动南昌起义，就是中共独立领导军队的源点。

当时在南昌的还有谭平山、吴玉章、林伯渠、李立三、恽代英、徐特立、彭湃、郭沫若等人。一度达到2万人马。

南昌起义后，汪精卫政府一面调军围剿，一面集结部队准备跟蒋介石的南京政府干架。不久蒋介石下野，汪精卫回到南京主政，恢复单一国民政府。

9月上旬，毛泽东、何长工等以少部分军人、大部分工农武装，万把人不到在赣湘边区发动起义。一开始，跟南昌起义一样，遵循历史法则，攻打城镇、找寻资源与地盘，但队伍涣散，减员严重。不到个把月，毛泽东的智慧使得他果断改变计划，缩编部队，以党管军，党支部建在连队，成立士兵委员会，官兵政治上平等，并掉头向南，千人队伍进入赣南山区。历史的偶然，使他遇到井冈山的袁文才、王佐。他们情愿助毛泽东夯实井冈山为根据地。

毛泽东的农运思路自此更上层楼，土改之外就是“农村包围城市”的源点。

隔年，朱德、陈毅率残部数千人辗转跟毛泽东会师，真正的红军建立。

毛泽东进井冈山的10月，下野的蒋介石出访日本，不是去寻求日本支持，他已经谈好美英的支持，他这是去跟宋美龄的老妈会面去了。蒋介石返沪后的12月，他丢弃原有妻妾跟宋美龄结婚，而且改信基督教，就此通过联姻搭上美国关系……

（5）公元1928年1月，新婚后的蒋介石复出，仍任北伐军总司令。

蒋介石、李宗仁、冯玉祥、阎锡山联手在6月初进入北京。张作霖乘火车回东北时被日本炸弹炸死。12月底，张学良在东北易帜，国民政府“统一”了中国。

此后，直到1930年年末，蒋介石发动一连串内战，先后收拾李宗仁、冯玉祥、阎锡山，党政军一把抓，独裁统治开始。

公元1930年年末至1934年年末，蒋介石五次派兵“围剿”江西苏区，事实上凡是共产党的地盘蒋介石都施加“围剿”。

剿来剿去，给共产党长了经验。在实力对比悬殊的边际条件下，共产党把人的因素运作到了极致。错误是难免的，迅速作出正确的总结、合理的改正是那时共产党得以生存的唯一法门。何况蒋介石的兵将也不是白痴，交战双方都是押上身家性命的人……

在蒋介石越来越大的压力下形势很明白，共产党难以在根据地立足。于是共产党决定集中各路红军一起为找寻生存空间而奋斗。

公元1934年年末，各路红军开始长征。

公元1935年1月中，共产党在贵州遵义开会，总结此前的教训，事实上确立了毛泽东的领导地位。此后，虽经张国焘的分裂行径，以及长途行军的困顿，红军在10月下旬到达陕北苏区，加上先后相继到达的各路红军，共保存了大约3万红军。

蒋介石自然不会放松对陕北的“围剿”，但红军经过铁与血的锻造，已经脱胎换骨。

闯关东的农民

我们把中国近代史像放映纪录片似的加快放映速度，以便画面自然凸显脉络，而不掉入繁杂的细节。我们已经罗列许多名字和事迹，但正如人们回顾前人历史那样，大家只会记得那些留下深刻印记的、代表性的人与事。

辛亥革命并不是非常有组织的“革命”，实际也没怎么流血，相当和平，剪辫子剪了10年也没剪完。那时革命的信息其实相当局限于城镇，乡村一直是个相对封闭的、近乎绝缘的世界。但所有的社会变革都是从打烂上层结构开始的。

孙中山或梁启超等促发的变革代表中国知识分子在西方文明冲击下的一个反应。而“人”的反应，人脑对信息的反应、感受与认知，首先受限于他的所见所闻，其次受限于他原有的意识（教化、制度、生活经验塑造了每个人的意识）。知识分子本来就有渴望权力的习性，在输入这样、那样的“模式”的时候，他的政治意识与热情远大于理智。显然，直接照抄别人的模式是条简便的捷径。东洋的日本抄起来方便些，日文至少60%汉字，西洋的英、法、德、美、俄，抄起来比较费劲儿，先得学会他们的语言。然而，语言的背后是他们的历史文化，没法抄，甚至转译都有困难。

我们其实没有资格批判民国时代的知识分子的局限性或功利性，中国人直到现在，都还在探索怎么真正跟世界上的其他人、其他文明接轨。而且，社会主义的共产经济，或资本主义的自由经济，都只是人勾勒的理想蓝图，一旦落实到具体实施的制度“模式”，永远面对人性与习性的边际条件。

“社会主义”比较新鲜，马克思的“共产主义”是针对英国现象而构想的蓝图。第一个付诸实施的数据点来自俄国革命的列宁，充满着俄国话语，这已经是马克思难以想象的。社会主义这事业真做起来要能适应、调得动中国几亿农民，也只好是“中国特色”的。

“资本主义”不一样，它有着比较长的历史，那时全世界都走资，用不着摸索了，中国人依样画葫芦也跟着走资。武昌起义时，还没有俄国革命，那时外国政治上的样板无非共和或君主立宪。社会上唯利是图就是资本主义，爱死了银圆、英镑、美钞。但中国人一定不知道，印发美钞的联邦储备银行纯属私人机构（而且股东结构是公司秘密，因为是私人公司），唯一的利润来源便是垄断美国政府的货币发行（美国政府还不能自己印发美钞），印发美钞并“借”给美国政府，搞了200年稳赚不赔的生意，怪不得美钞年年通货膨胀。蒋介石显然也搞资本主义，但他研究过资本主义的本质吗？

中国近代史有个清晰的特征：知识分子热切于使中国“前进”，各种学习西方，中国各种“主义”之多，跟汉唐时代各种佛经与菩萨之多足可类比。中国人把儒家文化的教条推广到西学上，甚至讲究起外洋的“师门”来。

可是，欧美却从不教条化，只有比较、求证、数据、推理的功夫。并且，在应用上欧美功力全都实用于切合他们所处的时空里的社会人群。

列宁没忘记俄国社会的边际条件，日本汉化、西化也没忘本，中国人倒似乎忘记了2500年的小农经济下的大量繁殖的农民人口才是中国“人”的真正问题。

蒋介石开始“围剿”红军的时候是在公元1929年年末，欧美发生第一次金融海啸，全球性经济萧条，欧美列强各自忙着自扫门前雪，德国希特勒趁势崛起，亚洲一时真空。

公元1931年，日本自导自演了九一八事变，张作霖的儿子张学良，一年半内丢失东北。公元1932年，日本不但又在上海自导自演了“一·二八”事变，遭遇19路军蔡廷锴部的顽强抵抗，3月初，日本更在东北导演了由末代皇帝溥仪登基的伪满洲国事件。全国舆论哗然，国民政府遂增兵上海，助19路军顶住日军攻势，5月在美英干涉下日本退兵，上海恢复原状。

公元1935年秋末，红军到达陕北后，蒋介石即在西安成立“西北剿匪总司令部”，调集已经进关的东北军围剿红军，自任总司令，以张学良为副总司令。

但面对久经阵仗的红军，11月底前东北军接连三败，只能对峙。这时，中国人的心情主要针对日本的入侵，普遍厌恶继续内战。当日本要求的“华北自治”紧锣密鼓的时刻，北京的学生们爆发了“一二·九”游行，呼吁“停止内战，一致对外”“打倒日本帝国主义”……一时全国响应，给蒋介石“攘外必先安内”的话语造成巨大压力。由于在校青年共产党员姚依林、郭明秋、彭涛、黄敬、周小舟等是这次游行的推动者，共产党随后将之发展为“抗日统一战线”。

公元1936年6月，粤军、桂军趁机联合提出“北上抗日”要求，意图冲破蒋介石的专制，蒋介石则以收买的方式瓦解粤军，广东空军、海军部队的飞机船舰投归国民政府。桂军见状唯有“和平解决”。

12月初，心满意足的蒋介石趁势到西安，准备押着张学良、杨虎城上阵“剿共”。不久爆发西安事变，张学良、杨虎城扣押蒋介石进行兵谏，要求蒋介石抗日。

事变发生后，张学良、杨虎城请共产党一起商量后事，周恩来被派去西安参与。

结果，年底前，蒋介石仅只口头承诺抗日，而张学良竟释放并陪同蒋介石飞回洛阳。蒋介石迅即回到南京，张学良则终生软禁在蒋介石眼皮下。

西安事变，充分反映出人类史的曲折，搅拌着那么多人的习性、意志、认知、行为。

（1）张学良：好汉做事好汉担。而且判断正确：抗战无可避免，而那时中国要对日抗战，还非需要个现成的头儿——蒋介石。张学良以后半生换得比较有效的抗日，又避免了东北军跟国民政府军可能的内战。

张学良以他的方式留下历史印记，他是好样的。

（2）蒋介石：八年抗战给了蒋介石一个真正意义的“领袖”格局的平台。从来只有帮派私心的蒋介石，要当中国人的领袖，确实为难他。但无论如何，蒋介石至少名义上还是抗日战争时期的中国政府的头儿。

（3）斯大林：这时的苏联，在斯大林的领导下已经成为工业大国。

斯大林当然也在意中国共产党，但他更希望促成中国“抗日统一战线”，拖住日本，减轻苏联东边的压力。

（4）裕仁：日本人对中国事务还是灵通的，日本媒体最早发布西安事变的信息。但日本人没料到张学良这招，不过，裕仁不会太在意。兼并中国，早已是日本的既定政策。中国人早晚都得抗战。

公元 1937 年 7 月 7 号，日本挑起卢沟桥事变，蒋介石宣告抗日战争开始。这又是另外一个双方不宣而战，仗照打，和照谈，租界照样存在。1941 年年末，日军偷袭美国珍珠港之后，美、英才与中国结盟，中国则正式对日、德、意宣战，此后，对日抗战的中国成为第二次世界大战的中国战区。蒋介石理所当然地成为中国战区盟军总司令，其嫡系部队的装备则从德式转为美式。

公元 1937—1941 年，八年抗战的头四年，世界局势很诡异。

（1）大背景：公元 1918 年第一次世界大战结束后，最大的新生事物是出现社会主义的俄国，这有可能颠覆整个既成的欧洲资本主义体制。因此，当时的列强美、英、法、日都“反俄”，其实他们的默契是“反共”。联俄联共的孙中山暂时看不出作为，但北伐军成功展开后，列强立即押宝、收买蒋介石，以免中国继俄国之后成为共产主义。但 20 世纪 30 年代初的金融海啸余波暴露了资本主义的重大缺陷，全球经济萧条，大量人口失业，使得各国都出现了激进的左翼或右翼政党。

公元 1927 年起，苏联斯大林集权统治，进行农业集体化，并改造整体重工业，使苏联在 20 世纪 30 年代初的欧美颓势中得以重新进入国际舞台。

公元 1932 年起，德国希特勒也在欧美颓势中集权统治，希特勒的纳粹党号称国家社会主义工人党，以“反共”来冲淡列强对德国再起的顾虑。英、法对德、日扩张的姑息政策主要默契便是押着德、日作为阻抗苏联东、西两线的屏障。

公元 1937 年，德、日、意签署共同“反共协定”，便是轴心国的源点。

（2）公元 1936—1939 年的西班牙内战，左派的政府军与佛朗哥领导的右派叛军成为全球左右翼势力与新武器的较量场。德意志派兵协助右派叛军，苏联派空军支援左派政府军。全球50多国的民间知识分子则组织国际纵队投入西班牙政府军的战斗序列，包括美国的著名作家海明威、奥威尔等，以及全球各地的先进华侨……

西班牙内战明显揭示人类社会主义理想，以及左右翼国家机器的对抗。最终，佛朗哥右派胜利，西班牙成为法西斯国家，西班牙国宝、现代最著名的画家毕加索移居法国。

斯大林治下的苏联，面对列强东西两线的压力，选择了淡出西班牙内战，但英法并未选择跟苏联联盟以对抗德国法西斯，斯大林遂于公元1939年夏末签署联德互不侵犯的秘密协定，一周后，希特勒立即集中兵力进犯波兰，英法对德宣战，成为第二次世界大战的源点。

（3）公元1931年，趁经济大萧条的欧美颓势，日本炮制九一八事变，加紧入侵中国，此后直到1939年冬，日本主导的日苏远东摩擦事件，大小总计约150起。日本长期试探苏联远东军实力，无机可乘，日苏遂签署停战协议。

中国宣告全面抗战后，斯大林立即调派苏联参加西班牙内战的空军助中国抗日，以牵制日军，减消苏远东军的压力。公元1939年冬，日苏在远东停战后，撤回苏联援华空军志愿队以稳固苏联西线，总计派出飞机1000多架、飞行员2000人、地勤人员4000人，有200多名飞行员为中国抗战牺牲。

公元1941年春末，苏联跟日本签署《苏日互不侵犯条约》，停止对华一切援助。日本遂放手对美宣战并南进东南亚，直接造成中国加入美英同盟国，对日德意宣战。援华则由美国取代苏联，包括飞虎队空军。

（4）第二次世界大战的“同盟国”，西线是美、英、苏对抗德、意，东线是美、中、英对抗日本。

在上述条件下，中、日、苏互相制约，蒋介石显然可以既抗日又反共。

八年抗战对中国人而言，直接是百年前的鸦片战争起头的、列强新式入侵的延续，日本的全面入侵无疑标志着列强入侵的高潮。抗日成为中国人最一致的呼声，又因为抗日而引致的大规模迁徙，使得中国人的民族感更加混同。而国民政府的吏治则成为知识分子对政府认同的指标，蒋介石的专制无以改善吏治，恰恰驱赶了民间势力向对立面倾斜。

抗战初期，第二次世界大战尚未爆发，蒋介石的军事顾问是德国人，那时国民政府的军备来源，各国武器都有，许多购自德国。蒋介石甚至有学习希特勒的国家社会主义的倾向，随着第二次世界大战的发展，自然也不可能成形。

公元1937年8月中旬，日军进攻上海。蒋介石投入其德式装备的中央军（嫡系部队）为抗击日军的主力，加上杂牌军，共60多万，对抗7万多日军，国民党军伤亡惨重。事实上，这次双方的大较劲是蒋介石亲自指挥，却选在淞沪平原抗击日军实在不必，这是史迪威看不上蒋介石的源点。中国人的历史上，从未有过三个月亡国的例子，而且，沪宁之间原本就建有国防线，可以不用付出如此重大的代价。日本人速战速决的侵华策略，并不实际，错误的策略没有侥幸成功的可能。换言之，尽管日本汉化很深，依然不够了解中国。

12月中旬日军进屠南京，约30万人遇害（日本人迄今仍未勇于面对历史事实，甚至企图否认。南京大屠杀越来越成为中国人仇日的痛点）。但三个月的淞沪战役，大量国民政府人员、资源已经西撤至华中武汉。

这时，华北多处已经出现中国历史经典的“汉人治汉”“分而治之”的地区政权，当然是日本扶植的。同时，国共也再次合作，陕北中央红军改编为“八路军”，华南红军则改编为“新四军”。9月末，八路军展现了共产党经典的游击战法，在山西平型关歼灭一支日军运输队，取得小胜。

公元1938年，日军几乎平行发动华北、华中攻势，目标针对徐州、武汉。

2—5月，3万日军北犯徐州，被12万国民党军阻击。日军在黄淮之间运动时，尝足地方游击队与新四军游击战的苦头，日夜不得安宁。双方主力最终在台儿庄决战，日军被打败。整个战事，日军阵亡1.2万，国民党军则阵亡4万。桂系李宗仁、白崇禧指挥的这支由杂牌军为主的国民党军的胜利，说明了中国人只要团结外敌并不可怕。

6月，南犯的日军攻占徐州、开封后，蒋介石下令将花园口黄河决堤，日军终不得南下会师，但淹死、之后饿死的民众约百万数量级，造成黄淮下游对国民政府的不满。

8—10月，日军另集结30多万军队，针对流亡于武汉的国民政府进行大规模的军事行动，蒋介石则在江西、湖南集结110万大军抗击。会战中，涌现对日抗战最耀眼的将星——薛岳。会战时，薛岳负责江西战区，下辖原为粤军、湘军、黔军的部队。会战结果，震惊世界，薛岳在万家岭围歼了日军一个完整的师团，过程中日军甚至空投200个下级军官以补充该师团军官的重大伤亡，被围日军最后只逃脱千人，阵亡1.4万，而薛岳军则阵亡2万。

薛岳的故事也许是整个民国时代典型的故事。年轻时的薛岳跟叶挺是同学，又是邓演达的好友，这三个客家同乡都是孙中山的粉丝、忠实的护卫。但薛岳更像个专业军人。北伐军时期，薛岳师最先接收上海，随后突然发生的蒋介石政变使他这个“左派”被蒋介石剥夺军权，只好走避香港。之后，他参加粤军，粤军被蒋介石收编，薛岳又成为国民党军，在战场上成为南昌起义后的叶挺的对手。几经周折，竟成为蒋介石麾下嫡系的虎将……

10月末，日军最后还是攻占了武汉，国民政府更往西撤至重庆。这时，资本家卢作孚带头为抗战前线运送兵员、物资，并大量将武汉地区的工业设施与人员后撤四川，成为抗战必不可少的动力。而武汉会战的结果是国军伤亡40万，日军伤亡14万，双方都筋疲力竭，抗战进入对峙阶段。日本静悄悄地改变策略，通过德国大使对国民政府诱降，甚至许诺废除不平等条约、归还租界，欧美则希望日本能够集中力气对付苏联，就对国民政府施加压力、迫和，但蒋介石坚持抗战到底，日本则成功劝降了汪精卫，汪精卫于年底出走河内……

这年年末，武汉失守的局势终于敲醒了蒋介石，他决定采用共产党的建议：在敌后区以游击战术消耗日军。于是，成立抗日游击干部培训班，共产党派出叶剑英、李涛等30多个教官进行国共合作，为国军培训出5600名抗日游击战争的骨干。

此后，日陷区充满大大小小各种割据势力：国民党军、共产党领导的武装、民间抗日组织……各打各的游击，一致抗日之外，也不时互相摩擦或联合一下。

抗日游击队成为抗战不可忽视的力量，日军只能不断“扫荡”，最终结果：国民党军游击区大量减少（游击战术，其实是农民战术，国民党军学不会），共产党武装的游击区则幸存下来（日军无力长期维持众多分散的据点），到公元1940年中，共产党已实际管治日陷区里头约1亿人口，以及200万民间武装。

公元1939—1941年，希特勒闪电战的成功（第二次世界大战爆发后九个月，德军攻占巴黎，法国投降），德军一面轰炸英国、一面向东进击苏联，形成纳粹扩张高潮。中日的对峙与消耗使得中国也形成抗战低潮。

公元1940年年初，汪精卫在日军护卫下于南京另立伪国民政府，其内阁成员包括原国共两党高阶人士，成为当时国共两党一致口诛笔伐的汉奸集团。实际上，汪精卫政权成立前后，国民党军地方部队投降日军达到百万数量级，他们成为日军“扫荡”沦陷区的主力，国民党军原有的游击区被大量消灭，只有擅长游击战术的共产党武装存活了下来。

低潮时期八路军于公元1940年在华北进行“百团大战”，大量破坏敌后运输线，削弱日伪军，鼓舞了华北士气。此外，公元1941年年末，薛岳长沙会战惨胜，国军以伤亡3万的代价换取日军伤亡6000人，但保住了长沙，夸大宣传、鼓舞士气。

公元1941年年末，日军偷袭珍珠港，涌现日本第二次世界大战时最耀眼的将星——山本五十六。他的航空母舰战术迅速成为现代海军的经典。山本五十六曾反对挑起太平洋战争，他明确告诉日本军头，他只有撑一年的本事，因为“美国的烟囱比日本士兵的枪头还多”。山本五十六最终死于美军破获日军电讯密码，他的座机被击落。

珍珠港事变当天，美对日宣战，两天后中国参加美英同盟国，对日、德、意宣战。

美国的战略意图是最终以中国为基地进攻日本。

公元 1942 年，日军势如破竹，英国东南亚殖民地都被席卷，列强丧失在华租界与特权，而“汉奸”汪精卫对中国民情却自有领会，宣称：英美已被驱逐，对英美的不平等条约已被废除，并首开对日本废除不平等条约的谈判、签字。

但日本的颓势其实在公元 1942 年中已经出现。中途岛海战，日本航空母舰战斗群被尼米兹指挥的劣势美国航空母航战斗群击溃，美日各有损失，并且日本除了损失大批有经验的飞行员之外，还浑然不觉其电讯密码已被美军侦破。

尼米兹是美国最早的有航空母航概念的海军将领，经过珍珠港与中途岛的教训，此后美军造舰立即围绕着航空母舰战斗群的概念，不再浪费资源于巨型战斗舰。而日本虽有珍珠港的数据，却依然搞“内部平衡”，仍然把资源浪费在建造战斗舰上。美国工业的造舰优势使得两年内，太平洋海权优势便滑向美军。逐渐丧失海权的日本无法确保南洋的资源输入，立刻出现民生与军备的匮乏状况，并且无力阻止美军跳岛前进，日本笼罩在美空军轰炸之下。

公元 1943 年年初，为提高蒋介石国民政府威信，以及扭转对中国人的宣传，继汪精卫与日签约废除不平等条约之后，美英跟国民政府迅速签字废除不平等条约（但英政府坚持继续香港租借条约，虽然那时香港被日军占领）。

真正废除不平等条约的努力在北洋政府时代的顾维钧是源点。第一次世界大战巴黎和会之后，中国人一直努力废除不平等条约，也跟列强之外的各国签署了多项平等条约。

废除不平等条约无非主要针对列强中的英、法、苏、美、日、德、意等国。

就“二战”爆发后的情况而言，可以干涉中国主权的列强，那时只有英、美、日、苏，无论是汪精卫与日本的协定，还是英美跟国民政府的协定，都无法执行（各国租界、海关等绝大部分在日陷区），仅只是宣传伎俩而已。

公元 1943 年年末，美、英、中三国领导在开罗会议时，明确第二次世界大战后，东北、台湾回归中国，琉球则共同托管。而公元 1945 年春的美、英、苏签《雅尔塔密约》，美英便出卖中国主权。苏联，始终是废除不平等条约的巨大障碍。这些历史只能说明国家机器自有运作逻辑，跟什么主义或制度无关。人类的国家机器，原本就是权力制度的产物。

中国人废除不平等条约，要努力到公元1997年收回香港和1999年收回澳门为止。

在日军横扫东南亚的同时，美国派史迪威出任中国战区“参谋长”兼中缅印战区的美军司令，实际中国战区并没有盟军，蒋介石绝不会让别人指挥国民党军，也就不听从这个参谋长，史迪威只好参加第一次中国远征军的入缅作战。公元1942年春，缅甸英军告急，10万远征军匆忙入缅解围，孙立人部虽解救了一批英军，但日军已大面积占领缅甸，打断了滇缅公路的畅通，远征军入缅两个月后，蒋介石下令其撤回中国，大军进入野人山丛林，4万人葬身。没走进大山的史迪威与孙立人部徒步撤到印缅边界。史迪威立马在印度成立训练中心，重新组训中国部队，并换成美式装备。当时美援只能从印度飞越喜马拉雅山脉运往重庆。

公元1943年，史迪威率驻印远征军从印度筑路向缅甸及云南推进，公元1944年春末，远征军攻克缅北密支那机场，国民党军另一支在云南组训的滇西远征军也发动进攻，收复腾冲进军缅甸。中国远征军开始战胜日军，公元1945年年初，各路远征军会师，中印、中缅公路全线开通，远征军凯旋。

史迪威在前线作战的同时给美国总统罗斯福写报告，明确指出蒋介石虽抗日，但国民党军部署许多兵力用于围堵“防共”，而八路军从背后牵制的日军甚至跟正面的国民党军差不多。美国务院派给史迪威的政治顾问戴维斯则建议美国应该与延安接触，试探跟八路军合作的可能性。蒋介石自然反对，但罗斯福施压后，公元1944年夏美军观察组抵达延安，成员包括美驻华大使馆谢伟思。

谢伟思与戴维斯都是汉语流利的中国通，他们的结论：若美军在中国跟日军作战，八路军比国民党军有用，至少战地有群众基础、情报灵通，而中国若内战，共产党必胜……罗斯福看到报告后，美军观察组便在延安蹲了两年多，给美军收集气象、民情、日军活动等情报。谢伟思与戴维斯调回美国后，受到第二次世界大战后美国反共的影响，成为政治迫害的对象。

公元1944年，物资奇缺的日本只好在中国发动猛烈攻势，打通华北经两广、越南进入东南亚的通道，意图经过陆路交通线来输送南洋与中国的资源。这回，薛岳也顶不住了。而八路军在敌后的游击战越来越成功，日军虽打通了交通线，但兵力分散、守不住，交通线时断时续，主要城市也渐渐被国民党军收复。

这年6月6日，艾森豪威尔指挥280万美英同盟军在法国诺曼底登陆，由西线直接攻向德国。苏联红军则在朱可夫指挥下由东线加紧进攻。战火迅速扑向德国。

公元1945年2月11日，美、英、苏签署《雅尔塔密约》，4月12日，罗斯福病逝。

4月21日，朱可夫军攻进柏林，30日，希特勒自杀，德国随即投降。

7月16日，美国核爆成功，26日，美、英、中发表《波茨坦公告》，敦促日本无条件投降。

8月6日，美国在日本广岛投下原子弹。

8月8日，苏联对日宣战。

8月9日，美国在日本长崎投下原子弹。

8月15日，裕仁天皇宣布投降。

在公元1945年9月9日之前，除了东北地区之外，国民党军在各战区正式受降，共接收129万日军、78万日侨。一年内，基本上都被遣送回日。

东北成为国共必争之地。

苏联对日宣战后，苏军立即对日军动手，以绝对优势兵力，摧枯拉朽横扫东北日军。实际是因为一周后日本就投降，两周后苏军以很小的损失占领东北全境。

苏联对日宣战后立即通知延安，朱德立即下令解放军兼程赶往东北。

大概在11月底之前，林彪、罗荣桓已经带领11万解放军及2万多干部进入东北，忙着接收地方武装、政权。

随后苏联迫于美英压力（这时，只有美国长了核子牙），要求解放军撤出大城市，交给国民政府接收。

9—11月，蒋介石不断以美军机舰运载军队到东北，集中了14万兵力。

11月起，国民党军接收了长春、沈阳、哈尔滨、营口、本溪、山海关等重点城市。基本上，不外乎港口、铁路沿线城市。

而这时蒋介石却犯了一个致命错误，遣散伪军，没饭吃的散兵游勇加速投奔中国共产党军队。

解放军还是老办法，下乡就下乡嘛，农村包围城市。

从出关的共产党队伍就可以看出国共双方经营方式的差异。

共产党派来2万多党政干部，蒋介石只派来军队。

下乡的共产党就地进行土改、夯实对多数人口的统治，并收编地方武装、加以整训，很快就发展成数十万大军。

公元1946年，为打通长春到沈阳的交通线，国共两军在枢纽地吉林四平反复争夺四次，双方投入40万人厮杀，共打了两年仗。这是中国共产党军队首次大规模进行攻坚战，林彪啃到了硬骨头，1948年春最终打下四平，将在东北的国民党军切断为两大块。四平战役仅只是解放战争的缩影。

公元 1946 年中，趁国民党军兵力仍占绝对优势，蒋介石发动全面战争，国民党军不只在东北进攻四平，对陇海线、苏中、中原的解放区几乎同时发起数十万部队的进攻。比如，6 万中原解放军立马化为好几路，分头突围，各自或进入山林游击、扩张根据地，或进行小长征、进入邻近解放区会合，不剿还好，越剿越旺。

而“围剿”共产党军的国民党军，一连七败，打出中国共产党军队一颗耀眼的将星——粟裕。

其实，日本投降之前，美国人谢伟思给美国国务院的报告早说明白了，蒋介石必败，因为不得民心，没有真正的群众基础。

但憨憨的美国人非要介入别人家务事，居然派军头马歇尔来调停，结果当然调不停。

公元 1948 年年初，共产党已统治 90% 以上的东北人民与土地，拥兵 70 万。

公元 1948 年秋，辽沈战役爆发，两个月内，共产党军队全歼东北国民党军，进兵关内。

从中国传统学问看，共产党胜在格局。从西洋学问看，共产党胜在符合事物的动态规律，并且掌握主要矛盾：群众、后勤支援，以及主动的意识。

解放军打下东北是共和国武力统一中国的起点。

但武力只是共产党的充分条件，必要条件的创造，是“以农为本”的中国式社会主义。解放区绝大多数是农民，生活简单，但也有交易的需求，解放区的货币与经济一靠人民政府的诚信，缺少金银，就以物资作为发钞的抵押；二靠共产党干部官员的朴素，官民差距不大，上下一起挨过匮乏日子，同时国民党吏治贪腐、通货膨胀。

所以，辽沈战役后，又发动淮海、平津两大战役，公元 1948 年年底，大势已定。

****

20 世纪的世界景况

1. 欧洲

公元 1936—1939 年发生的西班牙内战，其实已经有第二次世界大战的影子，而且有其后全球性“意识形态”冲突的影子。第二次世界大战所提供的人性相关的数据没有超出西班牙内战的范畴，如针对城市平民的轰炸，西班牙内战已经发生，打破第一次世界大战基本不杀害平民的底线，第二次世界大战更加放大规模罢了。但西班牙内战期间，国际纵队与文人所展现的人道精神在第二次世界大战时不复重现。当希特勒通过民主选举取得政权、开始残杀犹太人之时，仅只美国文艺界有所反应，比如，好莱坞的卓别林自资拍摄《大独裁者》以嘲讽希特勒，当时的美国电影公司（许多是犹太人占大股的），竟然因为担心公司的影片卖不进德国会影响利润，抵制卓别林，政客们更格外施加压力。最终还是罗斯福让人捎口信支持卓别林拍片，世人方才见得到这部影片。

“意识形态”之争，左翼、右翼，就公元20世纪头50年的人类数据看，双方标榜的理想——自由、民主、平等、理性，都早已在法国大革命时期被揭示出来。而在利益或资源的分配上，所谓“左”，无非站在大多数人的立场，所谓“右”，则更刻意维护少数人的私有或既有。难道“自由、民主、平等、理性”有人性上的分别？

理性或科学方法显然人脑都能互通，但信息与数据可被独占或作假或片面化，而“自由、民主、平等”的认识，就更被利欲、教化、情感所影响……

第一次世界大战之后，发生了公元1929年年末的金融海啸与随后的全球经济萧条，直接成为触发第二次世界大战的因子。除了政治上造成纳粹崛起，军备竞赛与战争居然成为解决经济问题的手段。人类第一次为了工商文明的生产力而活，制造不是生存必需的东西，消费掉，运转经济，压制农民粮价以喂饱集中于城市的大量人口。这个怪圈，在中国宋代一度形成，明清两代被压制，而欧洲则打从工业革命开始便形成了。科技与工业的进步则使得怪圈越来越大。实际上，这也是造成欧洲海洋殖民与第一次世界大战的基本原因——工厂需要市场，投资需要利润，交易的积累太慢就直接掠夺。

追求利润与消费成了“现代”的意识与习性，以至于没有人提问：人们真的那么需要这些商品吗？没有这些东西会活不下去吗？尤其是武器的制造。

2. 美洲

公元1932年，罗斯福竞选美国总统，提出“新政”计划，获压倒性胜利，此后蝉联四届总统，做到他病逝的公元1944年。罗斯福上任时美国千疮百孔，失业人数占劳动力的25%，银行倒闭，农业凋敝，工业停滞。

罗斯福任上的“新政”是典型的“共和”杰作：大量增加政府开支（赤字预算），大规模筑路、造坝以提高就业率，政府经营公众福利（救济失业贫民）与保险（老年退休与失业保险），进行农业补贴（鼓励农民减产以解决农产过剩）并提高农产品价格，限制垄断，管制股市金融与银行业，按累进税率课征所得税，课征资产税……简单地说，就是以公权力打造“福利国家”模式，大致在五年内稳定了美国的经济，虽然经济繁荣的恢复仍然靠公元1939年爆发的第二次世界大战，扩军、备战、军火交易、战后重建才彻底将美国拖出经济萧条的泥沼。

能够在美国实施混杂社会主义理想的资本主义，罗斯福无疑相当睿智、相当实在，那时的美国也的确是处于包容性最宽阔的时代，也正如此才会有那么多美国人志愿参加西班牙内战的国际纵队，也才能容纳海明威、奥威尔、卓别林，以及爱因斯坦等。

爱因斯坦是坚决反战的和平人士，公开反法西斯、反日本侵略中国，中国抗战时发起“援华委员会”在美国2000个城镇募捐，国民政府拘捕陈独秀、沈钧儒等人的时候他与杜威、罗素等国际著名人士联名呼吁蒋介石予以释放。

爱因斯坦还坦承自己不信上帝，并建议改组联合国为“世界政府”、反对美国开发氢弹。

就美国人的经历说，第一次大战时期的威尔逊总统提出国联的构想，以及第二次世界大战后组建联合国，跟美国社会的包容性相关。而在威尔逊任上，美国国内政治却不让美国参加国联。罗斯福一死，美国政客迫不及待修宪，限制总统只能连任两届，实际是对“福利国家”的反扑，限制平民化的总统以选票长期执政，以免妨碍资本家的利益。

3. 全球

就地球人的经历来说，公元20世纪的印记如下。

公元1911年中国革命，演变成民国时代的混战，直到公元1949年中华人民共和国成立。

公元1914—1918年第一次世界大战，德国试图重组世界秩序，以战败告终。

公元 1917 年俄国革命，演变出斯大林专制的社会主义苏联。

公元 1929 年金融海啸，引发全球经济萧条，以及公元 1933 年美国新政与公元 1934 年纳粹德国。

公元 1939—1945 年第二次世界大战，德国再试图重组世界秩序，又以战败告终。

公元 1945 年迄今，美国独霸世界。

公元 1989 年金融海啸（公元 2008 年再次金融海啸）。

4. 新生事物

体制变革：社会主义（俄国、中国）；福利国家（美国算半个、北欧、瑞士）

科技变革：无线电通信与广播、雷达、核爆、登月、半导体、电脑、生化，网络等。

共和国时代
（公元 1949 年至今）

公元 1949 年春，淮海战役结束，60 万解放军打败了 80 万美式装备的国民党军，真正的荣耀应该属于中国农民：200 万农民组成的后勤支援队伍使得解放军能够发挥出巨大能量。

之后，四个月内，南京、上海相继解放，解放军随即席卷中国内地各地。

刘伯承、邓小平毫无保留地运用手中的兵力，按照战略部署运作，不打一点折扣。

当时邓小平的名言：只要共产党打过长江，人民就胜利了，谁打过去，并不重要。

公元 1949 年 10 月 1 日，毛泽东在北京宣告：“中华人民共和国中央人民政府今天成立了！”

随后大半年，海南岛、云南、西藏相继解放。

蒋介石退避台湾，带走 200 万军民，故宫博物院的珍贵文物和大约 120 多吨黄金，以及相当数量的白银、美钞（共也值 120 吨黄金左右）。这些，成为蒋介石以国民政府名义继续统治的本钱，当时包括台湾、澎湖、金门、马祖、大陈等地。

公元 1950 年，中华人民共和国开国伊始，中国共产党立即面临的问题不只内政，更严峻的是第二次世界大战后的世界局势。

第二次世界大战刚要结束前的《雅尔塔密约》当然是美、英、苏列强心态下的产物，斯大林利用罗斯福、丘吉尔健康不佳的情况，为苏联国家机器捞取了最大利益。根据“密约”，第二次世界大战后的德国与朝鲜半岛由同盟国占领、托管，然后再于“适当时机”独立自主。

于是，第二次世界大战结束后，立即产生东西德与朝鲜半岛的分裂，东德甚至还存在一个城市（东西柏林）的分裂。

但“密约”签署后两个月，罗斯福去世，继任的杜鲁门长了“核子牙”，立马丢核弹结束日本战事，并开始制约苏联的扩张。但美苏都不愿正面对打，这便是冷战的源点。

既然美苏不交锋，双方的角力便以势力集团、意识形态、军备竞赛、代理人的局部战争、间谍渗透等形式发泄，欧洲成为北约与华约顶牛的地方，太空与核武器成为各国科技的较量场……公元1949年秋，苏联成功核爆，冷战成为常态。

实际上，这时的左右翼“意识形态”之争，已经被国家机器的政权绑架，人类的科学理性及人文情性，完全沦丧为权力欲望的工具。近似于战争状态的冷战，绷紧全球智人的神经，苏联与华约各国的专制，变本加厉，美国则出现荒唐的麦卡锡，歇斯底里地迫害想象中的“左派”，包括卓别林、谢伟思、戴维斯和其他一些科学家……

全球国家机器长期分边的冷战是人性的浩劫，影响至今。

第二次世界大战结束之际，苏日宣战，美苏迅即协议以北纬38度线为界，北部朝鲜由苏联、南部朝鲜由美国，分别占领、接收。当时还没长出“核子牙”的苏联顺着美国人的喜好，美、英、苏另外签署协议，规定朝鲜半岛由美、英、苏三国托管并得建立临时政府。

于是，公元1946年起，斯大林就为金日成的朝鲜劳动党（原朝鲜共产党合并其他党团组成）打造起一支苏式装备的庞大军队。平津战役后，金日成更向中国“借用”中国朝鲜族组成的两个师，形成朝鲜半岛最大武力。

公元1949年夏末，朝鲜南北各自建立政府，苏联迅速撤出北部朝鲜，美军也只好宣布撤出南部朝鲜。这时苏联已经研制出核武器，朝鲜半岛成为美苏冷战的交锋地区，但人口不到南部朝鲜半数的北部朝鲜军战斗力却远胜南部朝鲜军队。

公元1950年6月下旬，北部朝鲜突然发动战争，全面扑向南部朝鲜。10天后，美军一个师参战，但7月底，北部朝鲜军已经把南部朝鲜军与美军逼到朝鲜半岛东南角落。8月中旬，麦克阿瑟指挥美军挟联合国军名义在汉城

（今首尔）西边的仁川登陆，拦腰击断北部朝鲜军。

10月初，美军越过三八线并迅即攻占平壤，甚至越界轰炸中国安东（丹东）电厂，并且陈兵台湾海峡，直接威胁中华人民共和国。

10月8日，毛泽东决定抗美援朝，部队以中国人民志愿军的名义参战，彭德怀任总司令。这是解放军第一次跟现代化的列强打正规战。

美军始终掌控制空权，造成志愿军后勤补给困难，但入朝三个月后，志愿军仍然迅速克复平壤并打到三八线附近，此后，双方便在界线上下拉锯。

公元1951年春末，美军换将，骄横的麦克阿瑟被杜鲁门解职。

7月，交战双方回到谈判桌上，谈谈打打，但战局基本上胶着，双方都进入坑道战阶段，以严密的工事对峙。

公元1952年冬初，美军发动上甘岭战役，在不到四平方千米的作战区域，跟志愿军反复争夺山头阵地。较量结果，双方伤亡惨重，43天的战役美军竟用了200万发炮弹，志愿军没那么奢侈，也用了40万发。但志愿军官兵砸出去10万枚手榴弹，美军终不得越雷池一步。

在这场意志与血腥的搏斗过后，朝鲜战争沉寂下来，半年不到，双方坐回谈判桌。

公元1953年7月末，参战各方签署停战协议。

美国随后迅速跟韩国签署《美韩共同防御条约》，继续驻军。

公元1954年4月，中国参加日内瓦会议，参战各方未能解决外国军队撤出朝鲜半岛的问题，但公元1958年年底，志愿军已分批撤回。美军则留驻韩国至今。

共产党在毛泽东的领导下融入占绝大多数中国人口的农民中去，这是有史以来中国知识分子第一次超越“统治”意识、成为基层人民一部分的尝试，方才有中华人民共和国的成立。

在共产党领导的革命过程中，毛泽东睿智地抗拒了共产国际对中国革命的“指导”，这些指导无疑有苏联作为列强的阴影。

这是毛泽东跟蒋介石的根本差异，中华人民共和国是中国人的中国，独立自主无须充当列强势力的代理人。

新中国一成立，毛泽东力排众议，抗美援朝，这需要极大的智慧与勇气。

表面上满足斯大林，之后在美苏冷战争霸、美国围堵中国的边际条件下，中国以有偿方式取得苏联援建各项工业、转移技术。公元1952年，中华人民共和国的数据显示，当时全国工程技术人员仅约16万。

就《雅尔塔密约》看苏联对东北的野心，废除中苏之间的不平等条约，需要培智。抗美援朝自然就大量陈兵东北，苏联被尊称为“老大哥”，但中苏平等，东北铁路、港口不再存在苏联权益问题。

朝鲜战争的结果，虽然只跟美国打成平手，却是鸦片战争以来中国人真正站起来了的表现。抗美援朝打出了中国人的自信。

以彭德怀挂帅，更是毛泽东神来之笔，当时的朝鲜战争只有不信邪的人才扛得下来。

抗美援朝战争开打后，美国再次扶植蒋介石，此后15年间台湾取得美援贷款平均每年1亿美元，夯实了蒋介石的统治基础。此外，另有每年约3亿美元的军备支援给台湾，作为蒋介石看门的代价。

当朝鲜半岛停战谈判进行得如火如荼之际，斯大林死了。当然，苏联的专制体系不会瞬间改变，赫鲁晓夫开始集权，到公元1956年春，他在苏共内部秘密清算斯大林派，引起一连串震撼，包括波兰、匈牙利等事件。

赫鲁晓夫批判斯大林之后，暴露出斯大林时代重工业化、农业集体化的真实数据，这时中国的第一个"五年计划"也学得一些经验和教训，毛泽东花两个月时间听取经济建设相关30多个部门的汇报，迅速提出《论十大关系》，总结了中国人该注意的方向。

其中，有许多经典结论如，必须反对官僚主义，建议精简党政结构、甚至砍掉2/3。又比如，反对教条主义，反对宗派主义……

随后，针对知识分子，提出"百花齐放，百家争鸣"的方针（双百方针），强调独立思考、自由表达的重要性。

作为共和国的领导人，毛泽东的智慧非同寻常，他已经抓住人性最深刻的课题，看到了共产党是一个国家的领导团体，以及中国人的通病。

实际上，新中国成立才两年后的公元1951年年末，人民政府就进行过"三反""五反"运动在党政机关工作人员中开展："反贪污、反浪费、反官僚主义"的三反；在私营工商业者中开展："反行贿、反偷税漏税、反骗国家财产、反偷工减料、反盗窃国家经济情报"的"五反"。暂时端正了社会风气。

公元1957年4月，共产党发起党内整风运动，"反官僚主义、反宗派主义和反主观主义"，以此要求共产党人"正确处理人民内部矛盾"。

公元1960年，中国研制成功第一枚导弹。

公元1964年，中国研制成功了第一枚原子弹，三年后，研发出了第一枚氢弹。

公元1966年，"文化大革命"开始。

公元1970年，中国自行设计和制造的人造卫星——"东方红一号"发射成功。

一穷二白的中国人凭什么独立自主地研制出"两弹一星"？用政治话语

说是，因为“毛泽东思想”，其实，更多的是受毛泽东那股劲儿的影响。只有真正无私的人，才会激发人们的热情。

中国人的热情被激发，只提供了充分条件。

实现“两弹一星”，当然还有许多必要条件。对导弹而言，公元 1955 年年末，钱学森回归祖国。这得感谢当时美国麦卡锡的疯狂反共，钱学森是当时世界顶尖的导弹动力专家。受美国政治迫害的钱学森回国后拉起一支科研队伍，除了流体力学之外，还有自动控制技术（那时 IBM 刚刚发明电脑）。

对核弹而言，邓稼先、王淦昌、钱三强、朱光亚等，功不可没。对卫星而言，赵九章、任新民等，也功不可没。

中国直到公元 20 世纪结束前三个月，才给 23 位“两弹一星”的科技元勋们颁授奖章，表彰这些科学家对祖国的贡献，上述元勋都是好样的海归。

爱因斯坦说过，正确的方法学加辛勤的努力加不废话等于成功。

科技元勋们带来正确的方法学，他们与工程师们被爱国的激情感染，埋头苦干，“两弹一星”才得迅速研发成功。

然而，科技元勋的六成都受过叶企孙的栽培，这位公元 1924 年的海归，毕生致力于清华大学的科学教育，坚持“科学救国”道路，为中国的科学事业作出了杰出贡献。他的信念以及培育才是“两弹一星”的必要条件。

中国要跟国际接轨，科学是现代文明唯一的轨道，不是法商。

知识分子对现代中国人的真正贡献有两个：一个是白话文；一个就是“两弹一星”。

白话文给中国提供了一个跟国际接轨的真实接口，足以转译欧洲的文明，不再自闭。“两弹一星”则给中国人提供了一个真正的安全，足以保障自己不再受列强欺凌。

公元 20 世纪 60 年代末，苏联居然想跟美国联手对中国实施“核子牙”拔除手术，被理智的美国人拒绝。

公元 1972 年，美国总统尼克松访华，中华人民共和国在联合国恢复合法席位。

公元 1973 年，邓小平主持国务院工作。

公元 1974 年，中国核潜艇下水。

公元 1975 年，越南军攻下西贡，美军仓皇撤出，越战结束。

公元 1976 年，1 月 8 日周恩来去世，7 月 6 日朱德去世，9 月 9 日毛泽东去世。

回顾新中国成立至改革开放这几十年的中国历史，人性很纠结地展现了极致作用，中国人尽干大事。

第一，公元 1949—1952 年，新中国成立、抗美援朝

中国人的激情与理性都近乎极致。共产党靠农民路线贴近了绝大多数人口，又根据中国人的边际条件很实在地组织群众、成立新中国、抗美援朝。

中国人是勤劳坚忍的，共产党人则带来正确的方法学，适合组织、调动中国人的方法学。

第二，公元 1956—1970 年，“两弹一星”研发成功

中国知识分子第一次开发出核心科技，研制的时间远少于列强。中国知识分子也证明了他们跟中国农民一样勤劳坚忍。

第三，城乡差距与中国人口持续增大

（1）政府运作停顿在新中国成立时期的军事模式，信息不透明，以至于即使有正确的方法学也无法扩散到社会层面。

“两弹一星”科技、方法学上的规律被当成军事秘密跟社会绝缘。中国人失去可以切入科学意识与方法的重要机遇。反观美苏争霸，其科技成就大多立马扩散为民用产品，刺激整个社会更高科技化，科学意识更浓、更讲究规格、纪律与规矩。

（2）过多自上而下的指令使中国人的情性理性都疲劳、扭曲，充斥幻灭感。私性本能反而被大大激发。而且，激情过后的人性平衡就是冷漠与逆反。

人类历史，必须宽恕，但不容遗忘。中国人的历史作为数据，展现了中国人族群的自省的智慧。

对于历史，人们必须面对存在过的数据，坦承史实，并且跳开已被滥用的批判，根据真实的数据作出具体的科学分析，真正信赖中国人族群的智慧，才有可能改造中国社会，摸索出不贪污、不浪费、不官僚、不专制的解。

公元 1977 年，邓小平成为中国的掌舵人。这一年他 73 岁。

邓小平接下一个人口已经突破 9 亿的、需要改革的中国。

公元 1978 年年底，中国确定“改革开放”政策。这时，电脑早已风行全球。

经过大风大浪，务实的邓小平的改革开放，迈出的第一步是给中国人“松绑”。此时的中国还有许多东西或服务必须手工制作，于是，邓小平的“松绑”，就拿社队的专业户和城镇的小工商户作为试点，鼓励人们走出集体、作出个体创新。

不到三年，人们的思想就松动了，城乡涌现许多万元户。公元 20 世纪 70 年代末 80 年代初的万元户不是开玩笑的事，那时，国有厂工人一个月工资不过 20 元……

邓小平随后的“松绑”便是设置经济开发区，类似中国台湾地区的出口

加工区，进一步对外开放，解放经济思想。这些措施有现成的样板——中国台湾地区。

中国台湾地区搞“改革开放”约略比大陆早 15 年。

国民党玩政经分离，照样继续专政，直到经济这个下层建筑动摇了政治。邓小平看到一条似乎可行的路，摸着石头过河，向前走。这就是今天中国经济态势的源点。但邓小平不愧为共产党人，他看到另外一个更为根本的问题：中国人的历史上，所有的统治者都执政到死方休（包括台湾的蒋介石、蒋经国），中国人要怎么世代交替、平稳地往前走？这是一个严肃的问题。

于是，从公元 1982 年起，他静悄悄地思考、铺垫退休制度。公元 1987 年，他跟陈云、李先念、徐向前等的退休计划受阻，邓小平落得个“半退”。

邓小平的名言：“一个国家的命运建立在一两个人的声望上面，是很不健康的，是很危险的。”

邓小平终结了中国历史的一个死结，从此，顶峰权力至多只得 10 年任期。

写在最后

为什么谈“中国人的历史”，而不是“中国历史”呢？

有什么太大的不同吗？

中国人难道不就是活在中国的人吗？

跟“中国人”一样有点儿年纪的“伊朗人”“印度人”“阿拉伯人”“希腊人”“意大利人”“犹太人”，甚或年轻点儿的“日本人”“英国人”“德国人”“美国人”，不都是现今存活在那里的人群吗？历史上，从前生活在那里的人群跟今天生活在那里的人群是什么关系？那真成了“有关系就没关系，没关系就有关系”的话题了。

人们说“××人”显然不只是地方标签，还是族群标签。

犹太人或许是最有名的例子。

犹太人曾经是今天以色列所在地的一个部落国家，2000年前被罗马帝国征服，犹太人流散到世界各地，顽强地存活了下来。在流散到世界各地发生的血缘混融，并未妨碍他们保持原来的宗教信仰，而犹太教的宗教经典同时也是记载他们祖辈的历史经典，神话结合历史的宗教信仰，历代相传强化了犹太族群的意识和认同，使得他们在各个人群中区分出来，有了独特的标签。生活在世界各地的犹太人，虽各有国籍，但依然是“犹太人”。今天的犹太人大致相对集中在以色列（800万）和美国（600万）。

人群是会迁徙的，今天的美国人多数是欧洲人迁移到美洲的后裔。从前的美洲有过许多国家，那时候的“美国人”可不是今天的“美国人”的德行。很早很早以前的中国也有过许多国家，那时候的“中国人”自然也不是今天的“中国特色”。界定这些人群的标签跟形成他们的历史相关，时间、空间、过程都是因素。所有人们的德行的背后，直接就是“历史”积淀在人们身上的结果。“历史”符合现代对“演化”的定义；人群的历史，无非就是人群社会的演化途径；而人类自然也是地球上诸多演化的生物之一。

演化当然是动态的，适应环境嘛。地质在变，气候在变，人群为了生存，适存的生活技艺和生活方式也在变，人群影响下的生态环境更在变。人群的社会演化，诸多政治、经济、宗教、文化、教育、伦理、制度，这些集成人群的“软体”，最终反映的正是人脑的意识和认知，包括文化和认同的标签。

简单地说，古人是时间上的外国人；今天的外国人，则是空间上的“外国人”（这些是吾友沈之珍先生说的，很贴切）。

现代中国人提倡跟国际接轨，要了解外国人，向外国人学习。100 年来，现代中国人也学会了科学、男女平等、技术、工业、高铁、银行、“两弹一星”等。当然也学会了“急功近利”等。

这里头，无所谓“好”与“坏”，“好”“坏”是人们针对当下境遇的主观反应。我们只是点出来，互相学习、互相沟通是人类的法宝。人类的大脑是通的，一学就会。

公元 2008 年，美国发生了“金融海啸”，全球的人的脑袋立马开始思考：演化、运行了 500 年的人类资本制度，合理化人性私欲，体制化法治社会，刺激的科技创新几近极致，怎么还闹成这样？下一步，该怎么办？回顾人类史，可供参考的大型社会制度的演化案例并不多……

现代的中国人或地球人，能够找到的最多而又相对完整的人群社会演化数据，大概只有中国人的历史记述。从前的中国存在过不同的社会制度，似乎并不怎么急功近利，但也支撑起一个庞大而相对稳定的社会。

公元 16 世纪近代西方霸权兴起之前，公元 15 世纪初的中国明朝曾经是当时全球最大的海权国家；郑和的庞大船队七下西洋完全不以工商贸易为目的，赚钱、利润不是那时中国人最专注的事。而历史数据显示，急功近利的西方社会的演化比中国社会成功，就在公元 16 世纪开始，至少成功地催生了许多迄今为止的人类智慧的极致，科学、艺术等。这又是怎么回事？

金融海啸促使全世界人的大脑再次打开“中国人的历史”这个数据库。公元 20 世纪以来，这个数据库被翻开过好几回。

第一回，是公元 20 世纪初的中国人自己打开的。五四运动是那时中国知识分子“跟国际接轨”的一次激情的尝试。今天人们说的普通话、写的中文，都是五四“白话文运动”的结果，真正促进了中国人的人际沟通（包括跟外国人），并且使得西洋律法、技术、商贸、制度等软体能够平易近人地普及到中国社会。白话文无疑是中国人“现代化”的重要手段。作为一个政治运动，五四运动也是成功的；“科学”“民主”蔚然成风，迄今仍不失为现代中国社会的改造目标。

作为一个文化运动，五四的成果就不那么完美了。五四运动的领导人物，大抵是反传统、反“儒”的知识分子，“科学”“民主”是那时候的新潮“时尚”。多数人连“科学”“民主”“儒家”到底是什么都闹不清楚。他们讨论“文化”课题，像鲁迅先生那样表现出深度与真实度的似乎比较少。当时流行全面“疑古”，揪出了许多传统中国历史记述自相矛盾的地方，全盘否定传统中国历史和文化的负面心态成为“新文化运动”“白话文运动”的社会代价。

那时候，留过洋、跟国际接过轨、真正把“科学”领回中国的有过许多人。我们提两个跟五四运动没大关系而值得纪念的人物为代表：一个是考古界的李济，一个是物理界的叶企孙。疑古嘛，科学的正解是卷起袖子去田野做考古发掘，李济发掘出殷商王朝存在的证据，科学地确定了中国人的一段早期历史，激励了中国人一连串的考古发现，龙山、仰韶、山顶洞人等。科学嘛，科学的正解是把科学的逻辑与知识输进中国人的大脑，叶企孙放弃在美国的物理研究，回到清华大学办物理系，毕生倡导“科学救国”，远离政治，现代中国“两弹一星”真正的科技元勋大半都是叶企孙栽培出来的……李济和叶企孙，是有社会责任感的知识分子（这可是很“儒”式的，一点儿也不西式）。李济证实了传统的中国历史记载在一定程度上可信。叶企孙证明了，科学是个人类理性的方法学，人类都学得会，中国人只要肯学，一定学得会、做得到，难如登天的“两弹一星”中国人不也都“国产化”了，而且还是在各种条件都艰苦的20世纪60年代！

第二回，是20世纪早期偏后一点儿的英国人打开的。时值抗日战争时期，那时候的中国人颠沛流离；一个被英国政府派驻中国的剑桥学者李约瑟倒因此有机会深入中国民间考古。他骇然发现这个古老的民族，历史上存在着大量的惊人的科技发明，深深传播到从前的世界各地，影响了人类社会。他后来回到剑桥大学任教时编著了《中国的科学与文明》提出了有名的疑问：“为什么中国人有科技而无科学？”迄今仍然是历史学、社会学、人类学的大疑问，题目本身直指人性。

这一回，欧洲知识分子认识到，人类科技昌明的今天，急功近利这个习性已经达到足以危害全球的地步。然而，人类史上的社会，似乎仅只中国从前的社会，不全以“利润”作为社会制度平台。当然，中国社会未必可以复制到其他的人群环境；现实地说，就在200年前，中国社会还是与西方社会竞争的失败者。但是，且打开这个数据库瞧瞧从前中国人是怎么个习性的吧，或许中国人的历史可以提供一些新鲜点子。

“中国人”这个标签，显然不全是“面子”或“礼教”的标志而已。

现代中国人了解自己或“中国文化”吗？

时间已到了公元21世纪，全世界积累了太多新的发现与认识，是前人记述历史的时候并不知道的。结合传统中国史料的数据人们也该理性地重新认识中国人的历史，以及“中国人”了。

首先，全球所有人群的历史记述，相当一部分都是记载各国的政治史或统治史或经济史，围绕着“利权”二字在转，描绘的不是政权就是金权。传统的中国历史记述自然也不例外。这本身就已经说明了一个问题，真实的中国人的历史是怎样的，中国人的族群，甚或全球各地的人群是完全依赖政权或金权才存活至今的。

以政治人物或政治事件作为历史的时代标记，当然也符合现实，毕竟人类社会也是人类集群的自然演化；统治机器的管治，权力制度，国家与朝代，自有演化成那个德行的基础。但历史记述里头，也不尽然是政治话语，我们只是需要将数据或实况提取出来，重新描绘一个人群与社会经历过的、更真实的景象，以此还原历史。政治不过是其中的一部分，有时候是刺激因素，有时候是制约因素。

其次，现代科技使得地球似乎变小了，全世界人类的接触越发紧密。在人类演化的历史长河里，早期“智人”老祖宗们为了生存，习惯于物种间的生存竞争，猎杀、吃光某一类动物的事情经常发生。人类倚赖“智慧”，早已站在生物链的顶峰掠食者的位置。习惯于生存竞争的人性在农业文明开始的过去1万年内也开始了人类自己物种内的内斗，人群之间的“竞争”“夺权”有增无减。从过去1万年的人类史看，人际竞争使得人类智慧的结晶——知识与科技，相当部分要么用于制造武器去消灭另一个同类，要么用于赚钱或统治去奴役另一个同类。

社会制度作为塑造每个时代的软体模具作用当然很大。历史过程中，人群社会经常改写这个软体，通俗说法是“改朝换代”，世界各国历史当然更没少改朝换代。人类史上的战争或革命作为人群之间解决争端的手段，社会成本很大，是人群在互斗和牺牲。各国历史的轮回里人们业已习惯于战争暴力下的“人性”，虽然这不是人类冀求的人道演化的方向。而现代知识检视下的人类历史中的战争与和平、政治与经济都是人类自己物种内的人群社会行为，是人们自己设计、安装的软体的结果，又回馈影响到人们的意识、思维、认知、制度、文化等。这些可以互相学习、规划、设计、安装的习性才是重新翻开中国人的历史这个数据库的最佳视角和视野。

所以，我们要谈“中国人的历史”，了解时间上的“中国人”，比了解空间上的“外国人”容易些，他们都跟我们不大一样，可以激发我们认识自己。

所有人的“历史”，他们的过去、生存，除了大自然的环境因素之外，他们族群的演化是他们自己的意识、思维、认知的重复回馈与安装的结果。

既然选择从现代知识的基础上重新检视“中国人的历史”，我们显然需要知道，现代人类怎么认识、描绘世界。况且知识都是“后来有先见之明”的；历史需要重新认识。

人类的现代知识，沿着两条主轴展开。

一个是沿牛顿到爱因斯坦的物理学，基本上已经解答宇宙物质与能量的结构和运作。化学、机械、电子、地质、气象、航天、建筑等都是这方面知识的应用。

一个是沿达尔文到当下的脑神经系统的“生物演化学”，基本上解答了生命世界的结构和运作。医学、药学、农学、动植物学、基因工程等都是这方面知识的应用。而对脑神经系统的了解也达到了一定深度，认识到了人类个体的“意识”“心理”“习性”和人类社会集群的“制度”“文化”间的软体关联性，初步明白了大脑的运作机制。

现代知识简单说都是科学成就。科学只是个求真的方法学，运用数理逻辑推理求证个明白，让实验数据说话，让数字说话。考古、考据、统计、经济、社会、历史、政治……无不可以找出客观的、人为或意志不能改变的“科学”真相。

在这个意义上，哲学系应该改名为哲学史系或思想史系，因为前人的思维和看法虽然有趣，但只不过是让今人了解到前人怎么去理解一道疑问，如此而已。其实，人们的知识是“与时俱进”的；现代人知道的远比古人正确，所有东西方前人的思想、哲学、玄学……相当一部分的论据都已确证为错，他们大部分的思想只能作为历史档案来参考，提供一个“智人”脑袋曾经怎么思维过的案例。值得探讨的倒是从历史学或社会学的角度去了解人类思想与人群社会的关联；比如，是什么样的社会环境使得那个有智慧的思想家产生那样的思想，或什么样的生长环境促成那个哲人产生那样的思维。现代人类的知识足可让人甩掉一切自己框给自己的框框，包括最早的“神”、从前的孔子和近代的马克思。科学不是信教，科学只是让人尽可能获得全部真相，前人的所有思维，他们的价值就是铺垫今人的思维，使我们可以更清晰地认清真实，何况现代科技对知识的积累和艺术的传播是爆炸性的，无可阻挡。

现代知识跟“人”直接相关的是达尔文的生物演化学问。

生命是自然演化现象，生命的一切，包括人性、文化、历史，都是自然演化出来的。

我们现在知道，大约 7 万年前，当今人类直接的“智人”老祖宗们才从非洲东南角落渐次扩散出非洲。“智人”老祖宗们源点的数量若以 1000 人的数量级来估算，7 万年后的今天，人类覆盖全球各地，数量达到 70 亿；如果按 20 年为一代计算的话，那么应该有 3500 代，大致每 20 年一代的平均净增殖，仅有 0.5% 而已。

事情当然不会是连续 7 万年都平稳地、每一代发生出生率减去死亡率等于 0.5% 那样的情况。过去的 7 万年里，头 6 万年还是地球的冰期，冰原覆盖面积从北极反复向南入侵，气候随之剧变，所有生物的生存都受到严峻的考验，许多物种都没熬过来，灭绝了。更糟的是，印尼的多巴超级火山大约在74000年前喷发，引起一场类似核冬天的灾难（漫天火山灰，温暖的赤道带也长期失去阳光照射），使得（距今7万—2万年前）的冰期更加严酷。人类血缘上的近亲——尼安德特人、直立猿人（包括爪哇猿人、北京猿人等）也灭绝了。但是，这些顶级掠食者竞争对手的消失，却意外地给“智人”的扩散造就了相当真空的环境，我们人类老祖宗在大约7万年前扩散出非洲，既是天道的偶然，也是天道的必然；地球总会时不时经历陨石撞击、冰期、火山爆发，动植物种就在大自然的境遇中生存、灭绝、演化。

那时候的人类，只有简单的石器装备，一小股一小股地拾猎求生。天地宽阔，那时人们大概不会进行物种内的争斗，难得见到另一个群落的“人”嘛。那时的人类群落没有太多知识，不小心走进险境或遭逢天灾就会出现整个群落的灭亡。

实际上，在农业文明之前，各地人类的生存繁衍当然也跟着天灾的频率摇摇摆摆。而统计数字表明，农业文明出现之后，日子好过了，人群开始物种内的争斗，人为的战争反而成为人群生存繁衍的最大制约因素。在中国人的历史中，我们可以看到许多直接相关的数据。

我们铺垫现代知识便是要理解，人类进行物种内的争斗既然是存在的事实，演化出来的人性有好斗的一面无可置疑。但这是历史演化的宿命，还是可以别有途径？生命也演化出人类的智慧，“智人”的“智”不敌天性，是白搭的吗？人类的天性——人性里头就包含智慧，人类能够适存不就是因为人智可以跳脱自然的限制吗？

让我们稍微总结一下“现代人”怎么看世界。

物理上，现代人们都知道非生命世界里头地球只是宇宙无数星球中的一颗；地球本身并不怎么特殊，太空类似地球的星球数量不会太少，也许必须以亿计。我们存在的这个宇宙已经存在了140亿年，具备人们尚无法想象的质量和能量。现代人们已经了解到，宇宙真有那么一个不生不灭的东西就是“能量”，而构成它的基本粒只是不同能量聚合的“色相”，透过$E=mc^2$（质能方程，其中，E是能量，m是质量，c在数值上等于光速的数值大小）挂上等号。有形的物质之间相互作用的规律，只有几条简单的物理原则或程式。亘古以来，这些物理程式就作用于万物，包括时间和空间，或许可以用中国老祖宗们说的“天条”来形容。

宇宙的物理相对来说是简洁的，构成物质元素的基本粒子种类不多，元素的种类也不多。人们比较不明白的是暗物质和暗能量，它们暂时仍在人类可以认知的范围之外，尽管已经可以感觉（推理）它们的存在，并且似乎占有我们这个宇宙的80%分量。

“天条”的游戏规则相当简单，就那么些物理定律嘛，可是粒子和元素的数量太多，“天条”规定它们必须全按物理出牌，物理作用下的集群现象依然形成了黑洞、天体、星尘、星系、星球……满天的星斗，满地的东西。

简单的物理规则在数不清的个体数量下出现无数的集群可能性，展现出宏观或微观的面貌，连星系也是动态演化的，而且这些物理演化也呈现出规律。现代人们已经可以预测太阳或其他恒星的生老病死，或银河系跟旁个星系的碰撞结合……当然，元素也是基本粒子集成的一个相对“稳定”的东西，环境能量太大了，元素也会分解或重组。

这些极大和极小的事物跟一般人似乎关联不大。人们比较喜欢知道身边可以接触到的东西，或是直接跟自己相关的事物。

我们熟悉的“东西”大都是化学品。粒子垒成原子，原子又垒成分子，分子再垒成化学物，化学物又垒成了地球上的万物。所有东西包括人、石头、海洋都是某些元素集群的“化学品”。“化学”不过标示着元素集群而成的分子，在地球表面的大环境中具备稳定的物理状态，成为所有人们熟悉的东西的基本建材。

现代人们还知道在生命世界里头，地球上的生物无非都是一部部由分子垒成的“化学机器”，暂时存在于“天条”所容许的那个具有“生命”的躯壳里。生物的基本建材是相当大串的、会进行自我复制的有机化学分子团伙——DNA（Deoxyribo Nucleic Acid 脱氧核糖核酸）。DNA由五种大分子组成，一共只动用那么22种氨基酸，而所有生物就都从这样简单的源点演化出来。30亿年前地球上演化出DNA，复制开始了，它们串成各种“基因”，基因也自然地结成集团，共同窝在生物躯壳里引导生物躯壳在变动的地球环境中努力求生，并繁衍（复制自己）。所有人们知晓或不知晓的古今生物，存在过的都是天道演化下的“生物”物种。

生物当然服从物理规则，它们都需要一定的能量来维持运转，也需要获取元素来进行复制，所以动物需要吃掉其他的植物或动物，植物则需要阳光、水、碳和其他元素。生物是“化学机器”，动植物也不过就是透过化学程式来吸取、转化、复制成生化材料。庞大数量的各种生物，从单细胞、细菌、微生物到动植物种，各自适应并覆盖全地球的海陆空间；大鱼吃小鱼，小鱼吃虾，虾吃泥巴（微生物）；老虎吃羊，羊吃草，草根吃水。就那么五种大分子，组成无数DNA、基因集团的生物，共生在地表，形成各种生态环境，适应地球物理的变化，地理、季节、气候等的更大环境。

从基因层面来看生命的意义，再单纯不过，就是不断地复制它自己。

基因集团窝在生物体内，生物体失去“生命”，意味着那里头的基因的集体死亡。而生物集体死亡，物种灭绝，意味着大自然环境的“天择”、筛选淘汰了不适存的基因集团，中断了它们的复制。

我们每个人的身体，由万亿数量级的活细胞组成，人体里的细胞都包含一份完全一样的基因链（染色体），但细胞们各自承担不同的任务，运用生理化学机制，维持着每个“人”化学机器的运转。这些细胞各有“寿命”，脑细胞和心细胞跟人寿相同；血细胞为了新陈代谢（输送氧和养分），大约只有一天至一周的寿命。栖息在人体里的庞大细胞群落协调、控制、指挥着人体，由人体去应付躯壳外部的变动环境。维持“人”的生命并不是件简单的事。

任何生命体内的庞大数量细胞群落是个共生的大社会，它们共同而唯一的“目的”便是复制细胞自己而已。在每个生命消亡之前基因们也许早已分散、流窜到下一代的宿主身上继续复制。连性爱、生育、母爱、斗争等一连串硬软体的设置与执行都在这个规则里自然形成，最大可能地维持着基因的复制。

基因、DNA、氨基酸分子在物理化学上规则容许它们复制，地球的质能环境提供它们复制的可行性，难以形容的庞大的数量级与漫长的时间、无数次的可能的演化试练（排列组合），适存的基因集团便自然地存在了下来，就是今天和过去存在的生命世界。表面上生物物种是“天择”的，骨子里，天道只是存在着数量级加概率，能够成功复制至今的，便是生存着的生物。基因、染色体、脑细胞、神经细胞、所有动物身上的细胞本身，并没有“意识”或“认知”，它们只是“硬体”，只有物理和化学的规律。但它们却组成了“生命”，并且让人们有了意识、认知、智慧、文化、制度等“软体”。

30亿年的生物演化在大约2亿年前出现了鸟类和哺乳动物，基因集团的生命体发生了“认知”和“意识”：基因集团开发出了奇特的大脑和神经系统，因为鸟类和哺乳动物的生存依赖身体去从事高风险的掠食或在高风险区拾猎，需要高度灵敏的侦测加正确的行动决策，信息、感官、认知、决策、行动必须及时一气呵成才能够成功生存下去。失误的代价往往就是成为其他物种的食物。鸟类和哺乳动物的一生中都有不算短的幼稚学习期，以便亲代把“知识”传给子代，直到子代熟悉了从信息感知到完成行动的整个肢体和大脑的协作过程。

这是脑袋演化出“意识”的起点，对群居生存的哺乳动物而言，也是社群“文化”的起点。飞行，以及从空中高速而安全地掠食是鸟类习得之性，被教会的一个适存的软体（必须自己练习的）。哺乳类和人类的习得之性就更多了。

现代科学告诉我们，人类的本性那些自然演化在我们躯壳里的、基因集团里的基本软体设施，除了不由自主的心跳、呼吸、尿尿、饥饿、睡觉等人人大同的本性之外，也留下给大脑和神经网路去开发意识、知识与文化的广阔通路，使得人类的习得之性俨然成为不容忽视的人人小异之处。而起初人类老祖宗大脑里的“意识”与“思维”最早不过是“求生”与“竞争”的逻辑，只要捕捉到一丁点儿狮子、豹子等掠食者的影像，立刻要决定逃避或面对，或上树或拿起石头、树枝来防卫，连站立起来、直立行走、看得更远都是习得之性，小时候学会的……旧石器时代，人的意识和思维，已经自然地积累出个人的自我认知，以及人群的制度和文化。

习得之性——意识、认知与文化的习性在现代人类生存更多依赖人群社会制度本身的状态里，重要性更大于本性。

现成的最佳案例便是科学的理性。人类躯壳里基因集团设计并制造的人脑，它的思维是对比式的图像识别的逻辑，因为从树上走向草原生存的早期人类依赖视觉来逃避掠食动物，也依赖视觉来拾猎食物，人脑长期演化出处理视觉的图像信息的灵敏能力，而科学的思维更多的是类似电脑 0 跟 1 的数位式逻辑。基本上，图像识别逻辑可以八九不离十（所以，人们常常误认或记错），而 0 跟 1 的数位逻辑则必须百分之百精准。人脑当然可以建立科学的思维，但依靠每个人脑自己去培养那个习性、那个意识、那个文化。科学是习得之性。

尽管“智人”的演化是大约晚近 20 万年内的地球事件，对 DNA、大脑、神经系统的认识更是最近 50 年内的人类事件；但是，一代一代的习性积累不断地改写着人类对自身人性或人道的内容。1 万年之前的人类生存的拾猎主要是对环境的适应。1 万年前人类开发了农业文明，奠立了组建大型社会的硬体基础，群落扩大成为部落。5000 年前，人类开发了文字系统，更有效地积分了前代与同代一切可沟通的知识，从此扩大了组织社会的能力，部落扩大化为国家。5000 年来，人类的生存逐渐跳脱了自然环境的限制，人群社会的习性，意识、知识、文化、制度成了人类自身演化的刺激或制约因素。

2000 多年前，孟子和荀子的门徒争论人性到底是性善还是性恶，而早他们百多年的孔子比较贴近真实：孔子只点出“饮食男女，人之大欲”（人性无非需求生存与繁衍，亦即“食色性也”），“性相近，习相远”（本性雷同，而习性不一样）。孔子当然不知道“演化”那回事，但他想通过教育来改变习性、修缮“人性”，却暗合现代知识的发现。

现代人已经认识到 5000 年来的人类演化，无论农业时期还是工业时期，实质上是以生态环境破坏及同类相残为代价的。回顾中国人的历史，我们也会看到许多中国社会演化在这方面的具体数据或情况。

现代知识告诉我们，天道演化出人类的智慧“纯属巧合”。演化跟物理一样没有目的，只有规则：质能不灭、粒子、元素、分子、数量级、概率……基因复制，也只是地球物理环境中自然衍生出来的、仅只适用于那里的一条游戏规则。地球上生物复制的历程中发生过几次生物大灭绝事件，无数巧合的因缘际会才演化出当今人类的智慧和族群，人群的社会与文化显然也是适存的习性。但是，过去5000年人类文明大发展时期所建立的习性，专注于竞争下的人际内斗；最近500年更只专注于“利润”与“消费”，这些制度和文化能够更好地保证人群面对大自然环境的改变吗？比如，再一次超级火山喷发之类（对地球而言，这些事必然会发生）。现在的人类社会软体足以确保人类物种安然渡过吗？

所谓“智慧”认知、沟通、计划、设计、推理、预见等能力，那是人类自己说的。大自然只是给人类演化出一个可以具备习性的大脑，让人类可以通过意识、认知、知识、制度、文化来自我开发，并塑造自己、人群、周边环境。

大自然并没给任何生物打保票，大自然从来不打包票。

适存不适存，生存或灭绝都是你家的事。这些就是当下人类的认识，“现代知识”。

人群的意识、思维、认知、知识、制度、文化之间很难孤立“自由地”开发，都有它们存在于其中的社会的影响和轨迹可寻。中国人的历史可以说明中国人的文化在时间上的演化状态，如春秋战国时期的中国人有着周代城邦世界的比较多元的风貌，秦汉以后的中国人呈现着儒文化的比较单一的风貌，但这无碍中国各个人群的基因和文化的混同，有所变化是当然的。

现代美国人的历史虽然短，但也给人类提供了新兴社会的演化实例。

大家都知道，现代美国人的组成主成分是在英国受迫害的清教徒。大抵，航海和地理的知识使得美洲成为当年逃避欧洲王权或神权压迫的避难所。而新教在欧洲有许多门派，包括比较接近现代思想的“教友会”……

公元17世纪，英国内战期间，一群英国人成立了教友会，主张人人都可以是自己的祭师（不需通过任何祭师跟神沟通），主张任何人之间要像兄弟一样，主张和平主义和宗教自由，反对任何形式的战争和暴力，反对发誓，反对奴隶制……教友会这些思想自然是当时英国社会黑暗面的一个应对，立刻招致当时英国王权与神权的镇压，信徒受到迫害，与清教徒一起移民到美洲，但也受到清教徒的迫害（当时波士顿照样烧杀教友会“异端”，可见人们从思想到行为的力量有多大、发展有多怪异），大批教徒避迁到纽约州附近。

后来，教友会信徒之一成为美国开国后的首任宾夕法尼亚州州长，跟当地原住民（印第安人）签立和约，号称是美国唯一迄今仍被遵守的此类和约。由于适存的思想不一样，教友会后来的信徒也分裂成几个门派，现在全球共约 12 万信众，其中 90% 跟其他新教教派一样，也有教堂和祭师；10% 信徒则仍坚持教友们在家中、没有仪式、沉静地聚会，但允许“真正”受到感召的人说几句话。教友会不大，思想和行为都相当独特，恰巧碰到美洲的机遇，尽管也遭受过同类相残，能适存下来，并发挥一定影响，不能不是美国式新社会、新思维的成就。

教友会是林肯解放黑奴的忠实支持者，是最早接受女权和演化论的基督教派，也是最早组织类似红十字会的战地救援的人群。教友会很有一些进步的思想，类似公元 20 世纪中期美国黑人民权运动后的“大社会”理念。美国人曾对自己的国会成员做过调查，把民主主义和社会主义的理念分拆成一句句问题，大约 90% 的成员的思想一致接受“民主”和“社会主义”理念，但只要一面对“政党”或“左右”的标签，立马你死我活起来。可见意识与思维习性，对人们的影响有多大。

现代人有足够的知识和理性，可以超越不同文化习性的时空因素，从“人”的角度来了解中国人的历史和文化的演变，对了解其他人群与文明无疑是很好的参考。

此外，人群之间可以互相沟通、学习，使得“文化”“习性”可以在人群之间“复制”并流传下去，无论是所谓的好还是所谓的坏，都意味着，文化似乎也有类似基因的特征。

现代科学已经相当了解基因的传递与适存，也许通过对历史的了解，我们也能摸索出文化基因的传递与适存的方向。